BIOS

Das große Buch

BIOS

Martin Koch, Hans-Peter Schulz

DATA BECKER

Copyright	© by DATA BECKER GmbH & Co. KG Merowingerstr. 30 40223 Düsseldorf
E-Mail	buch@databecker.de
Lektorat	Ulrich Kurth
Umschlaggestaltung	Inhouse-Agentur DATA BECKER
Textmanagement	Jutta Brunemann (jbrunemann@databecker.de) Korrektorat: Sibylle Feldmann
Textbearbeitung und Gestaltung	DTP-Studio Teuber, Herten (satz@epost.de)
Produktionsleitung	Claudia Lötschert (cloetschert@databecker.de)
Druck	Media-Print, Paderborn

Alle Rechte vorbehalten. Kein Teil dieses Buches darf in irgendeiner Form (Druck, Fotokopie oder einem anderen Verfahren) ohne schriftliche Genehmigung der DATA BECKER GmbH & Co. KG reproduziert oder unter Verwendung elektronischer Systeme verarbeitet, vervielfältigt oder verbreitet werden.

ISBN 3-8158-2179-7

Wichtiger Hinweis

Die in diesem Buch wiedergegebenen Verfahren und Programme werden ohne Rücksicht auf die Patentlage mitgeteilt. Sie sind für Amateur- und Lehrzwecke bestimmt.

Alle technischen Angaben und Programme in diesem Buch wurden von den Autoren mit größter Sorgfalt erarbeitet bzw. zusammengestellt und unter Einschaltung wirksamer Kontrollmaßnahmen reproduziert. Trotzdem sind Fehler nicht ganz auszuschließen. DATA BECKER sieht sich deshalb gezwungen, darauf hinzuweisen, dass weder eine Garantie noch die juristische Verantwortung oder irgendeine Haftung für Folgen, die auf fehlerhafte Angaben zurückgehen, übernommen werden kann. Für die Mitteilung eventueller Fehler sind die Autoren jederzeit dankbar.

Wir weisen darauf hin, dass die im Buch verwendeten Soft- und Hardwarebezeichnungen und Markennamen der jeweiligen Firmen im Allgemeinen warenzeichen-, marken- oder patentrechtlichem Schutz unterliegen.

Vorwort

Liebe Leser,

obwohl PCs im Laufe der Zeit immer benutzerfreundlicher und schneller werden, tauchen doch immer wieder Probleme auf, die keine offensichtliche Ursache haben und die sich über die Einstellungsmöglichkeiten des Betriebssystems nicht beseitigen lassen. Unerklärbare Abstürze oder ein merkwürdiger Leistungsmangel können einem auch bei einem Athlon 1200 oder einem Gigahertz-Pentium Kopfzerbrechen bereiten. Der Hinweis von Freunden oder Bekannten (oder der eigene Verdacht) „da stimmt etwas nicht mit den BIOS-Einstellungen" ist dann der Anlass, sich auf das unbekannte Terrain des BIOS-Setups zu begeben.

Doch hier werden Sie mit einer Vielzahl von englischen Optionen konfrontiert, deren Fachchinesisch die übelsten Vorurteile übertrifft. PCI Latency Timer oder Bank 1/2 DRAM Timing sind Begriffe, die vielleicht noch entfernt vermuten lassen, dass diese Optionen den PCI-Bus bzw. den Arbeitsspeicher betreffen, aber was sich genau dahinter verbirgt, bleibt zunächst schleierhaft. Selbst „alten Hasen", die sich schon lange mit PCs beschäftigen, fällt es oft schwer, die genaue Bedeutung einer Einstellung zu erfassen.

Hans-Peter Schulz, der bereits seit Jahren erfolgreich das „BIOS-Kompendium" im Internet betreibt, hat sein enormes Hintergrundwissen zur Verfügung gestellt, um Ihnen mit diesem Buch mühsame Recherchen und vergebliches Suchen zu ersparen. Wir haben uns Ihrer Probleme angenommen, die wichtigsten BIOS-Optionen herausgesucht und die optimalen Einstellungen beschrieben. Zusätzlich erfahren Sie die technischen Hintergründe, um die eine oder andere Option trotz einer anderen Bezeichnung wiederzuerkennen. Wir hoffen, dass Sie mit diesem Buch die Lösung für Ihre Probleme mit dem BIOS in den Händen halten. Aber auch wer keine konkreten Probleme hat, findet wertvolles Hintergrundwissen zur Funktion eines PCs.

Zusätzlich möchten wir uns an dieser Stelle bei der Firma Alternate bedanken, die uns die Hardware zum Testen und Darstellen der unterschiedlichen BIOS-Versionen zur Verfügung gestellt hat.

Viel Spaß beim Lesen und viel Erfolg beim Einstellen Ihres BIOS wünscht Ihnen

Ihr DATA BECKER Lektorat

1. Der richtige Umgang mit dem BIOS 15

1.1	**BIOS-Hintergründe**	**16**
	Das sind die Aufgaben des BIOS	16
	Diese Hersteller gibt's	19
1.2	**Bevor Sie loslegen: Sicherheitsmaßnahmen**	**22**
	Backup des BIOS anlegen	22
	Safety first: Einzelne Schritte erleichtern den Rückweg	23
	Testen der Veränderungen	23
1.3	**So geht's ins BIOS**	**24**
	Verschiedene Zugangsvarianten	24
1.4	**Passwort vergessen? Zugang gesperrt? – So geht's trotzdem**	**25**
	Löschen des Passworts	25
	Liste mit Universalpasswörtern	26
	Die letzte Rettung: Löschen des CMOS	29
1.5	**Leicht und flüssig: Der richtige Umgang mit Menüs und Optionen**	**33**
	Navigieren in Menüs	33

2. Anmelden und Optimieren von Festplatten 37

2.1	**Anmeldung: Festplatten und andere IDE-Laufwerke**	**38**
	Einfach und schnell: Benutzen der Auto-Detect-Funktion ...	38
	Kompromisslösung: Alle Einträge auf Auto	41
	Von Hand geht's auch: Festplattenparameter selbst eintragen	42
	Etwas anders: Das Medaillon-Award-BIOS	44
	Besonderheiten: SCSI- und ATA-100-Controller	46
	Hintergrundwissen: Größenbeschränkungen und Zugriffsverfahren	46
	Ressourcen sparen: Einzelne Controller deaktivieren	49
2.2	**Mehr Tempo und aktiver Virenschutz: Festlegen der Bootreihenfolge**	**52**
	Einstellungen vornehmen	53
2.3	**Das Feintuning: So bringen Sie die Festplatte auf Trab** ..	**56**
	Festplattenfunktionen voll ausnutzen	56
	PIO- und UDMA-Modus auswählen	58
2.4	**Troubleshooting**	**64**

3. Optimieren der Grafikeinstellungen 69

3.1	**Dahinter geblickt: AGP-Optionen richtig ausreizen**	**70**
	Grafikkarte: AGP oder PCI?	70
	Aperture Size festlegen	72

	Geschwindigkeit der AGP-Nutzung festlegen	74
	BIOS-Einstellungen bei Nutzung zweier Grafikkarten	79
3.2	**Weitere Grafikoptionen optimal nutzen**	**80**
	PCI/VGA Palette Snoop	80
	Grafikpower unter DOS: Video ROM BIOS Shadow & Co.	81
	Die Option Video im Standard CMOS Setup	82
	Spezielle Einstellungen für PCI-Karten	82
3.3	**Troubleshooting**	**83**

4. Schneller Zugriff, stabiles System: Speicher-Timing — 89

4.1	Arbeitsspeicher: Ein kurzer Ausflug in Funktion und Timing	**90**
4.2	**Speicher-Timing optimieren**	**100**
	Die Optionen und ihre Bedeutungen	100
	Auswirkungen und Benchmarking	106
4.3	**Troubleshooting**	**109**

5. Plug & Play und PCI-Bus — 113

5.1	**Plug & Play-Optionen**	**114**
	Automatische Ressourcenverwaltung	114
	Interrupts und DMAs von Hand zuweisen	116
	Hintergründe: So funktioniert Plug & Play	122
	Hintergründe: IRQs, DMA-Kanäle und I/O-Adressen	123
	Weitere Optionen im PnP/PCI Configuration-Menü	129
5.2	**Das richtige PCI-Timing**	**129**
	33 MHz oder mehr: Teilereinstellungen	130
	Weitere PCI-Optionen	131
5.3	**Troubleshooting**	**134**

6. Power-Management: Stromsparen mit dem PC — 137

6.1	**Verschiedene Stromsparmethoden: APM und ACPI**	**138**
	Konventionelle Stromsparmethode: APM	138
	Was ist ACPI?	140
6.2	**Power-Save-Funktionen clever nutzen**	**142**
	Optionen im BIOS	142
	Einstellungen unter Windows	147
	Empfehlungen zum Stromsparen	149
6.3	**Troubleshooting**	**150**

7. Rückgrat: Prozessor und Systembus 153

7.1 Alles im richtigen Tempo: Systemtakt und Multiplikator
einstellen **154**
Schnell und einfach: Einstellen der richtigen Werte 155
Tabellen: Takt- und Spannungswerte der CPUs 158
Intel-Prozessoren Sockel 423 164

7.2 Normale Einstellung und Overclocking **165**
Welche CPUs eignen sich zum Übertakten? 165
Risikoverringerung: Sicherheitsmaßnahmen 167
So geht's: Höhere Frequenzen für die CPU 170
Erhöhung des Systemtakts – Erfolgsaussichten kalkulieren 175

7.3 Das Zusammenspiel von Speicher und Prozessor **178**
Der Speichertakt 178

7.4 L1- und L2-Cache: Öl im Getriebe des Prozessors **181**

7.5 Troubleshooting **182**

8. Integrierte Schnittstellen optimieren 185

8.1 Serielle und parallele Schnittstellen **186**
Schnittstellen deaktivieren 186
IRQs und Adressen zuweisen 187
Was bedeuten die verschiedenen Modi des Druckerports? 188

8.2 Handling der USB-Schnittstelle **190**
USB deaktivieren 190
IRQ für USB zuweisen 190
Spezielle USB-Optionen nutzen 190

8.3 IR-Schnittstelle **191**
Aktivierung der IR-Schnittstelle 192
Spezielle Einstellungen der IR-Schnittstelle 192

8.4 Floppy-Controller konfigurieren **193**
Deaktivieren des Floppy-Controllers 194
Laufwerke vertauschen 194

8.5 Tastatur und Maus im BIOS einstellen **194**
Startverhalten der Tastatur konfigurieren 195
Wiederholrate einstellen und konfigurieren 195
Verhalten der Maus einstellen 197

8.6 Troubleshooting **198**

9. Sicherheit und Virenschutz 201

9.1 Festlegung von BIOS-Kennwörtern **202**
BIOS-Passwort vergeben 202
Tipps zur Art und dem Umgang mit dem Kennwort 206

9.2	**Virusalarm: Vorbeugung und Beseitigung**	**207**
	Virensymptome: Kenne den Feind	207
	BIOS-Virenschutz einschalten	208
	Virenschutz aktivieren mit Virwarn	210
	Bootsektorviren entfernen	212
	Zerstörerische Flashattacken verhindern	214
	Wie schütze ich mich vor Eindringlingen?	215
9.3	**Troubleshooting**	**216**

10. Das BIOS-Update — 221

10.1	**Wann wird ein Update nötig?**	**222**
10.2	**Durchführen eines BIOS-Update**	**223**
	Herausfinden des Herstellers und der Version Ihres BIOS und Mainboards	224
	Download der aktuellen BIOS-Version	227
	Eine Bootdiskette erzeugen	229
	Sicherheitsmaßnahmen vor dem Update	231
	Vorbereitungen am PC	232
	Jetzt wird es ernst: Das eigentliche Update	234
	Nach dem erfolgreichen Update	236
	Der Super-GAU: Rettung eines korrupten BIOS	237
	Eine Hilfsmöglichkeit: Das Dual-BIOS	239
	BIOS-Update unter Windows	240
10.3	**Troubleshooting**	**242**

11. Kurzer Ausflug: Andere BIOS im PC — 245

11.1	**Das Grafik-BIOS: Erstes Lebenszeichen des PCs**	**246**
	Update durchführen	246
11.2	**Schnelle Kommunikation und Systemstart: Das SCSI-BIOS**	**248**
	Die wichtigsten Optionen	248
11.3	**Höllengerät: Das BIOS des RAID-Controllers**	**253**
	Ein Festplatten-Array einrichten	254

12. Optionen ausreizen mit BIOS-Tools — 257

12.1	**Systemanalyse**	**258**
	Der Doktor ist da: Dr. Hardware 2001	258
	SiSoftSandra	262
	PC Analyser	265
	BIOS-Analyse mit dem BIOS Wizard	267
	CPU und AGP durchleuchtet: WCPUID	268

12.2	**BIOS-Sicherung und Backup**	**270**
	BIOS 1.35.1	270
	SMBIOS	272
12.3	**BIOS-Tweaking**	**273**
	EasyAward TuneUp	273
	TweakBIOS	276
12.4	**Nur für Profis: Modbin**	**279**
	Modifikation der Eingangsnachricht mit Modbin	279

13. Referenz — 283

13.1	**A.M.I.-BIOS: Fehlercodes, POST-Ablauf**	**283**
	Fehlermeldungen	283
	Akustische Fehlersignale	286
	POST-Ablauf	288
13.2	**Award-BIOS: Fehlercodes, POST-Ablauf**	**289**
	Fehlermeldungen	289
	Akustische Fehlersignale	291
	POST-Ablauf, Version 4.52	292
	POST-Ablauf, Version 4.53	294
13.3	**Phoenix-BIOS: Fehlermeldungen, POST-Ablauf**	**296**
	Fehlermeldungen	296
	Akustische Fehlersignale	298
	POST-Ablauf	299
	Board-Identifikation	301
13.4	**BIOS-Befehle – alphabetisch**	**302**

Stichwortverzeichnis — **451**

Voll im Trend: heiße News per Post, Mail und SMS!

Die kostenlosen News-Dienste von DATA BECKER informieren Sie vor allen anderen über interessante Neuerscheinungen, aktuelle Trends und exklusive Angebote. So entgeht Ihnen garantiert nichts mehr ...

Der Klassiker: Die **DATA NEWS** erhalten Sie monatlich per Post. Auf sechs farbigen Seiten werden die Neuheiten ausführlich vorgestellt. Dazu gibt es Praxistipps und Sonderangebote.

Angesagt: Der **Newsletter** informiert Sie jeden Freitag per E-Mail über ausgesuchte Highlights aus dem DATA BECKER Sortiment, interessante Downloads und attraktive Extras.

Der letzte Schrei: Unsere **SMS-News** kommen immer dann direkt auf Ihr Handy, wenn es extrem heiße Neuigkeiten gibt.

Abonnieren Sie Ihre(n) Gratis-Wunschdienst(e) einfach unter www.databecker.de, per Telefon (0211-9334900) oder per Fax (0211-9334999).

1. Der richtige Umgang mit dem BIOS

Eigentlich sind es ja die vielen unterschiedlichen (und oft unverständlichen) Optionen, die dem Betrachter eines BIOS-Setup Kopfschmerzen bereiten. Die Bedienung selbst ist gar nicht einmal so schwierig: Jeder, der weiß, wo die Pfeiltasten auf der PC-Tastatur liegen, kommt im Grunde schon zurecht. Dennoch will der richtige Umgang mit dem BIOS gelernt sein, denn mit den vielen Optionen des Setup bestimmen Sie unmittelbar das Verhalten der Hardware. Ein zu forsches oder unvorsichtiges Vorgehen beim Ausprobieren der Einstellungen kann dazu führen, dass Ihr Rechner instabil läuft oder sogar (im Fall von Speicher und CPU) die Hardware beschädigt werden kann. Falls Sie dann nicht mehr wissen, welche Einstellungen Sie verändert haben, gerät das Rückgängigmachen aller Veränderungen zur Sisyphusarbeit, und so lange ist Ihr PC nicht einsatzbereit. Ebenso ist es z. B. lästig, wenn Sie keinen Zugang zum BIOS-Setup bekommen, weil Ihr PC-Händler ein Passwortschutz eingerichtet hat.

- An erster Stelle erfahren Sie einige Hintergrundinformationen und Wissenswertes rund ums BIOS: Was sind die Aufgaben? Welche Hersteller gibt es? Welche Unterschiede und Gemeinsamkeiten tauchen auf?

- Danach finden Sie Hinweise zu Vorsichtsmaßnahmen, die Sie unbedingt beachten sollten. Dazu gehört es, nur einzelne Veränderungen am BIOS vorzunehmen, aber auch das richtige Wissen, wie ein BIOS-Backup angelegt wird.

- Dann erfahren Sie, wie Sie überhaupt erst den Zugang ins BIOS-Setup bekommen. Das ist manchmal etwas unterschiedlich gelöst, und oft ist dabei ein Passwort im Weg. Wir zeigen Ihnen, wie Ihnen der Zugriff auf das Setup auf keinen Fall verwehrt bleibt.

- Zum Schluss bekommen Sie eine Einführung ins Pflichtprogramm des BIOS-Umgangs: die Bedienung von Menüs und Einstellungen sowie einen Überblick über die Tastenbelegungen der unterschiedlichen BIOS-Versionen.

1.1 BIOS-Hintergründe

Das Buch, das Sie gerade in den Händen halten, beschäftigt sich fast ausschließlich mit dem BIOS, dem Umgang damit und den Einstellungen in seinem Setup-Programm. Aber was genau ist eigentlich das BIOS? Fest steht vor allen Dingen, dass es eine Menge unverständlicher Optionen besitzt, die das Verhalten des Computers nachhaltig beeinflussen.

Die Abkürzung BIOS steht für **B**asic **I**nput **O**utput **S**ystem (grundlegendes Ein- und Ausgabesystem) und bezeichnet eine standardisierte Schnittstelle zwischen der Hardware und dem Betriebssystem eines Computers. Dabei handelt es sich vereinfacht gesagt um ein Programm, das einerseits die Hardware steuert und andererseits eine Reihe von Befehlen zur Verfügung stellt, um die Steuerung zu beeinflussen. Man könnte auch sagen, dass das BIOS das Grundbetriebssystem des Computers darstellt. Sein Programm ist auf einem nicht flüchtigen ROM-Baustein gespeichert, der wiederum auf dem Mainboard sitzt. Weil dieser Baustein mit der BIOS-Software fest in den Computer eingebaut ist, spricht man auch von Firmware (engl. firm = fest). Sie finden so eine Firmware übrigens auch in nahezu jedem anderen elektronischen Gerät, es ist lediglich in der Regel kein Setup-Programm vorhanden, mit dem Sie sein Verhalten beeinflussen können.

Das sind die Aufgaben des BIOS

Das BIOS übernimmt nach dem Einschalten des Computers eine Art von Weckfunktion für alle anderen Komponenten und das Betriebssystem. Da seine Informationen durch das Ausschalten nicht gelöscht werden, ist es sofort nach dem Einschalten in der Lage, alle Vorbereitungen für den Start des eigentlichen Betriebssystems zu treffen. Dazu gehört die Erkennung und Initialisierung aller angeschlossenen Hardwarekomponenten, aber auch die Übermittlung der Information, wo und von welchem Datenträger das Betriebssystem gestartet werden muss.

Selbsttest

Als Erstes führt das BIOS einen Selbsttest durch, der eine Diagnose der gesamten Hardware beinhaltet. Dieser Test wird POST genannt, was für **P**ower **O**n **S**elf **T**est steht. Prozessor, Grafikkarte, Hauptspeicher, Tastatur usw. werden überprüft, um deren einwandfreie Funktion festzustellen und sie betriebsbereit zu machen (genauere Infos zum Ablauf des POST finden Sie in der Referenz ab Seite 283). Sollte das BIOS bei dieser Prozedur einen Fehler feststellen, der den Betrieb des Rechners gefährdet, wird eine entsprechende Meldung auf dem Bildschirm ausgegeben. Sollte das nicht möglich sein, weil z. B. die Grafikkarte ausgefallen ist, gibt das BIOS mithilfe des Systemlautsprechers Piepsignale aus, die wie ein Morsecode klingen und zur Fehlersuche anhand einer Code-Tabelle (Beep Codes) ausgewertet werden können. Welche Signale jedes einzelne BIOS ausgibt, können Sie übrigens ebenfalls in der Referenz nachlesen.

Erkennung anderer BIOS-Bausteine

Nach der Durchführung des POST sucht das BIOS nach weiteren BIOS-Bausteinen auf Erweiterungskarten wie z. B. einer Grafikkarte oder einem SCSI-Controller. Sollte so ein Baustein entdeckt werden (zumindest eine Grafikkarte ist immer anwesend), werden dessen Funktionen überprüft, und sie ergänzen bzw. ersetzen gegebenenfalls die Befehle des Mainboard-BIOS.

Verteilung der Systemressourcen: Plug & Play

Als Drittes ist die Überprüfung der Plug & Play-Funktionen (PnP) aller entdeckten Erweiterungskarten an ISA- und PCI-BUS an der Reihe. Die möglichen Interrupts und die DMA-Kanäle jeder einzelnen Karte werden abgefragt und aufgeteilt, sodass alle Erweiterungskarten ohne Verwechslung angesprochen und gesteuert werden können. Erst jetzt ist die gesamte Hardware auf dem Mainboard sowie in den Erweiterungssteckplätzen getestet und betriebsbereit.

Start des Betriebssystems und Übergabe der Kontrolle

Nachdem alle Geräte untersucht und initialisiert worden sind, greift das BIOS auf den Bootsektor der Festplatte zu und startet ein kleines Programm (Bootstrap Loader), das Informationen über die Struktur der Festplatte enthält und seinerseits den Start des Betriebssystems veranlasst. Zum Schluss wird der Betriebssystemkern in den Hauptspeicher eingelesen und bekommt dann die Kontrolle über die Hardware.

Vermittler zwischen Hard- und Software

Eigentlich sollte nach dem Start des Betriebssystems die ursprüngliche Rolle des BIOS als Schnittstelle zwischen Hard- und Software zum Tragen kommen, aber moderne Betriebssysteme wie Windows ME oder Windows 9.x bringen Ihre eigenen Gerätetreiber mit, mit denen die Hardware gesteuert werden kann. Lediglich ältere Betriebssysteme wie MS-DOS machen noch von den Funktionen des BIOS Gebrauch.

So sieht die BIOS-Hardware aus

Wie bereits erwähnt, ist das BIOS auf einem nicht flüchtigen ROM-Speicher abgelegt, der seinerseits auf dem Mainboard sitzt. Sie erkennen den Baustein mühelos an dem silbern glänzenden Aufkleber. Das ist aber noch nicht alles, denn um Einstellungen, die der Benutzer gemacht hat, abzuspeichern, muss zusätzlich ein RAM-Baustein vorhanden sein, in den alle individuellen Daten geschrieben werden können. Dazu gehören z. B. die Daten der Festplatte, aber auch die Einstellungen aller Optionen, die im BIOS-Setup angeboten werden.

Der richtige Umgang mit dem BIOS

So sieht ein BIOS-Chip aus (oben rechts)

Der RAM-Speicher ist als so genannter CMOS-Baustein ausgeführt (CMOS steht für **C**omplementary **M**etal **O**xide **S**emiconductor), der mithilfe einer Batterie mit Strom versorgt wird, solange der Computer ausgeschaltet ist. Die Batterie ist in der Regel eine Knopfzelle, die in einem Halter auf dem Mainboard sitzt, aber auf älteren Boards finden sich auch blaue längliche Akkus oder ein Baustein, der eine Kombination aus Uhrenchip und Batterie darstellt (DALLAS-Modul).

Hinweis
Irgendwann ist die Batterie leer

Sollte sich die Lebensdauer der Batterie auf Ihrem Mainboard dem Ende zuneigen, macht sich das dadurch bemerkbar, dass Ihr Computer gelegentlich nach dem Ausschalten alle BIOS-Einstellungen „vergessen" hat. Wenn dieses Phänomen immer häufiger auftritt, wissen Sie, dass die Batterie langsam nicht mehr genug Spannung zur Verfügung stellen kann und ausgetauscht werden muss. Ihr Mainboard oder Ihr BIOS ist deshalb aber noch lange nicht kaputt.

Seit etwa fünf Jahren (etwa zeitgleich mit der Einführung des PCI-Bus) ist der ROM-Baustein des BIOS als so genanntes EEPROM ausgeführt, als „elektrisch lösch- und programmierbares" ROM. Oft wird in diesem Zusammenhang auch von einem Flash-ROM gesprochen, weil der Baustein durch Anlegen einer Spannung von außen „blitz"-artig gelöscht werden kann. Mit der gleichen Methode ist es aber auch möglich, eine neue Programmierung auf dem Baustein dauerhaft abzuspeichern. Das hat den Vorteil, dass durch den Benutzer Updates der BIOS-Software durchgeführt werden können, ohne dass der Baustein als solches ausgetauscht werden muss. Wie und unter welchen Umständen ein BIOS-Update ausgeführt wird, können Sie in Kapitel 10 nachlesen.

Bei Computern, die älter sind, ist das BIOS fest auf einem ROM-Baustein untergebracht, der nicht gelöscht oder gar neu programmiert werden kann. Falls Sie noch Besitzer eines solchen Boards sind, können Sie den Funktionsumfang Ihres Mainboards leider nicht durch ein Update des BIOS erweitern oder auf den Stand der Technik bringen. Hier hilft leider nur der Austausch der Hardware. Als einzige Alternative dazu kann der ganze BIOS-Baustein ausgelötet und durch ein aktuelleres Exemplar ersetzt werden, aber diese Arbeit ist sicher nur etwas für erfahrene Elektronikbastler.

Diese Hersteller gibt's

Erstaunlicherweise gibt es ganze vier BIOS-Hersteller. Pionier der Branche ist (oder war) die Firma Phoenix, die 1983 zusammen mit Compaq die erste BIOS-Software auf den Markt brachte, die nicht als Plagiat des Original-IBM-BIOS angesehen wurde. Später zogen dann die Firmen Award und AMI mit jeweils eigenen BIOS-Versionen für IBM-kompatible PCs nach. Seit 1989 gibt es zusätzlich die Firma Microid Research, die mit ihrem MR-BIOS einige Innovationen eingeführt hat. Im Endverbrauchermarkt sind jedoch kaum Rechner zu finden, die mit einem MR-BIOS ausgestattet sind, weil die Firma ihre Geschäfte offensichtlich auf Großkunden mit individuellen Bedürfnissen ausrichtet.

Seit 1998 existieren sogar nur noch drei Firmen, denn Award ist von Phoenix aufgekauft worden. Dennoch werden die BIOS der Nachfolgefirma weiterhin unter dem Namen Award vertrieben und beherrschen mittlerweile den PC-Markt fast völlig.

Hersteller	Internetadresse
Award	www.award.com bzw. www.phoenix.com
AMI (American Megatrends)	www.ami.com
Phoenix	www.phoenix.com
MR-BIOS	mrbios.com

Jedem Mainboard sein eigenes BIOS

Obwohl es nur drei Hersteller gibt, die mit ihrem BIOS am Markt sind, existieren doch eine Menge unterschiedlicher BIOS-Versionen. Kaum zwei PCs weisen eine identische Bildschirmdarstellung auf, wenn man einen Blick ins BIOS-Setup wirft. Das hat einen ganz einfachen Hintergrund: Award, AMI und MR-BIOS liefern zwar den Softwarekern des BIOS, aber bevor die BIOS-Software komplett ist, müssen unzählige individuelle Anpassungen an die Gegebenheiten des Mainboards vorgenommen werden. Das ist unbedingt notwendig, damit das BIOS einwandfrei mit der Hardware zusammenarbeitet, jeder Parameter spielt dabei eine Rolle: der verwendete Chipsatz, das Board-Layout, die unterstützten CPUs, der Systemtakt, die vorhandenen Spannungsregler, die Anzahl der PCI-Slots ..., die Liste ließe sich beliebig fortsetzen.

Der richtige Umgang mit dem BIOS

Und da sich mit jedem neuen Mainboard-Typ bzw. mit jeder neuen Revision eines bestehenden Mainboards die Gegebenheiten ändern, muss jedes Mal ein neues BIOS her. Das ist auch der Grund, warum Sie bei einem BIOS-Update die passende Software ausschließlich beim Mainboard-Hersteller und nicht beim Hersteller des BIOS bekommen.

Zu den Unterschieden, die durch die Hardware diktiert werden, kommt auch noch die Firmenphilosophie des Herstellers, die das Aussehen eines BIOS bestimmt. Viele Mainboard-Hersteller sind der Auffassung, dass ein Benutzer beim Einstellen des BIOS eher den Betrieb stört, und dementsprechend geben sie nur relativ wenige Optionen für die manuelle Einstellung frei. Andere Hersteller setzen wiederum auf die Freaks und Experten unter ihren Kunden und eröffnen dem Benutzer eine große Vielzahl von Einstellungsmöglichkeiten. So können zwei baugleiche Boards von unterschiedlichen Herstellern trotz identischer Hardware verschiedene BIOS-Versionen aufweisen.

Unterschiede und Gemeinsamkeiten

Für den Benutzer machen sich die Unterschiede zwischen den einzelnen BIOS-Herstellern und -Versionen eigentlich wenig bemerkbar. Trotz aller individuellen Unterschiede unter der Oberfläche sehen die verschiedenen BIOS-Setup-Programme sich sehr ähnlich. Einzige Ausnahme ist ein BIOS, das individuell nach Ihren Wünschen bei MR-BIOS angefertigt wurde.

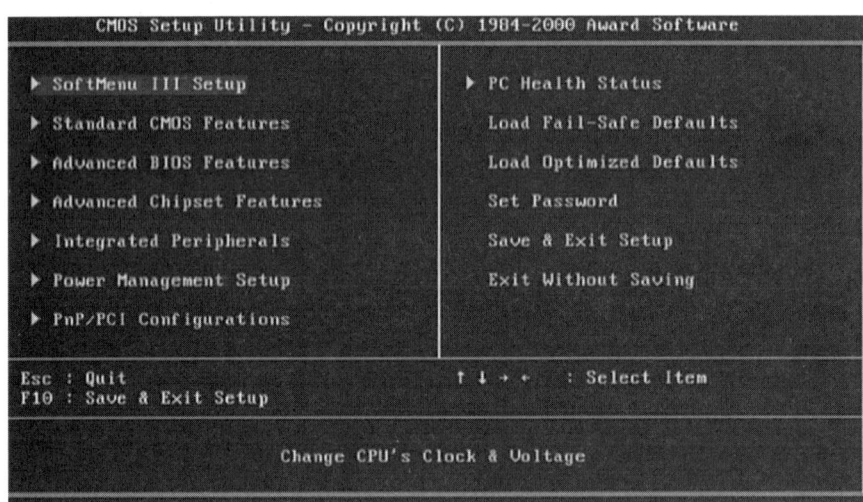

Weithin verbreitet und bekannt: Das Modular Award-BIOS

Vor allen Dingen das Setup des weit verbreiteten „blauen" Modular Award-BIOS und das Setup des AMI-BIOS sehen sich sehr ähnlich und weisen auch sehr ähnliche Bezeichnungen für Menüs und Optionen auf. Im Folgenden haben wir eine Tabelle zusammengestellt, in der wir die Menüs der beiden Versionen gegenübergestellt haben:

BIOS-Hintergründe

Award-BIOS	AMI-BIOS	Bedeutung
!! CPU Soft Menu !!	–	Taktfrequenz und Betriebsspannung der CPU
Standard CMOS Setup	Standard CMOS Setup	Festplattenlaufwerke, Floppy-Laufwerke, Datum, Uhrzeit, Art der Grafikkarte
Bios Features Setup	Advanced CMOS Setup	hier finden Sie z. B. Einstellungen zur Bootreihenfolge, zum Schreibschutz des Bootsektors und zur Tastaturwiederholrate
Chipset Features Setup	Advanced Chipset Setup	hier werden alle Chipsatz-spezifischen Einstellungen getroffen, z. B. das Speicher-Timing oder AGP-Grafikoptionen
Power Management Setup	Power Management BIOS Setup	Einstellungen zu den Stromsparfunktionen und zu den Geräten, die den Rechner „aufwecken"
PNP and PCI Setup	PCI/Plug & Play Setup	hier wird die Verteilung der Systemressourcen auf die Erweiterungskarten eingestellt
Integrated Peripherals	Peripheral Setup	Einstellungen zu Schnittstellen und integrierten Festplatten-Controllern
IDE HDD Auto Detection	Auto-Detect Harddisks	automatische Erkennung der angeschlossenen Festplatten
User Password	Change User Password	Setzen eines Passworts für den Rechnerstart
Supervisor Password	Change Supervisor Password	Setzen eines Passworts für den Start des BIOS-Setup
Load Setup Defaults	Autoconfiguration with Optimal Settings	Setzen der BIOS-Optionen auf Optimalwerte
Load BIOS Defaults	Autoconfiguration with Fail Safe Settings	Setzen der BIOS-Optionen auf Standardwerte
Save & Exit Setup	Save Settings and Exit	Speichern aller Veränderungen und Verlassen des BIOS
Exit Without Saving	Exit Without Saving	Verwerfen aller Änderungen und Verlassen des BIOS

Eine Ausnahme bildet das „graue" Medaillon Award BIOS, das auf vielen aktuellen Mainboards zu finden ist.

Diese Art des BIOS-Setup ist etwas anders aufgeteilt. Man hat wohl versucht, das Design der Windows-Dialogfensteroptik anzupassen, die den meisten Benutzern bekannt ist. Anstelle der vertikalen Anordnung finden sich die Menüeinträge in einer horizontalen Leiste am oberen Rand des Bildschirms. Die verwendeten Begriffe sind wiederum so ähnlich, dass Sie sich sofort zurechtfinden sollten.

Das Medaillon-Award-BIOS

1.2 Bevor Sie loslegen: Sicherheitsmaßnahmen

Natürlich gehört an den Anfang eines Buchs über das BIOS-Setup ein Abschnitt über Sicherheitsmaßnahmen und die richtige Vorgehensweise beim Verändern der verschiedenen Einstellungen. Wir möchten Sie ja schließlich nicht ganz unvorbereitet in den Dschungel der Optionen und Hardwareeinstellungen schicken. Und einige der verfügbaren Menüeinträge haben es in sich: Je nach Option und Einstellung kann es zu massiven Betriebsstörungen kommen. In manchen Fällen kann der Rechner sogar nicht mehr bootfähig sein, nachdem Sie im BIOS etwas verstellt haben, denken Sie z. B. an die Taktfrequenz oder die Spannungsversorgung des Prozessors. Deshalb sagen wir Ihnen, wie Sie Ihr BIOS richtig behandeln, wie Sie mit den richtigen Methoden die optimale Leistung herauskitzeln.

Backup des BIOS anlegen

Ein (elektronisches) Backup ist vor allen Dingen vor einem Update des BIOS notwendig. Falls es während der Durchführung des Schreibvorgangs zu einem Problem kommt, beispielsweise weil Sie nicht exakt die richtige BIOS-Version verwenden, können Sie die alte Version wieder aufspielen. Aber auch direkt nach dem Kauf eines Rechners empfiehlt sich das Backup: Falls Sie nämlich durch einen Fehler oder den Verlust des Passworts das BIOS löschen müssen,

müssen Sie nicht alle Einstellungen von Hand rekonstruieren. Wie das Anlegen einer Sicherheitskopie genau geht und wie Sie die Sicherung zur Wiederherstellung nutzen, können Sie in Kapitel 10 ab Seite 231 nachlesen.

Es gibt aber auch noch eine andere Form der Sicherheitskopie, die Ihnen im Fall von Problemen weiterhilft: das Aufschreiben oder Ausdrucken aller Einstellungen auf Papier. Bevor Sie darangehen, Ihren PC auf Hochleistung zu trimmen, sollten Sie sich die Einstellungen aller Optionen in den unterschiedlichen Menüs notieren, um eine Referenz für die eventuelle Wiederherstellung des Urzustands zu haben. Entweder benutzen Sie dazu ganz altmodisch Papier und Bleistift, oder Sie lassen den Bildschirm mithilfe der [Druck]-Taste auf Ihrem Drucker ausgeben (bei Award bis zur Version 6.0). Falls der Ausdruck nicht sofort startet, hilft oft ein mehrfaches Drücken der [Druck]-Taste oder ein Druck auf die Papiervorschubtaste am Drucker.

Safety first: Einzelne Schritte erleichtern den Rückweg

Ein stabiler und schneller Rechner ist nur dann das Ergebnis Ihrer Bemühungen, wenn Sie mit großer Sorgfalt vorgehen. Die wichtigste Regel lautet:

„Nehmen Sie jeweils nur einzelne Veränderungen vor. Stellen Sie jeweils nur eine einzelne Option ein, bevor Sie die Auswirkungen auf Leistung und Stabilität testen."

Auf diese Weise können Sie einerseits unterscheiden, welche Einstellungen sich stärker oder weniger stark auf das Verhalten des Rechners auswirken, andererseits können Sie den letzten Schritt ganz einfach rückgängig machen, wenn es Probleme mit der Stabilität gibt oder der Rechner nicht mehr bootet.

Testen der Veränderungen

Nach allen Einstellungen, die dazu dienen, die Performance zu verbessern, sollten Sie den Erfolg mithilfe eines Benchmark-Programms wie SiSoft Sandra, 3DMark2001 oder Dr. Hardware überprüfen. Dann wissen Sie genau, welche Auswirkungen das Verändern der letzten Einstellung auf Ihren Rechner gehabt hat. So können Sie z. B. das Speicher-Timing oder die Taktfrequenz der CPU Schritt für Schritt an ihre optimale Einstellung heranbringen.

Dazu gehört allerdings auch die genaue Beobachtung des Systemverhaltens: Laufen alle Programme stabil, oder gibt es häufige Abstürze? Bootet der Rechner jedes Mal einwandfrei, oder bleibt er zwischendurch hängen? Falls Sie feststellen sollten, dass Ihr Rechner nach einer Veränderung nicht mehr so zuverlässig läuft, sollten Sie die letzte Einstellung rückgängig machen.

1.3 So geht's ins BIOS

Noch bevor Sie Ihre ersten Schritte im BIOS-Setup machen können, steht zwangsläufig der Aufruf des Setup-Programms auf der Tagesordnung. Und in den allermeisten Fällen ist das denkbar einfach:

Drücken Sie die [Entf]- (bzw. [Del]-)Taste, solange beim Bootvorgang die Zeile *Press [Del] to enter Setup* am unteren Bildschirmrand angezeigt wird. Danach erscheint sofort der Bildschirm des Setup-Programms.

Bei älteren Mainboards kann sich die Vorgehensweise jedoch etwas von dieser Standardprozedur unterscheiden.

Verschiedene Zugangsvarianten

Bis vor wenigen Jahren war der Zugang ins BIOS-Setup noch nicht so einheitlich geregelt wie zurzeit. Die folgende Tabelle gibt, nach Herstellern geordnet, einen Überblick darüber, welche unterschiedlichen Tastenkombinationen es gibt, das Setup beim Rechnerstart aufzurufen.

Hersteller	Mögliche Tastenkombinationen
Award	[Entf]
	[Strg]+[Alt]+[Esc]
	[Strg]+[Alt]+[S]
	[F2]
AMI	[Entf]
	[F1]
Phoenix	[Entf]
	[Strg]+[Alt]+[Esc]
	[Strg]+[Alt]+[S]
	[F2]
Compaq	[F10] (Setup wird von der Festplatte geladen)
Gateway	[F1]

Hersteller	Mögliche Tastenkombinationen
Toshiba	[Esc]
	[F1]
NEC	[F2]
DELL	[Reset]
	[Alt]+[Enter]
AST	[Strg]+[Alt]+[Esc]
Zenith	[Strg]+[Alt]+[Einfg]
Tandon	[Strg]+[Umschalt]+[Esc]
Olivetti	[Umschalt]+[Entf]
	[Alt]+[Entf]
	[Strg]+[Entf]
Vobis	[Strg]+[Alt]+[Esc]

Manchmal hilft nur ein Trick

Falls keine der oben aufgelisteten Methoden funktioniert, gibt es noch einen Trick, um die richtige Tastenkombination herauszufinden: Halten Sie beim Start des Rechners so lange die [Leertaste] gedrückt, bis eine Fehlermeldung erscheint. In diesem Fall wird bei vielen Rechnern eine Meldung eingeblendet, die den Weg ins BIOS weist. Alternativ dazu können Sie auch versuchen, einfach die Tastatur auszustecken und dann die Fehlermeldung abzuwarten. Beim nächsten Start stellen Sie die Verbindung wieder her und drücken die angezeigte Tastenkombination.

> **Hinweis**
>
> **Ein Logo versperrt den Weg**
>
> Bei einigen Markenrechnern (wie z. B. beim Aldi-PC) oder auch bei bestimmten Mainboard-Herstellern wird die Einschaltmeldung durch ein Logo verdeckt. Sie sehen nur eine Grafik, bis das Betriebssystem startet, und während dieser Zeit reagiert der PC nicht auf die [Entf]-Taste. Dieses Logo können Sie aber mit einem Druck auf [Esc] verschwinden lassen. Danach sehen Sie alle Details des Startvorgangs, und die Tastenkombination für den Weg ins BIOS-Setup funktioniert auch wieder.

1.4 Passwort vergessen? Zugang gesperrt? – So geht's trotzdem

Das ist natürlich eine ärgerliche Situation: Sie haben einen nagelneuen PC erstanden, und der Händler oder Hersteller hat den Zugang zum BIOS-Setup mit einem Passwort geschützt. Oder Sie kommen gerade vom Computerflohmarkt, bauen das gebrauchte Mainboard ein, und der Rechner verlangt hartnäckig ein Passwort, bevor er startet. Normalerweise würden Sie jetzt wahrscheinlich davon ausgehen, dass jegliche Liebesmüh vergeblich sei, denn was soll man schon ausrichten, wenn der Rechner ohne Kennwort einfach gar nichts macht? Nun ja, es gibt da einige Möglichkeiten, den Passwortschutz zu umgehen. Wir zeigen Ihnen, wie Sie schnell und sicher den begehrten Zugang erhalten.

> **Hinweis**
>
> **Zugang nur für Berechtigte**
>
> Mit Ihrem Privateigentum können Sie natürlich machen, was Sie wollen, also ist dort das Knacken eines vorhandenen Passwortschutzes auch völlig in Ordnung. Etwas anders sieht die Sache jedoch aus, wenn es sich bei dem gesperrten Rechner um das Eigentum einer fremden Person handelt oder etwa Ihres Arbeitgebers. Ohne ausdrückliche Befugnis ist es Ihnen natürlich nicht gestattet, sich Zugang zu verschaffen. Je nachdem, um welche Art von Computer es sich handelt, laufen Sie sogar Gefahr, sich strafbar zu machen. Falls Sie im BIOS-Setup einen Fehler verursachen und später ein Fachmann den Schaden beseitigen muss, dürften Ihnen in jedem Fall die Kosten für den Eingriff zur Last gelegt werden, und den Ärger mit Chef und Systemadministrator gibt's gratis.

Löschen des Passworts

Unter Windows ist es relativ einfach, ein gesetztes Passwort einfach zu löschen. Das setzt aber voraus, dass Ihr Rechner noch startet, also nur das BIOS-Setup geschützt ist. Falls Sie bereits nach dem Einschalten mit der Frage nach dem richtigen Passwort begrüßt werden, ist diese Methode nutzlos.

Der richtige Umgang mit dem BIOS

1. Starten Sie den Rechner im MS-DOS-Modus. Das können Sie unter Windows ME ausschließlich durch die Verwendung einer Startdiskette erreichen. Unter Windows 9.x drücken Sie die Taste [F8], während die Meldung *Windows 9x wird gestartet* angezeigt wird. Wählen Sie im daraufhin angezeigten Bootmenü den Eintrag *Nur Eingabeaufforderung*.

2. Geben Sie an der DOS-Eingabeaufforderung folgende Zeilen ein (nach jeder Zeile [Enter]):

   - für ein Award- oder AMI-BIOS:

   ```
   Debug
   - o 70 17
   - o 71 17
   Q
   ```

   - für ein Phoenix-BIOS:

   ```
   Debug
   - o 70 FF
   - o 71 17
   Q
   ```

> **Tipp**
>
> **Wechseln Sie in den DOS-Ordner**
>
> Falls Ihr Computer nach der Eingabe des Befehls *Debug* nur mit der Meldung *Befehl oder Dateiname nicht gefunden* reagiert, existiert wohl in Ihrer Konfiguration keine Pfadangabe zum Verzeichnis mit den DOS-Befehlen. Wechseln Sie einfach ins Verzeichnis *c:\windows\command*, danach wird der Befehl gefunden.

3. Nach dieser Prozedur starten Sie den Rechner neu, das BIOS-Setup sollte sich jetzt ohne Passwortabfrage aufrufen lassen.

Sollte diese Vorgehensweise bei Ihrem PC keinen Erfolg gehabt haben, gibt es aber noch andere Möglichkeiten, vorhandene Passwörter zu umgehen oder zu löschen.

Liste mit Universalpasswörtern

Eine andere elegante Methode, in ein geschütztes BIOS einzudringen, ist die Verwendung eines Universalpassworts, mit dem die verschiedenen Hardwarehersteller sich meistens eine Hintertür ins BIOS offen halten. Eigentlich dient diese Hintertür natürlich „administrativen Zwecken", soll also sicherstellen, dass ein Techniker auf jeden Fall Zugang erlangt, wenn eine Reparatur oder Fehlersuche durchgeführt werden muss. Sie ist aber vor allen Dingen sehr praktisch, wenn Sie Ihren eigenen PC von einem fremden Passwort befreien müssen. In den folgenden Tabellen finden Sie alle Universalpasswörter, die uns bekannt sind und die sich als funktionierend herausgestellt haben.

Passwort vergessen? Zugang gesperrt? – So geht's trotzdem

Tipp

Beachten Sie die Schreibweise

Probieren Sie bei der Schreibweise sowohl Klein- und Großschrift bzw. große oder kleine Anfangsbuchstaben aus. Und bedenken Sie, dass [Y] und [Z] sowie [-] und [?] wegen der englischen Tastaturbelegung bei Eingaben im BIOS vertauscht sind. Sie sollten daher immer beide Schreibweisen ausprobieren.

Passwörter Award-BIOS

589721	598598	589589
01322222	256256	595595
1EAAh	admin	award_?
award sw	AWARD?PW	AWARD?SW
aPAf	award_sw	award_ps
award	AWCRACK	awkward
AW	aLLy	award.sw
ALFAROME	Award_PW	alfarome
AWARD_SW	AWARD SW	BIOS
bios*	biostar	biosstar
biostarefmukl	BIOS310	BIOSTAR
CONCAT	CONDO	CONDO,
condo	CTXA	CMOSPWD
Compleri	djonet	efmukl
g6PJ	h6BB	HELGA-S
HEWITT RAND	HLT	helgasss
j09F	j256	j262
j322	j64	KILLCMOS
key	KDD	lkw peter
lkwpeter	LKWPETER	master
master_key	PASSWORD	SER
SW_AWARD	setup	SKY FOX
syxz	SKY_FOX	Sxyz
SWITCHES_SW	SZYX	TzqF
t0ch88	TTPTHA	t0ch20x
ttptha	wodj	Wodj
ZAAADA	zbaaaca	ZBAAACA
zjaaadc	ZJAAADC	zjaaade
		?award

Passwörter AMI-BIOS

amipswd	ami0	AMISETUP
ami.kez	AMI_SW	AMI
aammii	amiami	A.M.I.
ami	AM	A.M.I
amidecod	AMI?SW	AMI!SW
AMI.KEY	AMI~	AMIBIOS
AMIPSWD	AMIDECOD	ami.key

Der richtige Umgang mit dem BIOS

amipswd	ami0	AMISETUP
ami°	BIOSPASS	bios310
BIOS	CMOSPWD	HEWITT RAND
HEWITTRAND	helgaßs	killcmos
PASSWORD	589589	

Passwörter Phoenix-BIOS

BIOS	CMOS	phoenix	PHOENIX

Passwörter verschiedener PC-Hersteller

Hersteller	Passwörter	Hersteller	Passwörter
Advance Integration	Advance	Leading Edge	MASTER
Amptron	Poirty	MachSpeed	sp99dd
AST	SnuFG5	Magic-Pro	prost
Biostar	Biostar	Megastar	Star
	Q54arwms		star
Compaq	Compaq	Micron	sldkj754
Concord	last		xyzall
CTX International	CTX_123	Micronics	dn_04rjc
CyberMax	Congress	M Technology	mMmM
Daewoo	Daewuu	Nimble	xdfk9874t3
Daytec	Daytec	Nurit	(none)
DELL	DELL	Packard Bell	Bell9
	Dell		bell9
Digital Equipment	komprie	QDI	QDI
Epox	central		lesaroti
Enox	xo11nE	Quantex	teX1
Freetech	Posterie		xljlbj
Hewlett-Packard (HP-Vectra-Serie)	hewlpack	Research	Col2ogro2
IBM	IBM	RM	RN
	MBIUO	Shuttle	Space
	sertafu	Siemens Nixdorf	SKY_FOX
	merlin	Speedeasy	lesarot1
Iwill	Iwill	SuperMicro	ksdjfg934t
Jet Way	spoom1	Toshiba	24Banc81
Joss Technology	57gbz6		Toshiba
	57gbzb		toshy99
	Technolgi	TMC	BIGO
	technolgi	Tiny	Tiny

> **Hinweis**
>
> **Passwörter als Diebstahlschutz**
> Gerade bei Notebooks funktioniert die Umgehung des BIOS- bzw. Benutzerpassworts mit einem Universalpasswort nur noch in den allerseltensten Fällen. Das liegt daran, dass das Benutzerkennwort eine Art Diebstahlschutz darstellt, mit dem Langfingern der Spaß an einem geklauten Rechner verdorben wird. Falls Sie also das Passwort zu Ihrem eigenen Notebook verloren haben oder ein gebrauchtes Notebook mit Passwortschutz bekommen haben, stehen die Chancen bei modernen Geräten nicht sehr gut. In dem Fall können Sie sich nur noch an den Hersteller wenden und dort – gegen eine saftige Gebühr – das Passwort löschen lassen.

Die letzte Rettung: Löschen des CMOS

Falls keines der oben angegebenen Kennwörter Ihnen Zugang zum BIOS verschafft hat und Sie mit einem Rechner arbeiten, auf dem kein Microsoft-Betriebssystem zur Verfügung steht, gibt es immer noch die Möglichkeit, eine härtere Gangart zu wählen: Das BIOS bzw. die gespeicherten Benutzerdaten des BIOS können dadurch gelöscht werden, dass Sie die Stromversorgung unterbrechen oder die Löschfunktion auf dem Mainboard benutzen. In beiden Fällen gehen alle Einstellungen einschließlich der Passwörter verloren, Sie müssen also nach der Maßnahme zumindest alle Festplatten und Laufwerke neu anmelden, gegebenenfalls die Bootreihenfolge korrekt festlegen usw., damit Ihr PC wieder bootfähig wird.

1 Öffnen Sie den PC. Dazu entfernen Sie an der Gehäuserückseite mit einem Kreuzschlitz-Schraubendreher alle Schrauben, die den Deckel und/oder die Seitenwände festhalten. Bei einigen PCs mus dazu zuerst eine Plastikblende entfernt werden, mit der die Rückseite verkleidet ist, um an alles heran zu kommen. Danach können Sie den Deckel bzw. die Seitenwände nach hinten schieben und abnehmen.

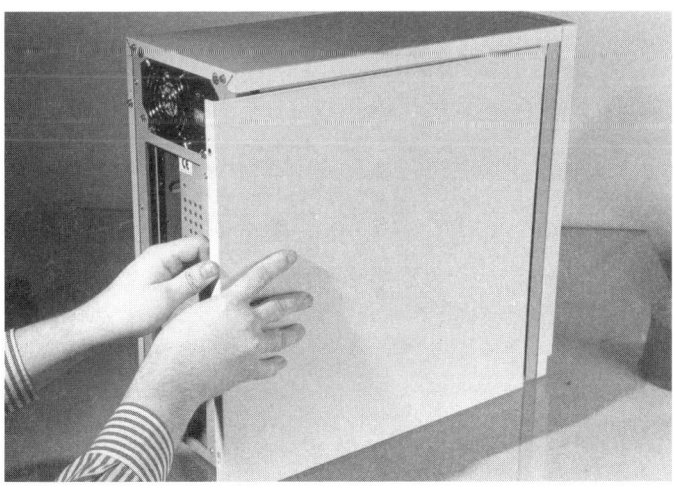

Der richtige Umgang mit dem BIOS

> **Hinweis**
>
> **Öffnen des PCs**
>
> Achten Sie beim Öffnen des Rechners auf allgemeine Sicherheitsmaßnahmen, die immer gelten, wenn Sie am offenen PC arbeiten. Fahren Sie den Rechner herunter, nehmen Sie ihn vom Netz, entladen Sie sich und achten Sie auf eine geordnete Arbeitsumgebung. Hinweise zum optimalen Arbeiten am PC finden Sie im Buch „PC aufrüsten und reparieren", ebenfalls bei DATA BECKER erschienen.

2 Suchen Sie auf dem Mainboard die Knopfzellenbatterie, mit der das BIOS mit Strom versorgt wird.

3 Heben Sie die Batterie vorsichtig an, bis Sie seitlich aus dem Plastiksockel geschoben werden kann, und nehmen Sie sie heraus. Achtung: Sie sollten die Batterie wirklich nur ein kleines bisschen anheben, denn sonst laufen Sie Gefahr, dass die Kontaktfeder auf der Oberseite abbricht.

4 Alternativ dazu können Sie versuchen, eine Steckbrücke zum Löschen des BIOS-Setups zu finden, diese nützliche Einrichtung ist aber nicht bei allen Mainboards vorhanden. In der Regel handelt es sich dabei um einen einfachen Jumper, der geschlossen werden muss, oder um drei Kontaktstifte, bei denen die Verbindung beispielsweise von 1-2 auf 2-3 umgesteckt werden muss. Die Beschriftung lautet meist *Clear CMOS*. Wie das bei Ihrem eigenen Mainboard gelöst ist, müssen Sie dem zugehörigen Handbuch entnehmen oder durch einen genauen Blick auf die Beschriftung der Platine herausfinden. Falls Sie keinen Jumper finden, bleibt Ihnen die Methode mit der Batterie.

Hinweis
Bei älteren Boards geht's nicht so einfach

Wer Pech hat, besitzt einen älteren PC mit einem Motherboard, auf dem sich ein so genanntes DALLAS-Modul befindet. Dieses Modul enthält die Batterie und den Uhrenbaustein und ist sehr leicht zu erkennen. Es handelt sich um ein kleines schwarzes Kästchen mit der fetten Aufschrift DALLAS sowie einigen weiteren Angaben. Um das BIOS zu löschen, müssen Sie das Modul aus der Platine herauslöten, ca. 30 Minuten warten und es dann wieder einlöten. Es sei nicht verschwiegen, dass es sich bei dieser Arbeit um eine heikle Angelegenheit handelt: Es besteht nämlich die Gefahr, die empfindlichen elektronischen Bauteile beim Löten zu überhitzen und damit zu zerstören. Wenn Sie keine ausreichende Löterfahrung besitzen, sollten Sie vielleicht von einem Versuch absehen. Das Gleiche gilt übrigens für die Motherboards, bei denen ein aufgelöteter Akku (ein blaues, gewelltes, zylinderförmiges Bauteil) das BIOS mit Strom versorgt.

So löschen Sie das BIOS bei einigen Markenherstellern

Wie immer gibt es einige Fälle, in denen andere Wege beschritten werden müssen, um die Einstellungen des BIOS-Setup zu löschen. Vor allen Dingen die Hersteller von Marken-PCs gehen da ihre eigenen Wege. Wir haben einige Beispiele zusammengestellt, wo spezielle Maßnahmen nötig sind.

Siemens-Fujitsu (Boards ab Version D1025)

Die Boards verfügen über einen undokumentierten DIP-Schalter, der den Passwortschutz des BIOS-Setup aufhebt. Erkennbar ist dies in der Dokumentation an der Bezeichnung *muss immer auf off eingestellt sein*. Die Schalternummer ist nicht immer die gleiche, die Position ist aber immer neben dem Schalter *System-BIOS wiederherstellen*. Ist dieser Schalter auf *on* gestellt, kommt man ins Setup-Programm, auch wenn ein Passwort gesetzt wurde.

Die neueren Boards ab Version D1170 haben zwei oder drei entsprechend gekennzeichnete DIP-Schalter. In dem Fall müssen Sie nur herausfinden, welcher der richtige ist.

Der richtige Umgang mit dem BIOS

Beim D1171-Board (Scenic xB, PIII 800) sind in der Dokumentation die DIP-Schalter 1 und 4 als *muss immer off sein* beschrieben. DIP-Schalter 1 auf *on* löscht sowohl das BIOS-Setup als auch das Systempasswort (beide sind auch nach dem Zurückstellen deaktiviert).

Gericom Silver Seraph

Es befinden sich zwei sehr kleine Kontaktplättchen unterhalb des RAM-Speichers. Wenn diese für ca. 4 Sekunden (ohne jegliche Stromzufuhr) überbrückt werden, wird das BIOS auf *Default* zurückgesetzt.

Gigabyte 586 HX

Das CMOS lässt sich löschen, indem Sie das mitgelieferte Flashprogramm aufrufen und den Parameter /cc anhängen.

Phoenix-BIOS

Wer bei seinem Phoenix das Passwort vergessen hat, kann folgende Methode ausprobieren: beim Start des Rechners, noch bevor die erste Anzeige im Monitor erscheint, die Taste [1] (nicht im Nummernblock) drücken.

TOSHIBA-Notebooks

Bei der ersten Passwortabfrage nur [Enter] drücken und beim nächsten Mal [Y] und [Enter] eingeben. Damit kommen Sie in einigen Fällen ins BIOS-Setup und können ein neues Passwort eingeben.

Ein andere Methode ist es, beim Booten die linke [Umschalt]-Taste gedrückt zu halten, um den Passwortschutz zu umgehen.

Der dritte Weg ist etwas komplizierter und erfordert zusätzlich einen zweiten Rechner, auf dem ein Hex-Editor installiert ist.

1. Starten Sie den zweiten PC und rufen Sie nach dem Start des Betriebssystems den Hex-Editor auf.

2. Legen Sie eine leere, formatierte Diskette in Laufwerk A: ein.

3. Ändern Sie die ersten fünf Bytes von Sektor 2 (der Bootsektor ist Sektor 1) in: 4B 45 59 00 00.

4. Nach dem Speichern haben Sie eine Diskette, die wie ein Schlüssel ins BIOS funktioniert.

5. Stecken Sie die Diskette in das Notebook-Laufwerk.

6. Starten Sie das Notebook. Unmittelbar danach (noch vor dem Erscheinen der POST-Meldung) drücken Sie die Reset-Taste.

7 Drücken Sie die [Enter]-Taste, wenn Sie nach dem Passwort gefragt werden.

8 Sie werden nun gefragt, ob Sie ein Passwort eingeben wollen. Drücken Sie [Y] und dann [Enter].

9 Sie können jetzt das neue Passwort eingeben.

TOSHIBA Satellite 4090XCDT

Halten Sie die [Esc]-Taste fest und schalten Sie den Rechner dann ein. Erst nach dem Start lassen Sie die Taste los. Anschließend wird die Meldung *Check System, then press* [F1] *key* angezeigt, ein Druck auf [F1] öffnet dann den Weg ins BIOS.

Compaq-Rechner

Viele Compaq-Rechner haben das Setup nicht im BIOS implementiert, sondern auf einer Servicepartition der Festplatte gespeichert. Es genügt, beim Start [F10] zu drücken, um in das Setup zu kommen. Wenn Sie aber z. B. die Festplatte neu partitioniert haben, müssen Sie sich eine Setup-Diskette von Compaq holen, die Sie unter http://www.compaq.com/support/files/index.html finden. Sie müssen dabei nach der Serie Ihres Compaq, der entsprechenden Sprache und dem verwendeten Betriebssystem suchen und dann die entsprechende Software herunterladen.

1.5 Leicht und flüssig: Der richtige Umgang mit Menüs und Optionen

So, jetzt haben Sie's geschafft: Passwortabfragen und unbekannte Zugangswege sind überwunden, und Sie haben das BIOS-Setup vor sich. Dieses Setup-Programm besteht aus einer Vielzahl von Menüs und Untermenüs, in denen furchtbar viele verschiedene Optionen und Einstellungen zu finden sind. Was diese Optionen im Einzelnen zu bedeuten haben, lesen Sie in den anderen Kapiteln dieses Buchs, als Erstes möchten wir Sie in die richtige Bedienung der Menüs einweisen.

Navigieren in Menüs

Da es mit einer einzigen Ausnahme nur BIOS-Versionen gibt, die mit der Tastatur bedient werden, können wir uns natürlich ganz auf die Verteilung der Tastenfunktionen konzentrieren.

Der richtige Umgang mit dem BIOS

- An erster Stelle stehen dabei sicher die vier Pfeiltasten, die sich rechts neben dem Haupttastenfeld auf Ihrer Tastatur befinden. Hiermit bewegen Sie den Cursor bzw. die Markierung, die anzeigt, welches Menü bzw. welche Option gerade aktiviert ist.

- Genauso wichtig ist die [Enter]-Taste, mit der Sie eine Auswahl treffen, also ein markiertes Menü öffnen oder das Auswahlmenü einer bestimmten Option aufrufen.

- Mit den [Bild↑]- und [Bild↓]-Tasten blättern Sie direkt durch die verschiedenen Werte, die bei einer Option zur Verfügung stehen. Falls Sie also z. B. die Bootreihenfolge einstellen möchten, drücken Sie die eine der beiden Tasten, um sich nacheinander „A,C", „C,A" usw. anzeigen zu lassen. Bei den neusten BIOS-Versionen funktioniert aber oft nur noch die [Enter]-Taste zum Öffnen eines Auswahlmenüs.

- Mit der [Esc]-Taste verlassen Sie alle Optionen, Menüs und das BIOS-Setup selbst. Achtung: Während beim Verlassen eines Menüs auf diesem Weg alle Einstellungen erhalten bleiben, werden beim Verlassen des BIOS-Setup auf diesem Weg alle Veränderungen verworfen. Eine Sicherheitsabfrage weist Sie allerdings darauf hin.

- Bei neueren BIOS-Versionen werden die Tasten [+] und [-] eingesetzt, wenn es darum geht, die Bootreihenfolge einzustellen. Die Plustaste stuft ein Gerät höher ein, die Minustaste geringer.

- Anders dagegen die Funktion der Taste [F10]. Ein Druck darauf beendet zwar das Setup, aber alle Änderungen werden vorher gespeichert. Sie ist damit der Shortcut für den Menüpunkt *Save and Exit Setup*.

- Die Taste [F6] ist eine Abkürzung des Menüpunkts *Load BIOS Defaults*. Damit werden also alle Standardwerte des BIOS geladen, so wie sie vom BIOS-Hersteller vorgegeben werden. Dabei wird die Leistungsfähigkeit der Hardware ignoriert und eine langsame, aber nahezu immer funktio-

Leicht und flüssig: Der richtige Umgang mit Menüs und Optionen

nierende Einstellung gewählt. Benutzen Sie diese Taste nur zur Fehlerbehebung, also falls Ihr Rechner nicht mehr stabil läuft und Sie die gemachten Änderungen nicht mehr nachvollziehen können.

- Die Taste [F7] ist eine Abkürzung des Menüpunkts *Load Setup Defaults*. Ähnlich wie bei den *BIOS Defaults* hat diesmal der Mainboard-Hersteller einen Satz von Standardeinstellungen vorgegeben. Dabei können die Eigenschaften des Mainboards (von denen der BIOS-Hersteller ja keine genaue Kenntnis hat) stärker berücksichtigt werden. Die *Setup Defaults* (manchmal auch *Optimized Defaults*) sind also etwas weniger konservativ, gewährleisten aber auch einen stabilen Betrieb.

- Mit der Taste [F5] verwerfen Sie alle Änderungen, die Sie bisher gemacht haben, ohne das Setup zu verlassen.

Die wichtigsten Tasten in dieser Liste sind die vier erstgenannten Positionen, also die Pfeiltasten, [Enter], [Esc], [Bild↑], [Bild↓] und [Esc], denn damit erledigen Sie 99 % aller Arbeiten im BIOS-Setup. Mit den Pfeiltasten bewegen Sie sich auf ein gewünschtes Menü, öffnen es mit der [Enter]-Taste, bewegen sich wieder, blättern mit [Bild↑] und [Bild↓] durch die Werte einer bestimmten Option, verlassen das Menü mit [Esc] und wählen zum Schluss wie gewohnt den Menüpunkt *Save and Exit Setup*, um alle Änderungen abzuspeichern und das Setup zu verlassen.

Tastenbelegung der unterschiedlichen Hersteller

Funktion	Award-BIOS	AMI-BIOS	Phoenix-BIOS
Bewegen	Pfeiltasten	Pfeiltasten	Pfeiltasten
Auswahl	[Enter]	[Enter]	[Enter]
Durch Optionen blättern	[Bild↑], [Bild↓]	[Bild↑], [Bild↓]	[Bild↑], [Bild↓]
Gerät in der Bootreihenfolge einstufen	[+], [−]		
Verlassen	[Esc]	[Esc]	[Esc]
Speichern und Setup verlassen	[F10]		
Alte Werte laden	[F5]		
BIOS-Standardwerte laden	[F6]		
Setup-Standardwerte laden	[F7]		
Farbdarstellung ändern	[Umschalt]+[F2]		

Besonderheit: BIOS-Setup mit Mausbedienung

Ein einziges Mal ist von der Firma Phoenix der Versuch gestartet worden, ein BIOS mit Mausbedienung (das so genannte Win-BIOS) zu etablieren. Offensichtlich war diese Technik aber nicht sehr erfolgreich, denn bereits nach relativ kurzer Zeit sind diese BIOS-Versionen wieder von der Bildfläche verschwunden. Falls Sie der Besitzer eines Mainboards sind, auf dem ein Win-BIOS implementiert ist, können Sie das BIOS-Setup ganz komfortabel mit der Maus bedienen. Sie werden sich sofort zurechtfinden, denn die Standards sind an die Windows-Oberfläche angeglichen.

Der richtige Umgang mit dem BIOS

2. Anmelden und Optimieren von Festplatten

Egal, ob Sie eine neue Festplatte in Ihren PC eingebaut haben ob Sie einen CD-Brenner nachgerüstet haben oder ob Sie ein BIOS-Update durchgeführt haben: Der erste Schritt nach dem Neustart des Rechners ist das Anmelden der Festplatte (bzw. des anderen Laufwerks). Ohne diese Anmeldung ist kein Betriebssystem dazu in der Lage, auf die gespeicherten Daten zuzugreifen. Damit wird allerdings nur die Grundlage für einen ersten Zugriff gelegt, im BIOS existieren noch eine ganze Reihe zusätzlicher Optionen, die den Betrieb der angeschlossenen Laufwerke nachhaltig beeinflussen. Je nachdem, ob Sie von einem SCSI-Laufwerk booten, einen IRQ einsparen oder zwei Festplatten über einen RAID-Controller spiegeln möchten, die entsprechenden Parameter müssen gesetzt werden. In diesem Kapitel stellen wir Ihnen alle maßgeblichen Optionen vor, sagen Ihnen, wo sie zu finden sind, und erklären die richtigen Einstellungen.

- Im ersten Abschnitt wird die richtige Anmeldung der Festplatte beschrieben. Obwohl die automatische Erkennung heutzutage sehr leistungsfähig ist, kann es an manchen Stellen doch zu Problemen mit älteren oder ganz neuen Festplatten kommen. Lesen Sie nach, was sich hinter „Zylindern", „Köpfen" und „Spuren" verbirgt, wie die Verwaltung von Festplatten funktioniert und wie Sie die richtigen Einstellungen im BIOS treffen.

- Danach geht es darum, wie Sie Ihren PC dazu bewegen, von einem anderen Laufwerk als der ersten angemeldeten Festplatte zu booten. Das ist immer der Fall, wenn Sie einen neuen PC von Diskette oder CD starten müssen oder wenn Sie mit einem SCSI- bzw. ATA-Controller arbeiten.

- Mit der Entwicklung immer schnellerer Festplatten und Controller hat sich die Art der Datenübertragung ebenfalls verändert. Der EIDE-Standard, dem alle Laufwerke entsprechen, teilt sich in die Unterstandards PIO und UDMA auf. Wie Sie im BIOS die notwendigen Optionen für den Betriebsmodus jedes angeschlossenen Laufwerks finden und einstellen, lesen Sie im dritten Teil des Kapitels.

- Neben den Einstellungen, die wir bisher vorgestellt haben, gibt es eine Reihe anderer Parameter, mit denen verschiedene Geräteeigenschaften von Festplatten ausgenutzt werden können. Erst damit holen Sie die volle Leistung aus Ihrer Hardware heraus. Wir sagen Ihnen, welche Gerätefunktionen das sind und welche BIOS-Optionen dafür zuständig sind.

Anmelden und Optimieren von Festplatten

- Durch den rapiden Preisverfall von IDE-Festplatten sind mittlerweile Festplatten-Arrays, die über einen RAID-Controller gesteuert werden, für den Privat-PC interessant geworden.
- Zum Abschluss des Kapitels finden Sie ein Troubleshooting, mit dem Sie häufig auftretenden Problemen im Zusammenhang mit Festplatten auf den Leib rücken können.

2.1 Anmeldung: Festplatten und andere IDE-Laufwerke

Der eigentliche Anmeldevorgang ist im BIOS mittlerweile weitgehend automatisiert. Wenn alle Einstellungen auf *Auto* belassen werden, ist sogar nach dem Einbau einer neuen Festplatte keine Handarbeit mehr nötig, alle vier Kanäle des IDE-Controllers werden beim Start abgesucht, und jedes entdeckte Laufwerk kann angesprochen werden. Auf diese Art und Weise können aber nicht alle Kombinationen aus Festplatte und Mainboard zusammenarbeiten, insbesondere wenn zwischen dem Kauf der beiden Komponenten schon ein längerer Zeitraum vergangen ist. In diesem Fall kann es vorkommen, dass die automatische Erkennung versagt. Wir zeigen Ihnen, wie Sie einerseits die automatische Festplattenerkennung einsetzen, aber auch, wie Sie die benötigten Werte von Hand eintragen.

Einfach und schnell: Benutzen der Auto-Detect-Funktion

In 99 % aller Fälle funktioniert die automatische Erkennung der angeschlossenen Festplatten schnell und zuverlässig. Mit nur wenigen Handgriffen können Sie das BIOS alle nötigen Einstellungen selbst vornehmen lassen, danach verkürzt sich der obligatorische Suchvorgang beim Systemstart, und der Rechner fährt ein, zwei Sekunden schneller hoch.

> **Hinweis**
> **ATA-100-Platten werden nicht erkannt**
> ATA-100-Festplatten, die an einen entsprechenden Controller auf dem Mainboard angeschlossen sind, werden von der Auto-Detect-Funktion nicht erkannt, obwohl es sich ja eigentlich um IDE-Festplatten handelt. Ebenso ist es nicht möglich, die Platten per Hand ins BIOS einzutragen. Das liegt daran, dass ATA-100-Controller ein eigenes BIOS besitzen und verwaltet werden wie SCSI-Controller. Das zeigt sich auch beim Booten des Rechners, wenn herkömmliche IDE-Laufwerke und ATA-100-Festplatten in zwei getrennten Vorgängen nacheinander initialisiert werden.

Anmeldung: Festplatten und andere IDE-Laufwerke

1 Beim „blauen" Award-Modular-BIOS befindet sich der Auto-Detect-Befehl direkt im Hauptmenü. Um die Suche nach Festplatten zu starten, bewegen Sie den Cursor auf den Menüeintrag und drücken die [Enter]-Taste.

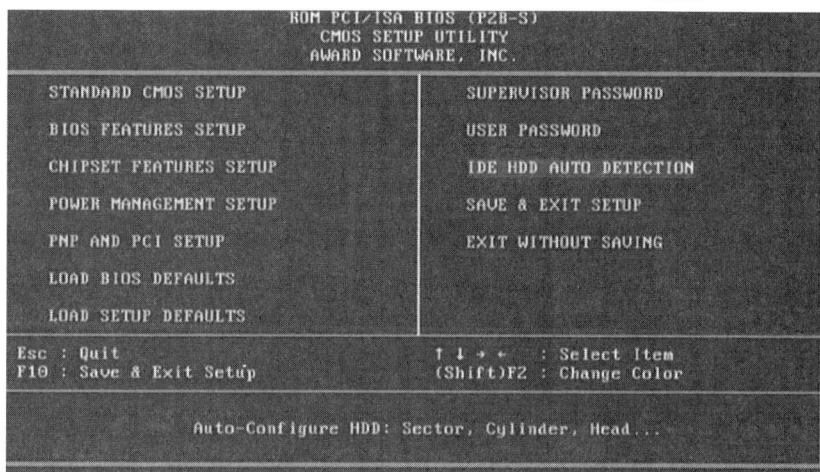

2 Wenn Ihre Platten korrekt angeschlossen und konfiguriert sind, findet das BIOS-Setup bereits nach einem kurzen Moment das erste Gerät. In der Regel werden drei verschiedene Möglichkeiten angeboten, die Parameter einzutragen, je nachdem, nach welchem Verfahren auf die Platte zugegriffen werden soll. Bei allen aktuellen Windows-Betriebssystemen ist die erste Option mit dem LBA-Zugriffsverfahren (**L**ogical **B**lock **A**ddressing) immer die richtige, einige Linux-/UNIX-Betriebssysteme erfordern aber auch die Einstellung *Normal*. *Large* ist ein veralteter Standard, der nur noch aus Kompatibilitätsgründen vorhanden ist. Alte Festplatten, die an einem anderen Mainboard im *Large*-Modus betrieben wurden, erfordern diese Einstellung. Alle Hintergründe zu diesem Thema erfahren Sie ab Seite 46.

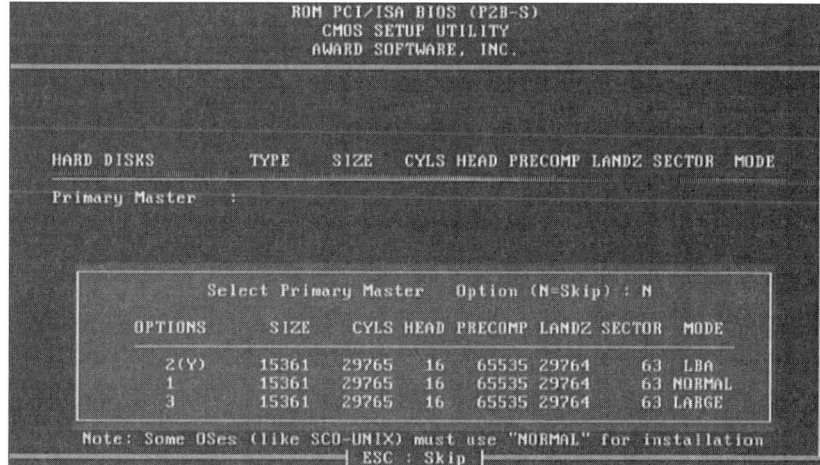

Anmelden und Optimieren von Festplatten

> **Hinweis**
>
> **Manchmal weichen die Parameter ab**
>
> Je nach BIOS-Version und Zugriffsverfahren kann es vorkommen, dass die erkannten Parameter voneinander und von den Angaben auf der Festplatte abweichen. Das ist aber normal und deutet nur darauf hin, dass verschiedene Berechnungsverfahren angewendet werden können, um die einzelnen Sektoren auf der Festplatte zu finden.

3 Mit [Y] bestätigen Sie die Standardauswahl, mit den Tasten [1] und [3] wählen Sie die anderen Optionen aus.

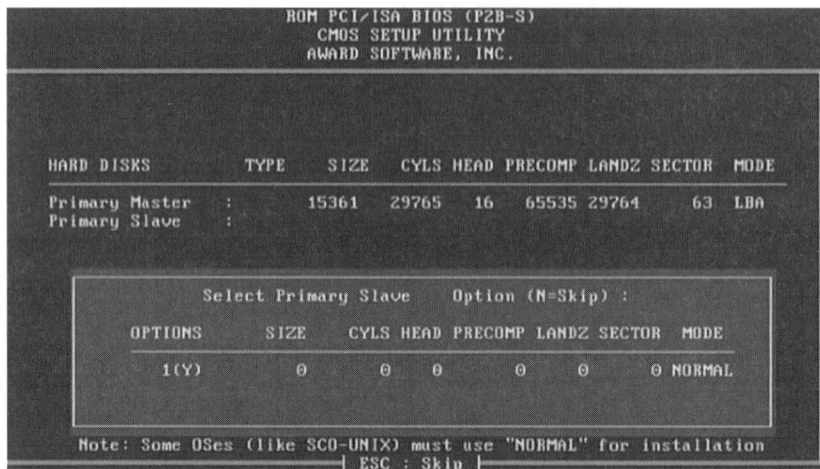

4 Auf die gleiche Weise lassen Sie das BIOS die restlichen IDE-Kanäle durchsuchen und gegebenenfalls gefundene Festplatten eintragen. Falls keine anderen Geräte vorhanden sind, wird nach jeweils einer kurzen Suchpause eine Reihe von Nullen angezeigt. Mit [N], [Esc] oder [Enter] springen Sie zum nächsten Kanal, ohne dass die Parameter eingetragen werden.

5 Wenn eine angeschlossene Festplatte nicht erkannt und eingetragen wurde, müssen Sie die Einstellung am entsprechenden Kanal von Hand vornehmen. Wie das geht, können Sie ab Seite 42 nachlesen. CD-, DVD- und ZIP-Laufwerke müssen ebenfalls von Hand eingetragen werden, weil ihr reduzierter Befehlssatz eine Erkennung als Festplatte verhindert. Wechseln Sie dazu ins *Standard CMOS Setup*.

6 Tragen Sie an den Positionen, an denen Ihre CD-/DVD-Laufwerke angeschlossen sind, für den Gerätetyp *Auto* ein, ebenso verfahren Sie mit dem Zugriffsverfahren. Bei manchen BIOS-Versionen wird auch *CDROM* als Laufwerktyp angeboten, dabei müssen Sie allerdings keinen Zugriffsmodus angeben.

7 Stellen Sie sicher, dass an allen ungenutzten IDE-Kanälen der Eintrag *None* steht.

8 Verlassen Sie das Menü und speichern Sie alle Veränderungen ab, wenn Sie das BIOS-Setup verlassen.

Kompromisslösung: Alle Einträge auf Auto

Wie eingangs erwähnt, ist dies die sorgenfreie Art, Festplatten und Laufwerke erkennen zu lassen. Dabei müssen Sie weder einen Zugriffsmodus auswählen noch die korrekten Werte kennen, um alles von Hand einzutragen. Der einzige Nachteil ist, dass der Rechner bei jedem Systemstart aufs Neue die IDE-Kanäle nach Laufwerken absucht. Bei aktuellen Rechnern beträgt der auftretende Zeitverlust allerdings kaum zwei Sekunden.

1 Wechseln Sie ins *Standard CMOS Setup*.

Anmelden und Optimieren von Festplatten

2 Tragen Sie an allen belegten IDE-Kanälen sowohl unter *Type* als auch unter *Mode* den Wert *Auto* ein.

3 Verlassen Sie das Menü und speichern Sie vor dem Beenden des BIOS-Setup alle Änderungen ab.

Von Hand geht's auch: Festplattenparameter selbst eintragen

Natürlich sind Sie nicht darauf angewiesen, das BIOS die Eintragungen vornehmen zu lassen. Vor allen Dingen bei sehr alten Festplatten und neueren Mainboards funktioniert die Erkennung nicht immer zuverlässig.

> **Hinweis**
> **Ein BIOS-Update schafft Abhilfe**
> Falls Sie ein älteres Mainboard besitzen, dass Probleme mit dem Erkennen Ihrer neuen Festplatte hat, kann ein Update auf die neuste BIOS-Version in vielen Fällen Abhilfe schaffen. Wie Sie so ein Update vornehmen und wo Sie die benötigten Dateien im Internet finden, lesen Sie ab Seite 221.

In diesem Fall tragen Sie die Hardwareparameter der Festplatte von Hand ein:

1 Wechseln Sie ins *Standard CMOS Setup*.

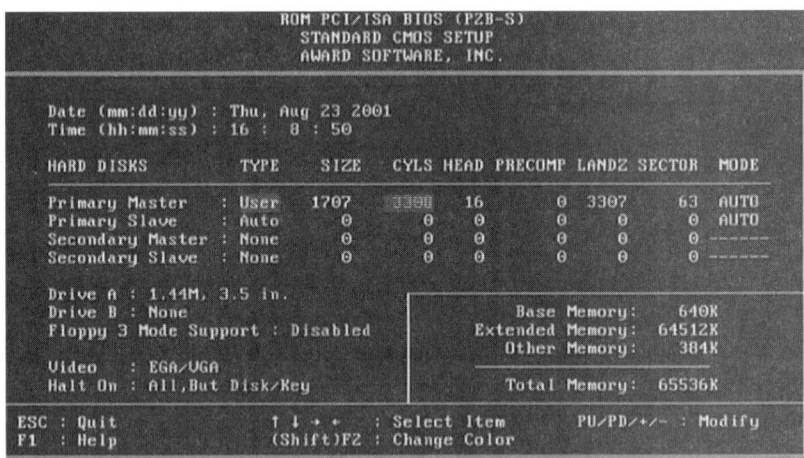

2 Stellen Sie am IDE-Kanal Ihrer Festplatte den Laufwerktyp (*Type*) auf *User* ein. Danach geben Sie mit der Tastatur die Werte für Zylinder (*Cyls*), Köpfe (*Head*) und Sektoren (*Sector*) ein. Diese Daten sind auf dem Aufkleber der Festplatte verzeichnet. Die Werte für die Präkompensation (*Precomp*) und die Landezone (*Landz*) können Sie gegebenenfalls ignorieren, denn diese beiden Parameter sind nur noch aus Kompatibilitätsgründen vorhanden. Nur extrem alte MFM-Festplatten (das sind die alten 20-MByte-Schätzchen aus 286er-Zeiten) benötigen diese Einstellungen,

Anmeldung: Festplatten und andere IDE-Laufwerke

um einerseits die von innen nach außen veränderliche Schreibdichte der Daten zu kompensieren, und andererseits gibt die „Landezone", an, wo die Festplatte nach dem Ausschalten den Schreib-/Lesekopf parkt.

```
              ROM PCI/ISA BIOS (PZB-S)
                 STANDARD CMOS SETUP
                 AWARD SOFTWARE, INC.

Date (mm:dd:yy) : Thu, Aug 23 2001
Time (hh:mm:ss) : 16 :  9 : 44

HARD DISKS          TYPE    SIZE   CYLS HEAD PRECOMP LANDZ SECTOR  MODE

Primary Master    : User    1707   3308   16      0  3307     63   LBA
Primary Slave     : Auto       0      0    0      0     0      0   AUTO
Secondary Master  : None       0      0    0      0     0      0   ------
Secondary Slave   : None       0      0    0      0     0      0   ------

Drive A : 1.44M, 3.5 in.
Drive B : None
Floppy 3 Mode Support : Disabled            Base Memory:    640K
                                        Extended Memory:  64512K
Video   : EGA/VGA                          Other Memory:    384K
Halt On : All,But Disk/Key
                                            Total Memory:  65536K

ESC : Quit                ↑↓→←    : Select Item    PU/PD/+/-  : Modify
F1  : Help              (Shift)F2 : Change Color
```

3 Tragen Sie unter *Mode* den richtigen Zugriffsmodus ein. Bei allen aktuellen Windows-Betriebssystemen (und Festplatten, die größer sind als 504 MByte) muss der Wert auf *LBA* gesetzt werden. Für kleinere Festplatten und einige UNIX-Betriebssysteme muss dort *NORMAL* oder *CHS* (**C**ylinder, **H**ead, **S**ector) stehen (mehr zu diesem Thema im folgenden Abschnitt). *Large* ist ein veraltetes Verfahren, das heute nicht mehr zur Anwendung kommt. Nur wenn Sie eine Platte benutzen, die zuvor an einem anderen Mainboard in diesem Modus betrieben worden ist, wählen Sie diesen Eintrag.

> **Hinweis**
>
> **Vorsicht bei formatierten Festplatten**
>
> Wenn Sie eine bereits formatierte Festplatte eingebaut haben, auf der sich Daten befinden, müssen Sie genau wissen, nach welchem Zugriffsverfahren bisher gearbeitet wurde. Sollten Sie den falschen Zugriffsmodus einstellen, kann nämlich nicht auf die gespeicherten Daten zugegriffen werden. Im schlimmsten Fall droht ein Datenverlust. Falls Sie keine genauen Informationen haben, dürfte bei modernen Festplatten *LBA* fast immer die richtige Wahl sein. Die aktuellsten BIOS-Versionen besitzen bereits die Option *Match Partition Table*, mit der das Zugriffsverfahren anhand der Partitionstabelle auf der Festplatte ermittelt wird. Falls Ihre Festplatte bereits formatiert ist, wählen Sie also am besten diese Option.

4 Tragen Sie Ihre anderen Laufwerke (z. B. CD-ROM- und DVD-Laufwerke oder CD-Brenner) an den entsprechenden IDE-Kanälen ein. Benutzen Sie dazu den Wert *Auto* für den Laufwerktyp und den Zugriffsmodus oder *CDROM*, wo das BIOS diese Option anbietet.

5 Verlassen Sie das Menü und speichern Sie alle Änderungen ab, bevor Sie das BIOS-Setup beenden.

Anmelden und Optimieren von Festplatten

Etwas anders: Das Medaillon-Award-BIOS

Das „graue" Medaillon-Award-BIOS weist eine etwas andere Aufteilung ihrer Bildschirme und Menüs auf. Aus diesem Grund ist die Vorgehensweise beim Eintragen der Festplatten etwas anders.

1 Ab Werk sind alle IDE-Kanäle auf *Auto*, also auf die vollautomatische Erkennung der angeschlossenen Laufwerke und die automatische Eintragung aller Parameter, eingestellt. Wenn Sie zum Register *Main* wechseln, können Sie neben jedem der vier IDE-Kanäle den Eintrag *Auto* sehen. Falls es bisher keine Probleme mit den angeschlossenen Laufwerken gegeben hat, können Sie alles so stehen lassen.

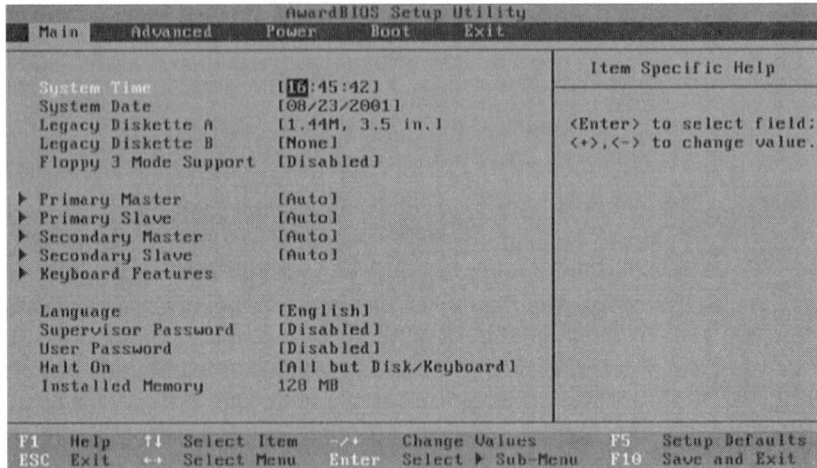

2 Um die Einstellung eines IDE-Kanals zu verändern, bewegen Sie den Cursor mit den Pfeiltasten auf den entsprechenden Eintrag und drücken danach die [Enter]-Taste. So wechseln Sie in ein Untermenü, in dem alle Parameter separat eingestellt werden können.

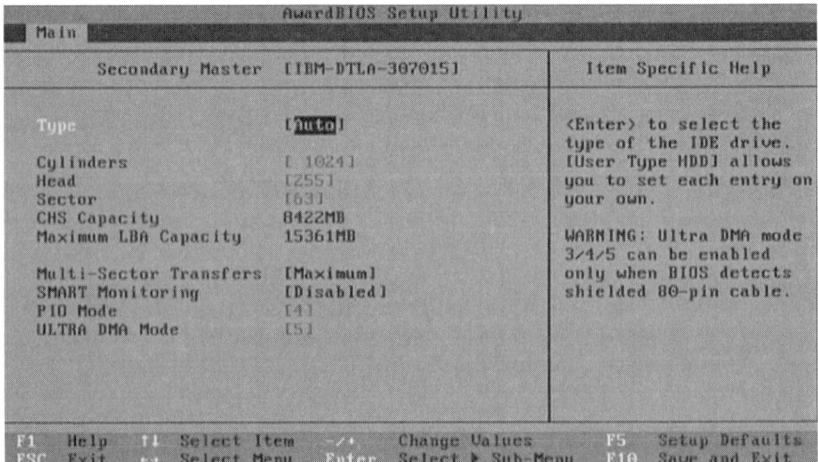

Anmeldung: Festplatten und andere IDE-Laufwerke

3 Solange Sie den Eintrag *Auto* nicht verändert haben, können Sie die automatisch erkannten Festplattenparameter lesen. Falls Sie das Menü jetzt einfach wieder verlassen, bleiben diese Parameter dauerhaft für den IDE-Kanal eingetragen. Das hat also die gleiche Auswirkung, als ob Sie im blauen Award-Modular-BIOS die Festplattenerkennung ausführen und die Werte eintragen lassen.

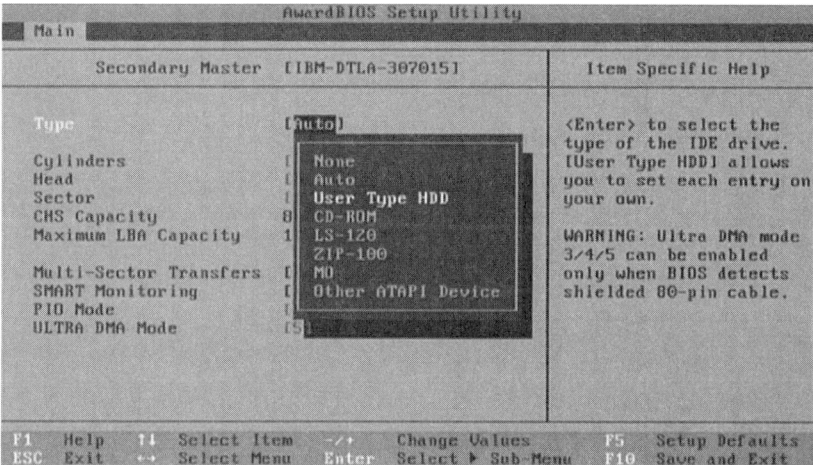

4 Mit einem Druck auf die [Enter]-Taste können Sie die Option *Auto* gegen eine Reihe von anderen Werten austauschen. Am wichtigsten ist sicherlich der Eintrag *User Type HDD*, mit dem Sie die Parameter Ihrer Festplatte von Hand einstellen können. Mit *CD-ROM*, *ZIP-100* und den anderen Werten wählen Sie den jeweiligen Gerätetyp für den IDE-Kanal aus.

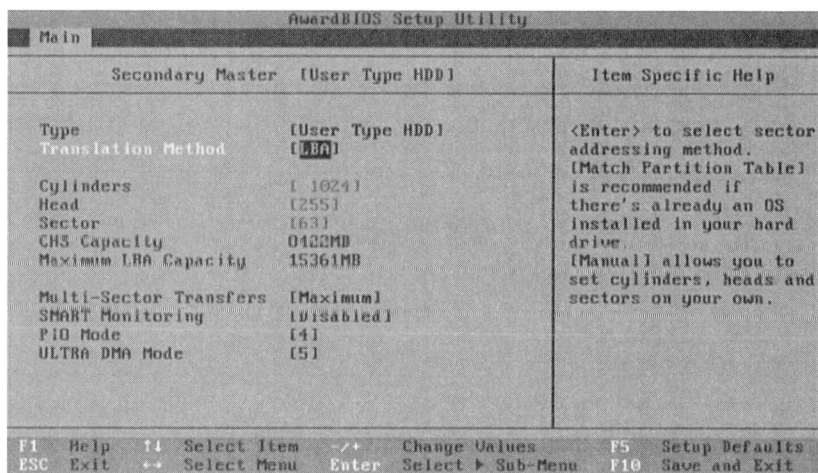

5 Wenn Sie den Wert *User Type IDE* gesetzt haben, stehen Ihnen alle Festplattenparameter zur Einstellung offen. Ein Hinweis: Um die Werte für Zylinder, Köpfe und Sektoren einstellen zu können, muss vorher die Option *Translation method* auf *Manual* gesetzt werden.

6 Verlassen Sie das Menü und speichern Sie alle Änderungen ab, bevor Sie das BIOS-Setup beenden.

Besonderheiten: SCSI- und ATA-100-Controller

Wenn Sie sich bisher gewundert haben, warum Ihre nagelneue ATA-100-Festplatte nicht vom BIOS erkannt wird, so hat das einen ganz einfachen Hintergrund: ATA-100-Controller, an denen solche Festplatten betrieben werden, haben genau wie SCSI-Controller ein eigenes BIOS, das die angeschlossenen Laufwerke identifiziert und verwaltet. Im Setup Ihres Mainboards gibt es insofern nicht viel zu tun, wenn Sie eine ATA-100- bzw. SCSI-Festplatte für den Betrieb einrichten möchten. Die einzige Einstellung, die einen Einfluss auf den Betrieb des Rechners hat, ist die Einstellung der Bootreihenfolge, die entweder den SCSI-/ATA-100- oder den eingebauten IDE-Controller zuerst berücksichtigt. Wie Sie diese Einstellung vornehmen, lesen Sie ab Seite 52.

Hintergrundwissen: Größenbeschränkungen und Zugriffsverfahren

In den letzten Jahren sind die Größen der gängigen Festplatten geradezu explodiert. Wo vor fünf Jahren noch Platten unterhalb von 1 GByte vollkommen ausreichend waren und zur Standardausstattung gehörten, passen jetzt 20 oder 30 GByte auf die Platte eines Standard-PCs. Bei diesem Wachstumsprozess mussten mehrere Grenzen überwunden werden, denen die Festplattenverwaltung vorher unterworfen war: Der adressierbare Speicher war nämlich zuerst auf 504 MByte begrenzt, später auf 8 GByte.

Die 504-MByte-Grenze

Der Speicherplatz auf Festplatten ist zur Verwaltung in Sektoren aufgeteilt, die wiederum zu größeren Einheiten, den Clustern, zusammengefasst werden. Das geschieht, um die riesige Zahl der Sektoren auf modernen Festplatten zu reduzieren. Um den Zugriff auf die Daten eines bestimmten Clusters zu ermöglichen, wurde die Festplatte früher vom BIOS in Zylinder und Köpfe unterteilt, denen wiederum eine Anzahl Sektoren zugeteilt wurde. So konnte ein Sektor bzw. Cluster nummeriert und lokalisiert werden. Der Haken bei dieser Art der Verwaltung ist aber die Obergrenze von 504 MByte, an die das BIOS beim Erreichen der maximalen Zahl von Köpfen, Zylindern und Sektoren stößt. Bei einer Sektorengröße von 512 Bytes konnten alte BIOS-Versionen nämlich nur bis zu 1.024 Zylinder, 16 Köpfe und 63 Sektoren verwalten. Das ergibt 1024 x 16 x 63 x 512 = 528.482.304 Bytes bzw. 504 MByte.

Die Lösung dieses Problems ist eine BIOS-Erweiterung (ungefähr 1994 eingeführt), die dem Betriebssystem eine kompatible Festplatte vorspiegelt und intern alle Anfragen so umrechnet, dass trotzdem die richtigen Sektoren erreicht werden. Ein solches Mapping-Verfahren ist z. B. LBA, bei dem die Sektoren über ihre logische Blockadresse einfach durchnummeriert werden. Das Ergebnis der Berechungen wird an der Int13h-Schnittstelle des BIOS zur Verfügung gestellt.

Aus diesen Umständen ergeben sich mehrere Konsequenzen:

- Sehr alte Festplatten, die nicht über die 504-MByte-Grenze hinausgehen, können über das Normal- bzw. CHS-Verfahren angesprochen werden. Falls es sich um eine Festplatte handelt, die bereits Daten enthält und bisher auf diesem Weg verwaltet wurde, muss dieses Zugriffsverfahren sogar verwendet werden, um die Daten lesen zu können und keinen Datenverlust zu erleiden.

- Sehr alte Mainboards, die das LBA-Verfahren noch nicht unterstützen, können keine Festplatten ansprechen, die größer als 504 MByte sind. Egal wie groß die Platte ist: Es sind immer nur 504 MByte sichtbar. Ein Update des BIOS, in dem alle nötigen Funktionen enthalten sind, kann hier aber Abhilfe schaffen.

- Falls Sie eine Festplatte eingebaut haben, die bisher nach dem LBA-Verfahren verwaltet wurde, muss ebenfalls wieder dieser Zugriffsmodus verwendet werden. Sollten Sie Normal einstellen (bzw. das BIOS nur diesen Modus unterstützen), kann auf alle Daten oberhalb der 504-MByte-Grenze nicht mehr zugegriffen werden.

Die 8-GByte-Grenze

Mit den Standardfunktionen des BIOS und dem LBA-Verfahren können wiederum nur maximal 8,4 GByte dargestellt werden. Dabei stehen maximal 24 Bit zur Verfügung, um die Blockadressen anzusprechen, das macht 512 x 224 Bytes = 8.064 MByte.

Um diese Grenze zu überwinden, ist der Befehlssatz der Int13h-Schnittstelle des BIOS erweitert worden, man spricht in diesem Zusammenhang von den „Int13h-Erweiterungen" bzw. „Int13h Extensions". Erst mit diesen Befehlssatzergänzungen ist das Betriebssystem in der Lage, die volle Kapazität der Festplatte anzusprechen.

- Sollten trotz LBA-Mapping nur 8 GByte sichtbar sein, fehlen dem BIOS die Int13h-Erweiterungen. Ein Update des BIOS sollte hier Abhilfe schaffen.

- 8-GByte-Festplatten, die mit den Dateisystemen FAT16 oder VFAT verwaltet werden, können trotzdem nicht vollständig genutzt werden (maximal 7,84 GByte), weil die maximale Anzahl an Köpfen auf 255 anstelle von 256 begrenzt ist.

Folgende BIOS-Versionen unterstützen auch 8,4-GByte-Festplatten:
- Award ab Oktober 97
- AMI ab 01.01.1998
- Phoenix ab Version 4, Revision 6

Sonstige Kapazitätsgrenzen

- Bei einigen Enhanced-BIOS-Versionen tritt eine zusätzliche Beschränkung der Festplattenkapazität auf 2 GByte auf. Grund für dieses Phänomen ist ein Fehler in der Verarbeitung des 13. Bits der Zylinderadresse. Dadurch stehen nur 4.096 anstelle von 8.192 Zylindern zur Verfügung, und es kommen nur 512 x 4096 x 16 x 63 Bytes = 2.016 MByte zu Stande. Abhilfe schafft in der Regel ein BIOS-Update.

- Das gleiche Phänomen tritt auch mit 6.322 Zylindern auf, was eine maximale Größe von 3,7 GByte ergibt. Auch hier hilft ein BIOS-Update.

- Einige Mainboard-Hersteller haben bei der Anpassung des BIOS offenbar Schwierigkeiten gehabt, Festplatten, die größer sind als 32 GByte, korrekt zu verwalten. Symptome sind Abstürze beim Bootvorgang und sinnlose Angaben beim Systemtest. Abhilfe schafft – Sie haben es erraten – ein BIOS-Update.

- Ultra DMA-Festplatten sind in ihrer Kapazität auf 128 GByte begrenzt, weil „nur" 28 Bit für die Blockadresse zur Verfügung stehen. Falls irgendwann einmal Probleme mit dieser Kapazitätsgrenze auftauchen, werden wir in der nächsten Ausgabe dieses Buchs die passenden Lösungsansätze besprechen ;-)

Was leisten Festplatten-Manager?

Festplatten-Manager sind kleine Programme, die im Startbereich der Festplatte liegen und vor dem Start des Betriebssystems aktiv werden. Sie rechnen die Zugriffsbefehle des BIOS intern auf die größere – reale – Anzahl von Köpfen, Zylindern und Sektoren um. So ist eine Benutzung von Festplatten möglich, deren Kapazität jenseits der Fähigkeiten des BIOS liegen.

Obwohl diese Lösung für einfache Systeme praktikabel ist, birgt sie doch einige Nachteile:

- Der Einsatz eines Festplatten-Managers und eines Boot-Managers ist in der Regel nicht möglich, weil der gleiche Speicherbereich im Bootsektor der Festplatte beansprucht wird. Bei einer Installation des Boot-Managers besteht die Gefahr, dass der Zugriff auf die Festplatte zeitweise verloren geht. Danach muss der Festplatten-Manager neu von Diskette installiert werden.

- Ebenso kann es zu Problemen kommen, wenn ein Betriebssystem neu installiert und dabei der Bootsektor überschrieben wird. Ohne ein funktionierendes Betriebssystem und ohne Zugriff auf die Festplatte kann die nervliche Belastung beim Aufbau des Rechners ein unangenehmes Niveau erreichen. Vor allen Dingen, wenn die Diskette mit dem Festplatten-Manager gerade nicht zur Hand ist oder er nur als Backup auf der Festplatte liegt.

Solange es keine größeren Veränderungen am Computer gibt, sind Festplatten-Manager als Notlösung gut zu gebrauchen, aber für den dauerhaften Gebrauch empfiehlt sich dringend die Aktualisierung des BIOS auf eine Version, die mit größeren Festplatten zurechtkommt. Sollte ein BIOS-Update nicht zu bekommen oder nicht möglich sein, sind Sie gut damit beraten, immer eine oder mehrere Kopien der Installationsdiskette des Festplatten-Managers bereitzuhalten. Denn nur damit können Sie bei Problemen den Zugriff auf die Festplatte wieder herstellen.

Ressourcen sparen:
Einzelne Controller deaktivieren

Wenn Sie Ihren Computer um einige Geräte oder Steckkarten erweitert haben, kennen Sie diese Situation: Die verfügbaren Ressourcen werden knapp, am häufigsten kommt es vor, dass für eine neue Karte kein freier Interrupt gefunden werden kann. Und manche Karten reagieren ausgesprochen unwillig, wenn sie sich einen IRQ mit anderen Karten teilen müssen. So sind z. B. die meisten TV-Karten darauf angewiesen, einen eigenen Interrupt zur Verfügung zu haben, um ein Bild darstellen zu können. Dementsprechend willkommen ist natürlich jede Gelegenheit, um einen Interrupt einzusparen.

Eine sehr einfache Methode, um Ressourcen zu sparen, ist die Deaktivierung eines unbenutzten IDE-Ports. Falls Sie beispielsweise nur eine Festplatte und einen CD-Brenner am primären Port betreiben, wird der sekundäre Port nicht benötigt. Die Deaktivierung macht sofort einen Interrupt für die Benutzung durch andere Geräte frei.

Anmelden und Optimieren von Festplatten

Award, Variante 1

1. Die Einstellungen zum ein- und ausschalten der beiden IDE-Controller befinden sich im *Integrated Peripherals*-Menü, wechseln Sie also dorthin.

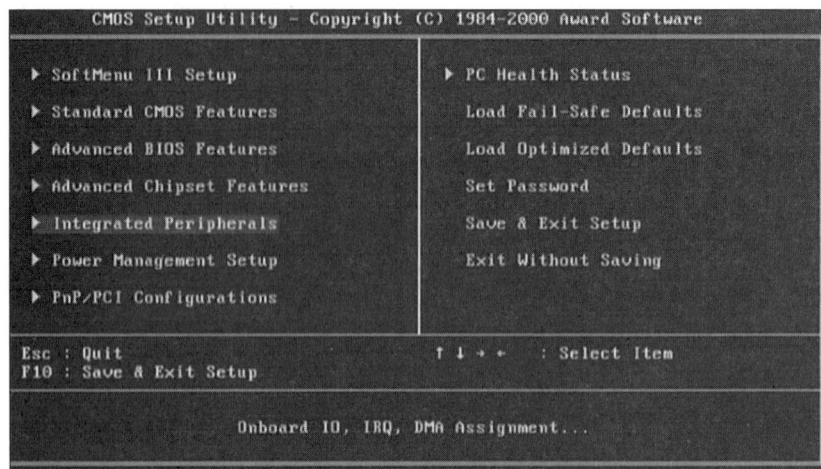

2. Dort finden Sie einen Eintrag, der je nach BIOS-Version mit *Onboard IDE Controller*, *Integrated IDE Channel* o. Ä. bezeichnet ist. Je nach Konfiguration Ihres Computers können Sie den ersten oder den zweiten Kanal deaktivieren. Falls Sie ausschließlich SCSI-Laufwerke angeschlossen haben, lassen sich sogar beide IDE-Kanäle ohne Probleme ausschalten. Dazu setzen Sie die entsprechende Option auf *Disabled* oder *None*. In diesem Fall muss die Option *Onboard IDE-1/2 Controller* auf *Disabled* gesetzt werden.

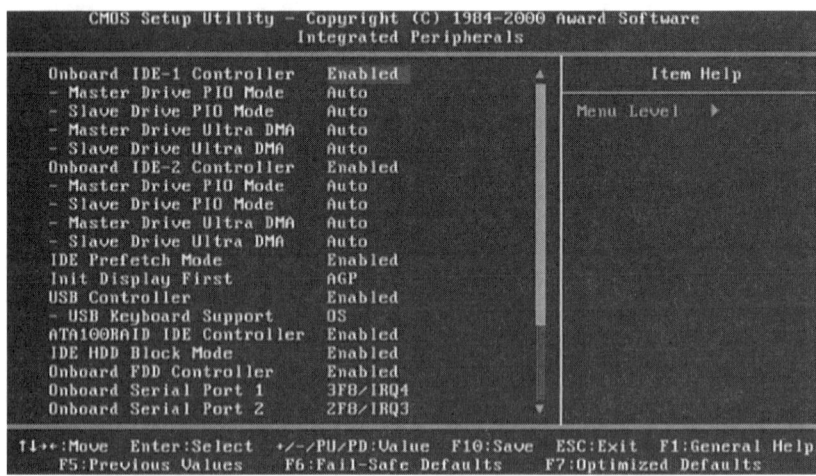

3. Verlassen Sie das Menü und speichern Sie alle Änderungen vor dem Beenden des BIOS-Setup ab.

Award, Variante 2

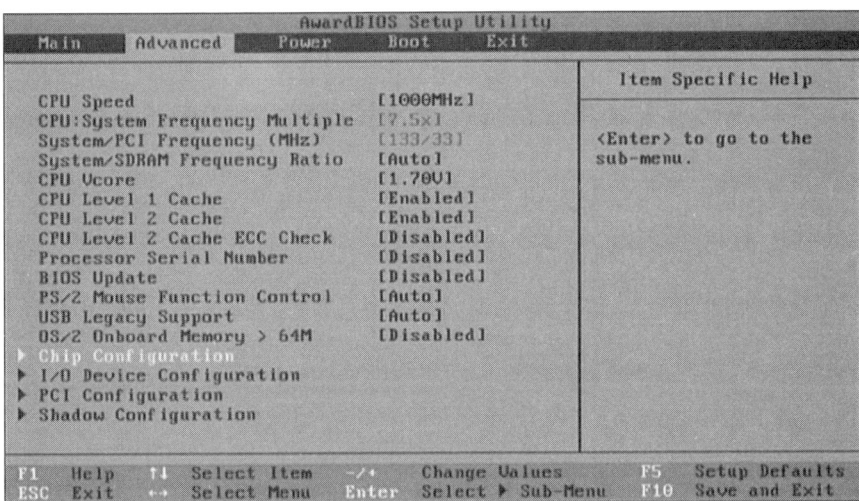

1 Im grauen Medaillon-Award-BIOS befindet sich die Option zum Ein- und Ausschalten der IDE-Controller im Menü *Chip Configuration* im Register *Advanced*.

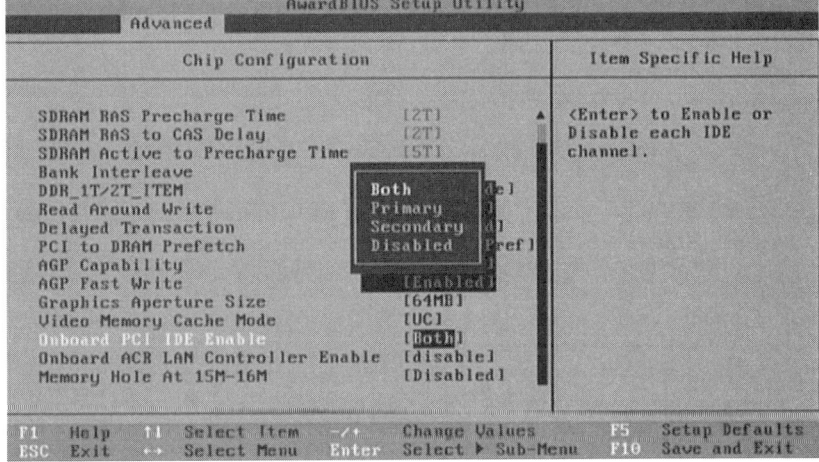

2 Die Option *Onboard PCI IDE Enable* können Sie per Auswahl auf die Werte *Both*, *Primary*, *Secondary* oder *Disabled* setzen, je nachdem, ob Sie beide IDE-Ports, nur den ersten, nur den zweiten oder keinen von beiden benutzen möchten.

3 Verlassen Sie das Menü und speichern Sie alle Änderungen vor dem Beenden des BIOS-Setup ab.

2.2 Mehr Tempo und aktiver Virenschutz: Festlegen der Bootreihenfolge

Die Reihenfolge, in der die Laufwerke beim Start angesprochen werden, hat in mehrerer Hinsicht Einfluss auf das Verhalten des Rechners: Einerseits verlängert sich die Zeit vor dem Start des Betriebssystems um einige Sekunden, wenn zuerst die angeschlossenen Disketten- und CD-ROM-Laufwerke nach bootfähigen Medien abgesucht werden. Im Verlauf der Zeit addiert sich diese Verzögerung zu einem ganz schönen Zeitaufwand auf. Andererseits ist eine Notfalldiskette oder -CD die einzige Möglichkeit, um einen leeren oder gecrashten PC überhaupt zu starten. Aber es gibt noch einen weiteren Aspekt: Das Bootlaufwerk spielt eine nicht zu unterschätzende Rolle bei der Absicherung des Rechners gegen Viren. Eine im Laufwerk vergessene, mit einem Bootsektorvirus infizierte Diskette sorgt beim Neustart sofort für eine Infektion der Festplatte.

Deshalb ist es empfehlenswert, während des normalen Betriebs die Festplatte immer als erstes Bootlaufwerk einzutragen. Sollte die Standardeinstellung Ihres Mainboards anders aussehen, ändern Sie sie. Nur im Notfall, wenn Sie von einem anderen Medium starten möchten, sollten Sie die Bootreihenfolge dahingehend verändern.

Hinweis
ZIP-Laufwerke sind als Startlaufwerk nutzbar

Aktuelle BIOS-Versionen lassen auch an den IDE-Controller angeschlossene ZIP-Laufwerke als Startlaufwerk zu. Das spielt im täglichen Betrieb zwar nur eine geringe Rolle, ist aber vor allen Dingen dann nützlich, wenn Sie sich eine ZIP-Diskette mit umfangreichen Daten und Programmen für den Notfall zusammengestellt haben. Im Zweifelsfall hat sogar eine abgespeckte Windows-Version auf einer solchen Diskette Platz. Das ZIP-Medium muss allerdings – wie jedes Startmedium – geeignet formatiert sein.

Mehr Tempo und aktiver Virenschutz: Festlegen der Bootreihenfolge

Einstellungen vornehmen

Je nachdem, welche Hardware in Ihrem PC vorhanden ist und welche BIOS-Version Sie besitzen, gibt es verschiedene Möglichkeiten, die Bootreihenfolge zu verändern:

Award, Variante 1 (Mainboards ohne integrierten SCSI-/ATA-Controller)

1 Die Option zum Einstellen der Bootreihenfolge befindet sich im *BIOS Features Setup*.

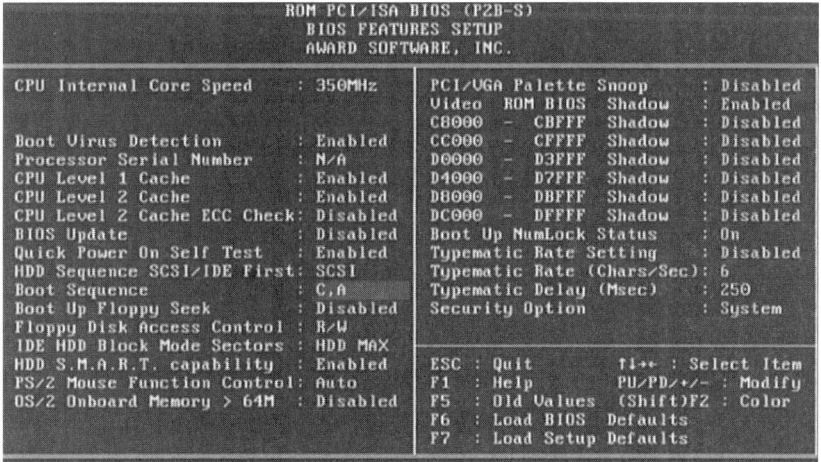

2 Blättern Sie mit der [Bild↑]- und der [Bild↓]-Taste so lange durch die Optionen des Menüeintrags *Boot Sequence*, bis Sie die gewünschte Reihenfolge gefunden haben. Für den Dauerbetrieb empfiehlt sich *C, CDROM, A* oder *C, A, CDROM*, um die Festplatte als erstes Bootlaufwerk anzusprechen. Falls Sie den Rechner von einem anderen Medium starten möchten, tragen Sie z. B. *CDROM, C, A* oder *A, CDROM, C* ein, je nachdem, von welchem Laufwerk Sie starten wollen.

3 Um den Rechner von einer SCSI- oder ATA-100-Festplatte zuerst zu starten, wählen Sie einen Eintrag, der den SCSI-Controller an erste Stelle setzt, z. B. *SCSI, C, A*.

4 Verlassen Sie das Menü und speichern Sie alle Änderungen vor dem Verlassen des BIOS-Setup ab.

Award, Variante 2 (Mainboards mit integriertem SCSI-/ATA-Controller)

1. Wechseln Sie ins *BIOS Features Setup*.

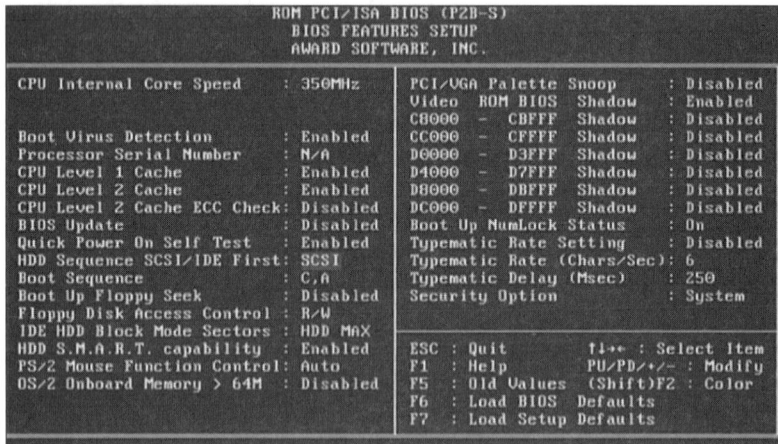

2. Blättern Sie mit der [Bild↑]- und der [Bild↓]-Taste so lange durch die Optionen des Menüeintrags *Boot Sequence*, bis Sie die gewünschte Reihenfolge gefunden haben. Für den Dauerbetrieb empfiehlt sich *C, CDROM, A* oder *C, A, CDROM*, um die Festplatte als erstes Bootlaufwerk anzusprechen. Falls Sie den Rechner von einem anderen Medium starten möchten, tragen Sie z. B. *CDROM, C, A* oder *A, CDROM, C* ein, je nachdem, von welchem Laufwerk Sie starten wollen.

3. Setzen Sie die Option *HDD Sequence SCSI/IDE first* auf *SCSI* oder *IDE*, je nachdem, welchen Controller Sie beim Start zuerst berücksichtigen möchten. In der Regel wird in einem SCSI-System hier auch der Eintrag *SCSI* gewählt.

4. Verlassen Sie das Menü und speichern Sie alle Änderungen vor dem Verlassen des BIOS-Setup ab.

Mehr Tempo und aktiver Virenschutz: Festlegen der Bootreihenfolge

Award, Variante 3

1 Im grauen Award-BIOS können Sie die Bootreihenfolge auf der Registerkarte *Boot* vollkommen flexibel einstellen.

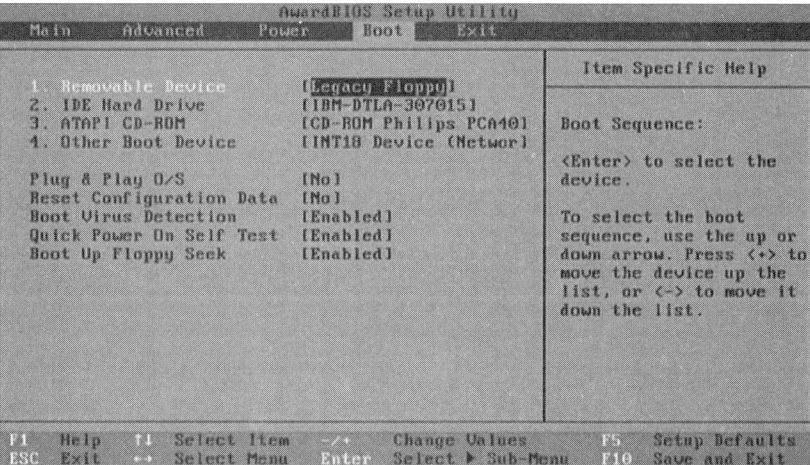

2 Wählen Sie den Eintrag, den Sie in der Bootreihenfolge an erster Stelle haben möchten (also z. B. Ihre Festplatte) und drückern Sie so lange die Plustaste, bis das Gerät an erster Stelle erscheint.

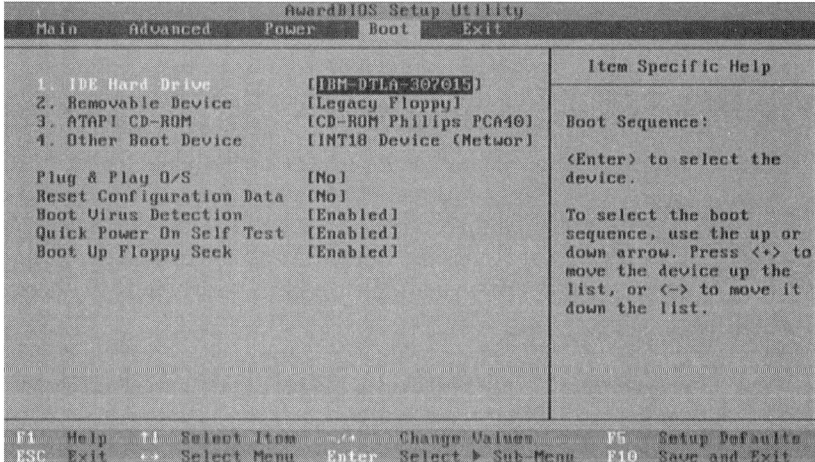

3 Wiederholen Sie den Vorgang mit dem zweiten und gegebenenfalls dritten Gerät in der Reihenfolge, bis Sie Ihre Wunschkonfiguration eingestellt haben. Mit der Minustaste können Sie ein Laufwerk übrigens nach unten verschieben.

Anmelden und Optimieren von Festplatten

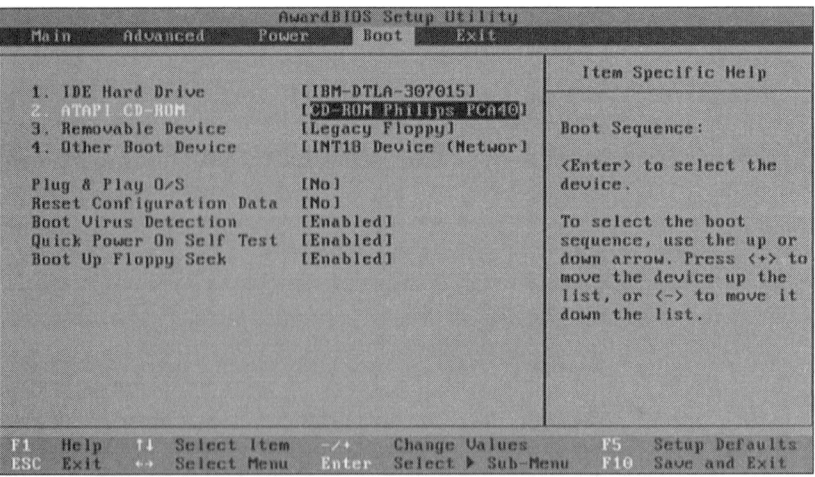

4 Verlassen Sie das Menü und speichern Sie alle Änderungen vor dem Verlassen des BIOS-Setup ab.

2.3 Das Feintuning: So bringen Sie die Festplatte auf Trab

Bisher haben wir uns lediglich damit beschäftigt, die Festplatte im System betriebsfähig zu machen. Nach den beschriebenen Einstellungen können Sie Ihren Rechner von den eingebauten Laufwerken starten oder ein Betriebssystem darauf installieren. Das hat aber noch nichts damit zu tun, die optimale Leistung aus Ihrer Festplatte herauszuholen. Einige Optionen sind auf verschiedene Gerätefunktionen abgestimmt. Erst mit deren Aktivierung bzw. optimaler Einstellung kann eine Festplatte ihre Daten mit voller Geschwindigkeit übertragen oder sich selbst hinsichtlich Fehlern überwachen.

Festplattenfunktionen voll ausnutzen

Moderne Festplatten besitzen eine Reihe von eingebauten Funktionen, die aber erst dann ausgenutzt werden, wenn die entsprechende Option im BIOS aktiviert ist. Wir haben eine Tabelle der wichtigsten Optionen zusammengestellt, mit denen Sie Ihre Hardware voll ausreizen können:

Das Feintuning: So bringen Sie die Festplatte auf Trab

Optionsname	Bedeutung	Kommt vor in	Optimale Einstellung
HDD S.M.A.R.T capability	Self Monitoring Analysis and Reporting Technology ist die Fähigkeit moderner Festplatten, sich selbst hinsichtlich schwankender Drehzahl, Lesefehlern oder eines drohenden Crashs zu überwachen. Mit einer geeigneten Software (z. B. Norton Utilities) können die Informationen ausgewertet werden.	Award-BIOS	Enabled
IDE 32 Bit Mode	Aktiviert den 32-Bit-Zugriff bei allen Festplatten. Diese Option ist veraltet und existiert bei modernen Motherboards nicht mehr, weil alle Zugriffe in 32 Bit erfolgen.	AMI-BIOS	Enabled
Hard Disk 32 Bit Access	Siehe IDE 32 Bit Mode.	AMI-BIOS, Award-BIOS, Phoenix-BIOS	Enabled
IDE Block Mode	Mit dieser Option können Sie einstellen, dass die Daten von Ihrer Festplatte in Blöcken statt in einzelnen Bytes gelesen und geschrieben werden.	Award-BIOS	Enabled
IDE Block Mode Transfer	Siehe IDE Block Mode.	AMI-BIOS	Enabled
IDE HDD Block Mode Sectors	Diese Option legt fest, wie viele Sektoren bei einem Plattenzugriff übertragen werden sollen. Mit der Einstellung Auto ist gewährleistet, dass die optimale Zahl aus der Firmware der Platte ausgelesen wird.	Award-BIOS	Auto
IDE Buffer for DOS & Windows	Das System verfügt über Vorauslesefunktionen und Schreib-Puffer.	Award-BIOS	Enabled
IDE Burst Mode	Ermöglicht Burst-Zugriffe auf die Festplatte.	Award-BIOS	Enabled
IDE Bus Masters	Erlaubt den Einsatz Busmaster-fähiger Geräte auf dem IDE-Bus, um die Prozessorbelastung zu senken.	AMI-BIOS	Enabled
IDE Data Port Post Write	Falls Ihr System diese Technik unterstützt, stellen Sie hier auf Enabled, um die Leistung zu erhöhen.	Award	Enabled
IDE Multiple Sector Mode	Normalerweise ist diese Option Disabled. Sie können aber nach Aktivierung Werte von 1, 2, 4, 8, 16, 32 oder 64 Sektoren pro Burst (S/B) einstellen. Die Burst Länge muss aber mit der von der Festplatte übereinstimmen, sonst funktioniert es nicht. Solange Sie den Wert nicht kennen, sollte dieser Wert beim Brennen auch nicht gesetzt sein!	AMI-BIOS	Enabled
IDE Prefetch Buffers (bzw. Mode)	Wenn Sie immer wieder über Schreib-/Lesefehler auf der Festplatte schimpfen, können Sie, wenn Sie einen CMD-640-I/O-Chip verwenden, den eingebauten Puffer zur Geschwindigkeitssteigerung abschalten.	Award	Enabled
IDE Read/Write Prefetch	Zur besseren Performance sollten Sie diese Option aktiviert haben. Einstellungsmöglichkeiten: Enabled, Disabled.	Award	Enabled
Multi-Sector Transfers	Hiermit wird die Zahl der Sektoren ausgewählt, die pro Datenblock übertragen werden.	Award	Maximum

PIO- und UDMA-Modus auswählen

Festplatten und andere IDE-Laufwerke entsprechen seit etwa 1994 dem EIDE-Standard, der verschiedene Unterteilungen beinhaltet. Mit den so genannten PIO- (**P**rogrammed **I**n/**O**ut), DMA- und UDMA-Modi (**U**ltra **DMA**) existieren eine Reihe von Leistungsstufen, die widerspiegeln, wie schnell theoretisch Daten von einem Laufwerk gelesen bzw. darauf geschrieben werden können. Und um die optimale Leistung aus den Laufwerken herauszuholen, muss das BIOS wissen, mit welchem Modus eine Festplatte bzw. ein CD-/DVD-Laufwerk angesprochen werden kann. Normalerweise werden diese Informationen automatisch aus der Firmware der Laufwerke ermittelt, aber bei einigen BIOS-Versionen bzw. bei älteren Mainboards kann es vorkommen, dass die Einstellungen von Hand vorgenommen werden müssen. Dann muss jedem IDE-Kanal separat eine PIO- bzw. UDMA-Stufe zugeteilt werden, um die volle Leistung zu erzielen.

Vornehmen der Einstellungen, 1. Variante

1 Die Optionen zum Bestimmen der Übertragungsgeschwindigkeit befinden sich im *Integrated Peripherals*-Menü. Wechseln Sie also dorthin, um die Einstellungen vorzunehmen.

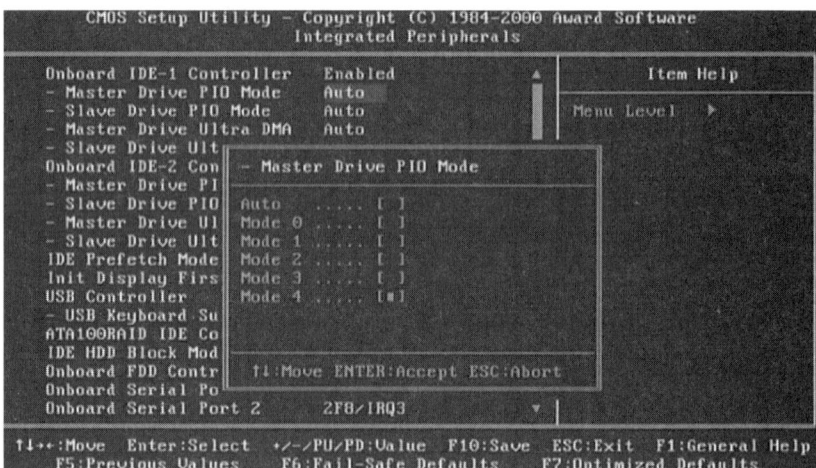

2 Stellen Sie für jedes der angeschlossenen Laufwerke an der entsprechenden Position des IDE-Controllers den richtigen PIO-, DMA- oder UDMA-Modus ein. Je nach BIOS-Version finden Sie beim UDMA lediglich die Möglichkeit, zwischen *Disabled* und *Auto* zu wählen, beim PIO-Modus ist hingegen eine explizite Angabe der Geschwindigkeitsstufe möglich.

3 Verlassen Sie das Menü und speichern Sie vor dem Verlassen des BIOS-Setup alle Änderungen ab.

Vornehmen der Einstellungen, 2. Variante

1. Im Medaillon-Award-BIOS befinden sich die Optionen zum Einstellen des PIO- und DMA-Modus im Menü des jeweiligen IDE-Kanals auf der Registerkarte *Main*.

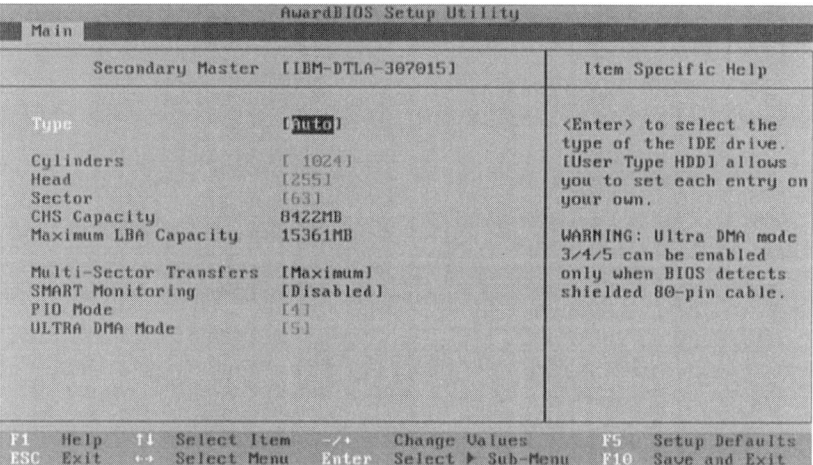

2. Stellen Sie den Eintrag *Type* auf *User Type HDD* (für Festplatten) oder einen der anderen Einträge, um die Einstellungen von Hand vornehmen zu können.

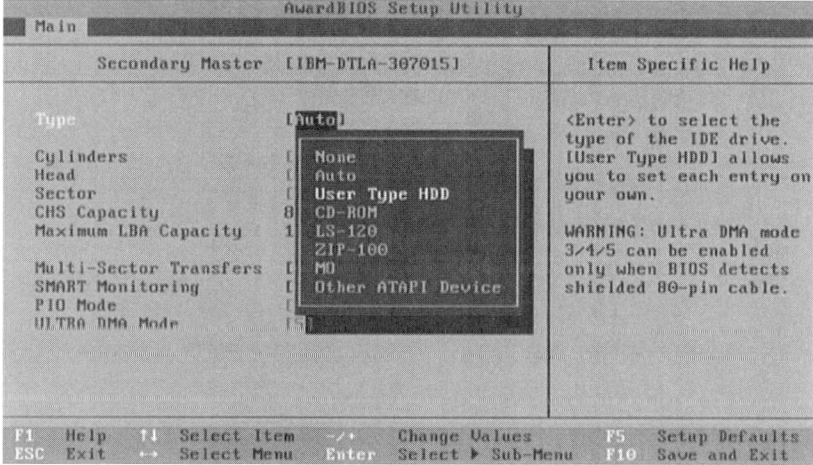

3. Setzen Sie die Optionen *PIO Mode* und *ULTRA DMA Mode* auf die richtigen Werte.

Anmelden und Optimieren von Festplatten

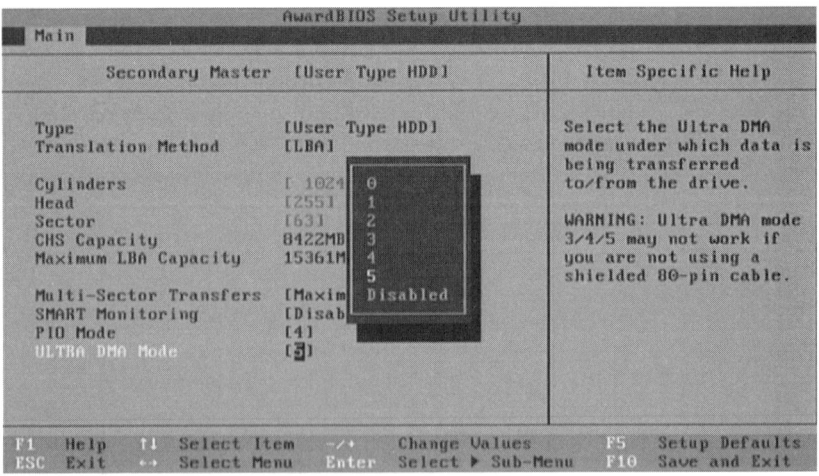

4 Verlassen Sie das Menü und speichern Sie vor dem Verlassen des BIOS-Setup alle Änderungen ab.

Aktivieren des DMA-Modus

Bei älteren BIOS-Versionen ist der DMA-Modus meistens standardmäßig deaktiviert. Damit die maximale Datenrate Ihrer Festplatte erreicht wird, muss im *Integrated Peripherals*-Menü die Option *IDE DMA Mode* oder *IDE DMA Transfer Mode* aktiviert sein. Tragen Sie dazu den Wert *Auto* oder *Enabled* ein. Manchmal muss der DMA-Modus (0, 1 oder 2) auch direkt angegeben werden, dazu müssen Sie aber wissen, was für Ihre Festplatte der richtige Wert ist. Falls Sie sich nicht sicher sind, probieren Sie DMA 2 aus, und im Fall von Systemabstürzen reduzieren Sie die Geschwindigkeit, bis Sie ein stabiles Verhalten erreicht haben. Sollte Ihr Rechner selbst bei der niedrigsten Einstellung noch unstabil laufen, verzichten Sie lieber auf die Verwendung des DMA-Modus.

Das Betriebssystem muss mitspielen

Es reicht nicht, wenn die Festplatte und das BIOS den DMA- bzw. UDMA-Modus unterstützen, das Betriebssystem (also Windows 9.x bei den meisten Benutzern) muss ebenfalls mitspielen. Windows ist ab der Version 95 OSR2 dazu in der Lage, aber der DMA-Zugriff ist für alle angeschlossenen IDE-Laufwerke aus Kompatibilitätsgründen deaktiviert.

Sie finden die Option zum Aktivieren des DMA-Zugriffs im Windows-Geräte-Manager.

Das Feintuning: So bringen Sie die Festplatte auf Trab

1 Öffnen Sie den Windows-Geräte-Manager, indem Sie in der Systemsteuerung auf *System* klicken und dort die Registerkarte *Geräte-Manager* auswählen.

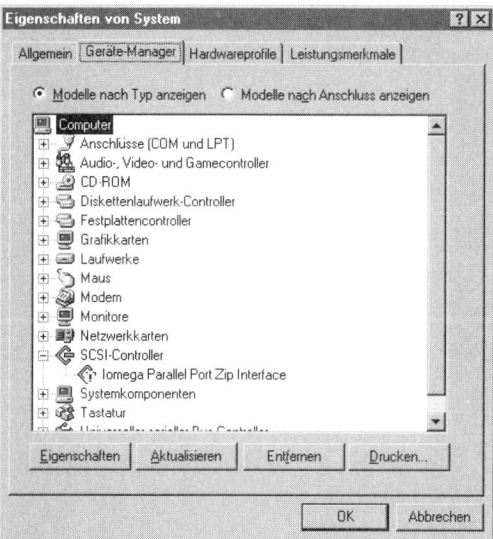

2 Öffnen Sie den Zweig *Laufwerke*, markieren Sie den Eintrag Ihrer Festplatte und klicken Sie auf *Eigenschaften*.

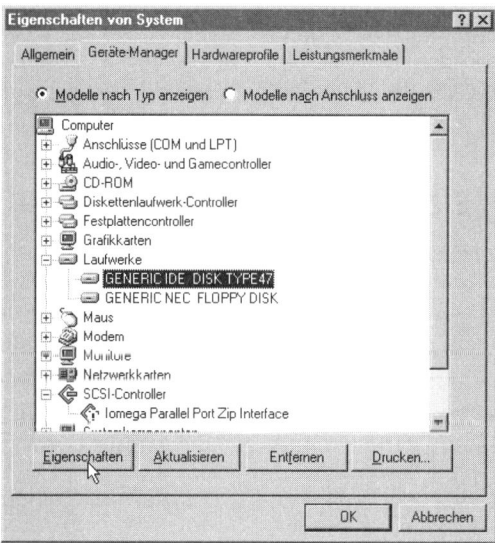

3 Wechseln Sie zur Registerkarte *Einstellungen* und aktivieren Sie die Option *DMA*.

Anmelden und Optimieren von Festplatten

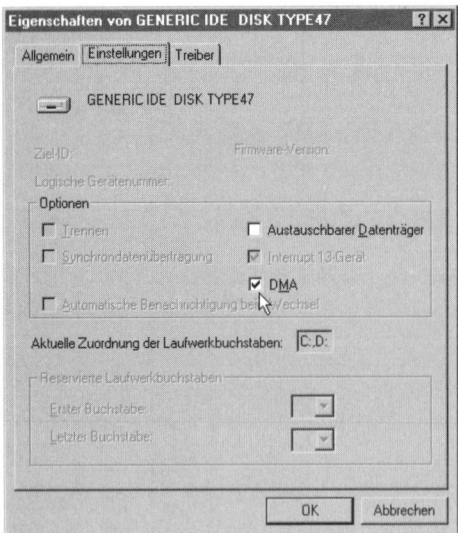

4 Klicken Sie auf *OK*, um die Eingabe abzuschließen, und starten Sie den Rechner anschließend neu.

> **Hinweis**
> **Probleme mit CD-Laufwerken**
> Einige CD- bzw. DVD-Laufwerke, darunter auch aktuelle Modelle, kommen mit dem DMA-Zugriff nicht zurecht. Die Folge sind Lesefehler und Programmabstürze z. B. während der Installation von Programmen. In diesem Fall hilft nur die Deaktivierung des DMA-Zugriffs, um ein stabiles Verhalten wiederherzustellen.

Hintergrund: EIDE, ATA, PIO, DMA und UDMA

Festplatten und andere IDE-Laufwerke (CD-ROM, CD-Brenner, DVD, ZIP u. Ä.) entsprechen seit etwa 1994 dem EIDE-Standard, dem **E**nhanced-**IDE**-Standard, mit dem die 504-MByte-Schallgrenze des alten IDE-Standards bei Festplatten überwunden wurde (siehe weiter vorn). Anstelle der Bezeichnung EIDE wird auch häufig die Bezeichnung ATA (für **A**dvanced **T**echnology **A**ttachment) verwendet, das ist die offizielle Bezeichnung für diesen Standard. Diese Schnittstellentechnik hat die größte Verbreitung bei Heim-PC-Systemen gefunden, ist dementsprechend preiswert und mit den letzten beiden Entwicklungsstufen auch fast genauso leistungsfähig wie der große Konkurrent SCSI.

Üblicherweise befinden sich auf jedem Mainboard zwei IDE-Ports, an die jeweils zwei Geräte angeschlossen werden können. In letzter Zeit sind aber auch immer mehr Mainboards aufgetaucht, die bereits über vier Kanäle für bis zu acht Geräte verfügen. Eine andere Erscheinung, die wohl der wachsenden Geschwindigkeit von Prozessor und Speicher Rechnung trägt, sind RAID-Controller, mit denen zwei oder mehr Festplatten als Array betrieben werden können.

Wie bereits erwähnt, gibt es drei verschiedene Übertragungsmodi, in denen IDE- bzw. EIDE-Laufwerke betrieben werden können. PIO ist davon der älteste Modus, der eine enorme Prozessorbelastung mit sich bringt und mittlerweile völlig überholt ist. Aus Kompatibilitätsgründen kann dieser Standard immer noch durch Controller und Laufwerke benutzt werden. Windows muss auch erst dazu überredet werden, den schnelleren DMA- oder UDMA-Modus zu benutzen. Bei CD-Laufwerken kann es allerdings durchaus noch passieren, dass das Sonderangebot aus dem Discountmarkt tatsächlich auf den PIO-Modus angewiesen ist, denn hier hat sich erst vor relativ kurzer Zeit (ca. Mitte 2000) der UDMA-Modus bei allen Geräten durchgesetzt.

Der DMA- bzw. UDMA-Zugriff unterscheidet sich nicht nur durch höhere Geschwindigkeiten von seinem Vorgänger, sondern auch durch eine wesentlich geringere Prozessorbelastung. Dieser Fortschritt wird dadurch erreicht, dass der Controller die Daten via Busmastering direkt in den Arbeitsspeicher schreiben kann, die CPU ist an diesem Vorgang nicht beteiligt. Um die Fehleranfälligkeit des IDE-Bus zu reduzieren, ist ab dem UDMA/33-Standard ein Fehlerkorrekturprotokoll hinzugekommen.

Hinweis
Busmastering: Einer hat die Kontrolle
Beim Busmastering übernimmt ein an den PCI-Bus angeschlossenes Gerät (der IDE-Controller gehört ebenfalls dazu) die Kontrolle über die Datenübertragung. An die CPU wird lediglich eine Anforderung zur Freigabe der Übertragung geschickt. Wenn diese Freigabe erteilt ist, ist keine weitere Rechenzeit der CPU erforderlich, was den Rechner insgesamt natürlich sehr entlastet.

Bei aktuellen Festplatten sind eigentlich nur noch UDMA/66 und UDMA/100 aktuell, wobei alle UDMA-Platten eine andere Kabeltechnik benutzen (80 Adern anstelle von 40) und an eigene Controller angeschlossen werden müssen.

Folgende Leistungsstufen sind mit den einzelnen Modi verbunden:

EIDE-Modus	Transferrate in MByte/s
PIO 0	3,3
PIO 1	5,2
PIO 2	8,5
PIO 3	11,1
PIO 4	16,6
DMA 0	4,16
DMA 1	13,33
DMA 2	16,66

Anmelden und Optimieren von Festplatten

EIDE-Modus	Transferrate in MByte/s
Ultra DMA 0	16,66
Ultra DMA 1	25,00
Ultra DMA 2	33,33
Ultra DMA 3	66
Ultra DMA 4	100

Werden wirklich so hohe Datenraten erreicht?

Auch wenn die Schnittstelle theoretisch bis zu 100 MByte/s übertragen könnte, kann keine Festplatte allein wirklich dieses Tempo erreichen, aber im Verbund mit mehreren Laufwerken an einem Kanal müssen recht schnell so hohe Übertragungsraten bewältigt werden. Hinzu kommt, dass in der Praxis nur etwa 75 % der Schnittstellengeschwindigkeit für Daten ausgenutzt werden können. Eine aktuelle Festplatte, die 20 bis 30 MByte/s liefern kann, kann einen UDMA/33-Controller also bereits überfordern, denn der bewältigt effektiv nur ca. 24 MByte/s.

Ein anderer Aspekt sind Zugriffe auf den Hardware-Cache, der in die Festplattenlaufwerke eingebaut ist. Diese Zugriffe nutzen die volle Bandbreite der Schnittstelle aus, weil der eingebaute RAM-Speicher die Daten mit dieser Geschwindigkeit liefern kann. Hier macht es also tatsächlich einen Unterschied, ob die Platte an einem UDMA/33- oder UDMA/100-Controller hängt.

2.4 Troubleshooting

Es werden nur 504 MByte angezeigt, obwohl meine Festplatte größer ist.

Für dieses Problem gibt es zwei mögliche Ursachen: Falls Ihr Computer – was mittlerweile recht unwahrscheinlich ist – früher als 1994 hergestellt wurde, unterstützt das BIOS keine Festplatten, die größer als 504 MByte sind. Andererseits kann es auch sein, dass der LBA-Modus für den Zugriff auf Ihre Festplatte nicht eingeschaltet ist.

Lösung:

Falls Ihr Mainboard dazu geeignet ist und neuere Versionen des BIOS angeboten werden, können Sie ein BIOS-Update vornehmen. Voraussetzung ist ein so genanntes Flash-BIOS, das mit einer neuen BIOS-Version überschrieben werden kann. Mehr zu diesem Thema lesen Sie ab Seite 221.

Bei allen BIOS-Versionen, die jünger als 1994 sind, können Sie für den Festplattenzugriff den LBA-Modus einstellen, mit dem Platten größer als 504 MByte angesprochen werden können. Was das zu bedeuten hat und wie Sie die nötigen Einstellungen vornehmen, lesen Sie ab Seite 42.

Troubleshooting

Ich kann nur maximal 2 GByte meiner Festplatte nutzen.

Auch hier existieren zwei mögliche Ursachen:

- Als Erstes könnte Ihr Mainboard über eine BIOS-Version verfügen, die nur maximal 4.096 Zylinder für die Festplattenadressierung verwalten kann. Damit lassen sich aber nur 2 GByte Festplattenspeicher adressieren. Das sind z. B. alle AMI-BIOS-Versionen vor Version 1.04 und alle Phoenix-BIOS vor Version 4.04.

- Bis Windows 95a stand als Dateisystem nur das betagte FAT16 zur Verfügung, mit dem maximal 2 GByte Festplattenspeicher pro Partition adressiert werden können. Damit müssen Sie Ihre Festplatte in 2-GByte-Stücke aufteilen, was bei einer 20-GByte-Festplatte ausgesprochen lästig ist.

Lösung:

Führen Sie ein BIOS-Update durch, um die 4.096-Zylinder-Begrenzung zu beseitigen. Wie das geht, erfahren Sie in Kapitel 10.

Führen Sie ein Update auf Windows 95 OSR2 oder auf eins der neueren Windows-Betriebssysteme aus, die FAT32 unterstützen. Danach können Sie die Festplatte neu partitionieren (in FDISK muss die FAT32-Unterstützung beim Programmstart aktiviert werden) und formatieren. Falls Sie den Aufwand scheuen, Ihr Computersystem neu aufzubauen, können Sie auch unter Windows FAT16-Partitionen in FAT32 konvertieren lassen. Danach ist es mit einer Partitionierungssoftware wie Powerquest Partition Magic (www.powerquest.com/de) möglich, die Größe der Partition ohne Datenverlust zu ändern.

Bisher hat meine 6,4-GByte-Festplatte einwandfrei funktioniert, aber von der neuen 20-GByte-Platte werden nur 8 GByte erkannt.

Obwohl Ihr BIOS bereits den LBA-Modus unterstützt, mit dem Festplatten über 504 MByte angesprochen werden können, verfügt es offensichtlich nicht über die Int13h-Erweiterungen (siehe ab Seite 46), mit dem auch Platten oberhalb von 8 GByte angesprochen werden können.

Lösung:

In diesem Fall gibt es zwei verschiedene Lösungsansätze:

- Führen Sie ein BIOS-Update mit einer Version durch, die bereits die Int13h-Erweiterungen enthält.

- Kaufen Sie für ca. 120 Mark eine Controller-Karte mit einem UDMA/100-Controller. Der besitzt ein eigenes BIOS, das über die notwendigen Erweiterungen des Befehlssatzes verfügt. Die Karte muss einfach nur in einen PCI-Slot gesteckt werden, danach können Festplatten und andere Laufwerke wie gewohnt angeschlossen werden.

Anmelden und Optimieren von Festplatten

Meine nagelneue 20-GByte-Festplatte sollte eigentlich sehr schnell sein, aber ich kann keinen so großen Unterschied feststellen.

Um eine maximale Kompatibilität zu erreichen, ist in vielen älteren BIOS-Versionen der DMA-Modus für Festplatten standardmäßig abgeschaltet, was Ihre Festplatte ausbremst.

Lösung:

- Aktivieren Sie den DMA-Modus für den IDE-Kanal, an dem Sie Ihre neue Festplatte betreiben. Wie das geht, können Sie ab Seite 57 nachlesen.
- Aktivieren Sie den DMA-Modus im Geräte-Manager unter Windows, damit auch das Betriebssystem weiß, dass Ihre Festplatte für diese Art der Datenübertragung geeignet ist. Eine Beschreibung des Vorgangs finden Sie auf Seite 60.

Ein Laufwerk kann nicht im BIOS-Setup angemeldet werden.

Nachdem Sie eine Festplatte oder ein anderes Laufwerk eingebaut und angeschlossen haben wird von der Auto-Detect-Funktion nichts gefunden. Ebenso funktioniert die manuelle Anmeldung nicht, das Laufwerk wird einfach nicht angesprochen. Wahrscheinlich liegt der Fehler in diesem Fall bei der Hardware.

Lösung:

- Überprüfen Sie, ob Sie sowohl das Datenkabel als auch die Stromversorgung richtig an das Laufwerk angeschlossen haben. Beide Stecker müssen fest in ihren Steckplätzen sitzen. Während das Stromkabel nur in einer Ausrichtung in den zugehörigen Anschluss passt, muss das Datenkabel zudem richtig herum eingesteckt sein. Die am Kabel rot oder blau markierte Ader muss auf der mit *Pin 1* gekennzeichneten Seite des Steckplatzes sitzen. Ein Tipp: Wenn diese Kennzeichnung nicht an Ihrem Laufwerk angebracht sein sollte, befindet sich *Pin 1* immer auf der Seite des Stecksockels, die dem Stromanschluss zugewandt ist. Sollte dann immer noch keine Besserung eingetreten sein, überprüfen Sie auf die gleiche Weise die Verbindung des Datenkabels mit dem Mainboard.
- Wenn mehrere Laufwerke an einem IDE-Kanal angeschlossen sind, überprüfen Sie, ob die Verteilung der Master- oder Slave-Einstellungen richtig durchgeführt wurde. Ein Gerät muss als Master eingestellt sein (vorzugsweise das schnellere Laufwerk), das andere als Slave.
- Stellen Sie sicher, dass beide Kanäle des IDE-Controllers aktiv sind. Manchmal wird vom PC-Hersteller ein Kanal ausgeschaltet, um Ressourcen zu sparen. Die Optionen *Primary IDE* und *Secondary IDE* im Menü *Integrated Peripherals* müssen beide auf *Enabled* stehen.

Ich will eine größere Festplatte nutzen, aber mein BIOS kann nicht aktualisiert werden (kein Flash-BIOS).

Der Fall kann natürlich auftreten: Auf Ihrem Mainboard ist kein Flash-BIOS verbaut, sodass kein Update durchgeführt werden kann. Oder der Hersteller hat die Pflege des BIOS für Ihr Mainboard vor längerer Zeit bereits aufgegeben.

Lösung:

Benutzen Sie einen Festplatten-Manager, der den Zugriff auf größere Festplatten erlaubt. So einen Manager bekommen Sie mit etwas Glück beim Hersteller Ihrer Festplatte, denn diese Programme müssen individuell auf die genauen Daten jeder Festplatte abgestimmt sein. Falls Sie dort keinen Festplatten-Manager bekommen, hilft nur noch der Austausch der Hardware.

Nach jedem Rechnerstart bekomme ich die Fehlermeldung „primary IDE-channel 80 no conductor cable installed".

Diese Meldung erscheint, wenn Sie Ihre UDMA/66/100-Festplatte mit einem herkömmlichen 40-poligen IDE-Festplattenkabel angeschlossen haben.

Lösung:

Verwenden Sie ein UDMA/66/100-Kabel, das mit 80 anstelle von 40 Adern ausgestattet ist. Normalerweise liegt solch ein Kabel jedem Mainboard mit UDMA-Controller bei. Wenn Sie keins erhalten haben sollten, fragen Sie einfach bei Ihrem Händler danach.

3. Optimieren der Grafikeinstellungen

Optimale Grafikeinstellungen sind für die Nutzung des PCs natürlich besonders wichtig, wenn Sie ihn nicht nur zum Arbeiten, sondern auch für Ihre Freizeitgestaltung nutzen. Aktuelle Computerspiele fordern den Komponenten Ihres Rechners das Letzte ab, sodass bestmögliche Einstellungen sämtlicher Optionen nötig sind, um den vollen Spielspaß zu erleben.

Viele Einstellungen der Grafikkarte und der Monitoranzeige wie Auflösung, Bildwiederholfrequenz oder Farbtiefe werden von der Windows-Oberfläche aus vorgenommen, andererseits befinden sich einige Grafikoptionen in den BIOS-Einstellungen, die bei falscher Parameterwahl bewirken können, dass Ihr Rechner nur mit angezogener Handbremse läuft.

Wir zeigen Ihnen in diesem Kapitel, wie Sie die im BIOS verstreuten Grafikoptionen finden und erkennen, stellen Ihnen die maßgeblichen Funktionen vor und erläutern die optimalen Einstellungen.

- Im ersten Abschnitt erfahren Sie, warum der Typ der verwendeten Grafikkarte (AGP oder PCI) von Bedeutung ist und wie Sie Ihre Karte identifizieren können. Danach finden Sie die BIOS-Funktionen, die die Wirkungsweise der heute am meisten gebräuchlichen AGP-Grafikkarten beeinflussen. Wir gehen in diesem Kapitel zuerst auf die AGP-Funktionen ein, da sich dieser Grafikkartentyp zum Standard entwickelt hat.

- Obwohl die AGP-Funktionen einen großen Raum in den BIOS-Einstellungen einnehmen, gibt es daneben eine Vielzahl von anderen Einstellungsmöglichkeiten, mit denen Sie die Grafik optimieren können. Dies finden Sie im zweiten Abschnitt.

- Am Ende des Kapitels finden Sie einen umfassenden Troubleshooting-Teil, mit dem Sie häufig auftretende Probleme im Zusammenhang mit den Grafikeinstellungen lösen können.

3.1 Dahinter geblickt: AGP-Optionen richtig ausreizen

Bis ca. 1998 gab es nur wenige, relativ überschaubare BIOS-Optionen, die direkte Auswirkungen auf die Grafikdarstellung hatten. Mit der Einführung des AGP-Steckplatzes (**A**ccelerated **G**raphics **P**ort = beschleunigte Grafikschnittstelle) , der inzwischen Standard für Grafikkarten ist, ist die Angelegenheit etwas komplizierter geworden. Es sind einige wichtige Optionen hinzugekommen, aber es gibt praktisch kein BIOS, in dem sie übersichtlich zusammengefasst wurden, vielmehr sind sie quer über mehrere Menüs verteilt.

Das macht es natürlich schwer, auf den ersten Blick zu erkennen, welche Optionen für die Grafik zuständig sind, zumal manche eben nur dann von Interesse sind, wenn Sie eine AGP-Grafikkarte nutzen.

Grafikkarte: AGP oder PCI?

Bei den möglichen BIOS-Einstellungen, die sich auf die Darstellung der Grafik auswirken, ist es wichtig, darauf zu achten, welche Anschlussart Ihre Grafikkarte nutzt. Es macht, wie Sie im weiteren Verlauf sehen werden, einen immensen Unterschied, ob Sie eine PCI- oder eine modernere AGP-Grafikkarte in Ihrem Rechner haben.

Prüfen Sie daher, wenn Sie es nicht sowieso schon wissen, bevor Sie Einstellungen ändern, welchen Grafikkartentyp Sie nutzen. Dazu gibt es mehrere Möglichkeiten. Die etwas aufwendigere, aber sichere Methode ist das Öffnen des Rechners.

> **Hinweis**
> **Das Öffnen des PCs**
> Achten Sie beim Öffnen des Rechners auf allgemeine Sicherheitsmaßnahmen, die immer gelten, wenn Sie am PC herumschrauben. Fahren Sie den Rechner herunter, nehmen Sie ihn vom Strom, entladen Sie sich und achten Sie auf eine geordnete Arbeitsumgebung. Hinweise zum optimalen Arbeiten am PC finden Sie im Buch „PC aufrüsten und reparieren", ebenfalls bei DATA BECKER erschienen.

PCI- und AGP-Grafikkarten stecken in unterschiedlichen Slots auf dem Mainboard, die eine Verwechslung eigentlich unmöglich machen. PCI-Steckplätze sind meistens weiß und mehrfach vorhanden, AGP-Slots sind zumeist braun, und grundsätzlich gibt es nur einen davon.

Dahinter geblickt: AGP-Optionen richtig ausreizen

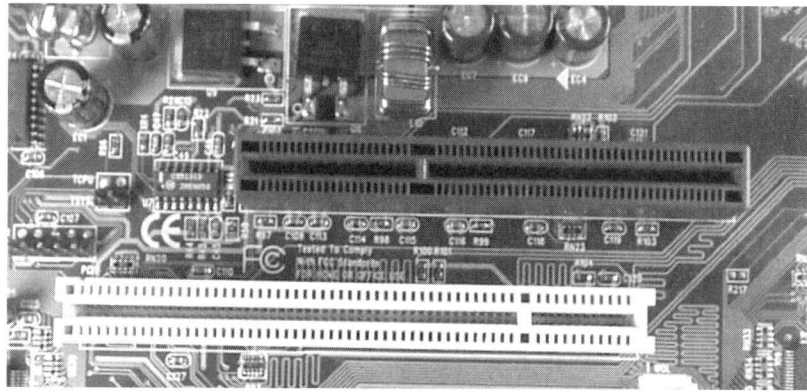

AGP- (oben) und PCI-Slot (unten) auf dem Mainboard

Auch an der Grafikkarte selbst kann der Unterschied an der Form der Kontaktleiste erkannt werden. Die verschiedenen Bauformen sind natürlich nicht reiner Selbstzweck. Dadurch soll vermieden werden, dass der Nutzer Karten in Slots drückt, die nicht dafür vorgesehen sind.

Eine weitere Möglichkeit, mit der Sie in vielen Fällen die Schnittstellenform identifizieren können, sind Einträge in den Anzeigeeigenschaften.

1 Klicken Sie mit der rechten Maustaste auf eine freie Stelle des Desktops und wählen Sie im Kontextmenü den Befehl *Eigenschaften*.

2 Wechseln Sie dann zur Registerkarte *Einstellungen/Weitere Optionen*.

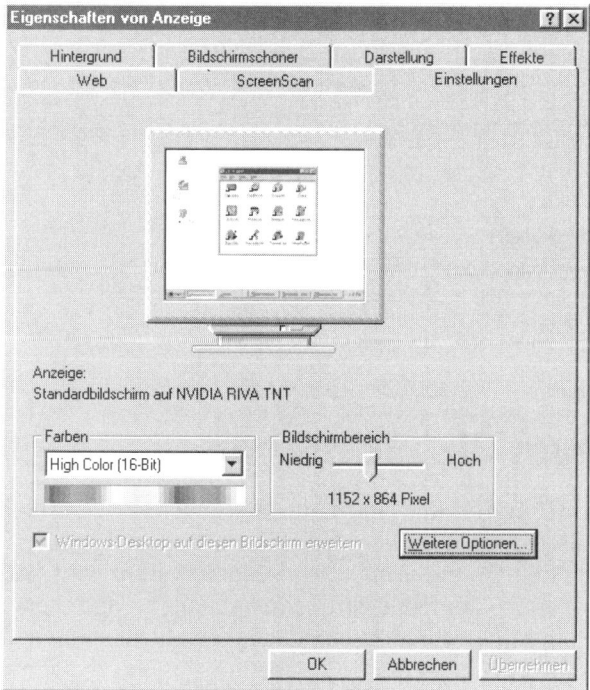

Optimieren der Grafikeinstellungen

3 Viele Grafikkarten, z. B. solche mit den sehr verbreiteten NVidia-Grafikchips (TNT, TNT2, GeForce), legen hier eigene Registerkarten an, auf denen Sie vielfältige informationen bereitgestellt bekommen. Gehen Sie hier beispielsweise in das Register *Riva TNT*. Hier sehen Sie unter dem Punkt *Bus Type*, dass es sich um eine AGP-Karte handelt.

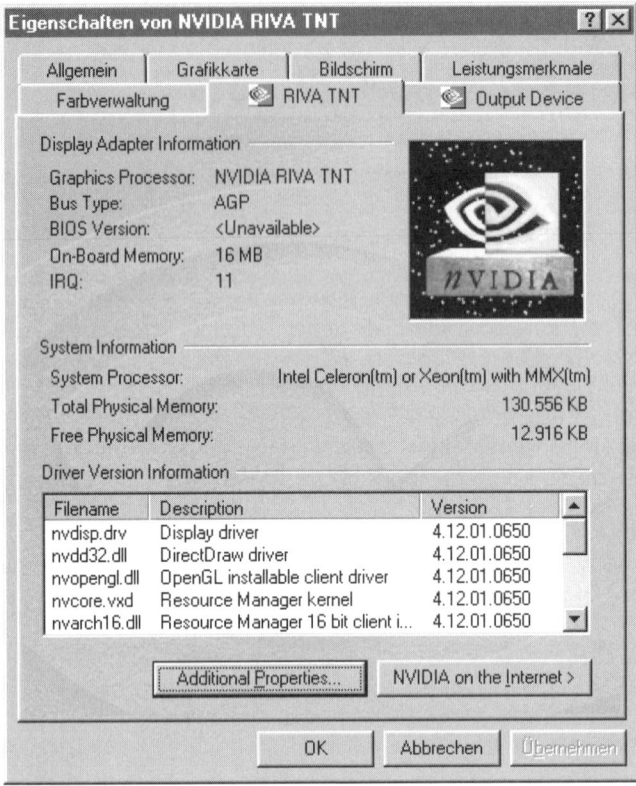

Hinweis
AGP-Option aktivieren

Manche Mainboards verlangen nach einer Aktivierung des AGP-Slots im BIOS. In diesen Fällen finden Sie im BIOS die Option *AGP (Enabled/Disabled)*. Wenn Sie eine AGP-Grafikkarte nutzen, muss dieser Wert natürlich auf *Enabled* stehen.

Aperture Size festlegen

Eine der wichtigsten und am häufigsten erwähnten Grafikeinstellungen im BIOS ist die Option *Aperture Size* (auch *Graphics Aperture Size*). Sie finden sie zumeist im *Chipset Features Setup*-Menü. Mit ihr wird festgelegt, wie groß die *AGP Aperture* (gemeint ist der frei gehaltene Speicher) sein soll. Dabei sind die gängigen Einstellungsmöglichkeiten, die Sie finden:

- 4 MB
- 8 MB
- 16 MB
- 32 MB
- 64 MB
- 128 MB
- 256 MB

Zur Erklärung: Jede Grafikkarte verfügt über einen eigenen so genannten Videospeicher, ähnlich dem Arbeitsspeicher Ihres Rechners. Er dient dazu, dass viele Grafikberechnungen vollständig auf der Karte durchgeführt werden können und so die CPU und der Arbeitsspeicher entlastet werden. Die Grafikausgabe des Rechners wird dadurch schneller.

Während vor wenigen Jahren ein Videospeicher von 1 MByte ausreichend war, um alle Aufgaben zu erfüllen, sind heute 32 oder 64 MByte auf aktuellen 3-D-Karten Standard. Dennoch ist bei Anwendungen, die die Grafikdarstellung aufs Äußerste fordern, auch dieser Speicher manchmal nicht ausreichend.

Die *Aperture Size*-Angabe im BIOS bestimmt, wie viel Arbeitsspeicher des PCs in solchen Fällen zusätzlich zur Auslagerung von Grafikdaten zur Verfügung steht. Auf diese Art können Kapazitätsengpässe bei AGP-Grafikkarten durch direkten Zugriff auf den reservierten RAM-Bereich des PCs beseitigt werden. Die Bildberechnung wird dadurch beschleunigt, dass durch die Nutzung des Arbeitsspeichers Last von der Grafikkarte an den Hauptprozessor abgegeben wird. Die Leistung der Grafikausgabe kann im Umkehrschluss mit der Leistung des eingesetzten Prozessors ansteigen.

Hinweis
Speicherprobleme bei Onboard-Grafikkarten

Die *Aperture Size* ist besonders wichtig bei Systemen, die über Onboard-Grafikkarten verfügen. Diese direkt auf dem Mainboard aufgebrachten Grafikkarten, die man oft bei preiswerten Komplettsystemen (wie z. B. bei einigen Aldi-PCs oder auch bei Notebooks) findet, verfügen aus Kostengründen oft über keinen oder nur wenig eigenen Speicher, sodass diese Option große Bedeutung gewinnt.

Empfehlung:

Der Standardwert bzw. die werkseitige Einstellung beträgt bei heutigen Systemen meistens 64 MByte, das bedeutet also, dass maximal 64 MByte an Grafikdaten bei Bedarf in den Hauptspeicher ausgelagert werden können. Dies ist ein Wert, mit dem Sie grundsätzlich gut zurechtkommen sollten, auch dann, wenn Ihre Grafikkarte nur 16 oder 32 MByte eigenen Speicher besitzt. Kleinere Werte sind nur selten sinnvoll, weil es dann bei aufwendigen Spielen zu Engpässen (und damit zu einem Leistungsabfall) kommen kann. Falls Ihr Rechner bei der Darstellung von Spielen in einer größeren Auflösung (ab etwa 1.024 x 768) Probleme macht, lohnt es sich, den Wert der *Aperture Size* versuchsweise zu vergrößern.

Generell gilt, dass die Größe mindestens der Hälfte der Größe des Arbeitsspeichers entsprechen soll, also bei einem Rechner mit 128 MByte RAM folglich 64 MByte. Dies ist zwar nur eine Faustregel, in den allermeisten Fällen dürften aber eventuelle Probleme damit behoben sein. Das bedeutet natürlich nicht, dass dieser Speicher dauerhaft für die Grafikkarte reserviert wird, lediglich bei Bedarf kann auf maximal diesen Wert zugegriffen werden. Im normalen Betrieb unter Windows bleibt Ihr Arbeitsspeicher vollständig erhalten. Unter 32 MByte sollte die *Aperture Size* nicht eingestellt werden, da verschiedene AGP-Grafikkarten ihre Auslagerungsfunktionen dann automatisch abschalten.

Tipp
Informationen zum Thema AGP

Weiterführende Infos finden Sie unter anderem unter www.agpforum.org und developer.intel.com/technology/agp/.

Geschwindigkeit der AGP-Nutzung festlegen

Der AGP-Standard (**A**ccelerated **G**raphics **P**ort = beschleunigte Grafikschnittstelle)hat den Grafikkartenmarkt revolutioniert. Erst mit ihm wurden schnelle, komplexe Anwendungen möglich, und die meisten modernen Spiele würden ohne AGP-Nutzung kaum in der heute möglichen bombastischen Grafik laufen können.

AGP ist eine Entwicklung der Firma Intel und hat gegenüber der älteren PCI-Schnittstelle einige entscheidende Vorteile:

- AGP verfügt über einen breiteren Bus als PCI und wird mit der doppelten Taktfrequenz betrieben – also 66 MHz gegenüber 33 MHz des PCI-Bus.
- AGP-Grafikkarten können direkt auf den Arbeitsspeicher des PCs zugreifen. Das beseitigt Kapazitätsengpässe beim Videospeicher.
- Wesentliche Teile der Bildberechnung können vom Hauptprozessor durchgeführt werden, weil die Grafikkarte ja direkt auf den Arbeitsspeicher zugreifen kann.
- Die Leistung der Grafikausgabe wächst mit dem eingesetzten Hauptprozessor.

Der erste AGP-Standard, meist als AGP 1x bezeichnet, wurde in den letzten Jahren verbessert, heute sind die Standards AGP 2x oder sogar AGP 4x verbreitet. Aktuelle Karten und Mainboards werden allerdings nur noch mit AGP-4x-Technik ausgeliefert.

Dahinter geblickt: AGP-Optionen richtig ausreizen

Der Bustakt dieser drei Varianten bleibt gleich, er ist mit 66 MHz doppelt so schnell wie der einer PCI-Karte. Im Datendurchsatz unterscheiden sich die Typen aber erheblich voneinander. AGP 1.x leistet einen Datendurchsatz von 264 MByte/s, AGP 2.x verdoppelt ihn auf 528 MByte/s, während AGP 4.x ihn logischerweise noch mal auf (theoretische) 1.024 MByte/s erhöht. Dies ist sogar höher als der Durchsatz zwischen Prozessor und RAM, der bei PCs mit SDRAM-Bestückung bei 800 MByte/s liegt.

Diese Unterschiede in den Grafikleistungen bedeuten aber auch, dass die Mainboards und die übrige Hardware diese Karten unterstützen müssen. Ist dies nicht der Fall, können umfangreiche Abstürze, Grafikhänger und ähnliche Fehler auftreten (siehe dazu auch Seite 83).

Hinweis
Nur AGP 2x und 4x sind von Bedeutung

Es ist eher unwahrscheinlich, dass Ihr Mainboard nicht zumindest AGP 2x unterstützt. Die erste Version des AGP-Standards wurde 1997 zu einem Zeitpunkt ausgeliefert, als die Nachfolgeversion 2x schon abzusehen war. AGP 1x wurde daher von Hard- und Softwareherstellern nie richtig unterstützt. Heute sollten Sie eher darauf achten, dass auch die neuste Version unterstützt wird, da es praktisch keinen Weg gibt, eine aktuelle AGP 4x-Grafikkarte auf einem Board mit AGP 2x-Unterstützung mit voller Leistung zu betreiben.

AGP 4x

Moderne Motherboards, die den AGP 4x-Modus unterstützen, bieten die Option an, den AGP 4x-Modus ein- oder auszuschalten.

Empfehlung:

Bei Systemkonflikten oder Inkompatibilitäten (Abstürze und „Einfrieren" des Rechners bereits kurz nach dem Start von Windows) kann es sinnvoll sein, die AGP 4x-Karte nur im AGP 2x-Modus laufen zu lassen. Durch *Enable/Disable* kann der Modus ein- bzw. ausgeschaltet werden. Hier sollten Sie aber auf jeden Fall eine intensive Fehlersuche folgen lassen, um möglichst schnell wieder den besten Grafikspaß erleben zu können. Im Regelfall sollten Sie die Option auf *Enabled* stehen lassen.

Hier die AGP-Standards noch mal in der Übersicht:

Schnittstelle	Bustakt	Datendurchsatz
PCI	33 MHz	132 MByte/s
AGP 1.x	66 MHz	264 MByte/s
AGP 2.x	66 MHz	528 MByte/s
AGP 4.x	66 MHz	1.024 MByte/s

AGP 2x

Die Möglichkeit, den AGP 2x-Modus ein- oder auszuschalten, ist auf aktuellen Mainboards kaum noch zu finden, da sie aus der Zeit stammt, als AGP-Grafikkarten noch keine sehr große Verbreitung hatten.

Empfehlung:

Ähnlich wie die Option *AGP 4x* erlaubt *AGP 2x*, diesen spezifischen Betriebsmodus an- oder abzustellen (*Enable/Disable*). Standardmäßig ist diese Option eingeschaltet, weil nahezu alle AGP-Grafikkarten (mit Ausnahme der allerersten Modelle) diesen Modus unterstützen. Deshalb sollten Sie diesen Wert beruhigt stehen lassen.

Wenn Sie Stabilitätsprobleme bei Ihrer Grafikkarte feststellen (Abstürze und „Einfrieren" des Rechners bereits kurz nach dem Start von Windows), können Sie zur Fehlerdiagnose diese Option ausschalten.

AGP Driving Control: Bedeutung und richtige Einstellung

Neben dem Datendurchsatz, der die Geschwindigkeit der Grafikkarte bei der Zusammenarbeit mit dem Mainboard definiert, gibt es noch verschiedene andere AGP-Werte, die im BIOS festgelegt werden können.

Die *AGP Driving Control*-Option, die Sie im *Chipset Features Setup* finden, wenn Sie ein Mainboard mit VIA-Chipsatz besitzen, erlaubt die spezifische Einstellung der AGP-Signalstärke, also der maximalen Spannung, mit der das AGP-Signal auf dem Bus weitergegeben wird.

Empfehlung:

In nahezu allen Fällen ist es sinnvoll, den Wert auf der Grundeinstellung *Auto* zu belassen. Damit wird die Signalstärke anhand des ermittelten (Grafik-)Chipsatzes auf einen optimalen Wert gesetzt, um die Stabilität des Systems zu gewährleisten. Die zweite Einstellung *Manual* ist dann interessant, wenn Sie den AGP-Bus übertaktet haben. Das ist z. B. automatisch der Fall, wenn Sie Ihren Rechner mit einem überhöhten Bustakt betreiben. Einige Grafikkarten reagieren empfindlich auf die Übertaktung und benötigen eine etwas erhöhte Signalstärke, um einwandfrei zu funktionieren. Mit der Einstellung auf *Manual* erhalten Sie die Möglichkeit, bei auftretenden Problemen die Signalstärke in einer Hexadezimalzählung von *00h* bis *FFh* zu erhöhen. Der Standardwert ist *DA*, höhere Werte liegen „in Richtung FFh" dahinter (siehe auch den Abschnitt „AGP Driving Value").

> **Hinweis**
>
> **Vorsicht bei der Einstellung**
>
> Mit dem Erhöhen der Signalstärke erhöhen Sie wie erwähnt die Spannung, mit der das Signal über den Bus übertragen wird. Ein zu hoch eingestellter Wert kann zu einer Überlastung der Grafikkarte führen und die empfindlichen Bauteile irreparabel beschädigen. Mehr als ein bis zwei Stufen sollten Sie den Wert also auf keinen Fall erhöhen. Es ist also nicht empfehlenswert, die Signalstärke zu anderen Zwecken als zur Problembehebung zu verändern. Eine Leistungssteigerung können Sie damit nicht erreichen.

AGP Driving Value

Die Einstellungsmöglichkeiten bei *AGP Driving Value*, die ebenfalls von 00 bis FF in der Hexadezimalzählung reichen, sind an die Option *AGP Driving Control* gebunden.

Wenn Sie den Wert bei *AGP Driving Control* auf *Auto* setzen, können Sie bei *AGP Driving Value* keine Veränderung vornehmen. Erst unter *Manual* sind Einträge hier möglich.

Mit der *AGP Driving Value* bestimmen Sie die Signalstärke des AGP-Bus. Das bedeutet, je höher der eingestellte Wert, desto stärker fällt das Signal aus. Dies kann z. B. notwendig sein, wenn eine Grafikkarte in einem übertakteten System nicht mehr stabil läuft (siehe vorheriger Abschnitt). Dabei ist allerdings zu beachten, dass die Standardeinstellung je nach Grafikkarte bzw. verwendetem Chipsatz variieren kann. Oft findet sich z. B. der Wert *DA*, bei der Nutzung einer NVidia GeForce 2-Karte ist der Standardwert dagegen *EA*.

> **Hinweis**
>
> **Einträge in Hexadezimal-Code**
>
> Anders als beim Dezimalsystem wird beim Hexadezimalsystem mit 16 Ziffern von 0 bis F gerechnet. 00 hexadezimal entspricht 0 dezimal, FF entspricht 255. Das können Sie ausprobieren, indem Sie Ihren Windows-Taschenrechner unter *Ansicht* auf *Wissenschaftlich* stellen. In dieser Ansicht haben Sie die Möglichkeit, auch hexadezimal zu rechnen. DA entspricht so 218, EA 234.

AGP 4x Drive Strength

Mit dieser Option kann die Übertragungsgeschwindigkeit auf dem AGP-Bus beeinflusst werden. Mögliche Werte sind *1* bis *F*, wobei 1 den niedrigsten und F den höchsten Wert darstellt.

Empfehlung:

Der eingetragene Wert wird von der Grafikkarte vorgegeben und sollte nicht verändert werden. Ein Verringern der Übertragungsgeschwindigkeit mindert die Systemleistung, ein Erhöhen führt zu einem instabilen Verhalten. Lediglich wenn Sie Ihre Grafikkarte übertaktet haben, können Sie (vorsichtig!) versuchen, die größere Arbeitsgeschwindigkeit des Chips durch eine geringfügig (um 1 bis 2 Stufen) erhöhte Datenrate zu unterstützen. Falls der Rechner danach nicht mehr stabil läuft, kehren Sie wieder zum Standardwert zurück.

AGP Master 1 WS Read/Write

In der werkseitig voreingestellten Grundeinstellung wartet der AGP-Bus-Controller mindestens zwei Taktzyklen (Waitstates), bevor er mit dem Lesen oder Schreiben von Daten beginnt.

Empfehlung:

Sie können, um die Performance der Karten zu erhöhen, diese Waitstates halbieren. Dazu setzen Sie die Optionen

- *AGP Master 1WS Read*
- *AGP Master 1WS Write*

jeweils auf *Enabled*.

Falls Sie feststellen, dass nach dieser Veränderung Stabilitätsprobleme auftreten, setzen Sie die Option wieder auf *Disabled*.

> **Tipp**
> **Nie mehrere Werte gleichzeitig ändern**
> Gehen Sie auch hier bedacht vor und ändern Sie am besten nur immer einen Wert. Nach einem ausgiebigen Systemtest mit positivem Ergebnis können Sie dann den nächsten Wert ändern. So kommen Sie bei Schwierigkeiten der Ursache schneller auf die Spur.

AGPCLK/CPUCLK

In der normalen Einstellung arbeitet die Geschwindigkeit des AGP-Bus mit zwei Dritteln der Geschwindigkeit des Systemtakts. Dieses Verhältnis lässt sich mit der BIOS-Option *AGPCLK/CPUCLK* (Taktfrequenz des AGP-Bus/Taktfrequenz der CPU) beeinflussen.

Empfehlung:

Diese Option sollte unter normalen Bedingungen auf ihrem Standardwert (also 2/3 bei einem 100-MHz-System bzw. 1/2 bei einem 133-MHz-System) belassen werden. Erst wenn Sie Ihr System übertaktet haben, empfiehlt es sich, den Teiler zu verringern, um Probleme zu beheben oder von vornherein zu verhindern. Bei einem Sprung von 100 auf 112 MHz Systemtakt können Sie den Teiler 2/3 noch beibehalten, der AGP-Bus läuft dann mit 74 MHz; viele Grafikkarten halten diesen höheren Takt problemlos aus. Bei 133 MHz muss der

Teiler aber unbedingt auf 1/2 herabgesetzt werden, weil der AGP-Bus ansonsten mit 100 MHz läuft und damit um 50 % übertaktet wäre. Dabei gerät die beste Grafikkarte in Gefahr, zu überhitzen und damit zerstört zu werden.

BIOS-Einstellungen bei Nutzung zweier Grafikkarten

Die überwiegende Mehrzahl handelsüblicher Motherboards verfügt nur über einen AGP-Steckplatz. Dies ist in gewisser Weise auch nachvollziehbar, da der AGP-Port, anders als PCI- oder ISA-Steckplätze, nur für Grafikkarten genutzt werden kann.

Nun gibt es aber Anwendungen, die den Gebrauch von zwei Grafikkarten erforderlich machen. Ein Beispiel sind professionelle Grafikanwendungen, die so konfiguriert werden können, dass ein Monitor das bearbeitete Bild, der andere Bildschirm die Bedienelemente zeigt.

Diese Arbeitsweise, die seit Windows 98 unterstützt wird, erfordert eine zweite Grafikkarte, die dann zwangsweise eine PCI-Karte sein muss.

Einstellung der primären Grafikkarte (VGA BIOS Sequence/Init Display first)

Beim Bootvorgang muss in diesem Fall festgelegt werden, ob die AGP- oder die PCI-Karte als primäre Karte betrachtet wird.

Dies gilt auch, wenn Sie zwei Grafikkarten mit nur einem Monitor nutzen. Diese Konstellation fand man vor ca. zwei, drei Jahren relativ häufig, als in vielen PCs eine 2-D-Grafikkarte mit einer 3-D-Add-On-Karte kombiniert wurde. Wenn Sie also über eine ältere AGP-Grafikkarte verfügen, der durch eine Zusatzkarte 3-D-Funktionen zur Verfügung gestellt werden, ist es für Sie wichtig, eine Primärkarte zu definieren, da sonst Systemkonflikte auftreten können.

Verwirrenderweise findet man diese Einstellungsmöglichkeit unter verschiedenen Bezeichnungen. Je nach BIOS-Version und -Hersteller kann sie z. B.

- VGA BIOS Sequence AGP/PCI
- Init Display first AGP/PCI

oder ähnlich lauten. Sie finden sie bei einem Award-BIOS im *PNP and PCI Setup*.

Stellen Sie hier die Option entsprechend Ihren Wünschen ein. In den meisten Fällen werden Sie die AGP-Karte als Primärkarte definieren, da AGP schneller und moderner ist als PCI (und eine 3-D-Add-On-Karte als primäre Grafikkarte nicht funktioniert). Haben Sie nur eine Grafikkarte in Ihrem Rechner, stellen Sie ebenfalls an diesem Punkt den entsprechenden Typ ein.

Tipp

Nutzen Sie die entsprechende Einstellung

Wenn Sie nur eine Grafikkarte haben, wird sie durch das BIOS nahezu immer erkannt, und der Rechner bootet ganz normal, egal welche Einstellung Sie vorgenommen haben. Andererseits reduziert sich oft die Initialisierung der Grafik, wenn Sie die korrekten Einträge vorgenommen haben. Tragen Sie also AGP/PCI ein, wenn Sie eine AGP-Karte haben, und PCI/AGP, wenn die Grafikkarte den PCI-Bus nutzt.

3.2 Weitere Grafikoptionen optimal nutzen

Obwohl AGP-Grafikkarten den aktuellen Stand der Technik darstellen, arbeiten viele von Ihnen mit Sicherheit noch mit Grafikkarten, die mit einem PCI- (oder sogar mit einem uralten ISA-)Anschluss versehen sind, sei es, weil Sie Zusatzkarten nutzen oder weil Sie einfach die Hochleistungsgrafikpower nicht brauchen, da Ihr PC nur ein Arbeitsmittel ist, keine hochgezüchtete Spielmaschine.

Auch dafür finden sich einige BIOS-Optionen, die einen oder mehrere Blicke wert sind, und davon möchten wir Ihnen in diesem Kapitel die wichtigsten vorstellen. Aber keine Sorge: Auch die Besitzer von AGP-Grafikkarten finden hier sicher noch die eine oder andere Anregung zur BIOS-Optimierung.

PCI/VGA Palette Snoop

Die Funktion *PCI/VGA Palette Snoop im BIOS Features Setup* sorgt dafür, dass bei jedem Wechsel der Farbpalette ein entsprechendes Signal auf dem ISA-Bus ausgegeben wird. Dieser Vorgang benötigt natürlich Zeit und verlangsamt den Rechner ein wenig.

Empfehlung:

Falls Sie eine AGP- oder PCI-Grafikkarte betreiben, sollten Sie diese Option deaktivieren, denn beide Kartentypen ziehen keinen Nutzen daraus.

Bei einigen TV-Karten, besonders solchen älteren Datums, die nicht 100%ig VGA-kompatibel sind, kann das Aktivieren der Option die Probleme beseitigen. Eventuell auftretende Farbverfälschungen lassen sich so in den Griff bekommen.

Grafikpower unter DOS: Video ROM BIOS Shadow & Co.

Manche Grafikeinstellungen im BIOS haben sozusagen einen „historischen" Hintergrund. Sie sind Relikte aus einer fernen Vergangenheit (also so ca. vor vier bis fünf Jahren) und sind meist nur noch aus Kompatibilitätsgründen in den BIOS-Einstellungen vorhanden. Dazu zählt die Option *Video ROM BIOS Shadow*, die Sie im Menü *BIOS Features Setup* finden.

Bis vor wenigen Jahren war es üblich, die Leistungen der Grafikkarte zu beschleunigen, indem das relativ langsame BIOS der Grafikkarte in den schnelleren Arbeitsspeicher des Rechners kopiert wurde (nicht zu verwechseln mit der *AGP Aperture*-Funktion, siehe ab Seite 72).

Empfehlung:

Unter den Betriebssystemen MS-DOS und Windows 3.1 brachte das Spiegeln des Grafikkarten-BIOS einen nicht unbeträchtlichen Geschwindigkeitszuwachs, aber moderne Grafikkarten ziehen keinen Nutzen mehr daraus, da Windows nicht mehr auf diese Funktion zurückgreift. In bestimmten Fällen verlieren Sie sogar Leistung, sodass Sie die Option auf *Disabled* stellen sollten.

Video BIOS Cacheable

Die Option *Video BIOS Cachable* ist identisch mit der oben genannten Einstellung *Video ROM BIOS Shadow*. Auch hier kann durch die Aktivierung bei älteren Grafikkarten und unter Windows 3.x ein Leistungsgewinn erzielt werden, der bei modernen Grafikkarten allerdings nicht auftritt.

Empfehlung:

Lassen Sie diese Option abgeschaltet (*Disabled*), denn Sie bringt Ihnen unter einem modernen Betriebssystem keinen Nutzen. Lediglich unter Windows 3.x und MS-DOS sollten Sie den Wert auf *Enabled* setzen.

Video RAM cacheable

Nicht anders verhält es sich mit der Einstellung *Video RAM cacheable*. Diese Option, die wie die vorherigen beinahe schon als Relikt zu bezeichnen ist, erlaubt bei Aktivierung das Caching des Videospeichers im Arbeitsspeicher des PCs.

Empfehlung:

Die meisten modernen Grafikkarten nutzen sehr schnellen Arbeitsspeicher, der oft sogar leistungsfähiger ist als das RAM, das im PC verwendet wird. Das Caching, das durch diese Option geschieht, macht daher kaum noch Sinn. Schalten Sie die Option deshalb am besten ab.

Die Option Video im Standard CMOS Setup

Die meisten von Ihnen nutzen den PC als Stand-alone-Gerät zu Hause oder haben ihn evtl. am Arbeitsplatz in ein kleines Netzwerk eingebunden. In beiden Fällen arbeiten Sie natürlich mit einem VGA-Monitor. Dafür ist die standardmäßige Einstellung *EGA/VGA*.

Wenn Sie aber einen Rechner z. B. als Datei- oder Druckerserver nutzen, ist die Bereitstellung eines teuren SVGA-Monitors nicht unbedingt notwendig.

In einem solchen Fall können Sie mit der Option *Video*, die Sie im *Standard CMOS Setup* finden, den Grafikstandard Ihres PCs festlegen. Dies wird in den allermeisten Fällen auch *EGA/VGA* sein.

Andere Einstellungsmöglichkeiten sind:

Einstellung	Für
Mono	monochromes Display
CGA 40	**C**olor **G**raphics **A**dapter im 40-Spalten-Modus (bei industriellen Anwendungen genutzt)
CGA 80	**C**olor **G**raphics **A**dapter im 80-Spalten-Modus (bei industriellen Anwendungen genutzt)
None Not installed (nicht immer vorhanden)	kein Monitor angeschlossen

Spezielle Einstellungen für PCI-Karten

Bei den folgenden Optionen brauchen Sie nicht verwundert zu sein, wenn Sie sie in Ihrem BIOS nicht oder nicht alle finden. Die meisten Einstellungen, die Sie hier vornehmen können, sind für sehr spezielle Szenarien gedacht und daher in vielen BIOS-Versionen nicht oder nicht mehr vorhanden.

Assign IRQ to VGA

Durch diese Option, auch als *Assign IRQ for VGA* zu finden, bekommt die Grafikkarte einen eigenen Interrupt zugeteilt, was bei allen modernen 3-D-Grafikkarten unbedingt nötig ist, um die 3-D-Funktionen nutzen zu können (siehe auch Seite 85).

Empfehlung:

Diese Einstellung muss auf *Enabled* stehen, damit die Grafikkarte einen eigenen Interrupt zugeteilt bekommt.

> **Tipp**
>
> **Hilfe für die TV-Karte**
>
> Falls Sie eine TV-Karte in Ihrem System haben, sorgt das Einschalten der Option oft erst dafür, dass TV- und Grafikkarte ohne Probleme zusammenarbeiten können.

PCI Master 0 Waitstate Write

Diese Einstellung, die Sie auch als *PCI Master 0 WS Write* finden, sorgt dafür, dass Schreibbefehle ohne einen Wartezyklus (Waitstate) über den PCI-Bus ausgeführt werden. Dies macht die Informationsverarbeitung schneller, aber instabiler.

Empfehlung:

Zu Gunsten einer besseren Performance sollte die Option auf *Enabled* stehen. Bei auftretenden Problemen, z. B. wenn eine zusätzliche TV-Karte nicht ordnungsgemäß arbeitet, schalten Sie sie versuchsweise aus.

IRQ Activated By (edge, level)

Moderne PCI-Karten unterstützen normalerweise Interrupts mit einer so genannten Signalhöhenauflösung. Diese Arbeitsweise, die auch Level-Triggerung genannt wird, bewirkt, dass sich mehrere PCI-Karten eine Interrupt-Leitung teilen können, was zu einer sparsameren Nutzung der Systemressourcen beiträgt.

Empfehlung:

Die Standardeinstellung für diese Option ist *level*, die Sie unter normalen Umständen beibehalten sollten. Besonders ältere PCI-Karten halten sich allerdings nicht immer sauber an diesen Standard. Hier müssen Sie ausprobieren, ob Sie auftretende Probleme bei Ressourcenkonflikten mit der Einstellung *edge* in den Griff bekommen.

3.3 Troubleshooting

Ich habe eine neue Grafikkarte zusätzlich zu der vorhandenen Onboard-Grafikkarte eingebaut. Die neue Karte scheint nicht zu funktionieren.

Bei manchen PC-Komplettsystemen, besonders solchen aus dem unteren Preissegment, befindet sich der Grafikchip nicht auf einer separaten Karte, sondern ist untrennbar auf dem Mainboard festgelötet. Ein Ausbau ist in diesem Fall ausgeschlossen. Da diese Form der „Grafikkarte" meist nur unzureichende Leistungen zur Verfügung stellt, wird sie oft durch leistungsfähigere Grafikkarten ersetzt.

Optimieren der Grafikeinstellungen

Lösung:

Bevor eine konventionelle Grafikkarte in ein solches System eingebaut werden kann, muss der interne Grafikchip ausgeschaltet werden. Dies kann durch das Umstecken eines Jumpers oder das Umlegen eines Dip-Schalters erfolgen, die entsprechende Option findet sich aber auch oft im BIOS. In seltenen Fällen schaltet sich der interne Chip auch automatisch ab, sobald eine Grafikkarte eingebaut wird. Muss er im BIOS abgestellt werden, heißt die Option meist *Onboard video* (*Enabled/Disabled*) oder *Onboard video chip* (*Enabled/Disabled*) und befindet sich im *Chipset Features Setup*.

Ich habe mir eine neue AGP 4.x-Grafikkarte zugelegt, seitdem stürzt mein Rechner laufend ab.

AGP4Probleme Grundsätzlich gilt: Wenn Sie eine moderne Grafikkarte einsetzen wollen, sollten Sie vorher mithilfe des Handbuchs prüfen, ob Ihr Mainboard auch die neuen, in der Karte implementierten Funktionen unterstützt. Ein älteres Board, das nur AGP 1.x beherrscht, wird in der Konstellation mit einer AGP 4.x-Grafikkarte massive Probleme verursachen. Abstürze oder Hänger sind die Folge, da die Platine die Befehle der Karte nicht verarbeiten kann.

Lösung:

Da normales Arbeiten in so einem Fall kaum möglich sein wird, hilft kurzfristig nur das Abstellen der Hardwarebeschleunigung. Klicken Sie dazu mit der rechten Maustaste auf das Arbeitsplatzsymbol auf Ihrem Desktop und wählen Sie *Eigenschaften*. Klicken Sie auf die Registerkarte *Leistungsmerkmale* und unter *Weitere Einstellungen* auf *Grafik*.

Stellen Sie nun den Schieberegler *Hardwarebeschleunigung* ganz nach links auf *Keine*.

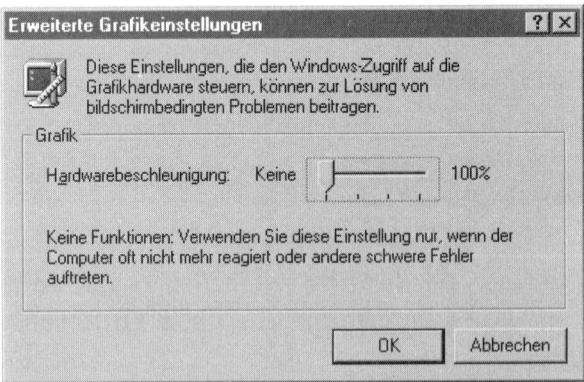

Bei schweren Fehlern hilft manchmal nur die Deaktivierung der Hardwarebeschleunigung

Die Änderungen werden nach einem Neustart des Systems aktiv. Der Nachteil ist, dass Sie so die Fähigkeiten der Grafikkarte nicht nutzen können. Mittelfristig sollten Sie daher die Anschaffung eines neuen Mainboards in Erwägung ziehen.

Troubleshooting

Ich habe eine brandneue Grafikkarte eingebaut, aber die 3-D-Funktionen werden nicht unterstützt.

Besonders moderne Grafikkarten müssen einen eigenen Interrupt zugewiesen bekommen, damit sie richtig funktionieren.

Hinweis
Ressourcenmanagement im PC
Es gibt unterschiedliche Ressourcen in jedem PC-System. Diese müssen aufgrund ihrer Begrenztheit sinnvoll verteilt werden. Belegen zwei Geräte ständig dieselben Ressourcen, kommt es zu einem Konflikt. Eine Ressource des PCs ist der Interrupt, auch IRQ genannt. Damit kann das Gerät den PC veranlassen, seine momentane Arbeit zu unterbrechen und die gelieferten Daten zu bearbeiten.

Lösung:

In den meisten Fällen erfolgt dies problemlos, da das BIOS diese Aufgabe zusammen mit dem Betriebssystem automatisch durchführt. Wenn aber die neue Karte nicht die erwartete Leistung bringt, kann eine fehlende oder doppelte IRQ-Zuweisung der Grund sein. Prüfen Sie in diesem Fall im Handbuch der Karte nach, ob und welcher IRQ für sie reserviert werden kann.

Die Belegung können Sie unter Windows prüfen, indem Sie mit der rechten Maustaste auf das Arbeitsplatzsymbol auf Ihrem Desktop klicken und den Menüeintrag *Eigenschaften* auswählen. In der Registerkarte *Geräte-Manager* finden Sie oben den Eintrag *Computer*. Klicken Sie dann auf *Eigenschaften*, öffnet sich eine Liste mit Interrupt-Belegungen, in der auch Ihre Grafikkarte zu finden sein sollte.

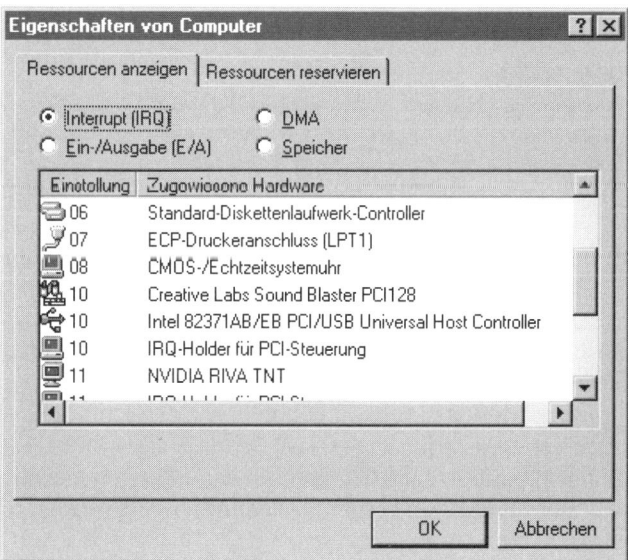

Hier ist der Grafikkarte Interrupt 11 zugewiesen

Optimieren der Grafikeinstellungen

Falls das nicht der Fall sein sollte, können Sie der (PCI-)Karte im BIOS einen eigenen Interrupt zuweisen.

Notieren Sie sich zuerst, welcher IRQ noch nicht belegt ist. Fahren Sie dann den Computer herunter und öffnen Sie das Gehäuse. Prüfen Sie, in welchem Steckplatz sich die Karte befindet. Dabei wird vom Prozessorplatz wegführend gezählt, der prozessornächste Platz ist Nr. 1 usw. Fahren Sie daraufhin den Rechner hoch und wechseln Sie ins BIOS. Im Menü *PNP and PCI Setup* können Sie dem Steckplatz einen der notierten freien Werte zuweisen. Genaue Details zu diesem Thema finden Sie in Kapitel 5 ab Seite 112.

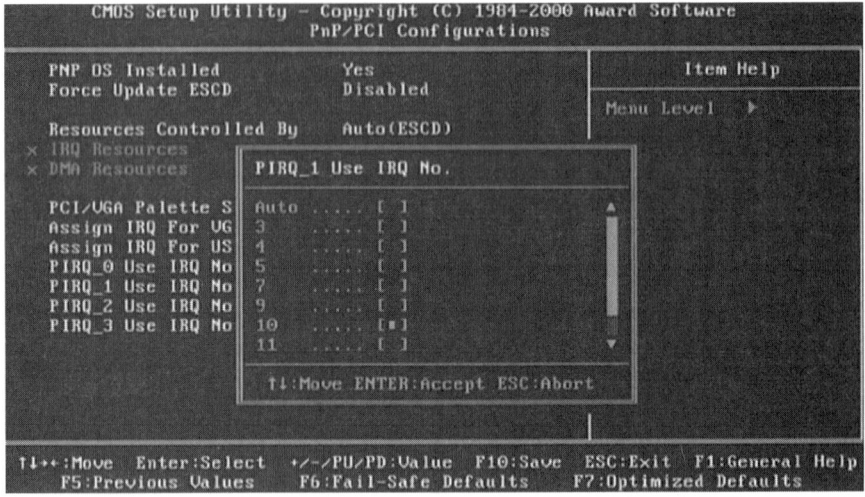

In diesem Menü können Sie den IRQ manuell einstellen

> **Hinweis**
> **Weitere Zuweisung nötig**
> Bei manchen BIOS-Versionen muss die Zuweisung eines IRQ für die Grafikkarte vorher erst freigegeben werden. Die Option lautet in den meisten Fällen *Assign IRQ for VGA* oder *Assign IRQ to VGA* und findet sich im *BIOS Feature Setup*.

Nachdem ich meinen Rechner übertaktet habe, stürzt er laufend ab oder bootet erst gar nicht.

Natürlich kann dieses Phänomen auch ganz andere Ursachen haben, die mit der Grafikkarte nichts zu tun haben, aber immerhin findet sich auch hier eine Einstellung, mit der das Problem behoben werden kann. Mit dem Systemtakt wird auch die Taktfrequenz der AGP-Schnittstelle erhöht. Falls Sie dabei ein bestimmtes Maß überschreiten, läuft die Grafikkarte wegen der überhöhten Frequenz nicht mehr stabil oder der Rechner bootet erst gar nicht.

Lösung:

Für dieses Problem gibt es mehrere Lösungen:

- Setzen Sie die Option *AGPCLK/CPUCLK* auf einen Teiler, der die Taktfrequenz der AGP-Schnittstelle wieder auf oder unter 66 MHz bringt (oder auf einen Wert nur knapp darüber). Dann sollte die Grafikkarte wieder einwandfrei arbeiten. Falls Sie den Systemtakt von 100 auf 133 MHz erhöht haben, beispielsweise weil Sie eine neue CPU eingesetzt haben, muss der Teiler von 2/3 auf 1/2 herabgesetzt werden.

- Falls Sie den Systemtakt nur um einen kleineren Wert angehoben haben, also z. B. von 100 auf 112 MHz, kann auch der Umstand schuld sein, dass bei der erhöhten Taktfrequenz die Signalstärke des AGP-Bus nicht mehr ausreicht und die Grafikkarte keine zuverlässigen Informationen bekommt. Auf Mainboards mit VIA-Chipsatz können Sie in diesem Fall die *Option AGP Driving Control* von *Auto* auf *Manual* setzen und dann den Wert *AGP Driving Value* um ein, zwei Stufen erhöhen, um die Signalstärke ein wenig anzuheben (siehe Seite 77).

Obwohl mein PC einen guten Onboard-Chipsatz hat, ist die Grafikleistung verheerend schlecht.

Auch wenn Onboard-Grafik-Chipsätze meistens nicht zur Spitzenklasse gehören, reicht die Leistung zumindest für niedrigere Grafikauflösungen meist aus. Manchmal lässt sich aber einfach gar kein Blumentopf gewinnen, selbst auf niedrigster Detailstufe ruckelt das Bild.

Lösung:

Bei Onboard-Grafikchips wird aus Kostengründen oft der Grafikspeicher eingespart. Damit aber der Hauptspeicher diese Aufgabe wie geplant übernehmen kann, muss die *AGP Aperture Size* im *Chipset Features Setup* auf einen vernünftigen Wert gesetzt werden. Stellen Sie also einen Wert oberhalb von 32 MByte ein, Standard sind 64 MByte.

Ich habe mit den Optionen AGP Driving Control und AGP Driving Value experimentiert, und jetzt bleibt der Bildschirm schwarz.

Wenn die elektrische Leistung der AGP-Schnittstelle zu sehr abgesenkt wird, bekommt die Grafikkarte nicht mehr genug Strom, um korrekt zu funktionieren. In diesem Fall bootet der Rechner unter Umständen, aber der Bildschirm bleibt schwarz.

Lösung:

Dieses Problem ist außerordentlich unangenehm, weil kein Bild vorhanden ist und deshalb auch keine Einstellungen im BIOS möglich sind. Und ein Löschen der BIOS-Einstellungen mit dem ClearCMOS-Jumper des Mainboards beeinflusst diese Option leider auch nicht.

Optimieren der Grafikeinstellungen

1 Bauen Sie die AGP-Grafikkarte aus und ersetzen Sie sie durch eine PCI-Grafikkarte. Vielleicht haben Sie noch ein altes Schätzchen auf Lager liegen oder Sie leihen sich von einem Bekannten eine solche Karte.

2 Starten Sie den Rechner mit der PCI-Karte und setzen Sie die Option *AGP Driving Value* wieder auf ihren ursprünglichen Wert bzw. setzen Sie die Option *AGP Driving Control* wieder auf *Auto*.

3 Fahren Sie den Rechner herunter, schalten Sie ihn aus und setzen Sie wieder Ihre AGP-Karte ein.

4. Schneller Zugriff, stabiles System: Speicher-Timing

Neben der Geschwindigkeit der CPU und der Grafikkarte sind die Größe und die Geschwindigkeit des Arbeitsspeichers sicher die ausschlaggebenden Faktoren für die Systemleistung. Dementsprechend können Sie mithilfe der Optionen im BIOS noch einige Leistungsprozente herauskitzeln, wenn Sie das Speicher-Timing auf kürzere Zugriffszeiten oder geringere Wartezeiten einstellen. Gerade bei den konservativen Standardeinstellungen vieler PCs können die richtigen Einstellungen dafür sorgen, dass Sie erst damit die volle Geschwindigkeit aus Ihren Speichermodulen herausholen.

Andererseits sind der Schnelligkeit der Speicherbausteine auf Ihrem Mainboard natürlich Grenzen gesetzt, deshalb haben falsche Timing-Einstellungen auch eine unmittelbare Auswirkung auf die Stabilität Ihres Computers: Zu kurz eingestellte Latenz- und Zugriffszeiten sorgen dafür, dass die ausgelesenen Daten noch nicht vollständig am Bus zur Verfügung stehen, wenn sie benötigt werden. Abstürze und ein „eingefrorener" Rechner sind die Folge.

Um die richtige Balance zwischen Schnelligkeit und Stabilität zu finden, ist es allerdings unerlässlich zu wissen, nach welchen Regeln und in welcher Reihenfolge ein Zugriff auf den Arbeitsspeicher stattfindet. Nur wenn Sie wissen, was die Optionen im BIOS bewirken, sind Sie in der Lage, Ihr System optimal auf die Fähigkeiten der eingebauten Speicherchips abzustimmen.

In diesem Kapitel zeigen wir Ihnen, wie Sie sicher den richtigen Kompromiss aus Stabilität und Tempo finden:

- Der erste Abschnitt gibt Ihnen eine Einführung in die Funktion und Verwaltung aktueller Arbeitsspeicherchips. Lesen Sie nach, wie Zugriffe ausgeführt werden, wie Daten abgefragt werden oder warum ein 10-ns-SDRAM-Modul keinesfalls fünfmal schneller ist als ein 50-ns-EDO-RAM-Chip. Mit diesem Hintergrundwissen finden Sie sich in jeder BIOS-Version zurecht.

- Danach geht's ans Eingemachte: Was sind die wichtigsten Optionen, was haben sie zu bedeuten, und wie sehen die optimalen Einstellungen aus? Wir geben Ihnen im zweiten Abschnitt die Antworten.

- Im letzten Teil finden Sie das Troubleshooting zum Thema Speichereinstellungen. Wir haben die häufigsten Probleme zu fehlerhaften Speichereinstellungen zusammengetragen und geben natürlich konkrete Lösungsansätze.

4.1 Arbeitsspeicher: Ein kurzer Ausflug in Funktion und Timing

Obwohl es im Kern nur drei BIOS-Hersteller gibt, kocht jeder Mainboard-Hersteller sein eigenes Süppchen beim Anpassen der verschiedenen Menüs und Befehle. Dazu kommt, dass sich die Speichertechnik in den letzten Jahren deutlich weiterentwickelt hat und jede Generation von RAM-Bausteinen eigene Optionen mitbringt oder vermissen lässt. Das erschwert den Überblick natürlich ungemein, aber wir helfen Ihnen dabei, die wichtigsten Optionen immer wieder zu erkennen und die richtigen Einstellungen zu finden.

Mit dem Wissen aus dem folgenden Abschnitt sind Sie aber mit nahezu jedem Rechner und fast jeder BIOS-Version in der Lage, die Hardware auszureizen und gleichzeitig ein stabiles System zu erhalten.

DRAM-Speicher: So funktioniert der Zugriff

Im ersten Abschnitt lernen Sie die prinzipielle Funktionsweise von DRAM-Speicher kennen, aus dem alle modernen Speicherchips bestehen. Damit werden Sie technisch fit gemacht, um für Ihren PC und Ihre Speicherchips das richtige Timing zu finden. Später gehen wir dann auf die Unterschiede von SDRAM oder DDR-SDRAM-Chips gegenüber älteren FPM- oder EDO-RAM-Chips ein.

Adressierung und Funktionsweise

Jedes Mal, wenn Daten aus dem Speicher ausgelesen (oder hineingeschrieben) werden, spricht man von einem Speicherzugriff. Dabei kommt immer das gleiche Verfahren zum Einsatz, um die Adresse zu lokalisieren, an der die gewünschten Daten liegen, und danach die Daten an den Speicherbus zu übertragen. Hintergrund für diesen Vorgang ist die Art und Weise, in der der DRAM-Speicher organisiert wird:

Ein üblicher Speicherchip besteht aus einer großen Zahl von Zellen, die jeweils eine bestimmte Zahl an Bits aufnehmen kann. So hat ein 16-MBit-Chip z. B. 4.194.304 Zellen, die jeweils 4 Bit speichern können. 4.194.304 entspricht der Zahl 2²²; um jede Zelle eindeutig adressieren zu können, sind also theoretisch 22 Bits bzw. 22 Adressleitungen am Chip nötig. Um die Anzahl an Adressleitungen zu reduzieren (in erster Linie aus Kostengründen), greift man jedoch zu einem Trick: Die Speicherzellen werden in einer Tabelle organisiert, die jeweils 2¹¹ Zeilen (engl. rows) und Spalten (engl. columns) hat.

Insgesamt kommen dabei wieder 2²² Zellen heraus. Um eine bestimmte Zelle innerhalb der Tabelle anzusprechen, genügt es jetzt, nacheinander eine Zeilenadresse mit 11 Bits und eine Spaltenadresse mit 11 Bits zu übertragen, die Anzahl der Adressleitungen kann also um die Hälfte verringert werden.

Arbeitsspeicher: Ein kurzer Ausflug in Funktion und Timing

	Spalte 1	Spalte 2	Spalte 3	Spalte 2047	Spalte 2048
Zeile 1	Zelle 1				
Zeile 2					
Zeile 3					
Zeile 2047					
Zeile 2048					Zelle 4.194.308

Jeder Speicherchip ist in Zeilen und Spalten organisiert

> **Hinweis**
>
> **Hintergrund: Der Geschwindigkeitsverlust wird kompensiert**
>
> Natürlich wird die Zugriffsgeschwindigkeit auf eine Speicherzelle ein wenig verringert, weil nacheinander zwei Adressen (Zeilen und Spalten) übertragen werden müssen. Die geringere Größe des Chips, die durch die kleinere Anzahl an Adressleitungen möglich wird, sorgt jedoch indirekt für einen Ausgleich: Die geringere elektrische Leistungsaufnahme ermöglicht eine höhere Betriebsfrequenz, und dadurch wird der Geschwindigkeitsnachteil größtenteils ausgeglichen.

In diesen Schritten wird der Zugriff ausgeführt

Wenn der PC auf den Arbeitsspeicher zugreifen will, muss der Zugriff also in folgenden Schritten durchgeführt werden:

1 Die Adresse, aus der die Daten gelesen werden sollen, wird an den Adressbus übergeben.

2 Der Memory-Controller, der den Speicherzugriff organisiert, dekodiert die Adresse und ermittelt, welche Chips in den Speicherbänken angesprochen werden müssen.

3 Die Zeilenadresse wird an den ermittelten Chip übermittelt.

4 Nach einer kurzen Verzögerung sendet der Controller das **R**ow **A**ddress **S**trobe-Signal (abgekürzt RAS) hinterher, um das Auslesen der Daten in der angegebenen Speicherzeile zu veranlassen.

	Spalte 1	Spalte 2	Spalte 3	Spalte 2047	Spalte 2048
Zeile 1	Zelle 1				
Zeile 2	2048 Zellen werden ausgelesen				
Zeile 3					
Zeile 2047					
Zeile 2048					Zelle 4.194.308

5 Alle Zellen in der angesprochenen Zeile werden ausgelesen.

6 Die Spaltenadresse wird übermittelt.

Schneller Zugriff, stabiles System: Speicher-Timing

7 Nach einer kurzen Verzögerung sendet der Memory-Controller das **C**olumn **A**ddress **S**trobe-Signal (abgekürzt CAS) hinterher, um das Auslesen der Daten an der Spaltenadresse zu veranlassen.

> **Hinweis**
>
> **Die Befehle sind wichtig für die Timing-Einstellungen**
>
> Obwohl sie für das reine Verständnis eines Speicherzugriffs eigentlich nicht von sehr großer Bedeutung sind, erwähnen wir in diesem Ablauf explizit den RAS- und den CAS-Befehl. Im BIOS kann mithilfe verschiedener Optionen nämlich der Zeitraum eingestellt werden, der zwischen diesen beiden Befehlen vergehen soll (siehe dazu auch Seite 103). Die Timing-Einstellungen im BIOS nehmen also das Versenden dieser beiden Befehle als „Eckpunkte".

	Spalte 1	Spalte 2	Spalte 3	Spalte 2047	Spalte 2048
Zeile 1	Zelle 1				
Zeile 2		Angesprochene Zelle			
Zeile 3					
Zeile 2047					
Zeile 2048					Zelle 4.194.308

8 Die Daten der angesprochenen Zelle werden ausgelesen und an die Ausgabe-Puffer des Speicherchips übermittelt.

9 Die Ausgabe-Puffer übergeben die Daten an den Datenbus, wo der Prozessor oder das anfordernde Gerät Zugriff darauf hat.

Ein Schreibvorgang läuft nach dem gleichen Schema ab, wobei natürlich Daten vom Datenbus in die Speicherzellen übertragen werden.

Der beschriebene Ablauf ist stark vereinfacht, die zahlreichen Signale, die zur Koordination der unterschiedlichen Vorgänge nötig sind, werden z. B. nicht erwähnt, aber sie spielen in diesem Zusammenhang auch keine so große Rolle. Darüber hinaus ist der Speicherzugriff in der beschriebenen Form nicht direkt an den Systemtakt gebunden, deshalb spricht man auch von einem „asynchronen Zugriff".

Der Burst-Zugriff

Natürlich ist Ihnen aufgefallen, dass der Verwaltungsaufwand bei einem einzelnen Speicherzugriff immens ist. Die Übermittlung der verschiedenen Signale und Adressen erfordert weit mehr Zeit als die eigentliche Datenübertragung. Dieser Aufwand fällt jedoch weg, wenn die Daten nicht einzeln eingelesen werden, sondern in direkt aufeinander folgenden Blöcken. Nachdem der erste Zugriff durchgeführt wurde, stehen die Adressen der nachfolgenden Datenblöcke automatisch fest, sodass ohne weitere Verzögerung mit dem Auslesen der Daten weitergemacht werden kann. Anstelle von 5 bis 7 Taktzeiten, die der erste Zugriff benötigt, dauern diese nachfolgenden Zugriffe dann nur noch 1 bis 3 Taktzeiten. Diese Technik wird Burst-Zugriff genannt, und in der Praxis sind die Blöcke 64 Bits groß. Die Breite des L2-Cache, der die Daten aus dem Arbeitsspeicher entgegennimmt, ist daran angepasst: Sie beträgt 256 Bits, sodass immer 4 Blöcke in einem Burst-Zugriff an den Cache weitergegeben werden können.

> **Hinweis**
>
> **Der Systemtakt: Mutter aller Vorgänge**
>
> Alle Vorgänge innerhalb des Computers werden anhand des Systemtakts koordiniert, ihre Dauer entspricht jeweils dem Vielfachen eines einzelnen Taktzyklus. Dieser Taktzyklus wird mit dem Buchstaben T abgekürzt und entspricht dem Kehrwert der Systemfrequenz. Bei einem Computer, der mit 100 MHz (also 100 x 10⁶ Hz) Systemfrequenz arbeitet, ist ein Taktzyklus $1/(100 \times 10^6 \text{ Hz}) = 10 \times 10^{-9}$ Sekunden lang, also 10 ns. Ein System mit 133 MHz hat dagegen Taktzeiten von 7,5 ns, ein 66-MHz-System 15 ns.

Diese Abfolge von 4 Zugriffen wird abgekürzt mit einer Notation in der Form „x-y-y-y" beschrieben, z. B. 5-2-2-2. Die erste der Zahlen bezeichnet die Anzahl der Taktzeiten, die für den ersten Speicherzugriff benötigt werden, die darauf folgenden Zahlen die benötigten Taktzeiten der nachfolgenden Zugriffe. Im Beispiel würden also insgesamt 11 Taktzyklen benötigt, um 256 Bits oder 32 Bytes an Daten zu übertragen. Ohne Burst-Modus würde die Zahlenkette 5-5-5-5 lauten.

Tabelle: Systemtakt und DRAM-Geschwindigkeiten

Speichertechnologie	Busfrequenzen in MHz	Ideales Timing	Zugriffszeiten in ns
FPM-RAM	16-66	5-3-3-3	60-80
EDO-RAM	33-83	5-2-2-2	50-60
SDRAM	60-133	5-1-1-1	5-12

Welche Rolle spielt der L2-Cache?

Der Level-2-Cache ist ein extrem schneller Zwischenspeicher, in dem Daten für den Zugriff durch den Prozessor zwischengelagert werden. Sein Timing beträgt 3-1-1-1 oder sogar 2-1-1-1 (die Zeit, die für den ersten Zugriff benötigt wird, ist also wesentlich geringer), aber das allein macht nicht den Geschwindigkeitsvorteil aus. Bei modernen PCs ist dieser Speicher direkt in den Silizium-Chip der CPU integriert, sodass er nicht nur mit dem Systemtakt, sondern mit der vollen Prozessorfrequenz (also momentan bis zu 1,7 GHz) angesprochen werden kann. Dementsprechend sind alle Taktzyklen ebenfalls wesentlich kürzer, sodass die Daten sehr viel schneller zur Verfügung stehen als aus dem „langsamen" Hauptspeicher (mehr dazu im nächsten Abschnitt).

Schneller Zugriff, stabiles System: Speicher-Timing

90 bis 95 % aller Daten, die vom Prozessor angefordert werden, stammen aus dem L2-Cache, deshalb macht sich seine Größe und Geschwindigkeit sehr stark auf die Gesamtperformance des Systems bemerkbar. Veränderungen der Prozessortechnologie fanden nicht zuletzt auf diesem Gebiet statt: Beim Pentium II wurde der L2-Cache vom Mainboard auf die Prozessorplatine genommen (halber CPU-Takt), beim Pentium III Coppermine schließlich direkt auf den Prozessorchip (voller CPU-Takt). Preiswerte Prozessoren wie der Celeron oder der Duron unterscheiden sich von ihren großen Geschwistern nur dadurch, dass sie mit einem kleineren L2-Cache ausgestattet sind.

Durch den geringen Anteil an direkten Zugriffen auf den Arbeitsspeicher werden Geschwindigkeitsvorteile durch schnellere DRAM-Chips relativ stark maskiert. Selbst eine Steigerung des Speichertakts um ein Drittel (wie z. B. von 100 MHz auf 133 MHz) zieht nur eine Leistungssteigerung von etwa 2 bis 5 % nach sich.

So viel Zeit wird benötigt

Die Zeit, die der Speicherchip mindestens benötigt, bevor die Daten nach der Übermittlung der Adresse am Datenbus zur Verfügung stehen, wird Zugriffs- oder auch Latenzzeit genannt. Bei FPM- und EDO-RAM-Chips wird genau diese Zeit zur Einstufung der Geschwindigkeit angegeben. Typischerweise sind das 50, 60 oder 70 ns. Dabei gilt: Je kürzer die Zugriffszeit, desto höher ist die Systemfrequenz, mit der man die Speicherchips betreiben kann.

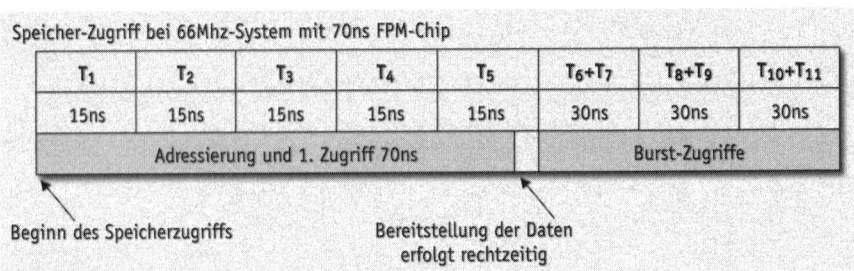

In einem 66-MHz-System reichen Speicherchips mit 70 ns Latenzzeit aus

So ist es z. B. möglich, einen 70-ns-FPM-Chip mit einem Timing von 5-3-3-3 in einem System mit 66 MHz einzusetzen. Der Chip kann die Daten rechtzeitig vor Ablauf von 5 Taktzeiten (= 75 ns) bereitstellen.

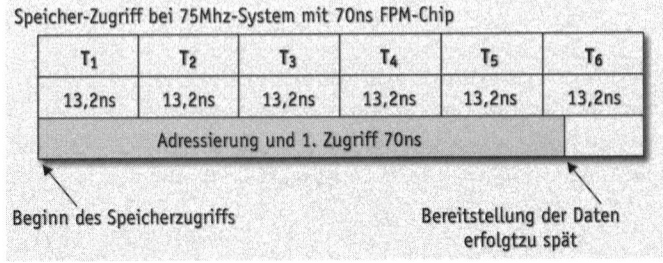

In einem 75-MHz-System dagegen sind sie zu langsam

Arbeitsspeicher: Ein kurzer Ausflug in Funktion und Timing

In einem 75-MHz-System dagegen wären 5 Taktzeiten bereits nach 66 ns vergangen, die Daten würden nach dieser Zeit noch nicht bereitstehen. Um den 70-ns-Chip trotzdem verwenden zu können, müsste das Timing des Speicherzugriffs im BIOS-Setup verlangsamt werden (siehe Seite 101). Ein Timing von 6-3-3-3 würde also wieder funktionieren, weil 6 Taktzyklen länger als 70 ns dauern.

Eine unmittelbare Schlussfolgerung, die man aus diesem Umstand ziehen kann, ist die Tatsache, dass ein Computer nicht langsamer läuft, nur weil physikalisch langsamere Speicherchips eingesetzt werden. Erst langsamere Timing-Einstellungen im BIOS-Setup sorgen dafür, dass mit weniger Geschwindigkeit auf die Daten zugegriffen wird. In einem 66-MHz-System macht es also keinen Unterschied, ob 50- oder 60-ns-Chips benutzt werden, das Timing ist in beiden Fällen 5-2-2-2. Erst der Sprung zu 70-ns-FPM-Chips, die nur ein langsameres 5-3-3-3-Timing vertragen, würde sich auf die Performance auswirken.

SDRAM: Der Systemtakt bestimmt das Tempo

Bisher haben wir uns ausschließlich mit asynchronen Speicherzugriffen beschäftigt, wie sie bei älteren FPM- oder EDO-RAM-Bausteinen durchgeführt werden. Dort sind Speicherzugriffe weitgehend von der Systemfrequenz entkoppelt: Ein Zugriff wird initialisiert, und ein bestimmtes Zeitmaß später stehen die Daten am Bus zur Verfügung. Die Vorgänge, die dabei innerhalb des Chips ablaufen, sind nicht an den Systemtakt gekoppelt.

SDRAM (**S**ynchrones **DRAM**) ist dagegen direkt mit dem Systemtakt synchronisiert, was zu einer besseren Kontrolle der internen Vorgänge und zu einer Steigerung der Geschwindigkeit mit wachsender Systemfrequenz führt. Die Latenzzeit des ersten Speicherzugriffs beträgt zwar ebenfalls 5 Taktzeiten, aber die nachfolgenden Burst-Zugriffe können ohne Wartezyklen (Waitstates) stattfinden. (Dieser Umstand wird daran sichtbar, dass das SDRAM-Timing mit 5-1-1-1 bezeichnet ist.)

Hinweis
Wie werden die schnelleren Zugriffe erreicht?

Obwohl die Technik der Speicherchips sich im Kern nicht verändert hat, können SDRAM die Daten in kürzerer Zeit zur Verfügung stellen. Das wird durch ein Verfahren erreicht, das Interleaving genannt wird. Dabei werden nachfolgende Speicheradressen auf mehrere unterschiedliche Bänke auf einem DIMM-Modul verteilt. Das hat den Vorteil, dass mit einem Speicherzugriff begonnen werden kann, bevor der vorangegangene Zugriff beendet wurde. Im Detail: Das RAS- und das CAS-Signal (siehe Seite 92) können in Bank Nummer 2 aktiviert werden, noch während Bank Nummer 1 mit dem Auslesen von Daten beschäftigt ist. Das lässt sich vielleicht damit vergleichen, dass Sie beim Suppeessen zwei Löffel und zwei Teller benutzen. Während eine Hand noch den Löffel zum Mund führt, kann die andere Hand bereits neue Suppe nachschöpfen ;-)

Schneller Zugriff, stabiles System: Speicher-Timing

Das bedeutet aber auch, dass die Qualität der Speicherchips unmittelbar an die Frequenz des Systems gebunden ist, in dem sie eingesetzt werden sollen. Während in einem 66-MHz-System die Daten erst nach 15 ns zur Verfügung stehen müssen, bleibt in einem 133-MHz-System dazu gerade einmal 7,5 ns Zeit. SDRAM-Module, die in einem 133-MHz-System arbeiten sollen, müssen also erheblich schneller sein als Module für ein 66- oder 100-MHz-System. Dieser Umstand hat darin Ausdruck gefunden, dass die Qualitätsstufen PC-100 und PC-133 für SDRAM-Module eingeführt wurden.

Was haben die Zugriffszeiten bei SDRAMs zu bedeuten?

Mittlerweile wird Ihnen klar geworden sein, dass die angegebenen Zugriffszeiten bei SDRAM-Chips (z. B. 5, 6 oder 8 ns) keinesfalls einen vollständigen Speicherzugriff beschreiben, sondern nur die Dauer eines einzelnen Burst-Zugriffs. Innerhalb des 5-1-1-1-Timings werden damit also die drei Einsen bezeichnet und nicht die Fünf. Die Annahme, dass ein SDRAM-Chip mit 10 ns Zugriffszeit fünfmal so schnell ist wie ein EDO-RAM-Baustein mit 50 ns ist also falsch, denn es werden dabei Äpfel mit Birnen verglichen. Die 50 ns bei EDO-RAMs bezeichnen die Zeit, die mindestens vergehen muss, bis der erste Zugriff vollständig absolviert wurde.

T_1	T_2	T_3	T_4	T_5	T_6	T_7	T_8	T_9	T_{10}	T_{11}
15ns	15ns	15ns	15ns	15ns	15ns	15ns	15ns	15ns	15ns	15ns
Adressierung und 1. Zugriff 75ns					Burst-Zugriff1 30ns		Burst-Zugriff 2 30ns		Burst-Zugriff 3 30ns	
165ns										

Speicherzugriff in einem 66-MHz-System mit EDO-RAM-Chips

In der Praxis liegt die Zeit in einem 66-MHz-System bei 5-2-2-2-Timing bei 75 ns. Wie bereits erwähnt, benötigt ein SDRAM-Chip innerhalb eines 133-MHz-Systems 5 Taktzyklen à 7,5 ns bzw. 37,5 ns für diesen Vorgang, der tatsächliche Geschwindigkeitsvorteil beträgt gegenüber dem EDO-RAM-Baustein also „nur" 100 %, die aber durch die höhere Taktfrequenz zu Stande kommen.

Erst bei den darauf folgenden Burst-Zugriffen kann der SDRAM weiteren Boden gewinnen, weil er dort jeden Zugriff innerhalb einer einzelnen Taktzeit (also ohne Wartezyklen) durchführen kann.

T_1	T_2	T_3	T_4	T_5	T_6	T_7	T_8
7,5ns	7,5ns	7,5ns	7,5ns	7,5ns	7,5ns	7,5ns	7,5ns
Adressierung und 1. Zugriff 75ns					Burst-Zugriff 1 7,5ns	Burst-Zugriff 2 7,5ns	Burst-Zugriff 3 7,5ns
60ns							

Zugriff in einem 133-MHz-System mit SDRAM-Speicher

DRAM-Technologie: Von FPM bis zu DDR-SDRAM

Zurzeit sind nur noch drei verschiedene Speicherarten am Markt zu finden: SDRAM, DDR-SDRAM und Rambus-Speicher (RDRAM). Blickt man jedoch zurück, wurden in den letzten fünf Jahren PCs verkauft, in die darüber hinaus auch FPM- und EDO-RAM-Speicher eingebaut war, und aus diesen beiden Speichertypen sind die nachfolgenden Technologien weiterentwickelt worden. Um Ihnen das Verständnis der Unterschiede und Gemeinsamkeiten der einzelnen Typen zu erleichtern, haben wir in diesem Abschnitt die jeweiligen Besonderheiten und Eigenschaften zusammengestellt.

„Einfaches" DRAM

Dieser Speichertyp kommt schon seit sehr langer Zeit nicht mehr zum Einsatz und spielt also im täglichen PC-Leben gar keine Rolle. Dennoch stellt DRAM die Grundlage für alle nachfolgenden Speichertechnologien dar, und die Funktionsweise entspricht genau dem Ablauf, den wir weiter vorn im Kapitel beschrieben haben.

FPM-DRAM

Fast **P**age **M**ode-Speicher ist geringfügig schneller als die Urform des DRAM-Speichers. Während es bei herkömmlichem DRAM-Speicher erforderlich ist, eine Zeilen- und eine Spaltenadresse für jeden einzelnen Zugriff zu übertragen, ermöglicht FPM-DRAM die einmalige Übertragung der Zeilenadresse für mehrere Speicherzugriffe in benachbarte Bereiche. Dadurch wird die Zugriffszeit etwas verbessert.

FPM-DRAM ist die langsamste DRAM-Variante, die nur noch in PCs anzutreffen ist, die vor ca. 1995/96 hergestellt wurden. Die ideale Timing-Einstellung ist 5-3-3-3 bei 66 MHz, für schnellere Bustakte ist FPM-Speicher nicht geeignet, weil unverhältnismäßig viele Waitstates eingefügt werden müssten.

EDO-RAM

Der in den letzten fünf Jahren am weitesten verbreitete Typ asynchronen DRAM-Speichers ist EDO-RAM (EDO steht für **E**xtended **D**ata **O**utput). Dieser Speichertyp besitzt einen geringen Geschwindigkeitsvorteil gegenüber FPM-Speicher, weil mit einem technischen Trick überschneidende Speicherzugriffe möglich gemacht wurden. Das heißt, ein Zugriff kann beginnen, noch bevor der vorangegangene zu Ende geführt wurde. Der Tempogewinn, der aus dieser Technologie geschlagen wurde, beträgt ca. 3 bis 5 %.

EDO-Speicher ist geeignet für Computersysteme mit bis zu 75 MHz Bustakt, das typische Timing beträgt 5-2-2-2 bei 66 MHz. Bei schnelleren Systemen (75 MHz) muss das Timing jedoch oft auf 5-3-3-3 reduziert werden.

SDRAM

Wie bereits weiter vorn beschrieben, unterscheidet sich SDRAM dadurch von vorangegangenen Speichertechnologien, dass es mit der Taktfrequenz des Systems synchronisiert ist. Darüber hinaus können Burst-Zugriffe mit 0 Waitstates ausgeführt werden, das typische Timing von SDRAM-Bausteinen beträgt 5-1-1-1. Dieser Vorteil wird durch Interleaving erreicht. Diese Technologie erlaubt es, auf eine Hälfte eines Speichermoduls zuzugreifen, während die andere Hälfte noch mit einem Zugriff beschäftigt ist.

Für den Kauf von neuen SDRAM-Modulen ist von Bedeutung, dass die maximale Taktfrequenz, mit der die Chips betrieben werden können, Eingang in die Typenbezeichnung gefunden hat. PC-100-SDRAM kann in 100-MHz-Systemen eingesetzt weden, PC-133-SDRAM in Systemen mit 133-MHz-Busfrequenz. Natürlich können schnellere Chips auch in langsameren PC-Systemen eingesetzt werden (z. B. PC-133-Chips in einem 100-MHz-System), der Einsatz von langsamen SDRAM-Chips in schnelleren Systemen ist jedoch nicht empfehlenswert. Die höheren Taktfrequenzen führen zu einem instabilen System und zu einer Überhitzung der Speicherbausteine.

Das optimale Timing von SDRAM-Riegeln wird vom BIOS in der Regel automatisch erkannt, denn ein EEPROM-Baustein auf den Modulen übermittelt alle relevanten Daten an das BIOS. Dieser Baustein wird **S**erial **P**resence **D**etect (abgekürzt SPD) genannt. So weit zur Theorie. Fehler und Ungenauigkeiten in der Programmierung dieser SPD-Bausteine sorgen jedoch immer wieder für Probleme. Häufig wird z. B. eine mangelnde Qualität der Speicherchips durch falsche Timing-Angaben im SPD-Baustein kaschiert, wobei dieses Phänomen durchaus nicht nur bei Billiganbietern und No-Name-Produkten auftritt. Falls Ihr PC also nach einer Speicheraufrüstung auffällig instabil reagiert, kann durchaus die Autokonfiguration der RAM-Bausteine daran schuld sein. In diesem Fall hilft nur das Nachbessern von Hand mithilfe des BIOS-Setup.

DDR-SDRAM

DDR-SDRAM (DDR steht für **D**ouble **D**ata **R**ate, also doppelte Datenrate) wird herkömmliche SDRAM-Bausteine in kurzer Zeit als Standard am Markt ablösen. Obwohl die Technologie weitgehend identisch ist, kann DDR-SDRAM beide Signalflanken des Taktgebers für Datenübertragungen nutzen, dadurch wird die Bandbreite effektiv verdoppelt. Bei Systemfrequenzen von 100 und 133 MHz sind damit Übertragungsraten von 1,6 bzw. 2,1 GByte/s möglich.

RDRAM

Rambus-Speicher ist die einzige Technologie, die aus dem Rahmen fällt, denn sie funktioniert nach einem anderen Prinzip als DRAM. Kernstück des Rambus-Speichers ist der Direct Rambus Channel, ein 16 Bit breiter Bus, der mit einer Taktfrequenz von bis zu 400 MHz betrieben wird. Da Rambus-

Module ebenfalls beide Flanken des Taktsignals für eine Datenübertragung nutzen können, ergibt sich eine maximale theoretische Übertragungsrate von 1,6 GByte/s. „Dual Channel"-RDRAMs, bei denen zwei Speicher-Channels vorhanden sind, erreichen dementsprechend 3,2 GByte/s.

Die in der Praxis geringen Performancevorteile und der sehr hohe Preis haben allerdings dafür gesorgt, dass Rambus-Speicher vom Publikum nicht sehr gut akzeptiert wurde. Intel als größter Chip(satz)-Hersteller hat daraufhin seine Politik aufgegeben, Rambus als einzige Speichertechnologie für aktuelle und zukünftige Chipsätze anzubieten. Derzeit sind nur noch zwei Chipsätze von Intel auf dem Markt (i840 und i850), die ausschließlich Rambus-Speicher unterstützen.

Was bedeuten eigentlich die Zahlen auf dem Speicher-Aufkleber?

Auf vielen SDRAM-Speicher-Riegeln befinden sich Aufkleber, auf denen die Zugriffszeiten bzw. das ideale Timing der Chips vermerkt wird. Das sieht dann zum Beispiel so aus: PC133-322-522. Hinter dieser Zahlenkolonne verbergen sich folgende Angaben:

Zahl	Bedeutung
PC133	Das ist natürlich die Angabe der maximalen Taktfrequenz. Hier steht also PC100 oder PC133
322	Diese drei Ziffern bezeichnen in dieser Reihenfolge die Werte für die *CAS Latency* (siehe Seite 103), *RAS-to-CAS Delay* (siehe Seite 103) und *RAS Precharge Time* (siehe Seite 104). Optimal ist natürlich 222, weniger schnelle Chips haben Angaben wie 322 oder 333.
522	Die erste der drei letzten Ziffern bezeichnet die theoretisch schnellste Zugriffszeit des Speichers, 5 ns bei PC-133-Speicher, 6 ns bei PC-100-Modulen. Dieser Wert wird in der Praxis jedoch nicht erreicht, da die Zugriffszeiten an die Taktzeiten des Systems (7,5 und 10 ns) gekoppelt sind. Die vorletzte Ziffer bezeichnet die Version des SPD-Bausteins und die letzte Ziffer ist für interne Angaben des Herstellers reserviert.

Bei DDR-SDRAM-Aufklebern sieht die Etikettierung leider nicht einheitlich aus: Je nach Hersteller sind unterschiedliche Angaben zu finden, die das Timing einmal im Klartext und einmal als Code wiedergeben. So bietet zum Beispiel Micron eine Bezeichnung wie PC2100U-25330-01, die wie gewohnt einerseits die maximale Datenrate (PC2100) und andererseits Angaben zum Timing (2,5-3-3) enthält. (Wundern Sie sich nicht über die „2,5" in der Angabe, denn DDR-SDRAMs benutzen beide Signalflanken des Taktsignals und können somit gegenüber den anderen SDRAM-Chips gebrochene Werte aufweisen.)

Andere Hersteller wie zum Beispiel Samsung bieten dagegen nur einen Code wie „CB0" auf dem Aufkleber, der die gleichen Timing-Eigenschaften wie bei dem Micron-Modul wiedergibt. Diese Informationen sind aber nur für Insider erkennbar. Im Zweifelsfall sollten Sie auch hier Ihre alten Module mit zum Händler nehmen, damit er für Sie die passenden Bausteine heraussucht.

4.2 Speicher-Timing optimieren

Nachdem wir Sie mit der Theorie gequält haben, geht es jetzt an den praktischen Teil: Im Folgenden finden Sie eine Vielzahl von üblichen BIOS-Optionen, mit denen Sie das Speicher-Timing verändern können. Die meisten Funktionen werden Sie sofort verstehen, denn sie nehmen unmittelbar Einfluss auf die Vorgänge beim Speicherzugriff, so wie wir Sie weiter vorn im Kapitel beschrieben haben (Seite 90).

Kompromiss gesucht: Generelle Hinweise

Wie Sie bereits im ersten Teil gelesen haben, besitzen alle Speicherchips eine gewisse Latenzzeit, die vergehen muss, bevor Daten am Bus zur Verfügung gestellt werden können. Ein zu aggressives Timing, das diese Latenzzeit unterschreitet, sorgt dafür, dass die gelesenen Daten nur unvollständig oder gar nicht vorliegen. Abstürze und ein allgemein instabiles System sind die Folge. Andersherum sorgt natürlich ein zu langsames Timing dafür, dass die Leistungsreserven Ihrer Speicherchips nicht optimal ausgenutzt werden. Es gilt also, einen vernünftigen Kompromiss zwischen Tempo und Stabilität zu finden.

- Die automatischen Timing-Einstellungen, die vom BIOS anhand der Informationen auf dem SPD-Chip der DIMM-Module gemacht werden, sind – wie bereits erwähnt – nach der Theorie für die allermeisten PCs am besten und unproblematischsten. Das liegt daran, dass die Leistungsfähigkeit der Chips erkannt und optimal ausgenutzt wird.

- Die erreichbaren Geschwindigkeitsvorteile durch ein BIOS-Tuning liegen bei „nur" etwa 2 bis 5 %. Das liegt daran, dass etwa 90 bis 95 % aller Speicherzugriffe aus dem L2-Cache bedient werden können. Aber immerhin entspricht diese Steigerung mit optimalen BIOS-Einstellungen einer um etwa 50 MHz höheren Prozessorfrequenz.

- Nehmen Sie immer nur Einstellungen an einer einzelnen Option vor und tasten Sie sich langsam an ein aggressives Timing heran. Wenn der Rechner beginnt, instabil zu werden, verlangsamen Sie die Speicherzugriffe wieder um eine Stufe: Sie haben jetzt die optimale Einstellung gefunden.

Die Optionen und ihre Bedeutungen

Im Folgenden haben wir die gängigsten Optionen zum Speicher-Timing zusammengestellt und liefern Ihnen die Erklärungen und Einstellungsempfehlungen direkt dazu. Damit bekommen Sie einen Überblick darüber, welche Parameter des Speicher-Timings eingestellt werden können, und zusammen mit Ihrem frisch erworbenen Hintergrundwissen können Sie auch die Bedeutung weniger verbreiteter Optionen einschätzen.

Speicher-Timing optimieren

Bank X/Y DRAM Timing, auch: SDRAM Configuration

Das ist die erste der möglichen Speicheroptionen auf sehr vielen Mainboards. Damit können Sie festlegen, ob das Board die Timing-Einstellungen der SDRAM-Chips anhand der vorhandenen EEPROM-Informationen vornehmen soll (Einstellung: *By SPD*) oder ob Sie die Konfiguration manuell vornehmen möchten (*Disabled*). Andere möglichen Einstellungen sind z. B. *SDRAM 8ns*, *SDRAM 10ns*, *Slow*, *Normal*, *Fast* oder *Turbo*, mit denen Sie verschiedene Stufen des Speicher-Timings festlegen können, ohne die einzelnen nötigen Parameter genau zu kennen. Falls Sie *By SPD* ausgewählt haben, sind in der Regel alle anderen Optionen zum Speicher-Timing deaktiviert.

Empfehlung:

Benutzen Sie nach Möglichkeit die automatische Konfiguration, denn durch die Informationen des SPD-Chips (**S**erial **P**resence **D**etect) auf den DIMM-Modulen kann das BIOS die schnellsten Timing-Einstellungen selbstständig erkennen und benutzen.

Je nachdem, wie stabil oder wie schnell Ihr Rechner läuft, können Sie aber auch die anderen Optionen ausprobieren, um die Geschwindigkeit zu steigern (z. B. durch Auswahl der Option *Turbo*) oder die Stabilität zu verbessern (z. B. mit der Einstellung *Slow* oder *SDRAM 8ns*). Ausgangspunkt ist dabei immer die Geschwindigkeitsstufe, die das BIOS aus dem SPD-Chip ausgelesen hat, oder eine neutrale Einstellung wie *Normal*. Steigern Sie das Speicher-Timing jeweils um eine Stufe, um die Performance zu verbessern. Falls Probleme mit der Systemstabilität auftreten, reduzieren Sie das Timing so lange, bis der Rechner wieder ohne Abstürze läuft.

Hinweis
Probleme mit den Konfigurationsdaten

Tests in einigen Computerzeitschriften haben gezeigt, dass die SPD-Informationen bei vielen Modulen unvollständig oder fehlerhaft sind. Das kann auch schon mal bei vermeintlichem Markenspeicher passieren, bei dem lediglich die Speicherchips vom renommierten Hersteller sind, nicht aber die Module. Falls Ihr Rechner trotz automatischer Einstellung des Speicher-Timings zu langsam (Benchmark-Ergebnisse!) oder instabil läuft, sollten Sie versuchen, das Speicher-Timing von Hand einzustellen.

DRAM Clock

Einige Chipsätze bzw. Mainboards erlauben unabhängig vom Frontside-Bus der CPU eine separate Einstellung des Speichertakts. Mögliche Einstellungen sind *HstClk*, *HstClk+33MHZ* oder *HstClk-33MHZ*. So können Sie Ihre PC-133-DIMMs mit 133 MHz betreiben, obwohl Sie eine CPU mit 100 MHz Bustakt benutzen. Ebenso können Sie Ihre älteren PC-100-SDRAM-Bausteine auf einem 133-MHz-Mainboard weiterverwenden, wenn Sie den Speichertakt auf 100 MHz reduzieren.

Schneller Zugriff, stabiles System: Speicher-Timing

Empfehlung:

Betreiben Sie Ihre SDRAM-Bausteine mit der Taktfrequenz, die ihrer Qualitätsstufe entsprechen, also PC-133-SDRAMs mit 133 MHz, PC-100-Module mit 100 MHz usw. Ein Übertakten des Speichers um eine ganze Stufe (also 33 MHz) ist nicht empfehlenswert, weil eine mangelhafte Systemstabilität und sogar eine Zerstörung der Speichermodule durch Überhitzung die Folge sein können. Falls Sie sich doch dazu entschließen sollten, Ihre Speicherbausteine zu übertakten, ist es zumindest empfehlenswert, ein weniger aggressives Speicher-Timing (also je nach BIOS *Slow* oder *Normal*, *CAS Latency* bei *3T* usw.) zu wählen.

Auto Detect DIMM/PCI Clk

Falls Sie sich nicht sicher sind, welche Taktfrequenz Ihre Speichermodule vertragen, können Sie mit dieser Option die optimale Einstellung durch das BIOS vornehmen lassen. Die Daten auf dem SPD-Chip der SDRAM-Module versorgen das BIOS mit den notwendigen Informationen. Mögliche Einstellungen sind *Enabled* und *Disabled*.

Empfehlung:

Lassen Sie diese Option ruhig aktiv. Damit gehen Sie in jedem Fall sicher, dass Ihre Speicherchips mit der optimalen Takfrequenz betrieben werden.

DRAM Read Burst Timing

Mit dieser Einstellung können Sie das Timing der Burst-Zugriffe einstellen, mit denen aufeinander folgende Datenblöcke aus dem Speicher gelesen werden (siehe dazu auch ab Seite 90). Mögliche Einstellungen sind *x-1-1-1*, *x-2-2-2* und *x-3-3-3*. Auf modernen Mainboards, die SDRAM, DDR-SDRAM oder Rambus-Speicher unterstützen, ist diese Option nicht mehr zu finden.

Empfehlung:

SDRAM-Speicher erfordert die Einstellung *x-1-1-1*, weil alle Burst-Zugriffe bei diesem Speichertyp ohne Wartezyklen durchgeführt werden können. Nur wenn Sie auf Ihrem Mainboard alternativ dazu auch EDO-RAM oder FPM-Bausteine einsetzen können, ist ein weniger aggressives Timing notwendig: EDO-RAM-Bausteine erfordern den Wert *x-2-2-2*, FPM-Speicher *x-3-3-3*.

DRAM Write Burst Timing

Mit dieser Option können Sie das Timing der Burst-Zugriffe einstellen, mit denen aufeinander folgene Datenblöcke in den Speicher geschrieben werden. Nähere Erläuterungen siehe vorheriger Abschnitt.

DRAM Speculative Leadoff

Mit dieser Funktion versucht der Memory Controller, den ersten und relativ langsamen Zugriff auf den Speicher zu verkürzen, indem er „auf Verdacht" auf die Daten zugreift, die wahrscheinlich als Nächstes gebraucht werden. Die Trefferquote liegt zwar nicht bei 100 %, aber dennoch kann damit die Speicherperformance gesteigert werden.

Empfehlung:

Sie sollten die Option wenn möglich auf *Enabled* stehen lassen. Bei Instabilität können Sie sie versuchsweise ausschalten bzw. auf *Disabled* setzen.

SDRAM CAS Latency

Mit dieser Option wird die Zeit eingestellt, die zwischen dem Senden des CAS-Signals und dem Auslesen der angeforderten Daten vergeht (siehe Seite 92). Mögliche Einstellungen sind *2T* oder *3T* (also 2 oder 3 Taktzyklen), wobei *2T* bessere Performance verspricht und *3T* bessere Stabilität.

Empfehlung:

2T sollte zunächst nur bei qualitativ hochwertigen (Marken-)DIMM-Modulen verwendet werden, die entsprechend kurze Zugriffszeiten besitzen. Auf diese Art und Weise wird ein stabiles System gewährleistet. Aufgrund der längeren Taktzyklen können Sie jedoch beispielsweise schnelle PC-133-Module in einem 100-MHz-System ohne Probleme auf *2T* setzen, das Gleiche gilt für PC-100-Module in einem 66-MHz-System. Wenn Sie dagegen den Speicher- oder Systemtakt eines PCs erhöhen (z. B. beim Übertakten), sollten Sie das Timing auf *3T* hochsetzen, um ein möglichst stabiles Systemverhalten zu erreichen. Später können Sie das aggressivere Timing für eine bessere Performance austesten.

SDRAM RAS to CAS Delay

Diese Option legt fest, wie viele Taktzyklen zwischen dem Senden des RAS und des CAS-Signals vergehen sollen (siehe Seite 92). Mögliche Einstellungen sind *2T* und *3T*, wobei *2T* natürlich die schnellere von beiden ist.

Empfehlung:

Genau wie bei der vorherigen Option *SDRAM CAS Latency* sollte *2T* nur mit SDRAM-Modulen verwendet werden, deren Datenblatt oder Aufkleber einen Hinweis enthält, dass diese Einstellung benutzt werden kann. In der Regel ist das bei Markenspeicher (Infineon, Siemens, Samsung usw.) der Fall. Aufgrund der Abhängigkeit von der Länge der Taktzyklen ist es jedoch ohne weiteres möglich, schnellere Module (z. B. PC-133) in einem langsameren System (z. B. 100 MHz) auf *2T* zu setzen. Beim Erhöhen des Systemtakts oder in einem übertakteten System empfielt sich *3T*, um eine ausreichende Stabilität zu gewährleisten.

Fast RAS# to CAS# Delay

Mit der Einstellung *Enabled* wird die Zeitspanne zwischen RAS- und CAS-Befehl auf *2T* gesetzt, *Disabled* entspricht dem Wert *3T* (siehe auch vorheriger Abschnitt).

SDRAM Cycle Length

Was mit dieser Bezeichnung gemeint ist, kann nur vermutet werden, weil die Bezeichnung *SDRAM Cycle Length* nicht eindeutig ist und mehrere Vorgänge während des Speicherzugriffs bezeichnen kann. Wahrscheinlich ist diese Option identisch entweder mit *SDRAM RAS to CAS Delay* oder mit *SDRAM CAS Latency*, mögliche Einstellungen sind in diesem Fall *2, 3* oder *Auto*.

Empfehlung:

Da nicht so ohne weiteres festgestellt werden kann, welche Einstellung sich genau hinter der Bezeichnung verbirgt, ist es wohl am empfehlenswertesten, sich den Fähigkeiten der BIOS-Programmierer zu überlassen und die Einstellung *Auto* zu wählen. Damit wird die Länge des „SDRAM-Zyklus" nach den Informationen auf dem SPD-Chip eingestellt. Falls Sie von Hand einen Wert einstellen möchten, gelten die Empfehlungen unter *SDRAM RAS to CAS Delay* oder *SDRAM CAS Latency*.

SDRAM RAS Precharge Time

Bevor Daten aus einem SDRAM-Modul gelesen werden können, müssen die einzelnen Speicherzellen mit einer elektrischen Spannung aufgeladen werden, erst danach kann eine Lese- bzw. Schreiboperation durchgeführt werden. Die Option *SDRAM RAS Precharge Time* bestimmt die Anzahl Taktzyklen, die der Ladevorgang vor dem RAS-Signal liegt. *2T* ist auch hier die schnellere Einstellung, *3T* die stabilere.

Empfehlung:

Genau wie bei *SDRAM CAS Latency* sollte *2T* nur mit SDRAM-Modulen verwendet werden, deren Datenblatt oder Aufkleber einen Hinweis enthält, dass diese Einstellung benutzt werden kann. In der Regel ist das bei Markenspeicher (Infineon, Siemens, Samsung usw.) der Fall. Aufgrund der Abhängigkeit von der Länge der Taktzyklen ist es jedoch ohne weiteres möglich, schnellere Module (z. B. PC-133) in einem langsameren System (z. B. 100 MHz) auf *2T* zu setzen. Beim Erhöhen des Systemtakts oder in einem übertakteten System empfiehlt sich *3T*, um eine ausreichende Stabilität zu gewährleisten.

SDRAM MA Wait State

Jeder Speicherzugriff wird durch den MA-Befehl (für **M**emory **A**ddress) eingeleitet, mit dem die gewünschte Speicheradresse übermittelt wird, gefolgt vom CS-Befehl (für **C**hip-**S**elect), mit dem die betroffenen Speicherchips ausgewählt werden (siehe dazu auch Seite 91). Je nach Konfiguration der DIMM-Module sind Wartezyklen zwischen den beiden Befehlen erforderlich, um die korrekte Übermittlung der Speicheradresse sicherzustellen. Mögliche Einstellungen sind *0 (Fast)*, *1 (Normal)* oder *2 (Slow)*.

Empfehlung:

Sollten Ihre DIMM-Module mit 2 bis 4 SDRAM-Chips pro Seite bestückt sein, ist *0 (Fast)* die richtige Wahl, für DIMMs mit insgesamt mehr als 18 SDRAM-Chips sollten Sie *2 (Slow)* auswählen. Alle DIMMs mit 4 bis 16 Chips erfordern die Einstellung *1 (Normal)*.

SDRAM Cycle Time (Tras, Trc)

Mit dieser Option können Sie die Zeit einstellen, die zwischen zwei aufeinander folgenden vollwertigen Speicherzugriffen (keine Burst-Zugriffe) vergehen muss. Diese Zeitspanne wird auch mit Trc bezeichnet, was für **T**ime (**R**ow **C**ycle) steht. Mögliche Einstellungen sind *[5T, 7T]* und *[6T, 8T]*. Dieses Zahlenpaar bezeichnet die Dauer des Lesezyklus (TRAS, 5 oder 6 Taktzeiten) sowie die Summe aus Lesezyklus und der Vorladezeit (TRP= TRAS+ 2 Taktzeiten).

Empfehlung:

Natürlich ist auch hier *[5T, 7T]* die schnellere Einstellung, die für alle normalen SDRAM-Chips mit einer Latenzzeit von 5 Taktzeiten geeignet sein sollte. Um ein etwas konservativeres Timing zu wählen, das mehr Stabilität verspricht, können Sie den Zyklus aber auch auf *[6T, 8T]* herabsetzen.

Bank Interleave

Hiermit lässt sich die Methode auswählen, die beim Interleaving, also dem Zugriff auf wechselnde Speicherzellen, verwendet werden soll. Mögliche Einstellungen sind *2, 4* und *Disabled*. Dabei bezeichnen *2* und *4* die Anzahl der Speicherchips, die für das Interleaving gleichzeitig benutzt werden, *Disabled* schaltet diese Art des Speicherzugriffs aus.

Empfehlung:

Die richtigen Einstellungen für SDRAM-Chips sind *2* und *4*, je nachdem, welche Art von Interleaving Ihre Speichermodule unterstützen. Alle modernen Chips benötigen den Wert *4*. Falls Ihre Speichermodule schon ein paar Jahre alt sind, kann es aber auch sein, das *2* erforderlich ist. *Disabled* ist eher zur Behebung von Problemen geeignet, weil mit dieser Einstellung Leistung verloren geht.

SDRAM Address Setup Time

Diese Funktion hat dieselbe Bedeutung wie *SDRAM MA Wait State* (siehe Seite 104).

Auswirkungen und Benchmarking

Obwohl die richtigen Timing-Einstellungen sehr wohl zwischen 2 und 5 % mehr Leistung aus Ihrem PC herausholen, ist es sehr schwierig, diesen Unterschied subjektiv wahrzunehmen. Wirkliche Sicherheit über die Leistung Ihres PC erhalten Sie nur mithilfe eines Benchmark-Programms, das Ihnen genaue Auskunft darüber gibt, wie schnell Speicherzugriffe ausgeführt werden können.

Ein Benchmark-Programm unterwirft Ihren PC einer Reihe von Tests, die der täglichen Belastung durch Anwendungsprogramme nachempfunden ist. So muss der Prozessor verschiedene Berechnungen durchführen, die Festplatte Daten lesen und schreiben und die Grafikkarte verschiedene Grafiken darstellen. Heraus kommt eine Punktewertung oder eine Maßzahl, die eine Aussage über die Komponenten Ihres Computers erlaubt. Voraussetzung ist natürlich, dass Ihr System rundherum in Ordnung ist, d. h., dass alle Treiber richtig installiert und konfiguriert sind. Sollte das nicht der Fall sein, sind z. B. einige Hardwaretreiber nicht auf dem neusten Stand, sollten Sie zunächst diesen Missstand korrigieren, bevor Sie daran denken, neue Hardware zu kaufen. Das Benchmark-Programm SiSoft Sandra besitzt zu diesem Zweck übrigens den „Performance Tune-up Wizard", der Ihnen Hinweise gibt, wo die Konfiguration Ihres Rechners noch verbessert werden kann. Wenn also auf der Seite des Betriebssystems alles in Ordnung ist, können Sie Ihr System umfangreichen Tests unterwerfen und so das optimale Speicher-Timing herausfinden.

So arbeiten Sie mit SiSoft Sandra

SiSoft Sandra ist ein sehr leistungsfähiges Benchmark-Programm, mit dem Sie nahezu alle Informationen über Ihr Computersystem abfragen können. Die Palette der verfügbaren Infos reicht von den unterstützten 3-D-Funktionen der Grafikkarte bis zu falschen Einstellungen im BIOS-Setup. Wir zeigen Ihnen in diesem Workshop, wie Sie den Speicher-Benchmark von Sandra aufrufen und benutzen.

1 Nach dem Start finden Sie eine unübersichtliche Vielfalt von Systeminfomodulen im Bildschirm von Sandra. Jedes für sich bietet eine spezifische Information über Ihr System.

Speicher-Timing optimieren

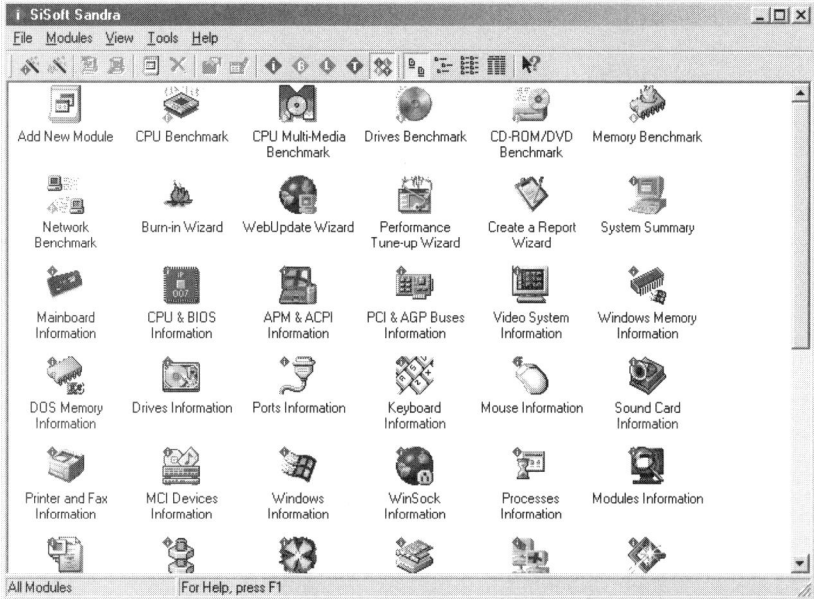

2 Mit dem Menübefehl *View/Benchmark Modules* reduzieren Sie die Anzeige lediglich auf die Programmmodule, die Benchmark-Tests bieten.

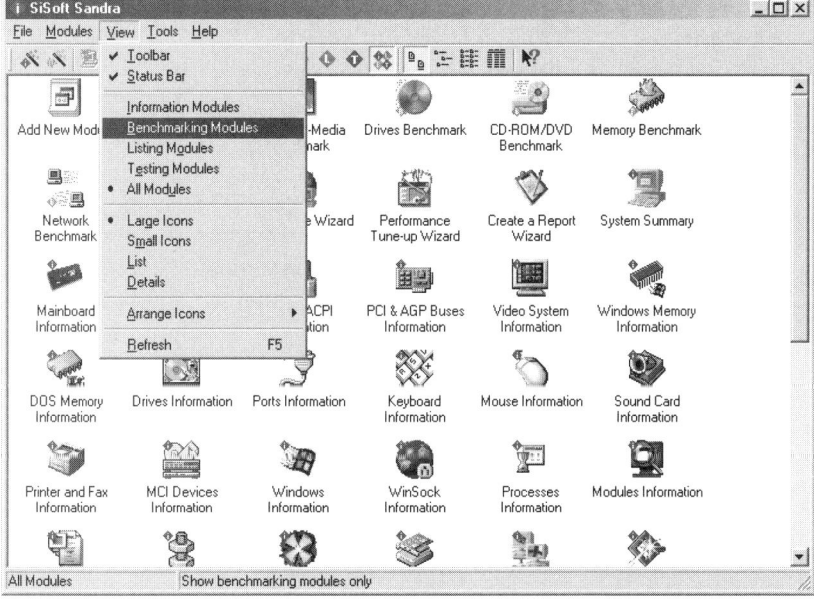

3 Mit einem Doppelklick auf Memory Benchmark rufen Sie einen Leistungstest auf, der Ihren Arbeitsspeicher testet und mit anderen PC-Systemen vergleicht.

Schneller Zugriff, stabiles System: Speicher-Timing

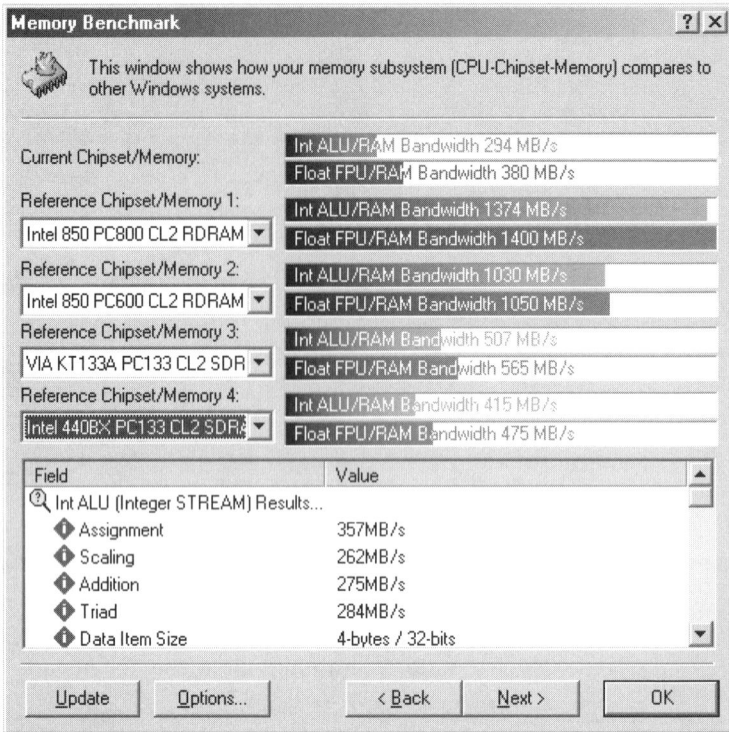

4 Nach ein paar Sekunden liegt das Ergebnis vor, und Sandra hat automatisch eine Reihe von anderen Computersystemen ausgewählt, um deren Leistungen als Maßstab danebenzustellen, aber die Auswahl macht nicht immer Sinn.

5 Wählen Sie in den Listenfeldern die PC-Systeme aus, mit denen Sie Ihren eigenen Prozessor vergleichen möchten. In diesem Fall (Pentium III 800 mit VIA-Chipsatz, 100 MHz Systemtakt/133 MHz Speichertakt) wäre vielleicht der Bezug zu einem anderen Computer mit VIA-Chipsatz und der Vergleich zu einem System mit BX-Chipsatz angebracht. Wie Sie der Abbildung entnehmen können, hat der eigene PC noch nicht besonders gut abgeschnitten.

Die Ergebnisse auswerten

Aber es ist nicht damit getan, das Benchmark-Programm zu benutzen, Sie müssen auch die richtigen Schlüsse aus den Ergebnissen ziehen, und das ist manchmal gar nicht so einfach. Schlüssel zum Erfolg sind nicht die absoluten Werte, ausschlaggebend ist vielmehr der Vergleich verschiedener Ergebnisse untereinander, um herauszufinden, ob Ihre Einstellungen im BIOS eine Verbesserung gebracht haben. Darüber hinaus besitzt SiSoft Sandra eine umfangreiche Datenbank, in der die Ergebnisse vieler gängiger Geräte verzeichnet sind, sodass Sie die Leistung Ihres Systems auch in Bezug mit anderen PCs setzen können. So fällt es leichter, mit den erreichten Ergebnissen zufrieden zu sein, wenn z. B. ersichtlich ist, dass Ihr PC mit einem schnelleren

Modell hinsichtlich der Speicherperformance durchaus mithalten kann. Zum Vergleich sollten Sie in der Tabelle einerseits Hardware auswählen, die vom Typ her mit den Komponenten Ihres PCs vergleichbar ist, aber andererseits darf natürlich auch ein brandneues Modell als Referenz nicht fehlen.

Stabilität testen

Wie bereits eingangs erwähnt, ist die erreichbare Geschwindigkeit nur eine Seite des Speicher-Timings. Die andere Seite der Medaille ist die Stabilität des Systems. Der schnellste Computer macht einfach keinen Spaß, wenn er andauernd abstürzt. Im Gegensatz zur Geschwindigkeit ist Stabilität – wenn der Rechner nicht bereits nach wenigen Minuten abstürzt – aber kaum messbar. Sie sind dabei also allein auf Ihre eigenen Erfahrungen angewiesen. Als Test für das Verhalten Ihres Rechners eignet sich jede Art von Software, das ausgiebigen Gebrauch von den Ressourcen Ihres Rechners (insbesondere natürlich des Arbeitsspeichers) macht. Geeignet wären z. B. Programme zum Komprimieren von Audio- und Videodateien, Benchmark-Programme wie 3DMark2001 oder auch ein Bildbearbeitungsprogramm, das via Batchverarbeitung Grafiken konvertiert. Sollten im Dauerbetrieb bereits nach kurzer Zeit immer wieder Abstürze auftreten, ist es Zeit, Ihr Speicher-Timing langsamer einzustellen.

4.3 Troubleshooting

Mein Rechner stürzt andauernd mit Schutzverletzungen ab oder friert ein.

Natürlich können alle möglichen Ursachen für ein instabiles Verhalten Ihres Rechners verantwortlich sein, aber ein zu aggressives Speicher-Timing oder eine für die benutzten RAM-Bausteine zu hohe Systemfrequenz gehören definitiv dazu.

Lösung:

Wenn sich das Verhalten des Rechners mithilfe einer bereinigten Systemumgebung oder eines neu installierten Betriebssystems nicht verbessern lässt, versuchen Sie zunächst, das Speicher-Timing zu verändern.

- Stellen Sie die Option *SDRAM Configuration*, *DRAM Timing* o. Ä. auf *Auto* oder *By SPD*, um das BIOS alle Einstellungen selbstständig vornehmen zu lassen. Eine andere Alternative sind die Werte *Normal* oder auch *Slow*, um das Timing möglichst weit zurückzunehmen.

- Reduzieren Sie den Speichertakt auf seinen nominalen Wert, falls Sie Ihr System übertaktet haben. Dazu setzen Sie die Option *DRAM Clock* auf *HstClk*, wenn Sie nur Ihre Speicherchips übertaktet haben, oder auf *HstClk-33MHz*, wenn Sie ältere SDRAM-Chips betreiben, die mit der Busfrequenz Ihres neueren Prozessors nicht zurechtkommen.

Schneller Zugriff, stabiles System: Speicher-Timing

Da nur sehr aktuelle Chipsätze die Möglichkeit bieten, den Speichertakt separat einzustellen, bleibt Ihnen bei älteren Mainboards oft lediglich die Möglichkeit, den Systemtakt zu reduzieren.

- Falls Sie Speicherchips von unterschiedlichen Herstellern oder mit unterschiedlichen Zugriffszeiten auf Ihrem Mainboard kombiniert haben, sollte das Timing bzw. die Speicherfrequenz an die langsamsten Chips angepasst werden. Falls Sie die automatische Konfiguration benutzen, sollten die langsamsten Chips nach Möglichkeit in die erste Speicherbank eingesetzt werden, denn viele BIOS-Versionen berücksichtigen nur die SPD-Daten der Speichermodule in der ersten Bank.

Ich habe verschiedene Speichertypen kombiniert, und jetzt läuft nichts mehr.

Manche Speicherchips lassen sich allein aus dem Grund nicht miteinander kombinieren, weil ihre interne Architektur voneinander abweicht. So spielt z. B. die Anzahl der Chips, auf die aufeinander folgende Speicheradressen beim Interleaving verteilt werden, eine Rolle.

Lösung:

Sollten Sie bemerken, dass sich die Probleme (z. B. nach einer Aufrüstaktion) durch Timing-Einstellungen (siehe vorheriger Abschnitt) nicht beseitigen lassen, versuchen Sie, die Speicherbausteine einzeln einzusetzen. Eine andere Möglichkeit ist das Umstellen der Interleaving-Methode von *4-Way* auf *2-Way* (Setzen der Option *Bank Interleaving* auf die entsprechenden Werte). Im Zweifelsfall müssen Sie auf die Verwendung eines der Module (oder bei PS/2-SIMMS auf ein Pärchen) verzichten oder versuchen, die neuen Bausteine umzutauschen.

Hinweis
Der Händler hilft Ihnen weiter

Um Probleme mit neuen Speicherbausteinen zu vermeiden, ist es sehr hilfreich, wenn Sie Ihre alten Module mit zum Händler nehmen. Der kann dann für die Aufrüstaktion passende Speicherriegel heraussuchen. Um ganz sicherzugehen, nehmen Sie vielleicht auch noch das Handbuch Ihres Mainboards ins Reisegepäck.

Nach dem Aufrüsten des Speichers ist das System instabil.

Wie bereits erwähnt, reichen oft geringe Unterschiede zwischen den Speicherchips aus, um Probleme hervorzurufen. So kann es vorkommen, dass Ihr PC nach dem Einsetzen eines zusätzlichen Speicherbausteins plötzlich instabil wird.

Troubleshooting

Lösung:

Vor allen Dingen sind natürlich unterschiedliche Latenzzeiten der Speicherbausteine für Probleme verantwortlich. Deshalb ist es wichtig, entweder das Timing an den langsamsten Baustein anzupassen oder die Timing-Einstellungen für jede Speicherbank einzeln auszuwählen.

- Setzen Sie den vermutlich langsameren Baustein (meist ist das Ihr älteres Modul) in die erste Speicherbank. Denn bei der automatischen Timing-Konfiguration werden oft nur die Informationen im SPD-Baustein des Speichermoduls in der ersten Bank berücksichtigt.

- Stellen Sie das Timing für jede Bank individuell ein, falls Ihr BIOS die Möglichkeit dazu bietet. Dazu passen Sie die Option *Bank x/y DRAM Timing* den Fähigkeiten jedes einzelnen Moduls an. Beginnen Sie mit langsamen Werten auf jeder Bank und tasten Sie sich an die schnellste mögliche Einstellung heran.

- Falls sich die Timing-Werte nur global für alle Speicherbänke einstellen lassen, wählen Sie ebenfalls zunächst das langsamste Timing und steigern es schrittweise, bis die Probleme wieder auftreten. Reduzieren Sie das Tempo dann wieder auf die letzte funktionierende Stufe.

Schneller Zugriff, stabiles System: Speicher-Timing

5. Plug & Play und PCI-Bus

Wie Sie am Anfang diese Buchs schon lesen konnten, gehört die Initialisierung und Verwaltung der Hardware zu den wichtigsten Aufgaben des BIOS. Bei jedem Rechnerstart werden die Informationen ausgelesen, die jede Erweiterungskarte in ihrem eigenen BIOS mit sich führt, danach wird entschieden, welche Karte über welche Leitungen und Speicheradressen mit dem System kommuniziert. Diese Art der automatischen Konfiguration wird Plug & Play (PnP) genannt, also „Einstecken und Spielen". Mit der Einführung des PCI-Bus und mit dem langsamen Verschwinden der alten ISA-Karten hat diese Art der Hardwareverwaltung fast vollständig die manuelle Konfiguration abgelöst.

Trotzdem sind in vielen Systemen noch ISA-Karten zu finden, und nicht alle PCI-Karten beherrschen Plug & Play einwandfrei. So ist oft noch ein Benutzereingriff notwendig ist, um eine eindeutige Verteilung aller Systemressourcen sicherzustellen.

Andererseits ist es der PCI-Bus selbst, der für die Kommunikation der Karten untereinander und mit dem Mainboard sorgt. Seine Fähigkeiten (wie das Busmastering), seine Konfiguration und seine Taktfrequenz spielen eine tragende Rolle beim fehlerfreien Betrieb eines PCs.

- Im ersten Teil dieses Kapitels erfahren Sie, wie Sie die Optionen des *PnP & PCI Setup* so einstellen, dass Ihr System stabil läuft und alle Karten optimal konfiguriert sind. Dazu gehört die Abstimmung auf das Betriebssystem, die Auswahl der automatischen Ressourcenverteilung, aber auch im Zweifelsfall die Reservierung einzelner Ressourcen für nicht Plug & Play-fähige Karten.

- Danach geht es darum, den PCI-Bus richtig einzustellen: Welche Taktfrequenz ist vernünftig, wenn ich den PC übertakten möchte? Wann muss ich Waitstates einsetzen, und wie konfiguriere ich die Busmaster-Optionen? Wir sagen Ihnen, wie's geht.

- Und zum Schluss gibt's wie immer ein Troubleshooting zu gängigen Problemen rund ums Plug & Play.

5.1 Plug & Play-Optionen

So viel steht fest: Ohne eine funktionierende Hardwareverwaltung und eine eindeutige Verteilung von Signalleitungen und Speicheradressen wäre der PC als modulares System undenkbar, denn die Kommunikation zwischen dem Mainboard und den Erweiterungskarten würde nicht funktionieren. Früher musste die Verteilung dieser Kommunikationskanäle von Hand vorgenommen werden: Jede Karte brachte eine Reihe von möglichen Einstellungen mit, der Benutzer musste sich einerseits über die freien Ressourcen des Systems informieren und dann die Werte per Jumper oder Dip-Schalter auf der Karte festlegen.

Mit Einführung des PCI-Bus wurde dann Plug & Play eingeführt: Auf einem kleinen Speicherbaustein, den das BIOS auslesen kann, tragen alle Karten die Informationen über verwendbare Ressourcen mit sich. Vor dem Start des Rechners werden die Informationen aller Karten miteinander verglichen und die Ressourcen danach so verteilt, dass alle Geräte eindeutig angesprochen werden können. Ein Benutzereingriff ist nicht mehr nötig.

Doch leider unterscheidet sich die Praxis sehr wohl von der Theorie: Nicht alle Karten werden beim Hochfahren des Rechners einwandfrei erkannt. Und trotz der automatischen Verteilung kann es zu Konflikten kommen, wenn zwei Steckkarten auf die gleichen Signalleitungen zugreifen oder ihre Daten in den gleichen Speicherbereich schreiben. Wir sagen Ihnen, wie Sie eine solche Situation mit geschickten Einstellungen im BIOS-Setup meistern.

Hinweis
Mehr Informationen gibt's weiter hinten
Weiter hinten finden Sie noch einen Abschnitt mit Hintergrundinformationen rund ums Thema Plug & Play. Dort erfahren Sie mehr über die notwendigen Systemvoraussetzungen und über die immer wieder erwähnten „Ressourcen", nämlich IRQs, DMA-Kanäle und E/A-Adressen (Seite 122).

Automatische Ressourcenverwaltung

Wenn alle Systemressourcen automatisch auf die Erweiterungskarten verteilt werden können, liegt natürlich der Idealfall vor: Es sind keine weiteren Benutzereingriffe nötig, und nach der Installation des Betriebssystems bzw. neuer Hardwaretreiber läuft alles ohne Fehler. Und die gute Nachricht lautet: Bei fast allen Computern, deren Mainboard nicht älter als zwei, drei alt Jahre ist und in denen nur relativ neue Karten stecken, funktioniert das ohne Probleme.

Dabei spielt aber nicht nur das BIOS eine Rolle, sondern auch das Betriebssystem. Denn damit die verschiedenen Geräte im System per Treibersoftware angesprochen werden können, müssen die Infos über die Verteilung der Ressourcen abrufbar vorliegen. Dafür können entweder die ESCD (**E**xtended **S**ystem **C**onfiguration **D**ata) benutzt werden, das sind die (automatisch ermittelten) Hardwarekonfigurationsdaten des BIOS, oder das Betriebssystem nimmt die Verteilung vor und gibt die Informationen selbst an die Treiber weiter.

Seit Windows 95 sind Microsoft-Betriebssysteme dazu in der Lage, diese Verteilung der Hardwareressourcen vorzunehmen. Eine Ausnahme stellt allerdings Windows NT 4.0 dar, das nicht über Plug & Play-Fähigkeiten verfügt. Alle älteren Betriebssysteme wie Windows 3.11 und MS-DOS sind nicht dazu in der Lage, die Hardwarekonfiguration selbst zu ermitteln (aus dem BIOS oder eigenständig).

Keine echte Entscheidung: BIOS oder Betriebssystem

Die Entscheidung, ob die Ressourcenverteilung durch das BIOS oder das Betriebssystem vorgenommen werden soll, liegt nur scheinbar beim Benutzer: Durch Einstellen der Option *Plug & Play aware OS* oder auch *PnP OS installed* im *PnP/PCI Configuration*-Menü auf *Yes* wird offiziell die Verwaltung durch das Betriebssystem ermöglicht. Das BIOS konfiguriert lediglich die Komponenten, die es zum Booten des Rechners unbedingt braucht. Falls der Wert auf *No* gesetzt bleibt, übernimmt das BIOS die Ressourcenverteilung zu 100 %.

Leider hat diese Option allerdings bei Windows keine direkten Auswirkungen, denn Windows greift nicht auf die BIOS-Funktionen zurück und kocht bei der Ressourcenverteilung sein eigenes Süppchen.

Unserer Erfahrung nach ist Windows jedoch spätestens ab der Version 95b recht gut dazu in der Lage, die Systemressourcen zu verteilen und einen stabilen Betrieb zu gewährleisten. Solange Sie keine dauerhaften Probleme haben (und das ist wie erwähnt bei fast allen aktuellen Mainboards und PCI-Karten der Fall), sollte die Option auf *Yes* gestellt sein. Und selbst wenn es einmal zu einer Doppelbelegung eines Interrupts oder einer I/O-Adresse kommt, können Sie die Ressourcen bequem im Windows-Geräte-Manager von Hand verteilen. Wie das geht, lesen Sie im Anschluss.

Die Fraktion der Microsoft-Zweifler wird an dieser Stelle empört aufstöhnen und über Bugs und Fehler klagen. Nun ja, zugegeben: Nicht immer funktioniert die Hardwarekonfiguration fehlerfrei, vor allen Dingen, wenn ältere PCI-Karten oder sogar nicht PnP-fähige ISA-Karten im Spiel sind. (Das muss aber nicht unbedingt die Schuld des Betriebssystems sein. Oftmals werden bei billigen Erweiterungskarten die PCI-Standards nicht sauber eingehalten.)

Plug & Play und PCI-Bus

Die Verteilung der Ressourcen auf nicht Plug & Play-fähige Karten funktioniert anhand einer Hardwaretabelle, in denen die typischen Werte der meisten Karten verzeichnet sind. Und natürlich kann es bei der Vielzahl der vorhandenen Hersteller und Kartentypen dabei zu Problemen kommen. Falls jeglicher Versuch, die Ressourcen im Geräte-Manager von Hand einzustellen, scheitert, bleibt dann doch noch der Weg über das BIOS. Wenn Sie den Wert *PNP OS installed* auf *No* setzen (und die automatische Ressourcenverteilung deaktivieren), können Sie IRQs und DMA-Kanäle für jede ISA-Karte und die verschiedenen PCI-Slots im BIOS-Setup reservieren.

Natürlich muss die Option ebenfalls auf *No* gesetzt werden, wenn Sie ein Betriebssystem wie MS-DOS, Linux oder OS/2 verwenden, das auf die Hardwareverwaltung durch das BIOS angewiesen ist.

Die Option Resources Controlled By

Falls Sie kein Plug & Play-fähiges Betriebssystem benutzen, muss die Option *Resources Controlled By* auf *Auto* gesetzt bleiben, um die automatische Konfiguration der Hardware durch das BIOS zu gewährleisten. Wenn Sie (wie die meisten anderen Benutzer) eines der aktuellen Windows-Betriebssysteme in Betrieb haben, spielt es eigentlich keine Rolle, auf welchen Wert Sie die Option setzen: Sobald Sie allerdings einen IRQ oder DMA-Kanal explizit für den Gebrauch durch ISA- oder PCI-Karten reservieren, greift die manuelle Konfiguration, und Windows muss in der Folge (höchstwahrscheinlich) seine Ressourcen neu verteilen.

Interrupts und DMAs von Hand zuweisen

Falls Sie eine ungünstige Kombination von Erweiterungskarten in Ihrem System benutzen, kann es vorkommen, dass die automatische Verteilung der verfügbaren IRQs und I/O-Adressen fehlschlägt. In diesem Fall hilft nur das Nachbessern der Einstellungen von Hand. Dazu können Sie entweder den Windows-Geräte-Manager benutzen oder das BIOS-Setup, oder Sie können die Steckkarten in einem anderen Slot unterbringen, wenn auch diese Methode fehlschlägt.

Ressourcen verteilen im Geräte-Manager

Für jeden Windows-Benutzer ist dieser Weg sicherlich am schnellsten und bequemsten, um die Ressourcen anders auf die vorhandenen Erweiterungskarten zu verteilen. Lediglich ein paar Mausklicks und ein Neustart sind notwendig, bis in der Regel alles wieder funktioniert.

1 Öffnen Sie den Windows-Geräte-Manager, indem Sie mit der rechten Maustaste auf das Arbeitsplatzsymbol klicken, im Kontextmenü den Befehl *Eigenschaften* auswählen und danach zur Registerkarte *Geräte-Manager* wechseln.

Plug & Play-Optionen

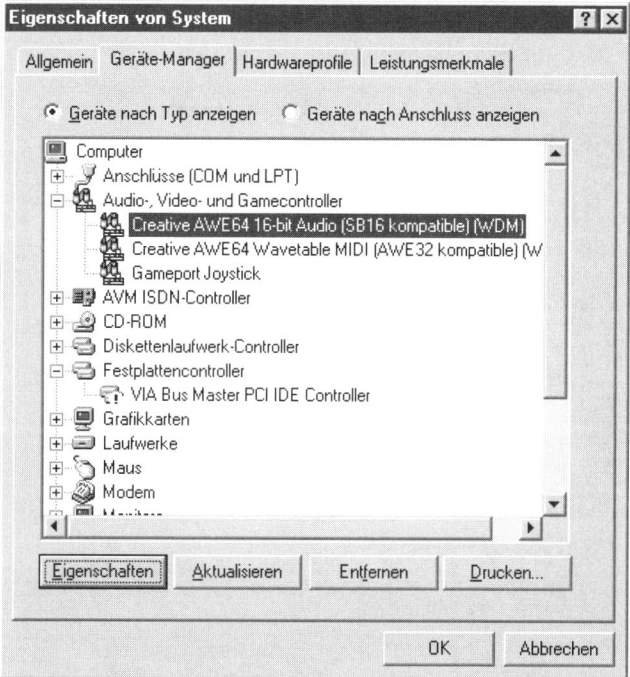

2 Geräte, bei denen ein Ressourcenkonflikt vorliegt, sind in der Regel mit einem gelben Symbol gekennzeichnet, auf dem ein schwarzes Ausrufungszeichen zu sehen ist. Wählen Sie das betroffene Gerät aus und klicken Sie auf *Eigenschaften*.

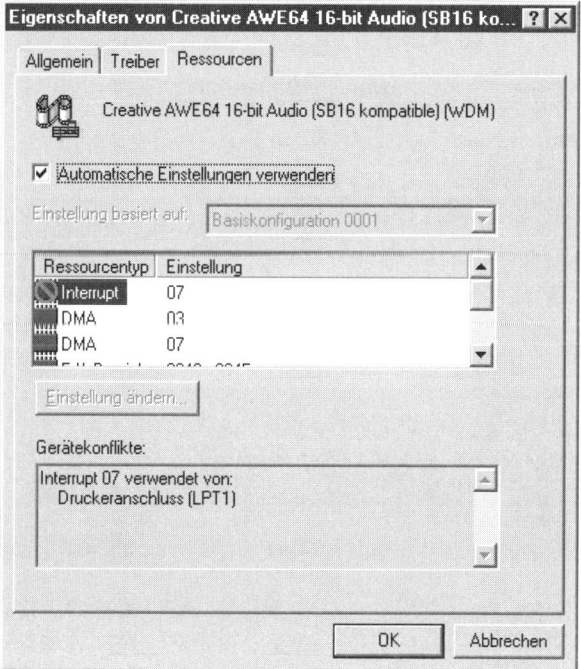

Plug & Play und PCI-Bus

3 Wechseln Sie zur Registerkarte *Ressourcen* und deaktivieren Sie die Option *Automatische Einstellungen verwenden*.

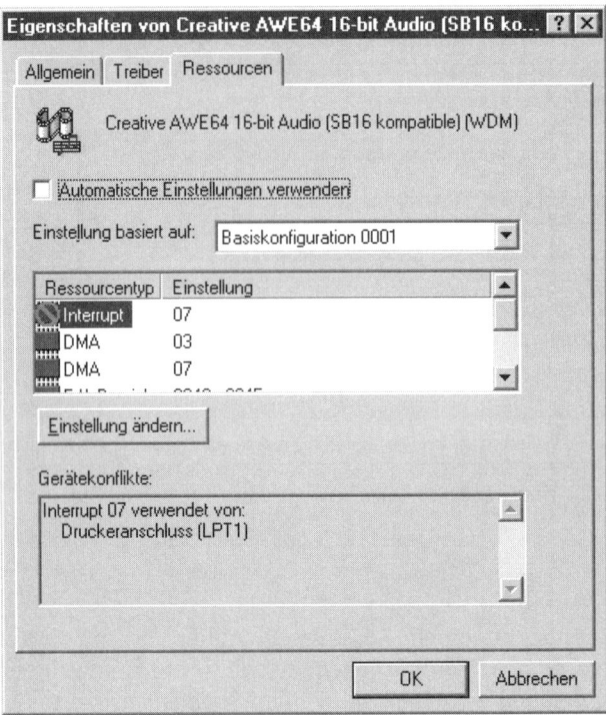

4 Markieren Sie jetzt in der Liste den Eintrag, für den ein Ressourcenkonflikt angezeigt wird, und klicken Sie auf die Schaltfläche *Einstellung ändern*.

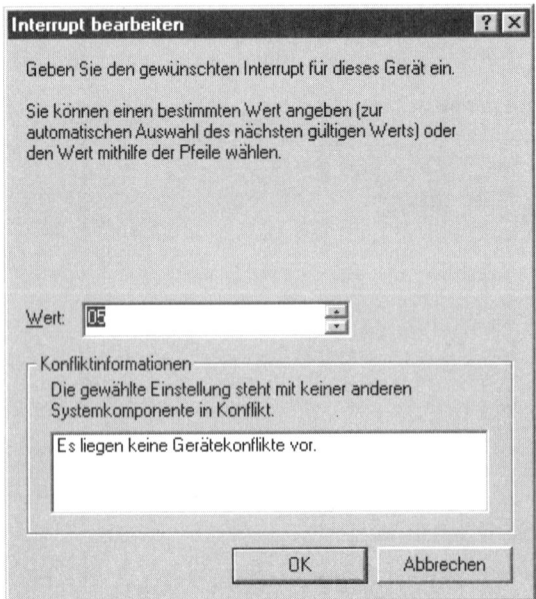

5 Wählen Sie mit den beiden Pfeiltasten unter *Wert* so lange einen anderen IRQ, eine andere E/A-Adresse bzw. einen anderen DMA-Kanal, bis unter *Konfliktinformationen* die Meldung *Es liegen keine Gerätekonflikte vor* erscheint.

6 Schließen Sie die Eingabe mit einem Klick auf *OK* ab und starten Sie den Rechner neu, wenn Sie dazu aufgefordert werden.

Manchmal hilft nur das Vertauschen der Karten

Aufgrund der fest vorgegebenen Verteilung der Interrupts auf die PCI-Slots (siehe Seite 125) ist es nicht immer möglich, den Interrupt für nur eine einzelne Karte (bzw. einen einzelnen PCI-Slot) im Geräte-Manager zu verstellen. In diesem Fall verweigert Windows den Vorgang mit der Meldung „Diese Ressourceneinstellung kann nicht geändert werden". Falls die betroffene Karte Probleme mit dem Interrupt-Sharing hat, hilft nur das Umstecken in einen anderen PCI-Slot, der einen separaten IRQ zur Verfügung stellt.

Hinweis
Der erste PCI-Slot teilt immer einen IRQ
Aufgrund der Besonderheiten des PCI-Bus teilen sich der AGP-Slot und der erste PCI-Slot direkt daneben immer einen Interrupt. Um Problemen von vornherein aus dem Weg zu gehen, ist es deshalb empfehlenswert, den ersten PCI-Slot unbesetzt zu lassen.

Ressourcen verteilen im BIOS

Um die Ressourcen von Hand im BIOS einzustellen, sind eigentlich nur einige wenige Schritte nötig:

1 Setzen Sie die Option *Resources Controlled By* im *PnP/PCI Configuration*-Menü auf *Manual*.

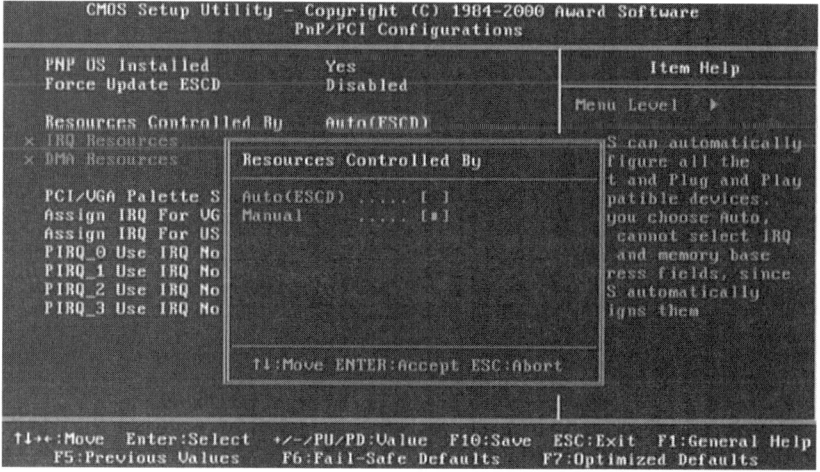

2 Reservieren Sie den gewünschten IRQ bzw. DMA-Kanal für die Benutzung durch eine ISA-Karte, indem Sie die Option *IRQ X assigned to* (X steht für die IRQ-Nummer) auf den Wert *ISA* bzw. *ISA Legacy* setzen.

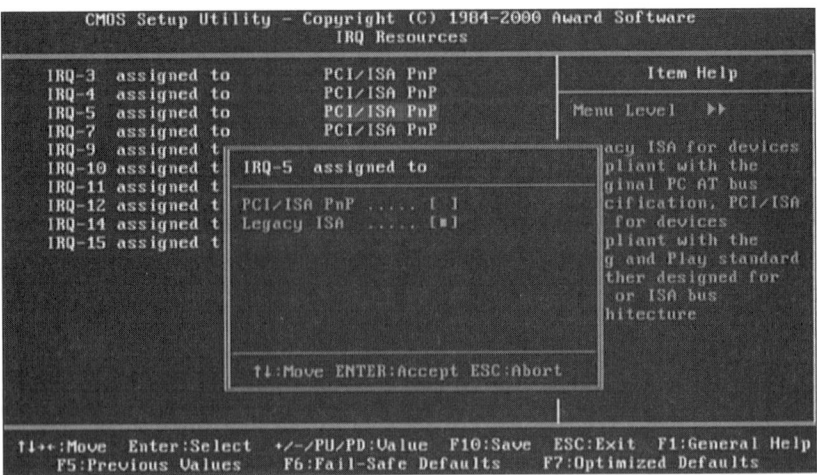

3 Teilen Sie einem PCI-Slot einen bestimmten IRQ zu, indem Sie hinter dem Eintrag des gewünschten Steckplatzes die IRQ-Nummer auswählen. Manchmal – wie in der Abbildung – kann auch nur eine Zuordnung eines externen IRQs zu einem PCI-internen Interrupt (INT) vorgenommen werden. Beachten Sie, dass nur eine enge Auswahl an IRQs für den PCI-Bus zur Verfügung stehen (siehe Tabelle auf Seite 121) und dass die Verteilung an ein enges Schema gebunden ist (siehe ab Seite 125).

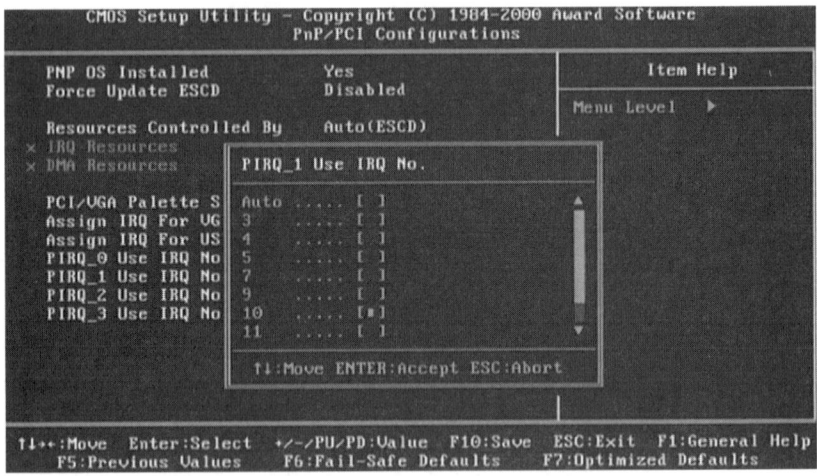

4 Verlassen Sie das *PnP/PCI Configuration*-Menü und speichern Sie vor dem Verlassen des BIOS-Setup alle Veränderungen ab.

Plug & Play-Optionen

Die technische Durchführung der Zuweisung ist also kein großes Problem, aber wie Sie anhand der folgenden Tabelle erkennen können, sind in der Regel nur 3 bis 4 (maximal 6) IRQs für die Benutzung durch Erweiterungskarten frei. Und im Gegensatz zu Windows zeigt Ihnen das BIOS nicht an, wo Konflikte auftreten oder welche IRQs überhaupt noch frei sind. Deshalb ist es äußerst wichtig, dass Sie sich vor dem Einstellen der IRQs genau darüber informieren, mit welchen IRQs und DMA-Kanälen Ihre ISA- oder PCI-Karten zurechtkommen. Weitere Informationen zur IRQ-Verteilung auf die PCI-Slots hält der Abschnitt ab Seite 125 für Sie bereit. Falls Sie nach Gutdünken einen bereits belegten IRQ an eine ISA-Karte vergeben, wird Ihr System mit Sicherheit nicht mehr ordentlich funktionieren oder unter Umständen gar nicht mehr booten.

IRQ	Belegt durch	Verwendung	Priorität
0	System-Timer	Belegt	15
1	Tastatur	Belegt	14
2	Interrupt-Controller	Belegt	13
3	COM2	Belegt	4
4	COM1	Belegt	3
5		Frei	2
6	Diskettenlaufwerk	Belegt	1
7	LPT1	Belegt	0
8	Echtzeituhr	Belegt	12
9		Frei	11
10		Frei	10
11	USB-Controller	Frei (wenn USB-Controller deaktiviert wird)	9
12	PS/2-Maus	Belegt	8
13	Coprozessor	Belegt	7
14	Erster IDE-Controller	Belegt (frei, wenn der erste IDE-Controller nicht genutzt wird)	6
15	Zweiter IDE-Controller	Belegt (frei, wenn der zweite IDE-Controller nicht genutzt wird)	5

Die Option Reset Configuration Data

Wenn die Option *Reset Configuration Data* auf *Enable* gesetzt wird, findet eine komplette Neuverteilung aller Ressourcen beim nächsten Systemstart statt. Damit lässt sich auch manchmal ein bestehender Ressourcenkonflikt lösen, denn wenn die Verteilung noch einmal komplett revidiert wird, besteht die Chance, dass der Fehler nach der Neuverteilung behoben ist. Machen Sie sich keine Gedanken darüber, dass jetzt bei jedem Start die ESCD-Daten erneuert werden, denn die Option wird nach dem ersten Start automatisch wieder auf *Disabled* gesetzt.

Hintergründe: So funktioniert Plug & Play

Vor der Einführung der Plug & Play-Technik musste die Verteilung der Systemressourcen von Hand vorgenommen werden. Karten, die nach dem ISA-Standard gebaut wurden, hatten Jumper und Dip-Schalter auf der Platine, mit deren Hilfe festgelegt wurde, welcher IRQ, welche Ein-/Ausgabeadresse und welcher DMA-Kanal benutzt werden konnte. Um diese Einstellung vorzunehmen, musste der Benutzer aber genau wissen, welche dieser Ressourcen für die Verwendung noch frei waren.

Um die schwierige und zeitraubende manuelle Verwaltung der Systemressourcen zu vereinfachen, wurde Plug & Play ins Leben gerufen. Das ist ein Verfahren, mit dem beim Start die Karten der Reihe nach überprüft, die Ressourcen verteilt und dann die Konfigurationsdaten in einer zentralen Datenbank abgelegt werden. Selbstverständlich müssen sowohl das BIOS als auch die Erweiterungskarten dem Plug & Play-Standard gehorchen, damit dieses Verfahren funktioniert.

So funktioniert's

Die Überprüfung der vorhandenen Steckkarten und die Verteilung der Systemressourcen finden in einer genau festgelegten Reihenfolge statt:

1. Als Erstes werden die Ressourcen vergeben, die nicht flexibel eingeteilt werden können. Dazu gehören z. B. IRQs und DMA-Kanäle, die per Jumper auf alten ISA-Karten eingestellt sind, aber auch die Ressourcen für fest integrierte Komponenten wie IDE-Controller und serielle Schnittstelle.

2. Danach werden die Informationen zu möglichen Konfigurationsvarianten von den unterschiedlichen Plug & Play-Karten eingeholt. Dazu wird die Kommunikation mit einem 256 Byte großen Speicherbaustein auf jeder einzelnen Karte initialisiert, in dem Informationen für das BIOS enthalten sind. Das BIOS entnimmt diesem Speicherbaustein, um welche Art von Hardware es sich bei jeder Karte handelt und welche Konfigurationsmöglichkeiten existieren.

3. Jetzt werden die noch freien und variablen Ressourcen entsprechend der ausgelesenen Informationen auf die einzelnen Karten verteilt. Zum Schluss werden die Daten über die fertige Verteilung als ESCD (**E**xtended **S**ystem **C**onfiguration **D**ata) im RAM-Bereich des BIOS abgelegt.

4. Windows liest beim Start die Daten aus und gibt die Informationen an die verschiedenen Gerätetreiber weiter. Je nach Einstellung kann es aber auch sein, dass Windows die Daten ignoriert und eine eigene Verteilung vornimmt.

5. Bei jedem Neustart des Rechners vergleicht das BIOS seine Informationen mit den ESCD-Daten, ob sich eine Veränderung durch neue Hardware oder andere Hardwareeinstellungen ergeben hat. Falls nichts verändert worden ist, werden die alten Konfigurationsdaten weiterbenutzt, denn dadurch er-

gibt sich ein Geschwindigkeitsvorteil beim Booten. Der Vergleich mit der alten Konfiguration geht nämlich schneller vonstatten als das erneute Verteilen der Ressourcen. Andernfalls wird eine neue Systemkonfiguration ermittelt, und die Daten im BIOS-RAM werden erneuert.

> **Hinweis**
>
> **Die PCI-Version spielt eine zentrale Rolle**
>
> Bis 1996 wurden Mainboards ausgeliefert, auf denen der PCI-Bus in der Version 2.0 verbaut wurde. Der schlechte Ruf, der Plug & Play zum Teil immer noch anhaftet, ist auf Fehler zurückzuführen, die in dieser Version noch aufgetreten sind. Für eine größere Zuverlässigkeit sollte Ihr Mainboard deshalb mit der PCI-Version 2.1 ausgestattet sein. Bei allen Chipsätzen ab dem Intel 430 HX ist das jedoch der Fall.
>
> PCI-Karten sind übrigens nicht abwärts kompatibel: Eine Karte, die für den 2.1-Standard konstruiert wurde, läuft nicht auf einem Mainboard mit einem PCI-Bus der Version 2.0. Andersherum funktioniert es allerdings: Eine 2.0-Karte funktioniert auch auf einem 2.1-Mainboard.

Hintergründe: IRQs, DMA-Kanäle und I/O-Adressen

Hardware-Interrupts (IRQs), DMA-Kanäle und Ein-/Ausgabeadressen sind die Kommunikationswege, auf denen der Datenaustausch und die Steuerung der in den PC eingebauten Geräte abläuft. Und damit sich die unterschiedlichen Geräte und Karten nicht in die Quere kommen bzw. eindeutig angesprochen werden können, müssen diese Ressourcen eindeutig vergeben werden. Aber was versteckt sich hinter diesen technischen Begriffen? Wir klären Sie auf.

IRQs

IRQ ist die Abkürzung für **I**nterrupt **Req**uest und bezeichnet eine Leitung, mit der eine direkte Unterbrechungsanfrage (das ist die direkte Übersetzung) an den Prozessor weitergeleitet werden kann. Erhält die CPU ein Signal auf dieser Leitung, unterbricht sie ihre Arbeit, um die Daten des Geräts zu verarbeiten, das diese Anfrage abgeschickt hat. Dieser Vorgang ist vergleichbar mit einem Telefonanruf, der Sie in Ihrer Arbeit unterbricht. Erst nach Erledigung des Anrufs können Sie mit Ihrer ursprünglichen Tätigkeit fortfahren.

Gesteuert werden die Interrupts durch zwei miteinander verknüpfte Controller, die insgesamt 15 dieser Leitungen zur Verfügung stellen und überwachen. Eigentlich existieren 16 IRQs, aber eine Leitung wird für die Koordinierung der beiden Controller benötigt, sodass nur 15 Leitungen für die Nutzung durch das System zur Verfügung stehen. Seit mehr als zehn Jahren werden die beiden Controller jedoch schon nicht mehr als getrennte Chips ausgeführt, sondern sind vollständig im Chipsatz, also dem großen Steuerungschip des Mainboards, aufgegangen.

Der Controller überwacht die 15 Leitungen und gibt bei einer auftretenden Anfrage die Nummer des Interrupts an die CPU weiter. Dort wird anhand einer Tabelle ermittelt, welche Programme ausgeführt werden müssen. Nach der Erledigung dieser Aufgabe kehrt die CPU über eine Rücksprungadresse zu ihrer ursprünglichen Aufgabe zurück. Damit beim Auftreten von mehreren Interrupt-Anfragen keine Kollision auftritt, existiert eine Prioritätseinstufung jedes IRQ, nach der die anstehenden Aufgaben abgearbeitet werden.

Hinweis
Der Coprozessor braucht eigentlich keinen IRQ

Seit der Einführung des 486er wird eigentlich kein eigener IRQ für den mathematischen Coprozessor benötigt, weil dieser in den Silizium-Chip der CPU integriert ist und keine eigenständige Einheit mehr darstellt. Dennoch wird der IRQ13 aus Kompatibilitätsgründen immer noch für das System reserviert.

Wie Sie anhand der Tabelle auf Seite 121 sehen können, stehen nur maximal sechs IRQs zur Verwendung durch zusätzliche Geräte zur Verfügung. In den meisten Systemen, in denen eine PS/2-Maus benutzt wird, zwei IDE- und ein USB-Controller ihren Dienst versehen, sind es sogar nur vier. Da kann es bei der Verteilung auf die vorhandenen Erweiterungskarten schnell eng werden: Jede 3-D-Grafikkarte verbraucht einen Interrupt, ebenso eine Sound- und eine ISDN- oder Netzwerkkarte.

Interrupt-Sharing

Um dem Engpass an IRQs zu entgehen, können sich PCI-Karten (aber keine ISA-Karten) einen gemeinsamen Interrupt teilen (Interrupt-Sharing). Dieses Verfahren wird dadurch möglich, dass die PCI-Karten mit der so genannten Signalhöhenauflösung arbeiten und somit verschiedene Spannungsniveaus auf den Interrupt-Leitungen unterscheiden und zuordnen können.

Interrupt-Sharing ist natürlich die einzige Lösung, wenn mehr Erweiterungen als Interrupts vorhanden sind. Sie kommt aber auch dann zum Einsatz, wenn bereits IRQs für ISA-Karten reserviert wurden. Dabei verringert sich die Verarbeitungsgeschwindigkeit des Rechners (sehr) geringfügig, weil die Treibersoftware die Signale der Karten auseinander halten und an das jeweils richtige Gerät übermitteln muss. Wie die Verteilung von Interrupts auf die PCI-Slots und das Interrupt-Sharing organisiert sind, können Sie im anschließenden Abschnitt nachlesen.

Probleme sind trotz der gemeinsamen Nutzung eines Interrupts kaum zu erwarten. Nur wenn einzelne (ältere!) Karten sich nicht sauber an die PCI-2.1-Spezifikationen halten oder die Gerätetreiber nicht ordentlich programmiert sind, kann es zu Problemen kommen. In diesem Fall sollten Sie versuchen, die Interrupt-Verteilung manuell zu verändern (siehe oben) oder die Karte in einen anderen PCI-Slot zu stecken, um einen fehlerfreien Betrieb zu gewährleisten.

Plug & Play-Optionen

Interrupt-Mapping beim PCI-Bus

Die Verteilung von IRQs auf die verschiedenen PCI-Slots funktioniert nicht beliebig, sondern nach einem bestimmten Verfahren: Es können maximal vier der System-Interrupts an PCI-Karten und die AGP-Karte vergeben werden. Angesichts der Tatsache, dass in der Regel aber mehr als vier PCI- und AGP-Steckplätze auf dem Mainboard vorhanden sind, müssen sich mindestens zwei Slots einen Interrupt teilen. Damit es nicht zu unnötig vielen Überschneidungen kommt, werden die PCI-Interrupts intern von A bis D durchnummeriert (die Bezeichnungen sind INT A, INT B, INT C und INT D) und zyklisch auf die Slots verteilt. Die folgende Tabelle gibt das Schema wieder, das nach der PCI-Spezifikation vorgesehen ist:

Steckplatz/Gerät	IRQ#1	IRQ#2	IRQ#3	IRQ#4
AGP	INT A	INT B	-	-
PCI 1	INT A	INT B	INT C	INT D
PCI 2	INT B	INT C	INT D	INT A
PCI 3	INT C	INT D	INT A	INT B
PCI 4	INT D	INT A	INT B	INT C
PCI 5	INT A	INT B	INT C	INT D
PCI 6	INT B	INT C	INT D	INT A
USB-Controller	INT D	-	-	-
Onboard-Soundkarte	INT C	-	-	-

Jeder der vier zur Verfügung stehenden IRQs kann jedem der internen INT-Interrupts – je nach Bedarf der eingesteckten Karten – zugeteilt werden. Erste Priorität bei der Verteilung hat in der Regel die Grafikkarte (also der AGP-Slot), die für das Funktionieren des Systems die größte Bedeutung hat. Deshalb wird ihr auch immer der erste verfügbare Interrupt zugeteilt, den sie sich mit dem ersten PCI-Slot teilt, egal welche externe Nummer (also beispielsweise 9, 10, 11) dieser Interrupt hat. Danach werden die restlichen drei Interrupts in Reihenfolge auf die Slots verteilt. Slot Nummer 5 bekommt schließlich wieder den ersten Interrupt usw. Falls die Grafikkarte nicht mit dem ersten gemappten Interrupt arbeitet, kann ihr auch noch der zweite (also INT B) zugeordnet werden. In diesem Fall wird die Verteilung der Interrupts auf die Slots um einen Platz verschoben. (Wie die Verteilung dann aussieht, können Sie in der zweiten Tabellenspalte erkennen.)

> **Hinweis**
>
> **Die Priorität lässt sich verstellen**
>
> In einem System mit AGP-Grafikkarte macht es schon Sinn, dem AGP-Steckplatz den ersten Platz bei der Vergabe der Interrupts einzuräumen. Dennoch lässt sich diese Priorität umkehren, sodass die PCI-Steckplätze zuerst berücksichtigt werden. Dazu ist die Option *Init Display First* im *Integrated Peripherals*-Menü vorhanden, die auf *AGP* oder *PCI Slot* eingestellt werden kann.

Falls eine Karte, die z. B. in Slot 1 sitzt, Probleme mit dem Interrupt-Sharing hat, macht es also keinen Sinn, ihr im BIOS einfach einen anderen Interrupt zuzuordnen. Erstens hat der AGP-Port, mit dem sie sich den Interrupt teilt, Priorität bei der Vergabe und wird zuerst berücksichtigt. Zweitens teilt die Karte in Slot 1 zwangsweise diesen Interrupt, sodass die Zuweisung eines anderen Interrupts im BIOS hinfällig wird. Das Problem mit dem Sharing wird auf diesem Weg also nicht beseitigt. Einziges Mittel, um diese Karte aus ihrer Situation zu befreien, ist das Umstecken auf einen anderen Slot, der einen Interrupt für sich allein beanspruchen kann. Falls ein USB-Controller und eine Soundkarte auf dem Mainboard aktiviert sind, bleiben also nur Slot 2 oder Slot 6 übrig, auf denen überhaupt noch ein einfach belegter Interrupt ergattert werden kann (vorausgesetzt, nur einer der beiden Steckplätze ist belegt).

Hinweis

Die Slot-Reihenfolge variiert

Leider halten sich nicht alle Board-Hersteller bei der Vergabe der Interrupts an die physikalische Reihenfolge der Slots auf dem Mainboard. So kommt es häufig vor, dass sich die beiden benachbarten Steckplätze am äußeren Rand des Boards (meist Nummer 4 und 5) einen Interrupt teilen, obwohl sie laut Tabelle verschiedene Interrupts zugeteilt bekommen müssten.

DMA-Kanäle

Die Abkürzung DMA steht für **D**irect **M**emory **A**ccess (direkter Speicherzugriff) und bezeichnet einen direkten Übertragungsweg, auf dem angeschlossene Erweiterungskarten Daten in den Arbeitsspeicher schreiben können. Um diesen Vorgang zu steuern, existieren auf jedem Mainboard zwei so genannte DMA-Controller, die – ähnlich wie die beiden Interrupt-Controller – hintereinander geschaltet sind und insgesamt acht Kanäle zur Verfügung stellen. Der große Vorteil dieses Übertragungswegs ist vor allen Dingen die geringe Prozessorbelastung, die dabei auftritt. Das liegt daran, dass sich die CPU anderen Aufgaben widmen kann, während der DMA-Controller die Übertragung überwacht.

Eine Rolle spielt die Datenübertragung via DMA jedoch ausschließlich für ISA-Karten, die als Einziges auf DMA-Kanäle zugreifen können. In einem aktuellen PC, in dem ausschließlich PCI-Karten vorhanden sind, muss also keine Zuordnung von DMA-Kanälen erfolgen. Eine der seltenen Ausnahmen stellen jedoch (PCI-)Soundkarten dar, die sich unter DOS (aus Kompatibilitätsgründen) als ISA-Soundblaster ausgeben können. In diesem Fall kommunizieren die Karten trotz allem über einen bzw. zwei DMA-Kanäle, denn auf diesem Weg wurden die alten Soundblaster-Modelle angesprochen.

Plug & Play-Optionen

DMA-Kanal	Verwendung	Busbreite
0	frei	8 Bit
1	frei	8 Bit
2	Floppy-Controller	8 Bit
3	LPT1 im EPP-Modus (siehe Seite 188)	8 Bit
4	Verbindung zwischen den DMA-Controllern	8 Bit
5	zweiter IDE-Controller	16 Bit
6	frei	16 Bit
7	erster IDE-Controller	16 Bit

Genau wie bei den Interrupt-Controllern sind die beiden DMA-Controller integrierter Bestandteil des Chipsatzes.

Der Ablauf eines DMA-Transfers gestaltet sich folgendermaßen: Wenn eine Anforderung der ISA-Karte für eine Datenübertragung vorliegt, sendet der DMA-Controller ein Signal an den Prozessor, um die Nutzung des Bussystems zu ermöglichen. Wenn die Freigabe vorliegt, weist der DMA-Controller der Karte eine Zieladresse im Arbeitsspeicher zu und veranlasst den Start der Übertragung. Jetzt kann die Karte eigenständig alle Daten in den Arbeitsspeicher schreiben, ohne dass dabei die CPU erneut benötigt wird.

E/A-Adressen

Die Ein-/Ausgabeadresse (auch I/O-Adresse, E/A-Adresse oder Portadresse genannt) stellt die Zieladresse dar, unter der eine Erweiterungskarte Ihre Daten zwischenlagert. Natürlich müssen auch diese Adressen eindeutig auf die verschiedenen Geräte und Erweiterungskarten verteilt werden. Im Gegensatz zu den IRQs und DMA-Kanälen ist die Verwaltung der E/A-Adressen jedoch nicht so kritisch, weil viele Karten mehrere verschiedene Konfigurationsmöglichkeiten haben und von der Rechnerseite mehr freie Ressourcen zur Verfügung stehen. Außerdem hat jede Art von Erweiterungskarte einen typischen E/A-Bereich, den sie normalerweise anspricht (siehe Tabelle). Falls sich in einem Computer nicht zufällig mehrere Karten desselben Typs befinden (z. B. zwei Netzwerkkarten), ist die Wahrscheinlichkeit, dass es zu einem Konflikt kommt, relativ gering.

Beim Start des Systems werden, genau wie bei den anderen Ressourcen, die Konfigurationsmöglichkeiten jeder einzelnen Karte abgefragt. Zuerst werden diejenigen Adressen vergeben, die aufgrund der Eigenschaften einer oder mehrerer Karte unbedingt feststehen, danach werden die flexibel einstellbaren Adressen der restlichen Erweiterungskarten vergeben. Und diese Verteilung klappt fast immer reibungslos.

Plug & Play und PCI-Bus

Typische Verteilung der E/A-Adressen

E/A-Adresse (Hexadezimal)	Belegung
0000-001F	erster DMA-Controller
0020-0021	erster Interrupt-Controller
0040-005F	Systemzeitgeber
0060-006F	Tastatur-Controller und Systemlautsprecher
0070-007F	CMOS-RAM und Echtzeituhr
0080-008F	DMA-Seitenregister
0090-0097	frei
00A0-00A1	zweiter Interrupt-Controller
00C0-00DF	zweiter DMA-Controller
00F0-00FF	mathematischer Coprozessor
0100-016F	frei
0170-0177	zweiter EIDE-Controller
01F0-01F7	erster EIDE-Controller
01F8	Gate-A20-Control
01F9-01FF	frei
0200-020F	Gameport
0210-0217	frei
0220-022F	Soundblaster-Karte
0230-023F	frei
0240-025F	Netzwerkkarte
0260-0277	frei
0278-027A	zweite Druckerschnittstelle
0280-02E7	Netzwerkkarte, NE2000-kompatibel (meist frei)
02E8-02EF	COM4 (meist frei)
02F8-02FF	COM2
0300-031F	Netzwerkkarte
0320-032F	frei
0330-0337	MPU401 (MIDI-Schnittstelle) oder SCSI-Controller
0338-0377	frei
0378-037A	LPT1
0380-0387	frei
0388-038B	FM-Soundchip, AdLib-Standard
038C-03AF	frei
03B0-03DF	Grafikkarte
03E0-03E7	frei
03E8-03EF	COM3 (meist frei)
03F0-03F7	Floppy-Controller
03F8-03FF	COM1
0400-FFFF	Verwendung je nach vorhandener Hardware

Weitere Optionen im PnP/PCI Configuration-Menü

Natürlich sind im *PnP/PCI Configuration*-Menü noch weitere Optionen zu finden, deren Art und Umfang jedoch von Mainboard zu Mainboard stark variiert. Wir haben exemplarisch einige herausgesucht und ihre Funktion beschrieben.

Option	Bedeutung	Optimale Einstellung
PCI/VGA Palette Snoop	Diese Funktion ermöglicht es dem BIOS, die Farbtabelle einer PCI-Grafikkarte zu ermitteln, um dann diese Informationen im Bedarfsfall an eine Videokarte weiterzugeben. Wer in seinem Rechner zusätzlich eine ISA-Karte wie z. B. eine MPEG-Karte eingebaut hat und bei dem die Farbwiedergabe nicht stimmt, der sollte diese Option einschalten. Da aktuelle PCI-Karten aber keinen Gebrauch von den ermittelten Informationen machen, sondern die Daten via Busmastering (siehe Seite 63 Speicherkapitel) übermittelt bekommen, sollte diese Option ausgeschaltet sein (siehe dazu auch Seite 80).	Disabled
PCI Latency Timer	Siehe Seite 131.	32 oder höher
Primary VGA BIOS	Ähnlich wie bei der Option Init Display First im Integrated Peripherals-Menü können Sie festlegen, welche Schnittstelle bei der Initialisierung der Grafikkarte zuerst berücksichtigt wird. Das spielt unter anderem eine Rolle, wenn Sie zwei Grafikkarten und zwei Monitore unter Windows betreiben. Je nach Einstellung dieser Option gilt die AGP-Karte oder die PCI-Karte als primäre Einheit (siehe auch Seite 79).	AGP
SYMBIOS SCSI BIOS	Diese Option findet sich bei Mainboards von Asus oder QDI, die ein eigenes ROM-BIOS für Symbios SCSI-Controller mitbringen. Wenn sie aktiviert ist, kann der Rechner von SCSI-Laufwerken booten, die an einen Symbios-Controller (ohne eigenes BIOS) angeschlossen sind.	Auto

5.2 Das richtige PCI-Timing

Solange sich die „Geheimwissenschaft" des Übertaktens nicht sehr weit unter den PC-Benutzern herumgesprochen hatte, bestand auch kaum die Veranlassung, etwas am PCI-Timing zu verändern. Alles lief ja in der Regel mit Nominalwerten. Aber die große Popularität des Übertaktens hat diese Situation verändert. Denn sobald die Systemfrequenz überhöht wird, muss auch der PCI-Bus berücksichtigt werden, weil sein Tempo direkt vom Systemtakt abhängt. Wir sagen Ihnen, wie Sie die richtigen Einstellungen vornehmen.

33 MHz oder mehr: Teilereinstellungen

Wie jede andere Komponente im PC auch wird der PCI-Bus mit einer bestimmten Taktfrequenz betrieben, nämlich 33 MHz. Diese 33 MHz werden durch die Systemfrequenz und einen Teiler ermittelt, der im BIOS eingestellt werden kann. Bei einem Systemtakt von 100 MHz steht dieser Teiler standardmäßig auf 1/3, bei 133 MHz auf 1/4. Solange Sie Ihren PC mit seinen Standardeinstellungen betreiben, ist es nicht nötig, Veränderungen am Teiler vorzunehmen, aber die Dinge ändern sich, wenn Sie Ihren PC übertaktet haben. Mit der Erhöhung des Systemtakts erhöht sich ebenfalls die Taktfrequenz des PCI-Bus, und ab einer gewissen Grenze weigern sich die angeschlossenen Erweiterungskarten, ihren Dienst zu verrichten.

Verändern des Teilers

Die Einstellungsmöglichkeit für den PCI-Takt ist leider sehr unterschiedlich geregelt: Einerseits gibt es Optionen wie *PCI Clock/CPU FSB Clock* oder *PCI Clock Frequency*, unter denen Sie ganz explizit den Teiler zur Ermittlung des PCI-Takts einstellen können. Mögliche Werte sind in der Regel *1/2*, *1/3* und *1/4*, je nachdem, ob Ihre CPU mit einem Systemtakt von 66, 100 oder 133 MHz betrieben wird.

Welche dieser Einstellungen Sie wählen, hängt aber auch davon ab, wie stark Sie Ihren PC übertaktet haben. Als Faustregel gilt: Der PCI-Bus sollte eine Frequenz von ca. 37 MHz nicht wesentlich überschreiten. Wenn Sie Ihren PC von 100 auf 112 MHz übertaktet haben, wird der PCI-Bus bei einem Teiler von 1/3 mit 37,3 MHz betrieben, einer Frequenz, bei der die meisten Karten noch ordentlich arbeiten. Häufig kann als nächste Stufe des Systemtakts 117 MHz ausgewählt werden, aber hier liegt der PCI-Bus bereits bei 39 MHz, einem Wert, der bereits kritisch ist.

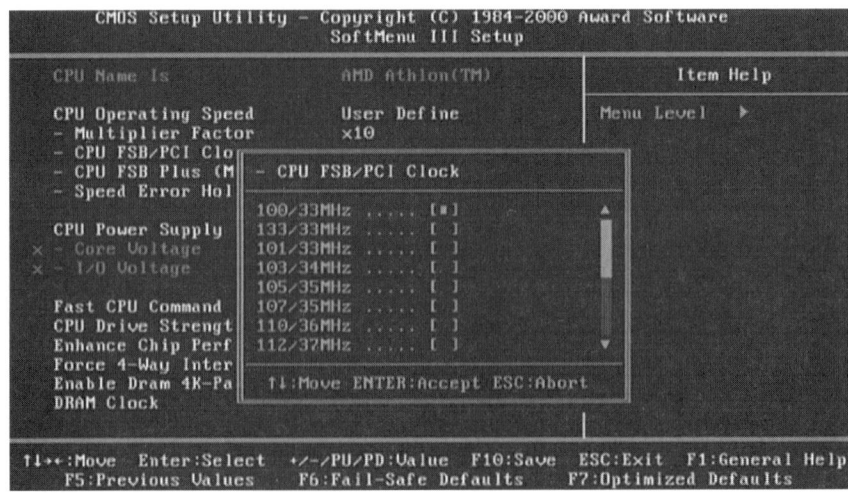

Die Einstellung von Systemtakt/PCI-Frequenz

Ein Vergrößern des Teilers auf 1/4 sorgt dafür, dass der PCI-Bus nur mit 29,5 MHz betrieben wird. Ob jetzt das Wertepärchen mit 112/37 MHz oder das mit 117/29,5 MHz bessere Leistungen bringt, kann dabei nur ein Benchmark-Programm entscheiden. An erster Stelle steht aber mit Sicherheit ein stabiles System.

Aktuelle BIOS-Versionen bieten häufig die Option, den Systemtakt MHz-weise zu erhöhen, wobei die Einstellung des zugehörigen PCI-Takts fest vorgegeben ist. So lässt sich die Option System/PCI Frequency auf bestimmten Mainboards in 1-MHz-Schritten von 66/33 MHz bis 193/48 MHz einstellen. Sie wählen also immer ein Pärchen aus System- und PCI-Takt. Auch hier gilt, das 37 MHz die Obergrenze für einen stabilen Betrieb von PCI-Karten ist. Teure und hochwertige Komponenten mögen zwar auch 38, 39 oder sogar 40 MHz vertragen, aber die Wahrscheinlichkeit, dass es zu Überhitzungen kommt oder die Stromversorgung auf dem Bus nicht ausreicht, ist relativ groß.

Weitere PCI-Optionen

Der PCI-Bus bietet je nach BIOS-Version noch einige andere Einstellungen, die unterschiedliche Auswirkungen haben.

Die PCI-Latenzzeit

Die Option *PCI Latency Timer* im *PnP/PCI Configuration*-Menü legt fest, wie lange eine Karte den PCI-Bus noch für sich als Master beanspruchen darf, wenn eine andere PCI-Karte bereits einen Zugriff angemeldet hat. Es stehen Ihnen folgende Einstellungen von 0 bis 255 zur Verfügung: Empfehlenswert ist 32 oder höher. Bei zu hoher Latenzzeit besteht die Gefahr, dass die PCI-Grafik- oder -Soundkarten nicht mehr korrekt arbeiten. Die Standardwerte sind 32 Takte im Award-BIOS, 66 im AMI-BIOS und 40 im Phoenix-BIOS. Dabei kommt es öfter vor, dass die 32 Takte im Award-BIOS etwas zu knapp gehalten sind und 66 Takte im AMI-BIOS einen zu großen Wert darstellen.

In einem Rutsch: Der PCI Burst-Modus

Genau wie beim Arbeitsspeicher wird die Performance des PCI-Bus durch Burst-Zugriffe gesteigert. Die Optionen *PCI Burst Mode, CPU to PCI Burst Write, PCI Burst to Main Memory* oder so ähnlich sollten deshalb immer eingeschaltet (also *Enabled*) sein. Lediglich bei älteren PCI-Grafikkarten, die noch nicht dem PCI-2.1-Standard gehorchen, kann es zu Problemen kommen. In Systemen, die eine solche Grafikkarte verwenden, sollte das PCI-Bursting bei häufigen Abstürzen deshalb abgeschaltet werden.

PCI Master 0 WS Write/PCI Master 0 WS Read

Mit *PCI Master 0 WS Write* wird das Lesen und Schreiben auf dem PCI-Bus ohne zusätzliche Wartezyklen eingeschaltet. Sobald der PCI-Bus für eine Lese- oder Schreibaktion bereit ist, werden die Daten weitergeleitet. Dadurch erhöht sich natürlich die Leistung des Systems, deshalb empfiehlt sich die Einstellung auf *Enabled*. Sollte diese Option ausgeschaltet sein, findet jede Übertragung mit einer Taktzeit bzw. einem Wartezyklus Verzögerung statt.

Zwischenlager: Die PCI-Daten werden gepuffert

Und auch auf dem Weg von der CPU zum PCI-Bus gibt es eine Analogie zum Arbeitsspeicher: Die Daten werden in einem Speicher zwischengelagert. Die Option, mit der dieses Zwischenspeichern ein- und augeschaltet werden kann, heißt *CPU to PCI Write Buffer* und befindet sich im *PnP/PCI Configuration*-Menü. Sie sollte möglichst eingeschaltet sein, um dem PC die volle Leistungsfähigkeit zu verschaffen.

PCI Dynamic Bursting

PCI Dynamic Bursting beschleunigt das Buffering auf dem PCI-Bus. Wenn die Option auf *Enabled* gesetzt ist, werden alle Daten in den Schreib-Puffer geschrieben und von dort aus sofort weitergeschickt, wenn genügend Material für eine Burst-Übertragung zusammengekommen ist.

Falls diese Option ausgeschaltet ist, werden die Daten nur dann im Schreib-Puffer gesammelt und als Burst weitergeleitet, wenn es sich um zusammenhängende Daten handelt. Unzusammenhängende Daten werden dagegen direkt an den PCI-Bus übergeben.

Für eine optimale Leistung des Systems sollte *PCI Dynamic Bursting* eingeschaltet sein.

Konkurrenz zwischen PCI-Bus und CPU: Peer Concurrency

Mit der Option *Peer Concurrency* können Zugriffe der CPU und des Busmaster-Controllers auf den PCI-Bus auf eine Prioritätsstufe gestellt werden. Damit ist es möglich, das beide zur gleichen Zeit Zugriff auf eine PCI-Karte bekommen, was bei einigen Video- und Netzwerkkarten unbedingt nötig ist. Der bevorzugte Wert für diese Option ist deshalb immer *Enabled*.

PCI Streaming

Wenn die Option *PCI Streaming* ausgeschaltet ist, werden die Daten auf dem PCI-Bus nicht mehr blockweise, sondern einzeln übertragen. Und zwischen die einzelnen Zugriffe wird ein Wartezyklus gelegt, was die Performance natürlich insgesamt nach unten drückt. Aus diesem Grund sollte diese Option immer auf *Enabled* gesetzt sein. In ihrer Auswirkung ist *PCI Streaming* eine Kombination der Optionen *PCI Burst Mode* und *PCI Master 0 WS Read/Write*.

PCI Delay Transaction

Mit *PCI Delay Transaction* wird der Geschwindigkeitsunterschied zwischen PCI- und ISA-Bus ausgeglichen. Damit der PCI-Bus nicht bei jeder Aktion auf den erheblich langsameren ISA-Bus warten muss, werden die für eine ISA-Karte bestimmten Daten so lange zwischengespeichert, bis die Übertragung stattfinden kann. Der PCI-Bus ist in dieser Zeit bereits wieder für andere Aufgaben frei.

Um die optimale Geschwindigkeit des Systems zu erreichen, sollte diese Option also eingeschaltet sein. Schalten Sie sie nur zur Problembehandlung versuchsweise aus.

PCI #2 Access #1 Retry

Diese Funktion steht in direktem Zusammenhang mit der Option *CPU to PCI Write Buffer*. Unter normalen Umständen schreibt die CPU ihre Daten in einen Zwischenspeicher, von wo aus sie bei nächster Gelegenheit an den PCI-Bus weitergegeben werden. Die CPU kann sich in dieser Zeit anderen Aufgaben zuwenden. Es besteht jedoch die Möglichkeit, dass die Weitergabe an den PCI-Bus aus verschiedenen Gründen scheitert. In diesem Fall entscheidet das BIOS, ob ein weiterer Schreibversuch stattfinden soll oder ob der Puffer gelöscht und die Daten erneut von der CPU angefordert werden sollen. Wenn die Option *PCI #2 Access #1 Retry* aktiviert ist, wird der Schreibvorgang so lange wiederholt, bis er erfolgreich zu Ende geführt werden kann. Wenn sie ausgeschaltet ist, werden die Daten erneut von der CPU angefordert.

Für eine optimale Leistung sollte die Option eingeschaltet sein. Falls Sie aber mehrere sehr langsame Karten in Ihrem System haben (z. B. alte Netzwerk- oder Soundkarten), sorgt das Ausschalten der Option dafür, dass nicht zu viele Wiederholungen von Schreibversuchen auftreten und so den Rechner ausbremsen.

5.3 Troubleshooting

Und auch beim Plug & Play und der Einstellung des PCI-Bus treten Probleme auf, die immer wiederkehren und relativ einfach zu lösen sind. Wir haben die wichtigsten für Sie zusammengetragen.

Im Windows-Geräte-Manager wird ein Ressourcenkonflikt angezeigt.

Obwohl dieser Fall bei aktuellen Rechnern und den aktuellen Windows-Betriebssystemen kaum noch auftritt, kann es doch noch vorkommen, dass ältere ISA- und PCI-Karten einen Ressourcenkonflikt erzeugen.

Lösung:

Es gibt drei Wege, auf denen dieses Problem gelöst werden kann:

- Weisen Sie den vorhandenen Erweiterungskarten im Windows-Geräte-Manager andere Ressourcen zu. Wie das geht, können Sie weiter vorn im Kapitel ab Seite 116 nachlesen.

- Reservieren Sie im BIOS einen Interrupt oder einen DMA-Kanal für die exklusive Benutzung durch ISA-Karten. Genauere Details zur Vorgehensweise finden Sie ebenfalls ab Seite 116.

- Stecken Sie eine oder mehrere PCI-Karten in einen anderen Slot, um eine andere Verteilung der IRQs zu erzwingen. Das erfordert unter Umständen zwar ein paar Experimente, aber in der Regel ist diese Vorgehensweise ebenfalls wirksam.

Mein Rechner startet nicht mehr wegen eines Ressourcenkonflikts.

Manchmal blockieren sich zwei Karten vollkommen, sodass sie beim Start von Windows nicht initialisiert werden können. Die Folge ist, dass der Rechner nicht mehr hochfährt.

Lösung:

- Starten Sie Windows im abgesicherten Modus. Dabei werden keine entbehrlichen Gerätetreiber geladen, und der Rechner fährt in fast allen Fällen vollständig hoch. Danach können Sie den Ressourcenkonflikt im Geräte-Manager beseitigen (siehe Seite 116).

- Entfernen Sie alle überflüssigen Karten aus dem Rechner und starten Sie das System mit einer minimalen Treiberbelastung. Danach fügen Sie schrittweise jeweils eine Karte hinzu, lassen das BIOS nach dem Start die Konfigurationsdaten erneuern (mit der Option *Reset Configuration Data*) und starten Windows, damit die Gerätetreiber eingebunden werden. Sobald der Gerätekonflikt wieder auftritt, haben Sie die verursachende Karte gefunden. Jetzt können Sie versuchen, die Karte in einem anderen Slot zu betreiben oder Ressourcen im BIOS zu reservieren.

Meine TV-Karte benötigt einen eigenen Interrupt, die exklusive Zuteilung scheitert aber immer wieder.

Einige Karten, wie z. B. TV-Karten, sind zum einwandfreien Betrieb auf die exklusive Zuteilung eines Interrupts angewiesen. Manchmal lässt sich die Zuteilung aber nur dahingehend beeinflussen, dass sich die Karte nach einer Neukonfiguration einen anderen Interrupt mit einer anderen Karte (z. B. der Grafikkarte) teilt.

Lösung:

Nach dem PCI-Standard ist es zwingend vorgesehen, dass sich mehrere Slots einen Interrupt teilen. Es ist also unmöglich, einem dieser Steckplätze (z. B. Slot 1 und Slot 5) einen eigenen Interrupt zuzuteilen. Um dieses Problem zu lösen, hilft nur das Umstecken der TV-Karte in einen anderen Slot (z. B. Nummer 2), dem ein eigener Interrupt zugeteilt werden kann.

Ich benutze Linux als Betriebssystem, und meine Erweiterungskarten werden nicht erkannt bzw. lassen sich nicht konfigurieren.

Während die Hardwarekonfiguration unter Linux von vornherein nicht so komfortabel ist, wie unter Windows, kann es auch vorkommen, dass die Ressourcenverteilung überhaupt nicht funktioniert.

Lösung:

Linux ist kein Plug & Play-Betriebssystem und kann unter normalen Umständen die Ressourcen nicht eigenständig auf die angeschlossenen Geräte verteilen. Deshalb ist es notwendig, das BIOS diese Aufgabe übernehmen zu lassen. Dazu setzen Sie einfach die Option *PnP OS Installed* oder *PnP Aware OS* im *PnP/PCI Configuration*-Menü auf *No*.

Nachdem ich meine CPU übertaktet habe, reagiert der Computer mit Instabilitäten.

Natürlich gibt es sehr viele mögliche Ursachen, warum ein übertaktetes System mit Instabilität reagieren kann. Die meisten hängen direkt mit der CPU oder dem Arbeitsspeicher zusammen, aber darunter sind auch zwei, die mit dem PCI-Bus zu tun haben.

Lösung:

Mit der Übertaktung des Systems wird auch der PCI-Bus außerhalb seiner Spezifikation betrieben, was einige PCI-Karten nicht vertragen. Um dieses Problem zu beseitigen, gibt es zwei Möglichkeiten:

- Schalten Sie die Option(en) *PCI Master 0 WS Read/Write* aus. Falls der PCI-Bus stark übertaktet ist, kann es vorkommen, dass die angeschlossenen Geräte noch nicht bereit sind, wenn die nächste Schreib- oder Leseaktion stattfinden soll. Durch das Ausschalten dieser Option wird jeweils ein Wartezyklus (Waitstate) zwischen den Vorgängen eingefügt, der den Karten etwas mehr Zeit verschafft.

- Erhöhen Sie den Teiler, mit dem die PCI-Frequenz festgelegt wird. So haben Sie die Möglichkeit, die Betriebsfrequenz des PCI-Bus wieder in seine vorgesehenen Grenzen zu bringen. Wie das geht, können Sie ab Seite 130 nachlesen.

Mein Rechner stürzt bereits bei der Installation von Windows mit einem Blue Screen ab.

Dieses Phänomen taucht glücklicherweise nur äußerst selten auf, aber wenn es vorkommt, ist es äußerst unangenehm: In einem neuen, äußerlich intakten Rechner kommt es schon während der Windows-Installation beim Kopieren der Dateien zu spektakulären Abstürzen mit der „Blue Screen auf Horror". Obwohl noch gar keine Gerätetreiber eingebunden sind, beschwert sich Windows über „illegale Dynamic Link Aufrufe" oder Ähnliches.

Lösung:

Dieses Phänomen kann darauf hindeuten, dass die Latenzzeit des PCI-Bus nicht richtig eingestellt ist. Das führt dazu, dass sich beispielsweise die Zugriffe von Grafikkarte und IDE-Controller überlappen und so schwere Abstürze ausgelöst werden. Stellen Sie deshalb die Option *PCI Latency Timer* auf die vorgesehenen Standardwerte ein (Award: 32, AMI: 66, Phoenix: 40).

6. Power-Management: Stromsparen mit dem PC

Wie jedes andere Gerät auch, verbraucht ein PC Strom, und das nicht zu knapp: Gängige PC-Netzteile besitzen eine maximale Leistungsaufnahme von bis zu 400 Watt, die auf alle Geräte im PC verteilt werden, wobei allein der Prozessor teilweise schon mit über 50 Watt für einen gehörigen Stromverbrauch sorgt. (Nur zum Vergleich: Eine übliche Halogen-Glühbirne hat in der Regel eine Leistung von 20 Watt.) Dazu kommt natürlich der Monitor mit durchschnittlich ca 70 Watt, sodass ein voll ausgestattetes System eine Leistung zwischen 200 und maximal 400 Watt besitzt. Bei einem gelegentlichen Spiel nach Feierabend macht sich dieser Stromverbrauch in der Jahresbilanz sicher nur schwach bemerkbar, aber wer seinen Computer ständig nutzt, wird den Unterschied bei der nächsten Stromrechnung deutlich merken.

Unter diesen Voraussetzungen besteht natürlich ein gesteigertes Interesse, den Stromverbrauch des PCs zu senken. In der Mittagspause oder bei längeren Arbeitspausen (z. B. Telefonaten oder Papierarbeiten) kann der PC in einen Ruhezustand versetzt werden, in dem er nur noch einen Bruchteil der ursprünglichen Leistungsaufnahme hat. Dazu gibt es einige Funktionen im BIOS, die das „Parken" des Rechners bzw. das Ausschalten von angeschlossenen Geräten wie Festplatten, dem Monitor oder auch das Heruntertakten der CPU erlauben. Besonders wichtig ist das Power-Management bei Notebooks, deren Betriebszeit durch geschicktes Ausnutzen von Stromsparfunktionen deutlich verlängert werden kann.

Das Betriebssystem spielt in diesem Zusammenhang natürlich auch eine Rolle, denn der Betriebszustand der verwendeten Software wird als Entscheidungsgrundlage darüber benutzt, wann der PC in den Energiesparmodus wechseln kann. Für das „Aufwecken" und die Wiederherstellung des vollen Betriebszustands ist dann wiederum das BIOS zuständig, das verschiedene angeschlossene Geräte wie Tastatur und Maus auf Aktivitäten überwacht.

Wir zeigen Ihnen in diesem Kapitel, wie Sie Ihren PC so konfigurieren, dass der Stromverbrauch möglichst stark reduziert wird, ohne dass Sie sich über ein andauernd ausgeschaltetes System ärgern müssen.

Power-Management: Stromsparen mit dem PC

- Im ersten Abschnitt klären wir Sie über die Unterschiede der beiden gängigen Energiesparverfahren APM (**A**dvanced **P**ower **M**anagement) und ACPI (**A**dvanced **C**onfiguration and **P**ower Management **I**nterface) auf.
- Danach erklären wir Ihnen, wie Sie die vorhandenen Optionen im BIOS und unter Windows optimal einstellen, damit Ihr PC möglichst wenig Strom verbraucht und trotzdem keine Arbeitsbremse wird.
- Zum Schluss gibt's noch einige Problemlösungen, falls Ihr PC sich z. B. nicht mehr aus dem Standby-Modus aufwecken lässt.

6.1 Verschiedene Stromsparmethoden: APM und ACPI

Eigentlich gibt es ja drei unterschiedliche Versionen von Stromsparmethoden: Die erste davon ist nur die Realisierung einfacher stromsparender Maßnahmen wie das Abschalten des Monitors oder der Festplatte. Im BIOS können dafür feste Zeitspannen der Inaktivität vorgegeben werden, und ohne weiteren Einfluss des Betriebssystems oder des Benutzers werden die betroffenen Geräte einfach abgeschaltet (wie Sie die entsprechenden Optionen einstellen, können Sie ab Seite 142 nachlesen). APM und ACPI sind da schon etwas weiter fortgeschritten. Wir sagen Ihnen, was dahinter steckt.

Konventionelle Stromsparmethode: APM

Etwas komplizierter als die einfachen Abschaltfunktionen ist die verbindliche Definition von Stromsparzuständen (Doze, Standby, Suspend), die nacheinander oder einzeln eingenommen werden können. Dazu wird jeweils eine unterschiedliche Kombination von Geräten abgeschaltet, je nachdem, wie stark der Stromspareffekt sein soll. Die Konfiguration und Steuerung kann aufgrund der einheitlichen Strukturen an das Betriebssystem übergeben werden. So besitzt Windows in der Systemsteuerung das Symbol *Energieoptionen*, hinter dem sich alle wichtigen Einstellungen verbergen.

Stufe	Funktion
Doze	Verringern des Prozessortakts. Alle anderen Komponenten bleiben aktiv.
Standby	Festplatte und Monitor/Grafikkarte werden abgeschaltet. Alle anderen Komponenten bleiben aktiv.
Suspend	Alle Komponenten außer dem Prozessor werden abgeschaltet.

Verschiedene Stromsparmethoden: APM und ACPI

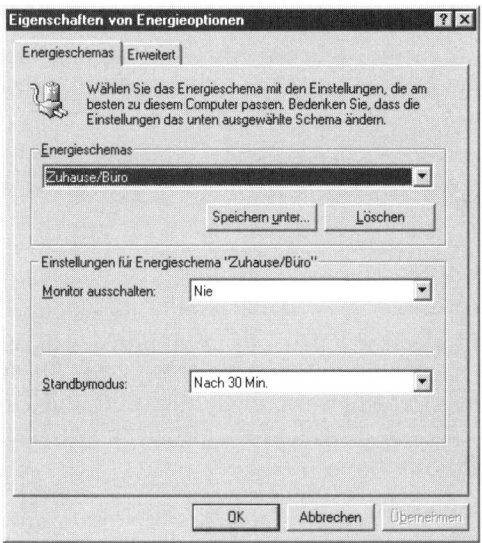

*Unter Windows können Sie die Stromsparfunktionen konfigurieren.
Die gewählten Werte werden im BIOS eingetragen*

Diese Art des Power-Managements ist mit APM, dem **A**dvanced **P**ower **M**anagement, realisiert, das wohl noch bei den meisten aktuellen PCs benutzt wird. Obwohl APM nach wie vor im BIOS ein- und ausgeschaltet und konfiguriert werden kann, besitzt Windows weitgehenden Einfluss auf die Funktionen. Die zeitliche Abfolge der verschiedenen Stromsparmodi wird unter Windows eingestellt und danach im BIOS gespeichert. Lediglich ein im BIOS ausgeschaltetes Power-Management sorgt dafür, dass die Funktionen unter Windows ebenfalls nicht zugänglich sind.

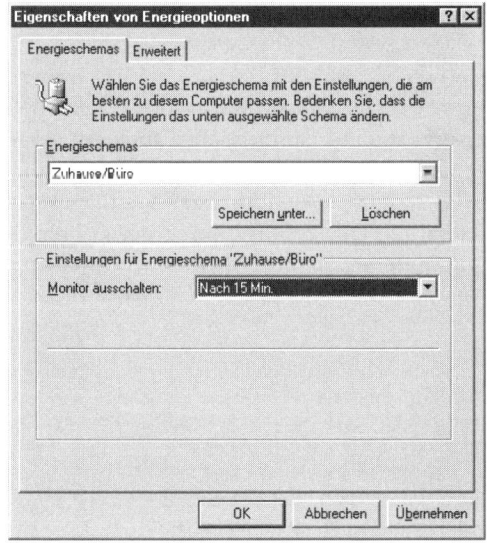

So sehen die Energiesparoptionen aus, wenn APM im BIOS abgeschaltet wurde

In diesem Fall kann Windows nur ein Abschalten des Monitors nach einer bestimmten Zeitspanne anbieten. Wie Sie das Power-Management im BIOS und unter Windows optimal einstellen, können Sie ab Seite 142 weiter hinten im Kapitel nachlesen.

Was ist ACPI?

Bei ACPI, dem **A**dvanced **C**onfiguration and **P**ower Management **I**nterface, sind die Stromsparfunktionen von APM um zwei zusätzliche Zustände ergänzt worden. Darüber hinaus wird die Kontrolle über das Power-Management zu 100 % an das Betriebssystem übergeben. An der Entwicklung dieses Systems waren Hersteller wie Intel, Microsoft und Toshiba beteiligt, und dabei sind Erfahrungen eingeflossen, die schon seit Jahren auf dem Notebook-Sektor gemacht wurden.

Neben den üblichen Abschaltfunktionen einzelner Geräte besteht jetzt auch die Möglichkeit, den PC komplett herunterzufahren, wobei der Inhalt des Arbeitsspeichers entweder in einem stromsparenden Selbsterhaltungsmodus aufrechterhalten wird (*Suspend to RAM*) oder komplett auf die Festplatte geschrieben wird (*Suspend to Disk*).

Hinweis
Nur ATX-PCs beherrschen ACPI

Für diese Art des Power-Managements ist eine Taste an der Gehäusefront nötig, die den PC auf elektronischem Weg über das Mainboard wieder „aufweckt". Ansonsten bleibt eine gewisse Stromversorgung erhalten, die für eine Sicherung der Daten des Arbeitsspeichers sorgt. Bei älteren Baby-AT-PCs ist eine solche Taste nicht vorgesehen, und durch den Netzschalter wird die Stromversorgung komplett abgetrennt. Deshalb sind nur Rechner mit ATX-Gehäuse und -Mainboard für ACPI geeignet.

Der Umstand, dass auch im *Suspend to RAM*-Zustand noch das Betriebssystem für das Power-Management zuständig ist, birgt aber auch ein großes Problem: Falls es in dieser Zeit zu einem Absturz kommt, fehlt jede Art von Verwaltung und Kontrolle im PC. Ein Ausfall des CPU-Lüfters z. B. kann in diesem Fall fatale Folgen haben, weil weder das BIOS noch das Betriebssystem die drohende Überhitzung erkennt und den PC abschaltet. Die CPU würde also unweigerlich zerstört und evtl. sogar für ein Abbrennen des PCs sorgen.

Hinweis
Neues Treibermodell

Neben dem Power-Management beinhaltet ACPI auch ein neues Treibermodell, das die Hardwarekonfiguration und -verwaltung unter Windows auf andere Beine stellt. Dabei wird vom BIOS im Arbeitsspeicher eine Tabelle mit allen Hardwareinformationen angelegt, die das Betriebssystem auslesen und verwerten kann. Diese Funktionalität ist in Windows seit Windows 98 implementiert.

Vier-Stufen-Modell

Insgesamt existieren vier Stufen, in denen ACPI Stromsparfunktionen einsetzen kann:

Stufe	Funktion
S1	Anhalten der CPU (Speed Step-Technologie muss unterstützt werden), Ausschalten von Monitor und Festplatte.
S2	Anhalten der CPU, Einfrieren von L1- und L2-Cache, Ausschalten von Monitor und Festplatte.
S3 "Suspend to RAM"	Zusätzlich teilweises Abschalten der Mainboard-Elektronik, Abschalten geeigneter PCI-Karten. Der RAM-Inhalt wird über eine Standby-Spannung des Netzteils erhalten.
S4 "Suspend to Disk"	Der Inhalt des Arbeitsspeichers wird auf die Festplatte geschrieben und der PC ausgeschaltet.

Natürlich bietet der *Suspend to Disk*-Modus die besten Möglichkeiten, Strom zu sparen. Der PC wird dabei ja buchstäblich ausgeschaltet, und damit sinkt der Verbrauch auf das normale Maß eines ATX-PCs im abgeschalteten Zustand (weniger als 5 Watt). Dann sind nicht einmal mehr die Funktionen zum Aufwecken des Rechners durch externe Ereignisse (Modem, Netzwerk) aktiv. Interessanterweise wird dieser Modus von den meisten BIOS-Versionen jedoch nicht angeboten. Angesichts der Tatsache, dass es nur wenig länger dauert, den PC normal herunterzufahren und auszuschalten, ist das aber nicht sehr verwunderlich.

Die wahrscheinlich beste Lösung, um den PC schnell anzuhalten und wieder aufzuwecken, ist *Suspend to RAM*. Zurzeit hält dieser Modus jedoch noch einige Probleme bereit: Ein Nachteil ist die Voraussetzung, dass das Netzteil des PCs einen ausreichenden Standby-Strom bietet, um die Erhaltung des RAM-Inhalts und das Aufwecken des Rechners sicherzustellen. Darüber hinaus kann es – wie erwähnt – bei einem Absturz des Betriebssystems zu Problemen mit der Hardware kommen. Und drittens müssen alle benutzten Gerätetreiber vollständig ACPI-fähig sein. Fällt nur ein Treiber aus dem Rahmen, kann es sein, dass der Rechner nicht mehr aus dem Stromsparmodus hochgefahren werden kann.

Lohnt es sich, ACPI zu nutzen?

In einem System, in dem alle Randbedingungen (Stromversorgung, Hardware, benötigte Treiber, Betriebssystem) fest vorgegeben sind und in dem die Hardware kaum verändert wird, funktioniert ACPI sehr gut. Sie haben es erraten: Das ist bei Notebooks der Fall. Hier weiß der Hersteller, dass es auf die Stromsparfunktionen ankommt, und kann seine Treibersoftware, das BIOS und die Hardware gut auf die ACPI-Funktionen ausrichten. Und eine zusätzliche Stromersparnis um beispielsweise 15 %, die die Lebensdauer des Akkus um den gleichen Anteil verlängert, lässt sich obendrein gut vermarkten. Hier sind die ACPI-Funktionen sicherlich eine enorme Hilfe.

In einem herkömmlichen PC existieren zurzeit noch zu viele Unbekannte, die die Nutzung der ACPI-Funktionen infrage stellen: Die Standby-Versorgung des Netzteils, die vorhandenen Gerätetreiber, die eingebaute Hardware. Ein Versagen in einem der drei Bereiche sorgt bereits dafür, dass der PC nicht mehr aufwacht. Und damit ist die Zeitersparnis gegenüber dem kompletten Herunterfahren verloren. Darüber hinaus sind durch das Ausschalten der Festplatte und des Monitors mit APM bereits zwei der großen Stromfresser aus dem Spiel. Die Kosten, die sich beispielsweise durch das Heruntertakten der CPU zusätzlich sparen lassen, halten sich in engen Grenzen. Und bei einem stationären PC kommt es nicht auf die Lebensdauer eines Akkus an.

Wer richtig viel Strom sparen will, schaltet den PC bei Beginn der Mittagspause oder bei längeren Arbeitspausen einfach ab. So lassen sich die drohenden Probleme bei der Nutzung von ACPI am einfachsten umgehen. Und wer nur eine Viertelstunde weg ist, kann mit APM bereits den größten Teil des Stromverbrauchs eliminieren.

6.2 Power-Save-Funktionen clever nutzen

Power-Management mit dem PC bedeutet weit mehr als nur das Herunterfahren zum Zweck des Stromsparens. Mit verschiedenen Wake-Up-Funktionen, die den PC auch ohne Ihr Zutun wieder betriebsbereit machen, lässt sich Ihr System so in einen Anrufbeantworter oder ein vollwertiges Fax verwandeln. Wir sagen Ihnen, wie Sie die entsprechenden Optionen im BIOS richtig ausnutzen. Und darüber hinaus erfahren Sie, wie Sie die richtigen Einstellungen unter Windows vornehmen.

Optionen im BIOS

Glücklicherweise ist die Zahl der Optionen, die sich mit dem Power-Management befassen, relativ überschaubar, verlangen kaum keine technische Hintergrundinfos und sind somit recht gut beherrschbar. Wir haben die wichtigsten Funktionen und ihre optimalen Einstellungen auf den folgenden Seiten für Sie zusammengefasst. Alle Optionen finden sich übrigens im *Power Management*-Menü oder auf der Registerkarte *Power* im modernen Medaillon-Award-BIOS.

Der Ein- und Ausschalter: Power Management/Power Saving

Mit der Option *Power Management* entscheiden Sie sich für oder gegen den Einsatz der Stromsparfunktionen des PCs. Ist die Option auf *Disabled* gesetzt, stehen die Funktionen nicht zur Verfügung. Zum Einschalten können Sie zwischen den Einstellungen *Min. Saving*, *Max. Saving* und *User Define* wählen. Damit haben Sie die Möglichkeit, sich für ein vorgewähltes Schema mit kleinem Spareffekt, größtem Spareffekt oder für selbst definierte Einstellungen zu entscheiden. Je nach BIOS-Version ist diese Auswahl auch in einer zweiten Option mit der Bezeichnung *Power Saving* untergebracht.

ACPI oder nicht? – ACPI Function

Die Option *ACPI Function* aktiviert oder deaktiviert die ACPI-Funktionalität des BIOS. Mehr Informationen zum Thema gibt's weiter vorn im Kapitel.

> **Hinweis**
>
> **ACPI vor der Installation aktivieren**
>
> Falls Sie ACPI für die Treiberverwaltung und das Power-Management unter Windows ME/2000 nutzen möchten, sollten Sie ACPI unbedingt vor der ersten Installation einschalten. Während Windows das System einrichtet, wird die ACPI-Unterstützung automatisch erkannt, und die richtigen Treiber werden eingerichtet. Nachträglich lässt sich die ACPI-Funktionalität nicht oder nur sehr schwer integrieren.

Wer hat das Sagen? – PM Controlled By

Die Option *PM Controlled By APM* schaltet *Advanced Power Management* (siehe Seite 138) als Kontrollinstanz für die Stromsparfunktionen ein und aus. Dahinter können sich jedoch zweierlei Bedeutungen verbergen: In einem ACPI-fähigen System wird mit *Yes* ACPI ausgeschaltet, stattdessen werden die älteren APM-Funktionen eingesetzt. In einem älteren PC wiederum, der noch nicht über ein ACPI-fähiges BIOS verfügt, wird APM aktiviert, damit Windows überhaupt die Kontrolle über die Stromsparfunktionen übernehmen kann.

Wann wird der Monitor ausgeschaltet?

Die Option *Video Off After* legt fest, bei welchem der unterschiedlichen Stromsparmodi der Monitor abgeschaltet werden soll. Die verfügbaren Einstellungen sind *Doze*, *Suspend* und *NA*. Dementsprechend schaltet sich der Monitor bereits im Doze-Modus aus oder aber erst im Suspend-Modus. Mit *NA* bleibt der Monitor immer an.

In anderen BIOS-Versionen taucht diese Option auch unter der Bezeichnung *Video Off Option* mit den Einstellungen *Always On, Suspend Off, Susp, Stby Off* und *All Modes Off* auf. Bei *Always On* bleibt der Monitor immer an, *Suspend Off* schaltet ihn im Suspend-Modus aus, *Susp, Stby Off* schaltet ihn sowohl bei Suspend als auch im Standby-Modus ab, und mit *All Modes Off* wird der Monitor in allen Stromsparmodi abgeschaltet.

Wie wird der Monitor abgeschaltet?

Es gibt mehrere Methoden, mit denen die Steuerung des Stromsparmodus beim Monitor durchgeführt werden kann. Mit der Option *Video Off Method* (oder auch *Video Method* oder *Video Off Option*) legen Sie das jeweilige Verfahren fest. Die möglichen Einstellungen sind *V/H SYNC+Blank, DPMS Support* und *Blank Screen*.

- *Blank Screen* ist dabei das am universellsten einsetzbare Verfahren, bei dem nur der Bildschirm schwarz geschaltet wird. Dabei wird allerdings kaum Strom gespart, weil die Bildröhre des Monitors weitgehend aktiv bleibt.

- DPMS (**D**isplay **P**ower **M**anagement **S**ignaling-Standard) ist ein Standard, der die Steuerung von Stromsparfunktionen zwischen Grafikkarte und Monitor vereinheitlichen soll. Falls sowohl die Grafikkarte als auch der Monitor diesen Standard unterstützen, können Sie diese Option wählen. Dann kann der Monitor durch ein Signal von der Grafikkarte abgeschaltet werden. Leider ist selbst bei aktuellen PCs die Unterstützung von DPMS nicht unbedingt gewährleistet, sodass Sie zunächst Grafikkarte und Monitor dahingehend überprüfen müssen, bevor Sie diese Einstellung wählen.

- Die optimale und problemloseste Einstellung ist *V/H SYNC+Blank*. Dabei werden die vertikalen und horizontalen Zeilensignale der Grafikkarte ausgeschaltet, sodass keine Daten mehr zum Monitor übertragen werden. Der Monitor schaltet sich daraufhin von selbst in den Stromsparmodus.

Ausschalten: Soft-Off by PWRBTN

Mit der Option *Soft-Off by PWRBTN* haben Sie die Möglichkeit zu bestimmen, wann die Ausschaltfunktion des Netzschalters an der Gehäusefront wirksam wird: sofort (Einstellung *Instant Off*) oder erst nach 4 Sekunden (*Delay 4 Sec*). In Windows können Sie zudem festlegen, ob damit der PC wirklich ausgeschaltet oder nur in den Standby-Modus versetzt werden soll. Wie das geht können Sie weiter hinten im Kapitel nachlesen.

Power-Save-Funktionen clever nutzen

Wann soll die Festplatte ausgehen? – HDD Power Down

Als einer der größten Stromfresser ist auch die Festplatte an fast allen Stromsparaktionen beteiligt. Mit der Option *HDD Power Down* können Sie eine Zeitspanne bestimmen, nach der die Festplatte abgeschaltet werden oder ob sie immer eingeschaltet bleiben soll (*Disabled*).

> **Hinweis**
>
> **Die Festplatte bleibt besser an**
>
> Das Abschalten der Festplatte spart zwar Strom, aber das Hochfahren nach dem Ende der Stromsparphase macht diesen Vorteil wieder teilweise zunichte, denn dabei wird wiederum sehr viel Strom verbraucht. Darüber hinaus belastet das Beschleunigen der schweren Datenträger die Mechanik überdurchschnittlich stark. Und außerdem vergehen einige zusätzliche Sekunden, bevor die Festplatte aus dem Tiefschlaf erweckt ist und wieder Aufgaben verrichten kann. Unter dem Strich bleibt kaum ein Vorteil, den das Ausschalten während der Standby-Zeit bringt. Deshalb sollten Sie die Option *HDD Power Down* unserer Meinung nach möglichst ausgeschaltet lassen.

Weggedöst: Den Doze-Modus konfigurieren

Genau wie bei der Festplatte können Sie festlegen, wann der Computer in den *Doze Mode*, bei dem der Prozessortakt verringert wird, herunterschalten soll. Dazu lässt sich die gleichnamige Option auf Werte zwischen einer Minute und einer Stunde einstellen. Was für Sie der optimale Wert ist, können Sie weiter hinten in diesem Abschnitt ab Seite 149 nachlesen.

Eingeschlafen: Den Suspend-Modus einstellen

Und genau wie bei den beiden vorherigen Optionen lässt sich auch der *Suspend Mode* mit der gleichnamigen Option konfigurieren. Je nach eingestellter Zeitspanne geht der Rechner nach Verzögerungen zwischen einer Minute und einer Stunde in den Suspend-Modus, in dem alle Komponenten mit Ausnahme des Prozessors abgeschaltet werden. Tipps zur optimalen Einstellung gibt's am Ende dieses Abschnitts ab Seite 149.

Wake-Up-Funktionen

Unter dem Menüpunkt *PM Events* sind eine ganze Reihe von Geräten des PCs aufgeführt, die zum Aufwecken des Rechners benutzt werden können. So finden sich Einträge für die Grafikkarte (*VGA*), für Drucker- und serielle Schnittstelle (*LPT+COM*), für Festplatte und Diskettenlaufwerk (*HDD+FDD*), für DMA- und Busmaster-Controller (*DMA/master*), das Modem (*Modem Ring Resume*), die Echtzeituhr (*RTC Alarm Resume*) und die Netzwerkkarte

(*Wake Up On LAN*). Nach Setzen der jeweiligen Option auf *On* oder *Enabled* führt eine Aktivität des betroffenen Geräts (z. B. ein Klingeln des Modems oder ein Zugriff auf dem PCI-Bus) zum Aufwecken des PCs aus den verschiedenen Stromsparmodi.

Eine Besonderheit stellt die Option *RTC Alarm Resume* dar, denn in dieser Form ist sie noch nicht in allen PCs vorhanden. Wenn Sie aktiviert ist, haben Sie die Möglichkeit, durch die Optionen *Date (of Month)* und Option *Timer* darunter einen Tag des Monats und eine Uhrzeit anzugeben, an dem der PC durch ein Signal der eingebauten Echtzeituhr aufgeweckt werden soll. So haben Sie die Möglichkeit, den PC in Ihrer Abwesenheit aufzuwecken, damit Sie z. B. im Urlaub mit der TV-Karte ein wichtiges Fußballspiel aufzeichnen können ;-) Natürlich können Sie die Funktion auch für ernsthaftere Anwendungen wie die Fernsteuerung des PCs per Remote-Access nutzen. So können Sie vom Urlaubsort aus den Abruf Ihrer E-Mails auf den heimischen PC steuern.

> **Hinweis**
>
> **Gefahr durch unbefugtes Einwählen? – Remote-Access + Modem Ring Resume**
>
> Ein gewisses Sicherheitsrisiko stellt die Kombination der Option *Modem Ring Resume* mit einer Fernsteuerungssoftware wie PC Anywhere oder RAS dar. Falls jemandem die Informationen über diese Fernsteuerungsmöglichkeit in die Hände fallen, besteht jederzeit die Gefahr, dass er sich in Ihrer Abwesenheit in den PC einwählt und Daten einsieht. Deshalb ist es auf jeden Fall erforderlich, die Benutzung der Fernsteuerungssoftware durch ein Passwort abzusichern und die Informationen darüber geheim zu halten.

Mithilfe der Option *Modem Use IRQ* können Sie übrigens angeben, welchen IRQ das Modem benutzt. Die Einstellungsmöglichkeiten sind *3* und *4*, weil die COM-Schnittstellen, an die ein Modem angeschlossen werden kann, diese beiden Interrupts benutzen. Falls Ihr Modem an COM1 hängt, ist also *4* der notwendige Wert, um ein Modemklingeln als Wake-Up zu nutzen, für COM2 muss *3* eingestellt werden.

IRQs überwachen und ausschließen

In einigen BIOS-Versionen können Sie zusätzlich zu den angegebenen Geräten jeden einzelnen Interrupt des Systems zum Aufwecken des Systems benutzen oder von der Berücksichtigung ausschließen. Mit der Option *Primary Intr* lässt sich die individuelle Auswahl ein- und ausschalten, je nachdem, ob Sie den Wert auf *On* oder *Off* setzen. Ist diese Option auf *On* geschaltet, finden Sie darunter die Liste mit den Interrupts, die jeweils durch das erste oder zweite angeschlossene Gerät für das Aufwecken des PCs sorgen (*Primary* oder *Secondary*) oder ganz von der Verwendung als Aufweck-Event ausgeschlossen werden können (*Disabled*).

Power-Save-Funktionen clever nutzen

Dabei ist die vorgegebene Auswahl an Einstellungen schon recht empfehlenswert, und nur in Ausnahmefällen ist es notwendig, daran etwas zu ändern. So könnte es z. B. notwendig sein, den Interrupt 12 auszuschalten, wenn Ihre PS/2-Maus häufig aus Versehen (z. B. durch Kollegen oder einen wackligen Tisch) in Bewegung gerät und jedes Mal den PC aufweckt. Oder Sie können den Interrupt der Netzwerkkarte und den Festplattenzugriff als Events ausschalten, um trotz Stromsparmodus den Zugriff auf Ihren PC zu erlauben.

Einstellungen unter Windows

Die Einstellungen, die Sie im BIOS vorgenommen haben, können Sie zum Teil auch in Windows nachvollziehen. Das betrifft vor allen Dingen die Zeitspanne vor der Aktivierung des Standby-Modus und die Abschaltung von Monitor und Festplatte. Einige der Optionen (und das Power-Management selbst) müssen jedoch im BIOS aktiviert sein, damit unter Windows die entsprechende Option zur Verfügung steht. Falls Sie die Option *HDD Power Down* z. B. im BIOS auf *Disabled* gesetzt haben, wird in den Windows-Energieoptionen keine Möglichkeit geboten, die Abschaltzeit der Festplatte einzustellen.

1 Starten Sie die Systemsteuerung mit dem Befehl *Start/Einstellungen/Systemsteuerung*.

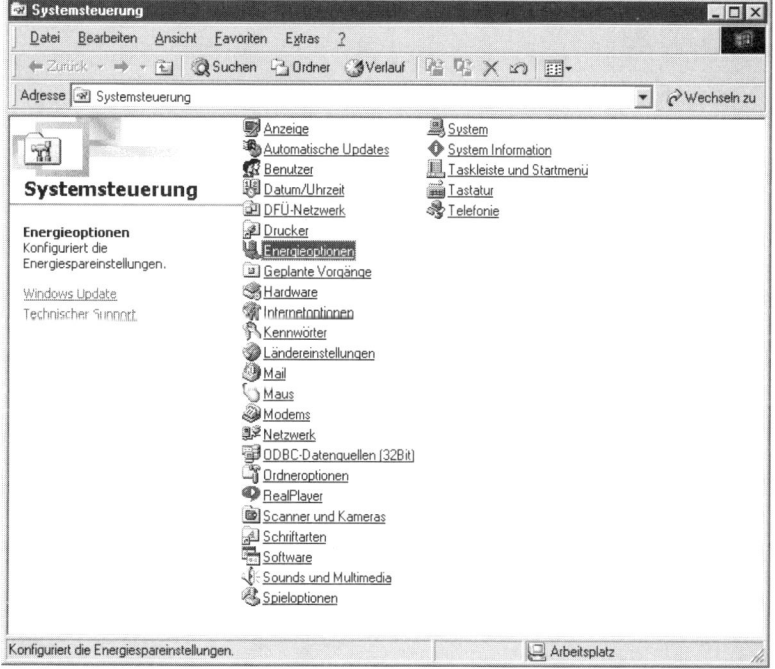

147

Power-Management: Stromsparen mit dem PC

2 Rufen Sie die Stromspareinstellungen durch einen Klick auf das Symbol *Energieoptionen* auf.

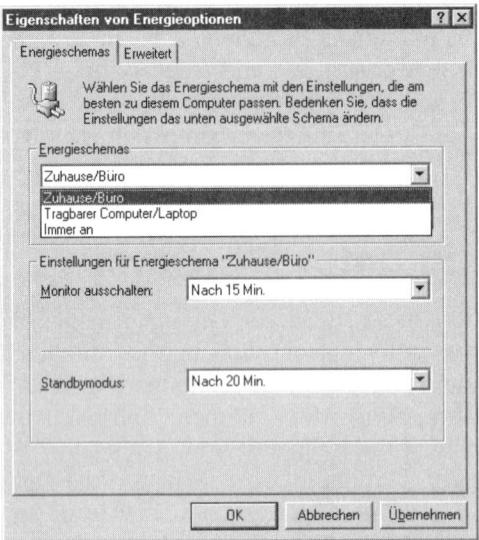

3 Wählen Sie in der Liste unter *Energieschemas* einen Satz vorgefertigter Einstellungen für mobile oder stationäre PCs. Mit *Immer an* deaktivieren Sie jegliche Stromsparfunktion.

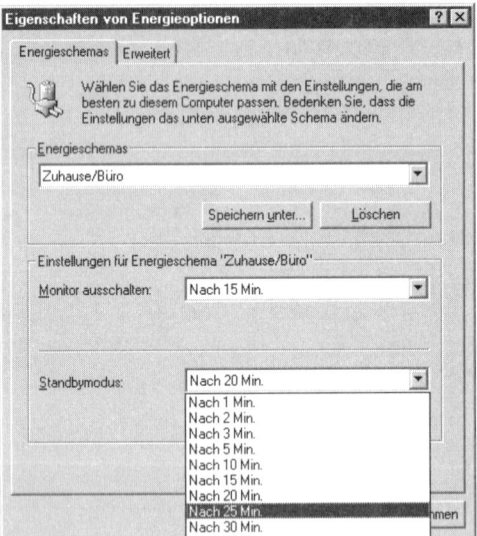

4 Stellen Sie unter den verschiedenen Funktionen jeweils die Zeitspanne ein, die vergehen muss, bevor der jeweilige Stromsparmodus aktiviert wird. Welche Einstellungen sich gut eignen, erfahren Sie im Anschluss.

Power-Save-Funktionen clever nutzen

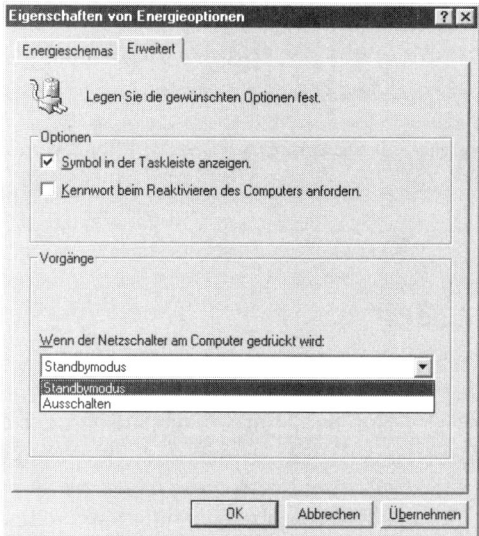

5 Auf der Registerkarte *Erweitert* können Sie festlegen, ob das Energiesymbol in der Task-Leiste erscheinen soll, ob ein Kennwort zum Aktivieren des Computers nötig ist und welche Funktion der Ausschalter am PC-Gehäuse haben soll.

6 Mit einem Klick auf *OK* werden alle geänderten Einstellungen gespeichert und übernommen.

Empfehlungen zum Stromsparen

Die Einstellung der jeweiligen Zeit, nach der ein Stromsparmodus aktiviert werden soll, kann eine knifflige Angelegenheit sein: Ist die Zeitspanne zu kurz bemessen, fährt der Computer bei jeder kleinen Arbeitsunterbrechung herunter und braucht danach locker 20 Sekunden, bis er wieder betriebsbereit ist. Im Büroalltag kann das ganz schön nerven, wenn nach jedem Telefonat erst einmal der PC aufgeweckt werden muss. Darüber hinaus wird die Hardware über alle Maßen belastet, und die Stromersparnis ist durch den höheren Verbrauch beim Hochfahren nicht sehr groß.

Andererseits macht es keinen Sinn, die Zeitspanne zu lang einzustellen, denn sonst schaltet Ihr PC nach 25 Minuten Mittagspause auf Standby, obwohl Sie bereits nach 30 Minuten wieder zurück sind.

Welcher Wert Ihnen angenehm ist, ist insofern Erfahrungssache, als dass jeder andere Arbeitsgewohnheiten hat. Wir geben Ihnen in der folgenden Tabelle eine Übersicht über einige Einstellungsvorschläge, die sich als relativ praktikabel herausgestellt haben. Dennoch kann es natürlich sein, dass Sie persönlich andere Werte bevorzugen.

Power-Management: Stromsparen mit dem PC

Für längere Arbeitspausen empfiehlt es sich sowieso, den PC komplett herunterzufahren, denn in diesem Fall fällt der hierfür benötigte Zeitaufwand kaum ins Gewicht.

Verwendung des PCs	Monitor aus	Festplatte aus	Doze	Standby	Suspend
Heim-PC	10 min	nie	5 min	15 min	30 min
Büro-PC	15 min	nie	5 min	20 min	45 min

Was ist mit Notebooks?

Für Notebooks treffen die Stromsparempfehlungen nicht zu, denn in der fest definierten Umgebung, die ein Notebook bietet, lässt sich ACPI gut einsetzen. Durch das Zuklappen des Notebooks in Arbeitspausen oder einen Druck auf die Standby-Taste lässt sich das Gerät schnell und bequem in den Suspend-to-RAM- oder Suspend-to-Disk-Zustand versetzen, damit wenig Strom verbraucht wird. Der Einsatz einer Zeitsteuerung macht wenig Sinn, denn wer lässt schon ein eingeschaltetes Notebook unterwegs länger als ein paar Minuten auf dem Tisch stehen? Ebenso wird man ein Notebook (dort wo man auf Akkustrom angewiesen ist, also unterwegs) nicht allein lassen. Aber auch hier gilt: Zu häufiges Ein- und Ausschalten macht die Ersparnis zunichte.

6.3 Troubleshooting

Auch beim Power-Management kann es zu Problemen kommen, die hauptsächlich beim Hochfahren des PCs auftreten. Wir zeigen Ihnen einige Lösungen dazu.

Mein PC fährt nicht mehr hoch, wenn der Standby-Modus aktiv ist.

Seit der Einführung von APM ist nicht mehr ausschließlich das BIOS für die Verwaltung der Stromsparfunktionen zuständig, sondern das Betriebssystem. Dementsprechend handelt es sich meist um ein Softwareproblem, wenn Windows während des Standby-Modus abstürzt und nicht mehr hochkommt. Aber natürlich können auch falsche BIOS-Einstellungen daran schuld sein.

Lösung:

1 Falls Windows während des Standby-Modus abstürzt, handelt es sich in der Regel um einen Hardwaretreiber, der die Stromsparfunktionen nicht einwandfrei unterstützt. Die erste Maßnahme zur Behebung des Problems muss deshalb ein Update aller maßgeblichen Gerätetreiber (insbesondere Grafikkarten- und Chipsatz-/IDE-Treiber) sein. Als Nächstes besteht die Möglichkeit, ein Windows-Update zu installieren, das die benötigten Patches und Fehlerlösungen enthält.

2 In einer Netzwerkumgebung können auch verstärkt Anwendungs- und Dienstprogramme für die Probleme zuständig sein. So verursacht der Netware-Client32 von Novell einen Absturz, weil er eine veraltete Version der Systemdatei *vmlid.nlm* installiert. Novell hält auf seiner Webseite einen Patch zur Behebung des Problems bereit. Microsoft hält auf seiner Seite ein Tool bereit, mit dem Probleme mit dem Standby-Modus analysiert werden können. Die Adresse lautet: http://support.microsoft.com/support/kb/articles/q185/9/49.asp

3 Die einfachste Lösung ist natürlich eine falsche Einstellung im BIOS: Wenn die Tastatur und die Maus als Wake-Up-Event ausgeschaltet sind, gibt es keine Möglichkeit mehr, den PC manuell aufzuwecken. Aktivieren Sie die Überwachung der Hardware-Interrupts mit der Option *Primary Intr.* und setzen Sie die Einträge für die IRQs 1 (Tastatur), 3 und 4 (COM-Schnittstellen) sowie 12 (PS/2-Maus) unbedingt auf *Primary*.

Windows 2000 geht nicht mehr in den Suspend-Modus

Windows 2000 und Windows ME bieten (je nach vorhandener Hardware) den „Hibernate"- oder Ruhezustand an, in dem alle Daten im Arbeitsspeicher und in den beiden Caches auf der Festplatte gesichert und der PC danach abgeschaltet wird (*Suspend to Disk*). Manchmal taucht das Problem auf, dass der Rechner nicht mehr in den Ruhezustand wechselt, sondern aktiv bleibt. Der Bildschirm wird zwar kurz dunkel, aber danach fährt der PC nicht herunter.

Lösung:

Wahrscheinlich haben Sie nicht mehr genügend Platz auf der Festplatte, um alle Daten aus dem RAM zu sichern. In diesem Fall nimmt Windows den Ruhezustand aus Sicherheitsgründen nicht mehr ein. In der Regel hilft es schon, für ein paar MByte mehr Platz zu sorgen.

Ich habe im BIOS die Power-Management-Einstellungen geändert, und jetzt fährt Windows nicht mehr hoch („schwerer Hardwarefehler").

Dieses Phänomen tritt auf, wenn Sie unter der Option *Video Off Mode* die Einstellung *DPMS* oder *DPMS-Support* gewählt haben, aber die Hardware dieses Verfahren nicht einwandfrei unterstützt.

Lösung:

Führen Sie einen Hardware-Reset aus und ändern Sie danach im BIOS die Option *Video Off Mode*. Optimal ist die Einstellung *V/H SYNC+Blank*, die in der Regel keine Probleme verursacht.

Power-Management: Stromsparen mit dem PC

7. Rückgrat: Prozessor und Systembus

Systembus und Prozessor stellen das Herz jedes PCs dar, denn sie bewältigen die Rechenarbeit für alle anfallenden Prozesse und den Transport von Adressen und Daten. Bis vor ein paar Jahren wurden nahezu alle wesentlichen Parameter dieser beiden Komponenten mithilfe von Steckbrücken (Jumpern) oder Dip-Schaltern direkt auf dem Motherboard eingestellt. Zunehmende Bedienerfreundlichkeit und der Ruf nach mehr Möglichkeiten, Einfluss auf den PC zu nehmen, haben aber diese Einstellungen ins BIOS wandern lassen. So sind viele der aktuellen Mainboards „completely jumperless" oder „Jumper-Free", also ohne jeglichen Schalter oder Jumper auf der Platine. Das hat natürlich den immensen Vorteil, dass Sie für die nötigen Einstellungen nach einem Prozessor-Upgrade oder beim Übertakten des Rechners nicht mehr das Gehäuse aufschrauben müssen.

Darüber hinaus kann das BIOS die eingesetzte CPU automatisch identifizieren und die richtigen Werte für Systemtakt, internen Multiplikator und Betriebsspannung einstellen, sodass Sie im Prinzip nur noch den Prozessor in seinem Sockel platzieren müssen. Die Möglichkeit, die Betriebsparameter ganz einfach im BIOS verändern zu können, öffnet danach natürlich alle Türen, dem Rechner durch Übertakten ein paar Leistungsprozente mehr abzuringen. Und dazu müssen Sie nicht einmal unter dem Tisch herumkriechen, um den PC herauszuholen und zu öffnen.

- Im ersten Abschnitt des Kapitels erfahren Sie, wie Sie die richtigen Einstellungen für Ihren Prozessor mithilfe von verfügbaren BIOS-Optionen vornehmen. Hier können Sie auch die Spannungswerte und Taktfrequenzen aller aktuellen CPUs nachlesen.
- Danach geht es darum, dem PC durch Übertakten des Systembus oder des Prozessors ein paar Leistungsprozente mehr zu verschaffen. Neben den Besonderheiten der unterschiedlichen Prozessoren sind auch Sicherheitsvorkehrungen und zusätzliche Maßnahmen das Thema dieses Abschnitts.
- Im dritten Abschnitt gehen wir darauf ein, welche Auswirkungen die Frequenzeinstellungen auf den Arbeitsspeicher haben und wie Sie mit den richtigen Einstellungen für mehr Stabilität und Tempo sorgen.
- Dann erfahren Sie noch etwas über die Bedeutung des L1- und des L2-Cache und die Optionen zum Ein- und Ausschalten.
- Zum Schluss gibt's natürlich wieder ein Troubleshooting mit häufig auftretenden Problemen und deren Lösungen.

7.1 Alles im richtigen Tempo: Systemtakt und Multiplikator einstellen

Die Systemfrequenz, mit der Daten- und Adressbus betrieben werden, und der Multiplikator, der diese Frequenz intern für den Prozessorkern erhöht, sind die beiden entscheidenden Kenngrößen beim Betrieb jeder CPU bzw. jedes PCs. Typische Werte bei aktuellen Prozessoren sind z. B.: 133 MHz Systemtakt und ein Multiplikator von 10 bei einem AMD Athlon mit 1,3 GHz, ein Pentium 4 mit 1,7 GHz wird mit einem Systemtakt von 100 MHz und einem Faktor 17 betrieben, ein Pentium III 800 mit 133 MHz und Faktor 6. Die Rechnung ist also ganz einfach: Busfrequenz mal Multiplikator ergibt Prozessortakt. Welche Werte für Ihren Prozessor gelten, können Sie den Tabellen ab Seite 158 entnehmen. Zu diesen beiden Größen kommt noch die Spannung, mit der jede CPU versorgt werden muss.

Fast alle aktuellen Boards erkennen automatisch, welche CPU eingesetzt wurde, und stellen die richtigen Werte mehr oder weniger selbstständig ein. Mehr oder weniger deshalb, weil nach dem Einsetzen eines neuen Prozessors meist mit einer sehr konservativen Kombination aus Systemtakt und Multiplikator gestartet wird, die keine Gefahr selbst für den langsamsten Prozessor birgt. Sie als Benutzer müssen danach nur noch im BIOS die Taktfrequenzen auf ihre regulären Werte (je nach CPU-Typ) anheben. Wir sagen Ihnen im folgenden Abschnitt, wies geht.

Hinweis
Manchmal ist ein Update nötig

Voraussetzung für die einwandfreie Erkennung einer neuen CPU ist eine BIOS-Version, in der alle Merkmale des Prozessors gespeichert sind. Falls Sie Ihren PC also gerade mit einer neuen CPU ausgestattet haben, kann es sein, dass Sie zuerst ein BIOS-Update durchführen müssen (siehe ab Seite 221), damit alle Parameter zuverlässig eingestellt werden können. Manchmal genügt es auch, die äußeren Parameter von Hand einzustellen (vor allen Dingen die Betriebsspannung), aber nicht immer werden dann alle Funktionen der neuen CPU fehlerlos unterstützt. In jedem Fall empfiehlt es sich, zuerst ein BIOS-Update auszuprobieren, wenn der Prozessor nicht automatisch erkannt wird.

Schnell und einfach: Einstellen der richtigen Werte

Bei sehr vielen Mainboards werden die Frequenzen für den Systembus und die CPU – entweder wahlweise oder generell – im BIOS eingestellt. Die Betriebsspannung (die dritte entscheidende Betriebsgröße) muss dabei überhaupt nicht mehr eingestellt werden, weil eine Signalleitung am Prozessor für die Übermittlung der richtigen Werte sorgt. Je nach Mainboard-Hersteller unterscheidet sich jedoch die Aufteilung des BIOS bzw. die Unterbringung der maßgeblichen Befehle. Wir zeigen Ihnen zwei weit verbreitete Varianten: Im ersten Beispiel handelt es sich um ein Mainboard, in dessen BIOS ein eigenes CPU-Menü untergebracht ist. Danach zeigen wir die Einstellungen bei einem Board, das kein eigenes Menü für die Prozessoroptionen besitzt.

Hinweis
Einstellungen an der Hardware

Nicht alle Mainboards bieten die Möglichkeit, Betriebsspannung, Systemtakt und Multiplikator im BIOS einzustellen, im Gegenteil: Bei einem Großteil der verkauften Mainboards müssen alle Einstellungen ganz konservativ per Jumper auf der Platine durchgeführt werden. Wie das geht, ist unmittelbar vom Layout des Mainboards abhängig, und falls Sie ein solches Board besitzen, müssen wir Sie an das zugehörige Handbuch verweisen. Dort ist beschrieben, wo Sie die maßgeblichen Schalter und Steckbrücken finden und wie Sie die Einstellungen vornehmen.

Beispiel 1: BIOS-Versionen mit eigenem CPU-Menü

1 Obwohl der Typ und die nominale Taktfrequenz des eingebauten Prozessors automatisch erkannt werden, fahren die meisten Mainboards den Rechner mit einer sehr langsamen Einstellung hoch, um keinen Schaden zu riskieren.

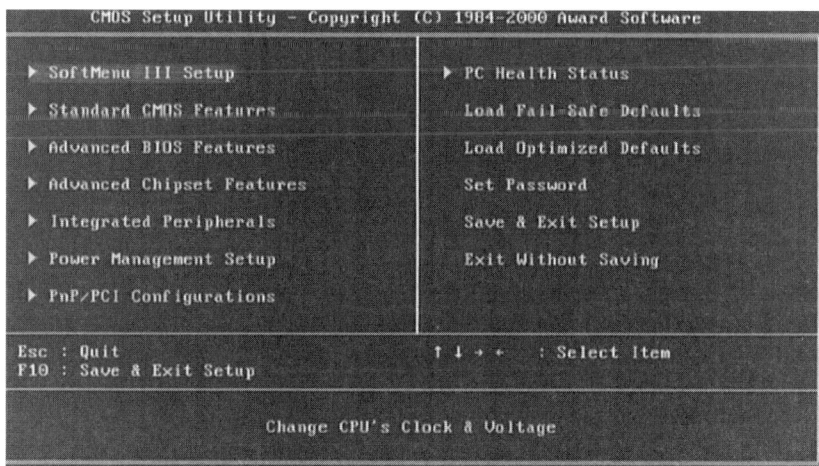

Rückgrat: Prozessor und Systembus

2 Mainboards der Marke Abit z. B. besitzen schon seit langem ein eigenes Menü zur Einstellung der CPU-Parameter. Wechseln Sie ins *Soft Menu III Setup*, um alle Einstellungen vorzunehmen. Hinweis: Bei älteren Mainboards heißt das Menü *CPU Soft Menu*.

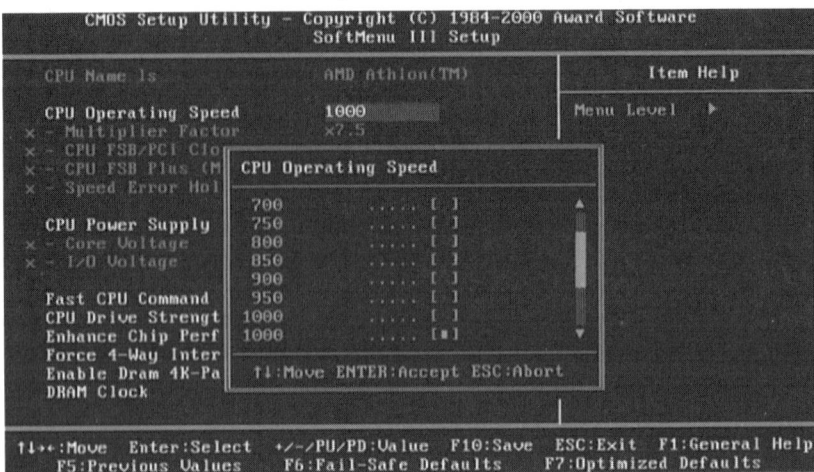

3 Stellen Sie die Taktfrequenz Ihrer CPU auf den richtigen Wert ein, indem Sie die Option *CPU Operating Speed* auswählen, die [Enter]-Taste drücken und im Untermenü den maximalen Wert Ihres Prozessors auswählen. Achten Sie dabei darauf, dass Sie die richtige Paarung aus Systemfrequenz und Multiplikator einstellen. Welche Einstellung Ihr Prozessor benötigt, können Sie den Tabellen ab Seite 158 entnehmen.

Hinweis

Viele Frequenzen tauchen mehrfach auf

Wenn Sie genau hinschauen, stellen Sie fest, dass alle Frequenzen mehrfach vorhanden sind. Damit wird dem Umstand Rechnung getragen, dass es für jede Prozessorfrequenz mindestens zwei Kombinationen aus Systemtakt und Multiplikator gibt. Sollte Ihre CPU einen Systemtakt von 100 MHz benötigen (z. B. bei allen Athlon-Thunderbirds), ist 1.000 MHz, zusammengesetzt aus 100 MHz x 10, die richtige Einstellung. Neuere Modelle des Athlon vertragen aber auch eine Busfrequenz von 133 MHz, sodass 133 MHz x 7,5 die richtige Kombination für die Erzeugung von 1 GHz ist. Sie müssen auf jeden Fall die passenden Werte für Ihre CPU aussuchen, weil der Rechner ansonsten meist erst gar nicht bootet oder wieder mit einer „sicheren" Einstellung startet.

4 Die restlichen Optionen im CPU-Menü sind vom verwendeten Chipsatz abhängig und unterscheiden sich von Mainboard zu Mainboard. Mit dem Übertakten der CPU haben sie allerdings nicht unmittelbar etwas zu tun. In der folgenden Tabelle haben wir die empfehlenswerten Einstellungen zusammengefasst.

Alles im richtigen Tempo: Systemtakt und Multiplikator einstellen

Option	Bedeutung	Optimale Einstellung
Fast CPU Command Decode	Nutzt die Fähigkeiten des Chipsatzes, Prozessorbefehle schnell zu verarbeiten.	Fast
CPU Drive Strength	Mit dieser Option lässt sich die Signalstärke auf dem Prozessorbus (vorsichtig) erhöhen, um in einem übertakteten System den Betrieb zu stabilisieren. Unter Normalbedingungen ist keine (!) Einstellung notwendig.	2
Enhance Chip Performance	Sorgt für die Ausnutzung von temposteigernden Funktionen des Mainboards.	Enabled
Force 4-Way Interleave	Hiermit wird ein 4fach-Interleaving beim Speicherzugriff erzwungen. Was Interleaving bedeutet, können Sie ab Seite 95 nachlesen.	Enabled
Enable Dram 4K-Page Mode	Damit wird die Größe einer Speicherseite auf 4 KByte gesetzt.	Enabled
DRAM Clock	Damit setzen Sie den Speichertakt auf Systemfrequenz oder Systemfrequenz +-33 MHz. Mehr zu dem Thema ab Seite 178.	je nach Systemtakt und Qualität der Speicherbausteine

5 Verlassen Sie das *Soft Menu III* mit der Esc-Taste, speichern Sie alle Änderungen ab und starten Sie den Rechner neu, um die neuen Taktfrequenzen zu aktivieren.

Beispiel 2: Award-BIOS ohne eigenes CPU-Menü

1 Auch hier wird der Rechner mit einer sehr langsamen Einstellung hochgefahren, um keinen Schaden an einer langsamen CPU zu riskieren. In diesem Beispiel läuft der Pentium III 1 GHz nur mit 500 MHz.

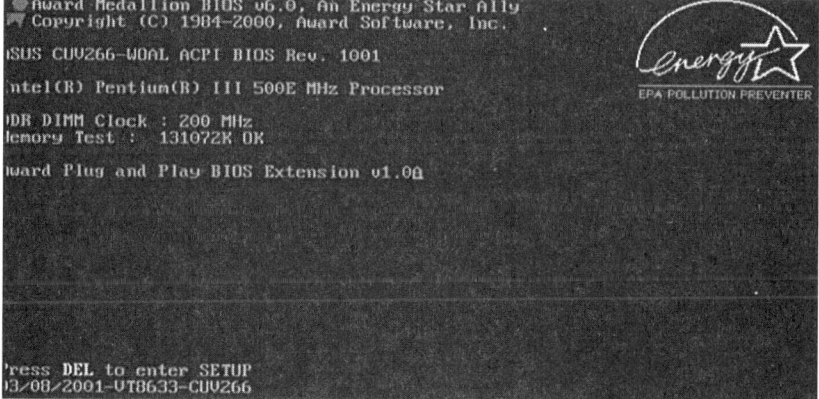

157

Rückgrat: Prozessor und Systembus

2 Die Optionen für die Einstellung der CPU- und Busfrequenzen befinden sich unter *Advanced*.

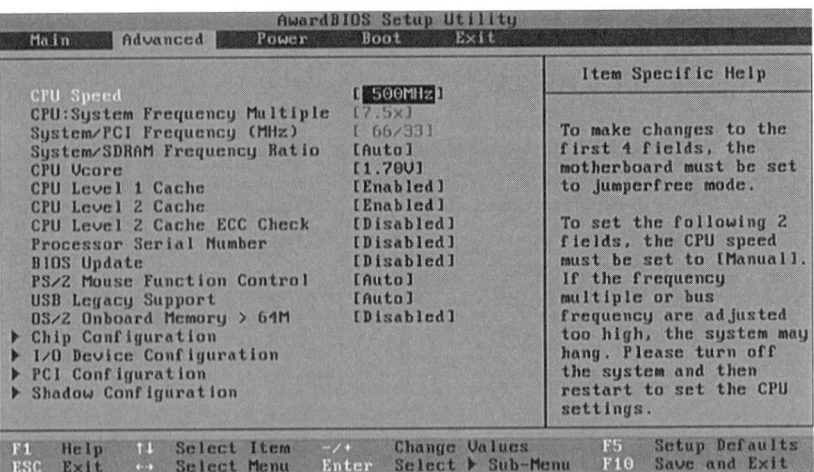

3 Setzen Sie die Einstellung *CPU Speed* auf den richtigen Wert Ihrer CPU.

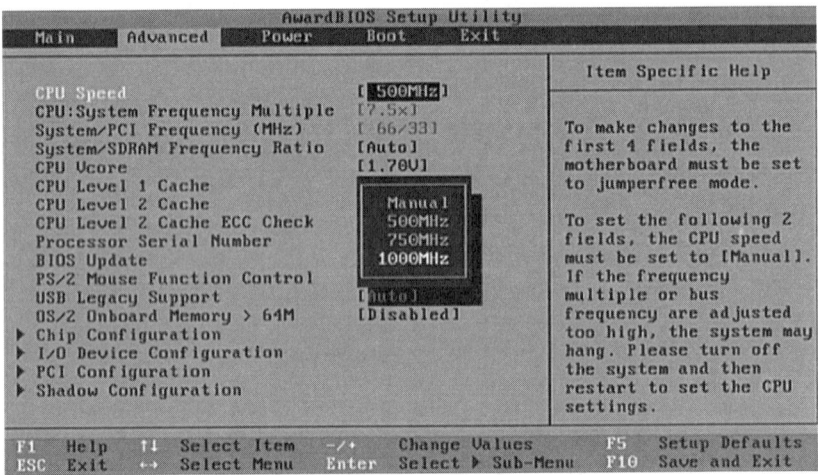

4 Speichern Sie alle Änderungen ab und starten Sie den Rechner neu, um die neuen Taktfrequenzen zu aktivieren.

Tabellen: Takt- und Spannungswerte der CPUs

Anhand dieser Daten können Sie sehen, welche Einstellungen für Ihren eigenen Prozessor die richtigen sind.

Dabei haben die einzelnen Bezeichnungen der Tabelle folgende Bedeutung:

Alles im richtigen Tempo: Systemtakt und Multiplikator einstellen

Spalte	Bedeutung
Prozessor	Der Name der jeweiligen CPU.
Systemtakt/MHz	Der Bustakt, mit dem Mainboard und CPU miteinander kommunizieren. Oft wird diese Taktfrequenz auch mit Frontside-Bus (FSB) bezeichnet.
Prozessortakt/MHz	Die eigentliche (interne) Frequenz des Prozessors.
Multiplikator	Die Multiplikatoreinstellung auf dem Mainboard, mit deren Hilfe aus dem Systemtakt die Prozessorfrequenz errechnet wird: Systemtakt x Multiplikator = Prozessortakt.
I/O-Spannung	Die Betriebsspannung, mit der der Ein-/Ausgabe-Teil der CPU versorgt wird.
Core-Spannung	Die Betriebsspannung des Prozessorkerns.
Sockeltyp	Der Sockel, in dem der aufgeführte Prozessor betrieben wird.

Intel-Prozessoren Sockel 7

Prozessor	Systemtakt/MHz	Prozessortakt/MHz	Multiplikator	I/O-Spannung	Core-Spannung	Sockeltyp
Pentium 75	50	75	1,5	3,30 V/3,52 V*	3,30 V/3,52 V*	Sockel 5/Sockel 7*
Pentium 90	60	90	1,5	3,30 V/3,52 V*	3,30 V/3,52 V*	Sockel 5/Sockel 7*
Pentium 100	50	100	2	3,30 V/3,52 V*	3,30 V/3,52 V*	Sockel 5/Sockel 7*
Pentium 120	60	120	2	3,30 V/3,52 V*	3,30 V/3,52 V*	Sockel 7
Pentium 133	66	133	2	3,30 V	3,30 V	Sockel 7
Pentium 150	60	150	2,5	3,30 V	3,30 V	Sockel 7
Pentium 166	66	166	2,5	3,30 V	3,30 V	Sockel 7
Pentium 200	66	200	3	3,30 V	3,30 V	Sockel 7
Pentium MMX 166	66	166	2,5	3,30 V	2,8 V	Sockel 7
Pentium MMX 200	66	200	3	3,30 V	2,8 V	Sockel 7
Pentium MMX 233	66	233	3,5	3,30 V	2,8 V	Sockel 7

* = je nach Produktionsdatum bzw. Ausführung. Schauen Sie im Zweifelsfall im Handbuch Ihres Mainboard nach, was eingestellt ist.

AMD-Prozessoren Sockel 7/Super Sockel 7

Prozessor	Systemtakt/MHz	Prozessortakt/MHz	Multiplikator	I/O-Spannung	Core-Spannung	Sockeltyp
K6-166	66	166	2,5	3,30 V	2,90 V	Sockel 7
K6-200	66	200	3	3,30 V	2,90 V	Sockel 7
K6-233	66	233	3,5 (Jumper-Stellung wie 1,5)	3,30 V	3,20 V	Sockel 7
K6-266	66	266	4	3,30 V	2,20 V	Sockel 7
K6-III00	66	300	4,5	3,45 V	2,20 V	Sockel 7
K6-2-266	66	266	4	3,30 V	2,20 V	Sockel 7

Rückgrat: Prozessor und Systembus

Prozessor	Systemtakt/MHz	Prozessortakt/MHz	Multiplikator	I/O-Spannung	Core-Spannung	Sockeltyp
K6-2-300	66	300	4,5	3,30 V	2,20 V	Sockel 7
K6-2-300	100	300	3	3,30 V	2,20 V	Super-Sockel 7
K6-2-333	66	333	5	3,30 V	2,20 V	Sockel 7
K6-2-350	100	350	3,5	3,30 V	2,20 V	Super-Sockel 7
K6-2-366	66	366	5,5	3,30 V	2,20 V	Super-Sockel 7
K6-2-380	95	380	4	3,30 V	2,20 V	Super-Sockel 7
K6-2-400	100	400	4	3,30 V	2,20 V	Super-Sockel 7
K6-2-450	100	450	4,5	3,30 V	2,20 V/2,40 V*	Super-Sockel 7
K6-2-475	95	475	5	3,30 V	2,20 V/2,40 V*	Super-Sockel 7
K6-2-500	100	500	5	3,30 V	2,20 V	Super-Sockel 7
K6-2-533	97	533	5,5	3,30 V	2,20 V/	Super-Sockel 7
K6-2-550	100	550	5,5	3,30 V	2,3 V	Super-Sockel 7
K6-III-400	100	400	4	3,30 V	2,20 V/2,40 V*	Super-Sockel 7
K6-III-450	100	450	4,5	3,30 V	2,20 V/2,40 V*	Super-Sockel 7

* = je nach Produktionsdatum bzw. Ausführung. Schauen Sie im Zweifelsfall im Handbuch Ihres Mainboard nach, was eingestellt ist.

Cyrix- und IDT-Prozessoren Sockel 7

Prozessor	Systemtakt/MHz	Prozessortakt/MHz	Multiplikator	I/O-Spannung	Core-Spannung	Sockeltyp
Cyrix M2 6x86 300+	66	233	3,5	3,30 V	2,90 V	Sockel 7
Cyrix M2 6x686 333+	66	266	4	3,30 V	2,90 V	Sockel 7
IDT Winchip C6 200	66	200	3	3,30 V/3,52 V*	3,30 V/3,52 V*	Sockel 7
IDT Winchip C6 225	75	225	3	3,30 V/3,52 V*	3,30 V/3,52 V*	Sockel 7
IDT Winchip C6 240	60	240	4	3,30 V/3,52 V*	3,30 V/3,52 V*	Sockel 7
IDT Winchip2 3D 200	66	200	3	3,30 V/3,52 V*	3,30 V/3,52 V*	Sockel 7
IDT Winchip2 3D 225	75	225	3	3,30 V/3,52 V*	3,30 V/3,52 V*	Sockel 7
IDT Winchip2 3D 240	60	240	4	3,30 V/3,52 V*	3,30 V/3,52 V*	Sockel 7

* = je nach Produktionsdatum bzw. Ausführung. Schauen Sie im Zweifelsfall im Handbuch Ihres Mainboard nach, was eingestellt ist.

Intel-Prozessoren Slot 1

Prozessor	Systemtakt/ MHz	Prozessor-takt/MHz	Multi-plikator	I/O-Spannung	Core-Spannung	Sockel-typ
Pentium II 233	66	233	3,5	3,30 V**	2,80 V**	Slot 1
Pentium II 266	66	266	4	3,30 V**	2,80 V**	Slot 1
Pentium II 300	66	300	4,5	3,30 V**	2,80 V**	Slot 1
Pentium II 333	66	333	5	3,30 V**	2,00 V**	Slot 1
Pentium II 350	100	350	3,5	3,30 V**	2,00 V**	Slot 1
Pentium II 400	100	400	4	3,30 V**	2,00 V**	Slot 1
Pentium II 450	100	450	4,5	3,30 V**	2,00 V**	Slot 1
Celeron 266	66	266	4	3,30 V**	2,00 V**	Slot 1
Celeron 300	66	300	4,5	3,30 V**	2,00 V**	Slot 1
Celeron 300 A	66	300	4,5*	3,30 V**	2,00 V**	Slot 1
Celeron 333	66	333	5*	3,30 V**	2,00 V**	Slot 1
Celeron 366	66	366	5,5*	3,30 V**	2,00 V**	Slot 1
Celeron 400	66	400	6*	3,30 V**	2,00 V**	Slot 1
Celeron 433	66	433	6,5*	3,30 V**	2,00 V**	Slot 1
Pentium III 450 1)	100	450	4,5*	3,30 V**	2,00 V**	Slot 1
Pentium III 500 1)	100	500	5*	3,30 V**	2,00 V**	Slot 1
Pentium III 533 1)	133	533	4*	3,30 V**	2,00 V**	Slot 1
Pentium III 533 2)	133	533	4*	3,30 V**	1,65 V**	Slot 1
Pentium III 550 1)	100	550	5,5*	3,30 V**	2,00 V**	Slot 1
Pentium III 550 2)	100	550	5,5*	3,30 V**	1,65 V**	Slot 1
Pentium III 600 1)	100	600	6*	3,30 V**	2,05 V**	Slot 1
Pentium III 600 1)	133	600	4,5*	3,30 V**	2,05 V**	Slot 1
Pentium III 600 2)	100	600	6*	3,30 V**	1,65 V**	Slot 1
Pentium III 600 2)	133	600	4,5*	3,30 V**	1,65 V**	Slot 1
Pentium III 650 2)	100	650	6,5*	3,30 V**	1,65 V**	Slot 1
Pentium III 667 2)	133	667	5*	3,30 V**	1,65 V**	Slot 1
Pentium III 700 2)	100	700	7*	3,30 V**	1,65 V**	Slot 1
Pentium III 733 2)	133	733	5,5*	3,30 V**	1,65 V**	Slot 1
Pentium III 750 2)	100	750	7,5*	3,30 V**	1,65 V**	Slot 1
Pentium III 800 2)	100	800	8*	3,30 V**	1,65 V**	Slot 1
Pentium III 800 2)	133	800	6*	3,30 V**	1,65 V**	Slot 1
Pentium III 850 2)	100	850	8,5*	3,30 V**	1,65 V**	Slot 1
Pentium III 866 2)	133	866	6,5*	3,30 V**	1,65 V**	Slot 1
Pentium III 900 2)	100	900	9*	3,30 V**	1,70 V**	Slot 1
Pentium III 933 2)	133	933	7*	3,30 V**	1,70 V**	Slot 1
Pentium III 950 2)	100	950	9,5*	3,30 V**	1,70 V**	Slot 1
Pentium III 1,0 GHz 2)	133	1.000	7,5*	3,30 V**	1,70 V**	Slot 1

1) = Katmai-Architektur

2) = Coppermine-Architektur

* = fest auf der CPU eingestellt

** = wird automatisch erkannt und eingestellt

AMD-Prozessoren Slot A

Prozessor	Systemtakt/ MHz	Prozessor- takt/MHz	Multi- plikator	I/O- Spannung	Core- Spannung	Sockel- typ
Athlon 500	100	500	5*	3,30 V**	1,60 V**	Slot A
Athlon 550	100	550	5,5*	3,30 V**	1,60 V**	Slot A
Athlon 600	100	600	6*	3,30 V**	1,60 V**	Slot A
Athlon 650/T-Bird 650	100	650	6,5*	3,30 V**	1,60 V/T-Bird: 1,70V**	Slot A
Athlon 700/T-Bird 700	100	700	7*	3,30 V**	1,60 V/T-Bird: 1,70V**	Slot A
Athlon 750/T-Bird 750	100	7500	7,5*	3,30 V**	1,60 V/T-Bird: 1,70V**	Slot A
Athlon 800/T-Bird 800	100	800	8*	3,30 V**	1,60 V/T-Bird: 1,70V**	Slot A
Athlon 850	100	850	8,5*	3,30 V**	1,70 V**	Slot A
Athlon 900	100	900	9*	3,30 V**	1,75 V**	Slot A
Athlon 950	100	950	9,5*	3,30 V**	1,75 V**	Slot A
Athlon 1000	100	1000	10*	3,30 V**	1,75 V**	Slot A

* = fest auf der CPU eingestellt

** = Wird automatisch erkannt und eingestellt

Intel-Prozessoren Sockel 370

Prozessor	Systemtakt/ MHz	Prozessor- takt/MHz	Multi- plikator	I/O- Spannung	Core- Spannung	Sockeltyp
Celeron 300 A	66	300	4,5*	3,30 V**	2,00 V**	Sockel 370
Celeron 333	66	333	5*	3,30 V**	2,00 V**	Sockel 370
Celeron 366	66	366	5,5*	3,30 V**	2,00 V**	Sockel 370
Celeron 400	66	400	6*	3,30 V**	2,00 V**	Sockel 370
Celeron 433	66	433	6,5*	3,30 V**	2,00 V**	Sockel 370
Celeron 466	66	466	7*	3,30 V**	2,00 V**	Sockel 370
Celeron 500	66	500	7,5*	3,30 V**	2,00 V**	Sockel 370
Celeron 533	66	533	8*	3,30 V**	2,00 V**	Sockel 370
Celeron 566	66	566	8,5*	3,30 V**	1,50 V-1,65 V**	Sockel 370 (FC-PGA)
Celeron 600	66	600	9*	3,30 V**	1,50 V-1,65 V**	Sockel 370 (FC-PGA)
Celeron 633	66	633	9,5*	3,30 V**	1,65 V-1,70 V**	Sockel 370 (FC-PGA)
Celeron 667	66	667	10*	3,30 V**	1,65 V-1,70 V**	Sockel 370 (FC-PGA)
Celeron 700	66	700	10,5*	3,30 V**	1,65 V-1,70 V**	Sockel 370 (FC-PGA)
Celeron 733	66	733	11*	3,30 V**	1,65 V-1,70 V**	Sockel 370 (FC-PGA)
Celeron 766	66	766	11,5*	3,30 V**	1,65 V-1,70 V**	Sockel 370 (FC-PGA)

Alles im richtigen Tempo: Systemtakt und Multiplikator einstellen

Prozessor	Systemtakt/ MHz	Prozessortakt/MHz	Multiplikator	I/O-Spannung	Core-Spannung	Sockeltyp
Celeron 800	100	800	8*	3,30 V**	1,65 V-1,70 V**	Sockel 370 (FC-PGA)
Pentium III 500	100	500	5*	3,30 V**	1,60 V**	Sockel 370 (FC-PGA)
Pentium III 533	133	533	4*	3,30 V**	1,65 V**	Sockel 370 (FC-PGA)
Pentium III 533	133	533	4*	3,30 V**	1,65 V**	Sockel 370 (FC-PGA)
Pentium III 550	100	550	5,5*	3,30 V**	1,65 V**	Sockel 370 (FC-PGA)
Pentium III 550	100	550	5,5*	3,30 V**	1,65 V**	Sockel 370 (FC-PGA)
Pentium III 600	100	600	6*	3,30 V**	1,65 V**	Sockel 370 (FC-PGA)
Pentium III 600	133	600	4,5*	3,30 V**	1,65 V**	Sockel 370 (FC-PGA)
Pentium III 650	100	650	6,5*	3,30 V**	1,65 V**	Sockel 370 (FC-PGA)
Pentium III 667	133	667	5*	3,30 V**	1,65 V**	Sockel 370 (FC-PGA)
Pentium III 700	100	700	7*	3,30 V**	1,65 V**	Sockel 370 (FC-PGA)
Pentium III 733	133	733	5,5*	3,30 V**	1,65 V**	Sockel 370 (FC-PGA)
Pentium III 750	100	750	7,5*	3,30 V**	1,65 V**	Sockel 370 (FC-PGA)
Pentium III 800	100	800	8*	3,30 V**	1,65 V**	Sockel 370 (FC-PGA)
Pentium III 800	133	800	6*	3,30 V**	1,65 V**	Sockel 370 (FC-PGA)
Pentium III 850	100	850	8,5*	3,30 V**	1,65 V**	Sockel 370 (FC-PGA)
Pentium III 866	133	866	6,5*	3,30 V**	1,65 V**	Sockel 370 (FC-PGA)
Pentium III 900	100	900	9*	3,30 V**	1,70 V**	Sockel 370 (FC-PGA)
Pentium III 933	133	933	7*	3,30 V**	1,70 V**	Sockel 370 (FC-PGA)
Pentium III 950	100	950	9,5*	3,30 V**	1,70 V**	Sockel 370 (FC-PGA)
Pentium III 1,0 GHz	133	1.000	7,5*	3,30 V**	1,70 V**	Sockel 370 (FC-PGA)

* = fest auf der CPU eingestellt

** = wird automatisch erkannt und eingestellt

AMD-Prozessoren Sockel A

Prozessor	Systemtakt/ MHz	Prozessor-takt/MHz	Multi-plikator	I/O-Spannung	Core-Spannung	Sockel-typ
Duron 600	100	600	6*	3,30 V**	1,70 V**	Sockel A
Duron 650	100	650	6,5*	3,30 V**	1,70 V**	Sockel A
Duron 700	100	700	7*	3,30 V**	1,70 V**	Sockel A
Duron 750	100	750	7,5*	3,30 V**	1,70 V**	Sockel A
Duron 800	100	800	8*	3,30 V**	1,70 V**	Sockel A
Duron 850	100	850	8,5*	3,30 V**	1,70 V**	Sockel A
Athlon T-Bird 650	100	500	6,5*	3,30 V**	1,70 V**	Sockel A
Athlon T-Bird 700	100	700	7*	3,30 V**	1,70 V**	Sockel A
Athlon T-Bird 750	100	750	7,5*	3,30 V**	1,70 V**	Sockel A
Athlon T-Bird 800	100	800	8*	3,30 V**	1,70 V**	Sockel A
Athlon T-Bird 850	100	850	8,5*	3,30 V**	1,70 V**	Sockel A
Athlon T-Bird 900	100	900	9*	3,30 V**	1,75 V**	Sockel A
Athlon T-Bird 950	100	950	9,5*	3,30 V**	1,75 V**	Sockel A
Athlon T-Bird 1000	100	1000	10*	3,30 V**	1,75 V**	Sockel A
Athlon T-Bird 1100	100	1100	11*	3,30 V**	1,75 V**	Sockel A
Athlon T-Bird 1200	100	1200	12*	3,30 V**	1,75 V**	Sockel A
Athlon C 1000	133	1000	7,5*	3,30 V **	1,75 V**	Sockel A
Athlon C 1100	133	1133	8,5*	3,30 V **	1,75 V**	Sockel A
Athlon C 1200	133	1200	9*	3,30 V **	1,75 V**	Sockel A
Athlon C 1300	133	1333	10*	3,30 V **	1,75 V**	Sockel A
Athlon C 1400	133	1466	11*	3,30 V **	1,75 V**	Sockel A

* = fest auf der CPU eingestellt

** = wird automatisch erkannt und eingestellt

Intel-Prozessoren Sockel 423

Prozessor	Systemtakt/ MHz	Prozessor-takt/MHz	Multi-plikator	I/O-Spannung	Core-Spannung	Sockeltyp
Pentium 4 1300	100	1300	13*	3,30 V**	1,75 V**	Sockel 423
Pentium 4 1400	100	1400	14*	3,30 V**	1,75 V**	Sockel 423
Pentium 4 1500	100	1500	15*	3,30 V**	1,75 V**	Sockel 423
Pentium 4 1600	100	1600	16*	3,30 V**	1,75 V**	Sockel 423
Pentium 4 1700	100	1700	17*	3,30 V**	1,75 V**	Sockel 423
Pentium 4 1800	100	1800	18*	3,30 V**	1,75 V**	Sockel 423

* = fest auf der CPU eingestellt

** = wird automatisch erkannt und eingestellt

7.2 Normale Einstellung und Overclocking

> **Hinweis**
>
> **Vorsicht, Sie handeln auf eigenes Risiko**
> Bei dieser Maßnahme und auch bei allen anderen in diesem Abschnitt geschilderten Methoden verlieren Sie jegliche Garantieansprüche auf Ihre CPU. Und durch ein Übertakten bzw. Manipulieren der CPU besteht theoretisch das Risiko, die CPU zu beschädigen oder zu zerstören. Falls Sie sich nicht sicher sind, ob Sie dieses Risiko eingehen möchten, raten wir Ihnen dringend davon ab, Ihre CPU zu übertakten.

Natürlich sind Sie bei der Auswahl der Einstellungen nicht darauf angewiesen, nur die Werte zu benutzen, die vom Hersteller vorgegeben sind. Nahezu alle Prozessoren vertragen Taktfrequenzen, die etwas oberhalb des Nominalwerts liegen, sodass sich durch Übertakten eine Leistungssteigerung erreichen lässt. Darüber ist in den letzten Jahren sehr viel in der Fachpresse geschrieben worden. Und genau das ist auch der Grund, warum viele Mainboard-Hersteller umfangreiche Möglichkeiten anbieten, mit dem BIOS-Setup Einfluss auf die Taktfrequenzen und die Betriebsspannung des Prozessors zu nehmen. Man verspricht sich einfach mehr Kundschaft aus den Reihen der Freaks und Bastler.

Doch das Übertakten einer CPU bzw. des ganzen Systems besteht nicht nur darin, einfach eine BIOS-Option zu verändern und auf Erfolg zu hoffen. Nicht alle Prozessoren eignen sich gleichermaßen für einen Betrieb bei erhöhten Frequenzen, nicht jeder Weg ist gleichermaßen Erfolg versprechend. Wir sagen Ihnen in diesem Abschnitt einerseits, welche Prozessoren mit Übertakt betrieben werden können, und andererseits, wie Sie Ihr System erfolgreich und stabil mit einer höheren Frequenz betreiben.

Welche CPUs eignen sich zum Übertakten?

Das Wissen, dass Prozessoren auch jenseits ihrer Spezifikationen betrieben werden können, hat sich in weiten Kreisen der Computernutzer herumgesprochen. Viele Anwender haben daraufhin preiswerte CPUs mit den Taktraten wesentlich kostspieliger Prozessoren betrieben, dadurch sind den Prozessorherstellern natürlich Umsätze mit teuren Prozessoren verloren gegangen. Darüber hinaus haben kriminelle Händler gefälschte Markierungen auf billigen CPUs angebracht, um sie als schnellere Exemplare auszugeben.

Diese Umstände haben die wichtigsten Prozessorhersteller (AMD und Intel) dazu veranlasst, ihre CPUs mit Sicherungsmechanismen zu versehen, die ein Übertakten durch den Anwender zumindest erschweren.

Intel-Prozessoren

Intel-Prozessoren sind eigentlich gut dazu geeignet, übertaktet zu werden. Das mag daran liegen, dass Intel nicht so sehr darauf angewiesen ist, das letzte Quäntchen Leistung aus seinen CPUs herauszuquetschen, bevor sie auf den Markt kommen. Die Sicherheitstoleranzen, die dafür sorgen, dass der Prozessor auch unter ungünstigen Bedingungen nicht zerstört wird, sind bei Intel meist größer als bei anderen Herstellern.

Leider verhindert ein sehr wirksamer Mechanismus, den Prozessor allein zu übertakten: Intel-CPUs neuerer Bauart besitzen einen fest eingebauten Multiplikator, der nicht – wie bei einigen AMD-CPUs – durch einfache Methoden überwunden werden kann. Das Übertakten ist nur dann möglich, wenn die Frequenz des Systembus erhöht wird. Durch die Möglichkeiten des Mainboards und der anderen Komponenten sind dieser Maßnahme sehr häufig allerdings enge Grenzen gesteckt. Eine Ausnahme gibt es dennoch:

Durch Erhöhen des Systemtakts von 66 auf 100 MHz lassen sich fast alle Celeron-Modelle um 50 % übertakten und laufen dabei in aller Regel sehr stabil. Da die meisten Mainboards auf eine Busfrequenz von 100 bis 133 MHz ausgelegt sind, ist diese Maßnahme auch fast immer erfolgreich. Mit entsprechender Kühlung läuft z. B. ein 566-MHz-Exemplar scheinbar bis ca. 850 MHz vollkommen stabil. Wie gut sich Ihr eigener Celeron übertakten lässt, müssen Sie jedoch mit einer Probe aufs Exempel herausfinden. Toleranzen in der Fertigung erlauben keine zuverlässige Aussage darüber, ob sich wirklich jede CPU so hoch über den Spezifikationen betreiben lässt.

> **Tipp**
>
> **Unterschiede zwischen den Prozessoren?**
>
> Obwohl alle Prozessoren des gleichen Typs identisch aufgebaut sind, gibt es offensichtlich Unterschiede in den Frequenzen, mit denen die verschiedenen Modelle betrieben werden können. Diese Unterschiede kommen dadurch zu Stande, dass es Toleranzen im Fertigungsprozess gibt, die für Schwankungen in der Belastbarkeit sorgen. In der Qualitätskontrolle entscheidet sich, ob eine CPU für höhere Taktfrequenzen freigegeben oder zur Sicherheit mit einer niedrigeren Frequenz gekennzeichnet wird. Erst danach wird z. B. bei AMD-Prozessoren die Multiplikator-Codierung per Laser eingebrannt.

AMD-Prozessoren

Bei aktuellen AMD-Prozessoren sieht die Situation ziemlich gut aus. AMD hat zwar ebenfalls einen festen internen Multiplikator eingebaut, aber die Codierung dieses Multiplikators erfolgt über das Durchtrennen von Metallstegen auf der Prozessoroberseite. Ein einfacher Bleistiftstrich, der die durchtrennten Kontakte überbrückt, setzt die Multiplikatorsperre außer Kraft, und Sie können den Prozessor über das Mainboard veranlassen, mit einer höheren Frequenz zu arbeiten. Nähere Details dazu erfahren Sie ab Seite 170.

Die Multiplikator-Sperre des Athlon/Duron ist leicht zu überwinden

Die Übertaktung mithilfe des Systemtakts ist bei AMD-Prozessoren allerdings sehr schwierig. Bei mehr als 5 MHz Abweichung wird der Rechner so unstabil, dass ein geregelter Betrieb nicht mehr möglich ist. Auch mit einer sanften Anhebung der Versorgungsspannung des Prozessors hält sich der Bereich, in dem der Systemtakt angehoben werden kann, sehr in Grenzen.

Risikoverringerung: Sicherheitsmaßnahmen

Bevor Sie sich daran begeben, Ihrer CPU mit neuen Einstellungen ein paar Prozente mehr abzuringen, möchten wir Ihnen noch ein paar Hinweise mit auf den Weg geben, die dafür sorgen, dass Sie hinterher noch im Besitz eines funktionierenden Computers sind. Wenn Übertakten auch eine einfache Methode ist, mehr Leistung aus dem System zu kitzeln, so ist sie doch nicht ganz ohne Risiko.

> **Hinweis**
>
> **Entladen Sie sich!**
>
> Bei den Arbeiten, die in diesem Abschnitt beschrieben werden, kommen Sie unmittelbar mit dem Mainboard und dem Prozessor in Berührung. Da diese Bauteile besonders empfindlich gegenüber Entladungen statischer Elektrizität sind, sei an dieser Stelle noch einmal der Hinweis erlaubt, dass Sie sich vor den Arbeiten durch den Griff an einen Heizkörper o. Ä. entladen.

Kühlung ist das A und O

Überhitzung ist die größte Gefahr, die einer übertakteten CPU droht. Ordentliche Kühlung ist deshalb für einen sicheren Betrieb unerlässlich. Je näher Sie sich der 1-GHz-Grenze nähern oder wenn Sie sogar darüber hinaus gehen, ist es mit einem Standardmodell nicht mehr getan, erst spezielle Kühler mit großen Kupferkühlrippen und besonders hoher Lüfterdrehzahl können die CPU auf niedrigen Temperaturen halten.

> **Hinweis**
>
> **So schnell geht nichts kaputt**
>
> Natürlich müssen wir Sie auf die Gefahren hinweisen, die beim Betrieb eines Prozessors jenseits seiner Spezifikationen drohen. Dennoch besteht kein Anlass zur Panik: Mit einem aktiven Kühler, wie er seit Jahren in der Regel in jedem PC verwendet wird, erreicht auch eine (maßvoll) übertaktete CPU selten Temperaturen oberhalb von 50°. Die kritische Grenze liegt bei 80°, und selbst dann geht der Prozessor nicht von einer Sekunde auf die andere kaputt. Dennoch sollten Sie Warnsignale wie plötzliche Abstürze oder ein instabiles Verhalten des Computers ernst nehmen und im Zweifelsfall eine niedrigere Frequenz einstellen. Absolute Voraussetzung ist jedoch, dass der Kühler einwandfrei am Prozessor anliegt und die Wärme gleichmäßig ableiten kann (Wärmeleitpaste/-folie!). Sollte eine einzelne Ecke der CPU nicht in Kontakt mit dem Kühler sein, kann es hier zu einer punktuellen Überhitzung kommen, die den Prozessor innerhalb von Sekunden zerstört.

Adlerauge, sei wachsam: Beobachten Sie Ihren PC

Das erste Anzeichen, dass Ihre CPU die Übertaktung nicht gut vertragen hat, sind plötzliche Systemabstürze. Wenn ein System, das vorher ohne Probleme lief, nach dem Tuning zu häufigen Abstürzen neigt, ist das ein sicheres Zeichen dafür, dass dem Prozessor zu heiß wird oder dass andere Komponenten im PC damit nicht zurechtkommen. Insbesondere ein Hängenbleiben des Rechners bereits während des Bootvorgangs oder ungewohnte Fehlermeldungen während des Starts von Windows deuten auf eine Überlastung hin.

In diesem Fall bleibt Ihnen nichts anderes übrig, als das Maß zu reduzieren, um das Sie die CPU übertaktet haben. Eine andere Maßnahme ist die Verwendung eines weniger aggressiven Speicher-Timings (siehe Seite 101). Wenn das alles nichts nützt, müssen Sie wohl oder übel den Urzustand wiederherstellen und auf das Übertakten verzichten.

Ein sehr nützliches Mittel, um den Zustand der CPU im Auge zu behalten, ist ein Temperaturfühler, der direkt auf dem Mainboard integriert ist. Mit der zugehörigen Software, die meistens mit dem Motherboard ausgeliefert wird, lassen sich während des Betriebs die Temperatur des Prozessors und die Lüfterdrehzahl überwachen. Bei Über-/Unterschreiten der wichtigsten Werte gibt das Programm Alarm, und Sie können den Computer herunterfahren, bevor irgendetwas kaputtgeht.

Normale Einstellung und Overclocking

Oft können Sie alle wichtigen Temperaturen aber auch in Ihrem BIOS-Setup überwachen.

1 Wechseln Sie im BIOS-Setup ins *PC Health Status-Menü*.

2 Hier können Sie unter *Current CPU Temp* ablesen, wie warm Ihre CPU und Ihr Motherboard augenblicklich sind.

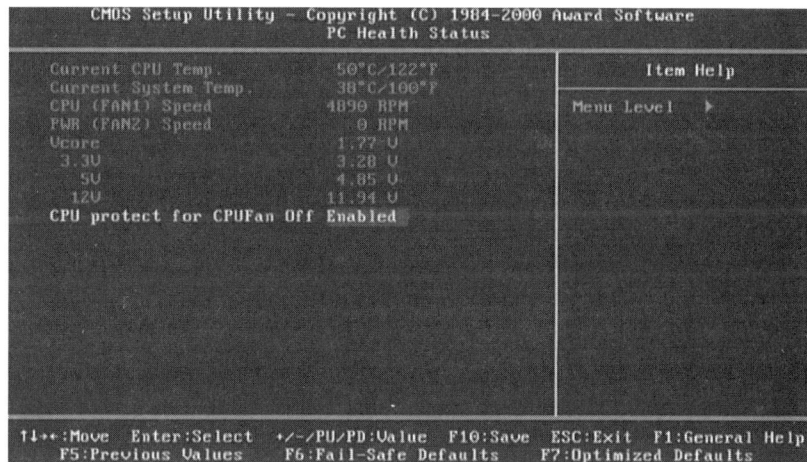

Genauso nützliche Dienste leistet ein CPU-Kühler, der bei zu hohen Temperaturen einen akustischen Alarm auslöst. Erhältlich ist so etwas im Elektronikhandel.

PC Health

Im Menü *PC Health Status* werden die aktuellen Betriebstemperaturen von Prozessor und Mainboard angezeigt, die Umdrehungszahl der Kühler, die direkt mit dem Mainboard verbunden sind, und die wichtigsten Spannungswerte, mit denen die Systemkomponenten versorgt werden. Als ein besonderes Sicherheitsfeature gibt es auch die Option *CPU protect for CPUFan Off*, die dafür sorgt, dass der PC bei einem Versagen des Kühlers oder bei einer Überschreitung einer bestimmten Prozessortemperatur heruntergefahren wird. Falls Sie diese Notfallsicherung benutzen möchten, setzen Sie den Wert einfach auf *Enabled*.

Hinweis
Der CPU-Lüfter muss am Mainboard angeschlossen sein

Die Option *CPU protect for CPUFan Off* überwacht die Drehzahl eines angeschlossenen CPU-Lüfters und gibt beim Abfallen Alarm bzw. schaltet den PC aus. Dazu muss der Lüfter aber am Mainboard angeschlossen sein. Falls der Lüfter über ein Adapter direkt an der Stromversorgung des Netzteils hängt, bekommt das BIOS an keinem der Lüfteranschlüsse des Boards einen Wert oberhalb von 0 angezeigt und fährt den Rechner erst gar nicht hoch bzw. gibt ständig Alarm.

Augenmaß bewahrt vor Schäden

Die wichtigste Regel beim Übertakten heißt wohl „Weniger ist mehr". Was nützt Ihnen ein System, das um 50 % übertaktet ist, aber nicht mehr stabil läuft?

Übertakten Sie Ihre CPU mäßig, also um einen Wert von vielleicht 10 bis15 %, damit Sie innerhalb der Toleranzen bleiben, die in den Prozessor für einen stabilen Betrieb in allen Lebenslagen hineinkonstruiert wurden. Wie gesagt: Reduzieren Sie das Maß der Übertaktung, wenn Sie Anzeichen wahrnehmen, dass Sie dem Prozessor zu viel zugemutet haben (Instabilität, plötzliche Abstürze).

Die Gier nach zu viel Leistung kann Sie ansonsten den Prozessor kosten, und dann haben Sie Ihr Ziel, nämlich mehr Leistung ohne zusätzliche Ausgaben, verfehlt.

So geht's: Höhere Frequenzen für die CPU

Die Frequenz, mit der der Prozessor betrieben wird, errechnet sich aus der Busfrequenz und einem Multiplikator, das Produkt der beiden Faktoren ergibt die Prozessorfrequenz. 800 MHz werden beispielsweise also erreicht, indem auf dem Mainboard ein Systemtakt von 100 MHz eingestellt wird, ein fester interner Multiplikator auf der CPU sorgt für die Erhöhung um den richtigen Faktor, in diesem Fall 8.

Nur bei älteren Slot-1- und Sockel-7-CPUs besteht von vornherein die Möglichkeit, über das Mainboard einen anderen Multiplikator einzustellen, aktuelle Prozessoren wie Athlon oder Duron müssen erst ausgetrickst werden, damit das möglich ist.

Erhöhung des Multiplikators bei einer älteren CPU

Für das Übertakten einer Sockel-7-CPU wie eines Pentium MMX oder K6-2 nehmen Sie die entsprechende Einstellung des Multiplikators vor, und das war's.

Normale Einstellung und Overclocking

Vornehmen der Einstellungen, 1. Variante

1 Dazu wechseln Sie im BIOS ins CPU-Menü, in diesem Fall das *Soft Menu III*, und setzen die Option *CPU Operating Speed* auf den Wert *User Define*.

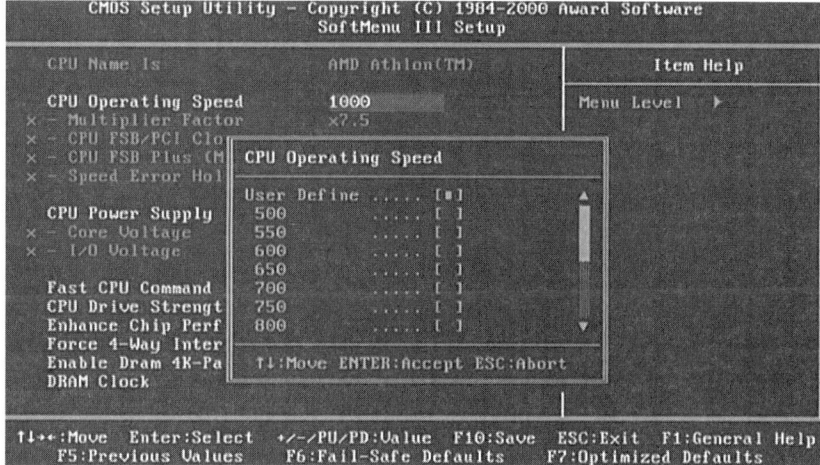

2 Jetzt können Sie den Multiplikator, mit dem die Taktfrequenz prozessorintern erhöht wird, in Stufen von 0,5 heraufsetzen. Das geht, indem Sie entsprechende Werte unter der Option *Multiplier Factor* einstellen.

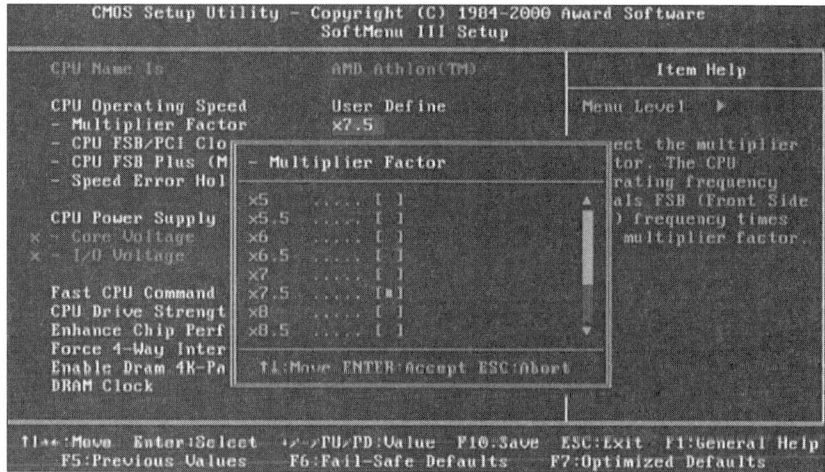

3 Nach jeder Stufe sollten Sie die Veränderung abspeichern, das BIOS-Setup verlassen und das Verhalten des Rechners hinsichtlich der Geschwindigkeit austesten.

171

Vornehmen der Einstellungen, 2. Variante

1 Wechseln Sie im BIOS ins *Advanced*-Menü und setzen Sie die Option *CPU Speed* auf den Wert *Manual*.

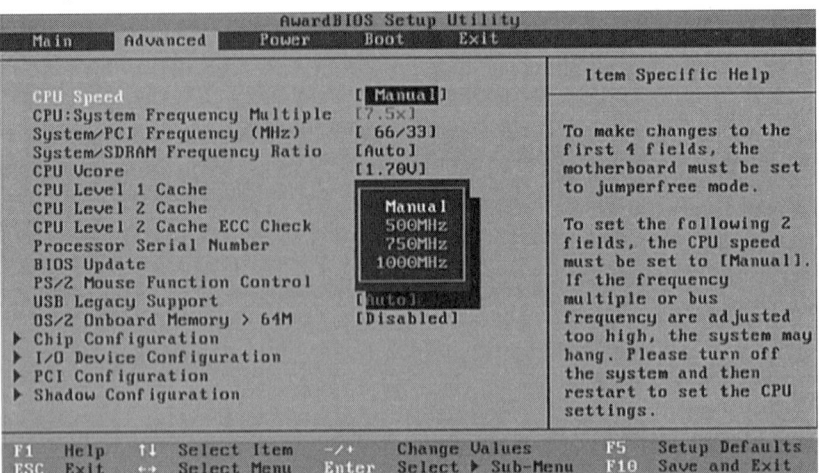

2 Jetzt können Sie den Multiplikator, mit dem die Taktfrequenz prozessorintern erhöht wird, in Stufen von 0,5 heraufsetzen. Das geht, indem Sie entsprechende Werte unter der Option *CPU: System Frequency Multiple* einstellen.

3 Nach jeder Stufe sollten Sie die Veränderung abspeichern, das BIOS-Setup verlassen und das Verhalten des Rechners hinsichtlich der Geschwindigkeit austesten.

Wie weit Sie die Frequenz insgesamt erhöhen, bleibt letztlich Ihnen überlassen, aber weiter als eine oder zwei Stufen à 0,5 sollten Sie nicht gehen. Die meisten CPUs vertragen ohne Probleme einen höheren Takt von etwa 10 bis 15 %, mit zusätzlichen Maßnahmen vielleicht auch etwas mehr.

Wenn der Rechner nicht mehr stabil läuft oder erst gar nicht mehr hochfährt, haben Sie zunächst die Grenze der Übertaktbarkeit erreicht. Jetzt haben Sie zwei Möglichkeiten: Entweder stufen Sie den Multiplikator wieder zurück, oder Sie ergreifen zusätzliche Maßnahmen, indem Sie die Betriebsspannung erhöhen oder das Speicher-Timing reduzieren. Wie das geht, lesen Sie im Anschluss bzw. ab Seite 101.

Übertakten eines Athlon (Thunderbird) oder Duron

Sockel-A-CPUs von AMD besitzen eine Schwachstelle, mit der die feste Einstellung des internen Taktmultiplikators außer Funktion gesetzt werden kann: Die Codierung findet mithilfe von Metallstegen statt, die auf der Oberseite des Prozessorgehäuses offen zugänglich sind. Bevor bei der Produktion die CPU in eine bestimmte Frequenzklasse eingestuft wird, sind alle Metallbrücken geschlossen, der Multiplikator ist frei einstellbar. Erst nach der Qua-

Normale Einstellung und Overclocking

litätskontrolle, bei der die Verträglichkeit hoher Taktfrequenzen bestimmt wird, werden einige der Metallbrücken mit einem Laser durchtrennt und so ein fester Multiplikator eingestellt. Durch erneutes Schließen der Kontakte wird die feste Einstellung des Multiplikators wieder aufgehoben.

> **Hinweis**
>
> **Filigranarbeit**
> Die zu schließenden Kontakte auf dem Prozessor sind sehr klein. Ein unsauberer Strich kann einen Kurzschluss herstellen, der akute Lebensgefahr für Ihre CPU bedeutet. Arbeiten Sie am besten mit einem Vergrößerungsglas und mit einem sehr feinen Bleistift.

1 Um die Metallbrücken wieder zu schließen, genügt ein einfacher Strich mit einem weichen Bleistift oder auch ein bisschen Silberleitlack. Stellen Sie sicher, dass alle offenen Kontakte in der Sektion **L1** auf der Prozessoroberseite auf diese Weise wieder geschlossen werden. Achten Sie unbedingt darauf, dass Sie die verschiedenen Brücken nicht versehentlich untereinander kurzschließen, denn das könnte fatale Folgen haben.

2 Jetzt können Sie den Taktmultiplikator auf dem Mainboard erhöhen. Wie das geht, konnten Sie bereits im vorherigen Abschnitt nachlesen. Beginnen Sie mit einer Stufe von 0,5 und testen Sie Stabilität und Leistung des Rechners (z. B. mit Benchmark-Programmen, siehe Seite 258). Überprüfen Sie die Temperatur des Prozessors. Wenn der Rechner zufriedenstellend läuft, erhöhen Sie den Multiplikator um eine weitere Stufe und so weiter. Irgendwann ist der Punkt erreicht, an dem der Rechner nicht mehr stabil läuft oder erst gar nicht mehr hochfährt, der Bildschirm bleibt dann einfach schwarz. Jetzt haben Sie zwei Möglichkeiten: Entweder stufen Sie den Multiplikator wieder zurück oder Sie ergreifen zusätzliche Maßnahmen, indem Sie die Betriebsspannung erhöhen.

Spannung muss her: Verhelfen Sie der CPU zu mehr Energie

Achtung
Äußerste Vorsicht ist geboten!
Wenn der Rechner nicht mehr startet, haben Sie unter normalen Betriebsbedingungen bereits die Kapazitätsgrenze der CPU erreicht. Das deutet darauf hin, dass der Prozessor bereits jetzt enorm belastet wird. Alle weiteren Maßnahmen, die wir in diesem Abschnitt beschreiben, sollten Sie nur unter größter Vorsicht und sehr sorgfältig nachvollziehen. Und vor allen Dingen ist in diesem Stadium eine ausgezeichnete Kühlung der aktiven CPU erforderlich, um Schäden zu vermeiden. Beschaffen Sie sich einen Spezialkühler mit Übergröße, schnellerem Lüfter und Kupferkörper, um eine Überhitzung zu vermeiden, bevor Sie weitere Versuche unternehmen.

Der Grund, weshalb der Rechner nicht mehr bootet, ist der gestiegene Energiebedarf des Prozessors bei höheren Frequenzen. Mit der ursprünglichen Spannungseinstellung ist das Mainboard nicht dazu in der Lage, genug Strom für den Prozessor zu liefern. Um den Prozessor mit der überhöhten Frequenz zum Leben zu erwecken, müssen Sie deshalb die Versorgungsspannung des Prozessorkerns erhöhen. Voraussetzung ist allerdings, dass das Mainboard entsprechende Einstellungsmöglichkeiten bietet. Die Einstellung wird entweder per Jumper auf der Platine (siehe dazu das Handbuch des Mainboards) oder über die entsprechende Funktion im BIOS-Setup des Mainboards vorgenommen.

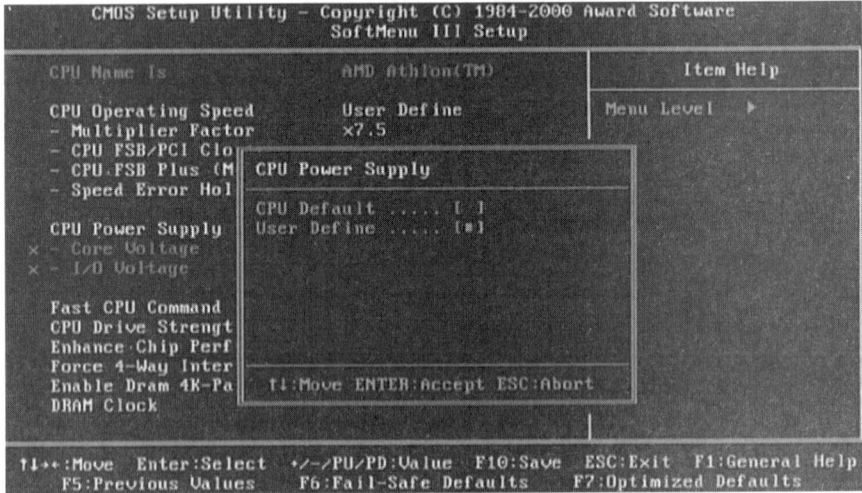

Normale Einstellung und Overclocking

1 Setzen Sie die Option *CPU Power Supply* im CPU-Menü des BIOS-Setup auf *User Define*.

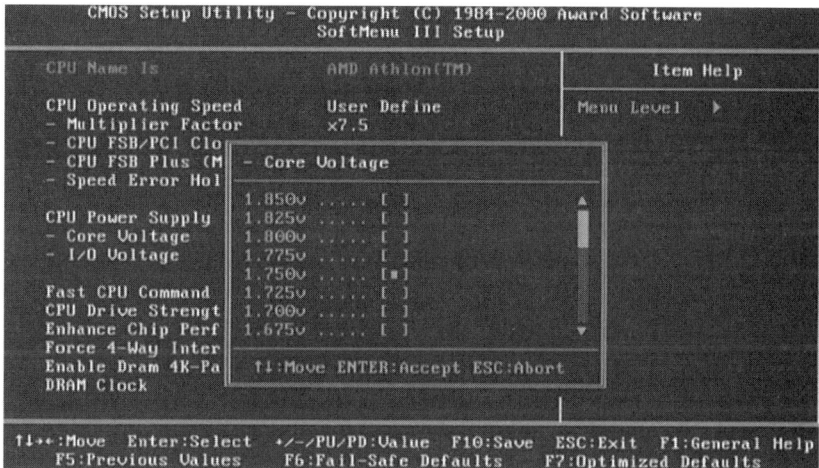

2 Die weitere Vorgehensweise ähnelt der beim Übertakten: Erhöhen Sie die Kernspannung *Core Voltage* um 0,05 Volt (oder, falls möglich, sogar nur um 0,025 Volt), speichern Sie die Veränderungen ab und probieren Sie aus, ob der Rechner wieder startet bzw. stabil läuft. Falls nicht, erhöhen Sie um eine weitere Stufe. Dabei sollten Sie sich an der Tabelle mit den technischen Daten der Prozessoren orientieren, um nicht zu weit zu gehen. Falls Sie z. B. einen Duron 800 auf 1 GHz übertakten möchten, können Sie anhand der Tabelle ersehen, dass ein baugleicher Athlon-Thunderbird bei dieser Taktfrequenz eine Spannung von 1,75 Volt benötigt. Eine einzelne Erhöhung um 0,05 Volt sollte also bereits den gewünschten Erfolg bringen. Der Schritt auf 1,80 Volt sollte ebenfalls noch vertretbar sein, aber wir können Ihnen nicht empfehlen, darüber hinaus zu gehen.

Nach einem erfolgreichen Start behalten Sie den Computer eine Zeit lang im Auge: Überprüfen Sie Stabilität und Leistung und kontrollieren Sie die Temperatur des Prozessors.

Erhöhung des Systemtakts – Erfolgsaussichten kalkulieren

Als zweite Variante, um eine CPU zu mehr Leistung zu bringen, kann der Systemtakt des gesamten Rechners erhöht werden. Das steigert die Arbeitsgeschwindigkeit des Rechners sogar noch deutlicher, als es durch das reine Übertakten der CPU möglich wäre.

Die Erhöhung des CPU-Takts allein führt zwar zu mehr Rechenbefehlen pro Sekunde, ändert jedoch nichts an der Übertragungsgeschwindigkeit der Daten zwischen Speicher und CPU. Wenn Sie jedoch den Systemtakt erhöhen,

Rückgrat: Prozessor und Systembus

werden auf dem Systembus zusätzlich schnellere Zugriffe auf den Arbeitsspeicher bzw. auf den L2-Cache möglich. Damit sind deutlich größere Gewinne bei der Verarbeitungsgeschwindigkeit zu erreichen als nur beim Einsatz einer schnelleren CPU bzw. dem Übertakten des Prozessors. Im Fall der aktuellen Intel-Prozessoren ist dies sogar die einzige Möglichkeit, die CPU zu übertakten.

Die Erhöhung des Systemtakts zieht jedoch in der Folge die Erhöhung der Taktung von PCI-Bus, AGP-Schnittstelle und CPU nach sich, sodass dieser Eingriff nur mit sorgfältiger Vorbereitung angewendet werden sollte.

Bei Erhöhung des Systemtakts sind folgende Auswirkungen zu bedenken:

- Der Prozessor wird bei gleichem Multiplikator unmittelbar mit übertaktet. Wurde die CPU bei 100 MHz Systemtakt mit 5 x 100 MHz = 500 MHz betrieben, erhöht sich der Takt bei einer externen Frequenz von 115 MHz unmittelbar auf 5 x 115 MHz = 575 MHz.

- Der PCI-Bus arbeitet auf älteren 66-MHz-Mainboards mit der halben Systemfrequenz, bei 100-MHz-Boards mit einem Drittel, also mit 33 MHz. Im Fall z. B. einer Erhöhung von 100 auf 112 MHz erhöht sich die PCI-Busfrequenz auf den „krummen Wert" von ca. 37 MHz und liegt damit über der Spezifikation des PCI-Bus von 33 MHz. Es ist bei dieser Taktung auf jeden Fall zu überprüfen, ob alle Komponenten am PCI-Bus (SCSI-Controller, Grafikkarte, Netzwerkkarte usw.) diese Frequenz vertragen können. Bei größeren Frequenzsprüngen ist es dann unbedingt erforderlich, den Teiler zwischen Systemtakt und PCI-Takt neu einzustellen. Das geht mit der Option *PCI Clock/CPU FSB Clock* oder *PCI Clock Frequency*, mit der dieser Teiler auf 1/2, 1/3 oder 1/4 eingestellt werden kann.

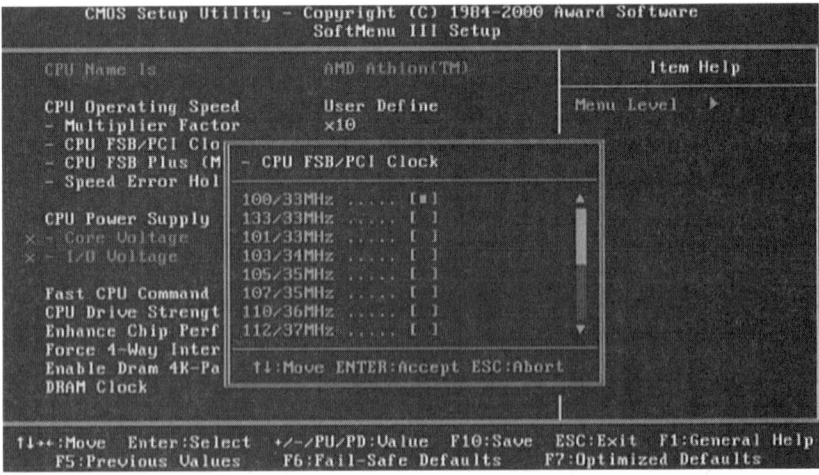

- Das Gleiche gilt für die AGP-Schnittstelle, die in der Regel durch einen festen Teiler vom Systemtakt abhängt. Bei 100 MHz sind das zwei Drittel des Systemtakts, also 66 MHz. Dieser Wert steigt auf stolze 89 MHz an, wenn Sie Ihr Mainboard mit 133 MHz betreiben, was z. B. mit dem Intel-440BX-Chipsatz und einem schnellen Pentium III oft möglich ist. Damit wird allerdings die Grafikkarte ebenfalls mit einem höheren Takt versorgt, was zu Ausfällen führen kann. Grafikchips werden schon im „Normalbetrieb" ziemlich heiß und können unter Umständen den plötzlichen Hitzetod erleiden. Um Probleme zu vermeiden, setzen Sie die Option *AGP Clock/CPU FSB Clock* auf einen niedrigeren Wert. Bei 66 MHz ist 1/1 die richtige Einstellung, bei 100 MHz 2/3 und bei 133 MHz 1/2. Geringfügige Überschreitungen der jeweiligen Systemfrequenzen sollten bei einer richtigen Teilereinstellung weitgehend unproblematisch sein. Im Zweifelsfall können Sie noch versuchen, mit der Option *AGP 4.x Driving Control* (sofern vorhanden) die Spannungsversorgung der Grafikkarte zu erhöhen, um das System zu stabilisieren (mehr dazu siehe Seite 77).

- Die Zugriffe auf den Arbeitsspeicher werden deutlich schneller (was ja das eigentliche Ziel der Übung ist). Damit die schnelleren Zugriffe möglich sind, muss der Arbeitsspeicher mitspielen. Durch den erhöhten Systemtakt wird oft die Leistungsgrenze erreicht. EDO- und FPM-RAM-Bausteine (Zugriffszeit 60 bis 70 ns) sind für einen Systemtakt von 66 MHz, neuere PC-100-SDRAMs (10 ns) hingegen für einen Systemtakt von 100 MHz ausgelegt. Um Ihren Computer mit 133 MHz zu betreiben, sollten Sie über PC-133-SDRAMs verfügen, die auch diese Frequenz vertragen.

Erhöhung des Systemtakts bei älteren Mainboards

Bei älteren Mainboards wird der Takt des PCI-Bus (33 MHz) unmittelbar durch Halbierung des Systemtakts gewonnen (synchrone Taktung). Bei diesen Computern kann der Systemtakt in der Praxis maximal auf 75 MHz erhöht werden. Voraussetzung ist jedoch, dass die Erweiterungskarten am PCI-Bus mit diesem erhöhten Takt von 75 MHz / 2 = 37,5 MHz korrekt arbeiten.

Um im Zweifelsfall eine zu starke Übertaktung des Prozessors zu vermeiden, muss der Multiplikator erniedrigt werden. Die Einstellung des CPU-Takts von 3,5 x 66 MHz = 233 MHz müsste demnach auf 3 x 75 MHz = 225 MHz gesenkt werden. Ansonsten würden Sie den Prozessor mit 3,5 x 75 MHz = 262,5 um einen zu großen Wert übertakten. Insgesamt ist dennoch eine Verbesserung der Arbeitsgeschwindigkeit zu erwarten, da das gesamte System mehr von der Erhöhung des Systemtakts profitiert als in der Folge unter der Senkung des CPU-Takts leidet.

Fazit

Die CPU, um deren Übertaktung es in den meisten Fällen geht, ist selten das Problem, wenn eine Übertaktung des Systembus fehlschlägt. Viel häufiger machen andere Komponenten, deren Übertaktung oft gar nicht bemerkt wird, Probleme. Der Übersichtlichkeit halber finden Sie die obigen Überlegungen noch einmal in der folgenden Tabelle zusammengefasst:

Spezifikation	Betrieben mit	AGP-Takt	PCI-Takt	Erfolgsaussichten
66 MHz	66 MHz	66 MHz	33 MHz	Standardeinstellung
	75 MHz	75 MHz	37,5 MHz	Mittel
	83 MHz	83 MHz	41,5 MHz	Sehr gering
100 MHz	100 MHz	66 MHz	33 MHz	Standardeinstellung
	103 MHz	68,7 MHz	33,4 MHz	Extrem hoch
	112,5 MHz	75 MHz	37,5 MHz	Mittel
	124,5 MHz	83 MHz	41,5 MHz	Sehr gering
133 MHz	133 MHz	66 MHz	33 MHz	Standardeinstellung
	140 MHz	70 MHz	35 MHz	Hoch
	150 MHz	75 MHz	37,5 MHz	Mittel
	160 MHz	80 MHz	40 MHz	Gering

7.3 Das Zusammenspiel von Speicher und Prozessor

Natürlich ist neben allen anderen Komponenten auch der Arbeitsspeicher betroffen, wenn Sie die System- und Prozessorfrequenz einstellen. Dabei spielt es zunächst einmal keine Rolle, ob Sie Ihren Prozessor bzw. das System mit der korrekten Frequenz betreiben oder ob Sie beides übertakten. In jedem Fall müssen die Speicherbausteine mit einer Frequenz betrieben werden, die ihren Fähigkeiten bzw. ihrer Zugriffszeit entsprechen, denn sonst erhalten Sie einen permanent instabilen Rechner. In diesem Abschnitt sagen wir Ihnen, welche Auswirkungen das Einstellen des Systemtakts hat, wie Sie die Taktfrequenz des Speichers separat einstellen und wie Sie häufigen Abstürzen entgegenwirken.

Der Speichertakt

Grundsätzlich gilt, dass die Speicherbausteine mit dem Systemtakt betrieben werden, also mit 66, 100 oder 133 MHz, je nach eingesetzter CPU. Das ist übrigens auch der Fall bei modernen Speichertechniken wie RDRAM oder DDR-SDRAM, denn hier wird ähnlich wie bei einer CPU eine interne Takterhöhung benutzt (im Fall von RDRAM), oder es werden beide Signalflanken des Systemtakts zur Datenübertragung ausgenutzt (im Fall von DDR-SDRAM). So werden RDRAM-Bausteine extern mit 100 MHz betrieben, DDR-SDRAM-Bausteine mit 133 MHz.

Das bedeutet, dass sich der Speichertakt ebenfalls erhöht, wenn Sie Ihr System auf eine höhere Frequenz umstellen, und damit geraten Sie nach einer Weile an die Leistungsgrenze der RAM-Bausteine.

Das Zusammenspiel von Speicher und Prozessor

Was halten DIMMs aus?

Wie Sie bereits im Kapitel über das Speicher-Timing nachlesen konnten, ist die Zugriffs- bzw. Latenzzeit der Speicherbausteine dafür entscheidend, mit welcher Taktfrequenz sie betrieben werden können. Das gilt insbesondere für alle Arten von SDRAM-Bausteinen, weil die Abfolge der einzelnen Schritte beim Speicherzugriff unmittelbar an den Systemtakt geknüpft ist (siehe dazu ab Seite 90). Je niedriger die Latenzzeit der SDRAM-Bausteine ist, desto schneller können die einzelnen Schritte hintereinander durchgeführt werden und desto höher ist der Systemtakt, mit dem die Bausteine betrieben werden können. Dementsprechend existieren die bekannten Qualitätsstufen „PC-100" und „PC-133", die herkömmliche SDRAM-Speicherriegel als geeignet für den Einsatz mit 100 bzw. 133 MHz einstufen.

Ein Überschreiten dieser Stufen um wenige oder einige MHz ist sicherlich unproblematisch, denn wie auch Prozessoren besitzen SDRAM-Bausteine Sicherheitstoleranzen, die ausgenutzt werden können. So ist es z. B. ohne Schwierigkeiten möglich, PC-100-Bausteine in einem übertakteten System bei 112 MHz zu betreiben. Innerhalb dieser Grenzen sollte es einem durchschnittlichen Speicherbaustein trotz der kürzeren Taktzyklen möglich sein, alle angeforderten Daten rechtzeitig am Bus bereitzustellen. Sollte es Probleme mit der Stabilität geben, können Sie im Zweifelsfall das Speicher-Timing um eine Stufe langsamer stellen. Dazu benutzen Sie am einfachsten Optionen wie *Bank x/y DRAM Timing* oder *SDRAM Configuration*. Stellen Sie den Wert von *Turbo* auf *Fast* oder von *Fast* auf *Medium* zurück.

Eine andere Möglichkeit ist die direkte Einflussnahme auf die Verwendung von Wartezyklen. So können Sie mit der Option *SDRAM CAS Latency* oder der Option *SDRAM RAS to CAS Latency* festlegen, dass zwischen verschiedenen Schritten des Speicherzugriffs 3 anstelle von 2 Taktzyklen vergehen sollen. Die zusätzlichen Wartezyklen verschaffen den RAM-Bausteinen mehr Zeit, den Speicherzugriff durchzuführen. Mehr Details zu diesen Optionen können Sie ab Seite 101 nachlesen.

Wenig empfehlenswert ist hingegen der Einsatz von Speicherbausteinen eine ganzen Stufe oberhalb ihrer Spezifikation. Bei dem Betrieb von PC-100-Bausteinen bei 133 MHz kommt es mit an Sicherheit grenzender Wahrscheinlichkeit zu Problemen, auch wenn Sie das Timing herabsetzen. Darüber hinaus werden die Bausteine wesentlich stärker erhitzt als im Normalbetrieb, was ihre Lebensdauer drastisch (bis auf wenige Augenblicke) verkürzen kann. Außerdem hat ein aggressives Speicher-Timing größere Auswirkungen als das Erhöhen der Taktfrequenz: So bietet ein SDRAM-Baustein mit einem schnelleren Timing bei 133 MHz mehr Leistung als übertaktet und mit langsamem Timing bei 150 MHz. Alles in allem überwiegen die Nachteile einer solchen Übertaktung die Vorteile bei weitem.

Das Benchmark-Programm entscheidet

Natürlich verschlechtert sich durch ein langsames Speicher-Timing bei höheren Frequenzen die Performance, und der Vorteil, den Sie durch Übertakten des Systems gewonnen haben, geht zum Teil wieder verloren. Letztlich müssen Sie durch den Einsatz eines Benchmark-Programms (siehe auch ab Seite 258) herausfinden, was für Sie die beste Einstellung ist. Optimal ist sicherlich ein maßvolles Übertakten, das die Verwendung eines schnellen Speicher-Timings gerade noch zulässt.

DRAM Clock

Natürlich möchten Sie aufgrund langsamer Speicherbausteine nicht darauf verzichten, Ihren Prozessor mit der vollen Systemfrequenz zu betreiben. Andersherum möchten Sie nicht die Leistung Ihrer PC-133-RAMs verschenken, weil die CPU nur einen Systemtakt von 100 MHz benötigt. Deshalb bieten nahezu alle aktuellen Chipsätze die Möglichkeit, den Speicher separat herauf- oder herunterzutakten.

Mit der Option *DRAM Clock* können Sie den Speichertakt auf den Systemtakt, den Systemtakt + 33 MHz oder den Systemtakt - 33 MHz einstellen, und werden damit genau den Fähigkeiten Ihrer Speicherbausteine gerecht. Wie erwähnt, ist es nicht empfehlenswert, die Bausteine um eine ganze Leistungsklasse zu übertakten, achten Sie deshalb darauf, dass diese Einstellung den richtigen Wert trifft.

Auto Detect DIMM/PCI Clk

Falls diese Option auf *Enabled* gesetzt ist, regelt das BIOS sowieso alles automatisch, weil die richtigen Konfigurationsdaten dem SPD-Baustein (Serial Presence Detect) auf dem Speicherriegel entnommen werden. Für nahezu alle Benutzer ist diese Einstellung deshalb empfehlenswert.

Achtung
Die langsamsten Bausteine zuerst

Auf vielen Mainboards werden nur die Konfigurationsdaten des Speicherriegels in der ersten Bank für das Speicher-Timing und die Frequenz herangezogen. Sollten Sie mehrere unterschiedlich schnelle Bausteine in Ihrem PC verwenden, sollte deshalb der langsamste Riegel in der ersten Bank sitzen, damit sich das BIOS daran orientieren kann. Nur so wird Ihr PC mit Sicherheit stabil laufen.

7.4 L1- und L2-Cache: Öl im Getriebe des Prozessors

Level-1- und Leve-l2-Cache sind zwei extrem schnelle Zwischenspeicher, in denen Daten für den Zugriff durch den Prozessor zwischengelagert werden. Sie bestehen aus SRAM-Bausteinen, die über eine wesentlich geringere Latenzzeit verfügen und sind bei modernen PCs direkt in den Silizium-Chip der CPU integriert. Das führt dazu, dass sie mit der vollen Prozessorfrequenz (also momentan bis zu 1,8 GHz) angesprochen werden können.

Der L1-Cache ist dabei mit 8 bis 32 KByte wesentlich kleiner als L2 mit 128 bis 256 KByte, besteht aber aus noch schnelleren Speicherbausteinen. In ihm werden die am dringendsten benötigten Daten für den Zugriff durch die CPU abgelegt, die wiederum vom L2-Cache bereitgestellt werden. Die unterste und langsamste Stufe in dieser Pyramide stellt der Arbeitsspeicher dar, aus dem die Daten in den L2-Cache geladen werden.

90 bis 95 % aller Daten, die vom Prozessor angefordert werden, werden aus L1- und L2-Cache angeliefert, deshalb wirken sich deren Größe und Geschwindigkeit sehr stark auf die Gesamtperformance des Systems aus. Veränderungen der Prozessortechnologie fanden nicht zuletzt auf diesem Gebiet statt: Beim Pentium II wurde der L2-Cache vom Mainboard auf die Prozessorplatine genommen (halber CPU-Takt), beim Pentium III Coppermine schließlich direkt auf den Prozessorchip (voller CPU-Takt). Preiswerte Prozessoren wie der Celeron oder der Duron unterscheiden sich von ihren großen Geschwistern nur dadurch, dass sie mit einem kleineren L2-Cache ausgestattet sind.

Einstellungen am L1- und L2-Cache

Bei den meisten aktuellen BIOS-Versionen finden sich im *BIOS Features Setup* zwei Optionen, mit denen L1- und L2-Cache abgeschaltet werden können. Sie sind z. B. mit *CPU Internal Cache* und *CPU External Cache* bezeichnet. Sie sollten beide Optionen unbedingt auf *Enabled* stehen lassen, denn ohne L1- und L2-Cache sinkt die Leistung der CPU auf unter 65 % ab.

Anders sieht es dagegen mit der Option *CPU L2 Cache ECC Checking* aus (**E**rror **C**hecking and **C**orrection, Fehlerprüfung und -korrektur), sie aktiviert bzw. deaktiviert die Fehlerprüfung des L2-Cache. Im Phoenix-BIOS wird diese Option auch mit *L2 Cache ECC* bezeichnet. Da die Fehlerprüfung nur bei besonders sensiblen Systemen wie Netzwerkservern benötigt wird, sollten Sie diese Option im Normalfall auf *Disabled* setzen. Andernfalls belasten Sie Ihr System durch die zusätzlichen Daten, die bei der Fehlerprüfung über den Bus geschickt werden müssen. Durch Ausschalten erreichen Sie eine Leistungssteigerung, die durchaus im Rahmen von 1 % liegt.

Falls Sie Ihr System oder Ihren Prozessor übertaktet haben, lässt sich durch Einschalten der Option allerdings eine verbesserte Stabilität erreichen, weil der L2-Cache eher mit Fehlern auf die Erhöhung des Systemtakts reagiert als der Prozessorkern.

7.5 Troubleshooting

Der Rechner stürzt nach einiger Zeit unkontrolliert ab.

Ganz klar, die erste Ursache, nach der Sie suchen sollten, ist die Temperatur. Mit aller Wahrscheinlichkeit handelt es sich um ein thermisches Problem.

Der Prozessor wird zu heiß

Wenn der Rechner immer wieder heftig und unkontrollierbar bis in den Keller abstürzt (wie ein Druck auf die Reset-Taste), wird es Ihrem Prozessor zu warm.

Lösung:

- Überprüfen Sie, ob die Taktrate und die Versorgungsspannung für den Prozessor richtig eingestellt sind. Eine (viel) zu hohe Taktfrequenz lässt die CPU zu heiß werden. Dasselbe gilt, wenn die Spannung für den Prozessor nicht 100%ig eingestellt ist. Eine geringfügig zu hohe Einstellung (z. B. 1,85 Volt statt 1,75 Volt) lässt den Prozessor zwar funktionieren, sorgt aber für zu große Hitze.

- Tauschen Sie den Kühler aus. Besonders wenn Sie Ihren Prozessor über die 1-GHz-Grenze hinaus übertaktet haben (oder dort ganz normal mit seiner Betriebsfrequenz betreiben), kann es sein, dass die Kühlleistung Ihres alten Kühlers nicht ausreicht. Ersetzen Sie ihn durch ein größeres Exemplar, am besten mit feinen Kupfer- oder Aluminiumrippen und einem kugelgelagerten Lüfter.

- Kontrollieren Sie, ob der Prozessorlüfter angeschlossen ist und funktioniert. Manchmal vergisst man in der Hitze des Gefechts, den Prozessorlüfter an einen Stromanschluss anzuschließen. Holen Sie dies im Zweifelsfall sofort nach. Manchmal geraten auch frei herumhängende Kabel in den Lüfter und blockieren den Propeller. Beseitigen Sie ein solches Hindernis, indem Sie den Störenfried mit Isolierband oder Kabelbindern fixieren.

- Sorgen Sie für einwandfreien Kontakt zwischen Kühler und Prozessor. Helfen Sie mit Wärmeleitpaste oder -folie nach. Auf diese Weise wird die erzeugte Wärme an allen Stellen gleichmäßig abgeführt.

- Stellen Sie Ihren PC so auf, dass alle Lüftungsöffnungen an der Vorder- und Rückseite einwandfrei zugänglich sind, damit immer frische Luft in das Gehäuse gelangen kann. Der Platz direkt neben der Heizung ist vielleicht auch nicht der beste.

- Wenn alle diese Maßnahmen nicht geholfen haben oder nicht zutreffen, verringern Sie stufenweise die Taktrate des Prozessors. Das gilt aber eigentlich nur dann, wenn Sie Ihre CPU übertaktet haben.

Das Mainboard wird zu heiß

Neben dem Prozessor sind auch einige Bauteile auf dem Mainboard sehr empfindlich gegenüber Hitze. Besonders die Spannungsregler für die Versorgung der CPU (die erkennt man an den auffälligen Kühlkörpern) versagen dann manchmal ihren Dienst, weil sie sich bei Überhitzung abschalten. Sie erkennen das an Abstürzen, bei denen der Bildschirm plötzlich schwarz wird.

Lösung:

- Grundsätzlich greifen alle Maßnahmen, mit denen Sie die Kühlung des PCs verbessern können. Insbesondere eine ordentliche Verlegung aller Kabel und die freie Aufstellung des PCs sind wichtig. Ziehen Sie evtl. die Anschaffung eines zusätzlichen Lüfters in Betracht, der in einen freien Slot eingebaut wird (im Elektronikhandel).

- Möglicherweise ist das Mainboard mit der Leistungsaufnahme des Prozessors überfordert. In dem Fall hilft nur ein Heruntertakten der CPU – das verringert die Stromaufnahme – oder generell der Austausch des Mainboard bzw. Prozessors.

Der Prozessor wird nicht korrekt erkannt.

Beim Start des Rechners wird Ihnen eine falscher CPU-Typ angezeigt.

Das kann mehrere Ursachen haben.

1. Das BIOS kennt den Prozessor nicht

Vielleicht ist Ihr Mainboard von den technischen Gegebenheiten zwar dazu in der Lage, Ihren neuen Prozessor zu betreiben, aber das BIOS ist zu alt, um den Prozessor richtig zu identifizieren.

Lösung:

Besorgen Sie sich auf der Homepage des Mainboard-Herstellers eine aktuelle Version des BIOS, in dem neuere Prozessortypen berücksichtigt sind, und führen Sie ein Update durch (siehe Seite 220). Sofern Sie beim Betrieb des Computers keine Probleme haben, ist dieser Schritt nicht unbedingt nötig. Eine Liste der Homepages finden Sie ab Seite 227.

2. Die Taktfrequenz wird falsch angezeigt

Wenn lediglich die Taktfrequenz falsch angezeigt wird, dann liegt das daran, dass die am Prozessor anliegende Taktfrequenz angezeigt wird. Wenn Sie einen Pentium II mit 3,5 x 112 MHz übertakten, wird Ihnen als Prozessortyp völlig korrekt ein Pentium II 392 angezeigt, obwohl Sie eigentlich einen Pentium II 350 verwenden.

Der Rechner stürzt bereits kurz nach dem Booten ab.

Wenn kein grober Fehler vorliegt, sodass es Ihrem Prozessor z. B. extrem zu heiß wird (Kühler funktioniert nicht oder ist vergessen worden, CPU extrem übertaktet), kann die mangelhafte Unterstützung einer neuen CPU schuld sein.

Lösung:

Ein Update des BIOS sorgt dafür, dass Ihre CPU korrekt erkannt wird und alle Funktionen des Prozessors korrekt unterstützt werden. Wie so ein Update durchgeführt wird, lesen Sie ab Seite 220.

Der Rechner ist ungewöhnlich langsam.

Obwohl Sie einen schnellen Prozessor haben, laufen viele Programme nur sehr langsam, die Ergebnisse bei einem Benchmark-Test sind ebenfalls ungewöhnlich niedrig. Die Taktfrequenz wird aber korrekt angezeigt, und es ist auch genügend Speicher eingebaut.

Lösung:

Überprüfen Sie, ob im BIOS der L1- und der L2-Cache eingeschaltet sind. Ohne diese beiden Zwischenspeicher reduziert sich die Leistung der CPU um rund 40 bis 50 %. Sie finden die Optionen *CPU Internal Cache* und *CPU External Cache* im *BIOS Features Setup*. Setzen Sie beide auf *Enabled*. Kontrollieren Sie in diesem Zusammenhang, ob die Fehlerprüfung des L2-Cache (*CPU L2 Cache ECC Checking*) ausgeschaltet ist, denn auf diesem Weg lässt sich ein weiteres Leistungsprozent herausholen.

8. Integrierte Schnittstellen optimieren

Neben den verschiedenen Steckplätzen für die CPU, Erweiterungskarten und den Arbeitsspeicher verfügt jedes Mainboard über verschiedene Schnittstellen. Darüber werden eine Vielzahl von Komponenten an den Rechner angeschlossen, ohne die ein Arbeiten mit dem Rechner nicht möglich wäre. Dazu gehören unter anderem die seriellen und parallelen Schnittstellen, die PS/2-, die USB- sowie evtl. vorhandene Infrarotschnittstellen.

In diesem Kapitel stellen wir Ihnen die maßgeblichen BIOS-Optionen vor, mit denen Sie die verschiedenen Schnittstellen konfigurieren können, und erläutern Ihnen dabei die optimalen Einstellungen.

- Im ersten Abschnitt nehmen wir uns die „althergebrachten" seriellen und parallelen Schnittstellen vor. Wir zeigen Ihnen, wie Sie sie aktivieren oder, falls Sie sie nicht benötigen, deaktivieren können, um Ressourcen zu sparen. Zudem erfahren Sie, wie Sie den Schnittstellen bestimmte Interrupts (IRQs) zuweisen können.

- Praktisch jeder moderne Rechner ist heute mit einer oder mehreren USB-Schnittstellen ausgerüstet, die in vielen Bereichen die seriellen bzw. parallelen Schnittstellen abgelöst haben. Wir zeigen Ihnen das optimale Handling dieser modernen Schnittstellenform.

- Obwohl Infrarotschnittstellen bei Desktopsystemen eher die Ausnahme als die Regel sind, bieten sie doch verschiedene interessante Möglichkeiten des unkomplizierten kabellosen Datenaustauschs. Im dritten Abschnitt zeigen wir Ihnen, wie Infrarotschnittstellen effektiv genutzt werden können.

- Auch in Zeiten von CD-Rs, CD-RWs oder DVD-Rs sind die guten alten Disketten das Mittel der Wahl für den kleinen, schnellen Datenaustausch. In diesem Abschnitt erfahren Sie, welche Einstellungsmöglichkeiten der Floppy-Controller bietet.

- Eine der am meisten unterschätzten PC-Komponenten dürfte die Tastatur sein. Wir zeigen Ihnen, wie Sie durch einfache BIOS-Einstellungen effizienter mit ihr arbeiten können.

- Am Ende des Kapitels finden Sie einen Troubleshooting-Teil, mit dem Sie verschiedene, häufig auftretenden Probleme im Zusammenhang mit Schnittstelleneinstellungen lösen können.

8.1 Serielle und parallele Schnittstellen

Über die seriellen Schnittstellen COM1 und COM2 werden langsamere Peripheriegeräte angeschlossen, da sie nur über eine geringe Datenübertragungsrate verfügen. Die Spezifikationen für Standard-PCs sehen insgesamt vier serielle Schnittstellen (COM1-COM4) vor, die unmittelbar vom BIOS verwaltet werden können.

Die Ausgänge am PC können dabei als 9-polige oder als 25-polige so genannte männliche Buchse ausgeprägt sein. Das Anschlusskabel ist dagegen weiblich ausgeführt.

Neben der seriellen gehört die parallele Schnittstelle auch immer noch zur Standardausstattung eines PCs. Aber auch wenn diese Schnittstelle über ihre primären Bedeutung als simple Druckerverbindung hinaus weiterentwickelt wurde (daher auch die häufige Bezeichnung Druckerschnittstelle), gehört sie dennoch zu den Dinosauriern unter der Computerhardware.

Schnittstellen deaktivieren

Obwohl, wie gesagt, in praktisch jedem Rechner noch serielle bzw. parallele Schnittstellen vorhanden sind, laufen ihnen andere Anschlussformen wie USB oder Firewire langsam den Rang ab. Drucker, Modems, Mäuse oder Tastaturen mit USB-Anschluss sind längst gang und gäbe.

> **Hinweis**
>
> **Firewire: Ein Besucher aus der Macintosh-Welt**
>
> Die Firewire-Schnittstelle, ihre eigentliche technische Bezeichnung ist IEEE 1394, wurde 1986 von der Firma Apple entwickelt. Dieses System erlaubt den Anschluss von bis zu 63 verschiedenen Geräte an einen Bus und besitzt eine sehr große Übertragungsgeschwindigkeit. Der Firewire-Standard wird besonders im Bereich der Videobearbeitung zum Anschluss von Kameras oder anderen Videoquellen eingesetzt, hat sich aber im PC-Bereich noch nicht so recht etabliert.

Falls Sie nur über Hardware mit diesen modernen Schnittstellen verfügen, können Sie durchaus die COM- oder LPT-Ports im BIOS deaktivieren, um die dadurch belegten Ressourcen frei zu machen. Gehen Sie dazu nach dem Start des Rechners ins BIOS und begeben Sie sich ins *Chipset Features Setup*-Menü. Dort werden Sie folgende Einträge finden:

- *Onboard Serial Port 1*
- *Onboard Serial Port 2*
- *Onboard Parallel Port*

Stellen Sie einfach die gewünschten Einträge auf *Disabled*. Nach einem Neustart des Rechners sind die Schnittstellen außer Funktion, und die Ressourcen (IRQs und E/A-Adressen) sind für andere Geräte, z. B. Sound- oder Netzwerkkarten, frei.

IRQs und Adressen zuweisen

Wie erwähnt, werden die seriellen Schnittstellen COM1 bis COM4 durch das BIOS verwaltet. Dabei werden standardmäßig aber nur COM1 und COM2 zur Verfügung gestellt. COM3 und COM4 sind im Allgemeinen nicht installiert und müssen bei Bedarf durch eine zusätzliche Schnittstellenkarte nachgerüstet werden.

Ähnlich verhält es sich bei der parallelen Schnittstelle: Die erste Schnittstelle, die LPT1 genannt wird, wird vom Motherboard zur Verfügung gestellt. Eine zweite namens LPT2 wird funktional unterstützt, steht aber normalerweise nicht zur Verfügung, sondern muss bei Bedarf ebenfalls nachgerüstet werden.

> **Hinweis**
>
> **Nachrüsten von Systemkomponenten**
>
> Eine Anleitung, wie Sie Schnittstellenkarten einbauen, und vieles mehr finden Sie im Buch „PC aufrüsten und reparieren", ebenfalls bei DATA BECKER erschienen.

Das BIOS reserviert für die Schnittstellen (sofern sie nicht deaktiviert wurden) jeweils einen Interrupt und eine E/A-Adresse für den Datenaustausch. Dabei finden Sie standardmäßig folgende Einstellungen:

Schnittstelle	E/A-Adresse	Interrupt (IRQ)
COM1	3F8-3FFh	4
COM2	2F8-2FFh	3
COM3	3F8-3FFh	4
COM4	2F8-2FFh	3
LPT1	378-37Fh	7
LPT2	278-27Fh	5

Bei den meisten BIOS-Versionen können Sie die Ressourcenbelegung manuell einstellen, wobei sich mit dem Interrupt auch die Belegung der E/A-Adressen ändert. Dazu sind die Optionen *Onboard Serial Port* und *Onboard Parallel Port* im *Integrated Peripherals*-Menü zuständig. Nutzen Sie diese Möglichkeit, um eventuelle Systemkonflikte zu beheben.

Tipp

Nichts reparieren, was nicht kaputt ist

Auch hier gilt: „Wenn's nicht kaputt ist, reparier es nicht!". Wenn Ihr System keine Konflikte aufweist, belassen Sie die Einträge, wie Sie sind. Ein Verändern der Werte hat in der Regel keinen positiven Effekt auf Ihren Computer.

Was bedeuten die verschiedenen Modi des Druckerports?

Im Menü *Chipset Features Setup* werden Sie, meist unter *Onboard Parallel Port*, eine weitere Option finden, mit der sich die Betriebsart der parallelen Schnittstelle einstellen lässt. Sie heißt *Parallel Port Mode* und erlaubt verschiedene Einstellungen:

- Normal (auch SPP genannt)
- ECP
- EPP
- ECP + EPP

Sie ist mit der Option *Onboard Parallel Port* verbunden, das heißt, wird die parallele Schnittstelle deaktiviert, können Sie – verständlicherweise – auch ihren Modus nicht mehr einstellen.

Die Betriebsarten der parallelen Schnittstelle

Die parallele Schnittstelle ist eigentlich ein Relikt aus frühen PC-Tagen. Ursprünglich diente sie nur der Kommunikation vom PC zum Drucker. Neben den Datenleitungen gab es noch Status- und Steuerleitungen, über die Informationen ausgetauscht werden konnten. Um als vollständige Schnittstelle im Sinne der Definition zu gelten, musste es aber möglich sein, Daten in beide Richtungen, also bidirektional auszutauschen.

In einer ersten Entwicklungsstufe wurden vier der Steuerleitungen für die Übertragung von Daten vom Drucker zum Rechner genutzt, was bei einer unveränderten Hardware immerhin ca. 100 KByte/s erlaubte.

Eine richtige Weiterentwicklung war allerdings erst der heute noch vorhandene SPP-Modus (**S**tandard **P**arallel **P**ort), der von Anfang an für bidirektionalen Betrieb ausgelegt war. Er erlaubt zwischen 150 und 200 KByte/s.

Bedingt durch die ständig wachsenden Anforderungen an die Datenübertragungsrate folgten zwangsläufig weitere Entwicklungsschritte: 1994 wurde die neue Spezifikation IEEE 1284 veröffentlicht, die gewöhnlich als EPP (**E**nhanced **P**arallel **P**ort) bezeichnet wird. Ohne Änderung der Steckverbindung wurden so theoretisch Datenübertragungen von bis zu 2,3 MByte/s (reell zwischen 900 KByte bis 1,5 MByte/s) möglich. Währenddessen wurden

Serielle und parallele Schnittstellen

noch andere Wege zur Beschleunigung der Kommunikation gesucht. Das Ergebnis war der heute ebenfalls im IEEE 1284-Standard aufgenommene ECP-Modus (**E**nhanced **C**apability **P**ort), der neben den Fähigkeiten des EPP-Modus noch spezielle Kanäle und Zwischenspeicher zur Beschleunigung benutzt. Seine Geschwindigkeit liegt in der Praxis mit ca. 1 MByte/s etwas über der des EPP-Modus.

LPT1-Modus	Übertragungsgeschwindigkeit
Ursprüngliche Spezifikation	100 KByte/s
SPP	150-200 KByte/s
EPP (IEEE 1284)	ca 900-1.500 KByte/s
ECP	ca. 1.000 KByte/s

Optimale BIOS-Einstellungen für die parallele Schnittstelle

Die Betriebsart der parallelen Schnittstelle bestimmt, wie aus den genannten Übertragungsgeschwindigkeiten ersichtlich, ihre Effizienz. Bei modernen Motherboards sind theoretisch alle gebräuchlichen Modi einstellbar, wirklich sinnvoll sind heutzutage aber nur noch *EPP* und *ECP* bzw. der flexible Parallelbetrieb von *ECP+EPP*.

Prüfen Sie anhand der Betriebsanleitung Ihres Druckers oder Scanners, welcher Modus vom Hersteller empfohlen wird. Falls allerdings Probleme, z. B. mit einem älteren Drucker, auftreten, empfiehlt es sich, den SPP-Modus zu versuchen. Die Datenübertragungsrate wird zwar deutlich niedriger ausfallen, andererseits ist die Funktion praktisch aller Drucker in diesem Modus sichergestellt.

ECP DMA Select

Mit der Option *ECP DMA Select* können Sie den DMA-Kanal einstellen, den die Druckerschnittstelle im Betriebsmodus *ECP+EPP* braucht. Die Standardbelegung ist der DMA-Kanal 3, und diese Einstellung können Sie beruhigt beibehalten. Über den Verbrauch dieser Ressource müssen Sie sich keine Gedanken machen, weil keine der aktuellen PCI-Erweiterungskarten mehr einen DMA-Kanal benötigt. Lediglich wenn Sie noch eine ältere ISA-Karte in Ihrem Rechner benutzen, könnte es zu einem Konflikt kommen. In diesem Fall ändern Sie die Einstellung nach *1*.

Mode Select

Bei manchen BIOS-Versionen können Sie über die Funktion *Mode Select* noch festlegen, welche Version von EPP Sie benutzen möchten. Die möglichen Optionen sind

- EPP 1.7
- EPP 1.9

Epp 1.9 bietet Ihnen eine bessere Performance und wird in den meisten Fällen ordnungsgemäß arbeiten. Versuchen Sie nur bei Verbindungsproblemen die Option *EPP 1.7*.

8.2 Handling der USB-Schnittstelle

Die USB-Schnittstelle (**U**niversal **S**erial **B**us) ist eine relativ moderne Geräteschnittstelle. Sie wird ab Windows 95b unterstützt und ist erst seit Windows 98 vollständig implementiert. Dementsprechend ist die Ordnung der BIOS-Optionen zum USB-Port noch nicht besonders weit gediehen, wer an dieser Schnittstelle Einstellungen vornehmen möchte, muss sich in einige verschiedene Menüs begeben.

USB deaktivieren

Falls Sie keine USB-Geräte nutzen, sollten Sie auch hier die Schnittstelle deaktivieren, um Ressourcen zu sparen. Dies geschieht über die Option *On Chip USB*, auch *USB Controller* genannt, im *Chipset Features Setup*. Stellen Sie sie zum Abschalten der Schnittstelle einfach auf *Disabled*.

IRQ für USB zuweisen

Über die Option *Assign IRQ for USB* im *PnP/PCI Configuration*-Menü können Sie entscheiden, ob der USB-Schnittstelle ein eigener IRQ zugeteilt werden soll oder nicht. Falls Sie Systemkonflikte mit anderen Geräten haben, können Sie den Interrupt 11 durch Setzen der Option auf *Disabled* frei machen.

Spezielle USB-Optionen nutzen

In verschiedenen BIOS-Versionen finden sich spezielle USB-Einstellungsmöglichkeiten, mit denen der Betrieb von USB-Tastaturen eingestellt werden kann (zu Einstellungen der Tastatur siehe auch unten ab Seite 194). Diese Funktionen sind sehr spezifisch, deshalb besteht eine gewisse Wahrscheinlichkeit, dass sie bei Ihnen nicht vorhanden sind.

USB Keyboard Support

Optionen: *Enabled*, *Disabled*

Durch diese Option wird die Funktionalität einer USB-Tastatur aktiviert oder deaktiviert. Falls Sie keine solche Tastatur benutzen, können Sie sie abschalten.

USB Keyboard Support Via

Optionen: *OS, BIOS*

Hierbei wird bestimmt, ob die Unterstützung der USB-Tastatur durch das Betriebssystem oder durchs BIOS erfolgt. Eine Unterstützung durch das Betriebssystem ermöglicht eine bessere Funktionalität, hat aber zur Folge, dass ein Betrieb unter DOS nicht möglich ist. Wenn Sie also im reinen DOS-Modus arbeiten wollen, stellen Sie die Option auf *BIOS*.

8.3 IR-Schnittstelle

Es ist heutzutage üblich, die meisten modernen Geräte der Unterhaltungsindustrie wie Fernseher oder Videorekorder mithilfe einer Fernbedienung zu bedienen, die mit Infrarottechnik arbeitet. Auch im PC-Bereich finden sich verschiedene Anwendungsbereiche für Infrarotverbindungen, z. B. die Kommunikation mit oder zwischen Handheld-Computern.

> **Hinweis**
> **Infrarot bei Palms**
> Informationen, Tipps und Tricks zur IR-Kommunikation bei Palms, die zu den beliebtesten Handhelds gehören, finden Sie in „Das große Buch Palm", ebenfalls bei DATA BECKER erschienen.

Ein weiterer Verwendungszweck ist der Gebrauch bei Notebooks und anderen mobilen PCs, die nur über begrenzte Anschlussmöglichkeiten für Peripherie verfügen. Die so genannten IRDa-Schnittstellen erlauben den kabellosen Anschluss mehrerer Geräte im Multipoint-Verfahren, wodurch gleich mehrere Abschlüsse ersetzt werden können.

Bei normalen PC-Systemen sind Infrarotschnittstellen, die nach dem IEEE 802.11-Standard Datenübertragungsraten bis zu 115 KBit/s leisten können, eher selten anzutreffen. Obwohl die Schnittstelle auf vielen Mainboards vorhanden ist, fehlt in der Regel die Sende-/Empfangseinheit, die erst die Kommunikation ermöglicht. Sehr viel gebräuchlicher sind dagegen kabellose Eingabegeräten wie IR-Mäuse und -Tastaturen, die aber in den meisten Fällen mithilfe eines Wandlers an eine konventionelle Schnittstelle angeschlossen werden.

Aktivierung der IR-Schnittstelle

Wenn Sie die IR-Schnittstelle auf Ihrem Mainboard nutzen möchten, müssen Sie sie zunächst im BIOS einschalten.

Onboard IR Function

Optionen: *IrDA (HPSIR) Mode*; *ASK IR* (**A**mplitude **S**hift **K**eyed IR) *Mode*; *Disabled*

Beachten Sie bei der Aktivierung der *Onboard IR Function*, die Sie auch als *UART2 Use Infrared* finden, dass sie direkt mit der *Onboard Serial Port 2*-Option verbunden ist. Wenn Sie also die zweite serielle Schnittstelle deaktivieren, können Sie kein IR-Gerät benutzen. Andersherum ist eine Belegung von COM2 nicht möglich, wenn die IR-Schnittstelle aktiviert ist.

Zur Festlegung, welchen Modus Sie einstellen, prüfen Sie die Anforderungen im Handbuch des IR-Geräts.

Spezielle Einstellungen der IR-Schnittstelle

Bei einigen BIOS-Versionen finden Sie zusätzliche Optionen zum Betriebsmodus der Infrarotschnittstelle.

Duplex Select

Die Option *Duplex Select* findet sich gewöhnlich unterhalb der *Onboard Serial Port 2*-Option und ist von ihrer Einstellung abhängig. Wenn die COM2-Schnittstelle deaktiviert wird, verschwindet auch die Möglichkeit, *Duplex Select* zu nutzen. Mit dieser Option wird die Übertragungsart des IR-Ports mit den Optionen *Full-Duplex* oder *Half-Duplex* definiert.

Half-Duplex erlaubt die Kommunikation in eine Richtung zur gleichen Zeit, *Full-Duplex* macht dagegen einen Datenaustausch in beide Richtungen zur gleichen Zeit möglich, was die Kommunikation beschleunigt. Dieser Modus wird allerdings nicht von allen Geräten unterstützt, schauen Sie also im Handbuch nach, ob das bei Ihren Geräten der Fall ist.

RxD, TxD Active

Auch diese Option ist mit der Einstellung *Onboard Serial Port 2* verbunden. Mit den Varianten *High* und *Low* nehmen Sie Einfluss auf die Polarität der IR-Übertragung. Überprüfen Sie im Handbuch Ihrer IR-Geräte, welche die für Sie richtige Einstellung ist.

8.4 Floppy-Controller konfigurieren

Der FDC (**F**loppy **D**isc **C**ontroller) ist ein auf dem Mainboard befindliches Bauteil, das die Funktionen des Diskettenlaufwerks steuert.

Floppy Disc Controller auf dem Mainboard

Obwohl Disketten heute nicht mehr die Bedeutung für den Datenaustausch haben, wie es noch vor einigen Jahren der Fall war, sind sie doch bis heute der allgemeine Standard geblieben. Kein anderes Format hat sich so durchsetzen können wie die normale 3½-Zoll-Diskette, weswegen auch noch jeder neue PC über solch ein Laufwerk verfügt.

Wie Sie bereits an anderer Stelle gelesen haben, gibt es auch in modernsten BIOS-Versionen verschiedene Features, die bei modernen PC Systemen eigentlich kaum oder gar nicht mehr über das BIOS, sondern über das Betriebssystem gesteuert werden. Solche „Artefakte" findet man auch, wenn man sich mit den verschiedenen Optionen beschäftigt, die das Diskettenlaufwerk steuern. Erst auf den zweiten Blick werden Sie aber erkennen, dass auch diese Optionen heute noch durchaus ihre Daseinsberechtigung besitzen.

Deaktivieren des Floppy-Controllers

Bei den meisten Nutzern kommt das Diskettenlaufwerk erst dann richtig ins Bewusstsein, wenn es durch einen Systemfehler notwendig wird, von einer Startdiskette zu booten.

Wenn Sie das Diskettenlaufwerk überhaupt nicht nutzen, können Sie einen Interrupt frei machen, indem Sie den Controller auf dem Mainboard ausschalten. Suchen Sie dazu im *Chipset Features*-Menü die Option *Onboard FDC/FDD Controller* oder *Onboard FDC Controller*. Schalten Sie ihn auf *Disabled*. Nach einem Neustart des Rechners ist das Diskettenlaufwerk nicht mehr nutzbar, dafür ist aber der Interrupt 6 frei.

Das Deaktivieren des Diskettenlaufwerks hat noch einen positiven Nebeneffekt: Solange der Controller ausgeschaltet ist, ist es nicht möglich, durch das Diskettenlaufwerk Viren in Ihr System einzuschleusen (mehr dazu auch ab Seite 200).

Laufwerke vertauschen

Mit der Option *Onboard FDC Swap A & B*, die sich meist direkt unter der Funktion zur Deaktivierung des Floppy-Controllers befindet, lässt sich die Verteilung der Laufwerkbuchstaben vertauschen. Das ist vor allen Dingen dann nützlich, wenn Sie versehentlich das Diskettenlaufwerk an den falschen der vier Anschlüsse des Datenkabels gesteckt haben.

Onboard FDC Swap A & B bietet zwei Einstellungen an: *Swap AB* und *No Swap* als Standardeinstellung. Entwickelt hat sich diese Einstellungsmöglichkeit aus der Zeit, als PCs noch über zwei verschiedene Diskettenlaufwerke verfügten: das Standard-3½-Zoll- und das heute nicht mehr gebräuchliche 5¼-Zoll-Laufwerk. Da nur eins dieser Laufwerke mit dem Buchstaben A bezeichnet werden konnte, wurde das andere mit dem Buchstaben B versehen. Das BIOS ist aber nur in der Lage, von *A:* zu booten. Wollte man also das andere Laufwerk als Startlaufwerk benutzen, hätte man jedes Mal den Rechner öffnen müssen. Die Option *Onboard FDC Swap A & B* vereinfachte diese Prozedur.

8.5 Tastatur und Maus im BIOS einstellen

Tastaturen sind trotz aller exotischen Joysticks und Gamepads bis heute das wichtigste und universellste Eingabegerät geblieben. Kein PC kommt ohne Tastatur aus, über die der größte Teil der Eingaben gemacht wird.

Eine Standardtastatur ist in den meisten Fällen unproblematisch in der Handhabung. Wie bei vielen solcher Geräte widmet man ihr erst Aufmerksamkeit, wenn sie defekt ist. Trotz des geringen Status, den das Keyboard beim Anwender hat (wann haben Sie jemals einen Freund mit seiner neuen Tastatur angeben hören?), beziehen sich verschiedene BIOS-Optionen auf das „Hackbrett".

Startverhalten der Tastatur konfigurieren

Haben Sie schon einmal beobachtet, wie Ihre Kollegen an ihren PCs arbeiten? Sicher haben Sie festgestellt, dass sich die Arbeitsweise und der Umgang mit Maus und Tastatur von Ihrer stark unterscheidet.

Manche Benutzer tippen z. B. Zahlen nur im Nummernblock ein, andere nutzen die Zahlenreihe der Tastatur und benutzen den Nummernblock als Cursortasten. Diesen unterschiedlichen Gewohnheiten, die natürlich auch durch die Arbeitssituation bestimmt sind, kommen verschiedene BIOS-Optionen entgegen, die Sie im *BIOS Features Setup* finden.

Boot Up Num Lock Status

Diese Option, auch *Boot Up Num Lock Seek* oder *Boot Up Num-Lock* genannt, bestimmt den Zustand des Zahlenblocks nach dem Start des Rechners. Ist sie auf *On* gestellt, wird der Zahlenblock automatisch als solcher gestartet, ein manuelles Aktivieren durch die Num-Taste ist somit nicht mehr nötig. Wenn die Option auf *Off* steht, funktioniert der Zahlenblock nach dem Start des Rechners als Cursorsteuerung.

Wiederholrate einstellen und konfigurieren

Kennen Sie das Gefühl, sich an einen fremden Rechner zu setzen? Irgendwie liegt die Tastatur nicht gut in der Hand, und sie reagiert auch nicht so, wie Sie es gewohnt sind.

Im *BIOS Features Setup*-Menü finden Sie verschiedene Optionen, die Ihnen helfen, die Reaktionen der Tastatur nach Ihren Wünschen einzustellen.

Typematic Rate Setting

Diese Einstellung aktiviert die Kontrolle der Tastenwiederholrate durch das BIOS. Diese Rate bestimmt, ab wann eine Taste als dauergedrückt angesehen wird und wie viele Zeichen pro Sekunde ausgegeben werden.

Integrierte Schnittstellen optimieren

Hierbei stehen Ihnen zwei Optionen zur Verfügung: *Enabled* und *Disabled*. Wenn in Ihrem BIOS die *Typematic Rate Setting* auf *Disabled* steht, sind Sie dennoch in der Lage, Tastenwiederholungen vorzunehmen. In diesem Fall wird die Einstellung bei modernen Rechnern vom Betriebssystem übernommen. Lediglich ältere Betriebssysteme wie MS-DOS sind darauf angewiesen, dass das BIOS diese Steuerung übernimmt.

Unter Windows können Sie das Verhalten der Tastatur übrigens unter *Start/Einstellungen/Systemsteuerung/Tastatur* bestimmen.

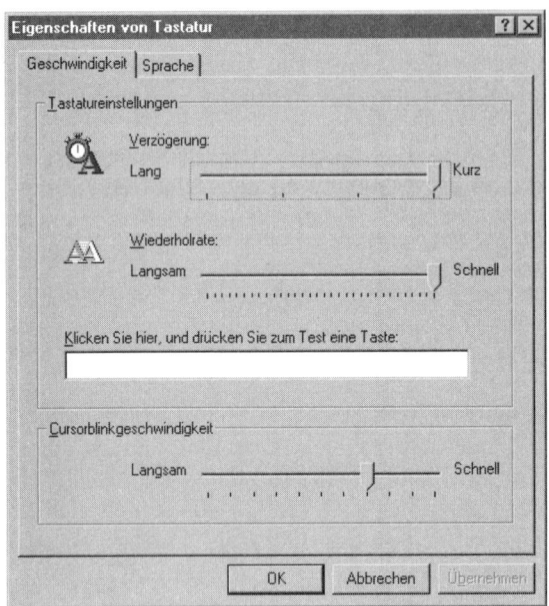

In diesem Menü können Sie das Verhalten Ihrer Tastatur unter Windows einstellen

Typematic Rate (Chars/Sec)

Diese Option kann nur genutzt werden, wenn die Option *Typematic Rate Setting* auf *Enabled* gesetzt ist. Die *Typematic Rate* bestimmt dabei, wie viele Zeichen pro Sekunde geschrieben werden, wenn eine Taste kontinuierlich gedrückt wird. Folgende Einstellungen sind dabei möglich:

BIOS	Optionen
Award	6, 8, 10, 12, 15, 20, 24 oder 30 Zeichen pro Sekunde
Ami	0, 30, 24, 20 oder 15 Zeichen pro Sekunde

> **Hinweis**
> **Typematic Rate im Phoenix-BIOS**
> Im Phoenix-BIOS heißt diese Option etwas anders, nämlich *Keyboard Auto Repeat Rate*. Dabei sind Einstellungen zwischen 2 und 30 Zeichen pro Sekunde möglich.

Typematic Rate Delay (Msec)

Auch diese Einstellung hängt direkt von der Option *Typematic Rate Setting* ab. Mit ihr wird die Verzögerung in Millisekunden eingestellt, die vergehen muss, bevor die Tastatur automatisch das Zeichen wiederholt, dessen Taste dauergedrückt wird. Auch hier unterscheiden sich die Einstellungsmöglichkeiten je nach BIOS-Hersteller.

BIOS	Optionen
Award	250, 500, 750 oder 1.000 Millisekunden
Ami	250, 500 oder 1.000 Millisekunden

Verhalten der Maus einstellen

Moderne Mäuse werden heute nicht mehr über die serielle Schnittstelle, sondern über einen eigenen PS/2-Anschluss mit dem Rechner verbunden. Der Vorteil ist, dass der PS/2-Port häufiger abgefragt wird, was einen präziseren Einsatz der Maus ermöglicht. Nachteilig wirkt sich dagegen aus, dass der Einsatz einer PS/2-Maus einen eigenen Interrupt (12) belegt.

PS/2 Mouse, PS/2 Mouse Function Control

Mit dieser Option bestimmen Sie, ob der PS/2-Port aktiviert ist oder nicht. Falls Sie keine PS/2-Maus benutzen, können Sie die Option abstellen, um den reservierten Interrupt 12 freizumachen.

Beachten Sie, dass die Nutzung dieser Option bei Notebooks, die über ein internes Touchpad verfügen, besondere Aufmerksamkeit benötigt. Steht die Option auf *Enabled*, bedeutet dies, dass sowohl das Touchpad als auch eine externe PS/2-Maus aktiviert sind. Die Deaktivierung über *Disabled* muss gewählt werden, wenn Sie eine serielle Maus an das Notebook anschließen möchten. Achten Sie darauf, dass die Nutzung einer seriellen Maus bei gleichzeitiger Aktivierung der PS/2-Funktionalität zu schweren Systemkonflikten führen kann.

Meist finden Sie in diesem Zusammenhang auch noch die Einstellung *Auto* oder *Auto Detect*. Ist sie ausgewählt, wird eine angeschlossene PS/2-Maus, die beim Start gefunden wird, automatisch freigeschaltet.

8.6 Troubleshooting

Meine serielle Maus funktioniert nicht.

Obwohl die Maus nagelneu ist, zeigt sie nach dem Anschließen keinerlei Funktion.

Lösung:

Nachdem Sie die üblichen Verdächtigen (Kabel, Verbindungen, Softwareeinstellungen usw.) geprüft haben, kann der Fehler in diesem Fall an einer fehlerhaften BIOS-Einstellung liegen. Prüfen Sie im *Chipset Features Setup*-Menü, ob eine oder beide seriellen Schnittstellen auf *Disabled* stehen. Aktivieren Sie gegebenenfalls die Schnittstelle(n), damit die Maus funktionieren kann.

Ich habe ein internes Modem eingebaut und jetzt funktioniert es nicht.

Modems und speziell interne Modems verlieren immer mehr an Bedeutung für den Datenaustausch mit dem Internet, aber dennoch sind sie eine preiswerte Alternative für das gelegentliche Abrufen von E-Mails. Leider kann es nach dem Einbau eines internen Modems zu Problemen kommen, wenn die seriellen Schnittstellen nicht korrekt konfiguriert sind.

Lösung:

Ein internes Modem bringt seine eigene COM-Schnittstelle mit, die in Konflikt mit der COM2-Schnittstelle auf dem Mainboard gerät, wenn diese nicht abgeschaltet wird. Deaktivieren Sie also die Option *Onboard Serial Port 2* im *Chipset Features Setup*, damit das Modem über seine eigene Schnittstelle korrekt angesprochen werden kann.

Ich habe mir eine PS/2-Maus zugelegt, nachdem ich immer einen seriellen Typ benutzt habe. Die Maus funktioniert nicht.

So ein Fall kommt leider oft vor. Man hat sich neue, dem aktuellen Standard entsprechende Hardware zugelegt, die normalerweise ohne Komplikationen funktioniert. Aber gerade diese Änderung des benutzten Standards schafft Probleme. In diesem Fall kann es sein, dass die PS/2-Funktionalität, die vorher nicht benutzt wurde, im BIOS abgeschaltet ist. Sie muss erst aktiviert werden, bevor mit der Maus gearbeitet werden kann.

Lösung:

Wechseln Sie nach dem Start ins BIOS. Wechseln Sie ins *Integrated Peripherals*-Menü und suchen Sie den Punkt *PS/2 Mouse, PS/2 Mouse Function Control* (oder so ähnlich). Falls die Optionen im *Integrated Peripherals*-Menü nicht vorhanden sind, finden Sie sie vermutlich im Menü *BIOS Features*.

Option PS/2 Mouse im Integrated Peripherals-Menü

Stellen Sie sicher, dass die Option auf *Enabled* gestellt ist. Sichern Sie die Änderung mit *Save & Exit Setup*. Nach einem Neustart des Rechners sollte das Problem behoben sein.

Ich habe meine Peripheriegeräte gegen USB-Geräte ausgetauscht. Was kann ich tun, um einen Systemkonflikt mit einer seriellen Schnittstelle zu beheben, die nicht mehr belegt ist?

USB-Geräte erlauben den freien Anschluss der Geräte untereinander, dabei sind 127 Geräte anschließbar. Serielle und parallele Schnittstellen belegen immer spezielle Ressourcen, was Konflikte verursachen kann.

Lösung:

Wenn Sie nur USB-Geräte nutzen, können Sie die von den anderen Schnittstellen beanspruchten Ressourcen freigeben, indem Sie sie im BIOS abschalten. Gehen Sie ins *Chipset Features Setup*-Menü und stellen Sie die Einträge *Onboard Serial Port 1*, *Onboard Serial Port 2* und *Onboard Parallel Port* auf *Disabled*. Dies dürfte die Systemkonflikte beheben.

Integrierte Schnittstellen optimieren

9. Sicherheit und Virenschutz

„I LOVE YOU", „Naked Woman" oder „Anna Kournikova": Fast im Wochentakt geistern Meldungen über neue, noch heimtückischere und hinterlistigere Viren durch die Medien, Newsletter und Diskussionsforen. Fast jeder PC-Nutzer hat bereits schon mal unliebsame Bekanntschaft mit einem dieser Eindringlinge gemacht.

> **Tipp**
> **Hacker und Firewalls**
> Wertvolle Hilfe zur Nutzung der beliebtesten privaten Firewall erhalten Sie in der Schnellanleitung „ZoneAlarm", umfassende Aufklärungen über die Vorgehensweise von Hackern und Abwehrmaßnahmen gegen sie in „Der große Anti-Hacker-Report", beide ebenfalls bei DATA BECKER erschienen.

Aber nicht nur Computerviren, die Sie durch Disketten, Mails oder über ein Netzwerk erhalten haben, bedrohen Ihren Rechner. Manchmal ist es einfach nur der „liebe Kollege von nebenan", der sich Dateien ansieht, die ihn nichts angehen, oder kleine „Spaßprogramme" installiert, die Dateien auf Ihrem PC beschädigen oder den Rechner selbst lahm legen. Leider werden viele dieser unfreiwilligen Opfer nur aus Schaden klug und benutzen erst nach ihren ersten Erfahrungen grundlegenden Schutz wie Virenscanner, Firewall oder andere Abwehrmaßnahmen.

Neben Virenschutzprogrammen und Zugriffsbeschränkungen, die auf der Betriebssystemebene arbeiten, bietet Ihnen aber auch das BIOS gewisse Möglichkeiten, diesen Gefahren zu trotzen. Wir zeigen Ihnen in diesem Kapitel Mittel und Wege, wie Ihr BIOS Ihnen hilft, sich und Ihren Rechner zu schützen, und wie Sie vorgehen, falls es Sie doch erwischt hat.

- Im ersten Abschnitt zeigen wir Ihnen, wie Sie in mehreren Stufen Ihren PC mit Passwörtern schützen können.
- Der zweite Teil beschäftigt sich mit den Auswirkungen von Viren auf das BIOS, wie Sie solche Attacken verhindern können und was zu tun ist, falls der Virus bereits zugeschlagen hat.
- Am Ende des Kapitels finden Sie wiederum ein Troubleshooting.

9.1 Festlegung von BIOS-Kennwörtern

In Büros und Netzwerken sind sie zumeist gang und gäbe, im privaten Bereich sind sie eher unüblich: Passwörter, die Unbefugten den Zugriff auf den Rechner oder einzelne Daten unmöglich machen sollen. Pass- oder Kennwörter können auf verschiedene Arten eingestellt werden. Die übliche Methode bei der Aktivierung von Kennwörtern ist, auf der Betriebssystemebene zu agieren. Eine andere Möglichkeit, die zusätzlich genutzt werden sollte, ist die Anwendung von Passwörtern, die im BIOS aktiviert werden.

BIOS-Passwort vergeben

Ein BIOS-Passwort gewährleistet, dass ein potenzieller Eindringling für eine gewisse Zeitspanne aufgehalten wird. Und genau wie bei „normalen" Einbrechern ist der Zeitfaktor oft entscheidend. Der missliebige Kollege, der an Ihrem Bürorechner herumspielt, wird es kaum riskieren, dass Sie oder Ihr Chef ihn dabei überraschen. Darum gilt es, Zeit zu gewinnen. Die meisten BIOS-Versionen verfügen über zwei Schutzebenen:

1. Das Supervisor-Passwort

Das Supervisor-, auch Setup-Passwort genannt, wird im Startbildschirm des BIOS eingestellt.

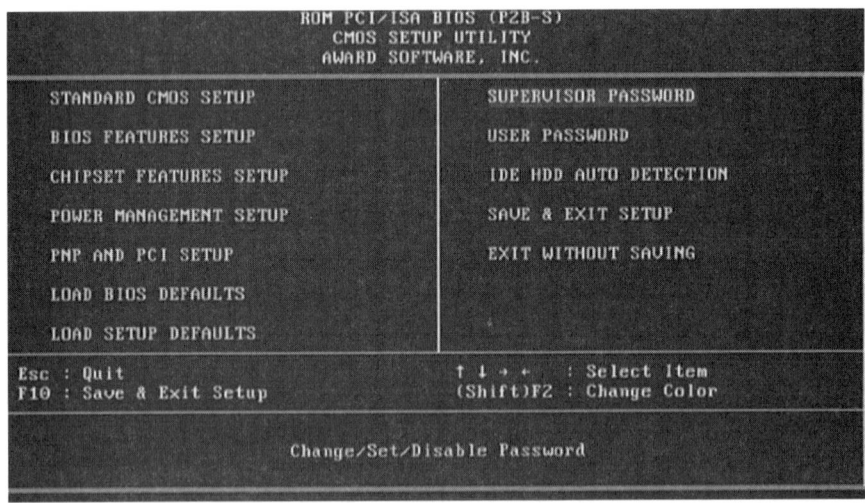

Award-Startmenü mit Supervisor-Passworteintrag

Mit ihm wird lediglich der Zugriff auf das BIOS-Setup gesperrt, der Rechner dagegen startet ungestört. Diese Option wird z. B. gern von Systemadministratoren gesetzt, um zu verhindern, dass neugierige, aber unkundige User die Systemkonfiguration verstellen und dann um Hilfe rufen ;-)

Festlegung von BIOS-Kennwörtern

1 Markieren Sie im Hauptmenü des BIOS-Setup einfach den Eintrag *Supervisor Password* und drücken Sie die [Enter]-Taste.

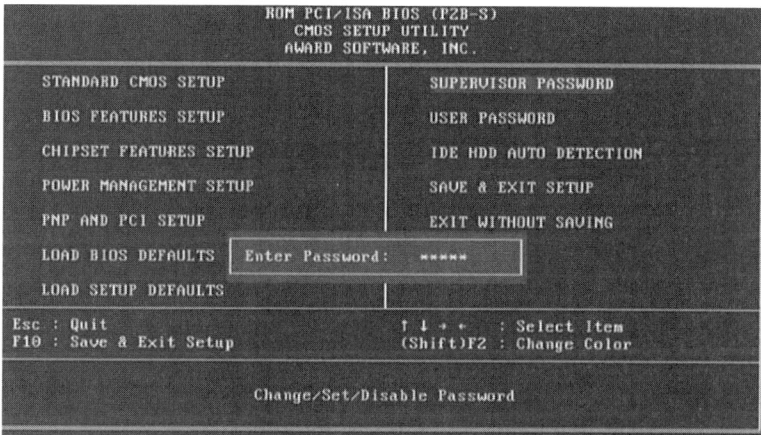

2 Es öffnet sich ein Dialogfeld, in dem Sie das Passwort eingeben können. Bestätigen Sie erneut mit [Enter].

3 Danach muss die Eingabe des Passworts noch einmal wiederholt werden, um die richtige Schreibweise sicherzustellen. Nach einem letzten Druck auf die [Enter]-Taste ist das Passwort aktiv.

Hinweis

Schauen Sie genau hin

Je nach BIOS-Version bzw. -Hersteller kann die mögliche Eingabe variieren. Das eine BIOS arbeitet case-sensitive, das heißt, es unterscheidet zwischen Groß- und Kleinschreibung. Manche lassen nur eine bestimmte Zeichenzahl zu und schneiden die Wörter danach ab. Die meisten Schwierigkeiten von Nutzern, die nicht in ihr BIOS kommen, aber sicher sind, das richtige Wort zu verwenden, resultiert aus solchen Unterschieden. Achten Sie also genau auf solche Feinheiten.

Nach dieser Prozedur muss bei jedem Aufruf des BIOS-Setup das Passwort eingegeben werden, sonst bekommen Sie keinen Zugriff.

Hinweis

Kein wirklicher Schutz

Wie Sie im ersten Kapitel zu den BIOS-Grundlagen nachlesen können (siehe ab Seite 25), ist das Supervisor-Kennwort nur ein relativ geringer Schutz für Ihren Rechner. Es gibt nämlich eine Reihe von Universalpasswörtern und andere relativ einfache Maßnahmen, mit denen das Passwort umgangen werden kann. So lässt sich zwar der schnelle Zugriff eines „witzigen" Kollegen verhindern, nicht aber ein ernsthafter Versuch, Ihren PC außer Betrieb zu setzen. Falls Sie einen etwas besseren Schutz möchten, verwenden Sie immer zusätzlich das User-Kennwort, um bereits das Booten des Rechners und somit weitere Manipulationen zu verhindern. Dann muss zum Knacken des Passworts der Rechner aufgeschraubt werden.

Sicherheit und Virenschutz

Deaktivieren des Passworts

1 Um den Passwortschutz des BIOS auszuschalten, rufen Sie den Menüpunkt im BIOS-Setup ein zweites Mal auf.

2 Tragen Sie dort nichts ein und bestätigen Sie mit [Enter]. Nach einem Warnhinweis, dass das Passwort außer Kraft gesetzt wurde, ist es deaktiviert.

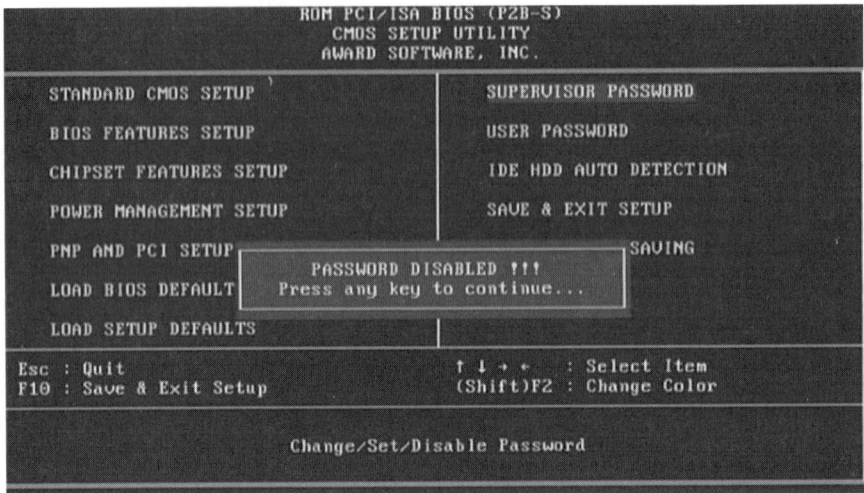

Warnhinweis bei deaktiviertem Passwort

2. Das User-Passwort

Meist direkt unter dem Supervisor-Passwort findet sich die Möglichkeit, ein so genanntes User-Passwort einzustellen, mit dem der Start des Rechners vollständig abgeblockt wird. Um die Sperre einzurichten, gehen Sie genau wie gerade beim Supervisor-Passwort beschrieben vor: Aufrufen des Menüpunkts, Eingeben des Passworts, Sicherheitswiederholung. So können Sie ohne großen Aufwand verhindern, dass der Rechner von einer unberechtigten Person gestartet wird.

Hinweis
Beide Optionen aktivieren
Wenn Sie ein User-Passwort definieren möchten, sollten Sie grundsätzlich immer das Supervisor-Passwort ebenfalls aktivieren. Der Grund ist klar: Ein unbefugter Eindringling, der von dem User-Passwort gestoppt wird, bräuchte nur ein Reset durchzuführen, im BIOS das Passwort zu deaktivieren und hätte dann problemlos Zugriff auf Ihren Rechner.

Die Einstellungen der Security-Option

Je nach BIOS-Version ist die Vergabe von Passwörtern ein wenig anders geregelt als gerade beschrieben: Sie finden im Hauptmenü des BIOS-Setup zwar die Option, ein Passwort zu vergeben, aber welche Funktion dieses Passwort ausübt, wird an anderer Stelle festgelegt: Im *Advanced BIOS Features Setup* (Award) finden Sie die Einstellung *Security Option*, mit der Sie den Wirkungsbereich des Passworts bestimmen können:

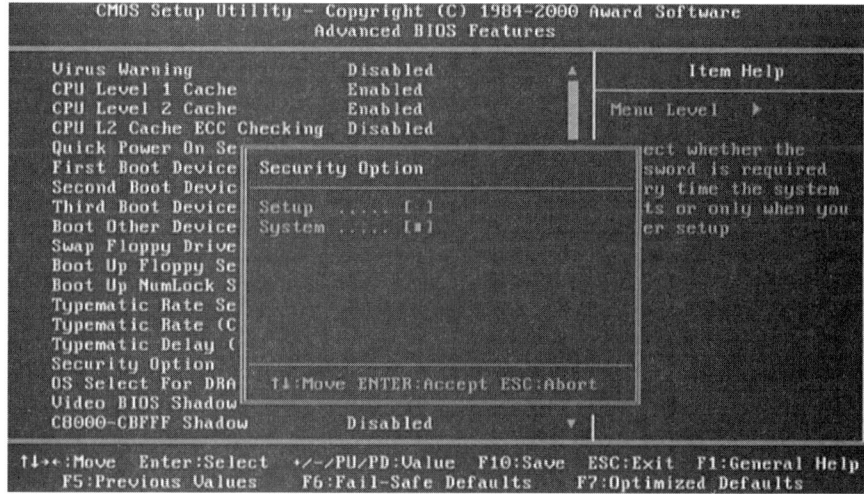

Die Verwendung des Bootpassworts wird festgelegt

Es werden zwei Einstellungsmöglichkeiten gegeben:

Einstellung	Folge
System	Der Rechner bootet nicht, und der Zugang zum BIOS wird verweigert, wenn nicht das korrekte Passwort an der Eingabeaufforderung eingegeben wird. Entspricht dem *User Password*.
Setup	Der Rechner bootet, aber der Zugang zum BIOS wird verweigert, wenn nicht das korrekte Passwort an der Eingabeaufforderung eingegeben wird. Entspricht dem *Supervisor Password*.

Diese Aufteilung macht durchaus Sinn, denn wie Sie bereits weiter oben erfahren haben, ist die Verwendung eines Bootpassworts nur dann wirksam, wenn gleichzeitig auch ein BIOS-Passwort festgelegt wird. Mit dieser Anordnung der Passwortfunktionen wird ein möglicher Benutzerfehler ausgeschlossen.

Tipps zur Art und dem Umgang mit dem Kennwort

Mal ehrlich, wie lautet Ihr Standardpasswort? Ist es der Name Ihrer Frau/Ihres Mannes? Der Mädchenname Ihrer Mutter? Sie wären erstaunt, wie viele Benutzer Kennwörter verwenden, die relativ leicht zu erraten sind, wenn der Eindringling nur ein bisschen über Sie Bescheid weiß.

Untersuchungen zeigen, dass mehr als 75 % der Nutzer, die überhaupt Passwörter gebrauchen, solche unkomplizierten Zeichenfolgen benutzen, meist noch gleichzeitig für den PC, den Mail-Account, den Handy-Vertrag usw. Der Grund ist einsehbar: Bei der Flut von Kennwörtern, Passwörtern, PINs, Super-PINs und Sonstigem, denen der Normalbürger heutzutage ausgesetzt wird, fällt es schwer, den Überblick zu behalten.

Dennoch: Machen Sie es dem potenziellen Eindringling nicht zu leicht. Benutzen Sie am besten Zeichenfolgen mit Sonderzeichen, Groß- und Kleinschreibung oder Zahlen, um sich daraus ein Passwort zu erstellen. Zugegeben, Passwörter wie „uioh623fDWq" sind relativ schwer zu merken, aber die Sicherheitsstufe ist ungleich höher als bei „Mausi".

Wenn Ihr PC nicht gerade gestohlen wurde, sondern sich jemand an ihm zu schaffen macht, wird er nicht die Zeit haben, neben nahe liegenden Wörtern auch noch verzwickte Zeichenfolgen auszuprobieren. Wenn sich nicht gerade ein Hacker ans Werk macht, der über ganz andere Möglichkeiten verfügt, ist so eine gewisse Sicherheit gewährleistet.

BIOS-Passwörter: Nur relative Sicherheit

Eins vorweg: Wie jedes Passwort können auch die BIOS-Passwörter geknackt, erraten oder gefunden werden. Letzteres kommt insbesondere dann vor, wenn vergessliche Zeitgenossen die Passwörter benutzerfreundlich auf die hilfreichen gelben Zettel schreiben, die man so gern an den Monitor pappt. Dann reicht die Sicherheit des Passworts natürlich nicht sehr weit. Das lässt sich damit vergleichen, dass Sie den Haustürschlüssel auf der Fußmatte ablegen, während Sie einkaufen.

Wenn Sie User- und Supervisor-Passwort vergeben haben, entbindet Sie dies also nicht von einer gewissen Eigenverantwortung. Fahren Sie den Rechner also am besten runter, wenn Sie das Büro für länger als ein paar Minuten verlassen oder sperren Sie die Tür ab. Verraten Sie niemandem die Passwörter und notieren Sie sie sich nicht auffällig.

Und wenn Ihr Rechner nach Feierabend oder über Nacht längere Zeit unbeaufsichtigt ist, besteht für einen Eindringling immer die Chance, mit einem Universalpasswort Zugang zu erlangen oder das Gehäuse zu öffnen und die Stromversorgung des BIOS zu entfernen. Danach sind sowieso alle Passwörter gelöscht. Auch hier beginnt die Sicherheit also an der abgeschlossenen Bürotür.

9.2 Virusalarm: Vorbeugung und Beseitigung

Viele Computer-User haben das schon mal erlebt: Der Rechner verhält sich seltsam, ohne dass sich eine Erklärung dafür finden lässt, Dateien verschwinden scheinbar spurlos, und der Rechner verabschiedet sich mit Fehlermeldungen. Spätestens wenn bunte Meldungen über den Monitor flackern, ist klar: Hier ist ein Virus am Werk.

Wir sagen Ihnen in diesem Abschnitt, wie Sie einen Virus mit großer Wahrscheinlichkeit erkennen und welche Rolle das BIOS beim Schutz vor einer Infektion spielt.

Virensymptome: Kenne den Feind

Virenschutzprogramme sind ohne jeden Zweifel das beste Mittel, um den ungebetenen Plagegeistern auf den Leib zu rücken. Es ist allerdings notwendig, einen Virenscanner immer auf dem neusten Stand zu halten und mit den aktuellsten Vireninformationen zu versorgen, damit ein optimaler Schutz gewährleistet ist. Denn täglich werden neue Viren entdeckt, stündlich bringen kranke Geister neue Viren unterschiedlichster Formen und Gefährlichkeitsstufen in Umlauf. Durch den Virenscanner bekommen Sie eine Warnmeldung, sobald sich eine infizierte Datei auf Ihrer Festplatte befindet, und Sie haben eine relative Sicherheit darüber, ob Ihr PC infiziert oder virenfrei ist.

Falls Sie gerade kein Antivirenprogramm zur Hand haben oder mit einem fremden PC arbeiten, ist es aber auch wichtig, erkennen zu können, welche Symptome auf einen Virenbefall hindeuten. Mit diesem Wissen können Sie daraufhin gezielte Abwehrmaßnahmen treffen.

Generell verdächtig ist seltsames Verhalten der Hardware. Dazu gehören:

- Die Grafikdarstellung ist verzerrt, oder seltsame Meldungen erscheinen.
- Der Rechner ist instabil, stürzt oft ohne unersichtlichen Grund ab und/oder zeigt einen Parity Error (Speicherfehler) an.
- Der Rechner kann nicht mehr von Festplatte booten.
- Tastatur und Maus arbeiten ohne Grund unzuverlässig, Texteingaben werden durch Buchstabentausch oder -dopplung erschwert.
- Das CD-ROM-Laufwerk öffnet und schließt sich, ohne dass Sie einen Knopf gedrückt oder eine Programmfunktion aufgerufen haben.
- Das BIOS meldet einen unberechtigten Zugriff auf den Bootsektor der Festplatte.

Andere Zeichen sind merkwürdige Vorkommnisse beim Arbeiten mit Programmen:

- Unerwartete Dialogfelder erscheinen, ohne Ihr Zutun werden plötzlich Texteingaben gemacht.
- Programme starten, ohne dass dies von Ihnen beabsichtigt ist.
- In Dokumenten sind Zeichen oder Wörter verschwunden, oder solche, die Sie nicht eingegeben haben, erscheinen.
- Dateien oder Ordner sind plötzlich verschwunden, ohne dass Sie sie gelöscht haben.
- Dateien oder Ordner weisen unsinnige Datumsangaben auf.

All diese Symptome können natürlich auch durch fehlerhafte Hard- oder Software verursacht worden sein. Trotzdem sollten Sie, wenn Sie solche Vorgänge beobachten, eine intensive Prüfung durch ein aktuelles Virenschutzprogramm durchführen lassen.

Solche Programme können Sie entweder kaufen (wie z. B. Norton AntiVirus oder McAfee VirusScan) oder aber auch aus dem Internet als Share- oder Freeware herunterladen. Eine nützliche Quelle für Software aller Art ist z. B. die Adresse www.download.com, unter der Sie nach Themen geordnet tausende von Programmen, Treibern und Tools zum Download finden.

BIOS-Virenschutz einschalten

Obwohl nur ein Virenscanner echte Sicherheit bieten kann, können die richtigen BIOS-Einstellungen auch dazu beitragen, die Wahrscheinlichkeit einer Vireninfektion zu reduzieren. Durch die richtigen Einstellungen kann die Wahrscheinlichkeit, sich mit einem Bootsektorvirus zu infizieren, schon sehr stark reduziert werden. Im Zeitalter von E-Mail-Würmern, die sich binnen Stunden weltweit verbreiten und Milliardenschäden verursachen, scheint der Schutz vor einem Bootsektorvirus, der sich vergleichsweise langsam verbreitet, uninteressant zu sein. Wer aber jemals existenzielle Daten oder wichtige Dokumente dadurch verloren hat, wird dies anders sehen. Und die alte Plage aus den Tagen, als Disketten noch das Mittel der Wahl zum Datentransport waren, ist bei weitem noch nicht ausgerottet.

Hinweis
BIOS-Schaden durch Viren

Laut Aussage des Antivirenunternehmens Sophos war der W95/CIH-1003-D-Virus, auch bekannt unter dem klangvollen Namen Tschernobyl-Virus, trotz oder gerade durch sein Alter und seine einfache Struktur auch im Jahr 2001 unter den Topten der verbreiteten Viren. Jedes Jahr am 26. April, dem Datum des Reaktorunglücks von Tschernobyl, wird dieser Virus aktiv und versucht, Festplatten von infizierten Systemen zu überschreiben und die Informationen der BIOS-Chips zu löschen.

Durch Bootreihenfolge Bootsektorviren behindern

Bootsektorviren befallen, wie der Name schon sagt, den Bootsektor von Disketten oder Festplatten. Sie treten dann in Aktion, wenn der Rechner von einem infizierten Medium gestartet wird.

Die Verbreitung verläuft folgendermaßen:

1. Beim Booten von Diskette wird der Virus aktiv. Er wird als Erstes überprüfen, ob Festplatten angeschlossen sind und, wenn er Laufwerke gefunden hat, sich in deren Bootsektor übertragen.

2. Der Bootvorgang wird nach diesem Infekt, der nur einen Augenblick dauert, ungehindert weitergeführt, damit der Nutzer keinen Verdacht schöpft.

3. Ab diesem Moment ist der Rechner infiziert. Der Virus wird dann wieder bei jedem neuen Start aktiv. Bei Rechneraktivität schreibt er sich in den Arbeitsspeicher und überwacht von dort, ob es Aktivitäten des Diskettenlaufwerks gibt. Wird dort ein Zugriff bemerkt, schreibt sich der Virus automatisch in den Bootsektor der Disketten, um sich durch sie fortzupflanzen.

Das Schadenspotenzial für den infizierten Rechner variiert dabei. So gibt es Viren, die die Festplatte verschlüsseln, die nach bestimmten Schemata Daten zerstören oder ähnlichen Schaden anrichten. Einer der bekanntesten Vertreter dieser Gattung ist AntiCMOS. Er ist in der Lage, die Einträge der vorhandenen Festplatten und CD-ROM-Laufwerke im BIOS zu löschen, sodass nicht mehr darauf zugegriffen werden kann.

Der häufigste Übertragungsweg für Bootsektorviren ist die Diskette. Wird von einer infizierten Diskette gebootet (meist, weil sie nach dem Herunterfahren des Rechners im Laufwerk vergessen wurde), ist die Festplatte des PCs ebenfalls befallen. Zwar ist die Gefährdung heutzutage, wo Daten eher durch andere Medien wie CD-ROMs weitergegeben oder übers Internet verschickt werden, zurückgegangen, verschwunden ist sie jedoch noch lange nicht.

Hier ist auch gleich der Ansatzpunkt zu erkennen, durch den Sie verhindern können, von Bootsektorviren befallen zu werden:

Stellen Sie die Bootreihenfolge Ihres PCs so ein, dass zuerst von der Festplatte und erst bei einem Misserfolg von Diskette gebootet wird. So wird nicht nur der Startvorgang Ihres Rechners um eine Winzigkeit beschleunigt, Sie verhindern auch, dass eine im Laufwerk vergessenen Diskette als Infektionsherd aktiv werden kann. Wie die Bootreihenfolge verändert wird, können Sie im Kapitel über die Festplattenanmeldung ab Seite 52 nachlesen.

Interner Virenschutz bringt mehr Sicherheit

Die meisten BIOS-Versionen bieten neben dem Schutz mithilfe der Bootreihenfolge auch aktive Maßnahmen der Virenerkennung.

Im *BIOS Features Setup* Ihres BIOS befindet sich eine Option, die meistens *Virus Detection*, *Boot Virus Detection* oder *Boot Sector Write Detection* heißt. Ist sie aktiviert, muss jeder Schreibzugriff auf den Bootsektor in einer Sicherheitsabfrage bestätigt werden. Ein unbemerktes Zugreifen auf den Bootsektor, wie er durch einen Virus geschieht, ist dann nicht mehr möglich.

> **Hinweis**
>
> **Probleme mit Boot-Managern und Installationsprogrammen**
>
> Boot-Manager, die das Nebeneinander verschiedener Betriebssysteme auf einem Rechner organisieren, tragen ihre Informationen ebenfalls im Bootsektor ein bzw. greifen während des Betriebs auf ihn zu. Falls Sie also einen Boot-Manager nutzen wollen, müssen Sie in den meisten Fällen die Virenwarnung des BIOS deaktivieren, damit der Bootvorgang nicht wegen Fehlern abbricht. Ebenso reagiert das Installationsprogramm von Windows 9.x empfindlich auf einen aktivierten Bootsektorschutz und bricht ergebnislos ab. Vor der Installation von Windows muss die Virenschutzoption im BIOS also unbedingt abgeschaltet werden.

Virenschutz aktivieren mit Virwarn

Wie auch bereits an anderer Stelle erwähnt, kommt es gelegentlich vor, dass bestimmte BIOS-Optionen, die in diesem Buch beschrieben werden, in Ihrem BIOS nicht vorhanden oder zugänglich sind (mehr dazu auch ab Seite 273). Das liegt daran, dass BIOS-Hersteller wie Award die Endanpassung den Mainboard-Herstellern überlassen, die dann mit speziellen Tools letzte Anpassungen am BIOS vornehmen können. In den meisten Fällen mag dies in Ordnung sein, da der Mainboard-Hersteller am besten weiß, wie bestimmte Funktionen implemetiert werden sollen. Leider werden oft auch nützliche Einstellungen davon betroffen, über deren Vorhandensein und Nutzung eigentlich nur der PC-Besitzer entscheiden sollte.

So kann es durchaus vorkommen, dass die Virenschutzoption in Ihrem BIOS fehlt. Falls Sie aber ein Award-BIOS besitzen, gibt es ein Hilfsmittel, mit dem Sie dennoch den Virenschutz einstellen können. Der Holländer Jan Steunebrink bietet auf seiner Website web.inter.nl.net/hcc/J.Steunebrink das kleine Tool Virwarn an, das diese Funktion übernimmt.

Um das Tool zu installieren, gehen Sie so vor:

1 Fahren Sie den Rechner im MS-DOS-Modus hoch. Dieser sollte so „sauber" wie möglich sein, schalten Sie also Boot-Manager, Speicher-Manager oder Ähnliches ab.

Virusalarm: Vorbeugung und Beseitigung

2 Tippen Sie dann

`virwarn`

an der Eingabeaufforderung des Verzeichnisses, in der die Datei *Virwarn.exe* gespeichert ist, ein und bestätigen Sie mit ⌈Enter⌉.

3 Sie können durch die Eingabe von

`virwarn on`
bzw.
`virwarn off`

die Virenwarnung an- bzw. ausschalten, was durch das Programm bestätigt wird.

```
C:\Virwarn>virwarn
 <<< Boot sector Virus Warning utility for the 'Award Modular BIOS' >>>
     Version 1.2   10/10/97                          by Jan Steunebrink.
 Version of this Award BIOS is: v4.51PG.
   < Virus Protection NOT detected in this Award BIOS.          >
   < This program is therefore unable to change or display      >
   < the Status of the Virus Protection in this BIOS.           >
 Do you want to test for an active Virus Warning in this BIOS (Y/N)? _
```

4 Je nach BIOS-Version kann es vorkommen, dass (wie in der Abbildung zu sehen) verschiedene Fehler- und Statusmeldungen erscheinen.

Fehlermeldung	Bedeutung

`< An 'Award Modular BIOS' could NOT be detected.         >`
`< This program is therefore unable to change or display >`
`< the Status of the Virus Protection in this BIOS.      >`
	Virwarn läuft prinzipiell nur mit einem Award-BIOS. Wenn Sie ein solches haben und diese Fehlermeldung dennoch erhalten, wird das BIOS-ROM softwareseitig verdeckt.

`< Virus Protection NOT detected in this Award BIOS.      >`
`< This program is therefore unable to change or display >`
`< the Status of the Virus Protection in this BIOS.      >`
	Dieser Fehler hat ähnliche Ursachen.

`*** The MBR of drive C: could not be read. Test aborted! ***`	Diese Meldung kann nur während des Tests ausgegeben werden, bei der der Bootsektor gelesen wird. In diesem Fall liegt bereits eine Störung, z. B. ein Bootsektorvirus, vor.
`*** The write operation to drive C: was unsuccessful! ***`	Diese Meldung wird während des Tests ausgegeben werden, wenn der Bootsektor gelesen wird und die Virenwarnung bereits aktiviert ist. Auch das unveränderte Zurückschreiben des Bootsektors, was Virwarn vornimmt, ist dann nicht möglich.

Sicherheit und Virenschutz

Fehlermeldung		Bedeutung

`< You are running Windows 3.x or higher. Shutdown Windows and`
`< run the test after a clean reboot, from the command prompt.`
`< See the VIRWARN.TXT file for more information.`
	>
	>
	>
		Diese Fehlermeldung tritt beim Versuch auf, Virwarn unter Windows laufen zu lassen. Windows übernimmt die Verwaltung des Festplattenzugriffs selbst, das BIOS ist daran nicht mehr beteiligt. Starten Sie Virwarn nur unter DOS.

`*** Disk C: read Error! ***`		Diese Meldung kann bei dem Befehl *Virwarn on* auftreten. Ist dies der Fall, liegen wahrscheinlich schon Zugriffsprobleme, z. B. durch eine beschädigte Partitionstabelle, vor.

Sonstige Schutzmaßnahmen gegen Bootsektorviren

Eine simple Handlungsweise, die die versehentliche Infektion einer Diskette verhindern kann, ist die Benutzung des mechanischen Schreibschutzes am Rand der Diskette. Sollen Daten nur transportiert werden, reicht dies als Vorsorge völlig aus.

Bootsektorviren entfernen

Bootsektorviren sind relativ hartnäckig. Da Sie sich im Startbereich der Festplatte verkriechen, helfen auch radikale Maßnahmen wie die Neuformatierung der Festplatte in vielen Fällen nicht. Die Vorgehensweise, die in den meisten Fällen zum Erfolg führt, ist wesentlich unspektakulärer und besteht darin, den Bootsektor neu schreiben zu lassen. Durch die Aktion wird der Virus mit einer intakten Version des Bootbereichs überschrieben. Es empfiehlt sich jedoch, zuvor einige Tests (siehe im Anschluss) durchzuführen, um sicherzugehen, dass Ihre Daten den Vorgang überstehen.

> **Hinweis**
>
> **Nur Virenprogramme bieten Schutz**
>
> Auch wenn wir Ihnen im Anschluss eine Methode verraten, wie Sie einen Bootsektorvirus auf einfache Weise loswerden können, so muss am Anfang des Abschnitts doch noch einmal dieser Hinweis stehen: Den besten Schutz vor einer Vireninfektion und die beste Hilfe beim Entfernen eines Virus kann nur ein Antivirenprogramm bieten. Die im Anschluss beschriebenen Maßnahmen können nur als eine Art „Nothilfe" dienen, falls keine saubere Bootdiskette mit einem Virenkiller zur Hand ist.

Vorsicht bei resistenten Bootsektorviren

In der Regel führt das Überschreiben des Bootsektors zum Erfolg, leider gibt es aber auch bestimmte Viren, die einen Abwehrmechanismus bereithalten: Sie sind in der Lage, den originalen Bootsektor in verschlüsselter Form auf die Festplatte auszulagern. Wenn ein solcher Virus mit *fdisk /mbr* überschrieben wird, wird auch jede Möglichkeit zur Entschlüsselung des echten Bootsektors vernichtet. Dies hat zur Folge, dass Sie nicht mehr auf die Dateien Ihrer Festplatte zugreifen können, obwohl diese physikalisch noch vorhanden sind.

Manche Viren können sogar die Festplatte selbst verschlüsseln, sodass nur eine Formatierung die Platte wieder nutzbar macht. Dabei gehen natürlich sämtliche Daten verloren. In so einem Fall könnte (vor der Formatierung) nur noch eine Spezialfirma für Datenrettung helfen, deren Dienste selbstverständlich entsprechend honoriert werden müssen.

Firma	Internetadresse
Convar	www.convar.de
Ibas	www.datenrettung.de
Ontrack	http://www.ontrack.de/datenrettung/
Vogon	www.vogon.de

Es lässt sich aber relativ einfach herausfinden, ob es sich bei dem Bootsektorvirus um ein derart widerspenstiges Exemplar handelt. Booten Sie das System von einer garantiert virenfreien Diskette. Wenn Sie danach alle Festplatten mit allen Partitionen noch ansprechen, davon lesen und darauf schreiben können, handelt es sich um ein relativ harmloses Virenexemplar, das wie weiter unten beschrieben entfernt werden kann.

Werden aber Ihre Partitionen oder Festplatten nicht oder nur fehlerhaft angezeigt, sollten Sie die Arbeit der Virenentfernung unbedingt einem Virenschutzprogramm überlassen.

Haben auch alle verwendeten Antivirenprogramme keinen Erfolg, bleibt als letzte Option leider nur noch die Formatierung der Festplatte(n). Beachten Sie aber, dass das Neuschreiben des Bootsektors im Anschluss an die Formatierung dennoch erfolgen muss, sonst überlebt der Virus die ganze Prozedur.

Hinweis

Antivirenprogramme sichern den Bootsektor

Wenn Ihr Virenscanner die Option beinhaltet, Rettungsdisketten zu erstellen, wie es z. B. bei McAfee VirusScan der Fall ist, sollten Sie diese Option nutzen. Auf den Disketten wird in der Regel auch eine Sicherheitskopie des Bootsektors gespeichert, der so im Falle des Falles problemlos zurückgeschrieben werden kann.

Sicherheit und Virenschutz

Überschreiben des Bootsektorvirus

Wenn Sie sichergestellt haben, dass der Virus den Bootsektor oder Ihre Daten nicht verschlüsselt hat, können Sie ihn ganz einfach entfernen:

1 Gehen Sie beim Bootvorgang mit [Entf] bzw. der bei Ihnen vorhandenen Tastenkombination ins BIOS. Deaktivieren Sie dort die evtl. vorhandene Viruswarnung.

2 Nun muss der Partitionssektor der Festplatte erneuert werden. Starten Sie dazu den Rechner. Nachdem der Bootvorgang abgeschlossen ist, starten Sie eine MS-DOS-Eingabeaufforderung und geben

fdisk /mbr

ein. Bestätigen Sie die Eingabe mit [Enter].

3 Weisen Sie fdisk zum Neuschreiben des Bootsektors an.

4 Das Neuschreiben dauert einen kleinen Moment und wird ohne Bestätigung beendet. Starten Sie den Rechner jetzt erneut, aber diesmal von der Festplatte. Die Fehlermeldung sollte verschwunden sein.

Zerstörerische Flashattacken verhindern

Die meisten modernen BIOS-Versionen, sei es nun Motherboard, Grafikkarte oder SCSI-BIOS, sind flashfähig, das bedeutet, sie können, wie ab Seite 220 beschrieben, auf eine aktuelle Version upgedatet werden.

Diese Fähigkeit ist der Ansatzpunkt für eine besonders aggresive Virenform. Diese versuchen, die Flash-BIOS-Chips mit ihrem Datenmüll zu überschreiben und sie so unbrauchbar zu machen oder sogar ganz zu zerstören.

Als Präventivmaßnahme empfiehlt es sich, das unbeabsichtigte bzw. ungewollte Flashen des BIOS zu unterbinden. Dazu muss je nach BIOS-Version ein Jumper gesetzt oder ein Dip-Schalter umgelegt werden, bei vielen aktuellen BIOS-Varianten kann die Schreiboption aber auch im *BIOS Features Setup* auf *Disabled* gestellt werden. Falls Sie ein Update des BIOS beabsichtigen, muss dies natürlich wieder umgestellt werden.

Sind Sie das Opfer eines solchen Virus geworden, schreiben Sie eine intakte Version Ihres BIOS (entweder aus einem Backup oder aus dem Internet) über die beschädigte Version. Wie das geht, wird ab Seite 220 beschrieben.

Wie schütze ich mich vor Eindringlingen?

Diese Frage ist relativ schwer zu beantworten. Seien Sie sich im Klaren darüber, dass es in der Welt der Informationstechnologie keinen absoluten Schutz gibt. Sobald Sie sich mit Ihrem Rechner im Internet bewegen, kann jederzeit ein Virus, ein Trojaner oder sonstiger „malicious code" auf Ihren Rechner geladen werden.

Aber genauso wie im „wirklichen Leben" die Chance sinkt, von einem Auto überfahren zu werden, wenn Sie immer bei Grün statt bei Rot über die Ampel gehen, ist es auch beim Umgang mit dem PC Ihr eigenes Verhalten, das Ihre Sicherheit definiert.

Das heißt konkret:

- Nutzen Sie bei der Arbeit ein Antivirenprogramm, das Sie auf dem neusten Stand halten.
- Laden Sie sich keine Programme aus fragwürdigen Quellen herunter und meiden Sie obskure „Warez"-Seiten.
- Prüfen Sie mobile Datenträger wie Disketten oder ZIP-Disketten nach Erhalt auf Viren, bevor Sie sie benutzen.
- Nutzen Sie die beschriebenen BIOS-Schutzfunktionen.

Diese wenigen Verhaltensregeln sollten einen möglichst umfassenden Schutz bewirken.

Schwieriger wird die Situation, wenn es nicht um den virtuellen, sondern um den physischen Schutz des Rechners geht. Wenn Sie sich in einer Arbeitssituation befinden, in der Sie den Verdacht haben, dass Ihr Rechner bzw. Ihre Daten gefährdet sind, sollten Sie Passwörter wie die beschriebenen Supervisor- bzw. User-Passwortfunktionen des BIOS und andere nutzen. Dies macht es Vandalen oder Scherzbolden schwerer, Schaden anzurichten.

Eine weitere Hilfe können Disketten- und CD-ROM-Schachtschlösser sein, die verhindern, dass Daten auf diese Weise auf Ihren Rechner gespielt werden.

Aufschrauben verboten: Kein Eindringling bleibt unbemerkt

Ein BIOS-Feature, das in diesem Zusammenhang hilfreich sein kann, ist die *Intrusion Detection*. In Zusammenarbeit mit speziellen Gehäusen wird ein Signal bzw. eine Meldung vom BIOS ausgegeben, wenn seit der letzten Nutzung des PCs das Gehäuse geöffnet wurde. Damit wird das Eindringen natürlich nicht verhindert. Wenn Sie allerdings über Vorkommnisse dieser Art informiert sind, sind Sie natürlich auch in der Lage, Maßnahmen zu ergreifen.

9.3 Troubleshooting

Mein BIOS bietet mir die Option Virus Warning. Ist diese Einstellung sinnvoll oder vermindert sie die Performance?

Wird der BIOS-Virenwächter aktiviert, überwacht er die Zugriffe auf den Startsektoren der Festplatte(n). Dazu zählen der Bootsektor und die Partitionstabelle, beides beliebte Ziele von Viren. Die Virenwarnung wird aktiv, sobald ein Programm diese Einträge manipulieren will. Der Zugriff wird blockiert und der Nutzer erhält eine Warnmeldung.

Allerdings ist die Aktivierung nur im reinen DOS-Modus wirklich sinnvoll, da die neueren 32-Bit-Betriebssysteme wie Windows 9.x, ME, NT/2000, XP, OS/2 oder Linux die Festplatten selbst verwalten. Das BIOS wird dabei nicht mehr eingebunden, was den Schutz in vielen Fällen unwirksam macht. Ein Bootsektorvirus, der unmittelbar nach dem Booten aktiv wird, wird wirkungsvoll geblockt, ein Virus, der sich unter Windows in den Bootsektor schreibt, hat unter Umständen freie Bahn.

Ich versuche, Windows neu zu installieren, die Installation bricht aber mit der Fehlermeldung ab, dass der Bootsektor nicht geschrieben werden kann.

Bei einer Windows-Installation greift die Installationsroutine auf den Bootsektor zu und schreibt ihn neu. Dies kann von dem Virenwächter als unbefugter Zugriff bewertet werden, woraufhin die Installation mit Fehlermeldungen abbricht.

Deaktivieren Sie also sicherheitshalber die Option *Virus Warning*, bevor Sie ein Windows-Betriebssystem neu installieren.

Bei einigen Windows 95-Systemen kann der Virenschutz zudem Probleme bereiten. Falls Sie aber unter DOS oder Windows 3.1 arbeiten, können Sie den Virenwächter ohne Furcht vor Performanceeinbußen aktivieren, in allen anderen Fällen ist eine Deaktivierung dieser Option sinnvoller.

Beim Booten erscheint die Meldung: „!!! Hard Disk Warning !!! Boot sector has been modified. Confirm the new boot sector in Setup, and run a virus scan program". Was soll ich tun?

Dies ist eine Warnmeldung des BIOS, dass der Bootsektor verändert bzw. beschädigt wurde. Sie können in diesem Fall den Bootsektor neu schreiben lassen, drastische Mittel wie die Formatierung der Festplatte helfen nicht.

Gehen Sie stattdessen ins BIOS und suchen Sie die Virenwarnungsoption, die *Boot Virus Detection*, *Virus Warning* oder so ähnlich heißt. Deaktivieren Sie diese. Starten Sie dann den Rechner neu und öffnen Sie unter Windows eine MS-DOS-Eingabeaufforderung.

Geben Sie dort das Kommando

```
fdisk / mbr
```

ein und bestätigen Sie mit [Enter]. Damit wird das DOS-Partitionierungsprogramm fdisk angewiesen, den Bootsektor neu zu schreiben.

Die Aktion dauert nur einen kurzen Moment. Wundern Sie sich nicht, Sie erhalten keine Bestätigung, dass das Schreiben erfolgreich war. Starten Sie zum Schluss den Rechner neu und schalten Sie im BIOS den Virenschutz wieder ein. Bei einem erneuten Start sollte die Warnmeldung verschwunden sein.

Mein Rechner läuft erst ordnungsgemäß an, stoppt dann aber im Bootvorgang mit der Fehlermeldung: „NO ROM-BASIC, SYSTEM HALTED".

Diese Warnung erscheint, wenn beim Hochfahren des Rechners keine bootbare Partition gefunden wird. Dies kann mehrere Gründe haben, z. B. dass keine bootfähige Partition vorhanden oder dass sie nicht aktiviert ist.

Die gleiche Meldung erscheint aber auch, wenn ein Virus die Bootpartition beschädigt hat.

Gehen Sie in diesem Fall folgendermaßen vor:

1 Booten Sie den Rechner mit einer virengeprüften Startdiskette. Legen Sie dann eine Diskette mit einem Antivirenprogramm ein und überprüfen Sie den Rechner auf Virenbefall. Falls ein Virus gefunden wird, beseitigen Sie ihn mit den jeweiligen Programmoptionen.

2 Nun muss der Partitionssektor der Festplatte erneuert werden. Starten Sie dazu den Rechner erneut von einer Startdiskette.

3 Nachdem der Bootvorgang abgeschlossen ist, starten Sie eine MS-DOS-Eingabeaufforderung und geben wie oben beschrieben

```
fdisk /mbr
```

ein. Bestätigen Sie die Eingabe mit [Enter].

Sicherheit und Virenschutz

4 Starten Sie jetzt erneut, aber diesmal von der Festplatte. Die Fehlermeldung sollte verschwunden sein.

Was mache ich, wenn die Virenprüfung negativ war?

Wir wollen Sie nicht mit halben Informationen stehen lassen, daher kurz die Vorgehensweise, wenn der Fehler nicht durch einen Virus entstanden ist. Sie müssen in diesem Fall überprüfen, ob die Bootpartition aktiviert wurde.

1 Starten Sie auch hier den Rechner mithilfe der Startdiskette und rufen Sie fdisk von dieser auf. Sie im Hauptmenü verschiedene Optionen zur Auswahl.

```
                    FDISK-Optionen

Aktuelle Festplatte: 1

Wählen Sie eine der folgenden Optionen:

    1. DOS-Partition oder logisches DOS-Laufwerk erstellen
    2. Aktive Partition festlegen
    3. Partition oder logisches DOS-Laufwerk löschen
    4. Partitionierungsdaten anzeigen

Optionsnummer eingeben: [4]




FDISK beenden mit ESC
```

2 Wählen Sie jetzt Punkt 4. *Partitionierungsdaten anzeigen*, um den Status der Festplatten zu sehen.

```
              Partitionierungsdaten anzeigen

Aktuelle Festplatte: 1

Partition  Status   Typ      Bezeichnung      MB      System   Belegung
  C: 1       A      PRI DOS                  9664     FAT32     100%


Speicherplatz auf Festplatte insgesamt:  9664 MB (1 MB = 1.048.576 Bytes)




Weiter mit ESC
```

3 Hier können Sie erkennen, ob die Bootpartition aktiviert ist. Ist dies nicht der Fall, gehen Sie mit [Esc] ins Hauptmenü zurück. Rufen Sie dort den Punkt 2. *Aktive Partition festlegen* auf.

Troubleshooting

```
                    Aktive Partition festlegen
Aktuelle Festplatte: 1

Partition   Status    Typ     Bezeichnung      MB      System    Belegung
C: 1          A       PRI DOS                  9664    FAT32     100%




Die einzige Startpartition auf Laufwerk 1 ist bereits aktiv.

Weiter mit ESC
```

4 Beenden Sie das Programm fdisk mit [Esc] und starten Sie den Rechner von der Festplatte.

Die Fehlermeldung müsste nun verschwunden sein. Ist dies nicht der Fall, ist wahrscheinlich die Festplatte beschädigt.

Sicherheit und Virenschutz

10. Das BIOS-Update

Vielleicht ist Ihnen das auch schon mal passiert: Sie haben sich freudestrahlend einen neuen, superschnellen Prozessor zugelegt, damit jetzt endlich das aktuellste 3-D-Spiel läuft. Sie bauen den Prozessor fachgerecht ein, fahren erwartungsvoll den Rechner hoch und ... nichts. Der Rechner startet nicht, läuft nicht richtig oder bleibt mit unverständlichen Fehlermeldungen hängen. Schuld daran ist oft eine mangelnde Unterstützung des neuen Prozessors durch das BIOS.

> **Hinweis**
> **PCs mit neuen Komponenten ausstatten**
> Umfassende Hilfe, Tipps und Hinweise zum fachgerechten Ausbau von PCs mit neuen Bestandteilen finden Sie im Buch „PC aufrüsten und reparieren", ebenfalls bei DATA BECKER erschienen.

Der Grund ist ganz einfach: Falls Ihr BIOS zu einem Zeitpunkt entwickelt wurde, als die Betriebsbedingungen der neuen CPU noch nicht vollständig festgelegt waren, kann die Unterstützung des Prozessors auch noch nicht gewährleistet sein. Der Einsatz einer neuen CPU auf einem älteren Mainboard klappt zwar in vielen Fällen sofort, aber eine Garantie gibt es natürlich nicht.

Abhilfe kann in diesem Fall oft ein Update des BIOS schaffen: Wenn das Mainboard die richtigen technischen Rahmenbedingungen bietet (die richtige Sockelform und die richtige Betriebsspannung) reicht es aus, das BIOS auf den neusten Stand zu bringen. In der aktuellsten BIOS-Version wird z. B. ein neuer CPU-Befehlssatz unterstützt, oder die automatische Erkennung der Betriebsspannung funktioniert auch mit den neusten Prozessortypen.

In diesem Kapitel erfahren Sie, wie Sie ein BIOS Update durchführen und welche Vorbereitungen vorher zu treffen sind bzw. welche Sicherheitsmaßnahmen Sie unbedingt beachten sollten.

- Im ersten Abschnitt helfen wir Ihnen bei der Beurteilung und Entscheidung, ob Sie ein BIOS-Update brauchen. Das Überschreiben eines BIOS ist einer der wenigen Vorgänge, bei dem Sie beim „Herumschrauben" Ihren Rechner praktisch irreparabel schädigen können. Lesen Sie also, in welchen Fällen diese Maßnahme notwendig ist.

- Danach werden wir das BIOS-Update an Beispielen durchführen. Da die Vielfalt der Mainboards, der verwendeten Chipsätze, BIOS-Versionen und deren Kombinationen detaillierte Angaben sehr schwierig macht, kann es hier nur eine allgemeine Anleitung geben. Aber keine Sorge, wir geben Ihnen Tipps und Hinweise, wie Sie mit genau Ihrem BIOS zurechtkommen.

Das BIOS-Update

- Zum Abschluss des Kapitels finden Sie einen Troubleshooting-Abschnitt, mit dem Sie häufig auftretende Problemen beim BIOS-Update ohne Mühe beheben können.

10.1 Wann wird ein Update nötig?

Die Frage, wann ein BIOS-Update nötig wird, lässt sich ganz einfach beantworten: immer dann, wenn scheinbar unüberwindbare Probleme auftreten. Falls Ihr Rechner einwandfrei läuft und auch nach einer Aufrüstaktion der Hardware keine Schwierigkeiten auftreten, sollten Sie von einem BIOS-Update nach Möglichkeit absehen. Im Amerikanischen gibt es dafür den Spruch: „Don't fix it if it ain't broken" („Reparier's nicht, wenn's nicht kaputt ist"). Dieser Hinweis ist hier auch angebracht, weil ein BIOS-Update einen sehr tiefen Eingriff in die Hardware Ihres PCs darstellt und somit immer ein gewisses Gefahrenpotenzial mit sich bringt. Andererseits gibt es natürlich eine Reihe von Situationen, in denen das Update unvermeidlich ist, wenn Sie Ihren Rechner lauffähig halten wollen oder das volle Potenzial Ihrer Hardware ausschöpfen möchten. Welche das sind, haben wir im Folgenden aufgelistet.

> **Hinweis**
>
> **Welches BIOS ist für ein Update geeignet?**
>
> Es lassen sich nur solche BIOS-Versionen durch ein Update aktualisieren, die auf einem so genannten Flash-EEPROM untergebracht sind. Das ist ein ROM-Baustein, der durch Anlegen einer äußeren Spannung gelöscht und neu programmiert werden kann. Das ist aber bei allen Mainboards ab etwa 1994/95 der Fall. Wenn Ihr PC schon älter ist, werfen Sie einfach einen Blick auf das Mainboard. Sie erkennen ein Flash-BIOS daran, dass der ROM-Baustein eine etwa pfenniggroße Vertiefung in der Mitte (unter dem Aufkleber) aufweist.

Aktuelle Komponenten werden nicht erkannt

Dass die mangelnde Erkennung neuer Hardwarekomponenten einer der Hauptgründe ist, warum ein BIOS-Update durchgeführt werden muss, haben wir ja bereits in der Einleitung beschrieben. In den meisten Fällen tritt das Problem beim Einsatz neuer Prozessoren oder nach dem Einbau neuer, großer Festplatten auf (siehe dazu auch Kapitel 2). So braucht man beim Wechsel von einem Pentium II auf einen Pentium III nicht unbedingt ein neues Motherboard, aber in den meisten Fällen ein Update des BIOS, damit die neuen Features des Prozessors auch 100%ig genutzt werden können.

BIOS-Bugs verhindern einen reibungslosen Betrieb

Wie bei jeder anderen Software ist auch das BIOS nicht gegen Fehler und Unzulänglichkeiten in seiner Entwicklung gefeit. Auch die in handelsüblichen Mainboards implementierten BIOS können fehlerhaft sein. Berüchtigt war z. B. um Ostern 2001 ein Fehler in der Southbridge VT82C686B des Herstellers VIA, der beim Kopieren von Dateien zwischen zwei Laufwerken zu Datenverlusten führen konnte. Obwohl es einen Workaround gab, konnte erst ein BIOS-Update diesen Fehler zuverlässig beheben. Nähere Informationen zu diesem speziellen Beispiel finden Sie unter http://www.tecchannel.de/news/20010411/thema20010411-4162.html.

Das verwendete Betriebssystem wird nicht richtig unterstützt

Die Zeiten, in denen Sie mit einem Betriebssystem eine längere Zeit arbeiten konnten, sind vorbei. Microsoft bringt praktisch im Jahresrhythmus neue Versionen seines Windows-Betriebssystems heraus, und auch andere, alternative Betriebssysteme wie Linux erscheinen in immer neuen Distributionen. Da kann es durchaus passieren, dass das BIOS Ihres Mainboards ohne ein Update mit bestimmten Features nichts anfangen kann. Ein bekanntes Beispiel war z. B. die Einführung von Plug & Play-Funktionalitäten mit Windows 95.

Wichtige Hardwarefunktionen werden nicht unterstützt

Ein BIOS-Update kann auch sinnvoll sein, wenn damit die Möglichkeit einhergeht, neue Features zu nutzen, zu denen Ihr PC bisher nicht in der Lage war. Ein Beispiel dafür ist die Möglichkeit, direkt von CD-ROM zu booten, wie man es bei der Installation von Linux gewohnt ist und wie es auch seit Windows 98 in der Microsoft-Welt möglich ist.

10.2 Durchführen eines BIOS-Updates

In der Regel ist die Durchführung eines BIOS-Updates kein großes Problem, denn die Tools, die vom jeweiligen Mainboard-Hersteller angeboten werden, erledigen die Arbeit (fast) von allein. Dennoch gibt es ganz spezifische Rahmenbedingungen, unter denen Sie Ihr BIOS-Update durchführen müssen, um einen reibungslosen Ablauf zu gewährleisten. Das Update eines BIOS birgt nämlich die Gefahr in sich, dass Sie bei einem Fehler Ihren Rechner unbrauchbar machen! Während sonst bei Arbeiten am PC in den seltensten Fällen etwas schief gehen kann, lauert hier ein nicht zu verachtendes Gefahrenpotenzial. Falls nämlich während des Schreibvorgangs, mit dem die neue BIOS-Version abgespeichert wird, etwas schief geht, kann Ihr Rechner zunächst unbrauchbar werden. Erst ein neuer BIOS-Chip mit einer intakten Version (gibt's beim Mainboard-Hersteller) macht Ihren PC dann wieder bootfähig.

Das BIOS-Update

In diesem Abschnitt des Kapitels klären wir Sie deshalb zunächst darüber auf, wie Sie überhaupt das passende BIOS für Ihr Mainboard finden. Danach erfahren Sie, welche Sicherheitsmaßnahmen Sie treffen sollten, um unvorhergesehene Ereignisse (z. B. ein Computerabsturz während des Updates) von vornherein auszuschließen. Und zum Schluss führen wir Ihnen dann das Update anhand eines Beispiels vor.

Herausfinden des Herstellers und der Version Ihres BIOS und Mainboards

Für die Fertigstellung und Anpassung des BIOS an die technischen Besonderheiten Ihres Mainboards ist nicht der BIOS-Hersteller zuständig, sondern der Hersteller des Mainboards (mehr zu diesem Thema finden Sie auch ab Seite 16. Um ein Update sicher durchführen zu können, müssen Sie deshalb den Hersteller Ihres Mainboards kennen, aber auch die genaue Typenbezeichnung und evtl. die Revisionsnummer. Nur dann ist sichergestellt, dass Sie genau die richtige BIOS-Version für Ihr Mainboard herausfinden, die als Einziges funktioniert.

Im Handbuch Ihres Mainboards finden Sie genaue Angaben zu Hersteller und Typ

Durchführen eines BIOS-Updates

Um an diese Informationen zu gelangen, gibt es zwei Möglichkeiten.

1. Sie benutzen das Handbuch des Mainboards, das Ihrem PC beigelegen hat, um Hersteller und Typ herauszufinden. Bei den allermeisten Boards genügen diese Daten, um eine aktuelle BIOS-Version auf der Internetseite des Herstellers zu finden.

Manchmal müssen Sie auf dem Mainboard nachsehen

2. Falls Sie kein Handbuch besitzen (z. B. weil Sie den PC gebraucht gekauft haben), bleibt Ihnen nichts anderes übrig, als den PC aufzuschrauben und auf der Mainboard-Platine nachzusehen. Hier finden Sie in der Regel einen Aufdruck, der Hersteller und Typenbezeichnung preisgibt.

Manchmal ist die Revisionsnummer wichtig

Manche Hersteller entwickeln nicht nur verschiedene Mainboard-Typen, sondern auch innerhalb eines bestimmten Typs verschiedene Revisionen, die sich in geringen technischen Details unterscheiden. So kann z. B. ab einer gewissen Revisionsnummer ein anderer Spannungsregler zum Einsatz kommen, um neuere Prozessoren zu unterstützen, oder das Board-Layout wurde geringfügig verändert. Solche Änderungen der Hardware wirken sich unter Umständen aber auch auf das BIOS aus, sodass für unterschiedliche Revisionsnummern verschiedene BIOS-Versionen angeboten werden.

Die Revisionsnummer ist oft auf einem Aufkleber vermerkt

Das BIOS-Update

Sollten Sie also beim Download des BIOS feststellen, dass für Ihren Mainboard-Typ mehrere Versionen für unterschiedliche Revisionsnummern angeboten werden, müssen Sie natürlich die richtige Revision Ihres Mainboards bestimmen. Dazu finden Sie z. B. einen Aufkleber oder einen Aufdruck auf der Platine, der die entsprechenden Informationen (in der Regel eine Zeile wie Rev. 1.07) enthält. Wo sich dieser Aufkleber bzw. Aufdruck befindet, ist jedoch nicht einheitlich gelöst. Manchmal ist die Revision direkt neben die Typenbezeichnung gedruckt, manchmal befindet sich ein Aufkleber auf einem der ISA- oder PCI-Slots. Genaue Hinweise finden Sie auf der Webseite des Mainboard-Herstellers.

Identifikation des BIOS per Software

Falls Sie den Hersteller und Typ Ihres Mainboards nicht herausfinden können, weil weder ein Handbuch vorhanden ist, noch eine Typenbezeichnung auf der Platine, gibt es auch die Möglichkeit, das BIOS mithilfe eines Hardwareinformationsprogramms wie SiSoft Sandra zu identifizieren.

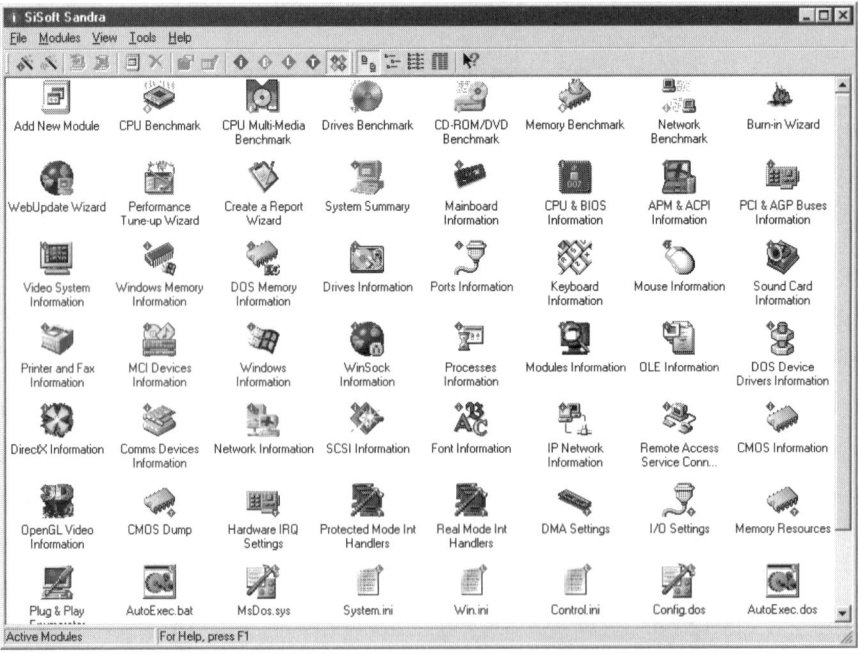

1 Nach dem Start von SiSoft Sandra finden Sie im Hauptbildschirm unter anderem das Symbol *Mainboard Information*. Klicken Sie darauf, um alle wichtigen Informationen über Ihr Mainboard abzurufen.

Durchführen eines BIOS-Updates

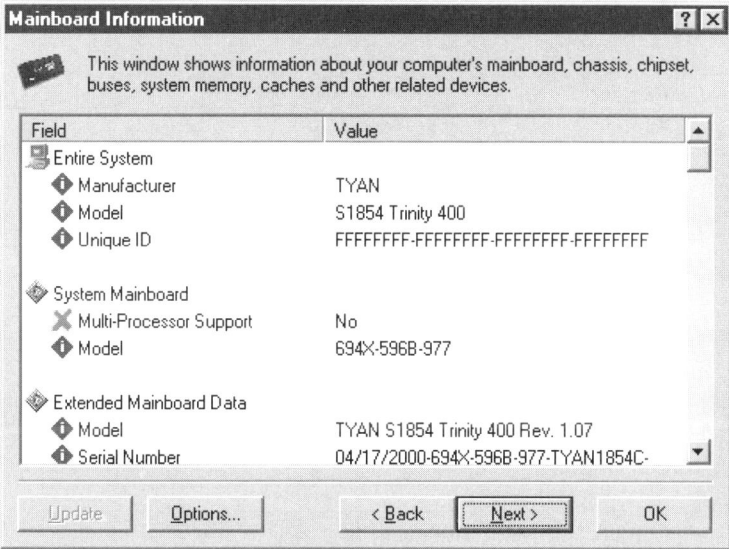

2 Jetzt können Sie den Hersteller und den Typ Ihres Mainboards einschließlich der Revisionsnummer ablesen.

Download der aktuellen BIOS-Version

Nachdem Sie Hersteller, Typ und gegebenenfalls die Revision Ihres Mainboards bestimmt haben, können Sie sich die aktuellste BIOS-Version von der Webseite des Herstellers herunterladen. Meistens bieten die Hersteller ihre Updates in einem komprimierten Format an, das Sie erst mit einem entsprechenden Komprimierungsprogramm wie WinZip (www.winzip.de) oder Zip-Genie (www.databecker.de) entpacken müssen. Finden Sie eine Datei mit der Endung .exe vor, handelt es sich zumeist um ein selbstentpackendes Archiv.

Tabelle: Internetadressen der wichtigsten Mainboard-Hersteller

Hersteller	Adresse
Abit	http://www.abit.com.tw/german/index.htm
Aopen	http://www.aopen.nl
Asus	http://www.asuscom.de
Chaintech	http://www.chaintech.de
Diamond/Micronics	http://www.diamondmm.com
DTK	www.dtk.com.tw
Elitegroup	http://www.elitegroup.de
Epox	http://www.elito-epox.com
Freetech	http://www.freetech.com
Gigabyte	http://www.gigabyte.de
Intel	http://www.intel.de
MSI	http://www.msi-computer.de

Das BIOS-Update

Hersteller	Adresse
NMC	http://www.enmic.de
PC-Chips	http://www.pcchips.com
QDI	http://www.qdigrp.com
Shuttle/Spacewalker	http://www.spacewalker.com/german
Soyo	http://www.soyo.de
Tekram	http://www.tekram.de
Tyan	http://www.tyan.com

Sie können natürlich auch den Mainboard-Hersteller direkt anschreiben oder anrufen, und in der Regel wird man Ihnen einen Datenträger mit den notwendigen Dateien zuschicken. Das kann allerdings einige Zeit dauern, insbesondere dann, wenn die Firma keinen Sitz in Deutschland oder Europa hat. Rechnen Sie außerdem damit, dass Sie diese Dienstleistung bezahlen müssen. Die meisten Hersteller werden Sie daher auf ihre Homepage verweisen.

So bietet z. B. die Firma Asus eine relativ übersichtliche Website mit den aktuellen BIOS-Updates unter http://www.asuscom.de/Products/Motherboard/bios.html an.

Durchführen eines BIOS-Updates

> **Hinweis**
> **Auf Details achten**
> Wir empfehlen Ihnen, die notwendigen Dateien genauestens zu prüfen und darauf zu achten, dass die Daten, die Sie zum Update nutzen, auch hundertprozentig für Ihr Mainboard und Ihr BIOS bestimmt sind. Ist dies nicht der Fall, wird Ihr PC nach dem BIOS-Update nicht mehr bootfähig sein.

Welches Tool muss ich einsetzen?

Sie sollten immer das Hilfs- bzw. Flashprogramm einsetzen, das mit der Update-Datei mitgeliefert wird. Es heißt im Fall des Award-BIOS Awdflash.exe und wird in der Regel unübersehbar im Zusammenhang mit dem Update im Download-Bereich des Herstellers zu finden sein.

Benutzen Sie kein Flashprogramm eines anderen Anbieters, nur weil dies vielleicht gerade zur Hand ist, der Download kleiner ist oder aus sonst einem Grund. Nur das vom Hersteller vorgesehene Programm garantiert ein reibungsloses Zusammenspiel zwischen dem Flashprogramm, der Update-Datei und der Hardware.

Eine Bootdiskette erzeugen

Für ein erfolgreiches BIOS-Update ist es unbedingt notwendig, dass der Flashvorgang, also das Schreiben der neuen BIOS-Daten in den ROM-Baustein des Motherboards, ohne Störungen, Abstürze oder Unterbrechungen vonstatten geht. Deshalb ist es dringend zu empfehlen, das Update im reinen DOS-Modus ohne zusätzliche Treiber durchzuführen.

Sie können diese Betriebsart unter Windows 9.x erreichen, indem Sie unmittelbar nach dem Booten, während die Meldung *Windows wird gestartet* angezeigt wird, die Taste [F8] drücken. In dem daraufhin angezeigten Bootmenü wählen Sie dann *Nur abgesicherter Modus für Eingabeaufforderung*. Die Startdateien werden auf diese Weise nicht abgearbeitet, und Sie befinden sich im reinen DOS-Modus.

Die elegantere (und weniger fehleranfällige) Methode ist es jedoch, den Rechner mithilfe einer Windows-Startdiskette hochzufahren, auf der sich nur die notwendigsten Systemdateien befinden. Damit haben Sie auf jeden Fall die Sicherheit, dass sich kein speicherresidentes Programm „eingeschlichen" hat. Unter Windows 2000 und Windows ME ist dies übrigens die einzige Methode, in den DOS-Modus zu gelangen. Die Startdiskette erstellen Sie folgendermaßen:

1. Formatieren Sie eine Diskette, indem Sie im Arbeitsplatz mit der rechten Maustaste auf das Symbol des Diskettenlaufwerks klicken und im Kontextmenü den Punkt *Formatieren* wählen. Vorher haben Sie natürlich eine leere Diskette in Ihr Diskettenlaufwerk eingelegt ;-)

Das BIOS-Update

2 Achten Sie darauf, dass Sie bei *Art der Formatierung* die Option *Vollständig* angeben. Ob Sie der Diskette eine Bezeichnung geben wollen oder sich eine Zusammenfassung anzeigen lassen, sei Ihnen überlassen. Aktivieren Sie darüber hinaus die Option *Systemdateien kopieren*.

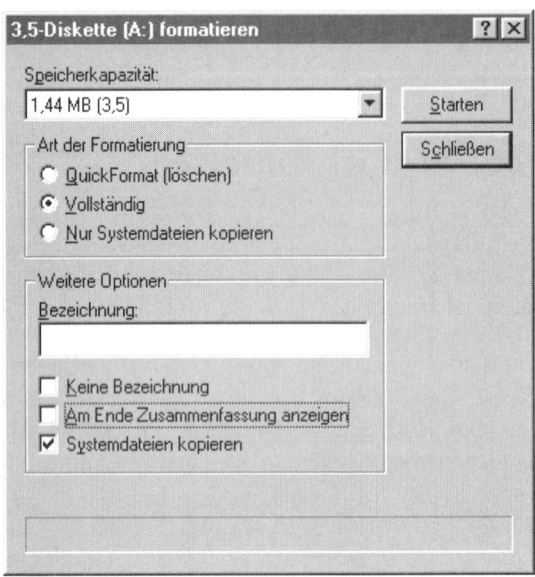

3 Klicken Sie nun auf *Starten*. Falls nach Beendigung der Formatierung fehlerhafte Sektoren angezeigt werden, nehmen Sie sicherheitshalber eine andere Diskette und wiederholen den Vorgang.

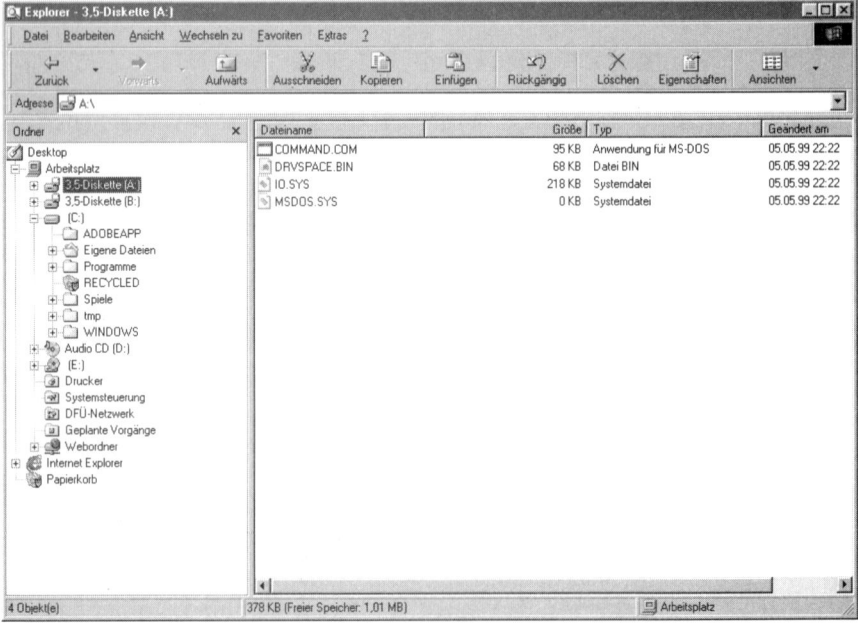

Die fertige Diskette

Wenn die Startdiskette vorbereitet ist, kopieren Sie die heruntergeladenen Dateien auf die Diskette, also die Update-Datei und das Flash-Utility. Denken Sie daran, die Dateien ggf. zu entpacken, falls Sie sich noch im komprimierten Zustand befinden.

Zu guter Letzt sollten Sie sich sicherheitshalber noch den genauen Namen der Binärdatei mit den BIOS-Daten notieren – mit Dateierweiterung, denn die werden Sie gleich noch brauchen. Damit ist Ihre Update-Diskette fertig.

Hinweis
So sauber wie möglich

Falls Sie möchten, können Sie den deutschen Tastaturtreiber mit auf die Diskette nehmen, um sich die Arbeit zu erleichtern. Vermeiden Sie es jedoch unbedingt, andere Programme wie z. B. Speicher-Manager wie *Himem.sys* oder *Emm386.exe* mit hinzuzunehmen.

Sicherheitsmaßnahmen vor dem Update

Speziell beim BIOS-Update gilt, dass ein übereiltes Vorgehen nur in den seltensten Fällen zum Erfolg führt. Deshalb sind gerade hier einige Sicherheitsmaßnahmen notwendig, wenn Sie nach dem Update einen Rechner haben wollen, der besser, schneller und sicherer läuft.

Als Erstes: Die Datensicherung

Die erste Regel bei jeder Art von Arbeiten am PC lautet: Führen Sie vorher eine Datensicherung durch. Speichern Sie dazu selbst erstellte Dokumente, Bilder, Bookmarks, Tabellen, Texte, Konfigurationseinstellungen usw. auf einem anderen Medium, z. B. auf CD-ROM oder ZIP-Disketten. So können Sie – falls wirklich etwas schief gehen sollte – auf einem anderen PC mit Ihrer Arbeit weitermachen.

Sicherung der BIOS-Einstellungen

Bevor Sie Änderungen am BIOS vornehmen, sollten Sie sich die Einstellungen im Setup notieren, die Sie (spätestens mit der Lektüre dieses Buchs) an Ihrem BIOS im Laufe der Zeit vorgenommen haben. Diese gehen verloren, wenn Sie das BIOS mit einer neueren Version überspielt haben.

Dies ist besonders wichtig, falls Sie, wie in Kapitel 2.1 unter „Von Hand geht's auch: Festplattenparameter selbst eintragen" beschrieben, die Festplattenparameter manuell eingetragen haben. Falls diese nicht notiert werden, können Sie Gefahr laufen, nach einem Update keinen Zugriff mehr auf die Festplatte zu haben.

Das BIOS-Update

Falls Sie nicht alles von Hand abschreiben möchten, können Sie jedes Menü einzeln ausdrucken. Benutzen Sie jeweils die Taste [Druck], um den Bildschirminhalt des jeweiligen Menüs auf dem Drucker auszugeben. Falls der Druck nicht sofort beginnt (manche Drucker speichern die Daten nur in ihrem Speicher ab), probieren Sie die Papierauswurftaste. Falls Ihr AMI-BIOS diese Funktion noch nicht unterstützt (bei Versionen vor 1995), hilft auch das Sharewareprogramm AMI-Setup.

Vorbereitungen am PC

Auch wenn die Entscheidung für ein Update des BIOS vielleicht gerade aus dem Grund getroffen wurde, dass der Rechner permanent Probleme bereitet, sich öfter mit einem Bluescreen verabschiedet oder bestimmte Komponenten einfach nicht erkennen will: Der PC muss vor dem Update einwandfrei funktionieren. Wichtig ist vor allem der reibungslose Ablauf unter einem „nackten" DOS, da der Update-Vorgang auf dieser Ebene durchgeführt werden wird und nicht unter Windows (siehe dazu auch ab Seite 240).

Falls Sie sich nicht sicher sind, ob dies gewährleistet ist, ist es sinnvoller, problematische Komponenten vorher auszubauen oder das Update gleich bei einem Fachhändler Ihres Vertrauens durchführen zu lassen.

> **Hinweis**
>
> **Ein Rat an die Overclocker**
>
> Ein Hinweis für diejenigen, die gern durch Übertaktungsmaßnahmen auch noch das letzte Quäntchen Leistung aus Prozessor, Grafikkarte und anderen Bestandteilen Ihres PCs herausholen. Verzichten Sie während der Update-Prozedur auf solche Spielchen und schrauben Sie den Rechner auf die Standardparameter herunter. Ein gelungenes Update wird es Ihnen danken, und danach können Sie wieder an der Temposchraube drehen.

Virenfreiheit garantiert

Wie manch anderer Sicherheitshinweis ist auch dieser eigentlich banal, sollte aber dennoch erwähnt werden. Der PC muss während des Updates garantiert virenfrei sein.

Der Grund ist leicht nachvollziehbar: Viele Viren greifen gerade den Bootsektor und die Systemdateien an, da diese für den Betrieb des PCs extrem wichtig sind. Aber gerade diese Systemdateien nutzen Sie beim Booten vor dem Update auf Ihrer Startdiskette. Sie können sich leicht vorstellen, dass ein BIOS-Update auf einem PC, der mit verseuchten Dateien gestartet wurde (wenn er sich überhaupt so starten lässt), mit großer Wahrscheinlichkeit schief geht.

Durchführen eines BIOS-Updates

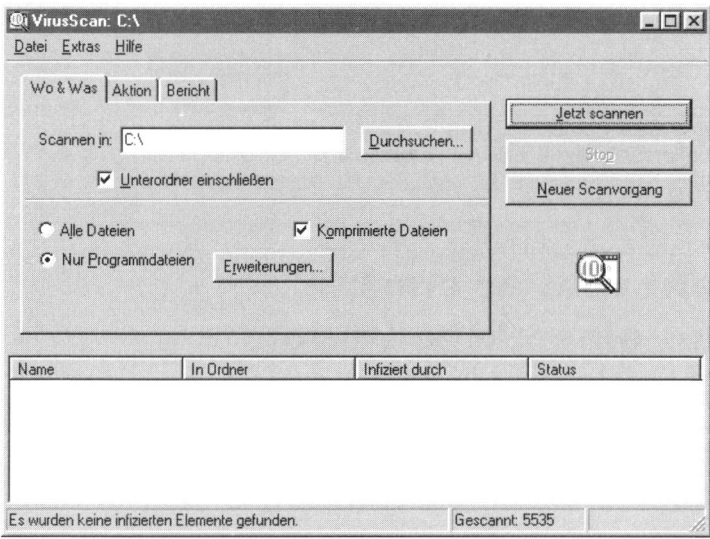

Der PC muss für das Update garantiert virenfrei sein!

Arbeiten am Mainboard

Der Rechner ist jetzt soweit vorbereitet, die Daten, die Sie im weiteren Verlauf brauchen, liegen bereit. Nun müssen Sie nur noch das Mainboard vorbereiten, denn bevor der BIOS-Chip mit einem neuen Innenleben versehen werden kann, muss der standardmäßig vorhandene Schreibschutz (*Write protect*) entfernt werden.

Dies kann bei neueren Boards im Setup vorgenommen werden. Suchen Sie im *BIOS Features Setup* nach der Option *Enable Flash, BIOS Update* (oder ähnlich) und aktivieren Sie sie.

Bei älteren Boards ist dafür im Regelfall ein Jumper oder ein kleiner Dip-Schalter verantwortlich. Schauen Sie im Handbuch Ihres Mainboards nach, wo sich dieser Schalter befindet und welche Position und Stellung er einnehmen muss, damit ein Flashen des BIOS möglich ist.

Hinweis

Handbücher gibt's im Internet

Wenn Sie beim Kauf Ihres PCs kein Handbuch erhalten haben oder dies nicht mehr auffindbar ist, schauen Sie sich auf den Webseiten der Hersteller um. Die meisten bieten Manuals im Download an. Die Webadressen der wichtigsten Hersteller finden Sie weiter vorn in diesem Kapitel.

Wenn dies geklärt ist, schalten Sie Ihren PC aus, nehmen ihn vom Strom und öffnen ihn. Stecken Sie dann den Jumper dementsprechend um. Danach können Sie den Rechner wieder schließen und ans Stromnetz anschließen. Jetzt geht's los.

Das BIOS-Update

Tipp
Genaue Identifizierung tut Not

Vergewissern Sie sich, dass Sie wirklich den Schreibschutz-Jumper versetzen. Falls Sie versehentlich eine andere Hardwareeinstellung des Mainboards verändern (z. B. den Speichertakt), kann es zu Problemen beim Update kommen, denn nicht zuletzt ist immer noch der Schreibschutz aktiv.

Jetzt wird es ernst: Das eigentliche Update

Booten Sie jetzt den Rechner von der Diskette neu. Beachten Sie, dass Sie natürlich die Bootreihenfolge im BIOS auf A, C stellen müssen, damit der PC auf den Bootsektor der Startdiskette zugreift und nicht ganz normal von der Festplatte startet.

Falls Sie nicht mehr genau wissen, wie Sie diese Einstellung ändern, schauen Sie einfach ab Seite 52 nach.

Hinweis
NIEMALS den Rechner ausschalten!

Zu Anfang ein immens wichtiger Hinweis: Falls während des nachfolgend beschriebenen Vorgangs irgendetwas schief gehen sollte, schalten Sie den Rechner auf gar keinen Fall aus, und führen Sie auch kein Reset durch! Solange Ihr Rechner noch läuft, kann ein erneutes Schreiben der alten oder der neuen BIOS-Version Ihr Motherboard noch retten. Ist der Rechner erst einmal ausgeschaltet, läuft dagegen gar nichts mehr, da der PC mit einem fehlerhaften BIOS nicht hochfahren kann. Näheres zu diesem Fall finden Sie ab Seite 237.

1 Nach dem Start sehen Sie die Eingabeaufforderung mit dem Buchstaben des Diskettenlaufwerks, also

```
A:\
```

2 Da die amerikanische Tastaturbelegung natürlich wenig hilfreich ist, laden Sie das deutsche Tastaturschema durch Eingabe von

```
keyb gr
```

Dieser Befehl wird nicht quittiert, wundern Sie sich also nicht, wenn scheinbar nichts passiert.

Jetzt beginnt der eigentliche Update-Vorgang.

Durchführen eines BIOS-Updates

Hinweis

Keine allgemein gültige Anleitung

Beachten Sie, dass die folgende Beschreibung nur allgemeinen Charakter haben kann. Wir beschreiben zwar das Update für das am häufigsten auftretende Award-BIOS, aber Versionsunterschiede des Tools Awdflash.exe können dennoch auftreten. Unter Umständen können daher Eingabemasken und Bildschirmanzeigen bei Ihnen von den hier gezeigten abweichen. Lassen Sie sich dadurch nicht verunsichern, die Funktionen bleiben prinzipiell immer die gleichen.

1 Geben Sie den Namen des Flash-Utilitys ein (ohne Dateierweiterung), z. B.

```
awdflash
```

Wenn Sie mit [Enter] bestätigen, startet das Update-Programm.

2 Meistens werden Sie als Erstes gefragt, ob Sie Ihr bisheriges BIOS in eine Datei sichern möchten. Wir empfehlen dringend, dies zu tun, damit, falls ein Fehler auftritt, der PC wieder in seinen ursprünglichen Zustand zurückversetzt werden kann. Dies gilt natürlich nur, wenn der Rechner nicht abgeschaltet oder ein Reset durchgeführt wurde (siehe oben).

Bestätigen Sie dies also mit [Y] bzw. [Z], falls Sie nicht das deutsche Tastaturlayout nutzen. Y und Z sind ohne deutschen Tastaturtreiber gegeneinander vertauscht.

Geben Sie dem alten BIOS einen unmissverständlichen Namen, unter dem es auf der Diskette gespeichert wird. Am besten orientieren Sie sich an den Konventionen des BIOS-Herstellers, dies erleichtert im Fall der Fälle die Übersicht.

3 Manche Flashprogramme haben als Option die Möglichkeit, unterschiedliche Update-Vorgänge durchzuführen, wobei meist zwischen einem Update bestimmter Funktionen und einem kompletten Update des gesamten BIOS unterschieden wird. Wir empfehlen, an dieser Stelle immer das komplette Update durchzuführen. Nur hier haben Sie die Sicherheit, dass keine Inkompatibilitäten zwischen Resten einer alten und der neuen Version entstehen.

Oft ist die Option des kompletten Updates nicht sofort zugänglich, was vermutlich als Sicherungsfunktion von Seiten des Herstellers gedacht ist. Rufen Sie in diesem Fall die erweiterten Optionen bzw. den entsprechenden Menüpunkt auf und wählen Sie das komplette BIOS-Update.

4 Spätestens hier werden Sie nach dem Namen der Datei gefragt, die die neuen BIOS-Daten beinhaltet. Da Sie sich diesen Namen ja vorher notiert haben, haben Sie jetzt keine Schwierigkeiten, ihn einzutragen.

5 Falls an dieser Stelle ein Fehler auftritt, also z. B. die Datei nicht erkannt oder nicht gefunden wird, brechen Sie den Vorgang mit [Esc] ab und prüfen, ob Sie evtl. vergessen haben, die Datei zu entpacken. Wiederholen Sie nach der Dekomprimierung den beschriebenen Ablauf.

Das BIOS-Update

Normalerweise wird, wenn alles klappt, an dieser Stelle noch eine Sicherheitsabfrage eingeblendet werden. Diese können Sie jetzt getrost mit [Y] bzw. [Z] auf der amerikanischen Tastatur beantworten. Also: Atem anhalten und hoffen, dass der Strom nicht ausfällt.

6 Der eigentliche Update-Vorgang dauert nur ein paar Sekunden, Sie können also bald wieder Luft holen. Wenn der Rechner eine Erfolgsmeldung ausgibt, haben Sie das Schwerste bereits hinter sich. Sie sollten jetzt Ihren Rechner neu starten, indem Sie ein Reset durchführen. Achten Sie aber unbedingt darauf, dass Ihnen unmissverständlich mitgeteilt wurde, dass der Update-Vorgang erfolgreich war. Meistens werden Sie dabei auch aufgefordert, den PC erst aus- und dann wieder einzuschalten.

Nach dem erfolgreichen Update

Bevor Sie den Rechner jetzt wieder einschalten, sollten Sie gegebenenfalls den Jumper für die Aktivierung des Schreibschutzes wieder in seine alte Position bringen. Das gilt natürlich nur, wenn ein Umstellen während der Vorbereitung des PCs notwendig war.

Brechen Sie nach dem Einschalten den Bootvorgang durch Drücken der [Entf]-Taste ab und gehen Sie direkt in Ihr neues BIOS. Denn hier müssen Sie schließlich noch einige Einstellungen vornehmen.

Die neuen Daten, Features usw. aktivieren Sie, indem Sie den Befehl *Load Setup Defaults* auswählen.

Danach wartet die (etwas mühselige) Aufgabe auf Sie, sämtliche Menüs durchzugehen und Ihre alten Werte (z. B. zu Festplatten, Arbeitsspeicher oder Power-Management), die Sie selbst angepasst hatten, erneut einzugeben. Denn alle diese Einstellungen sind durch das Update überschrieben worden.

Falls Sie sich einen Ausdruck Ihrer alten Einstellungen angefertigt haben, sollte dies aber kein großes Problem darstellen.

Damit wäre das Setup abgeschlossen. Herzlichen Glückwunsch, Sie haben eine der komplizierteren Klippen der PC-Arbeit gemeistert. Das Einzige, was Sie jetzt noch tun müssen, ist, das BIOS-Setup zu verlassen und den Rechner normal hochfahren zu lassen.

Vergessen Sie aber in Ihrer Euphorie nicht, die gerade vorgenommenen Einträge bei der Frage *Save & Exit Setup* mit *Yes* zu beantworten.

Das nächste Mal, wenn Sie den Rechner starten, können Sie dann stolz die neue Versionsnummer Ihres BIOS bewundern.

Der Super-GAU:
Rettung eines korrupten BIOS

Wie erwähnt, dauert der eigentliche Update-Vorgang nur wenige Sekunden. Was aber können Sie tun, wenn er trotzdem misslingt und der Vorgang mit einer Fehlermeldung abgebrochen wird?

Wie eingangs erwähnt: SCHALTEN SIE DEN RECHNER AUF KEINEN FALL AB!

Stattdessen müssen Sie versuchen, den Brennvorgang zu wiederholen, egal ob mit der alten oder der neuen Version des BIOS. Das Brennen muss erfolgreich durchgeführt werden, ansonsten ist der Rechner nach einem Reset oder dem Ausschalten nicht mehr bootfähig.

In den meisten Fällen wird Ihnen das Programm selbst die Option anbieten, das Flashen zu wiederholen.

Gelingt dies auch nach mehreren Durchläufen nicht, sollten Sie versuchen, das zu Beginn gesicherte Original-BIOS wieder einzuspielen. Erst wenn mehrere Versuche erfolglos geblieben sind oder Sie das alte BIOS nicht gesichert haben, bleibt Ihnen in diesem Moment leider nur übrig, den Rechner auszuschalten und einen neuen BIOS-Chip auf das Mainboard zu setzen.

Falls nichts mehr geht

Eine Hoffnung besteht, wenn Sie Zugriff auf einen PC haben, in dem exakt das gleiche Mainboard wie in Ihrem Rechner eingebaut ist. Dabei ist es unwesentlich, welche Komponenten sonst noch verwendet werden oder welches Betriebssystem benutzt wird. Der zweite Computer dient sozusagen als Herzschrittmacher.

1. Nehmen Sie den defekten BIOS-Chip aus Ihrem Rechner. Achten Sie dabei auf die genaue Position oder markieren Sie sie.

2. Starten Sie den zweiten Rechner mit einer Bootdiskette im DOS-Modus. Öffnen Sie dann das Gehäuse und entfernen Sie den BIOS-Chip. Denken Sie auch hier daran, sich die Orientierung zu merken.

Das BIOS-Update

BIOS-Chip auf dem Motherboard (oben rechts)

3 Stellen Sie durch Umsetzen des Jumpers, falls notwendig, sicher, dass das Flashen möglich ist. Setzen Sie dann Ihren Chip in den Zweitrechner ein.

4 Führen Sie nun den Brennvorgang wie oben beschrieben durch. Setzen Sie danach den Originalbaustein wieder ein und vergessen Sie nicht, die Jumper wieder umzustellen.

Sie können den Besitzer des zweiten Rechners beruhigen: Für seinen PC besteht praktisch keine Gefahr, wenn man mal von den immer vorhandenen Risiken durch statische Entladung oder mechanische Beschädigung absieht.

In dem leider einzukalkulierenden Fall, dass die oben beschriebenen Aktionen nicht den gewünschten Erfolg zeigen, haben Sie leider nur noch wenige Möglichkeiten. Sie können es sich relativ einfach machen und sich ein neuen Mainboard zulegen. Dies ist die teure Variante. Achten Sie in diesem Fall aber auf die Kompatibilität des neues Boards zu Ihren vorhandenen Komponenten.

Die vielleicht billigere, aber langwierige Methode ist, das BIOS durch Fachleute neu brennen zu lassen. Dazu muss ein identischer BIOS-Chip mit einem speziellen Lesegerät ausgelesen werden, woraufhin man den alten oder einen neuen, leeren Chip mit dem ausgelesenen BIOS flashen kann. Dies ist aber wohl in den meisten Fällen dem Fachhändler vorbehalten.

Nähere Informationen finden Sie z. B. unter www.derpcdoktor.de oder www.elderts.de\bios.htm.

Eine Hilfsmöglichkeit: Das Dual-BIOS

Auf der CeBIT 1999 wurde von verschiedenen Firmen eine Mainboard-Neuerung eingeführt, die dem Update den Schrecken nehmen kann. Auch wenn es sich noch nicht richtig durchgesetzt hat, ist das so genannte Dual-BIOS doch der Problemlöser für alle Fälle eines geplanten oder schief gelaufenen BIOS-Updates.

Der Grundgedanke ist einfach: Anstelle eines einfachen wird ein „doppeltes" BIOS genutzt. Diese Dopplung gibt es in zwei Varianten: zum einen ein BIOS mit zwei getrennten Chips, wie es z. B. das Dual-BIOS von Gigabyte nutzt, oder die Verwendung von zwei BIOS in einem Chip, wie es beim Safe BIOS 810 von MSI angewendet wird.

Mit dieser Neuerung werden gleich zwei Bereiche der PC-Sicherheit abgedeckt. Das Vorhandensein eines zweiten, eines „Reserve"-BIOS sorgt bei einem Fehlschlagen des Flashvorgangs dafür, dass trotzdem mit dem Rechner gearbeitet werden kann. Auch die umständliche und wenig praktikable Konstruktion mit einem Zweit-PC mit identischem Motherboard, die oben zur Rettung eines beschädigten BIOS beschrieben wurde, entfällt.

Der weitere Vorteil dieser Konstruktion ist, dass es eine generell erhöhte Sicherheit in der Arbeit mit dem Rechner gibt. So steht dem Nutzer (also Ihnen) ein zweites, intaktes BIOS zur Verfügung, falls das erste z. B. durch einen Virus beschädigt wurde. Hilfs- und Rettungsmaßnahmen können so relativ problemlos durchgeführt werden.

Tipp
Dual-BIOS zum Nachrüsten

Wer die vielen Vorteile des Dual-BIOS nutzen, sich aber nicht gleich ein neues Motherboard zulegen möchte, für den bietet sich ein Dual-BIOS als Nachrüstsatz an. Die Firma IOSS hat dazu den RD1 Bios Savior auf den Markt gebracht, mit dem sich fast jedes System mit einem Dual-BIOS ausrüsten lässt. Auf der Website des Herstellers finden Sie sämtliche Boards aufgelistet, die mit dem Paket funktionsfähig sind. Schauen Sie einfach unter www.ioss.com.tw/eg/index.html nach, ob Ihr Board dabei ist.

Funktionsweise des Dual-BIOS

Im normalen Betrieb wird ein BIOS genutzt, nennen wir es das Primär-BIOS. Beim Bootvorgang wird dieses angesprochen und seine Funktionen genutzt. Wird an dieser Stelle ein fehlerhaftes BIOS entdeckt, wird automatisch auf das zweite BIOS umgeschaltet.

Von dieser Dopplung werden die Möglichkeiten des Updates, wie sie oben vorgestellt wurden, nicht beeinflusst. Sie können problemlos ein BIOS (eins oder beide) mithilfe eines Flashprogramms auf den neusten Stand bringen.

Das BIOS-Update

Dabei wird vor dem eigentlichen Update geprüft, ob das jeweils andere BIOS funktionsfähig ist, um einen Totalausfall des Rechners zu vermeiden.

Nach dem Update-Vorgang wird das überschriebene BIOS untersucht, ob es voll funktionsfähig ist. Ist dies nicht der Fall, wird, die Aktivierung dieser Option vorausgesetzt, das defekte mit dem Inhalt des intakten BIOS überschrieben, sodass auch hier volle Funktionalität gewährleistet ist.

Boards, die über ein Dual-BIOS verfügen, sind sicherlich solche der oberen Preisklasse. Diejenigen unter Ihnen, die sich der PC-Schrauberei verschrieben haben oder einen professionellen Serverbetrieb in Erwägung ziehen, sollten sich mit dem Gedanken beschäftigen, sich ein solches Board zuzulegen. Es wird Ihnen im Ernstfall mit Sicherheit Zeit, Kosten und graue Haare ersparen.

BIOS-Update unter Windows

Update_WindowsSie haben in diesem Kapitel nur über die Möglichkeit erfahren, ein BIOS-Update im DOS-Modus des Rechners zu unternehmen. Wenn Sie auf der Suche nach einem geeigneten Update und dem dazugehörigen Flashprogramm die Seiten der Mainboard-Hersteller abklappern, wird Ihnen evtl. die Option untergekommen sein, ein BIOS-Update auch unter Windows mithilfe spezieller, für diesen Zweck angepasster Flashprogramme vorzunehmen.

Diese Vorgehensweise, die auch als LiveUpdate bezeichnet wird, scheint auf den ersten Blick nachvollziehbar zu sein. Mit dem Übergang auf die neueren Windows-Versionen hat die darunter liegende DOS-Ebene in allen Bereichen an Bedeutung verloren, auch Computerspiele, die noch vor kurzer Zeit auf den direkten Hardwarezugriff unter DOS angewiesen waren, laufen inzwischen fast zu 100 % unter Windows.

Zudem übernimmt das Tool, das z. B. von Asus angeboten wird, nicht nur den eigentlichen Flashvorgang, sondern findet auch die notwendigen Dateien im Internet und lädt sie auf Ihren Computer. Eine Startdiskette wird überflüssig.

> **Hinweis**
> **LiveUpdate ist nicht gleich LiveUpdate**
> Die hier genannte Vorgehensweise des LiveUpdates, also des BIOS-Updates mit einem laufenden Windows-System, ist nicht zu verwechseln mit der relativ bekannten LiveUpdate-Funktion, die Symantec bei ihrer Utility-Suite Norton SystemWorks anbietet.
> Lesen Sie dazu „Das große Buch Norton SystemWorks 2001", ebenfalls bei DATA BECKER erschienen.

Durchführen eines BIOS-Updates

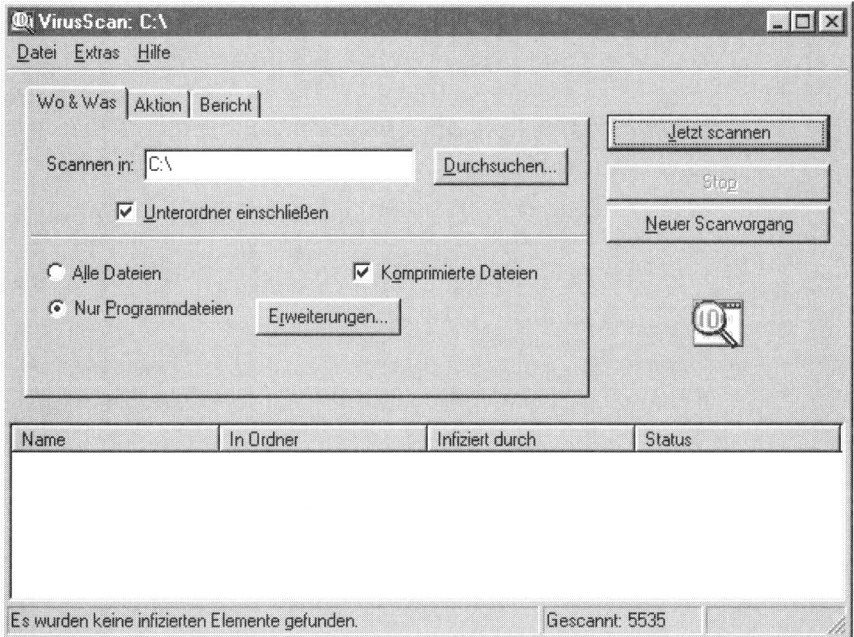

Wenn inzwischen also auch praktisch alle Abläufe, die noch vor kurzem unter DOS laufen mussten, auch unter Windows möglich sind, raten wir von LiveUpdates ausdrücklich ab.

Bei der Nutzung von Windows arbeiten in den meisten Fällen viele kleine Programme im Hintergrund, die dem Nutzer das Leben erleichtern sollen, dem erfahrenen Anwender im besten Fall aber eher auf die Nerven gehen. Darunter fallen die automatische Defragmentierung der Festplatte, Bildschirmschoner, die bei Untätigkeit unvermittelt anspringen, oder Virenscanner, die Arbeitspausen zur Suche nach ungebetenen Eindringlingen nutzen.

Auch wenn, wie beschrieben, das eigentliche BIOS-Update nur kurze Zeit dauert, kann es dennoch vorkommen, dass solche Programme die Unterbrechung anderer Arbeiten als Pause verstehen und unvermittelt anspringen. Es dürfte klar sein, dass das im Moment des Flashens eine Katastrophe wäre. Das gleiche Ergebnis würden Sie erhalten, falls Windows sich gerade in diesem Moment dazu entschließt, sich mit einer allgemeinen Schutzverletzung oder einem Bluescreen zu verabschieden.

Unser Rat also: Führen Sie Ihr BIOS-Update nur von einem unter DOS laufenden Rechner aus, den Sie mit einer Systemdiskette gebootet haben, und lassen Sie die LiveUpdates links liegen.

10.3 Troubleshooting

Ich bin nicht sicher, ob ich das BIOS meines Rechners überhaupt updaten kann.

Die Verwendung eines Flash-BIOS-Chips ist nicht unabdingbare Voraussetzung für den Betrieb eines PCs. Daher besteht grundsätzlich die Möglichkeit, dass auf Ihrem Mainboard ein Chip steckt, der nicht Update-fähig ist.

Lösung:

Die Wahrscheinlichkeit, dass Sie ein solches BIOS besitzen, ist außerordentlich gering. Sie können davon ausgehen, dass jeder handelsübliche PC, der Ihnen seit Mitte der neunziger Jahre verkauft wurde, ein Flash-BIOS besitzt.

Was kann beim BIOS-Update schief gehen?

Diese Frage ist in diesem Kapitel bereits ausführlich beantwortet worden. Für diejenigen unter Ihnen, die zuerst diesen Teil lesen, um auf Probleme vorbereitet zu sein, hier eine Kurzform:

Lösung:

Wenn Sie das falsche BIOS zum Update verwenden, einen Stromausfall während des Updates erleben oder einen defekten BIOS-Chip haben usw., ist die Chance groß, dass Ihr Rechner nicht mehr bootet, weil das BIOS beim Überschreiben beschädigt wurde.

Wir empfehlen daher, kein Update durchzuführen, das nicht absolut notwendig ist, oder, wie es lange auf der Website von Asus zu lesen war: „If it ain't broken, don't fix it." – „Wenn's nicht kaputt ist, reparier es nicht."

Nach der Eingabe das Dateinamens meldet das Flashprogramm: „File size does not match".

Vermutlich liegt der Fehler in dem Versuch, eine falsche Datei einzuspielen.

Lösung:

Prüfen Sie genauestens, ob Sie wirklich das richtige Update nutzen, und versuchen Sie es mit der richtigen Datei noch einmal. Es kann unter Umständen vorkommen, dass Sie auf den ersten Blick die richtige Datei haben, diese aber in zwei Versionen vorliegt. Dies kann vorkommen, wenn bei dem Motherboard während der Produktion Änderungen, z. B. in der Bestückung mit BIOS-Chips, durchgeführt wurden. So waren früher Chips mit einem Mbit Kapazität üblich, heute verfügen sie üblicherweise über die doppelte Kapazität.

Flashprogramm hat mit dem Update begonnen, es dann aber abgebrochen und/oder eine Fehlermeldung ausgegeben.

Lösung:

Wie oben mehrfach erwähnt: Stellen Sie jetzt auf keinen Fall Ihren Rechner aus, sondern versuchen Sie, die Datei noch einmal einzuspielen. Gelingt dies nicht, versuchen Sie, die gesicherte alte Version des BIOS wieder zurückzusichern.

Das Update scheint zwar funktioniert zu haben, aber seitdem verhält sich der Rechner merkwürdig, und einige Komponenten arbeiten nicht mehr richtig.

Lösung:

Gehen Sie ins BIOS-Setup und überprüfen Sie dort die Einstellungen. Vielleicht haben Sie beim Eintragen Ihrer alten Einstellungen einen Fehler gemacht, oder das neue BIOS verträgt diese nicht. Wählen Sie, falls das nicht geholfen hat, die Einstellung *Load BIOS Defaults* aus und fangen Sie von vorn an.

Es ist auch möglich, dass Sie ein BIOS eingespielt haben, mit dem Ihr Rechner zwar läuft, aber eben nur notdürftig. Wiederholen Sie die Flashprozedur mit dem gesicherten BIOS und prüfen Sie dann, ob Sie auch wirklich das richtige Update gewählt hatten.

Das Flashprogramm meldet, dass es den Bootblock nicht beschreiben kann. Mein BIOS-Chip stammt von Intel.

Lösung:

In diesem Fall – und nur in diesem – können Sie den Fehler ignorieren und getrost weitermachen. Die Herkunft von Intel erkennen Sie an einem kleinen i vor einer Zahl, gedruckt auf den Chip. Bei diesen Chips kann der Bootblock nicht überschrieben werden, was aber bei der Update-Prozedur auch nicht notwendig ist.

Falls Sie einen Chip eines anderen Herstellers besitzen, haben Sie vermutlich versucht, ein falsches BIOS einzuspielen.

11. Kurzer Ausflug: Andere BIOSe im PC

In einem Buch über das BIOS darf natürlich auch ein kurzer Abschnitt über die anderen BIOS im PC nicht fehlen. Obwohl Sie in den meisten Fällen gar nicht damit in Berührung kommen, gibt es sie doch: das BIOS der Grafikkarte, des SCSI-Controllers und – neuerdings immer stärker verbreitet – von RAID-Controllern. Wo das Grafikkarten-BIOS seinen Dienst vollständig im Hintergrund verrichtet und nur beim Einschalten des PCs in Erscheinung tritt, lassen sich bei einem SCSI- oder RAID-Controller einige Einstellungen von Hand vornehmen.

- Im ersten Abschnitt sagen wir Ihnen, welche Aufgaben ein Grafikkarten-BIOS verrichtet und wie Sie ein Update durchführen, wenn es zu Problemen gekommen ist.

- Danach beschäftigen wir uns mit dem BIOS eines SCSI-Controllers. Neben verschiedenen Grundeinstellungen lassen sich hier auch für jedes Gerät einzeln die wichtigsten Übertragungsparameter einstellen. Wir sagen Ihnen, wie's geht.

- Zum Schluss zeigen wir Ihnen, welche Einstellungen ein RAID-Controller zu bieten hat, an dem mehrere Festplatten die Aufgaben einer einzelnen übernehmen. Das kann entweder zur erhöhten Datensicherheit oder zur Geschwindigkeitssteigerung geschehen.

11.1 Das Grafik-BIOS: Erstes Lebenszeichen des PCs

Das BIOS der Grafikkarte gehört sicher zu den wichtigsten Komponenten des PCs, denn es befähigt die Grafikkarte, aktiv zu werden, noch bevor das Mainboard und die anderen Komponenten initialisiert sind. Deshalb bekommen Sie beim Einschalten des PCs auch als Erstes die Meldung der Grafikkarte zu sehen. Es enthält wie alle anderen BIOS die grundlegenden Informationen und Eingabe-/Ausgabefunktionen, die den Betrieb der Grafikkarte steuern und überhaupt erst ermöglichen.

Neben der Treibersoftware ist die Leistungsfähigkeit – und die Fehlerlosigkeit – des Grafikkarten-BIOS ausschlaggebend für die Leistung der Karte.

Update durchführen

Wie jede andere Software ist das BIOS einer Grafikkarte natürlich auch manchmal von Programmierfehlern belastet, oder es lassen sich durch Optimierung der Programmroutinen noch ein paar Leistungsprozente mehr herauskitzeln. Aus diesem Grund statten viele Hersteller ihre Karten genau wie ein Mainboard mit einem Flash-BIOS aus, das per Software erneuert werden kann. Mit so einem Update verbessert sich oft die Zuverlässigkeit und die Geschwindigkeit der Karte. In diesem Abschnitt zeigen wir Ihnen, wie Sie so ein Update durchführen können, falls Sie Probleme mit Ihrer Grafikkarte haben.

> **Hinweis**
> **Update nur mit dem passenden Tool**
> Beim BIOS der Grafikkarte ist es besonders wichtig, dass Sie ausschließlich das Originaltool des Herstellers benutzen, um ein Update durchzuführen. Die Software führt nämlich in der Regel verschiedene Erkennungsroutinen durch, um die Hardware zu identifizieren und die richtige BIOS-Version auszuwählen. Falls Sie die Software eines anderen Herstellers verwenden, wird mit aller Wahrscheinlichkeit keine passende Hardware gefunden oder unter Umständen sogar das BIOS Ihrer Grafikkarte zerstört.

Das Grafik-BIOS: Erstes Lebenszeichen des PCs

1 Laden Sie das Update-Programm und die aktuellste BIOS-Version für Ihre Grafikkarte aus dem Internet herunter.

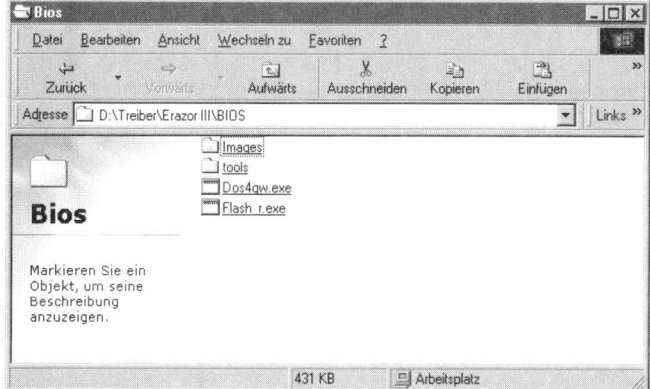

2 Entpacken Sie das Tool und die BIOS-Daten in ein eigenes Verzeichnis. Meistens müssen die entpackten Daten alle im selben Verzeichnis liegen, aber manchmal auch in einem speziell bezeichneten Unterverzeichnis.

3 Lesen Sie sich die Anleitung zur Durchführung des Updates aufmerksam durch. Sie finden die Beschreibung in der Regel in der Datei *Read.me*, *Readme.doc*, *Liesmich.txt* oder in einer ähnlich bezeichneten Datei. Hier erfahren Sie alles über die Besonderheiten des Programms und die genaue Vorgehensweise.

4 Starten Sie den Rechner im MS-DOS-Modus. Unter Windows ME oder Windows 2000 müssen Sie dazu eine Startdiskette benutzen.

5 Wechseln Sie an der MS-DOS-Eingabeaufforderung in das Verzeichnis mit dem Update-Programm. Dazu geben Sie den Befehl

```
cd [Laufwerkbuchstabe]:\[Pfad]
```

ein.

6 Rufen Sie das Update-Programm durch Eingabe des Programmnamens auf und folgen Sie den Programmanweisungen

Hinweis
Denn Sie wissen, was Sie tun?!

Die Vorgehensweise ist nur exemplarisch für das BIOS einer einzelnen Grafikkarte beschrieben, das Update-Verfahren kann bei anderen Karten anders aussehen. Da es sich um einen ziemlich tiefen Eingriff in Ihr System handelt, müssen Sie sich unbedingt an die genauen Anweisungen halten, die dem Update-Tool Ihrer Grafikkarte beiliegen.

11.2 Schnelle Kommunikation und Systemstart: Das SCSI-BIOS

Alle bootfähigen SCSI-Controller (in diesem Fall spricht man von einem SCSI-Hostadapter) besitzen ebenfalls ein BIOS, das sich während oder nach dem POST des Mainboards mit einer eigenen Initialisierung meldet. Dabei werden charakteristischerweise die angeschlossenen SCSI-Geräte gesucht und in der Reihenfolge ihrer Identifikationsnummer aufgelistet. Nachdem diese Initialisierung abgeschlossen ist, können die verschiedenen Laufwerke zum Booten angesprochen werden. Ob sie dabei in der Reihenfolge vor oder nach den IDE-Laufwerken des PCs berücksichtigt werden, können Sie im *BIOS Features Setup* einstellen. Wie das geht, lesen Sie auf Seite 52.

Solange die Initialisierung des SCSI-Controllers abläuft, haben Sie die Möglichkeit, dessen eigenes BIOS-Setup aufzurufen. Die benötigte Tastenkombination wird dabei am unteren Ende der Meldungen auf dem Bildschirm angezeigt. Bei Adaptec-Controllern ist das [Strg]+[A], bei Dawicontrol-Controllern muss die Taste [Entf] gedrückt werden. Danach können Sie die wichtigsten Eigenschaften des SCSI-Controllers einstellen.

Die wichtigsten Optionen

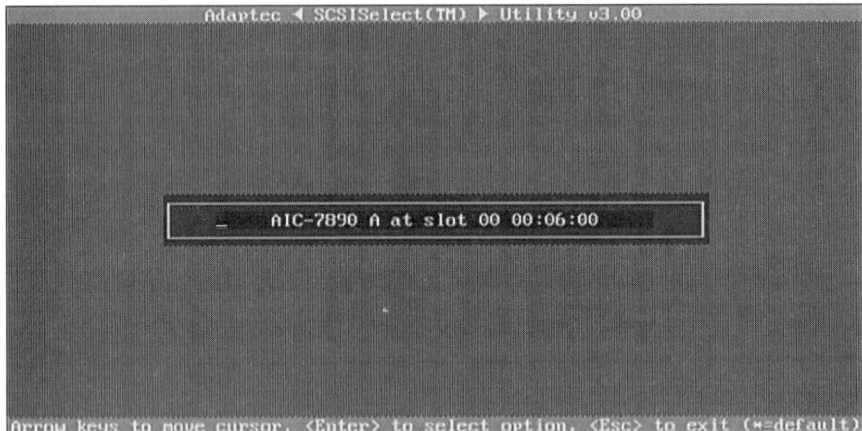

1   Als Erstes wird Ihnen (zumindest bei Adaptec-Controllern) eine Auswahl der im System vorhandenen SCSI-Controller angezeigt. In der Regel ist das natürlich nur ein einzelnes Gerät, denn ein zweiter Controller wird eigentlich nur dann gebraucht, wenn mehr als 15 bzw. 7 (bei älteren Controllern) SCSI-Laufwerke und -Geräte angeschlossen sind. Mit einem Druck auf die [Enter]-Taste rufen Sie das eigentliche Hauptmenü auf.

Schnelle Kommunikation und Systemstart: Das SCSI-BIOS

2 Hier haben Sie die Auswahl zwischen gerade einmal zwei Menüpunkten, die entweder die Konfiguration des SCSI-Systems (*Configure/View SCSI Controller Settings*) oder die Formatierung bzw. Überprüfung der angeschlossenen SCSI-Festplatten betreffen (*SCSI Disk Utilities*). In der Regel werden Sie nur den ersten Funktionenkomplex benötigen, denn die Formatierung und Überprüfung der Festplatten durch den SCSI-Controller muss nur in Ausnahmefällen stattfinden (z. B. wenn nach einem Oberflächendefekt Ihr System nicht mehr startet und noch Daten von der Festplatte gerettet werden sollen).

3 Im Menü mit den Optionen des SCSI-Controllers lassen sich zunächst einmal die Identifikationsnummer des Controllers (*SCSI Controller ID*) und die Verwendung einer Fehlerkorrektur auf dem SCSI-Bus (*SCSI Controller Parity*) festlegen. An beiden Einstellungen sollten Sie nichts ändern. Einerseits ist 7 ein Standardwert für die ID des Controllers, an den sich nahezu alle Hardwarefirmen halten. Bei der Zuteilung von SCSI-IDs für die anderen Geräte tauchen in der Regel weniger Probleme auf, wenn Sie sich auf diese Vorgabe verlassen können. Die Gefahr von doppelt vergebenen IDs ist damit um einen Faktor kleiner. Andererseits verwenden nahezu alle aktuellen SCSI-Geräte die Fehlerkorrektur, sodass es ein Plus von Sicherheit ergibt, diese Option eingeschaltet zu lassen.

Kurzer Ausflug: Andere BIOSe im PC

```
             Adaptec ◄ SCSISelect(TM) ► Utility v3.00
                   AIC-7890 A at slot 00, 00:06:00
  ┌ Configuration ─────────────────────────────────────────┐
  │ SCSI Bus Interface Definitions                         │
  │ SCSI Controller ID..........................7          │
  │                 Boot Device Configuration              │
  │ Single Image.                                          │
  │ Master SCSI Controller........ AIC-7890 A at slot 00 00:06:00 │
  │                                                        │
  │ Select SCSI peripheral from which to boot.             │
  │ Boot SCSI Controller.......... AIC-7890 A at slot 00 00:06:00 │
  │ Boot SCSI ID........ 6                                 │
  │                                                        │
  │     Option Listed Below Has NO EFFECT if MULTI LUN Support is Disabled │
  │ Boot LUN Number................0                       │
  │                                                        │
  │                                                        │
  │ Interrupt (IRQ) Channel..........................10    │
  │ I/O Port Address................................D000h  │
  └────────────────────────────────────────────────────────┘
 Arrow keys to move cursor, <Enter> to select option, <Esc> to exit (*=default)
```

4 Unter der Option *Boot Device Configuration* können Sie einstellen, welcher SCSI-Controller bzw. welche SCSI-ID auf dem Bus für den Bootvorgang zuständig ist. Bei nur einem Controller (bzw. Hostadapter) können die Optionen *Master SCSI-Controller* und *Boot SCSI-Controller* mangels Auswahl natürlich nicht verstellt werden. Mit der Option *Boot SCSI ID* stellen Sie die ID des Laufwerks ein, das für den Startvorgang zuständig sein soll. In der Regel ist hier bereits die Null eingetragen, und die meisten SCSI-Festplatten werden mit dieser ID voreingestellt ausgeliefert. Unter diesen Umständen ist die Konfiguration dieses Parameters unnötig, aber falls Sie eine zweite oder dritte Festplatte in Ihrem System nachgerüstet haben, können Sie eine andere Platte hier als Bootlaufwerk einsetzen. Die Option *Boot LUN Number* spielt nur dann eine Rolle, wenn Sie in Ihrem System Geräte einsetzen, die aus mehreren logischen Einheiten bestehen (LUN = **L**ogical **U**nit), wie das z. B. bei gespiegelten Festplatten der Fall ist. Bei nahezu allen Heim- und Büro-PCs kommen solche Geräte allerdings nicht vor.

```
             Adaptec ◄ SCSISelect(TM) ► Utility v3.00
                    SCSI Device Configuration
 SCSI Device ID                     #0   #1   #2   #3   #4   #5   #6   #7
 Sync Transfer Rate (MB/Sec).....  80.0 80.0 80.0 80.0 80.0 40.0 40.0 80.0
 Initiate Wide Negotiation.......  Yes  Yes  Yes  Yes  Yes  Yes  Yes  Yes
 Enable Disconnection............  Yes  Yes  Yes  Yes  Yes  Yes  Yes  Yes
 Send Start Unit Command.........  Yes  Yes  Yes  Yes  Yes  Yes  Yes  Yes
        Options Listed Below Have NO EFFECT if Int 13 Support is Disabled
 BIOS Multiple LUN Support.......  No   No   No   No   No   No   No   No
 Include in BIOS Scan............  Yes  Yes  Yes  Yes  Yes  Yes  Yes  Yes

 SCSI Device ID                     #8   #9   #10  #11  #12  #13  #14  #15
 Sync Transfer Rate (MB/Sec).....  80.0 80.0 80.0 80.0 80.0 80.0 80.0 80.0
 Initiate Wide Negotiation.......  Yes  Yes  Yes  Yes  Yes  Yes  Yes  Yes
 Enable Disconnection............  Yes  Yes  Yes  Yes  Yes  Yes  Yes  Yes
 Send Start Unit Command.........  Yes  Yes  Yes  Yes  Yes  Yes  Yes  Yes
        Options Listed Below Have NO EFFECT if Int 13 Support is Disabled
 BIOS Multiple LUN Support.......  No   No   No   No   No   No   No   No
 Include in BIOS Scan............  Yes  Yes  Yes  Yes  Yes  Yes  Yes  Yes

 Arrow keys to move cursor, <Enter> to select option, <Esc> to exit (*=default)
```

Schnelle Kommunikation und Systemstart: Das SCSI-BIOS

Hinweis
Hohe IDs haben hohe Priorität
Wenn Sie den größeren Aufwand bei der Vergabe der IDs nicht scheuen, sollten Sie Ihrem Bootlaufwerk eine möglichst hohe ID (unterhalb von 7) zuteilen, denn die Prioritäten auf dem SCSI-Bus fallen mit der ID. Der Standardwert 0 für das Bootlaufwerk ist zwar gut geeignet, wenn nur eine Festplatte angeschlossen ist (andere Geräte werden in der Regel nicht dauerhaft genutzt), aber mit zwei oder mehreren Festplatten empfiehlt sich die Vergabe einer hohen ID.

5 Im *SCSI Device Configuration*-Menü lassen sich die wichtigsten Parameter für jedes einzelne der 15 verfügbaren SCSI-Geräte einstellen. Dabei müssen Sie nur in Ausnahmefällen etwas an den vorgegebenen Einstellungen ändern, denn die Geräte sind dazu in der Lage, während des Betriebs automatisch die richtigen Parameter an den Controller zu übermitteln. Lediglich zur Problembehebung kann z. B. die maximale Datenrate auf 40 MByte/s gesenkt (*Sync Transfer Rate*) oder ein Gerät vom Wide-SCSI-Protokoll ausgeschlossen werden (*Initiate Wide Negotiation*). Der Befehl *Enable Disconnection* befähigt SCSI-Geräte dazu, den Bus freizugeben, wenn sie gerade mit der Abarbeitung eines Befehls beschäftigt sind, und sollte unbedingt auf *Enabled* stehen, ebenso wie die Option *Send Start Unit Command*, das die Geräte beim Systemstart initialisiert. *BIOS Multiple LUN Support* sollte auf *No* stehen bleiben, denn in den meisten PCs werden keine Geräte eingesetzt, die aus mehreren logischen Einheiten bestehen (siehe oben). Mit *Include in BIOS Scan* können Sie alle unbesetzten IDs aus der Gerätesuche beim Start des Systems ausschließen (auf *No* setzen) und so den Bootvorgang ein wenig beschleunigen.

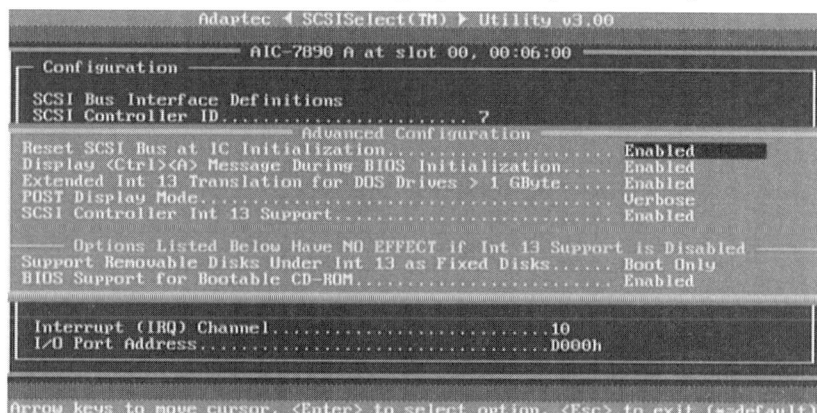

6 Unter *Advanced Configuration* finden sich noch einige zusätzliche Optionen zur Konfiguration des SCSI-Bus. Aber auch hier sind die Standardwerte sehr gut für den normalen Betrieb geeignet. Am wichtigsten ist vielleicht noch die Option *BIOS Support for Bootable CD-ROM*, mit der Sie die Unterstützung für bootfähige CDs ausschalten können. Mit *Display*

Kurzer Ausflug: Andere BIOSe im PC

<Ctrl><A> Message During BIOS Initialization lässt sich die Anzeige der Tastenkombination deaktivieren, *Extended Int 13 Translation for DOS Drives > 1 GByte* betrifft die Unterstützung für Festplatten oberhalb von 1 GByte. Keine der Optionen muss deaktiviert werden, um den Betrieb zu verbessern, deshalb verzichten wir an dieser Stelle auf eine genaue Beschreibung.

Von einer gewissen Bedeutung ist noch *Support Removable Disks Under Int 13 as Fixed Disks*. Hier können Sie festlegen, dass Wechselmedien, die über den Int 13 angesprochen werden (z. B. MO-Laufwerke oder Wechselfestplatten), als Festplatten eingestuft werden. Mit *Boot Only* geschieht dies nur, falls ein solches Medium als Bootlaufwerk eingetragen ist (siehe oben), mit *All Disks* werden alle derartigen Wechselmedien als Festplatte angesprochen.

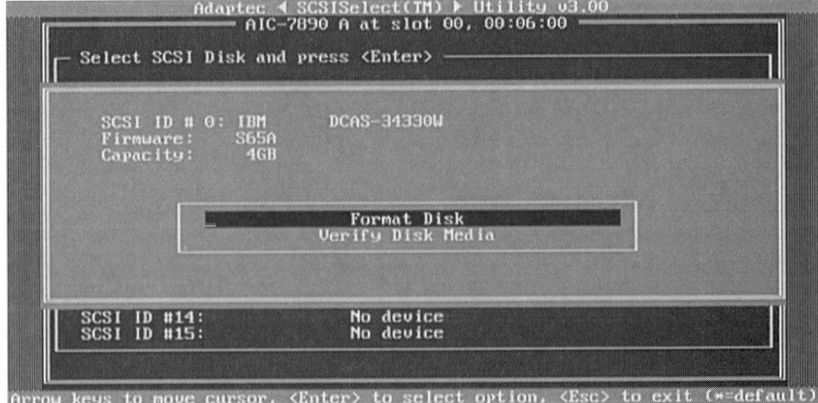

7 Wenn Sie im Hauptmenü (unmittelbar nach dem Aufruf des SCSI-BIOS) den Eintrag *SCSI Disk Utilities* auswählen, wird Ihnen zunächst eine Liste aller am Bus gefundenen Geräte und Laufwerke angezeigt.

8 Durch Auswahl einer Festplatte öffnet sich ein Menü, in dem Sie die Formatierung (*Format Disk*) oder eine Oberflächenprüfung (*Verify Disk Media*) der Platte starten können.

11.3 Höllengerät: Das BIOS des RAID-Controllers

RAID-Controller nehmen immer stärker Einzug in den Heim-PC-Markt. Immer mehr Mainboards werden mit einem solchen Controller versehen, der sehr viel mehr Leistung aus Ihren Festplatten holt. Bis zu vier Festplatten können an einem RAID-Controller zu einem „Array", also einem einzigen Gerät, zusammengeschlossen werden. Dabei werden die Daten nicht nacheinander auf die Festplatten geschrieben, sondern gleichzeitig, entweder um einen Geschwindigkeitsvorteil, mehr Datensicherheit („gespiegelte Festplatten") oder beides zu erzielen. Dementsprechend gibt es mehrere RAID-Modi:

- RAID 0: Bei diesem Modus, auch Striping genannt, werden die Daten, die normalerweise für eine Festplatte bestimmt sind, auf mehrere Platten verteilt. Der RAID-Controller kann gleichzeitig von bis zu vier Platten lesen und schreiben, was den Datendurchsatz enorm vergrößert. Mit diesem Modus sind Geschwindigkeitssteigerungen von bis zu 180 % möglich.

- RAID 1: Für eine vergrößerte Datensicherheit können die Daten einer Festplatte auch auf eine zweite „gespiegelt" werden (bzw. die Daten von zwei Festplatten auf zwei andere), wobei ein Bit-genaues Abbild entsteht. In erster Linie kommt diese Art des RAID in Netzwerkservern zum Einsatz, in denen ein Datenverlust und ein Ausfall des Servers große Kosten verursachen würde. Im Englischen heißt dieser Modus auch „Mirroring".

- RAID 0+1: Dabei werden die RAID-Modi 0 und 1 kombiniert. Das ist natürlich das Nonplusultra, aber Sie benötigen vier Festplatten, um die Geschwindigkeit einer einzelnen Platte zu steigern und das Stripe-Set aus zwei Platten zu spiegeln.

- RAID 5: RAID 5 ist ein Kompromiss aus RAID 0 und RAID 0+1, denn es werden zwei Platten im RAID-0-Modus betrieben und Fehlerkorrekturdaten auf einer dritten Platte gespeichert. Sollte eine der beiden ersten Festplatten kaputtgehen, lassen sich alle Daten anhand der dritten rekonstruieren.

Wie ein SCSI-Controller besitzt auch ein RAID-Controller ein BIOS, mit dem die Zusammenarbeit der angeschlossenen Festplatten überwacht wird. Und außerdem wird das BIOS benötigt, um von den RAID-Platten zu booten. Wir zeigen Ihnen im Folgenden, wie das RAID-BIOS benutzt und ein Festplatten-Array eingerichtet wird.

Ein Festplatten-Array einrichten

Der Zugang ins BIOS erfolgt genau wie bei einem SCSI-Controller: Nach dem POST sucht der Controller nach angeschlossenen Laufwerken und führt eine Initialisierung durch. Während dieser Zeit können Sie eine Tastenkombination drücken, die das Setup des Controller-BIOS aufruft. Diese Tastenkombination ist natürlich von Hersteller zu Hersteller verschieden. In unserem Fall war sie [Strg]+[H] für einen Highpoint HPT370-Controller.

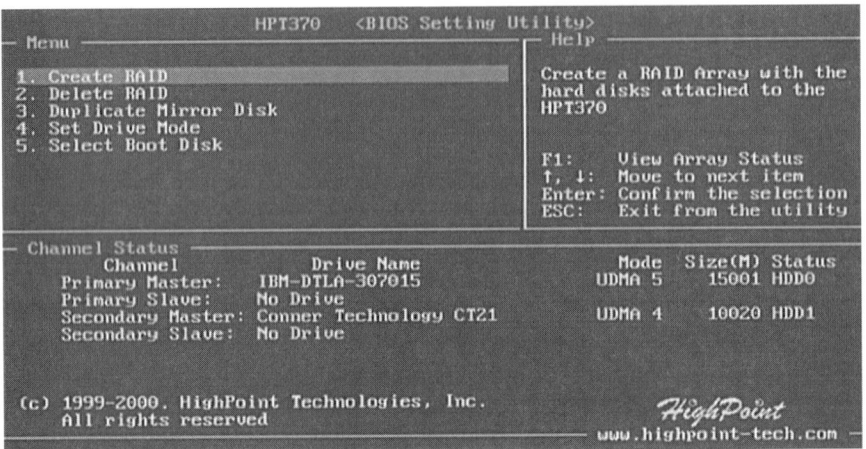

1 Der erste Schritt auf dem Weg zum Festplatten-Array ist der Menüpunkt *Create Raid*, mit dem zwei oder mehrere Festplatten zusammengeschaltet werden.

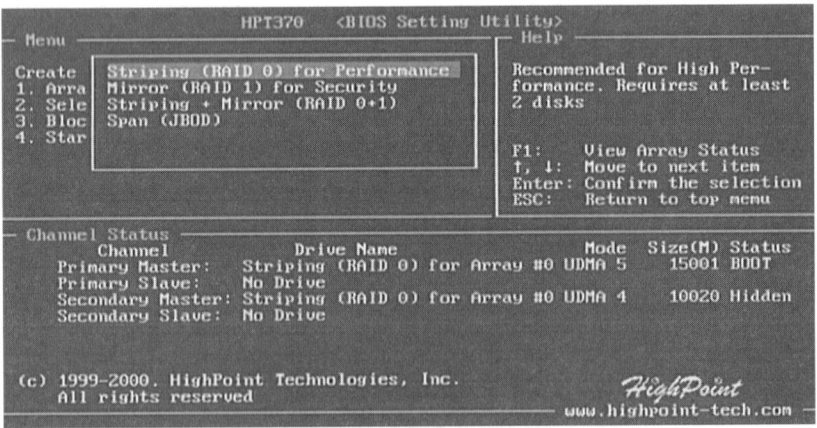

2 Wählen Sie unter *Array Mode* die Art des Festplatten-Arrays aus. Für die Anwendung zu Hause ist sicher *Striping (Raid 0)* am interessantesten, weil das Bedürfnis nach Datensicherheit nicht so sehr im Vordergrund steht und der Performancegewinn gewaltig ist.

Höllengerät: Das BIOS des RAID-Controllers

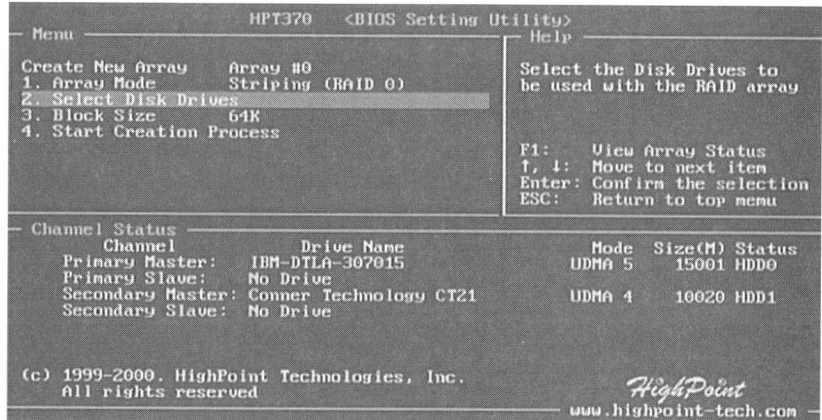

3 Rufen Sie den Menüpunkt *Select Disk Drives* auf, um in der Liste der angeschlossenen Festplatten die Platten für das Array auszuwählen.

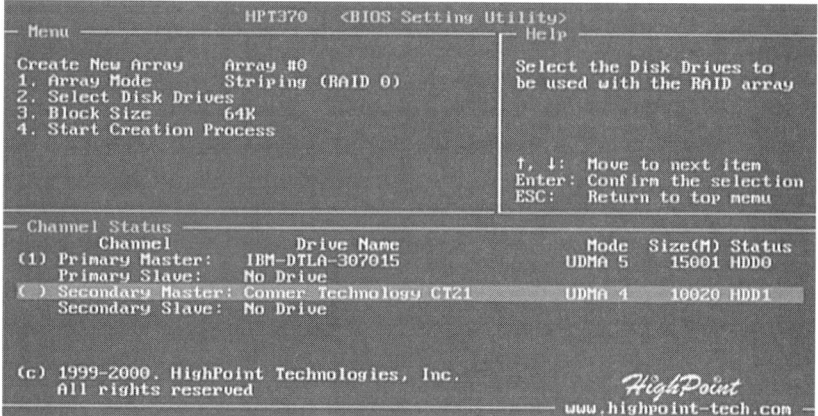

4 In der Liste am unteren Bildrand wählen Sie die gewünschten Festplatten jeweils mit einem Druck auf die [Enter]-Taste aus.

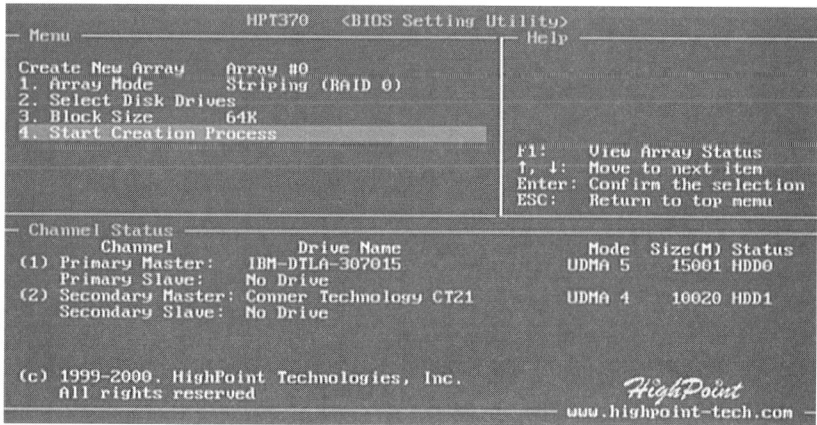

Kurzer Ausflug: Andere BIOSe im PC

5   Den Menüpunkt *Block Size* brauchen Sie nicht zu verändern, Sie können die Blockgröße auf *64K* stehen lassen und lediglich zur Problembehandlung verringern. Um die Erzeugung des Festplatten-Arrays abzuschließen, führen Sie noch den Menübefehl *Start Creation Process* aus und beantworten die anschließende Sicherheitsabfrage mit einem Druck auf [Z]. Beachten Sie, dass alle Daten auf den ausgewählten Platten gelöscht werden.

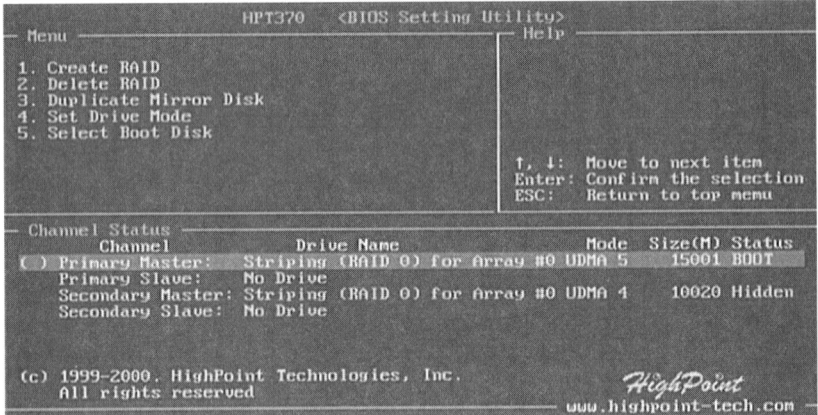

6   Im Hauptmenü des RAID-BIOS müssen Sie jetzt noch festlegen, von welcher der Festplatten gebootet werden soll. Führen Sie dazu den Befehl *Select Boot Disk* aus.

7   Wählen Sie die gewünschte Platte mit den Pfeiltasten aus und drücken Sie die [Enter]-Taste.

8   Verlassen Sie das Setup mit einem Druck auf die [Esc]-Taste.

12. Optionen ausreizen mit BIOS-Tools

Sie haben im Verlauf dieses Buchs eine Vielzahl von Möglichkeiten kennen gelernt, wie Sie Ihr System durch verbesserte BIOS-Einstellungen beschleunigen können. Andere Optionen helfen Ihnen, Fehlerquellen zu erkennen und zu beseitigen.

Das Problem ist, dass Sie natürlich nur mit den Optionen arbeiten können, die Ihnen Ihr BIOS zur Verfügung stellt. Es ist vielleicht an einigen Stellen vorgekommen, dass Sie die Einstellungsmöglichkeiten, die wir Ihnen vorgestellt haben, nicht in Ihrem BIOS-Setup finden konnten. Die Ursache für diesen Umstand ist darin zu suchen, dass alle Mainboard-Hersteller das „Roh-BIOS", das sie vom BIOS-Hersteller geliefert bekommen, ihrer eigenen speziellen Hardware und den eigenen Vorgaben anpassen. Dabei blenden viele Hersteller entscheidende Optionen für den Benutzereingriff aus, da vermieden werden soll, dass Sie an diesen Einstellungen etwas verändern.

Die Motivation für diese Vorgehensweise ist grundsätzlich nachvollziehbar. Man will verhindern, dass unerfahrene User Schäden am Mainboard oder der restlichen Hardware verursachen bzw. Einstellungen vornehmen, die zu einem instabilen Systemverhalten führen können.

Auf der anderen Seite bedeutet dies für den erfahrenen, ambitionierten Benutzer ein Hindernis auf dem Weg zu einem optimierten PC.

Wir wollen Ihnen in diesem Kapitel verschiedene Mittel und Wege zeigen, wie Sie an versteckte Optionen herankommen und wie Sie mithilfe von uns ausgesuchter Software professionell Ihr BIOS analysieren, sichern und optimieren.

- Im ersten Abschnitt erfahren Sie, wie Sie mithilfe von Systemanalyseprogrammen Ihr Mainboard und das BIOS identifizieren und viele wichtige Details zusammentragen können, die z. B. beim BIOS-Update (siehe Seite 220), aber auch zur effizienten Arbeit mit dem BIOS unabdingbar notwendig sind.

- Bevor Sie umfassende Veränderungen an den BIOS-Einstellungen vornehmen, ist es sinnvoll, das aktuelle BIOS zu sichern, um so im Fall der Fälle die Möglichkeit zu haben, den ursprünglichen Zustand wiederherzustellen. Daher zeigen wir Ihnen im folgenden Teil, wie Sie unkompliziert Ihr BIOS sichern und schützen können.

- Viele zur Optimierung geeignete BIOS-Optionen sind durch die Hersteller gesperrt oder anderweitig nicht zugänglich. Wir zeigen Ihnen im dritten Abschnitt, wie Sie mit bestimmten Programmen diese Optionen auslesen und verändern können.
- Modbin ist eines der mächtigsten, aber auch potenziell zerstörerischsten BIOS-Tools. Mit ihm befassen wir uns im letzten Abschnitt.

> **Hinweis**
>
> **Keine Flashtools**
>
> Vielleicht wundern Sie sich, dass wir Ihnen in diesem Kapitel keines der zahlreichen im Internet zu findenden Tools vorstellen, die Ihnen die Arbeit bei einem BIOS-Update erleichtern sollen. Unserer Auffassung nach mögen diese Utilities gut und nützlich sein, wir empfehlen jedoch, immer die Tools des Hersteller zum Flashen Ihres BIOS zu benutzen. Diese sind optimal auf das jeweilige Motherboard bzw. das BIOS abgestimmt und versprechen einen problemlosen Update-Vorgang.

12.1 Die Systemanalyse

Motherboard und BIOS sind Favoriten im Wettbewerb der am meisten unterschätzten PC-Komponenten. Wer sich einen Komplett-PC zulegt, macht sich in den seltensten Fällen große Gedanken um das Mainboard. Wer sich jedoch etwas mit den Innereien seines Rechners beschäftigt, bemerkt schnell, dass viele Optimierungsmaßnahmen abhängig sind von den Funktionen und den Extras der Mainboard-BIOS-Kombination. Dieses Team bestimmt die meisten der Faktoren, die einen PC kennzeichnen: den Prozessor, die RAM-Bausteine, die Art von Gehäuse und Erweiterungskarten, die Anschlüsse für externe Geräte, die Überwachungsmöglichkeiten und vieles mehr.

Daher ist eine der wichtigsten Grundvoraussetzungen zum optimalen Umgang mit dem BIOS die Kenntnis des eigenen Rechnersystems. Nur wenn Sie die Komponenten Ihres PCs genau kennen, können Sie das Letzte aus den Einstellungen Ihres BIOS herausholen und finden im Internet genau die Hilfe, die Sie brauchen. Zu diesem Zweck empfiehlt es sich, ein oder mehrere Hardwareanalysetools zu benutzen, die tief in das System vordringen und Sie auch noch mit der letzten Seriennummer versorgen. Zwei solcher Tools möchten wir Ihnen hier vorstellen: Dr. Hardware und SiSoft Sandra.

Der Doktor ist da: Dr. Hardware 2001

Dr. Hardware ist ein mächtiges Analysetool für praktisch alle Fragen der Hardware. Neben einer Shareversion, stehen Ihnen auch kommerzielle Profiversionen zu vernünftigen Preisen zur Verfügung (aktuelle Infos zu Versionen und Preisstruktur finden Sie unter www.drhardware.de).

Die Systemanalyse

Nach der Installation steht Ihnen eine Sammlung spezifischer Diagnoseprogramme zur Verfügung, die sich leicht über die Schaltflächen auf der linken und die Register an der oberen Seite erreichen lassen.

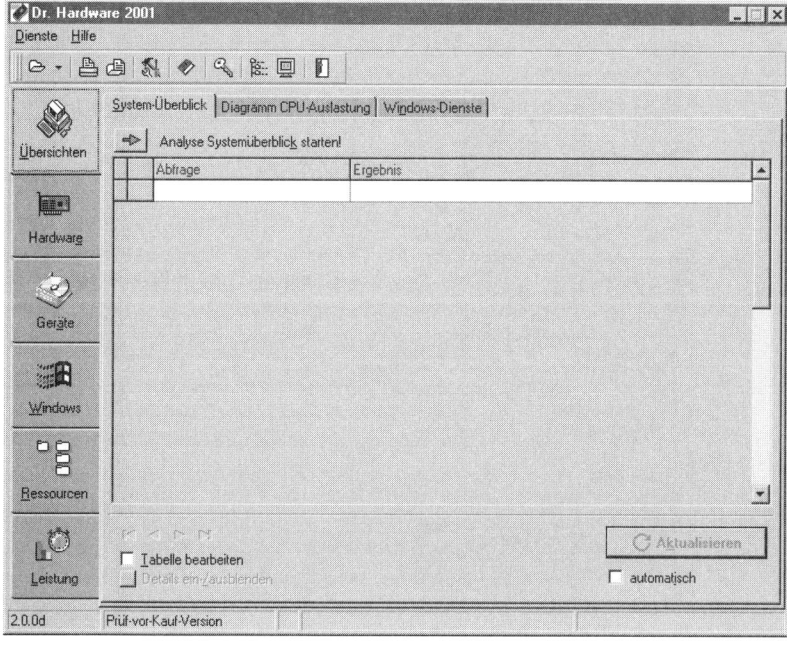

Nach dem Start stellt sich Dr. Hardware noch unauffällig dar

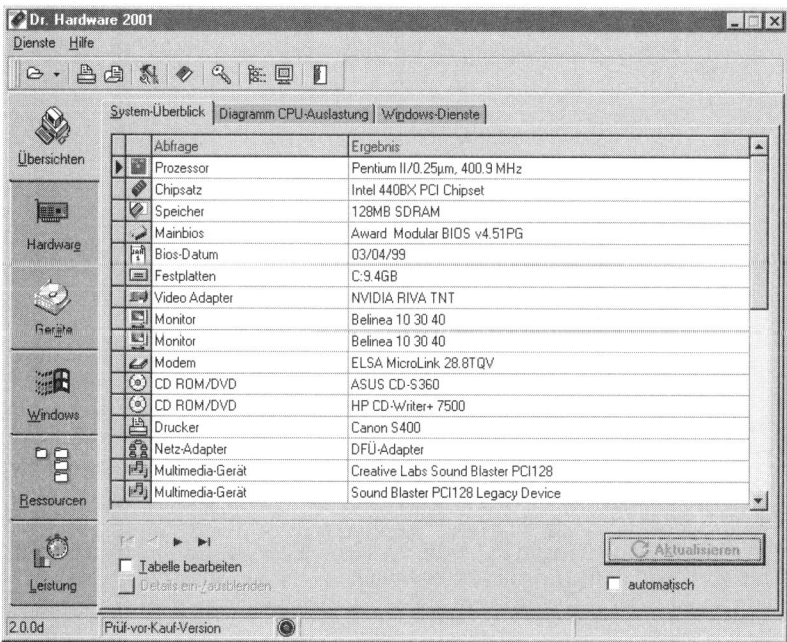

Erst nach Aufforderung stellt er seine Fähigkeiten unter Beweis

Optionen ausreizen mit BIOS-Tools

1 Klicken Sie als Erstes auf die Schaltfläche *Aktualisieren*. Ausgehend von dem linken Register *Übersichten* und dem oberen Register *System-Überblick* wird Ihnen jetzt eine kurze Auflistung sämtlicher Systemkomponenten ausgegeben.

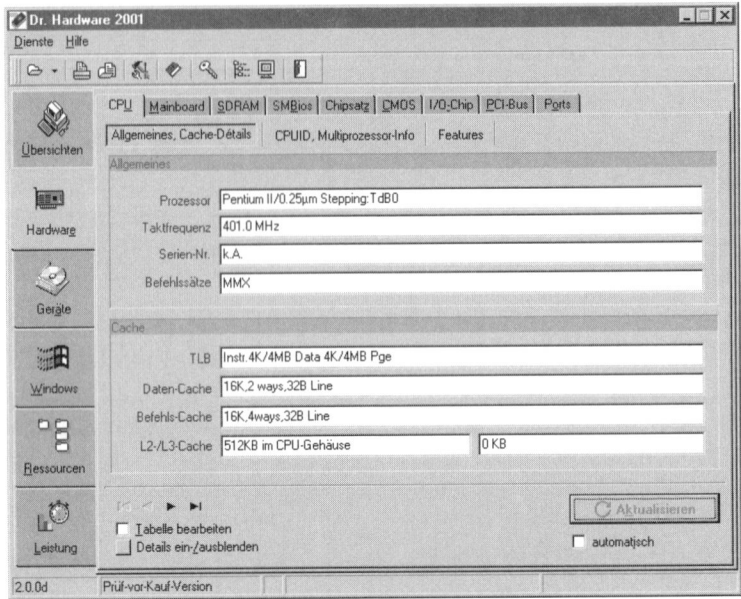

Pentium II, 400 MHz, wenn man nur arbeitet, ganz brauchbar

2 Klicken Sie auf das linke Register *Hardware*. Hier werden die Informationen, die Sie eben erhalten haben, genauer aufgeschlüsselt.

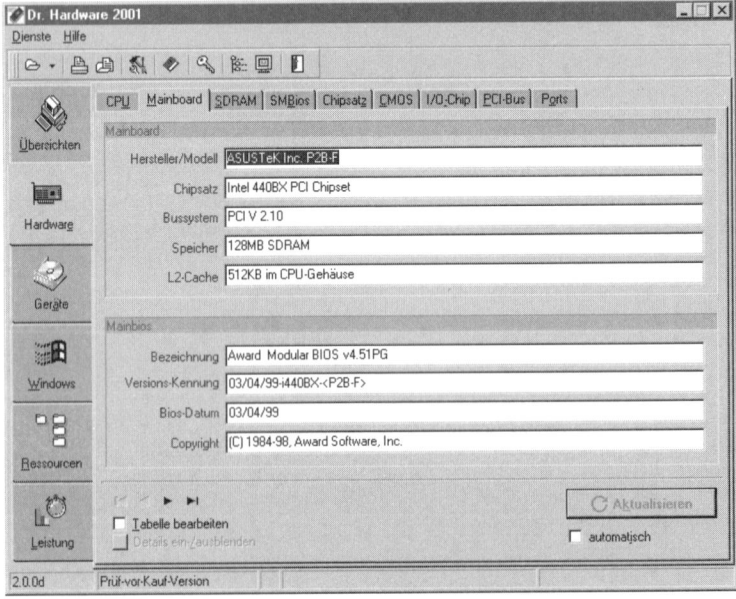

Kurz zusammengefasst, was man allgemein über Mainboard und BIOS wissen muss

Die Systemanalyse

Beachten Sie, dass noch eine Reihe von Schaltflächen hinzugekommen ist, die eine noch genauere Identifikation der Komponenten erlauben.

3. Im Moment interessieren Sie sich wahrscheinlich am meisten für die BIOS-Informationen. Klicken Sie dazu auf das nächste obere Register *Mainboards*. Hier finden Sie alle Details, die Sie sich sonst mühsam aus Handbüchern oder aus dem Internet zusammensuchen müssten. Vor allen Dingen wird der genaue Typ Ihres Mainboards angezeigt, die Version und der Hersteller des BIOS und das BIOS-Datum.

4. Zu guter Letzt können Sie sich noch über Ihre Grafikkarte informieren, um die Grafikoptionen im BIOS richtig nutzen zu können. Klicken Sie dazu auf *Geräte* und *Grafik*. Nach einem kurzen Auslesen zeigt Ihnen Dr. Hardware auch hier alles Wissenswerte.

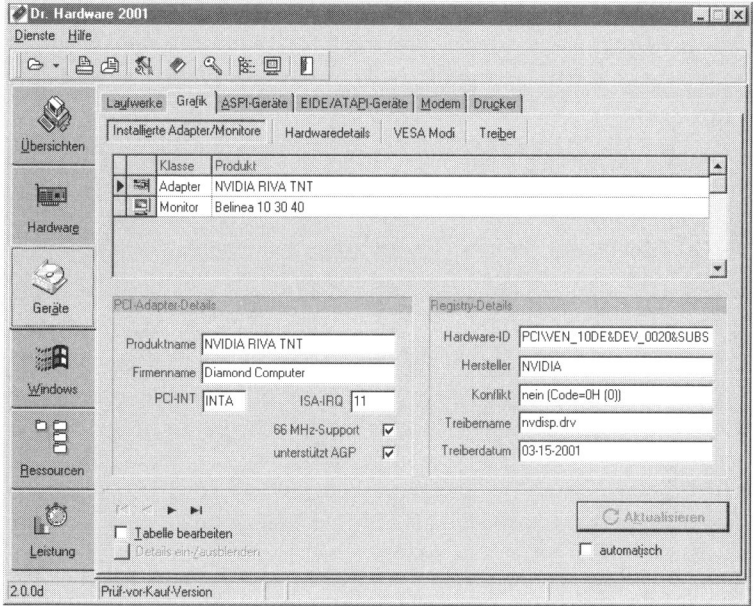

Infos über Grafikkarte und Monitor

Dr. Hardware ist ein unglaublich komplexes Werkzeug, dass dem Profi und ambitionierten User praktisch sämtliche verfügbaren Daten über seinen PC zur Verfügung stellt. Es würde den Rahmen und das Thema sprengen, wenn wir versuchten, Ihnen alle Möglichkeiten und Features dieser leistungsfähigen Software aufzulisten.

Daher unser Rat: Experimentieren Sie ruhig etwas herum, Sie können mit dem Programm keinen Schaden anrichten. Ein absolutes Muss für jeden, der schom mal an seinem Rechner herumschraubt und genaue Informationen benötigt.

Dr. Hardware 2001	
Download-Adresse	http://www.drhardware.de

SiSoftSandra

Dr. Hardware, das Programm, das wir im vorherigen Abschnitt besprochen haben, durchleuchtet Ihr gesamtes PC-System und gibt Ihnen detaillierte Informationen über die einzelnen Komponenten.

Wenn Sie aber gern das eine oder andere Teil an Ihrem Rechner gegen neue Hardware austauschen, möchten Sie natürlich auch wissen, welche Performancesteigerungen Sie damit erzielt haben. SiSoft Sandra ist ein hervorragendes Informations-, Diagnose- und Benchmark-Programm, das so ziemlich jede Information bietet, die das User-Herz begehrt.

1 Nach dem Start werden Sie von einer Masse von Symbolen erschlagen, die die verschiedenen Analysetools darstellen. Sie können die Ansicht unter *View* ändern und dort auch eine Auswahl nach Sachgruppen treffen. Falls Sie meinen, ein Modul auf keinen Fall zu benötigen, können Sie es markieren und durch [Entf] löschen.

„Ich kann mich nicht entscheiden - alles so schön bunt hier" ;-)

2 Durch einen Doppelklick auf ein beliebiges Tool, z. B. *CPU & BIOS Information* oder *Mainboard Information* rufen Sie ein neues Fenster auf, das Ihnen detaillierte Informationen zu dem gewünschten Thema gibt. (Beachten Sie dabei, dass nicht alle dargestellten Module in der Standardversion von SiSoft Sandra enthalten sind.)

Die Systemanalyse

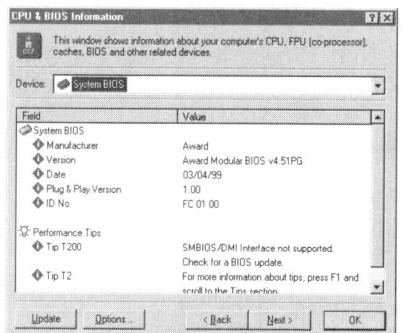
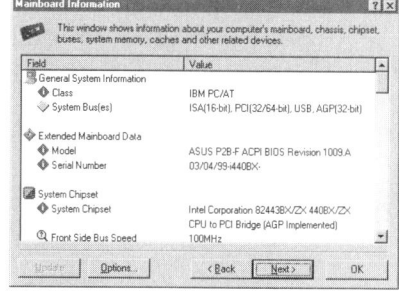

Informationen zum BIOS und Tipps ...   *... sowie alles über Ihr Mainboard*

3 Sie erkennen, dass Sandra Ihnen nach seiner (ihrer?) Analyse gleich mehrere verschiedene Performancetipps an die Hand gibt, die je nach Modul mehr oder weniger ausführlich ausfallen. Erweiterte Informationen erhalten Sie durch Druck der [F1]-Taste.

4 Wenn Sie alle Informationen zusammen haben, können Sie komfortabel über das Modul *Create a Report Wizard* eine Zusammenfassung der ausgewerteten Informationen erstellen und bequem in verschiedenen Formaten ausgeben lassen. So haben Sie die Angaben immer zur Hand, auch wenn Sie über dem geöffneten Rechner oder am aktiven BIOS sitzen.

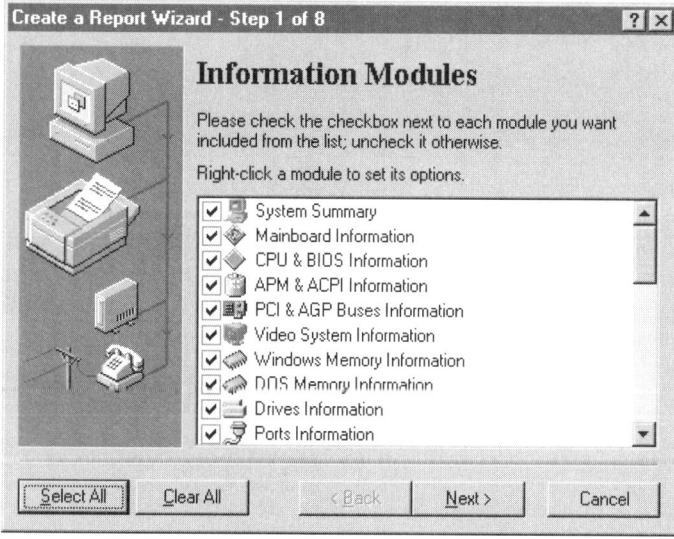

Wählen Sie aus, was im Report stehen soll

Benchmarking mit Sandra

Natürlich möchten Sie nach einer Veränderung der BIOS-Einstellungen auch wissen, wie viel Leistung Ihr Rechner hinzugewonnen hat bzw. ob die Änderung der Optionen den gewünschten Erfolg gebracht hat. Die Lösung ist simpel. Nutzen Sie vor einer Veränderung des BIOS ein Benchmark-Programm und führen Sie danach denselben Test noch einmal durch.

Optionen ausreizen mit BIOS-Tools

Wie Sie ein Benchmark mit Sandra durchführen und auswerten, haben wir Ihnen bereits im Kapitel zum Speicher-Timing anhand eines Speicher-Benchmarks beschrieben. Sie können alle Details ab Seite 106 nachlesen.

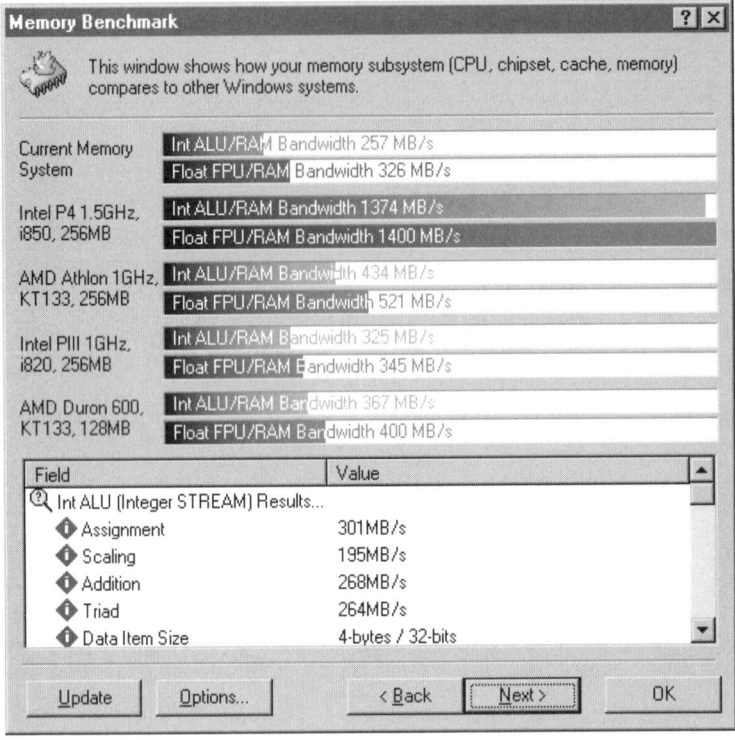

Ihr System im Vergleich mit anderen Systemen

Nachdem Sie vielleicht bemerkt haben, dass Ihr Rechner noch ein wenig hinter vergleichbaren Systemen zurückbleibt, können Sie jetzt an das Tunen gehen. Viel Spaß dabei, und vergessen Sie nicht, hinterher mit SiSoft Sandra den Erfolg zu checken.

SiSoft Sandra 2001 Standard	
Download-Adresse	http://www.sisoftware.co.uk/sandra

PC Analyser

Im Gegensatz zu den bisherigen Programmen arbeitet der PC Analyser auf der DOS-Ebene. Eine Funktionalität unter Windows ist zwar gegeben, das Programm rät aber grundsätzlich davon ab, da die Windows-Oberfläche die hardwarenahen Analysen verzerren kann. Es ist deshalb ratsam, für die Benutzung des Programms eine Startdiskette zu verwenden, mit der Sie den Rechner im reinen DOS-Modus starten können.

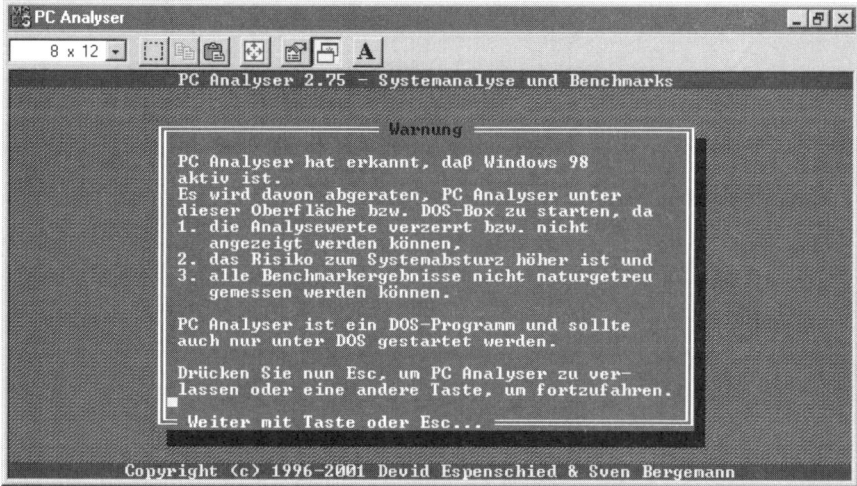

Warnhinweis beim Start von PC Analyser unter Windows in einer DOS-Box

1 Bereits der erste Punkt unter *Hauptmenü/Systemüberblick* schafft Klarheit über die installierten Komponenten. Hier erfahren Sie auch bereits die Version Ihres BIOS.

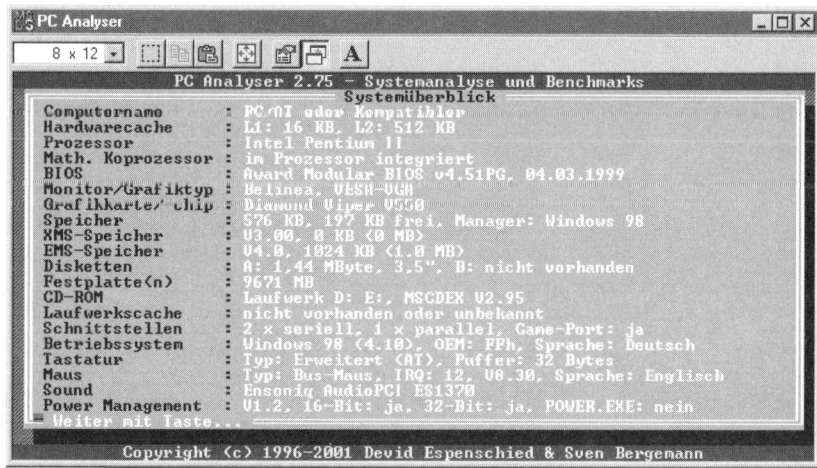

Ergebnis der Auswertung des Systemüberblicks

Optionen ausreizen mit BIOS-Tools

2 Interessant wird es aber unter dem folgenden Punkt *Hardware*. Hier finden Sie übersichtlich die Komponenten Ihres Rechners aufgelistet, die Sie einfach mit den Pfeiltasten auswählen und mit [Enter] anzeigen lassen können. Für Ihre Fragen sind besonders die Punkte *Mainboard*, *BIOS* und *CMOS* interessant.

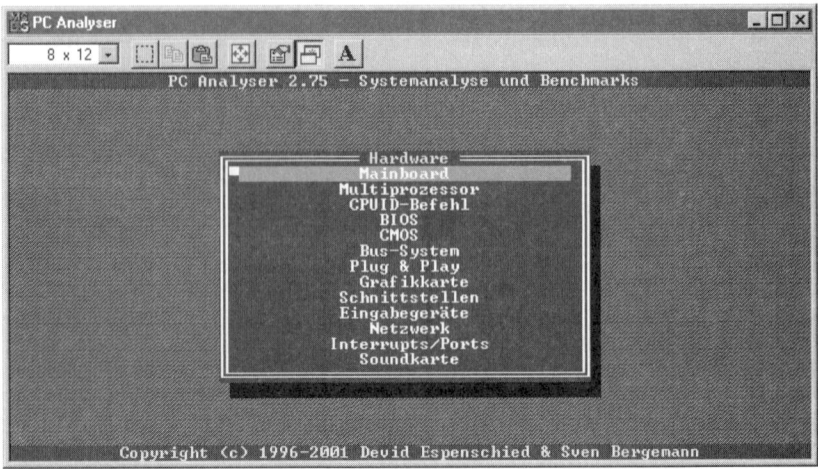

Auswahlmöglichkeiten im Hardwaremenü

3 Bestätigen Sie den Punkt *BIOS* mit [Enter]. Es erscheint ein weiteres Untermenü, in dem Sie sich für spezifische Infos entscheiden können. Neben grundlegenden Analysen wie BIOS-Info, -ID usw. finden Sie auch einen Jahr-2000-Test, der bei älteren Mainboards und/oder BIOS-Versionen immer noch von Interesse sein dürfte.

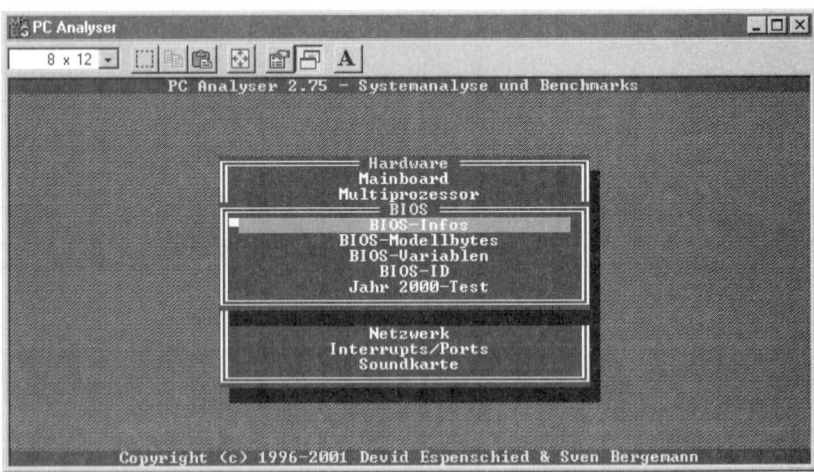

Auswahlmöglichkeiten im BIOS-Menü

Die Systemanalyse

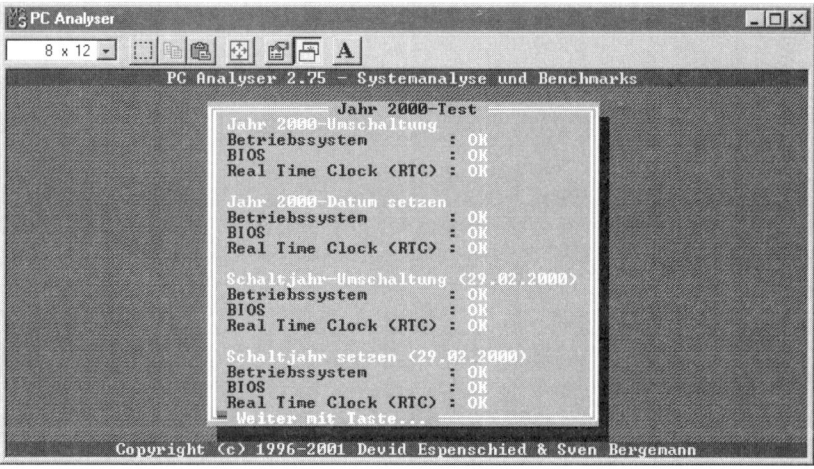

Jahr-2000-Test bestanden

Die anderen Menüs bieten vielfältige Systeminformationen, die sehr in die Tiefe des Systems gehen. Sie werden darin viele wertvolle Hinweise darüber finden, wo Ihr Rechner etwas Tuning vertragen kann

PC Analyser 2.75	
Download-Adresse	http://www.pcanalyser.de

BIOS-Analyse mit dem BIOS Wizard

Der BIOS Wizard ist ein Programm, dessen Analysen sich auf die BIOS-Funktionalitäten beschränken. Nach dem Entpacken startet das Programm automatisch. Klicken Sie dann auf *Run*, um die Analyse durchzuführen.

Nach einer kleinen Weile werden Ihnen verschiedene Informationen zu Ihrem aktuellen BIOS angezeigt, verbunden mit einer kleinen Infobox, die Sie auf Upgrade-Möglichkeiten aufmerksam macht. Dies liegt daran, dass Unicore, der Vertreiber von BIOS Wizard, das Programm in der Hoffnung verteilt, dass der Nutzer die Dienste beim BIOS-Update und maßgeschneiderten BIOS-Lösungen in Anspruch nimmt.

Trotz dieser offensichtlichen Absicht ist der BIOS Wizard ein hilfreiches Tool zur Übersicht über die Features, die von Ihrem BIOS unterstützt werden.

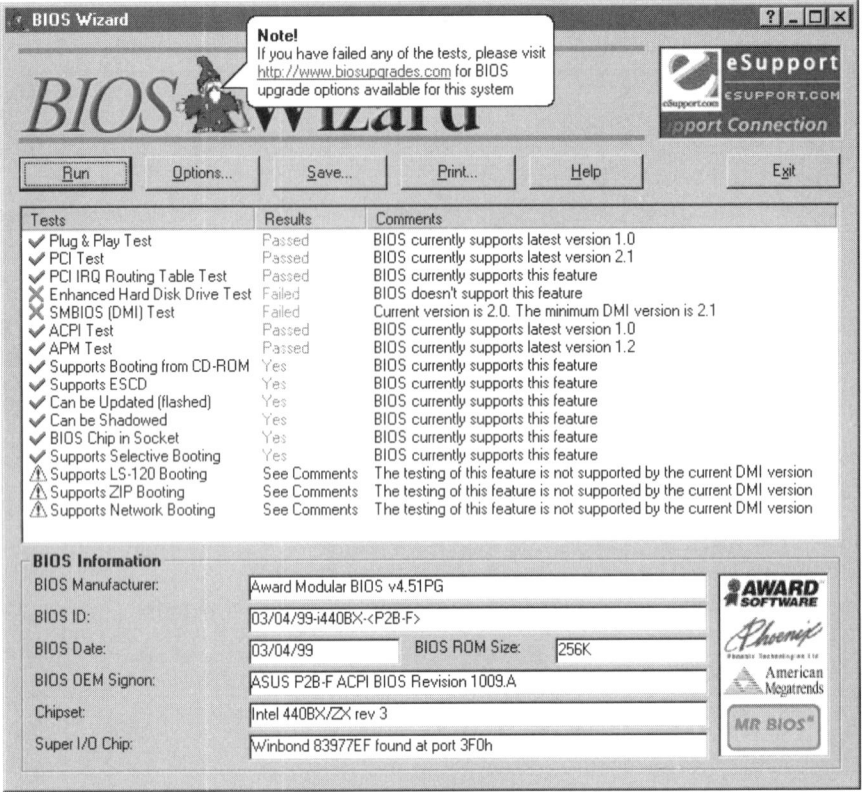

Infos über die BIOS-Version und die unterstützten Features

BIOS Wizard	
Download-Adresse	http://www.unicore.com/

CPU und AGP durchleuchtet: WCPUID

Zur Einstellung der Grafikoptionen im BIOS sind verschiedene Kenntnisse der Grafikkarte notwendig. Damit Einstellungen wie die verschiedenen AGP-Modi, *Aperture Size*, *AGP Driving Control* usw. (siehe Kapitel 3) optimal eingestellt werden können, sollten Sie wissen, welche Features von Ihrer Grafikkarte überhaupt unterstützt werden. Dazu sind aber nicht unbedingt Softwareboliden wie die oben beschriebenen Programme notwendig.

Das kleine Tool WCPUID bietet Ihnen diese Informationen schnell und unkompliziert, wobei die Daten über AGP eigentlich nur ein Unterpunkt dieses Programms sind. Sein eigentlicher Verwendungszweck ist es, Ihnen in einer Tabelle alle notwendigen Daten zur Identifikation des Prozessors mitzuteilen.

Die Systemanalyse

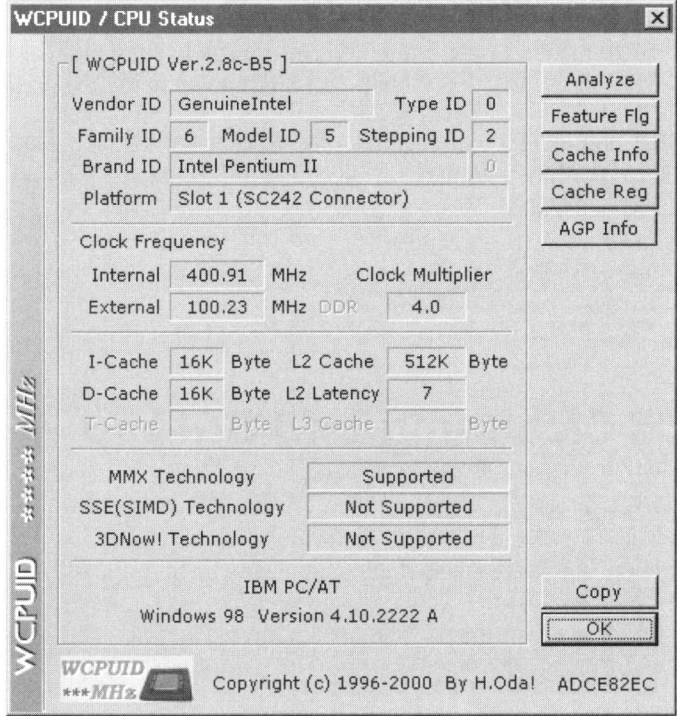

Informationen über den Prozessor

Dazu gehören Bauform, Slot, Hersteller, Baureihe, Prozessortakt und noch einige andere Daten. Weitere Infos verbergen sich hinter den Schaltflächen auf der rechten Seite. Für das Thema AGP-Tuning sind allerdings die Angaben wichtiger, die sich hinter der unteren Schaltfläche *AGP Info* verbergen.

Der AGP-Status enthüllt

Hier erhalten Sie, wiederum übersichtlich aufgelistet, alle Angaben, die Sie für die BIOS-Einstellungen brauchen. Im Beispiel sehen Sie, dass die Grafikkarte AGP 1.x und AGP 2.x unterstützt und momentan im 2.x-Modus arbeitet.

WCPUID ist ein kleines, aber nützliches Werkzeug, wenn Sie den Status Ihrer Grafikkarte vor Einstellungen im BIOS prüfen wollen, aber keines der großen Diagnosetools dazu verwenden möchten.

WCPUID2.8c-B5	
Download-Adresse	http://www.h-oda.com/

12.2 BIOS-Sicherung und Backup

Wie bereits an verschiedenen Stellen erwähnt (z. B. ab Seite 220), ist es ratsam, Ihr BIOS zu sichern, wenn Sie beabsichtigen, ein Update vorzunehmen. Dazu bieten Ihnen die meisten Flashtools eine Backup-Funktion.

> **Tipp**
>
> **Flashen mit Herstellersoftware**
>
> Wir haben bereits an anderer Stelle geraten, für ein BIOS-Update nur die Software zu gebrauchen, die die Hersteller dafür zur Verfügung stellen. Falls Sie sich dazu entscheiden, eine andere Software zu nutzen, sollten Sie darauf achten, dass sie eine solche Sicherungsfunktion zur Verfügung stellt. Ansonsten sind Sie bei einem eventuellen Fehler nicht mehr dazu in der Lage, den BIOS-Chip durch ein Zurückschreiben des alten BIOS zu retten.

Dennoch kann es auch bei normalen Arbeiten sinnvoll sein, die BIOS-Daten in einer Datei zu sichern. Wie bereits gesagt, sollten Sie Veränderungen der verschiedenen Optionen nie gleichzeitig in großem Ausmaß vornehmen. Bei Fehlern oder Abstürzen ist es sonst sehr problematisch, die verantwortliche Einstellung zu finden. BIOS-Utilities, die Ihnen anbieten, das vorhandene BIOS zu sichern, helfen hier weiter. Falls sich Probleme nicht mehr lösen lassen, können Sie das BIOS einfach zurückschreiben.

BIOS 1.35.1

Das DOS-Programm BIOS bietet Ihnen nicht nur unkompliziert wichtige Informationen zu Ihrem BIOS, es hat auch einige Features, die es zu einem sehr hilfreichen BIOS-Tool machen. So können Sie die CMOS-Daten sichern, wiederherstellen und überprüfen lassen, evtl. Passwörter auslesen oder bestimmte BIOS-Einstellungen auf Programmebene vornehmen.

BIOS-Sicherung und Backup

Starten Sie BIOS am besten auf der DOS-Ebene, indem Sie am Eingabeprompt im Programmverzeichnis

```
BIOS
```

eingeben. BIOS startet jetzt mit einer Anzeige der Optionen, die im Programm möglich sind.

```
Matthias Bockelkamp's BIOS utility v 1.35.0
  Usage: BIOS [option]
    I = information on BIOS
    X = information on BIOS extensions
    B = information on BIOS beep codes
    P = find BIOS passwords (only Award, AMI, PHOENIX and AST)
    U = find BIOS universal password (only Award)
    S [FILE] = save CMOS data [to FILE] (default: c:\bios.sav)
    R [FILE] = restore CMOS data [from FILE] (default: c:\bios.sav)
    V [FILE] = validate CMOS data [to FILE] (default: c:\bios.sav)
    E = erase CMOS data
    D [FILE] = dump BIOS segment [to FILE] (default: c:\bios.dmp)
    A+/A- = enable/disable Advanced Power Management
    L1+/L1-/L2+/L2- = enable/disable 1st/2nd level cache
    Y = system information (requires LM7x/LM80/Winbond chipset)
    C/W/Z = cold boot / warm boot / reset using Int 19h
    M/N/O = standby / suspend / turn PC off

Copyright (c) 1996/97/98/99/2000 by Matthias Bockelkamp
For updates look at www.geocities.com/mbockelkamp
For bug reports and improvement tips write to mbockelkamp@web.de

C:\BIOS>_
```

Startoptionen für BIOS 1.35.1

Zur besseren Übersicht fassen wir die Werte noch mal in einer Tabelle zusammen:

Option	Wirkung
I	BIOS-Informationen
X	Informationen über BIOS-Erweiterungen
B	knappe Liste der Fehlersignale Ihres BIOS
P	Suche nach Passwörtern
U	Suche nach Universalpasswörtern (nur Award)
S Dateiname	Datensicherung der Benutzereinstellungen
R Dateiname	Zurückschreiben der Benutzereinstellungen
V Dateiname	Überprüfung der Benutzerdatensicherung
E	Löschen der Benutzerdaten (Vorsicht!)
D Dateiname	Sichern des gesamten BIOS in eine Datei
A+/A-	Power-Management ein-/ausschalten
L1+/L1-/L2+/L2-	Level-1-/Level-2-Cache ein-/ausschalten
Y	Systeminformationen
C/W/Z	Kaltstart/Warmstart/Reset mithilfe des Int 19h
M/N/O	Standby/Suspend to disk/PC ausschalten

Starten Sie nun BIOS mit einer beliebigen Option, z. B.:

```
BIOS I
```

Sie erhalten knappe, aber für den Anfang ausreichende Informationen über Ihr BIOS.

Optionen ausreizen mit BIOS-Tools

```
C:\BIOS>bios i
■ Found MS-DOS 7.10 running
■ Found Award Modular BIOS 4.51
■ BIOS date: 03/04/99 (month/day/year)
■ State of RTC battery: Full
■ ROM BASIC: Not implemented
C:\BIOS>
```

BIOS-Version sowie -Datum und andere Angaben

Die anderen genannten Optionen sind mehr oder weniger selbsterklärend, geben Sie nur Acht, was Sie erreichen möchten, bevor Sie sie ausprobieren, da keine Warnabfragen erfolgen.

Eine der interessanten Features des Programms ist die Möglichkeit, die CMOS-Daten (also Ihre Einstellungen, Festplattendaten usw.) zu sichern und wieder einzuspielen. Starten Sie BIOS dazu mit der Option *S*.

```
C:\BIOS>bios s
■ Found MS-DOS 7.10 running
■ Found Award Modular BIOS 4.51
■ CMOS data saved
```

Die CMOS-Daten wurden gesichert

Falls es nach einem misslungenen Tuning-Versuch Probleme gibt, können Sie die Einstellungen einfach mit der Option *R* wieder zurückschreiben. Starten Sie danach den Rechner neu.

```
C:\BIOS>bios r
■ Found MS-DOS 7.10 running
■ Found Award Modular BIOS 4.51
■ CMOS data recovered
■ RTC time data reconstructed
■ Reboot the PC in order to let the changes take effekt
C:\BIOS>_
```

Die CMOS-Daten wurden erfolgreich wieder eingespielt

BIOS 1.35.1	
Download-Adresse	http://www.geocities.com/mbockelkamp/index.htm?dos

SMBIOS

Auch SMBIOS ist ein DOS-Programm, das Ihnen detaillierte Informationen über Ihr BIOS und seine Einstellungen ausgibt. Zusätzlich bietet es die Möglichkeit, über den Parameter

```
smbios /s=c:\Pfad\Dateiname.ext
```

das BIOS in der bezeichneten Datei zu sichern.

```
C:\SMBIOS>smbios /s=c:\bios.ext
SMBIOS    -- Version 1.06
     (C) Copyright 2000-2001 Qualitas, Inc.  All rights reserved.
BIOS saved into file <c:\bios.ext>.

C:\SMBIOS>
```

Sicherung des BIOS

SMBIOS 1.06	
Download-Adresse	http://www.sudleyplace.com/

12.3 BIOS-Tweaking

Wie bereits erwähnt, sind viele BIOS-Optionen auf einigen Mainboards nicht zugänglich, da sie von Herstellerseite gesperrt wurden oder weil die vorhandene BIOS-Version diese speziellen Einstellungsmöglichkeiten nicht beinhaltet.

Daher haben es sich einige Programmierer zur Aufgabe gemacht, verschiedene Tools zu erstellen, die Ihnen einen bequemen Weg in die BIOS-Funktionen ermöglichen und teilweise darüber hinaus sogar Optionen aufschließen, die normalerweise nicht zugänglich sind. Wir möchten Ihnen zwei dieser Programme vorstellen.

EasyAward TuneUp

Aufgrund der weiten Verbreitung des Award-BIOS ist dieses ein Gebiet für Programmierer nützlicher Utilities. So ist auch das Programm EasyAward TuneUp, wie der Name schon sagt, nur für die Verwendung mit einem solchen BIOS gedacht. Es bietet zwar nur eingeschränkte Möglichkeiten, das BIOS zu beeinflussen, dafür bestehen aber auch keine Risiken, etwas falsch zu machen. Sehr lobenswert ist die ausführliche Dokumentation der einzelnen Optionen.

Sicherung des BIOS

Vernünftigerweise bietet EasyAward TuneUp die Option, das BIOS vor Veränderungen komfortabel zu sichern.

1. Nach dem Start des Programms und dem Wegklicken des Erinnerungsbildschirms, falls Sie die Testversion nutzen, finden Sie sich in einer Dialogbox wieder, die die Sicherung und das Backup beschreibt.

Optionen ausreizen mit BIOS-Tools

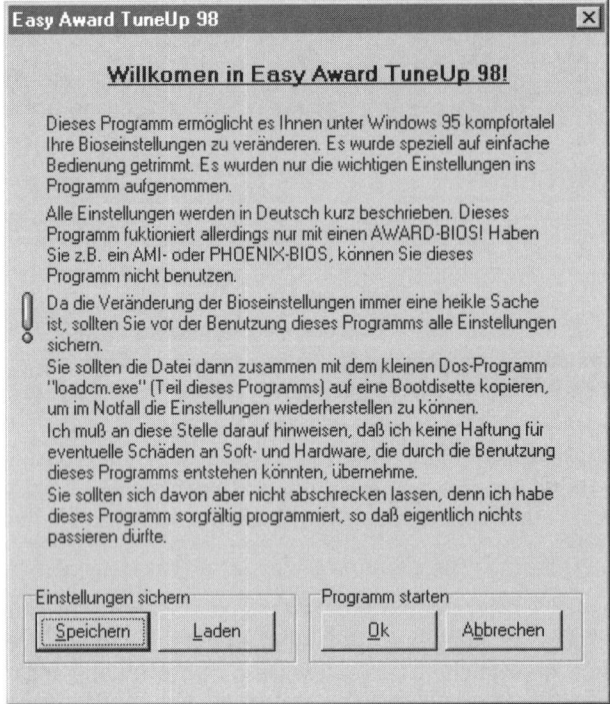

Startbildschirm mit der Möglichkeit der BIOS-Sicherung

2 Folgen Sie hier einfach den Anweisungen. Durch Klick auf die Schaltfläche *Speichern* öffnet sich ein kleines Fenster, in dem Sie den Namen und den Speicherort angeben können. Wir empfehlen, eindeutige Namen zu verwenden, die nicht mehr als acht Buchstaben haben sollten. Die Rückspielung erfolgt im Fall der Fälle unter DOS, wo Namen länger als acht Zeichen Probleme machen können.

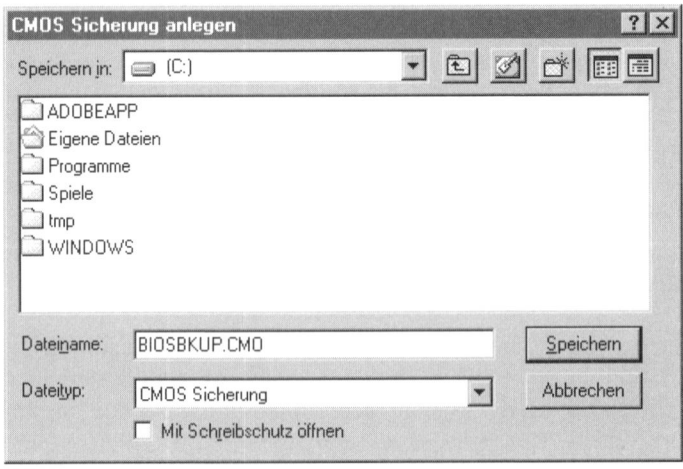

Vergeben Sie einen eindeutigen Namen

BIOS-Tweaking

3 Speichern Sie die CMO-Datei zusammen mit dem Programm loadcm.exe, das zum Lieferumfang gehört, auf eine Startdiskette. Durch Ausführen des Programms unter DOS sind Sie so in der Lage, das gesicherte BIOS zurückzuspielen.

Award-BIOS-Tuning

Nach der Sicherung können Sie mit einem Klick auf die Schaltfläche *OK* das eigentliche Programm starten.

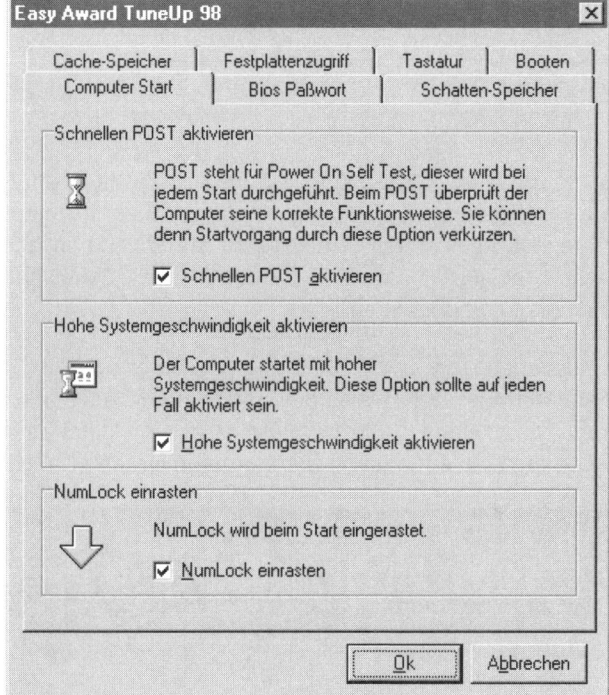

EasyAward TuneUp stellt sich aufgeräumt dar

Alle Optionen finden sich, in Gruppen zusammengefasst, hinter den entsprechenden Registern. Hier können Sie verschiedene Einstellungen vornehmen, die sonst nur im BIOS direkt möglich sind (z. B. die Bootreihenfolge).

Auch wenn das Programm nicht die Fülle an Einstellungsmöglichkeiten bietet wie andere, so ist es zumindest für den Einstieg zu empfehlen.

EasyAward TuneUp 98	
Download-Adresse	http://www.cadkas.com/

TweakBIOS

TweakBIOS geht über die Möglichkeiten von EasyAward TuneUp weit hinaus. Mit diesem äußerst vielseitigen Werkzeug ist es Ihnen möglich, normalerweise unzugängliche Parameter im BIOS ohne Probleme zu ändern.

> **Tipp**
>
> **Sharewarerestriktionen**
>
> In der Sharewaretestversion können Sie zwar mit den Parametern spielen, Sie sind allerdings nicht in der Lage, Einstellungen zu sichern oder zu laden. Wir raten dazu, zuerst ausgiebige Erfahrungen mit diesem sehr professionellen Programm zu sammeln, bevor Sie sich entschließen, sich die Vollversion zuzulegen. Dieses Programm ist für unerfahrene User eher ungeeignet.

Starten Sie TweakBIOS am besten aus DOS heraus. Eine Funktionalität unter Windows ist zwar gegeben, es wird jedoch vom Anbieter dringend davon abgeraten, die Einstellungen unter Windows zu ändern, da sonst das System abstürzen kann. Uns ist dies praktisch immer passiert, daher raten wir dringend, den Vorschlag zu beherzigen.

Direkt beim Start analysiert TweakBIOS Ihren Rechner und gibt die Informationen in einem Menü wieder, das an das Award-BIOS angelehnt ist. Von diesem Hauptmenü aus gelangen Sie problemlos zu den detaillierteren Untermenüs, in denen die Einstellungen vorgenommen werden können.

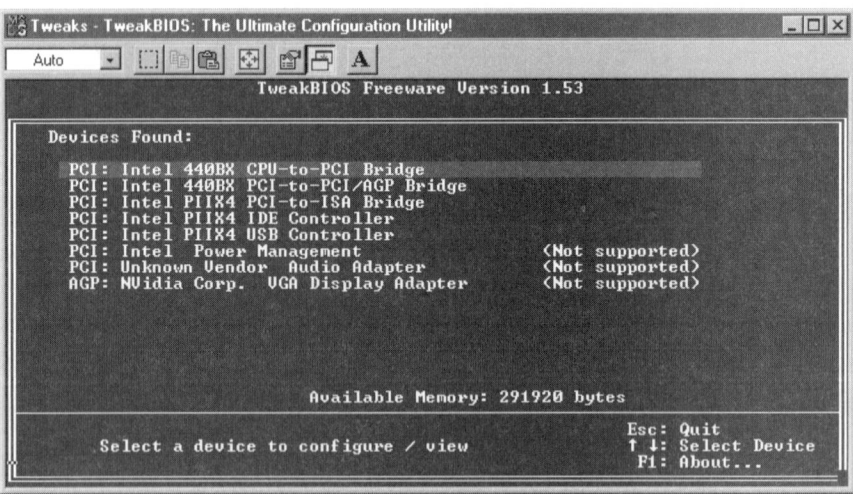

Auflistung der Devices im Startmenü von TweakBIOS

BIOS-Tweaking

Bei manchen der Menüs werden Sie von der Fülle der möglichen Einstellungen erschlagen. Für jedes Gerät und jede Bridge steht ein umfassendes Menü zur Verfügung, dazu werden unten rechts allgemeine Tipps angezeigt.

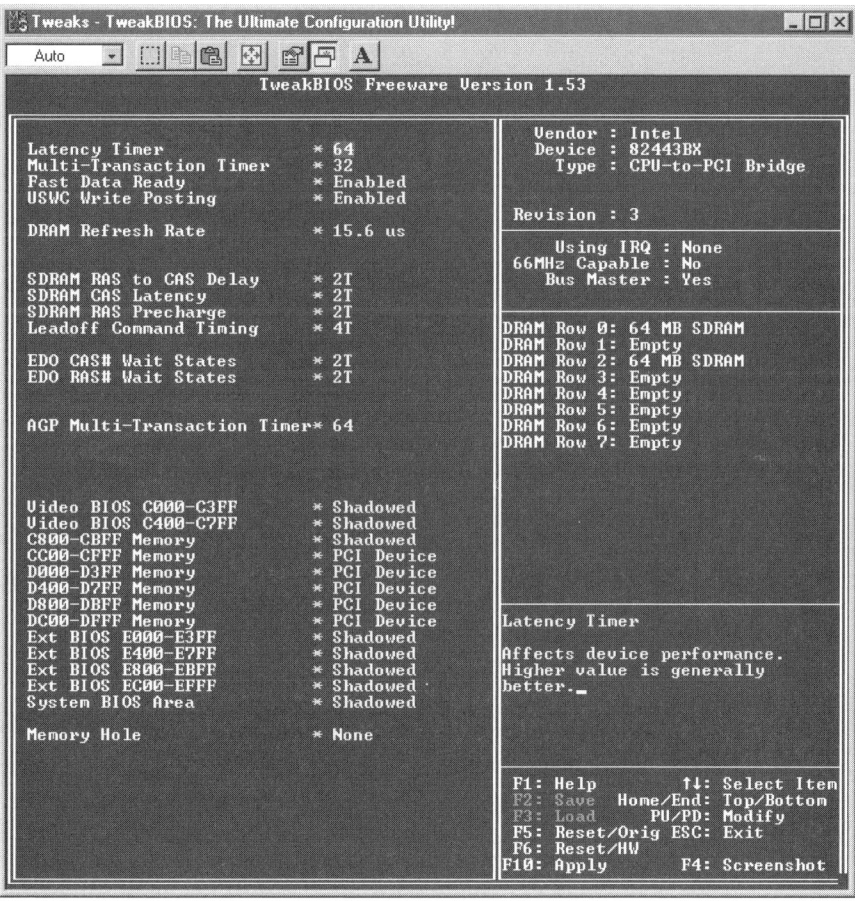

Umfangreiche Infos in den Untermenüs

Eine Screenshot-Funktion mit der Taste [F4] erlaubt die komfortable Archivierung von Einstellungen, sodass Sie nicht alles abzuschreiben brauchen.

Wenn Sie Einstellungen, wie in den verschiedenen Kapiteln dieses Buchs beschrieben, ändern wollen, können Sie sie, ähnlich wie im BIOS selbst, mit den Pfeiltasten auswählen und die Modifikationen mit [Bild↑] bzw. [Bild↓] vornehmen. Wenn Sie eine Änderung vorgenommen haben, wird dies durch einen roten Stern vor dem Wert gekennzeichnet.

Optionen ausreizen mit BIOS-Tools

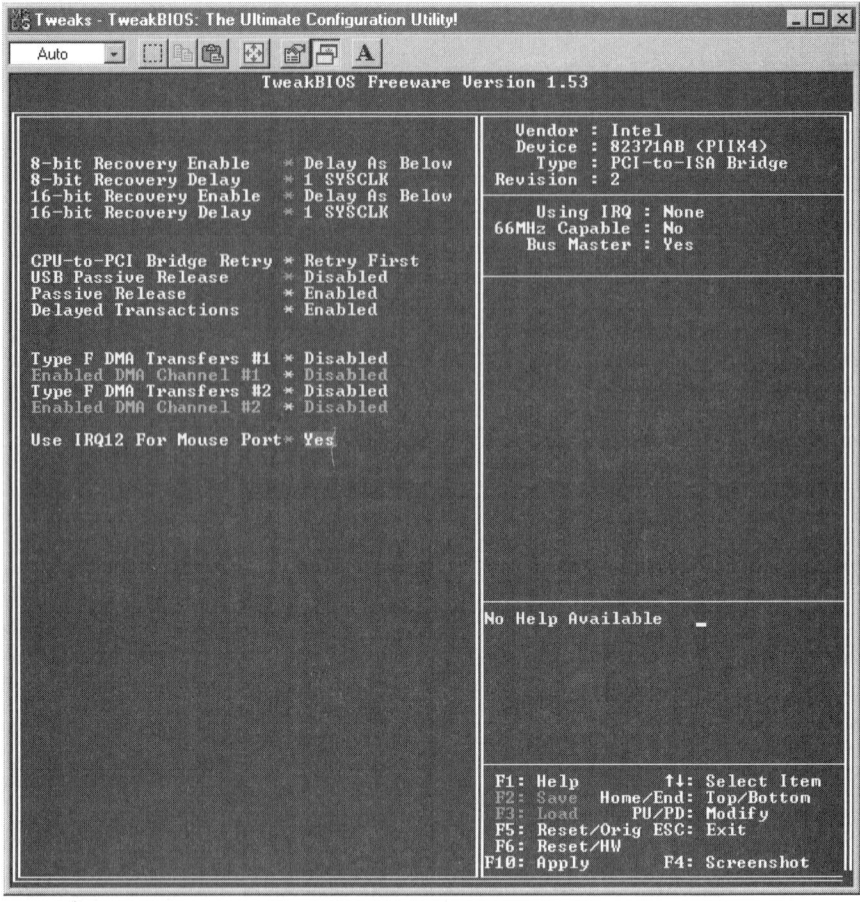

Wenn der Stern rot ist, wurden Veränderungen vorgenommen

Achten Sie darauf, dass TweakBIOS praktisch jede Einstellung zulässt. Wir raten, das Programm ähnlich wie das BIOS selbst zu behandeln. Nehmen Sie nie mehr als ein bis zwei Änderungen vor, die Sie, z. B. mit der Screenshot-Funktion, dokumentieren. Eventuell auftretende Fehler lassen sich so einfach beseitigen.

TweakBIOS ist unsere unbestrittene Empfehlung für den Power-User, der professionell und effizient mit seinem BIOS arbeiten will.

TweakBIOS 1.53	
Download-Adresse	http://www.miro.pair.com/tweakbios

12.4 Nur für Profis: Modbin

BIOS- und Mainboard-Hersteller verfügen natürlich über eigene Tools, mit denen Sie die verschiedenen BIOS-Versionen nach Ihren Wünschen speziell anpassen können. Eines dieser mächtigen Werkzeuge ist Modbin, das ursprünglich von Award (www.award.com) stammt.

Dieses Programm eröffnet Ihnen vielfältige Möglichkeiten, um Ihr BIOS Ihren persönlichen Wünschen anzupassen. Dabei wird eine BIOS-Datei in Modbin modifiziert, mit der dann das vorhandene BIOS überschrieben werden kann. Die zu verändernden BIOS-Daten stammen dabei entweder aus einer externen Datei oder werden aus dem aktuellen BIOS ausgelesen.

> **Hinweis**
> **Mit Vorsicht zu gebrauchen**
> Modbin ist sicherlich ein sehr nützliches Tool. Seine umfassenden Möglichkeiten bergen aber auch gewisse Gefahren in sich. So können Sie ohne Probleme fehlerhafte BIOS-Dateien erzeugen, die beim Einspielen zu Problemen führen. Das Ergebnis kann ein Rechner sein, der nicht mehr bootfähig ist und der einen neuen BIOS-Chip benötigt. Achten Sie daher genau auf Ihre Vorgehensweise und lesen Sie die Dokumentation des Programms aufmerksam durch.

Kopieren Sie also am besten vor der Arbeit mit Modbin eine binäre BIOS-Datei (z. B. von der Internetseite Ihres Mainboard-Herstellers) in das Modbin-Programmverzeichnis, damit im weiteren Verlauf direkt darauf zugegriffen werden kann.

In unserem Beispiel nutzen wir eine BIOS-Update-Datei namens *bx2f113a.awd* für ein Asus P2B-F-Motherboard, die wir von www.asuscom.de heruntergezogen haben.

Modifikation der Eingangsnachricht mit Modbin

Wäre es nicht witzig, wenn Ihr BIOS Sie statt mit einer Revisionsnummer mit einer persönlichen Nachricht begrüßen würde? Mit Modbin ist dies kein Problem.

1. Modbin sollte nur unter DOS benutzt werden. Starten Sie Ihren Computer also mit einer Startdiskette, wechseln Sie an der Eingabeaufforderung in das Programmverzeichnis, z. B.

   ```
   cd c:\modbin
   ```

   und starten Sie das Programm durch die Eingabe

   ```
   modbin.
   ```

Optionen ausreizen mit BIOS-Tools

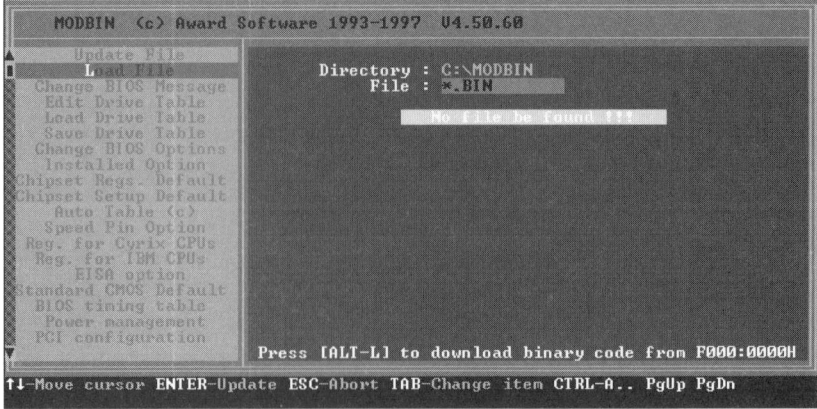

Eingabeaufforderung für den Namen der BIOS-Datei

2 Als Erstes muss die Datei geladen werden, die modifiziert werden soll. Bestätigen Sie mit ⌈Enter⌋, um mit dem Cursor in den Abschnitt *File* zu wechseln.

Tragen Sie jetzt den Dateinamen ein, hier in unserem Beispiel also

```
bx2f113a.awd
```

Bestätigen Sie mit ⌈Enter⌋. Nun wird Ihnen unten links die momentane BIOS-Nachricht angezeigt. Sie besteht aus dem Herstellernamen, dem Typ Ihres Motherboards und der BIOS-Version. Notieren Sie sich diese Angaben und heben Sie sie für eine spätere eventuelle Verwendung auf. Bestätigen Sie mit ⌈Enter⌋, um den Menübefehl *Change BIOS Message* aufzurufen.

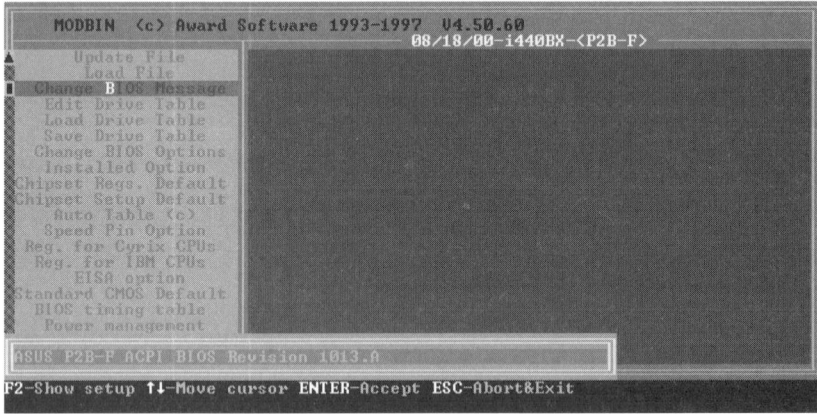

Anzeige der aktuellen BIOS-Nachricht

3 Nun können Sie eine neue Nachricht eingeben. Dabei sollte die Nachricht 79 Zeichen (inkl. Leerzeichen) nicht überschreiten. Ist dies der Fall, werden die letzten Zeichen abgeschnitten. Bestätigen Sie nach der Eingabe erneut mit ⌈Enter⌋.

Nur für Profis: Modbin

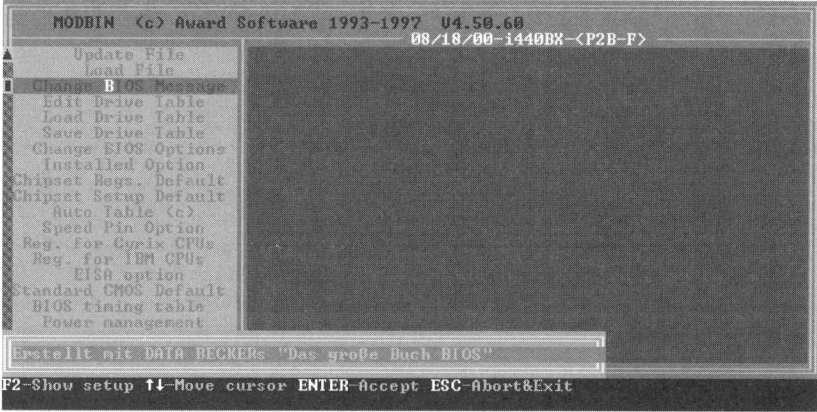

Neue, sinnvolle Nachricht ;-)

4 Zum Abspeichern lassen Sie danach die Veränderung in Ihre BIOS-Datei schreiben. Gehen Sie dazu mit der [Bild↑]-Taste auf den Menüeintrag *Update File*. Bestätigen Sie noch einmal mit [Enter].

5 Geben Sie einen neuen Dateinamen ein oder belassen Sie die Anzeige, wenn Sie die vorhandene Datei überschreiben möchten. Wir empfehlen, einen neuen Namen zu wählen, um die Ursprungsdatei unverändert zu erhalten.

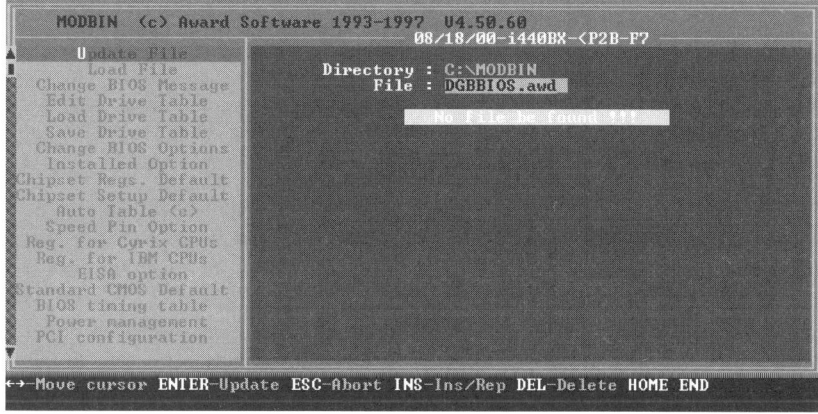

Geben Sie der neuen BIOS-Datei einen unmissverständlichen Namen.

6 Um die neue Nachricht zu sehen, müssen Sie jetzt noch die neu erzeugte Datei nutzen, um das vorhandene BIOS zu überschreiben. Gehen Sie dazu wie bei einem herkömmlichen BIOS-Update vor, das wir ab Seite 220 beschrieben haben.

Dies war nur ein Beispiel, welche Modifikationen sich mit Modbin vornehmen lassen. Wie Sie der Menüleiste im Programm entnehmen können, sind noch viele Veränderungen möglich, die teilweise sehr in die Tiefe der BIOS-Programmierung gehen.

Optionen ausreizen mit BIOS-Tools

Während die Änderung der Eingangsnachricht eine relativ ungefährliche Aktion war, können andere Anpassungen zur Folge haben, dass die generierte neue BIOS-Datei nicht funktionsfähig ist. Arbeiten Sie daher nur mit den Optionen, von denen Sie sich sicher einen Nutzen versprechen und deren Folgen Ihnen zu 100 % klar sind.

Für den Fall, dass Sie Ihr BIOS mit einer fehlerhaften Eigenproduktion überschrieben haben, müssen Sie allerdings nicht gleich verzweifeln. Solange der Rechner nicht neu gebootet wurde (oder zumindest von einer Diskette bootet) und wenn Sie die Ursprungs-BIOS-Datei noch besitzen, überschreiben Sie einfach das fehlerhafte BIOS mit der Originalversion. Danach sollte der Rechner wieder im vorherigen Zustand sein.

13. Referenz

13.1 A.M.I.-BIOS: Fehlercodes, POST-Ablauf

Fehlermeldungen

Meldung	Bedeutung
8042 Gate - A20 Error!	Gate-A20 auf dem Keyboard-Controller funktioniert nicht ordentlich. Einstellungen für den AT Bus Clock im BIOS überprüfen (sollte nicht über 10 MHz liegen). Wenn Sie die Option Fast Gate A20 aktiviert haben, tritt dieser Fehler nicht auf.
Adress Line Short!	Fehler in Adresskodierschaltung; Kontrolle der Speicher-Timing-Einstellungen im BIOS; die Speichermodule sollten auf Kompatibilität überprüft werden.
Bad Cache Memory - do not Enable	Cache-Speicher fehlerhaft, unbedingt ausschalten und ersetzen.
Bad PNP Serial ID Checksum	Die Seriennummern-ID-Prüfsumme wurde nicht korrekt erkannt. Sie kann aber auch mit eine anderen Karte kollidieren.
BUS Timeout NMI at Slot x (EISA) (EISA)	Es wurde an der Erweiterungskarte x eine Zeitabschaltung vorgenommen.
Cache Memory Bad, do Not Enable Cache!	Cache-Speicher fehlerhaft, unbedingt ausschalten und ersetzen.
CH-2 Timer Error!	Ein Fehler im Timer 2 (einige Systeme haben 2 Timer); neues Board notwendig.
CMOS Battery State Low oder CMOS Battery failed	Die Batteriespannung wird schwach (Zeit für einen Wechsel).
CMOS Checksum Failure oder CMOS Checksum Error - Defaults loaded	Die gespeicherte und die neu ermittelte Checksumme stimmen nicht überein. Hier kann z. B. ein falscher Kontakt unten zum Gehäuse oder, was seltener vorkommt, vorn an der Slot- (Einschub-)Seite vorhanden sein. Eine falsche Brücke zwischen zwei Bauteilen oder statische Aufladung sind auch möglich. Es kann sich aber auch um einen defekten CMOS Baustein handeln, ist ein neues Board fällig.
CMOS Display Type Mismatch	Der im CMOS-RAM gespeicherte Videotyp und der vom BIOS beim POST erkannte stimmen nicht überein. Falls die Grafikkarte gewechselt wurde, kann es daran liegen. Machen Sie einen Reset, vielleicht wird dann die Karte vom POST erkannt.
CMOS Memory Size Mismatch	Der tatsächlich vorhandene Speicher stimmt mit dem im CMOS-RAM eingestellten Wert nicht überein. Das Problem taucht häufig bei Erweiterungen auf. Starten Sie das System neu, gehen Sie in das BIOS und speichern Sie es ohne Änderungen ab. Wenn der Fehler dann immer noch da ist, hat einer der Speicher einen Defekt.

Referenz

Meldung	Bedeutung
CMOS System Options Not Set	Die im CMOS-RAM gespeicherten Werte sind entweder falsch oder nicht existent. Falls im Setup keine unverständlichen Werte eingetragen sind, ist die Batterie schuld. Dieser Fehler kann auch bei neuen Boards beim ersten Start auftreten.
CMOS Time and Date Not Set	Zeit und Datum nicht gesetzt. Daten eintragen, geht auch vom DOS-Prompt aus.
CPU at nnnn	Zeigt die Geschwindigkeit der CPU.
Diskette Boot Failure oder Floppy Disk (s) fail	Diskette in Laufwerk A: ist defekt oder enthält kein System.
Display Switch Not Proper oder Display Switch is set incorrectly	Ein Videoschalter auf dem Motherboard muss auf nonochrom oder Farbe gesetzt werden, oder die BIOS-Einstellung muss geändert werden.
DMA-Bus Time-out	Ein Baustein hat das DMA-Bussignal zu lange (über 7,8 Mikrosekunden) angesteuert.
DMA Error	Fehler im DMA-Controller auf dem Motherboard.
DMA #1 Error	Fehler im ersten DMA-Kanal. Im CMOS den DMA-Takt heruntersetzen. Sollte das nichts bringen, ist ein neues Board fällig.
DMA #2 Error	Fehler im zweiten DMA-Kanal. Im CMOS den DMA-Takt heruntersetzen. Sollte das nichts bringen, ist ein neues Board fällig.
Drive Error C:, D:	Alle Festplattendaten im BIOS auf Richtigkeit überprüfen, dann alle Kabelverbindungen. Kann aber auch nach Einbau einer weiteren Festplatte vorkommen. Falls Sie nur eine Festplatte haben und sonst alles normal ist, liegt ein Festplattendefekt vor.
Drive Failure C:, D:	Verbindungen zwischen Festplatte und Controller prüfen. Alle Festplattendaten im BIOS auf Richtigkeit überprüfen. Alle Jumper und den Bustakt des ISA-Bus überprüfen. Es kann sich auch um ein Timing-Problem handeln.
EISA CMOS Checksum Failure	Wird eine Differenz zwischen der im CMOS stehenden und der beim Booten ermittelten Prüfsumme festgestellt, erscheint dies Fehlermeldung. Sie müssen das Setup zu Korrektur aufrufen.
EISA CMOS Inoperational	Es wurden Schreib- und Lesefehler im erweiterten CMOS-RAM entdeckt. Eventuell die Batterie auswechseln.
(E)nable (D)isable Expansion Board?	Die Erweiterungskarte, auf der ein NMI aufgetreten ist, kann durch die Eingabe von E bzw. D ein- bzw. ausgeschaltet werden.
Expansion Board Disabled at Slot x	Die Erweiterungskarte im Steckplatz x ist außer Betrieb.
Expansion Board Not Ready at Slot X,Y,Z	Das BIOS kann keine Erweiterungskarte im Slot X,Y,Z finden. Installation und Sitz überprüfen.
Faile-Safe Timer NMI Inoperational	Bausteine, die vom ausfallsicheren NMI-Timer abhängig sind, werden nicht richtig funktionieren.
Faile-Safe Timer NMI	Es ist ein ausfallsicherer NMI-Timer generiert.
FDD Controller Failure	BIOS kann nicht mit FDD-Controller kommunizieren. Es handelt sich hier meistens um ein Kabelproblem. Überprüfen Sie alle Verbindungen im PC. Stecken Sie den Floppy-Controller in einen anderen Steckplatz (es kann sich um Kontaktprobleme handeln). Falls das auch nichts bringt, muss ein neuer Controller her.
Floppy Disk Controller Resource Conflict	Diese Fehlermeldung zeigt an, dass der Floppy-Controller auf dem Board eine von einer anderen Karte belegte Systemressource angefordert hat. Ressourcen überprüfen.
HDD Controller Failure	BIOS kann nicht mit HDD-Controller kommunizieren. Es handelt sich hier meistens um ein Kabelproblem. Überprüfen Sie alle HDD-Verbindungen im PC und tauschen Sie das Kabel gegebenenfalls aus. Überprüfen Sie den Sitz der Karte und die Jumpereinstellungen auf dem Board bzw. beim Controller.

A.M.I.-BIOS: Fehlercodes, POST-Ablauf

Meldung	Bedeutung
HARD DISK initializing Please wait a moment	Wird angezeigt, während die Festplatte(n) initialisiert wird (werden).
ID Information mismatch for Slot X,Y,Z	Der Identifizierungscode der EISA-Adapterkarte stimmt nicht mit dem im EISA CMOS-RAM gespeicherten Code überein. Mit EISA Konfigurierungsprogramm korrigieren.
INTR #1 Error	Der Interrupt-Kanal 1 bestand POST nicht. Überprüfung aller Karten notwendig, kann aber auch ein CPU- oder Board-Schaden sein.
INTR #2 Error	Der Interrupt-Kanal 2 bestand POST nicht. Überprüfung aller Karten notwendig, kann aber auch ein CPU- oder Board-Schaden sein.
Invalid Boot Disc	Das BIOS kann die Diskette lesen, aber die Steuerung nicht an das Betriebssystem abgeben. Startdiskette wechseln.
Invalid Configuration Information for Slot X,Y,Z	Die Konfigurationsdaten der EISA-Adapterkarten stimmen nicht. Karte kann nicht konfiguriert werden.
I/O Card Parity Error????	Paritätsfehler auf Erweiterungskarte.
I/O Card Parity Error at ????	Paritätsfehler auf Erweiterungskarte. Falls Adresse bekannt, wird diese Meldung ausgegeben. Falls nicht, erfolgt die vorhergehende Meldung.
Keyboard Error	Es besteht ein Timing-Problem mit dem Keyboard. Eventuell ist die Tastatur nicht korrekt angeschlossen oder fehlt ganz ;-) Eventuell haben Sie auch zu früh eine Taste gedrückt. Versuchen Sie mal Folgendes: Im BIOS Tastatur abschalten, dann neu starten. Funktioniert die Tastatur dann nicht, am besten austauschen. Falls das Problem nicht bei der Tastatur liegt, haben Sie Probleme mit dem Tastatur-Controller. Hier hilft nur ein Update des Controllers, gegebenenfalls des BIOS und im schlimmsten Fall, bei eingelötetem Tastaturchip ein neues Board.
Keyboard is Locked - Unlock it oder Keyboard is locked out - Unlocked key	Die Tastatur ist gesperrt; entriegeln.
KB/Interface Error	Es trat ein Fehler am Keyboard-Stecker oder der Buchse auf. Kann auch bei zu langem Kabel auftreten.
Memory mismatch, run Setup	Der Speicher wurde verändert. Sie müssen das BIOS-Setup neu starten und abspeichern.
Memory Parity Error????	Speicher fehlerhaft.
Memory Parity Error at xxxxx	Speicher fehlerhaft an Adresse xxxxx. Falls Adresse nicht bekannt, erfolgt vorhergehende Meldung.
I/O Card Parity Error at xxxxx	Erweiterungskarte fehlerhaft an Adresse xxxxx.
No ROM BASIC	Das BIOS kann keinen Bootsektor finden. Diese Option findet sich nur in älteren PCs.
NVRAM Checksum Error, NVRAM Cleared	Weil in diesem Bereich ein Prüfsummenfehler diagnostiziert wurde, wurden die Konfigurationsdaten für das NVRAM reinitialisiert. Die Daten können durch einen erneuten Start von ICU wieder reinitialisiert werden.
NVRAM Cleared by Jumper	Der Clear CMOS-Jumper auf dem Board wurde auf ON gestellt, und damit sind alle Daten des CMOS gelöscht.
NVRAM Data Invalid, NVRAM Cleared	Ein nicht zulässiger Eintrag im NVRAM wurde festgestellt und der Inhalt gelöscht, damit kein Schaden entsteht.
Off Board Parity Error Addr (Hex)=xxxx	Paritätsfehler an einem Speicher in einem Erweiterungsplatz festgestellt. Mit Diagnosesoftware kann er ggf. lokalisiert und behoben werden.
On Board Parity Error Addr(Hex)=xxxx	Paritätsfehler im DRAM-Speicher festgestellt. Mit Diagnosesoftware kann er ggf. lokalisiert und behoben werden.
Parallel Port Resource Conflict	Da die Systemressource bereits von einer anderen Karte belegt ist, wurde dieser Fehler angezeigt, weil der Parallel Port auf dem Board sie haben wollte.
Parity Error????	Paritätsfehler im Systemspeicher an unbekannter Adresse.

Referenz

Meldung	Bedeutung
PCI Error Log is Full	Wenn mehr als 15 PCI-Konflikte festgestellt wurden, kann kein weiterer mehr aufgezeichnet werden.
PCI I/O Port Conflict	Es liegt ein Hardwarekonflikt vor, weil zwei PCI-Geräte den gleichen I/O-Port anforderten.
PCI IRQ Conflict	Es liegt ein Hardwarekonflikt vor, weil zwei PCI-Geräte den gleichen IRQ anforderten.
Press ESC to skip Memory Test	Drücken Sie [Esc] zum Übergehen des Memory-Tests.
Press TAB to show POST Screen	Wenn Sie [Tab] drücken, erhalten Sie Nachricht über diverse Einstellungen (nur OEM-Versionen).
Primary IDE Controller Resource Conflict	Der primäre Festplatten-Controller (IDE) auf dem Motherboard hat eine Systemressource angefordert, die aber bereits von einem anderen Gerät als belegt gekennzeichnet ist.
Primary Master Hard Disk Fail	Fehler in der primären Master IDE-Festplatte.
Primary Memory Conflict	Es liegt ein Hardwarekonflikt vor, weil zwei PCI-Geräte den gleichen primären Speicherbereich anforderten.
Primary Slave Hard Disk Fail	Fehler in der primären zweiten IDE-Festplatte.
Resuming from disk, Press TAB to show POST screen	[Tab] drücken für POST-Anzeige.
Secondary IDE Controller Resource Conflict	Der sekundäre Festplatten-Controller (IDE) auf dem Motherboard hat eine Systemressource angefordert, die aber bereits von einem anderen Gerät als belegt gekennzeichnet ist.
Secondary master hard disk fail	Fehler in der zweiten Master IDE-Festplatte.
Secondary slave hard disk fail	Fehler in der zweiten Slave IDE-Festplatte.
Serial Port 1 Resource Conflict	Von der ersten seriellen Schnittstelle wurde eine Systemressource angefordert, die aber schon belegt ist.
Serial Port 2 Resource Conflict	Von der zweiten seriellen Schnittstelle wurde eine Systemressource angefordert, die aber schon belegt ist.
Software Port NMI	Ein Softwareport NMI (Not Maskable Interrupt) wurde generiert.
Software Port NMI Inoperational	Der Softwareport NMI (Not Maskable Interrupt) arbeitet nicht. Sie können zwar arbeiten, aber tritt ein NMI ein, bleibt Ihr System hängen.
Static Device Resource Conflict	Eine ISA-Karte, die nicht PnP-fähig ist, hat eine Systemressource angefordert die aber schon belegt ist.
System Board Device Resource Conflict	Eine Systemgerät, das nicht PnP-fähig ist, hat eine Systemressource angefordert, die aber schon belegt ist.

Akustische Fehlersignale

Piep-Code	Bedeutung
1 x kurz	DRAM-Refresh ausgefallen; den korrekten Sitz aller RAM-Module überprüfen; die Takteinstellungen im BIOS überprüfen (verwenden Sie mal die Auto-Configuration-Werte); evtl. alle Speichermodule mal rausnehmen und wieder einstecken (Kontaktproblem); evtl. passen auch neu eingebaute Module nicht mit den alten zusammen; falls der Fehler weiter besteht, vom Händler die Module überprüfen lassen.
1 x lang	POST erfolgreich beendet.

A.M.I.-BIOS: Fehlercodes, POST-Ablauf

Piep-Code	Bedeutung
1 x Dauer	Netzteilfehler: Schalten Sie den PC einfach mal aus, bei ATX-PCs schalten Sie über den Schalter auf der Rückseite aus. Danach starten Sie neu; tritt der Fehler weiterhin auf, muss das Netzteil ausgetauscht werden.
1 x lang, 1 x kurz	Hauptplatinenfehler: schwer wiegender Fehler auf dem Motherboard. Versuchen Sie die Überprüfung der Taktrate von CPU; bei ATX-Boards lässt sich der PC in der Regel nicht mehr über den Taster auf der Rückseite ausschalten.
1 x lang, 2 x kurz	Grafikkartenfehler: Video-ROM-BIOS-Checksumme falsch; Monitoransteuerung defekt; keine Grafikkarte gefunden; Paritätsfehler.
1 x lang, 3 x kurz	Videofehler: defekter RAM-DAC (Digital Analog Converter), der für die Umwandlung der Rechnerdaten in Videodaten zuständig ist; oder Monitorerkennungsprozess bzw. Video-RAM fehlerhaft, evtl. ist der Monitor nicht angeschlossen bzw. das Kabel defekt; oder Fehler in den ersten 64 KByte des Speichers.
1 x lang, 4 x kurz	Timer-Baustein defekt.
1 x lang, 5 x kurz	Prozessorfehle.r
1 x lang, 6 x kurz	Tastatur-Controller fehlerhaft.
1 x lang, 7 x kurz	Virtual Mode-Probleme.
1 x lang, 8 x kurz	Fehler im Videospeicher.
1 x lang, 9 x kurz	ROM-BIOS-Prüfsummenfehler.
2 x kurz Parity Error:	POST fehlerhaft (eine der Hardwaretestprozeduren ist fehlerhaft); den korrekten Sitz aller RAM-Module überprüfen; überprüfen, ob Ihre Module ECC bzw. Paritätsprüfung unterstützen; falls der Fehler weiter besteht, vom Händler die Module überprüfen lassen.
2 x kurz, 1 x lang	Grafikkartenkontakt nicht in Ordnung (bei Gigabyte-Board (GA 7IX-4).
2 x lang, 2 x kurz	Videofehler: entweder Checksummenfehler des Video-BIOS-ROM, oder der installierte Videoadapter hat einen Fehler im Horizontalrücklauf.
3 x kurz	Base 64 KB Memory Failure: Basisspeicher defekt, RAM-Fehler innerhalb der ersten 64 KByte; den korrekten Sitz aller RAM-Module überprüfen, falls der Fehler weiter besteht, vom Händler die Module überprüfen lassen; wer ein SDRAM Modul verwendet, muss gegebenenfalls das Ganze austauschen; überprüfen Sie vorher aber, ob das Speicher-Timing korrekt eingestellt ist.
3 x kurz, 3 x lang, 3 x kurz	Arbeitsspeicher defekt.
4 x kurz	Timer not Operational: System-Timer (Timer 1) evtl. Akku/Batterie defekt; tauschen Sie die Speicherbausteine und überprüfen Sie die RAM-Einstellungen; gegebenenfalls ist ein Mainboard-Tausch fällig.
5 x kurz	Prozessor Error: Prozessor defekt; Videospeicher; versuchsweise den PC aus-/einschalten; evtl. übertakteter Prozessor; ungenügende Kühlung; evtl. Grafikkartenproblem; Prozessor vom Händler überprüfen lassen.
6 x kurz	8042 Gate A20 Failure: Tastatur-Controller detekt (8042-Baustein/A20 Gate). Prozessor kann nicht in den Protected Mode schalten; Chip auf dem Board uberpruten. Ist er eingelötet müssen Sie das Board austauschen.
7 x kurz	Prozessor Exception Interrupt Error. Virtual Mode Ausnahmefehler (CPU hat einen Interrupt Fehler generiert); Takteinstellung der CPU überprüfen und ggf. Übertaktung zurücknehmen; wegen eventueller Kontaktprobleme den Sitz der CPU im Sockel überprüfen; den Prozessor vom Händler überprüfen lassen.
8 x kurz	Display Memory Read/Write Error: Videospeicher nicht ansprechbar; Grafikkarte defekt oder nicht eingebaut (kein fataler Fehler); gegebenenfalls austauschen; evtl. übertakteter ISA-Bus.
9 x kurz	ROM-Checksum Error: ROM-BIOS-Checksumme nicht korrekt, EPROM, EEPROM oder Flash-ROM-Baustein defekt, BIOS defekt oder nicht korrekt updated; bei diesem Fehler hilft Ihnen nur der Board-Hersteller; evtl. ist aber auch der Fehler im eigenen BIOS Ihrer Karten zu finden.

Referenz

Piep-Code	Bedeutung
10 x kurz	CMOS Shutdown Register Read/Write Error: CMOS kann nicht gelesen/geschrieben werden. Hauptplatine ist defekt und muss getauscht werden. Eventuell kann man den DALLAS-Chip, wenn er gesockelt ist, durch einen baugleichen austauschen. Das fällt noch nicht so ganz ins Kapitel Reparatur.
11 x kurz	Cache Error/external Cache Bad: L2-Cache auf dem Mainboard defekt; gesockelte Module erst auf korrekten Sitz überprüfen; das Modul ist defekt und muss getauscht werden; auf neueren Boards ist der Cache integriert, und damit muss das Board ersetzt werden.
1 x lang hoch, 1 x lang tief	Prozessorfehler.

POST-Ablauf

NMI Disable	Das BIOS unterbricht die NMI-Interrupt-Leitung zur CPU durch Setzen von Bit 7 des I/O Port 70h (CMOS). Dies sollte keinen Fehler im System verursachen.
Power On Delay	Der Tastatur-Controller setzt, nachdem er an Spannung liegt, die Soft- und Hard-Reset-Bits. Ein Fehler hierbei liegt normalerweise am Tastatur-Controller oder Clock-Generator.
Initialize Chipsets	Das BIOS initialisiert jedes vorliegende Chipset (CT&T usw.). Mögliche Fehlerquelle/n: BIOS, CLOCK oder Chipset.
Reset Determination	Das BIOS liest die Bits in den Tastatur-Controller, um zu bestimmen, ob ein Soft- oder Hard-Reset nötig ist (ein Soft-Reset testet nicht den Speicher über 64 KByte). Mögliche Fehlerquelle/n: BIOS, Clock-Generator oder Tastatur-Controller.
ROM BIOS Checksum	Das BIOS erzeugt eine Prüfsumme aller Bits in sich selbst und fügt einen vorgegeben Wert hinzu, der die Prüfsumme auf 00 bringt. Mögliche Fehlerquelle/n: ROM-BIOS-Chips.
Keyboard Test	Das BIOS sendet ein Kommando an den 8042-Tastatur-Controller, das einen Test auslöst und den Puffer für Kommandos setzt. Nachdem der Puffer definiert ist, sendet das BIOS ein Kommando-Byte und schreibt Daten in den Puffer, prüft das High Order Bit (Pin 23) des internen Tastatur-Controllers und gibt ein Nichtausführen (No Operation (NOP)) aus. Mögliche Fehlerquelle/n: Tastatur-Controller.
CMOS	Das BIOS testet das Abschalt-Byte im CMOS RAM Offset OF, berechnet die CMOS-Prüfsumme und bringt das Diagnose-Byte OE auf den neusten Stand, bevor die CMOS-RAM-Umgebung initialisiert wird, und setzt das Datum und die Zeit. Mögliche Fehlerquelle/n: bei RTC/CMOS-Chip oder Batterie.
8237/8259 Disable	Das BIOS schaltet den DMA- und Interrupt-Controller ab, bevor weitere Aktionen des POST durchgeführt werden. Mögliche Fehlerquelle/n: bei 8237- oder 8259-Chips.
Video Disable	Das BIOS schaltet den Video-Controller ab und initialisiert Port B. Mögliche Fehlerquelle/n: wahrscheinlich beim Videoadapter.
Chipset Initialzation/ Memory Detect	Das BIOS initialisiert die Chipsets und versucht die Größe des Speichers im System zu entdecken. Das BIOS adressiert Speicher in 64-KByte-Blöcken. Ein Fehler an dieser Stelle liegt normalerweise am Chipset. Wenn das BIOS nicht den gesamten Speicher im System sieht, kann der Fehler an einem Chip in dem Block darüber liegen (die zuletzt gefundenen 64 KByte) oder an einem Fehler der Adressleitung.
Pit Test	Das BIOS testet die Timing-Funktionen des 8254-Interrupt-Timers. Mögliche Fehlerquelle/n: die PIT- oder RTC-Chips.
Memory Refresh	Das BIOS testet die Fähigkeit des PIT, den Speicher zu „refreshen". Wenn das System ein 8088/86-Typ ist, wird dies vom DMA-Controller 1 ausgeführt. Mögliche Fehlerquelle/n: der PIT (8254) in ATs oder der 8237 (DMA #1) in XTs und PCs.
Address Lines	Das BIOS testet die Adressleitungen der ersten 64 KByte des Speichers. Mögliche Fehlerquelle/n: die Adressleitungen.
BASE 64K	Das BIOS schreibt Daten Muster in die ersten 64 KByte der Speicheradresse. Mögliche Fehlerquelle/n: ein defekter Speicherchip der ersten 64 KByte.

Award-BIOS: Fehlercodes, POST-Ablauf

Chipset Init	Das BIOS schaltet die PIT-, PIC- und DMA-Controller ein. Mögliche Fehlerquelle/n: die PIT-, PIC- oder DMA-Chips.
Set Interrupt Table	Das BIOS installiert die Interrupt-Vector-Tabelle, die vom PIC im unteren Speicherbereich (2 KByte) verwendet wird.
8042 Check	Das BIOS liest den Puffer-Bereich des Tastatur-Controllers. I/O Port 60. Mögliche Fehlerquelle/n: der Tastatur-Controller.
Video Tests	Das BIOS überprüft zuerst den Typ des Videoadapters und führt dann eine Reihe von Tests am Adapter und Monitor durch.
BIOS DATA AREA	Das BIOS prüft die Vector-Tabelle auf richtige Funktion und testet den Videospeicher, bevor Protected Mode-Tests durchgeführt werden. Danach können Fehlermeldungen auf dem Monitor angezeigt werden.
Protected Mode Tests	Das BIOS liest und schreibt in den gesamten Speicher unterhalb 1 MByte. Mögliche Fehlerquelle/n: ein defekter RAM-Chip, der 8042-Chip oder eine Datenleitung.
DMA Chips	Das BIOS testet die DMA-Register durch Datenmuster. Mögliche Fehlerquelle/n: die DMA-Chips.
Keyboard Controller	Das BIOS testet das Tastatur-Interface. Key Lock, Num Lock und Cap Lock werden ebenfalls überprüft. Mögliche Fehlerquelle/n: eine defekte Tastatur oder eine falsche Einstellung.
Final Initialization	Das 1 BIOS führt eine Reihe von Tests durch, die zwischen den einzelnen Revisionen der Versionen jedes BIOS unterschiedlich sind. Typisch sind die Festplatten- und Diskettenlaufwerktests und Initialisierungen. Eine Überprüfung wird durchgeführt für Adapter, wie RS232, Parallel, Maus usw., und die Informationen werden mit den im CMOS gespeicherten Daten verglichen. Fehler in diesen Tests werden am Monitor angezeigt. Mögliche Fehlerquelle/n: eine defekte Einheit oder eine falsche Einstellung in CMOS.
BOOT	An diesem Punkt übergibt das BIOS die Kontrolle an den Interrupt 19 Bootloader. Fehler in dieser Prozedur resultieren normalerweise in einem blinkenden Cursor oder einer Fehlermeldung wie „keine Systemdiskette". Überprüfen Sie den Bootsektor des Laufwerks mit einer Diagnosesoftware.

13.2 Award-BIOS: Fehlercodes, POST-Ablauf

Fehlermeldungen

Meldung	Bedeutung
BIOS ROM Checksum Error - System halted	Die Prüfsumme des BIOS-Codes im BIOS-Chip stimmt nicht. Sie müssen das BIOS austauschen oder neu schreiben.
CMOS Battery failed oder CMOS Battery has failed	Die CMOS-Batterie muss ersetzt werden.
CMOS Checksum Error - Defaults loaded	Die CMOS-Prüfsumme stimmt nicht. Das CMOS ist ungültig. Der Fehler kann durch eine fast leere Batterie entstehen. Hier kann z. B. ein falscher Kontakt unten zum Gehäuse oder, was seltener vorkommt, vorn an der Slot- (Einschub-)Seite vorhanden sein. Eine falsche Brücke zwischen zwei Bauteilen oder statische Aufladung sind auch möglich.
CPU at nnnn	Diese Meldung zeigt lediglich die Geschwindigkeit der CPU an und ist keine Fehlermeldung. Diese Anzeige dient der Überprüfung Ihrer CPU. Bei Fehlanzeige sollten Sie die Einstellungen im BIOS überprüfen.

Referenz

Meldung	Bedeutung
Diskette Boot Failure, insert system disk and press Enter	Diskette in Laufwerk A: ist defekt oder enthält kein System. Falls der Start von der Festplatte erfolgen soll, alle Kabelverbindungen kontrollieren. Überprüfen, ob die Festplatte als Bootlaufwerk formatiert ist.
Diskette drives or type mismatch error - run Setup	Der Typ des installierten Laufwerks stimmt nicht mit der Definition des CMOS überein.
Display switch is set incorrectly	Die Einstellungen des Videoschalters oder des Videojumpers stimmen nicht mit der im Setup gewählten Option überein.
Display type has changed since last boot	Es wurde nach dem letzten Systemstart die Grafikkarte ausgetauscht. Das System neu konfigurieren.
EISA Configuration Checksum error	Die EISA-Konfigurations-Checksumme stimmt nicht.
EISA Configuration is not complete	Die EISA-Konfiguration ist nicht komplett.
ERROR - Can't Write ESCD	Die Exteded System Configuration Datas können nicht geschrieben werden (Näheres dazu unter BIOS Inside-Pinnwand).
Error encountered initializing hard drive	Festplatte kann nicht initialisiert werden. Alle Anschlüsse sowie Festplattentyp im Setup kontrollieren.
Error initializing hard disk controller	Festplatten-Controller kann nicht initialisiert werden. Steckplatz, Setup-Einstellungen und evtl. Jumper überprüfen.
Floppy disk(s) fail	Der Floppy-Disk-Controller bzw. das Laufwerk wurde nicht gefunden, oder es kann nicht initialisiert werden.
Floppy disk controller error or no controller present	Der Diskettenlaufwerk-Controller wird nicht gefunden oder kann nicht initialisiert werden. Installation und Setup überprüfen.
HARD DISK initializing Please wait a moment	Es gibt vor allem ältere Festplatten, die zur Initialisierung etwas länger brauchen.
Hard Disk Install Failure	Es wurde keine Festplatte bzw. kein Festplatten-Controller gefunden. Das kann auf falsche Parameter im BIOS hindeuten, oder Sitz bzw. Verbindung des Controllers sind nicht in Ordnung.
Hard disk(s) Diagnosis fail	Bei der Diagnose der Festplatte ist ein Fehler gefunden worden, dessen Ursache evtl. eine defekte Festplatte ist.
Invalid EISA configuration	Die EISA-Konfiguration ist nicht korrekt.
Keyboard error or no Keyboard present	Die Tastatur kann nicht initialisiert werden, bzw. es ist keine vorhanden. Es darf beim Start keine Taste gedrückt sein. Anschlüsse überprüfen.
Keyboard is locked out - Unlock the key	Entweder hängen Tasten fest oder werden gedrückt, oder Sie haben die Kaffeetasse darauf stehen.
Memory adress error at...	Adressfehler an bestimmter Stelle. Die Nummer der Fehlermeldung hilft, die genaue Position des Fehlers zu ermitteln.
Memory parity error at...	Paritätsfehler an bestimmter Stelle. Die Nummer der Fehlermeldung hilft, die genaue Position des Fehlers zu ermitteln.
Memory size has changed since last boot	Es wurde seit dem letzten Systemstart DRAM-Speicher verändert. Bei EISA neu konfigurieren, bei ISA über Setup die neue Größe verändern.
Memory Test	Es wird der volle Speichertest durchgeführt, und gleichzeitig erfolgt die Ausgabe der Speichergröße.
Memory test fail	Wenn beim POST ein Fehler im Speicher entdeckt wird, wird sowohl Typ als auch Adresse ausgegeben.
Memory verify error at...	Bei der Prüfung eines bereits zum Speicher geschriebenen Werts gab es einen Fehler.

Award-BIOS: Fehlercodes, POST-Ablauf

Meldung	Bedeutung
Offending adress not found	Wenn bei der E/A-Kanalprüfung oder beim RAM ein Fehler auftritt, erfolgt diese Meldung, falls das Fehlersegment nicht gefunden wurde.
Offending adress: xxxxx	Diese Meldung kommt, wenn das Fehlersegment gefunden wurde.
Override enabled - Defaults loaded	Der PC bootet mit den Daten des CMOS nicht und überschreibt diese mit den Default-Werten. Das heißt, Sie fahren mit minimalster Konfiguration. Alles überprüfen und neu einstellen.
Please run EISA configuration utility	EISA-CMOS-RAM-Prüfsumme falsch, oder EISA-Steckplatz kann nicht ausgelesen werden. Steckkarte kontrollieren und ggf. mit Konfigurationsprogramm neu konfigurieren.
Press a key to reboot	Durch Drücken einer Taste kann bei Systemstartproblemen erneut gebootet werden.
Press ESC to skip Memory test	Sie können durch Drücken der [Esc]-Taste den vollen Speichertest überspringen.
Press F1 to disable NMI, F2 to reboot	Falls das BIOS eine NMI-Bedingung während des Starts feststellt, kann man NMI ausschalten und den Startvorgang fortführen bzw. einen Neustart mit eingeschaltetem NMI durchführen.
Primary master hard disk fail	Es wurde ein Fehler an der primären Master-IDE-Festplatte vom POST entdeckt.
Primary slave hard disk fail	Es wurde ein Fehler an der primären Slave-IDE-Festplatte vom POST entdeckt.
RAM parity error - checking for segment...	Ein festgestellter Paritätsfehler in einem bestimmten Segment des RAM.
Resuming from disk, Press TAB to show POST screen	Sie bekommen diese Meldung speziell bei Notebook-Computern mit 2-BIOS angezeigt. Hier handelt es sich um eine Funktion, bei der die Daten beim Herunterfahren des Systems wegen leerer Akkus auf der Festplatte gespeichert werden. Damit ist gewährleistet, dass nach einem neuen Start die Daten des Speichers wieder restauriert werden können.
Secondary master hard disk fail	Es wurde ein Fehler an der sekundären Master-IDE-Festplatte vom POST entdeckt.
Secondary slave hard disk fail	Es wurde ein Fehler an der sekundären Slave-IDE-Festplatte vom POST entdeckt.
Slot not Empty	In einem als leer definierten Steckplatz befindet sich ein Adapter. Der Steckplatz wird mit ECU konfiguriert.
System halted, (Ctrl-Alt-Del) to reboot	Der Startvorgang wurde abgebrochen und muss mit der angegebenen Tastenkombination erneut durchgeführt werden.

Akustische Fehlersignale

Meldung	Bedeutung
1 x kurz	Alles okay.
1 x lang	Speicherproblem, Module sitzen nicht richtig oder sind oxydiert.
1 x lang, 2 x kurz	Videoproblem, Grafikkarte defekt oder sitzt nicht richtig; gegebenenfalls austauschen.
1 x lang, 3 x kurz	Bis Version 1.6 EGA-Speicherfehler, ab Version 3.03 Tastatur-Controller-Fehler, ab Version 4.5 Grafikkartenfehle.r
2 x kurz	Kleiner Fehler, der meistens auf dem Monitor angezeigt wird. Dann anhand der Fehlermeldung überprüfen, beheben oder mit [F1] den Bootvorgang fortsetzen.
Dauerton	Speicher- oder Videoproblem, Speicher oder Grafikkarte wird nicht gefunden.

Referenz

POST-Ablauf, Version 4.52

CPU	Das BIOS setzt, überprüft und resetet zuerst die Fehler-Flags in der CPU (carry, sign, zero, stack overflow). Mögliche Fehlerquelle/n: normalerweise die CPU oder System-Clock.
POST Determination	Das BIOS bestimmt, ob die Hauptplatine für normale Operationen eingestellt ist oder der POST in einer Schleife zu Testzwecken läuft. Wenn der Computer immer wieder durch die POST-Tests 1-5 läuft, ist entweder der Jumper für Burn-In gesetzt, oder es besteht ein Fehler im Stromkreis.
Tastatur Controller	Das BIOS testet die internen Operationen des Tastatur-Controller-Chips (8042). Mögliche Fehlerquelle/n: normalerweise der Tastaturchip.
Burn-In Status	Die POST-Tests 1-5 werden immer wieder durchlaufen, wenn die Hauptplatine auf Burn-In eingestellt ist. Die Reset leuchtet immer wieder, falls dies geschieht. Wenn der Burn-In-Modus nicht eingestellt ist, ist ein Kurzschluss im entsprechenden Stromkreis aufgetreten.
Initialize Chipset	Das BIOS löscht alle DMA-Register und die CMOS-Register 0E, 0F. Dann initialisiert das BIOS den 8254-Chip (Timer). Mögliche Fehlerquelle/n: meistens der Timer-Chip.
CPU	Das BIOS benutzt Bit-Muster, um die Funktion der CPU-Register zu überprüfen. Mögliche Fehlerquelle/n: die CPU oder der Clock-Chip.
RTC	Das BIOS überprüft, dass die Uhr das CMOS in normalen Intervallen updatet. Mögliche Fehlerquelle/n: CMOS/RTC oder die Batterie.
ROM BIOS Checksum	Das BIOS erzeugt eine Prüfsumme von sich selbst und vergleicht mit einem vorgegebenen Wert. Der Vergleich muss 00 ergeben. Mögliche Fehlerquelle/n: das ROM-BIOS.
Initialize Video	Das BIOS überprüft das Vorhandensein eines Video-Controllers, testet und initialisiert das Interface. Mögliche Fehlerquelle/n: entweder der Video-Controller (6845-Chip) oder eine falsche Einstellung der Hauptplatine oder des CMOS.
PIT	Das BIOS testet die Funktionalität der Kanäle 0, 1, 2 nacheinander. Mögliche Fehlerquelle/n: der PIT- (8254/53)Chip.
CMOS Status	Das BIOS benutzt ein laufendes Bit-Muster, um die Funktionalität des CMOS-Status Bytes 0F zu testen. Mögliche Fehlerquelle/n: das CMOS (146818).
Extended CMOS	Das BIOS überprüft jede weitere Information des Chipsets Wenn solche gefunden werden, werden diese in den erweiterten CMOS-Speicherbereich gelagert. Mögliche Fehlerquelle/n: normalerweise eine falsche Information. Die kann korrigiert werden durch die Standard-CMOS-Einstellung. Weitere Fehler können sich auf das Chipset oder das CMOS-RAM beziehen.
DMA	Das BIOS testet die Kanäle 0 und 1 und die Page-Register des DMA-Controller-(8237)Chips. Mögliche Fehlerquelle/n: der DMA-Chip.
Tastatur	Das BIOS testet den 8042-Tastatur-Controller für richtige Interface-Funktionen. Mögliche Fehlerquelle/n: der 8042-Chip.
Refresh	Das BIOS testet das Refreshing des Speichers. Die Standard-Refresh-Periode ist zwischen 120 und 140 Nanosekunden. Mögliche Fehlerquelle/n: entweder der PIT-Chip in ATs oder der DMA-Chip in XTs.
Speicher	Das BIOS testet die ersten 64 KByte des Speichers mit laufenden Bit-Mustern. Mögliche Fehlerquelle/n: die erste Bank des Speichers oder eine Datenleitung.
Interrupt Vectors	Das BIOS lädt die BIOS-Interrupt-Vector-Tabelle in die erste Bank des RAM. Ein Fehler in diesem Test ist nicht sehr wahrscheinlich, da der Speicher in diesem Bereich zuvor getestet wurde. Mögliche Fehlerquelle/n: das BIOS oder der PIC.
Video ROM	Das BIOS initialisiert das Video-ROM, das einen internen Test erzeugt, bevor es die Kontrolle an das System-BIOS zurückgibt. Mögliche Fehlerquelle/n: auf dem Videoadapter.
Video Memory	Das BIOS testet den Videospeicher mit einem Bit-Muster. Falls der Videoadapter ein ROM hat, wird dieser Test übergangen. Mögliche Fehlerquelle/n: der Speicher auf dem Videoadapter.

Award-BIOS: Fehlercodes, POST-Ablauf

PIC	Das BIOS testet die Funktionalität des Interrupt-Controller-(8259)Chips. Mögliche Fehlerquelle/n: der Videoadapterspeicher.	
CMOS Batterie	Das BIOS überprüft, ob das CMOS Byte 0D Bit 7 gesetzt ist. Dies zeigt an, dass die Batterie Spannung hat. Mögliche Fehlerquelle/n: erstens die Batterie oder zweitens das CMOS.	
CMOS Checksum	Das BIOS erzeugt eine Prüfsumme des CMOS, um die Richtigkeit der Einträge sicherzustellen. Mögliche Fehlerquelle/n: entweder ein unkorrektes Setup, der CMOS-Chip oder die Batterie. Wenn dieser Test erfolgreich ist, werden die Informationen verwendet, um das System zu konfigurieren.	
Determine System Memory	Das BIOS adressiert den Speicher bis zu 640 KByte. Der Speicher wird in Blöcken zu 64 KByte adressiert. Mögliche Fehlerquelle/n: eine Adressleitung oder der DMA-Chip. Wenn nicht der gesamte Speicher gefunden wird, existiert ein defekter RAM-Chip oder eine defekte Adressleitung im 64-KByte-Block über dem zuletzt gefundenen Block.	
Memory Test	Das BIOS erzeugt eine Reihe von Tests in jedem gefundenen Speicher. Eine Meldung mit der Hex-Adresse jedes Fehler-Bits wird normalerweise am Ende jedes Starts angezeigt.	
PIC (Programable Interrupt Controller)	Das BIOS testet weiter die 8259-Chips, um eine sichere Funktion zu gewährleisten. Mögliche Fehlerquelle/n: in den 8259-Chips.	
CPU Protected Mode	Das BIOS setzt den Prozessor in den Protected Mode und dann zurück in den Real Mode. Der 8042 wird für diese Funktion benutzt. Mögliche Fehlerquelle/n: der 8042, CPU, CMOS oder das BIOS in dieser Folge.	
Determine Extended Memory	Das BIOS adressiert den gesamten Speicher über 1 MByte in 64-KByte-Blöcken. Falls ein defekter RAM-Chip existiert, wird der gesamte Block nicht aktiviert.	
Test Extended Memory	Das BIOS testet das Extended Memory, das im vorigen Test gefunden wurde, mit einer Reihe von Mustern. Fehler ist normalerweise ein RAM-Chip, und die Hex-Adresse des defekten Bits wird am Bildschirm angezeigt.	
Unexpected Exceptions	Das BIOS prüft nach allen unerwarteten Ausnahmen im Protected Mode. Mögliche Fehlerquelle/n: ein TSR-Programm oder ein periodischer RAM-Fehler.	
Shadow/Cache	Das BIOS aktiviert jedes Shadow-RAM (Video/BIOS Shadow) und jeden Cache, der im System präsent ist. Mögliche Fehlerquelle/n: Cache-Controller oder Chips, jedoch sollte man zuerst das CMOS auf falsche Informationen überprüfen.	
8242 Detection	Das BIOS sucht nach einem Intel-8242-Tastatur-Controller und initialisiert diesen, falls er gefunden wurde. Mögliche Fehlerquelle/n: ein falsch gesetzter Jumper oder der 8242.	
Init Keyboard	Das BIOS initialisiert die Tastatur. Mögliche Fehlerquelle/n: die Tastatur oder der Tastatur-Controller.	
Detect Serial Ports	Das BIOS sucht nach bis zu vier seriellen Schnittstellen bei den I/O-Adressen 3F8, 2F8, 3E8 und 2E8 und initialisiert die gefundenen. Mögliche Fehlerquelle/n: ein falsch gesetzter Jumper auf dem Adapter oder der Adapter selbst.	
Detect Parallel Ports	Das BIOS sucht nach bis zu drei parallelen Schnittstellen bei den Adressen 0378, 03BC und 0278 und initialisiert die gefundenen. Mögliche Fehlerquelle/n: ein falsch gesetzter Jumper auf dem Adapter oder der Adapter.	
Init Hard Drive	Das BIOS initialisiert jede im Setup angegebene Festplatte. Mögliche Fehlerquelle/n: eine falsche Einstellung des CMOS-Setup, die Festplatte oder der Controller.	
Detect NPU Coprozessor	Das BIOS initialisiert jeden gefundenen NPU-Coprozessor. Mögliche Fehlerquelle/n: eine falsche CMOS-Einstellung oder eine defekte NPU.	
Init Adapter ROM	Das BIOS initialisiert jedes gefundene Adapter-ROM zwischen C800:0 und EFFF:0. Das Adapter-ROM führt einen internen Test durch, bevor es die Kontrolle an das System-ROM zurück gibt. Mögliche Fehlerquelle/n: das Adapter-ROM oder die daran angeschlossene Hardware.	
Init External Cache	Bei 486-Systemen schaltet das BIOS jeden externen Prozessor-Cache ein. Mögliche Fehlerquelle/n: ein falsches CMOS-Setup, eine defekter Cache-Controller oder die Cache-Chips.	

Referenz

NMI Unexpected Exceptions	Das BIOS erzeugt einen Endtest für alle unerwarteten Ausnahmen, bevor es die Kontrolle an den Interrupt 19 Boot Loader gibt. Mögliche Fehlerquelle/n: ein Parity Error im Speicher oder ein Adapter.
BOOT	Das BIOS ist mit den Tests fertig und versucht von dem im CMOS eingestellten Laufwerk zu starten. Mögliche Fehlerquelle/n: eine falsche Laufwerkeinstellung im CMOS-Setup, oder eine Fehlermeldung erscheint am Bildschirm.
BOOT ERRORS	Fehler im Master Boot Record oder im Volume Boot Record erzeugen ein Aufhängen des Systems an diesem Punkt. Oftmals erscheint ein Cursor auf der linken Seite des Bildschirms. Wenn der Computer nicht von Laufwerk A: startet, ist entweder das Setup falsch eingestellt, der Floppy-Controller oder das Laufwerk defekt.

POST-Ablauf, Version 4.53

CPU	Zuerst werden vom BIOS die Error Flags in der CPU gesetzt, überprüft und zurückgesetzt. Mögliche Fehlerquelle/n: die CPU oder der Clock-Chip.
Initialize Support Chips	Das BIOS schaltet Video, Parity DMA und NMI ab, initialisiert dann die PIT-, PIC- und DMA-Chips. Mögliche Fehlerquelle/n: ein Defekt der PIT-, PIC- oder DMA-Chips.
Refresh	Das BIOS testet die Refresh-Fähigkeit des PIT-Chips. Mögliche Fehlerquelle/n: die PIT- oder DMA-Chips.
Initialize Keyboard	Das BIOS initialisiert den Tastatur-Controller und die Tastatur. Mögliche Fehlerquelle/n: die Tastatur oder der Controller.
ROM BIOS Test	Das BIOS erzeugt eine Prüfsumme der eigenen Daten und vergleicht das Ergebnis mit einem Vorgabewert, die Prüfung muss 00 ergeben. Mögliche Fehlerquelle/n: das ROM-BIOS.
CMOS Test	Das BIOS erzeugt einen Test des CMOS-Chips. Dieser Test soll auch eine defekte Batterie erkennen. Mögliche Fehlerquelle/n: entweder der CMOS-Chip oder die Batterie.
Memory Test	Das BIOS testet die ersten 356 KByte des Speichers mit einigen Routinen in den Chipsets. Mögliche Fehlerquelle/n: der Speicher.
Cache Initialisierung	Das BIOS aktiviert jeden externen Cache. Mögliche Fehlerquelle/n: der Cache-Controller oder die Chips.
Initialize Vector Table	Das BIOS initialisiert die Interrupt-Vektoren und installiert die Interrupt-Tabelle in den unteren Speicherbereich. Mögliche Fehlerquelle/n: das BIOS oder der untere Speicherbereich.
CMOS RAM Test	Das BIOS erzeugt eine Prüfsumme des CMOS-RAM und lädt die BIOS-Standardwerte, falls die Prüfsumme falsch ist. Mögliche Fehlerquelle/n: das CMOS-RAM.
Tastatur Initialisierung	Das BIOS initialisiert die Tastatur und setzt die NumLock auf on. Mögliche Fehlerquelle/n: entweder der Tastatur-Controller oder die Tastatur.
Video Test	Das BIOS testet und initialisiert den Videoadapter. Mögliche Fehlerquelle/n: der Videoadapter.
Video Speicher	Das BIOS erzeugt einen Test des Videospeichers bei Monochrome- und CGA-Adaptern. Mögliche Fehlerquelle/n: die Adapterkarte.
DMA Test	Das BIOS erzeugt Tests auf dem DMA-Controller und den Page-Registern. Mögliche Fehlerquelle/n: die DMA-Chips.
PIC Tests	Das BIOS erzeugt eine Reihe von Tests auf den 8259 PIC-Chips. Mögliche Fehlerquelle/n: Problem mit den PIC-Chips.
EISA Mode Test	Das BIOS erzeugt eine Prüfsumme im erweiterten Datenbereich des CMOS. In diesem Bereich sind die EISA-Informationen gespeichert. Ist der Test positiv, wird der EISA-Adapter initialisiert. Tritt ein Fehler auf, werden die ISA-Tests weiter durchgeführt und der EISA-Adapter nicht initialisiert.

Award-BIOS: Fehlercodes, POST-Ablauf

Enable Slots	Das BIOS schaltet die Slots 0 bis 15 für EISA-Adapter ein, falls der vorherige Test positiv war. War der vorherige Test negativ, wird dieser Test übersprungen.	
Memory Size	Das BIOS schreibt in alle Adressen über 256 KByte in 64-KByte-Blöcken und initialisiert jede gefundene Adresse. Wenn ein Bit innerhalb eines Blocks defekt ist, wird dieser Block und alle weiteren nicht gesehen.	
Memory Test	Das BIOS erzeugt Schreib-/Lesetests im gesamten gefundenen Speicher über 256 KByte. Mögliche Fehlerquelle/n: ein defektes Bit im RAM. Die Bit-Adresse wird nicht angezeigt.	
EISA Memory	Initialisiert das BIOS die EISA-Slots, wird der Speicher jedes Adapters in den Slots getestet. Mögliche Fehlerquelle/n: die Speicherchips auf einem der EISA-Adapter.	
Mouse Initialisierung	Das BIOS sucht nach einer Maus und installiert die entsprechenden Interrupt-Vektoren, falls eine gefunden wurde. Mögliche Fehlerquelle/n: der Mausadapter.	
Cache Initialisierung	Das BIOS initialisiert den Cache-Controller, falls vorhanden. Mögliche Fehlerquelle/n: der Cache-Controller-Chip.	
Shadow RAM Setup	Das BIOS schaltet jedes Shadow-RAM ein, das in CMOS-Setup angegeben ist. Mögliche Fehlerquelle/n: ein falsches Setup.	
Floppy Test	Das BIOS testet und initialisiert den Floppy-Controller und die Laufwerke. Mögliche Fehlerquelle/n: der Controller oder ein Laufwerk.	
Hard Drive Test	Das BIOS testet und initialisiert die Festplatte und den Controller. Mögliche Fehlerquelle/n: ein falsches Setup, ein defekter Controller oder die Festplatte.	
Seriell/Parallel	Das BIOS initialisiert jeden seriellen und parallelen Port, der auf den richtigen I/O-Ports gefunden wurde. Mögliche Fehlerquelle/n: eine falsche I/O-Einstellung oder eine defekte Einheit.	
Math Coprozessor	Das BIOS initialisiert den Math-Coprozessor, falls dieser gefunden wurde. Mögliche Fehlerquelle/n: bei der Initialisierung normalerweise ein falsches CMOS-Setup oder ein defekter Coprozessor-Chip.	
Boot Speed	Das BIOS setzt die Standardgeschwindigkeit, mit der der Computer startet.	
Manufactoring POST Loop	Das BIOS startet das System neu, falls der Loop-Pin gesetzt ist. Ist der Pin nicht gesetzt, wird der POST weitergeführt, und jeder weitere Fehler wird am Bildschirm sowie am I/O-Port angezeigt.	
Security Check	Das BIOS fragt nach dem Passwort, falls eines installiert wurde. Falls das BIOS nach dem Passwort fragt, obwohl keines installiert ist, sind die CMOS-Daten durcheinander, oder der CMOS-Chip ist defekt.	
Write CMOS	Das BIOS wartet, während die CMOS-Einträge aus dem Setup in das CMOS-RAM geschrieben werden. Mögliche Fehlerquelle/n: eine falsche CMOS-Konfiguration.	
Preboot	Das BIOS wartet, während die CMOS-Einträge aus dem Setup in das CMOS-RAM geschrieben werden.	
Adapter ROM Initialisierung	Das BIOS initialisiert jedes gefundene ROM zwischen C800:0 und EFFF:F. Das Adapter-ROM testet und initialisiert jede angeschlossene Einheit, bevor es die Kontrolle an das System-BIOS zurückgibt. Mögliche Fehlerquelle/n: der Adapter oder eine angeschlossene Einheit.	
Setup Time	Das BIOS setzt die CMOS-Zeit auf den Eintrag bei 40 h des BIOS-Datenbereichs.	
Boot System	Das BIOS gibt die Kontrolle an Int 19 Boot Loader. Mögliche Fehlerquelle/n: falsches Setup oder durch Software generiert.	
BOOT ERRORS	Wenn das BIOS diesen Punkt erreicht, wird versucht, vom Diskettenlaufwerk zu starten. Fehler im Boot-Code auf der Festplatte erzeugen ein Aufhängen des Systems an diesem Punkt.	

13.3 Phoenix-BIOS: Fehlermeldungen, POST-Ablauf

Fehlermeldungen

Meldung	Bedeutung
xxxh Cache SRAM Passed	Angabe der Größe des Cache-Speichers in KByte.
xxxh Optional ROM bad checksum=xxxh	In der Erweiterungskarte befindet sich ein defektes ROM-BIOS. Karte oder BIOS ersetzen.
xxxx Shadow RAM Passed	Gibt die Größe des erfolgreich geprüften Schatten-RAM in KByte an.
CMOS checksum error	Prüfsumme falsch; evtl. neigt sich die Batterie dem Ende zu, oder ein Programm hat die Einstellungen geändert.
Diskette drive A (B) error	Das entsprechende Laufwerk wurde nicht gefunden. Überprüfen Sie die Anschlüsse.
Diskette drive A error oder Diskette drive B error	Laufwerke wurden zwar erkannt, allerdings kein Zugriff möglich. Entweder falsch angemeldet oder falsch verkabelt (rot markiertes Kabel muss auf Stromversorgungsseite sein).
Diskette drive 0 seek to track 0 failed	Laufwerk A: ist defekt oder nicht vorhanden, BIOS konnte die Spur 0 nicht finden.
Diskette drive reset failed	Fehlerhafter Diskettenlaufwerk-Controller. Kein Start von Diskette möglich.
Diskette read failure - strike F1 to retry boot	Diskette defekt/unformatiert; austauschen.
Display adapter failed; using alternate	Entweder Probleme mit dem primären Videoadapter oder DIP-Schalter/Jumper für farb/monochrom falsch eingestellt.
Entering Setup...	Das BIOS-Setup-Programm wird aktiviert.
Extended RAM failed at offset xxxx	Zugriffsfehler während des Speichertests an Adresse xxxx; evtl. sind die Speichermodule nicht richtig eingesetzt oder im BIOS falsch konfiguriert.
Extended RAM Passed	Der erweiterte Speicher an der Offset-Adresse nnnn funktioniert nicht bzw. ist nicht korrekt konfiguriert.
Failing Bits: xxxx	Hier wird die hexadezimale Nummer als eine Abbildung der Bits (im erweiterten, im konventionellen oder im Schattenspeicher) ausgegeben, die den POST-Test nicht bestanden haben.
Fixed Disk 0(1) Failure oder Fixed Disk Controller Failure	Festplatte bzw. Controller arbeitet nicht bzw. ist nicht korrekt angeschlossen. Anschlüsse und Einstellung im BIOS-Setup kontrollieren.
Fixed Disk Controller Failure	Festplatten-Controller arbeitet nicht bzw. ist nicht korrekt angeschlossen. Anschlüsse der Festplatte und des Controllers kontrollieren.
Gate A20 Failure	Das Betriebssystem konnte nicht in den geschützten Modus gebracht werden. Das Problem liegt auf dem Motherboard.
Hard disk controller failure	Festplatten-Controller defekt.
Hard disk failure	Festplattenfehler, mit Diskette starten und dann Festplatte prüfen, Anschlüsse prüfen usw.
Hard disk read failure: Strike F1 to retry boot	Eventuell ist die Festplatte defekt, Überprüfung wie vorher.
Incorrect Drive A (B) Type - run Setup	Diskettenlaufwerk A: (B:) ist im BIOS-Setup nicht korrekt definiert.
Invalid configuration information - Please run SETUP program	Speichergröße nicht korrekt konfiguriert oder Grafikkarte nicht korrekt konfiguriert oder Anzahl der Diskettenlaufwerke nicht richtig angegeben. BIOS-Setup aktivieren. Speicher und Grafikkarte werden üblicherweise vom BIOS erkannt, Setup mit Save verlassen.

Phoenix-BIOS: Fehlermeldungen, POST-Ablauf

Meldung	Bedeutung
Invalid NVRAM media type	Das POST hat Probleme beim Zugriff auf das CMOS-RAM festgestellt.
Keyboard clockline failure	Tastatur oder Tastaturkabel nicht richtig angeschlossen.
Keyboard controller error	Eventuell muss der Tastatur-Controller ersetzt werden.
Keyboard controller failure	Siehe Keyboard controller error.
Keyboard dataline failure	Siehe Keyboard clockline failure.
Keyboard error	Tastatur funktioniert nicht, Anschluss überprüfen.
Keyboard error nn	Eine Taste der Tastatur sitzt fest, nn ist der Scancode.
Keyboard locked oder Keyboard is locked: Please unlock	Tastatur ist gesperrt, entsperren.
Keyboard locked - Unlock key switch	Die Tastatur wurde am Rechner mit dem Schlüsselschalter gesperrt; einschalten und weiter mit der Startprozedur.
Keyboard stuck failure	Eine Taste der Tastatur sitzt fest; lockern durch wiederholten Tastendruck bzw. neue Tastatur.
Memory......	Uns sind 6 Fehlermeldungen bekannt, die mit Memory beginnen. Fehler in bestimmten Speicherchips oder der mit diesen Chips verbundenen Logik, Chips evtl. ersetzen und Logik reparieren.
Monitor does not match CMOS oder Monitor type does not match CMOS - run Setup	Der Bildschirmtyp ist im Setup nicht korrekt konfiguriert. Stellen Sie im BIOS VGA ein.
No boot device available - strike F1 to retry boot	Festplatte, Laufwerk oder Diskette evtl. defekt; mehrfach testen und ggf. austauschen.
No boot sector on hard disk - strike F1 to retry boot	Festplatte nicht formatiert.
No timer tick	Zeitgeberchip auf der Hauptplatine defekt.
Not a boot diskette - strike F1 to retry boot	Diskette im Laufwerk A: ist nicht als Startdiskette formatiert.
OS not found oder Operation system not found	Kein Betriebssystem gefunden.
Parity Check 1 (2)	Paritätsfehler auf dem Systembus (1) oder dem E/A-Bus (2), das BIOS versucht die Adresse zu finden; falls das nicht gelingt erscheinen vier ????.
Press <F1> to resume, <F2> to Setup oder F2 for SETUP	Irreparabler Fehler durch das POST festgestellt. Mit [F1] Startprozess fortsetzen, mit [F2] wird das BIOS-Setup zum Verändern von Einstellungen aktiviert.
Previous boot incomplete - Default configuration used	Der POST wurde erfolglos beendet, es wird zu den Standardeinstellungen zurückgekehrt. Setup auf Fehler überprüfen sonst wiederholt sich der Vorgang. Könnte evtl. am Waitstate liegen.
RAM failed at offset xxxx	Speicherfehler an Adresse xxxx; evtl. sind die Speichermodule defekt oder im BIOS falsch konfiguriert.
Real time clock error	Die Echtzeituhr hat den Test nicht bestanden. Eventuell muss das Motherboard repariert werden.
Shadow RAM Failed at offset: nnnn	Beim POST wurde Fehler im Schatten-RAM festgestellt. Es wird die Adresse ausgegeben.
Shutdown Failure	Tastatur-Controller oder die damit verbundene Logik ist defekt.
System battery is dead - Replace and run Setup oder System battery failed	Die Batterie ist leer. Austausch vornehmen und das Setup ausführen, um das System neu zu konfigurieren.
System BIOS shadowed	Das System-BIOS wurde zum schattierten RAM kopiert.
System cache error - Cache disabled	Der POST wurde vom Cache-Speicher nicht bestanden, und deshalb hat das BIOS den Cache abgeschaltet.
System CMOS checksum bad - run Setup	Inhalt des CMOS-RAM ist beschädigt, falsch verändert oder verfälscht. Kann an einem Programm liegen. System neu konfigurieren.

Referenz

Meldung	Bedeutung
System RAM Failed offset:nnnn	Der interne Speicher hat den POST nicht bestanden, es wird die Adresse ausgegeben, in der der Fehler liegt.
System timer error oder System time error	Test der Echtzeituhr fehlgeschlagen. Eventuell muss Motherboard repariert werden.
Time-of-day clock stopped	Fehler in der Echtzeituhr, kann evtl. mit Setup gelöst werden.
Timer chip counter 2 failed	Timer-Chip auf der Hauptplatine kontrollieren und evtl. austauschen.
Timer or interrupt controller bad	Timer-Chip oder Interrupt-Controller defekt, austauschen.
UMB upper limit segment adress:nnnn	Obergrenze der freigegebenen Segmente des BIOS im UMB wird angegeben, sie können vom virtuellen Speicher-Manager abgefragt werden.
Unexpected interrupt in protected mode	Der nicht zu maskierende Interrupt-Port (NMI) kann nicht ausgeschaltet werden. Kontrollieren Sie die mit dem NMI verbundene Logik.
Video BIOS shadowed	Das Video-BIOS wurde erfolgreich zum Schatten-RAM kopiert.

Akustische Fehlersignale

Piep-Code	Bedeutung
1-1-3	CMOS-Fehler beim Schreiben oder Lesen; BIOS-Setup ausführen zur Fehlerkorrektur.
1-1-4	BIOS-ROM-Checksumme fehlerhaft; BIOS austauschen oder updaten.
1-2-1	System-Timer defekt (Timer 1); Board defekt, austauschen.
1-2-2	DMA-Controller defekt; Board defekt, austauschen.
1-2-3	DMA-Controller defekt (Page-Register); Board defekt, austauschen.
1-3-1	DRAM-Refresh fehlerhaft – falsche BIOS-Einstellung oder Mainboard defekt; RAM-Module auf korrekten Sitz überprüfen, falls der Fehler nicht behoben, die Module vom Händler überprüfen lassen.
1-3-2	Kein 100-MHz-DIMM eingesetzt; falsch installiert oder falsches DIMM eingesetzt.
1-3-3	64-KByte-Basisspeicher defekt (Speicherchip/Datenleitung); fehlerhaftes DIMM oder falsch eingesetzt.
1-3-4	64-KByte-Basisspeicher defekt (Logikchip-Fehler); fehlerhaftes DIMM oder falsch eingesetzt.
1-4-1	64-KByte-Basisspeicher defekt (Adressleitung); fehlerhaftes DIMM oder falsch eingesetzt.
1-4-2	64-KByte-Basisspeicher defekt (Parity-Logik); fehlerhaftes DIMM oder falsch eingesetzt.
2-x-x	64-KByte-Basisspeicher defekt; fehlerhaftes DIMM oder falsch eingesetzt.
2-1-1 bis 2-4-4	Fehler im RAM-Speicher; fehlerhaftes DIMM oder falsch eingesetzt.
3-1-1	Master-DMA-Register defekt; defekte Platine.
3-1-2	Slave-DMA-Register defekt; defekte Platine.
3-1-3	Master-Interrupt-Register defekt; defekte Platine.
3-1-4	Slave-Interrupt-Register defekt; defekte Platine.
3-2-4	Tastatur-Controller defekt; evtl. Controller defekt, auf Board austauschen oder defekte Platine.
3-3-4	Grafikkartenspeicher defekt; fehlerhaftes Video-Subsystem, Grafikkarte oder Grafikspeicher defekt, austauschen.
3-4-1	Grafikkarte kann nicht initialisiert werden; fehlerhaftes Video-Subsystem oder Grafikchip defekt.
3-4-2	Fehler beim Prüfen der Bildschirmsteuerung; fehlerhaftes Video-Subsystem, evtl. Grafikkarten-Controller defekt, Monitor nicht angeschlossen oder Kabel defekt.
4-2-1	Timer-Interrupt fehlerhaft; defekte Platine.

Phoenix-BIOS: Fehlermeldungen, POST-Ablauf

4-2-2	Shutdown-Funktion fehlerhaft; defekte Platine.
4-2-3	Fehler im Gate A20; defekte Platine.
4-2-4	Unerwarteter Interrupt im Protected Mode; defekte Platine.
4-3-1	DRAM-Fehler oberhalb der ersten 64 KByte RAM (Adresse 0FFFFh); siehe 1-3-1 bis 1-4-2.
4-3-3	Timer defekt (Timer 2); Board defekt, austauschen.
4-3-4	Echtzeituhr defekt oder defekte Platine.
4-4-1	Serieller Port defekt oder defekte Platine.
4-4-2	Paralleler Port defekt oder defekte Platine.
4-4-3	Coprozessorfehler; Coprozessor defekt, austauschen. Prozessoren, die den Coprozessor beinhalten, müssen komplett ausgetauscht werden. Dies ist ab dem 486er DX der Fall.

Ab Version 4.x

Piep-Code	Bedeutung
1-2	1x lang, 2x kurz Checksummenfehler im ROM.
1-2-2-3	BIOS-Checksumme falsch; BIOS austauschen oder updaten.
1-2-3-1	Fehler im Timer-Baustein; Board ist defekt, austauschen.
1-2-3-3	Fehler im DMA-Controller; Board defekt, austauschen.
1-3-1-1	Test DRAM-Refresh; RAM-Module auf korrekten Sitz überprüfen, falls der Fehler nicht behoben, die Module vom Händler überprüfen lassen.
1-3-1-3	Test 8742 Tastatur-Controller.
1-3-3-1	Fehler im RAM.
1-3-4-1	RAM-Fehler an Adresse xxxx.
1-3-4-3	RAM-Fehler bei Daten-Bit xxxx, beim niedrigsten Bit des Speicherbus.
1-4-1-1	RAM-Fehler bei Daten-Bit xxxx, beim höchsten Bit des Speicherbus.
1-4-2-1	CMOS-Fehler; BIOS-Setup zur Fehlerkorrektur ausführen.
2-1-2-3	ROM-Copyright ist fehlerhaft.
2-2-3-1	Unerwarteter Interrupt.

Post-Ablauf

CPU	Die interne Funktion des CPU-Chips wird getestet, z. B. ALE, IRQ-Status, Request, ALU, Speicher R/W. Mögliche Fehlerquelle/n: die CPU oder der Clock Chip.
CMOS RAM	Der Speicherbereich des CMOS wird mit laufenden Bit-Mustern getestet. Mögliche Fehlerquelle/n: der CMOS-Chip.
ROM BIOS	Eine Prüfsumme des ROM-BIOS wird erzeugt, indem alle Bits addiert werden. Dieser wird mit einem festgelegtem Wert verglichen. Mögliche Fehlerquelle/n: die BIOS-Chips.
Chip Sets	Andere zusätzliche Chips (OEM) werden auf richtige Funktion mit dem BIOS und der CPU getestet. Mögliche Fehlerquelle/n: das Chip-Set.
PIT	Der programmierbare Interrupt-Timer wird geprüft, um sicherzustellen, dass Interrupt-Anfragen richtig ausgeführt werden. Mögliche Fehlerquelle/n: entweder der PIT oder Clock-Chips.
DMA	Der DMA der CPU zum Speicher ohne Benutzung des BIOS wird getestet. Page-Register, die den Memory Access bestimmen, werden auch getestet. Mögliche Fehlerquelle/n: CPU, DMA oder Adressleitungen.
BASE 64K	Der erste 64 KByte-Block des Speichers wird getestet. Fehler ist entweder ein Speicherchip oder eine Adressleitung.

Referenz

SERIELL & PARALLEL	Diese Einheiten werden nicht getestet, aber die I/O-Datenbereiche werden für jede gefundene Einheit zugeteilt.
PIC	Der Controller für Interrupt-Request wird getestet, um zu bestimmen, dass die richtigen Interrupt-Request-Levels adressiert sind. Mögliche Fehlerquelle/n: der PIC-Chip.
Tastatur Controller	Der 8240-Chip wird getestet für die richtige Funktion und enthält Scancode-Reaktion und A20, das der CPU erlaubt, im Protected Mode zu arbeiten. Fehler ist normalerweise 8240-Chip oder das Tastatur-BIOS.
CMOS	Die Daten im CMOS werden überprüft und mit den BIOS-Informationen verglichen. Fehlerquelle im erweiterten Bereich: ein falsches Daten-Setup. Konstante Fehler nach einem Reset des CMOS ist entweder die Batterie, der CMOS-Chip oder RTC.
Video Controller	Der Controller und das System-ROM des Adapters werden getestet und initialisiert. Mögliche Fehlerquelle/n: der Videoadapter.
RTC	Der Real Time Clock Chip wird getestet, um die richtigen Frequenzen für Video Color, CPU und DMA sicherzustellen. Mögliche Fehlerquelle/n: RTC, PIT oder der System-Quarz.
CPU (Zurück aus Protected Mode)	Die CPU wird in Protected Mode geschaltet und kommt zurück zum POST, wenn im CMOS-ROM-Datenbereich Byte 0F erkannt wird. Mögliche Fehlerquelle/n: die CPU, Tastatur-Controller, CMOS-Chip oder eine Adressleitung.
PIC	Zähler 2 wird getestet. Mögliche Fehlerquelle/n: der PIC-Chip.
NMI	Der nicht maskierbare Interrupt-Anfrage-Vektor wird auf aktiven Zustand geprüft. Mögliche Fehlerquelle/n: das CMOS, kann aber auch das BIOS, IRQ oder der CPU-Chip sein.
Tastatur	Die Tastatur wird geprüft auf Num Lock Caps und Shift Tasten. Mögliche Fehlerquelle/n: die Tastatur oder der Tastatur-Controller.
Maus	Wenn vorhanden und Tastatur-Controller initialisiert. Mögliche Fehlerquelle/n: der Adapter für die Maus.
SYSTEM RAM über 64K	Der Speicher über 64 KByte wird in 64-KByte-Blöcken mit laufenden Bit-Mustern getestet, wobei Parity eingeschaltet ist. Mögliche Fehlerquelle/n: kann ein angezeigter Bit-Fehler sein.
Festplatte/ Floppy Controller	Die Controller werden auf korrektes Antwortverhalten bei BIOS-Aufrufen getestet. Mögliche Fehlerquelle/n: ein Controller-Chip oder ein Laufwerk.
Shadow RAM Bereich	Der RAM-Bereich zwischen 640 KByte und 1 MByte wird getestet. Fehler in diesem Test kann das POST stoppen oder auch nicht. Ein CMOS-Fehler kann erzeugt werden durch Ziehen des Floppy-Controllers, und dadurch kann dieser Bereich gelöscht werden. Dann kann Software benutzt werden, um diesen Bereich zu benutzen.
Option ROM	Das BIOS sucht nach einer ROM-Signatur 55A im erweiterten Speicher. Das BIOS initialisiert das ROM und hält den Test an, während das ROM den internen Test ausführt und den Status zurückgibt. Mögliche Fehlerquelle/n: das Adapter-ROM oder ein Chip auf dem Board.
Cache	Der Controller-Chip für den externen (zur CPU) Cache wird getestet. Mögliche Fehlerquelle/n: der Controller oder ein Speicherchip.
Cache	Der interne Cache, den viele 486 Chips enthalten, wird getestet. Mögliche Fehlerquelle/n: der CPU-Chip.
Hardware Adapter	Adapter für Video, Floppy, Festplatte, Seriell, Parallel werden getestet und initialisiert. Mögliche Fehlerquelle/n: einer der Adapter oder ein falsches CMOS.
Kassette	Jedes interne oder externe Kassettenlaufwerk wird getestet. Mögliche Fehlerquelle/n: das Laufwerk oder der Controller.
Bootcodefehler	Jeder Fehler, der an diesem Punkt auftritt, ist normalerweise ein defekter Boot Record auf der Festplatte. Durch Starten von einer Diskette kann dies überprüft werden. Benutzen Sie eine Diagnosesoftware, um den Fehler zu diagnostizieren.

Board-Identifikation

Code	Hersteller	Code	Hersteller
A0	ASUS	A1	Abit (Silicon Star)
A2	Atrend	A3	ASI (Aquarius Systems Inc.)
A7	Arima Twn	AB	AOpen
AD	Amaquest	AM	Mirage
B0	Biostar	B3	BCM
C1	Clevo	C2	Chicony
C3	Chaintech	C5	Chaplet
C9	Computrend	CF	Flagpoint
D0	Dataexpert	D1	DTK
D2	Digital	D3	Digicom
D4	DFI (Diamond Flower)	E1	ECS (Elitegroup)
E3	EFA	E4	ESPCo
EC	ENPC	F0	FIC (FICA)
F2	Free Tech	F3	Full Yes
F5	Fugutech	F9	Fordlian
G0	Giga-Byte	G3	Gemlight
G9	Global Circuit Technology	H0	Hsin-Tech
H2	HOLCO (Shuttle)	I3	IWill
I4	Inventa (Taiwan)	I5	Informtech
J1	Jetway (Jetboard, Acorp)	J2	J1con (Taiwan)
J3	J-Bond	J4	Jetta
J6	Joss	K0	Kapok
K1	Kamei	L1	Lucky Star
M0	Matra	M2	Mycomp (TMC) and Megastar
M3	Mitac	M4	Micro-Star
M8	Mustek	M9	MLE
N5	NEC	O0	Ocean (Octek)
P1	PC-Chips	P4	Asus
P8	Azza	P9	Powertech
PA	Epox	PC	Pine
Q0	Quanta (Taiwan)	Q1	QDI
R0	Mtech (Rise)	R2	Rectron
S2	Soyo	S5	Shuttle (Holco)
S9	Spring Circle	SA	Seunix
SC	Sukjung	SE	SMT
SM	San-Li and Hope Vision	SN	Soltek
T0	Twinhead	T1	Taemung oder Fentech
T4	Taken	T5	Tyan
T6	Trigen	TB	Totem
TG	Tekram	U2	AIR (UHC)
U6	Unitron	V3	Vtech (PCPartner)
V5	Vision Top Technology	V6	Vobis
V7	YKM	W0	Wintec (Edom)
Z1	Zida (Tomato Boards)		

Referenz

13.4 BIOS-Befehle – alphabetisch

A

AMI = 1   Award = 2   Phoenix = 3   MR-BIOS = 4

BIOS-Option	Bedeutung	BIOS
Above 1 MB Memory Test	Hier wird eingestellt, ob der Speicher über 1 Mbyte bei der POST-Phase getestet wird, wenn mehr als 1 Mbyte DRAM-Speicher installiert sind. Da der Test nicht sehr zuverlässig ist, können Sie ihn auch ausschalten und ein externes Tool verwenden.	1
Above 16 Mbyte Cacheable	Falls Sie mehr als 16 Mbyte RAM haben, sollten Sie diese Option auf Enabled stellen.	1
AC PWR Loss Restart oder AC PWR Auto Recovery	Diese Option schaltet den PC mit ATX-Board z. B. nach einem Stromausfall automatisch ein. Empfohlene Einstellung: Enabled.	2
AC97 Audio	Wer einen AC'97 Audio-Controller auf seinem Board hat, kann diesen hier ein- oder ausschalten. Einstellungsmöglichkeiten: Auto, Disabled.	3
AC97 Modem	Haben Sie diese Option auf Auto INT 13h gestellt und erkennt das BIOS das Modem, wird es vom Onboard-Modem-Controller (Chipsatz 810) unterstützt. Verwenden Sie hingegen ein anderes Modem, sollten Sie Disabled einstellen.	2
Access Modus	Unter dieser Option können das Betriebssystem für die Festplatte auswählen. Einstellungsmöglichkeiten: Normal, LBA, LARGE, Auto. Empfehlenswert ist die Einstellung Auto. Der Normal- (Standard-)Modus unterstützt Festplatten bis zu 528 Mbyte oder darunter. Dieser Modus verwendet zum Datenzugriff direkt Positionen, die von Cylinders (CYLS), Heads, und Sectors angegeben werden. Der ältere LBA-Modus (Logical Block Addressing) kann Festplatten von bis zu 8,4 Gbyte unterstützen, und dieser Modus wendet eine andere Methode zur Berechnung der Position von Diskdaten an, auf die zugegriffen werden soll. Er übersetzt Zylinder (CYLS), Köpfe und Sektoren in eine logische Adresse, an der sich Daten befinden. Große Festplatten unterstützen diesen Modus. Das BIOS unterstützt die INT13h-Erweiterungsfunktion, die es dem LBA-Modus ermöglicht, Festplattenlaufwerke über 8,4 Gbyte zu verwalten. Wenn die Anzahl der Zylinder der Festplatte 1.024 überschreitet und DOS sie nicht unterstützen kann oder wenn Ihr Betriebssystem den LBA-Modus nicht unterstützt, sollten Sie den Modus LARGE wählen (mehr Infos ab Seite 46).	2
ACPI	Bei der ACPI-Option (Advanced Configuration and Power Interface) handelt es sich um eine erweiterte PnP- und Power-Management-Funktion. Einstellungsmöglichkeiten: Enabled, Disabled. Ist diese Funktion eingeschaltet, kann sich das negativ auf einen Brennvorgang auswirken, insbesondere deshalb, weil die Funktion unter Windows noch Probleme bereitet.	3
ACPI Aware OS	Über diese Option teilen Sie dem BIOS mit, dass Sie ein Betriebssystem verwenden, das den ACPI-Standard (Advanced Configuration and Power Interface) unterstützt. Unter Windows 98 sollte unter Vorbehalt diese Option Enabled sein. Ist diese Funktion eingeschaltet, kann sich das negativ auf einen Brennvorgang auswirken, insbesondere deshalb, weil die Funktion unter Windows noch Probleme bereitet.	1

BIOS-Befehle – alphabetisch

A

AMI = 1 Award = 2 Phoenix = 3 MR-BIOS = 4

BIOS-Option	Bedeutung	BIOS
Above 1 MB Memory Test	Hier wird eingestellt, ob der Speicher über 1 Mbyte bei der POST-Phase getestet wird, wenn mehr als 1 Mbyte DRAM-Speicher installiert sind. Da der Test nicht sehr zuverlässig ist, können Sie ihn auch ausschalten und ein externes Tool verwenden.	1
ACPI Function	Hier können Sie, wenn vorhanden die ACPI-Funktion (Advanced Configuration and Power Interface) ein-/ausschalten. ACPI benötigt ein Betriebssystem, das ACPI erkennt. Ist diese Funktion eingeschaltet, kann sich das negativ auf einen Brennvorgang auswirken, insbesondere deshalb, weil die Funktion unter Windows noch Probleme bereitet (siehe Seite 143).	2
ACPI I/O Device Node	Wenn Sie ein ACPI-fähiges Gerät verwenden, sollten Sie diese Option unbedingt aktivieren. Das bewirkt, dass der Node für I/O-Geräte mit Daten wie der Portadresse und dem IRQ der ACPI-Funktion zugeordnet und reserviert wird.	2
ACPI Shut Down Temperature	Unter dieser Option können Sie die Temperatur einstellen, bei deren Erreichen der PC herunterfährt.	1
ACPI Suspend Type	Unter dieser Option stehen Ihnen zwei Einstellungen zu Verfügung: S1 (POS) und S3 (STR). ACPI hat normalerweise sechs Zustände: System S0, S1, S2, S3, S4, S5. Mehr Infos finden Sie unter BIOS-Inside/ACPI-Funktionen.	2
Active Microphone	Unter dieser Option legen Sie fest, ob ein aktives Mikrofon angeschlossen werden darf oder nicht. Einstellungsmöglichkeiten: Enabled, Disabled.	3
Activity Detection	Unter dieser Option öffnen Sie ein Untermenü, in dem Sie die IRQs festlegen, über die das System aktiviert werden soll. Einstellungsmöglichkeiten: Enabled, Disabled.	3
Adapter ROM xxxx, 16K	Diese Option erlaubt das Shadowing des ROM-Bereichs xxxx. Die Einstellungen sind Enabled oder Disabled. Der ROM-Bereich, der nicht von ISA-Karten belegt ist, wird PCI-Karten zugewiesen.	1
Add Extra Wait for CAS#	Mithilfe dieser Option können Sie zusätzlich ein Waitstate für die Column Adress Strobe (CAS) einfügen.	2
Add Extra Wait for RAS#	Mithilfe dieser Option können Sie zusätzlich ein Waitstate für die Row Adress Strobe (RAS) einfügen.	2
Add-on ROM Init	Diese Option ermöglicht, das Initialisieren von einem BIOS einer Erweiterungskarte (z. B. für Massenspeicher wie SCSI-Hostadapter oder bootfähige Netzwerkkarten) ein- oder auszuschalten.	1
Addr. Delay for Page Hit	Hier optimieren Sie mit Enabled die Zeitspanne des Setup für die Column Adress Strobe (CAS).	2
Address 0 WS	Mit dieser Option können Sie mit Disabled eine Verzögerung einstellen, bei der das System während der Dekodierung einer Transaktionsadresse wartet. Bei Enabled erfolgt keine Verzögerung.	2
Adjust CPU Voltage	Während des Übertaktens könnte der Prozessor instabil werden, dies können Sie durch behutsame Anpassung der Spannung auszugleichen versuchen. Achten Sie auf eine hinreichende Kühlung des Prozessors, da Takterhöhungen zur Überhitzung führen können!!	2
AdLib I/O address	Hier können Sie die I/O-Adresse des AdLib-Controllers auf verschiedene Werte einstellen: 388 - 38F, 398 - 39F, 3A8 - 3AF, 3B8 - 3BF.	3
Administrative Password	Diese Option zeigt an, ob ein entsprechendes Passwort installiert ist oder nicht.	3
ADS Delay	Einstellung, ob dem Adress-Data-Status (ADS) mehr Zeit zugewiesen wird.	1

Referenz

AMI = 1 Award = 2 Phoenix = 3 MR-BIOS = 4		
BIOS-Option	**Bedeutung**	**BIOS**
Above 1 MB Memory Test	Hier wird eingestellt, ob der Speicher über 1 Mbyte bei der POST-Phase getestet wird, wenn mehr als 1 Mbyte DRAM-Speicher installiert sind. Da der Test nicht sehr zuverlässig ist, können Sie ihn auch ausschalten und ein externes Tool verwenden.	1
Advanced PIO Mode	Ist diese Option auf Auto gesetzt, stellt die BIOS-Utility automatisch fest, ob diese Funktion von der installierten Festplatte unterstützt wird. Falls ja, werden Datenkorrektur und Lese-/Schreibzeiten beschleunigt, wodurch sich die Festplattenaktivitätszeit verkürzt und sich ihre Leistung steigert. Sie können den PIO-Modus auch manuell einstellen von Mode 0 bis Mode 4.	2
Advanced Power Management	Unter dieser Option legen Sie fest, ob ein APM-fähiges Betriebssystem die APM-Funktionen nutzen soll. Einstellungsmöglichkeiten: Enabled (ein APM-fähiges Betriebssystem nutzt die APM-Funktionen), Disabled (Standard; ein APM-fähiges Betriebssystem nutzt die APM-Funktionen nicht).	3
AGP	Wenn Sie eine AGP-Grafikkarte installiert haben, müssen Sie diese Option aktivieren. Einstellungen: Enabled, Disabled.	2
AGP 4X Drive Strength	Unter dieser Option können Sie Ihre AGP-Karte mit AUTO bzw. Manual einstellen. Bei Manual berücksichtigen Sie die Angaben im Handbuch zur Grafikkarte.	2
AGP Aperture Size (MB)	Hier wird für AGP-Grafikkarten (Accelerated Graphic Port) im RAM ein Speicheradressfenster reserviert, in das die Speicherzugriffe geleitet werden. AGP-Speicherzugriffe (Hostzyklen) werden ohne Verzögerung weitergegeben, wenn sie in den reservierten Bereich fallen. Je größer der Wert, umso schneller können die in den Hauptspeicher ausgelagerten Texturen dargestellt werden. Der Wert reicht von 4, 8, 16, 32, 64, 128 bis 256 Mbyte. Solange Sie bei Spielen keine Einschränkungen hinnehmen müssen, sollten Sie nichts verändern. Der Standardwert beträgt 64 Mbyte. Wenn Sie den Wert verringern, geben Sie keinen Speicher frei. Die Aperture Size ist eine virtuelle Größe und benötigt den angegebenen Speicher nicht wirklich. Sie können mehr ab Seite 72 nachlesen oder sich sich unter www.agpforum.org informieren.	1, 2
AGP Bus Turbo Mode	Wenn diese Option aktiviert ist, verbessert sich die Performance des AGP-Bus. Einstellungsmöglichkeiten: Enabled, Disabled.	2
AGP Clock	Mit der Erhöhung des Bustakts wird gleichzeitig der Takt des AGP angehoben. Unter dieser Option können Sie daher dem AGP eine durch 1,5 geteilten Bustakt zuweisen. Einstellungsmöglichkeiten: 1.5, Auto. Sie sollten die Einstellung Auto beibehalten (mehr Infos ab Seite 78).	2
AGP Clock/CPU FSB Clock	Diese Option erlaubt Ihnen die AGP-Taktung einzustellen. Diese hat eine Wechselbeziehung mit der von Ihnen eingestellten CPU FSB-Taktung. Die Standardeinstellung ist 1/1. Die AGP-Taktung ist in diesem Fall so wie die CPU FSB-Taktung. Wenn 2/3 gewählt wird, ist die AGP-Taktung zwei Drittel der CPU FSB-Taktung. Wenn die CPU FSB-Taktung auf 66 MHz eingestellt wird, dann sollten Sie üblicherweise 1/1 wählen. Wenn die CPU FSB-Taktung auf 100 MHz oder höher eingestellt wird, sollten Sie 2/3 wählen. Einstellungsmöglichkeiten:1/1 (Standard) und 2/3 (mehr Infos ab Seite 78).	2
AGP Drive Strength N Ctrl	Unterstützt Ihre Grafikkarte AGP 4X, dann stellen Sie die richtigen Werte manuell ein. Einstellungsmöglichkeiten: 0, 1, 2, ... F. Siehe Seite 76, AGP Driving Control.	2
AGP Drive Strength P Ctrl	Unterstützt Ihre Grafikkarte AGP 4X, dann stellen Sie die richtigen Werte manuell ein. Einstellungsmöglichkeiten: 0, 1, 2, ... F. Siehe Seite 76, AGP Driving Control.	2

BIOS-Befehle – alphabetisch

A

AMI = 1   Award = 2   Phoenix = 3   MR-BIOS = 4

BIOS-Option	Bedeutung	BIOS
Above 1 MB Memory Test	Hier wird eingestellt, ob der Speicher über 1 Mbyte bei der POST-Phase getestet wird, wenn mehr als 1 Mbyte DRAM-Speicher installiert sind. Da der Test nicht sehr zuverlässig ist, können Sie ihn auch ausschalten und ein externes Tool verwenden.	1
AGP Driving Control	Unter dieser Option können Sie die AGP Driving Force auswählen. Einstellungsmöglichkeiten: Auto oder Manual. Damit es keine Probleme gibt, sollten Sie die Option auf Auto stehen lassen. Näheres siehe AGP Driving Value und auf Seite 77.	2
AGP Driving Value	Sie können hier die HEX-Werte für die AGP Driving Force eingeben. Minimum ist 0000 und Maximum ist 00FF. Nehmen Sie nur Einstellungen vor, die das Handbuch vorsieht bzw. Von denen Sie eine Ahnung haben. Mehr Infos ab Seite 76.	2
AGP IRQ Line x	Unter dieser Option legen Sie fest, welcher IRQ für den vorhandenen AGP-Bildschirm-Controller verwendet werden soll. AGP-Bildschirm-Controller verwenden maximal zwei Interrupts: INTA# (AGP IRQ Line1) und INTB# (AGP IRQ Line2). Falls Sie die Funktion Auto nicht wählen, ist die PnP-Funktionalität des Systems für den AGP-Bildschirm-Controller ausgeschaltet. Sie können die Option ganz ausschalten (Disabled) oder unter folgenden IRQs auswählen, sofern sie frei sind: IRQ3, IRQ4, IRQ5, IRQ6, IRQ7, IRQ9, IRQ10, IRQ11, IRQ12, IRQ14, IRQ15.	3
AGP Master 1WS Read	Hier können Sie einstellen, ob für die AGP-Karte nur ein Waitstate zum Lesen aktiviert wird oder nicht. Standardeinstellung ist Disabled (siehe Seite 78).	2
AGP Master 1WS Write	Hier können Sie einstellen, ob für die AGP-Karte nur ein Waitstate zum Schreiben aktiviert wird oder nicht. Standardeinstellung ist Enabled (siehe Seite 78).	2
AGPSERR	Unter dieser Option aktivieren/deaktivieren Sie das AGPSERR-Signal.	1
AGP Slot IRQ Preference#	Sie können hier den einzelnen Gerätetypen IRQ-Kanäle zuweisen, die dann vom BIOS für den Einsatz von AGP-Hardware reserviert werden. Die Werte erhalten Sie aus der Dokumentation des Geräts. Sie können die Werte hier direkt eintragen oder auf Auto stellen. Bei Letzterem vergibt das BIOS die richtigen IRQs, die aber bei jedem Start neu ermittelt werden.	1
AGP Slot Latency Timer	Bei dieser Option können Sie eine Wartezeit für die leistungsstarken AGP-Geräte beim Kommunizieren mit dem PCI-Bus einstellen. Es gilt, je schneller Ihr Bus arbeitet, umso kleiner ist die Zahl, die Sie eintragen sollten.	1
AGP Transfer Mode	Sie können hier zwei Einstellungen vornehmen. 1X (66 MHz AGP Transfer Mode) und 2X (133 MHz AGP Transfer Mode). Welche die richtige ist, entnehmen Sie Ihrem Handbuch. Mehr dazu ab Seite 74.	2
AGP Voltage	Hier können Sie die Spannung für den AGP Slot einstellen. Beachten Sie Ihr Handbuch.	2
AGP-2X Mode	Wenn Ihre AGP-Karte den X2-Modus unterstützt, sollten Sie diese Option unbedingt auf Enabled stellen, denn damit wird das doppeltaktige Datentransferverfahren verwendet, das bei jedem AGP-Zyklus die doppelte Datenmenge überträgt. Mehr dazu ab Seite 74.	2
AGP-4X Mode	Diese Option ist nur für AGP-Karten gedacht, die den AGP4X-Modus unterstützen. Ist dies nicht der Fall, sollten Sie die Option auf Disabled stellen. Einstellungsmöglichkeiten: 1x, 2x, 3x. Mehr dazu ab Seite 74.	2
AGPCLK/ CPUCLK	Die normale Einstellung ist hier 2/3. In diesem Fall funktioniert die AGP-Busgeschwindigkeit mit 2/3 der CPU-Geschwindigkeit. Wenn Sie 1/1 wählen, ist die AGP-Busgeschwindigkeit gleich der der CPU-Busgeschwindigkeit.	2

Referenz

	AMI = 1 Award = 2 Phoenix = 3 MR-BIOS = 4	
BIOS-Option	**Bedeutung**	**BIOS**
Above 1 MB Memory Test	Hier wird eingestellt, ob der Speicher über 1 Mbyte bei der POST-Phase getestet wird, wenn mehr als 1 Mbyte DRAM-Speicher installiert sind. Da der Test nicht sehr zuverlässig ist, können Sie ihn auch ausschalten und ein externes Tool verwenden.	1
Alarm when CPU Overheat	Wenn die Temperatur steigt, erfolgt ein Alarm. Wer seinen Prozessor übertaktet, sollte unter CPU-Temperatur select 70° einstellen.	2
Alert On LAN	Haben Sie die Option Alert On LAN auch im Betriebssystem eingeschaltet und konfiguriert, sendet die LAN-Hardware automatisch ca. Alle 30 Sekunden. vorgegebene Meldungen (Alert). Einstellungsmöglichkeiten: Enabled, Disabled.	3
All Voltages, Fans Speed and Thermal Monitoring	Unter dieser Option werden lediglich die aktuellen Zustände von CPU und Umfeld, Temperaturen sowie Ventilatorgeschwindigkeiten (CPU-Ventilator und Gehäuseventilator) aufgelistet. Es gibt keine Einstellungsmöglichkeiten (siehe Seite 169).	2
Allocate IRQ to PCI VGA	Hier können Sie vom BIOS der PCI-VGA-Karte einen eigenen IRQ zuweisen lassen. Sie sollten aber erst mal versuchen, ohne diese Option auszukommen, und die Einstellung deaktivieren.	1
Alt Bit in Tag RAM	Hier kann man das Niveau der Fehlerbestimmung einstellen. Tag-Bits werden zur Bestimmung des Status der im externen (L2) Cache gespeicherten Daten gebraucht. Falls Write-Back-Caching gewählt wurde, empfehlen sich 7+1 Bits. Einstellungsmöglichkeiten: Hier kann man das Niveau der Fehlerbestimmung einstellen. Tag-Bits werden zur Bestimmung des Status der im externen (L2) Cache gespeicherten Daten gebraucht. Falls Write-Back-Caching gewählt wurde, empfehlen sich 7+1 Bits. Einstellungsmöglichkeiten: 8Tags, 10Tags+Alt, 8Tags+Alt, 7Tags+Alt.	2
AMD K6 Write Allocation	Diese Option ist speziell für AMD-K6-Prozessoren auf den neueren Super-7-Boards. Der K6 schreibt in diesem Modus Daten, die sich noch nicht im Cache befinden, direkt in den Arbeitsspeicher und liest diese danach sofort in den Cache ein. Das Ganze erfolgt im schnellen Burst-Modus. Ohne dieses Feature würde die CPU die Information nur im RAM ablegen und hätte diese nicht auch im Cache gespeichert. Der Geschwindigkeitsvorteil beläuft sich mit Write Allocate auf ca. 5 bis 8 %, je nach Anwendung. Einstellungsmöglichkeiten: Enabled (empfohlen), Disabled. Wer diese Option nicht auf seinem Board hat, sollte es mal mit dem Patch der ct´ unter ftp://ftp.heise.de/pub/ct/ctsi/setk6v3.zip versuchen.	1,2
Anti-Virus	Die Antivirusfunktion. Stellt einen elementaren Schutz gegen Bootsektorviren beim Zugriff über den INT13 dar.	1,4
Anti-Virus Feature	Mit dieser Option können Sie Bootsektor und die Partitionierung Ihrer Festplatte vor ungewollten Eingriffen schützen. Einstellungsmöglichkeiten: Enabled, Disabled. Ersetzt kein Antivirenprogramm.	3
Anti-Virus Protection	Während und nachdem das System hochfährt, wird bei jedem Versuch, den Bootsektor oder die Partitionstabelle des Festplattentreibers zu schreiben, das System angehalten, und eine Fehlermeldung erscheint. In der Zwischenzeit können Sie ein Antivirenprogramm, um das Problem zu lokalisieren, laufen lassen. Einstellungsmöglichkeiten: Disabled: Im Fall eines Zugriffsversuchs auf den Bootsektor oder die Partitionierungstabelle wird keine Warnmeldung ausgegeben. Enabled: Erzeugt eine Warnmeldung im Fall eines Zugriffsversuchs auf den Bootsektor oder die Partitionierungstabelle.	3

BIOS-Befehle – alphabetisch

A

AMI = 1   Award = 2   Phoenix = 3   MR-BIOS = 4

BIOS-Option	Bedeutung	BIOS
Above 1 MB Memory Test	Hier wird eingestellt, ob der Speicher über 1 Mbyte bei der POST-Phase getestet wird, wenn mehr als 1 Mbyte DRAM-Speicher installiert sind. Da der Test nicht sehr zuverlässig ist, können Sie ihn auch ausschalten und ein externes Tool verwenden.	1
APIC	Sie legen unter dieser Option die Funktionalität des Advanced (Processor) Interrupt-Controller im Prozessor fest. Mit Enabled können Multiprozessor-Betriebssysteme einen zweiten Prozessor (falls vorhanden) verwenden und damit die Performance steigern. Ansonsten lassen Sie die Option Disabled.	3
APM	Unter dieser Option stellen Sie ein, ob das Betriebssystem die Power-Management-Einstellungen des BIOS verändern darf. Einstellungsmöglichkeiten: Enabled, Disabled. Ist diese Funktion eingeschaltet, kann sich das negativ auf einen Brennvorgang auswirken.	3
APM-BIOS	Mit dieser Option aktivieren Sie die Power-Management- bzw. Stromsparfunktion des PCs. Ist diese Funktion eingeschaltet, kann sich das negativ auf einen Brennvorgang auswirken.	2
Arbiter Priority on HB1	Unter dieser Option können Sie einen PCI-Steckplatz auf der zweiten Host Bridge (H1) auswählen und einer PCI-Baugruppe, die Busmaster-fähig ist, eine höhere PCI-Priorität zuordnen. Haben Sie CPU gewählt, hat diese höchste Priorität, während Slot 6 bis Slot 9 dem ausgewählten PCI-Steckplatz höchste Priorität einräumen.	3
Array Mode	Unter dieser Option können Sie den entsprechenden RAID-Modus für das gewünschte Array aufrufen. Einstellungsmöglichkeiten: Striping (RAID 0) für den Betrieb bei hoher Leistung. Mindestens 2 Platten erforderlich. Mirror (RAID 1) für vorrangige Datensicherheit. Mindestens 2 Platten erforderlich. Stripping und Mirror (RAID 0+1) für Datensicherheit und hohe Leistung. Erlaubt Mirroring mit Strip-Array. Nur 4 Platten erforderlich. Span (JBOD) für hohe Kapazität ohne Redundanz oder Leistungseigenschaften. Mindestens 2 Platten erforderlich.	2
ASR&R Boot Delay	Hier können Sie festlegen, wie groß die Verzögerung für einen Neustart nach einer Fehlerabschaltung ist. Einstellungsmöglichkeiten: 1 min bis 30 min.	3
Assert LDE#0 for VL	Unter dieser Option können Sie festlegen, ob ein logisches Gerät am VESA Local Bus unterstützt wird oder nicht. Einstellungsmöglichkeiten: Enabled, Disabled.	2
Assign IRQ for USB	Wenn auf Ihrem Board USB vorhanden ist, sollten Sie diese Option auf Enabled stehen haben. Hier wird dem USB-Anschluss ein IRQ zugewiesen. Falls Sie keine USB-Geräte verwenden, sollten Sie diese Option auf Disabled stellen. Sie bekommen dadurch für andere Zwecke einen IRQ frei (siehe ab Seite 190).	2
Assign IRQ for VGA	Hier wird der VGA-Karte ein IRQ zugewiesen. Sie sollten diese Option Enabled haben, wenn Ihre VGA-Karte einen IRQ benötigt. 3-D-Beschleuniger brauchen einen IRQ (siehe Seite 82).	2
Assign IRQ to PCI VGA Card	Hier wird der VGA-Karte ein IRQ zugewiesen. Sie sollten diese Option Enabled haben, wenn Ihre VGA-Karte einen IRQ benötigt. 3-D-Beschleuniger brauchen einen IRQ (siehe Seite 82).	2
Async. SRAM Read WS	Normalerweise ist diese Option vom Hersteller eingestellt und sollte von Ihnen nur verändert werden, wenn Sie RAM-Chips auf dem Board ausgetauscht haben. Sie können hier den Refresh-Zyklus einstellen.	2

307

Referenz

A

AMI = 1 Award = 2 Phoenix = 3 MR-BIOS = 4		
BIOS-Option	**Bedeutung**	**BIOS**
Above 1 MB Memory Test	Hier wird eingestellt, ob der Speicher über 1 Mbyte bei der POST-Phase getestet wird, wenn mehr als 1 Mbyte DRAM-Speicher installiert sind. Da der Test nicht sehr zuverlässig ist, können Sie ihn auch ausschalten und ein externes Tool verwenden.	1
Async. SRAM Write WS	Mit dieser Option wird der Geschwindigkeitsunterschied zwischen Cache bzw. Prozessor und Speicher geregelt. Je niedriger die Waitstates, umso schneller das System. Wenn falsche Werte eingestellt sind, können Sie Probleme bekommen.	2
AT Bus Clock	Hier wird der Teilungsfaktor des externen Systemtakts für den ISA-Bus festgelegt. Sie stellen hier am besten einen Wert von ca. 8 ein. Falls aber Einstellungen von 1/2, 1/4 oder 1/8 angeboten werden, wählen Sie 1/4. Je nach verwendetem Chipsatz bieten sich hier diverse Einstellungsmöglichkeiten an.	2
AT Bus Clock Select oder AT Bus Clock Selection oder AT Bus Clock Source oder AT Bus Clock Speed	Hier wird der Teilungsfaktor des externen Systemtakts für den ISA-Bus festgelegt. Sie stellen hier am besten einen Wert von ca. 8 ein. Falls aber Einstellungen von 1/2, 1/4 oder 1/8 angeboten werden, wählen Sie 1/4. Je nach verwendetem Chipsatz bieten sich hier diverse Einstellungsmöglichkeiten an. Gängige sind: Clock/2, Clock/3, Clock/4, Clock/5, Clock/6 ; CLK2IN/8, CLK2IN/6, CLK2IN/5, CLK2IN/4 ; 14.3 MHz, SCLK/1, SCLK/1.5, SCLK/2, SCLK/2.5, SCLK/3, SCLK/4, SCLK/5	1
AT Clock Option	Diese Option wird üblicherweise vom Hersteller eingestellt. Ob Ihr Bustakt synchron oder asynchron zum Prozessortakt läuft, hängt an erster Stelle von Ihrer Hardware ab.	2
AT Cycle Wait States	Sie finden diese Option meist nur noch bei alten BIOS. Ebenso wie bei Recovery Time können Sie hier Waitstates setzen. Sie sollten versuchen, so weit wie möglich runterzugehen. Nur bei alten AT-Buskarten klappt das nicht, die brauchen mehr Waitstates.	1,2
ATA/100 & SCSI Boot Order	Hier legen Sie die Bootreihenfolge zwischen ATA/100 und SCSI fest. Einstellungsmöglichkeiten: ATA, SCSI.	2
ATA100-RAID IDE Controller	Unter dieser Option können Sie den integrierten ATA-100-Controller de-/aktivieren. Falls Sie sich für Enabled entscheiden, geben Ihnen zwei zusätzliche Kanäle die Möglichkeit, auch Geräte mit großer Leistungsfähigkeit an das System anzuschließen.	2
ATAPI CD-ROM oder ATAPI CD-ROM Drive	Diese Option dient zur Auswahl des ATAPI-CD-ROM-Laufwerks, das in der Bootsequenz erscheint.	2
Audio	Unter dieser Option können Sie einen evtl. vorhandenen Audio-Controller aktivieren/deaktivieren. Einstellungsmöglichkeiten: Enabled, Disabled.	3
Audio DMA Select	Diese Option ermöglicht die Zuweisung eines DMA-Kanals an die Soundkarte.	2
Audi I/O Address	Sie können mit dieser Option die I/O-Adresse Ihrer Soundkarte festlegen.	2
Audio I/O Base Address	Unter dieser Option können Sie die I/O-Adresse für den Audio-Port auswählen.	2
Audio IRQ Select	Mit dieser Option können Sie den IRQ-Kanal festlegen, den Ihr Soundchip verwendet.	2
Audio Output oder Audio Output Level	Sie können unter dieser Option, falls ein Audio-Controller vorhanden ist, die Ausgangsleistung konfigurieren. Einstellungsmöglichkeiten: Line Level (nur für aktive Lautsprecher), Amplifier Level (nur für passive Lautsprecher).	3
Auto Clock Control	Falls Ihr PC nicht über das Advanced Power Management verfügt, fährt das BIOS bei längerer Untätigkeit die Prozessorgeschwindigkeit nach unten.	2

BIOS-Befehle – alphabetisch

A

AMI = 1   Award = 2   Phoenix = 3   MR-BIOS = 4

BIOS-Option	Bedeutung	BIOS
Above 1 MB Memory Test	Hier wird eingestellt, ob der Speicher über 1 Mbyte bei der POST-Phase getestet wird, wenn mehr als 1 Mbyte DRAM-Speicher installiert sind. Da der Test nicht sehr zuverlässig ist, können Sie ihn auch ausschalten und ein externes Tool verwenden.	1
Auto Configuration	Bei Aktivierung dieser Option wird vom BIOS eine funktionstüchtige Konfiguration des Speichers vorgenommen. Bei SDRAMs sollten Sie immer Enabled eingestellt haben.	1
Auto Configuration	Wenn diese Option Enabled ist, werden automatisch optimierte Vorgaben der Hersteller für die Speichereinstellungen verwendet. Sie können hier auch 50 ns, 60 ns und 70 ns Zugriffszeit für die PS/2-Speichermodule einstellen.	2
Auto Configuration SDRAM	Bei dieser Option werden automatisch wichtige Parameter der SDRAMs ermittelt. Diese Informationen bezieht das BIOS aus dem SPD (Serial Presence Detect) Device, bei dem es sich um ein serielles EEPROM handelt, das sich auf dem Speichermodul befindet. Hier sind wichtige Daten gespeichert, z. B. Speichertyp, Modulgröße, Stromversorgung, Geschwindigkeitswerte und Modulbestückung. Bei alten PS/2-RAMs wurde die Daten während des POST ermittelt, das geht jetzt schneller.	2
Auto Detect DIMM/PCI CLK	Diese Funktion hat denselben Hintergrund wie die Option Clock Spread Spectrum/Spread Spectrum. Wenn PCI und/oder DIMM-Plätze nicht belegt sind, verhindert diese Option eine Ansteuerung der Plätze vom CLK Generator. Dadurch wird die Abstrahlcharakteristik ebenfalls beeinflusst (siehe dazu auch Seite 102).	2
Auto Disable Unused Clock	Haben Sie diese Option auf Enabled stehen, werden alle nicht verwendeten Taktgeber deaktiviert, um die EMI-Strahlung zu senken.	2
Auto Recovery	Nur auf einem DualBIOSTM-Board. Die Standardeinstellung für diese Option ist Enabled. Dadurch wird, wenn eines der BIOS einen Prüfsummenfehler ausgibt, das defekte durch das intakte BIOS wiederhergestellt. Ist im Power Management Setup die Option ACPI Suspend auf Suspend to RAM geschaltet, wird die Auto Recovery-Funktion automatisch aktiviert.	2
Auto Start On AC Loss	Unter dieser Option legen Sie fest, ob das System nach einem Stromausfall automatisch wieder hochfährt. Einstellungsmöglichkeiten: Enabled (Standard; System fährt nach einem Stromausfall automatisch wieder hoch), Disabled (System fährt nach einem Stromausfall nicht wieder hoch).	3
Auto Suspend Time Out	Hier können Sie einstellen, ab wann das System in den Suspend-Modus geht, um Strom zu sparen.	2
Auto Detect Hard Disks	Automatische Erkennung der Festplatte und Übernahme in das BIOS (siehe Seite 38).	1
Automatic Power Up	Durch diese Option wird es ermöglicht, den PC zu bestimmten Zeiten zu starten. Des Weiteren lässt sich der PC mit der Option Every Day sogar täglich zu einer bestimmten Zeit starten und, wenn Sie wollen, auch zu einem bestimmten Datum.	1,2,3
Autotype Fixed Disk	Durch ENTER kann man automatisch die BIOS-Parameter der Festplatte einlesen lassen.	3
Autotype Hard Disk	Diese Option dürfen Sie nur verwenden, wenn die IDE-Festplatte neu und unpartitioniert ist oder wenn sie mit dieser Option partitioniert werden soll oder wurde.	3

Referenz

B

AMI = 1   Award = 2   Phoenix = 3   MR-BIOS = 4

BIOS-Option	Bedeutung	BIOS
Bank 0/1, 2/3, 4/5 DRAM Timing	Mit dieser Option steuern Sie über die DRAM-Timing-Register die zeitliche Abstimmung für die FP/EDO-DRAM-Speichermodule. Die Einstellung richtet sich nach den verwendeten Modulen. Einstellungsmöglichkeiten: Turbo, fast, Medium, Normal, FP/EDO 60 ns und FP/EDO 70 ns (meistens eingestellt). Mehr Infos in Kapitel 4 und auf Seite 101.	2
Bank 0/1 DRAM Type	Unter dieser Option wird festgelegt, welcher Typ von DRAMs unterstützt wird. Normalerweise sind die Einstellungen, die hier stehen, korrekt. Man kann entweder für paged oder für EDO-DRAMs aktivieren.	2
Bank Interleave	Unter dieser Option stellen Sie die Anzahl der unterstützen Bänke beim Interleaving ein. Einstellungsmöglichkeiten: 2 (unterstützt 2 Bänke), 4 (unterstützt 4 Bänke), Disabled (deaktiviert das Interleaving). Die Option sollte nicht Disabled sein (siehe Seite 105).	2
Bank x/x DRAM Timing	Unter dieser Option werden vom Hersteller für die Speicherbänke 0/1, 2/3 und 4/5 die Timing-Werte für Speicherzugriffe eingestellt: 60 ns oder 70 ns, je nachdem, ob paged oder EDO-DRAMs bestückt worden sind. Mehr Infos auf Seite 101.	2
Base Adress	Unter dieser Option können Sie die logische Adresse für den seriellen Anschluss einstellen. Einstellungsmöglichkeiten: 3F8h, 2F8h, 3E8h, 2E8h. Oder Sie können unter dieser Option die logische Adresse für den parallelen Anschluss einstellen. Einstellungsmöglichkeiten: 3BCh, 378h, 278h.	2
Base I/O Adress	Diese Option ist nur aktiviert, wenn das Feld Serial Port B auf Enabled eingestellt ist. Sie können dann die Adresse der entsprechenden seriellen Schnittstelle einstellen. 3F8h (COM1) IRQ4, 2F8h (COM2) IRQ3, 3E8h (COM3) IRQ4, 2E8h (COM4) IRQ3.	3
Base Memory	Hier wird der konventionelle Speicher (0 KByte bis 640 KByte) zur Information, ob er vom POST erkannt wurde, angezeigt.	1,2,3
Base Memory Size	Einstellungsmöglichkeit für 512, 640 KByte (Standard).	1
Battery	Hier wird die Spannung der Batterie, meist zwischen 3 und 3,3 V, auf dem Motherboard angezeigt. Es handelt sich hierbei nicht um die Spannung des Akkus bei Notebooks.	1,2
Battery Low Suspend	Unter dieser Option regeln Sie, ob in den Suspend Mode geschaltet werden soll, wenn die Akkukapazität niedrig ist. Einstellungsmöglichkeiten: Enabled, Disabled.	3
Battery Type	Hier wird der installierte Akkutyp angezeigt, wobei die Standardeinstellung NiMH ist.	3
Battery-Low Warning Beeps	Wenn Sie diese Option Enabled haben, ertönt bei zu schwacher Batterie ein Signalton.	3
Baud Rate	Wenn Sie das Feld Pager aktiviert haben, können Sie hier die Schnittstellengeschwindigkeit eintragen, mit der die Fehlerübermittlung stattfindet. Einstellungsmöglichkeiten: 1200, 2400, 4800, 9600, 19200, 38400, 57600, 115200.	3
Beep On Battery Low	Der Warnton zum Aufmerksammachen bei abnehmender Akkuladung kann hier ein- oder abgestellt werden. Einstellungsmöglichkeiten: Enabled, Disabled.	3
BIOS Date	Hier wird das Herstellungsdatum der im BIOS gespeicherten Software angezeigt.	4
BIOS ID	Unter dieser Option gibt 4 bekannt, welche Revisionsnummer installiert wurde.	4
BIOS PM on AC	Um das Power-Management des BIOS nutzen zu können, müssen Sie diese Option aktivieren. Einstellungsmöglichkeiten: Enabled, Disabled.	2

BIOS-Befehle – alphabetisch

B

AMI = 1   Award = 2   Phoenix = 3   MR-BIOS = 4

BIOS-Option	Bedeutung	BIOS
Bank 0/1, 2/3, 4/5 DRAM Timing	Mit dieser Option steuern Sie über die DRAM-Timing-Register die zeitliche Abstimmung für die FP/EDO-DRAM-Speichermodule. Die Einstellung richtet sich nach den verwendeten Modulen. Einstellungsmöglichkeiten: Turbo, fast, Medium, Normal, FP/EDO 60 ns und FP/EDO 70 ns (meistens eingestellt). Mehr Infos in Kapitel 4 und auf Seite 101.	2
BIOS PM Timers	Einstellungsmöglichkeiten für Festplatte, Bildschirm und Peripherie für die Festlegung des Zeitraums der Inaktivität nach dem Wechsel in den Standby-Modus. Ist diese Funktion eingeschaltet, kann sich das negativ auf einen Brennvorgang auswirken.	2
BIOS Recovery	Nur auf einem DualBIOSTM-Board. Main to Backup (das Haupt-BIOS ist okay und überschreibt das Sicherungs-BIOS), Backup to Main (das Sicherungs-BIOS ist okay und überschreibt das Haupt-BIOS). Keine Einstellungsmöglichkeit.	2
BIOS Release Date	Unter dieser Option wird das offizielle Ausgabedatum des BIOS-Typs angezeigt.	2
BIOS Runtime Logging	Sie legen hier fest, ob Prozessor-, Speicher- und PC-Fehler protokolliert werden. Einstellungsmöglichkeiten: Enabled (Runtime Logging ist aktiviert, Fehlermeldungen werden in die Error-Log eingetragen), Disabled (es erfolgt keine Eintragung).	3
BIOS Update	Wenn diese Option Enabled ist, können Sie ein BIOS-Update vornehmen und das BIOS flashen. Allerdings besitzen die meisten Boards einen Jumper bzw. einen DIP-Schalter, der das Flashen freigibt.	2
BIOS Write Protect	Unter dieser Option können Sie den Schreibschutz für das BIOS ein- bzw. ausschalten. Einstellungsmöglichkeiten: Enabled, Disabled.	1
BIOS-Update	Diese Option dient als Aktualisierungsprogramm innerhalb des BIOS, um den Prozessor mit den notwendigen Daten zu versorgen. Während des Systemstarts lädt das BIOS das Update in den Prozessor (wenn Enabled).	2
BIOS-Update	Diese Option dient dazu, mithilfe des BIOS den Microcode des Pentium Pro per Software zu aktualisieren. Sie sollten diese Option auf Enabled stehen haben.	3
Blk Mode	Mit dieser Option wird der Block Mode von IDE-Festplatten aktiviert. Falls Ihr Laufwerk diesen Modus unterstützt, wird bei Aktivierung dieser Option die Zahl der Blöcke pro Anforderung aus dem Konfigurationssektor der Festplatte ausgelesen. Empfohlene Einstellung ist Enabled, wobei darauf hingewiesen werden muss, dass nur ganz alte Festplatten diesen Modus nicht vertragen.	1
Block Size	Unter dieser Option können Sie die Blockgröße des RAID-Arrays festlegen. Einstellungsmöglichkeiten: 4K, 8K, 16K, 32K, 64K.	1,2,3
Block-1 Memory Cacheable	Wenn Sie unter dieser Option Yes einstellen, wird ein zusätzliches Waitstate eingefügt. Die Option regelt die Technik, die beim Dekodieren und bei der Fehlerkontrolle von Schreiboperationen des lokalen Bus zum DRAM während eines Speicherzyklus benötigt wird. Einstellungsmöglichkeiten: No, Yes.	1
Boot Device	Unter dieser Option stellen Sie das Bootlaufwerk ein und legen die weitere Reihenfolge der Laufwerke fest.	2
Boot From	Nur auf einem DualBIOSTM-Board. Sie haben hier die Möglichkeit einzustellen, von welchem BIOS gebootet wird: Main BIOS (Standardeinstellung), Backup BIOS (falls einer der Flash-ROMs nicht arbeitet, wird die Option grau dargestellt und ist nicht veränderbar).	2

Referenz

B

	AMI = 1 Award = 2 Phoenix = 3 MR-BIOS = 4	
BIOS-Option	**Bedeutung**	**BIOS**
Bank 0/1, 2/3, 4/5 DRAM Timing	Mit dieser Option steuern Sie über die DRAM-Timing-Register die zeitliche Abstimmung für die FP/EDO-DRAM-Speichermodule. Die Einstellung richtet sich nach den verwendeten Modulen. Einstellungsmöglichkeiten: Turbo, fast, Medium, Normal, FP/EDO 60 ns und FP/EDO 70 ns (meistens eingestellt). Mehr Infos in Kapitel 4 und auf Seite 101.	2
Boot from LAN oder Boot from LAN first	Diese Option gilt für den Fall, dass Sie in einem Netzwerk arbeiten. Wollen Sie dann vom Netzwerk booten, stellen Sie Enabled ein, und falls Sie in keinem Netzwerk arbeiten, stellen Sie die Option auf Disabled.	2
Boot from LanDesk Service Agent	LanDesk Service Agent ist ein Präsystemstartagent, mit dem das System von einem Management-Außenserver aus gestartet werden kann. Er gestattet dem Konfigurations-Manager die Übernahme der Kontrolle über die Systemkonfiguration, bevor sich das Betriebssystem des Systems hochfährt. Der Systemstart von außen könnte Ihnen dann zugute kommen, wenn Sie das Betriebssystem des Systems oder andere installierte Anwendungen installieren, reparieren oder aufrüsten. Setzen Sie diesen Parameter auf Enabled, damit das System vom LanDesk Service Agent aus starten kann. Andernfalls wählen Sie Disabled.	2
Boot from Network Card	Ist diese Option Enabled, zwingt das BIOS von einer Netzkarte zu booten. Empfohlene Einstellung Disabled.	2
Boot Other Device	Unter dieser Optionen stehen Ihnen zwei Möglichkeiten zur Verfügung: Enabled oder Disabled. Die Standardeinstellung ist Enabled. Die Einstellung Enabled ermöglicht es dem BIOS, alle drei Arten, nämlich First Boot Device, Second Boot Device oder Third Boot Device, auszuprobieren.	2
Boot Retry Counter	Unter dieser Option legen Sie fest, wie oft das Betriebssystem neu gestartet werden soll. Dabei führt jeder erfolglose Start bzw. auch Systemfehler zu einem Neustart und dem Herunterzählen. Nach erfolglosem letzten Versuch wird das System endgültig abgeschaltet. Einstellungsmöglichkeiten: 0 bis 7.	3
Boot Sector Virus Protection	Haben Sie diese Option auf Enabled stehen, wird beim Zugriff durch ein Programm oder Virus auf den Bootsektor eine Warnung ausgegeben (siehe ab Seite 208).	1
Boot Sequence	Legt die Bootreihenfolge fest. Dabei kann man Laufwerk A: hinter C: stellen und der PC startet schneller. Bei bootfähigen CDs sollte man das CD-ROM vor Laufwerk C: stellen. Gibt es hier die Einstellungsmöglichkeit SCSI/IDE First, bootet man von SCSI bei eingebauter IDE-Festplatte. Falls die Bootplatte am SCSI-Adapter angeschlossen ist, sollte man SCSI einstellen. Das gilt auch für SCSI mit eigenem BIOS. Folgende Bootmöglichkeiten gibt es auf den neuen Boards: A, C, SCSI C, A, SCSI C, CD-ROM, A CD-ROM, C, A D, A, SCSI E, A, SCSI F, A, SCSI SCSI, A, C SCSI, C, A A, SCSI, C LS-120/ZIP, C. 4 bietet die Option: A:1st, C:1st, Screen Prompt und Auto Search. Sie können auch vom ZIP-Laufwerk oder LS-120 booten, wenn die Option auf dem Motherboard vorhanden ist. Dies ist bei 1 (ab Version 6.26.02), bei 2 (ab Version 4.51PG) möglich. Bei 3 gibt es folgende Möglichkeiten: 1. Diskette Drive, 2. Removable Devices (austauschbare Datenträger), 3. Hard Drive, 4. ATAPI-CD-ROM, 5. Network Boot (booten aus dem Netzwerk), 6. 8xx SCSI CD-ROM Symbios. Außerdem kann noch die 1. Bootfestplatte und die 1. Bootdiskette festgelegt werden oder aber auch noch zusätzlich eine Bootbaugruppe (siehe dazu auch ab Seite 52).	1,2,3

BIOS-Befehle – alphabetisch

B

AMI = 1   Award = 2   Phoenix = 3   MR-BIOS = 4

BIOS-Option	Bedeutung	BIOS
Bank 0/1, 2/3, 4/5 DRAM Timing	Mit dieser Option steuern Sie über die DRAM-Timing-Register die zeitliche Abstimmung für die FP/EDO-DRAM-Speichermodule. Die Einstellung richtet sich nach den verwendeten Modulen. Einstellungsmöglichkeiten: Turbo, fast, Medium, Normal, FP/EDO 60 ns und FP/EDO 70 ns (meistens eingestellt). Mehr Infos in Kapitel 4 und auf Seite 101.	2
Boot Sequence EXT Means	Unter dieser Option haben Sie die Möglichkeit, Ihren Computer von einem SCSI-Laufwerk oder ATA/66-Laufwerk zu starten, das am IDE3 oder IDE4 angeschlossen ist. Die Einstellung muss mit der Boot Sequence übereinstimmen. Wollen Sie Ihren Computer z. B. von einem SCSI-Laufwerk starten, muss die Startsequenz unter Boot Sequence zuerst auf EXT, A, C oder EXT, C, A gestellt werden. Erst dann stellen Sie die Boot Sequence EXT Means auf SCSI (siehe dazu auch ab Seite 52).	2
Boot to OS/2	Wenn Sie mit OS/2 arbeiten und mehr als 64 MByte RAM installiert haben, müssen Sie diese Option aktiviert haben.	1
Boot To OS/2 >64MB	Wenn Sie mit OS/2 arbeiten und mehr als 64 MByte RAM installiert haben, müssen Sie diese Option aktiviert haben.	1
Boot Up Floppy Seek	Beim Start des PCs wird das Diskettenlaufwerk getestet. Wenn die Option auf Disabled gestellt ist, spart man etwas Startzeit.	2
Boot Up Num Lock Seek oder Boot Up Num-Lock	Normalerweise ist diese Option eingeschaltet. Wer auf seiner Tastatur keinen Nummernblock rechts hat, kann diese Option ausschalten. Bei On ist sie aktiviert und bei Off nicht (siehe ab Seite 194).	1,2
Boot Up NumLock Status	Zustand der Zehnertastatur. Bei On ist sie aktiviert und bei Off nicht. Empfehlenswert ist, die Option auf Enabled zu stellen (siehe ab Seite 194).	1,2
Boot up Sequence	Hier legt man fest, in welcher Reihenfolge die Laufwerke initialisiert werden. Einstellungen: A:, C: C:, A: A:, CD-ROM, C: CD-ROM, C:, A: D:, A: E:, A: F:, A: C only LS/ZIP, C: D, E und F: sind keine logischen Laufwerke in erweiterten Partitionen, sondern Laufwerke an den IDE-Controllern (siehe dazu auch ab Seite 52).	1,2,4
Boot Up System Speed	Hier lässt sich, wenn die Option vorhanden ist, die Systemgeschwindigkeit beim Hochfahren einstellen. Man kann High = Normalbetrieb und Low = gedrosselt einstellen. Es kommt auf das Board an, wie die Drosselung beeinflusst wird, entweder durch Herabsetzung des Takts oder Ausschalten des L2-Cache. Für alte Karten empfiehlt sich Low.	2
Boot Virus Detection	Können Sie eingeschaltet haben. Aber bei der Installation von Windows 95/98 unbedingt deaktivieren (siehe ab Seite 208).	2
Burst Copy-Back Option	Mit der Einstellung Enabled wird nach einem cache miss keine Aktualisierung des Cache vorgenommen.	2
Burst SRAM Burst Cycle	Einstellung des Zeitablaufs der Lese- und Schreibzyklen.	2
Burst Write	Falls Ihr PC die Burst-Schreibzyklen unterstützt, schreibt der Prozessor bei Enabled die Daten im Burst-Modus zum Cache.	2
Burst Write Combining	Unter dieser Option wird die Datenübertragung im PCI-Bus eingestellt. Wenn Sie die Option aktivieren, werden die Daten in den vier Buffern zu Bursts mit größerem Datenumfang zusammengefasst, was die Systemleistung erhöht.	2
BUS Clock Selection	Hier wird der Teilungsfaktor des externen Systemtakts für den ISA-Bus festgelegt.	1,2
Bus Master	Unter dieser Option legen Sie fest, ob der PCI-Steckplatz als Busmaster fungiert oder nicht. Einstellungsmöglichkeiten: Enabled, Disabled.	3
Bus Master Access to VL-BUS	Regelt den Zugang des Bus-Controllers zum lokalen Bus.	1

313

Referenz

B

	AMI = 1 Award = 2 Phoenix = 3 MR-BIOS = 4	
BIOS-Option	**Bedeutung**	**BIOS**
Bank 0/1, 2/3, 4/5 DRAM Timing	Mit dieser Option steuern Sie über die DRAM-Timing-Register die zeitliche Abstimmung für die FP/EDO-DRAM-Speichermodule. Die Einstellung richtet sich nach den verwendeten Modulen. Einstellungsmöglichkeiten: Turbo, fast, Medium, Normal, FP/EDO 60 ns und FP/EDO 70 ns (meistens eingestellt). Mehr Infos in Kapitel 4 und auf Seite 101.	2
Byte Merge	Diese Option testet, ob Daten, die von der CPU zu PCI-Bus laufen oder umgekehrt, auch gemergt (in einem Buffer zu 32-Bit-Paketen gepackt) werden. Wenn Sie die Option Byte Merge Support aktiviert haben, sollten Sie Enabled eingestellt haben.	2
Byte Merge for Frame Buffer	Wenn man VGA-Frame-Buffer Enabled hat, kann man bestimmen, wie wirksam das System den Puffer verwendet. Bei Enabled werden kleine Lese- und Schreibaufträge, die aufeinander folgen, zu einem Auftrag zusammengefasst.	2
Byte Merge Support	Beim Byte Merging werden 8- und 16-Bit-Dateninformationen, die über den PCI-Bus gehen, zu Blöcken von 32 Bit zusammengefasst. Dies steigert die Performance, besonders im Grafikbereich.	2

C

	AMI = 1 Award = 2 Phoenix = 3 MR-BIOS = 4	
BIOS-Option	**Bedeutung**	**BIOS**
C000 Cacheable oder C000 Shadow Cacheable	Hier bestimmen Sie, welche Speicherbereiche über den externen Cache gelesen bzw. geschrieben werden sollen. Allerdings erreichen Sie durch das Caching keine Steigerung der Performance.	2
C2P Fast Back-to-Back	Haben Sie diese Option aktiviert, werden aufeinander folgende Back-to-Back-Prozessor-Speicher-Lesezyklen in schnellere PCI-Burst-Speicherzyklen übersetzt. Einstellungsmöglichkeiten: Enabled, Disabled.	2
C8000 - CBFFF Shadow bis DC000 - DFFF Shadow	Es können sich neben dem Grafikkarten-ROM auch weitere Karten im Adapterbereich (mit eigenem ROM) befinden. Dazu zählt u. a. auch der SCSI-Hostadapter. Sie sollten anhand Ihrer Unterlagen abklären, welcher Speicherbereich durch das Erweiterungs-BIOS belegt wird. Aktivieren Sie nur diesen Bereich im BIOS.	2
C8000 - CBFFF to DC000 - DFFF	Diese Option dient dazu, die ROMs von anderen Erweiterungskarten in den Hauptspeicher zu kopieren. Falls Sie Karten mit eigenem ROM einsetzen, sollten Sie wissen, welche Adressen die ROMs benutzen, damit sie in den richtigen Speicheradressraum kopiert werden. Der verfügbare Hauptspeicher zwischen 640 und 1.024 KByte verringert sich um den Speicherplatz, den Sie hier verwenden.	2
C8000h - DFFFFh Shadow	Setzen Sie diesen Parameter auf Enabled, um Erweiterungskarten in das ROM zu kopieren. Damit einige Legacy ISA-LAN-Karten richtig funktionieren, muss die Speicherkopie evtl. deaktiviert werden. In diesem Fall sollten Sie diesen Parameter auf Disabled setzen.	2
Cabinet Monitoring	Sie legen hier fest, ob das Gerät nach dem Öffnen des Gehäuses weiterarbeitet oder nur nach Eingabe des System- bzw. Setup-Passworts. Einstellungsmöglichkeiten: Enabled (Sie brauchen ein Passwort), Disabled (das Gerät arbeitet ohne Passwort weiter).	3

BIOS-Befehle – alphabetisch

C

AMI = 1   Award = 2   Phoenix = 3   MR-BIOS = 4

BIOS-Option	Bedeutung	BIOS
Cache	Sie können hier den Cache ein-/ausschalten. Bei dem Cache handelt es sich um einen schnellen Zwischenspeicher, in dem Teile des BIOS und des Arbeitsspeichers abgebildet werden können. Haben Sie den Cache eingeschaltet, erhöht dies die Performance des Rechners. Einstellungsmöglichkeiten: Disabled, Intern and Extern, Intern Only oder Enabled, Disabled.	3
Cache	Die folgenden Einstellungen sollten Sie so vornehmen, dass Ihr PC noch stabil läuft. Cache Timing Control: Fastet; Cache Pipeline: Enabled; Cache Burst Read: kleinster Wert.	2
Cache A000-AFFF / Cache B000-BFFF / Cache C800-CBFF	Cache muss auf Enabled stehen. Mit Disabled wird das entsprechende BIOS nicht im Cache abgebildet, mit Write Protected dagegen ja. Verwenden Sie Write Back, wird der Speicherinhalt im Cache abgebildet und nur bei Bedarf in den Hauptspeicher geschrieben, was zur höchsten Performance führt (Hauptspeicher und Cache haben nicht den gleichen Informationsinhalt). Unter Write Through hingegen wird der Speicherinhalt gleichzeitig im Cache abgebildet und in den Hauptspeicher geschrieben (Hauptspeicher und Cache haben nicht den gleichen Informationsinhalt). Stellen Sie USCW Caching (Uncacheable Speculative Write Combining) ein, wird der Speicherinhalt nicht im Cache abgebildet, aber es finden spekulative Speicherzugriffe statt. Sinnvoll bei speicheradressierten (Memory Mapped) I/O-Baugruppen und Video-Frame-Speicher.	3
Cache Base 0 - 512k / Cache Base 512 -640k / Cache Extended	Cache muss auf Enabled stehen. Dann können Sie unter dieser Option festlegen, ob der Speicherinhalt im Cache abgebildet und nur bei Bedarf in den Hauptspeicher geschrieben wird (Write Back), und erreichen damit die höchste Performance. Mit Uncached wird das entsprechende BIOS nicht im Cache abgebildet. Dagegen wird das entsprechende BIOS (Lesezugriffe) mit Write Protected im Cache abgebildet. Unter Write Through hingegen wird der Speicherinhalt gleichzeitig im Cache abgebildet und in den Hauptspeicher geschrieben (Hauptspeicher und Cache haben nicht den gleichen Informationsinhalt).	3
Cache Burst Read oder Cache Burst Read Cycle	Einstellung, wie viel Zeit der Prozessor benötigt, um einen Cache Leseauftrag im Burst-Modus auszuführen. Einstellungsmöglichkeiten: 1T, 2T oder 1CCLK, 2CCLK.	2
Cache Bus ECC	Unter dieser Option kann die ECC-Fehlererkennung für den L2-Cache Enabled/Disabled werden. Wenn man nicht unbedingt auf das sicherste System (z. B. Spiele oder andere unkritische Aufgaben) angewiesen ist, kann man diese Option deaktivieren und erreicht damit einige Prozent mehr an Performance. Wenn Sie allerdings Ihre CPU übertaktet haben, dann sollten Sie diese Option auf Enabled stellen, um Cache-RAM-Abstürze zu vermeiden.	1,2
Cache DRAM Memory Area	Cache muss auf Enabled stehen. Stellen Sie hier Write Through ein, wird der Speicherinhalt gleichzeitig im Cache abgebildet und in den Hauptspeicher geschrieben (etwas performancesteigernd). Haben Sie Write Back aktiviert, wird der Speicherinhalt im Cache abgebildet und nur bei Bedarf in den Hauptspeicher geschrieben (höchste Performance). Mit Disabled wird die Option deaktiviert.	3
Cache E800- EFFF bis Cache C800- CFFF	Hier legen Sie fest, ob die im Adapterbereich liegenden BIOS-Erweiterungen ebenfalls vom Cache berücksichtigt werden sollen. Unter DOS und Windows 3.11 bekommen Sie mehr Performance, nicht aber so unter Windows 95/98.	3
Cache Early Rising	Unter dieser Option wählen Sie, welche von zwei Techniken für das Schreiben zum externen Cache verwendet wird. Enabled bedeute die schnellere write-pulse rising edge und Disabled die normale write-pulse.	2

Referenz

C

AMI = 1   Award = 2   Phoenix = 3   MR-BIOS = 4

BIOS-Option	Bedeutung	BIOS
Cache ECC	Damit wird die Fehlererkennung und Korrektur für den L2-Cache des Pentium II-PCs (Versionen ab 200 MHz) aktiviert/deaktiviert. Ist die Option Enabled, bremst dies das System um bis zu 2 %. Falls Sie jedoch den PC als Server betreiben, sollten Sie die Option eingeschaltet lassen, weil das die höchstmögliche Sicherheit bietet.	2
Cache Interleave	Mit diesem Verfahren ist es der CPU möglich, schneller auf verschiedene Bänke des Cache Speichers zuzugreifen. Sie sollten diese Option immer aktiviert haben.	3
Cache Memory	Die Cache-Speicher L1 und L2 können aktiviert oder deaktiviert werden. Standardeinstellung ist Enabled. Es gibt Boards, die noch zwischen beiden unterscheiden und eine getrennte Einstellung zulassen.	1,3
Cache Memory Regions	Cache muss auf Enabled stehen. Die beste Performance wird erreicht, wenn Sie die Option Enabled haben, weil der zugehörige ROM-Bereich im Cache abgebildet wird. Wenn Ihre ISA-Baugruppe im zugehörigen ROM-Bereich ein Dual Ported RAM verwendet, sollten Sie Disabled einstellen.	3
Cache Mode	Cache muss auf Enabled stehen. Unter Cache Mode werden die Schreibzugriffe auf den Cache festgelegt. Die Option steht fest auf Write Back. Die Information wird nur bei Bedarf in den Hauptspeicher geschrieben (Hauptspeicher und Cache haben nicht den gleichen Informationsinhalt).	3
Cache Performance	Durch die Einstellung Standard weisen Sie dem Cache-Timing größere Toleranzen zu, während Fast die Performance erhöht.	3
Cache Rd+CPU Wt Pipeline	Bei dieser Option handelt es sich um Einstellungen für den Schreib-/Lesespeicher des Cache-Speichers und der CPU. Sie können hier das Cache-Timing aktivieren/deaktivieren. Einstellungsmöglichkeiten: Disabled, Enabled. Empfehlenswert ist Enabled, und nur bei Problemen sollte man es mal mit Disabled versuchen.	2
Cache Read Burst	Sie stellen hier die optimalen Lesezugriffe für den externen oder L2-Cache ein. Testen Sie es bis zum kleinsten Wert aus.	1
Cache Read Cycles	Hier stellen Sie die Anzahl der Zyklen ein, die der Prozessor warten muss, bis er den externen Cache auslesen darf. Kurze Zyklen bedeuten Performancegewinn.	3
Cache Read Hit Burst	Seit der 486-Prozessorgeneration ist der Cache-Burst fester Bestandteil der CPUs. Durch ihn gehen die Zugriffe auf den Second-Level-Cache schneller, und man ist mit der Einstellung 2-1-1-1 gut bedient.	1
Cache Read Wait States	Hier wird der Zeitablauf des Lesens aus dem externen Cache in Wartestellung eingestellt.	1
Cache Scheme	Unter dieser Option legen Sie die Caching-Methode des externen Cache-Speichers fest. Einstellungsmöglichkeiten: Write Back, Write Through.	2
Cache System BIOS Area	Cache muss auf Enabled stehen. Wollen Sie, dass das System-BIOS ebenfalls vom Cache berücksichtigt wird, müssen Sie diese Option aktivieren. Unter DOS und Windows 3.11 bekommen Sie mehr Performance, nicht aber so unter Windows 95/98. Einstellungsmöglichkeiten: Enabled/Write Protect (BIOS wird im Cache abgebildet), Disabled (BIOS wird nicht im Cache abgebildet).	3
Cache Tag Hit Wait States	Unter dieser Option stellen Sie das Timing des Prüfens eines Cache Tag Hit in Wartestellung ein.	2
Cache Timing oder Cache Timing Control	Diese Einstellung regelt den Zeitablauf beim Schreiben zum Cache-Speicher und beim Lesen aus dem Cache-Speicher. Es handelt sich hierbei um eine Kombination der Cache Write- und Cache Read-Timing-Optionen. Einstellungsmöglichkeiten: Fast, Medium, Normal und Turbo.	2

BIOS-Befehle – alphabetisch

C

AMI = 1   Award = 2   Phoenix = 3   MR-BIOS = 4

BIOS-Option	Bedeutung	BIOS
Cache Tread Burst	Hier sind die Zyklen festgelegt, in denen die CPU auf die Cache-Chips zugreift. Da diese Einstellung von der vorhandenen Hardware abhängig ist, sollte sie nicht verändert werden.	2
Cache Update Policy	Unter dieser Option legen Sie die Caching-Methode des externen Cache-Speichers fest. Einstellungsmöglichkeiten: Write Back, Write Through.	2
Cache Update Scheme	Unter dieser Option legen Sie die Caching-Methode des externen Cache-Speichers fest. Einstellungsmöglichkeiten: Write Back, Write Through.	2
Cache Video BIOS	Wollen Sie, dass das Video-BIOS ebenfalls vom Cache berücksichtigt wird, dann müssen Sie diese Option aktivieren. Unter DOS und Windows 3.11 bekommen Sie mehr Performance, nicht aber so unter Windows 95/98.	3
Cache Video BIOS Area	Cache muss auf Enabled stehen. Wollen Sie, dass das System-BIOS ebenfalls vom Cache berücksichtigt wird, dann müssen Sie diese Option aktivieren. Unter DOS und Windows 3.11 bekommen Sie mehr Performance, nicht aber so unter Windows 95/98. Einstellungsmöglichkeiten: Enabled/Write Protect (BIOS wird im Cache abgebildet), Disabled (BIOS wird nicht im Cache abgebildet).	3
Cache Write Back	Hier legen Sie fest, dass Daten vom Cache sowohl in den Arbeitsspeicher geschrieben als auch gelesen werden können. Haben Sie die Option Disabled, kann der Cache nur Daten aus dem Arbeitsspeicher lesen.	3
Cache Write Burst	Hier wird der Zeitablauf des Lesens aus dem externen Cache in Wartestellung eingestellt.	1
Cache Write Cycle	Einstellung des Timings für das Schreiben zum externen Cache in Prozessorzyklen.	2
Cache Write Cycles	Hier stellen Sie die Anzahl der Zyklen ein, die der Prozessor warten muss, bis er den externen Cache auslesen darf. Kurze Zyklen bedeuten Performancegewinn.	3
Cache Write Policy	Unter dieser Option legen Sie die Caching-Methode des externen Cache-Speichers fest. Einstellungsmöglichkeiten: Write Back, Write Through.	2
Cache Write Timing	Einstellung des Timings für das Schreiben zum externen Cache in Wartestellung.	2
Cache Write Wait States	Einstellung des Timings für das Schreiben zum externen Cache in Wartestellung.	1, 2
Cache/DRAM Cycle WS	Hier wird der Zeitablauf des Lesens aus dem externen Cache in Wartestellung eingestellt.	2
Cacheable Range	Hier bestimmen Sie den Speicherbereich, der verwendet wird, um das System-BIOS und/oder das Adapter-ROM-BIOS zu cachen. Jeder Bereich fängt mit 0 an und endet mit 8 MByte bzw. mehr. Die Auswahl ist in 8-MByte-Stufen von 0 bis 128 MByte vorhanden.	2
Caching Controller	Steckt in einem PCI-Slot ein Cache-Controller, sollten Sie diese Option aktivieren.	1
Capacity	Aus den einzelnen Parametern der Festplatte wird dieser Wert errechnet.	1
Capture DMA Channel	Unter dieser Option können Sie den DMA-Kanal für die Wiedergabe auf verschiedene Werte einstellen. Einstellungsmöglichkeiten: DMA CH1, DMA CH0, DMA CH3.	3
Capture IRQ Channel	Hier können Sie den Interrupt für die Aufnahme festlegen. Dabei kann der Wave-Interrupt auf verschiedene IRQs eingestellt werden. Einstellungsmöglichkeiten: IRQ5, IRQ7, IRQ9, IRQ10.	3

Referenz

C

AMI = 1   Award = 2   Phoenix = 3   MR-BIOS = 4

BIOS-Option	Bedeutung	BIOS
Cardbus Controller	Unter dieser Option wird die Reihenfolge der Cardbus-Controller festgelegt. Einstellungsmöglichkeiten: External/Internal (der Controller im QuickPort Plus/S wird auf die kompatible Adresse 3E0h konfiguriert; der Notebook-Controller erhält eine sekundäre Adresse), Internal/External (der Notebook-Controller wird auf die Adresse 3E0h konfiguriert, der Controller im Quick-Port Plus/S erhält eine sekundäre Adresse), External only (der Controller im QuickPort Plus/S erhält die Adresse 3E0h; der Notebook-Controller wird ausgeschaltet). Diese Option ist nur wirksam, wenn ein QuickPort Plus oder ein QuickPort S angeschlossen ist. Falls nein, wird der Notebook-Controller immer auf die Adresse 3E0h konfiguriert.	3
Cardbus IRQ Line	Unter dieser Option legen Sie den Interrupt für den eingebauten Cardbus-Controller fest. Einstellungsmöglichkeiten: 3, 4, 5, 7, 9, 10, 11, Disabled, Auto Select	3
Carrier Wait	Hier geben Sie die Wartezeit für die Verbindung zum Terminal an. Einstellungsmöglichkeiten: 0, 30, 60, 90, 120, 240, 360 sec.	3
CAS Adress Hold Time	Sie können unter dieser Option eine Verzögerung für den Adressenwechsel einstellen. Da die Optionseinstellung von der verwendeten Hardware und deren Geschwindigkeitsunterschieden abhängig ist, können Sie hier ggf. Anpassungen vornehmen.	2
CAS Latency	Wenn synchrones DRAM installiert ist, hängt die Menge der Taktzyklen bei der CAS-Wartezeit vom DRAM-Timing ab. Die Einstellungsmöglichkeiten sind 2 oder 3 Taktzyklen.	1
CAS LOW Time for Write/Read	Sie sollten diese Option nicht ändern, es sei denn, Sie kennen die exakten Timing-Werte Ihrer DRAMs.	2
CAS Precharge oder CAS Precharge in CLKs	Hier können Sie die Zeitspanne einstellen, die zum Aufbau einer Ladung für den CAS-DRAM-Refresh notwendig ist. Einstellungsmöglichkeiten: 1, 2.	2
CAS Pulse Width	Ändern Sie diese Option auf gar keinen Fall. Die Länge des CAS-Signals ist einzig von den verwendeten Chips abhängig.	2
CAS Read Width in CLKs	Hier stellen Sie die Anzahl der Prozessorzyklen ein, die zum Lesen vom DRAM nötig sind. Dabei wird die CAS-Logik benutzt. Einstellungsmöglichkeiten: 2, 3.	2
CAS Width in Read Cycle	Um die Prozessorzyklen zu setzen, die zum Lesen vom DRAM notwendig sind, stellen Sie diese hier ein. Einstellungen: 2T, 3T.	1
CAS Write Width in CLKs	Hier stellen Sie die Anzahl der Prozessorzyklen ein, die zum Schreiben zum DRAM nötig sind. Dabei wird die CAS-Logik benutzt. Einstellungsmöglichkeiten: 2, 3.	2
CAS# Latency	Unter dieser Option können Sie die Taktlängen des lokalen Speichers einstellen. Einstellungsmöglichkeiten: 2 und 3. Bei Veränderung der Voreinstellung kann das System evtl. instabil werden.	2
CAS# Precharge Time	Unter dieser Option wird die Verzögerung zwischen Refresh-Zyklus und dem nächsten CAS-Signal angegeben. Vorsicht vor zu niedrigen Werten, sie können zu Datenverlust führen.	2
Case Open	Unter dieser Option können Sie ersehen, ob das PC-Gehäuse geöffnet ist oder nicht.	1
Case Open Message	Die möglichen Einstellungen sind: Enabled (eingeschaltet), Reset (zurücksetzen) oder Disabled (ausgeschaltet). Ist diese Option eingeschaltet, wird jedes Öffnen des Gehäuses aufgezeichnet. Wenn Sie das nächste Mal das System anschalten, wird eine Warnung angezeigt. Um diese zu löschen, müssen Sie Reset wählen – danach kehrt das System wieder zu Enabled zurück.	2

BIOS-Befehle – alphabetisch

C

	AMI = 1 Award = 2 Phoenix = 3 MR-BIOS = 4	
BIOS-Option	**Bedeutung**	**BIOS**
CD-ROM Drive DMA Mode	Setzen Sie diesen Option auf Enabled, um den DMA-Modus für das CD-ROM-Laufwerk zu aktivieren. Hierdurch steigert sich die Systemleistung durch Gewährung eines direkten Speicherzugriffs auf das CD-ROM. Zur Deaktivierung dieser Funktion ändern Sie die Einstellung auf Disabled ab.	2
CD-ROM Option	In der Vergangenheit (1995-1997) gab es einige CD-ROM-Laufwerke im Handel, die sich nicht ganz an den IDE-ATAPI-Standard hielten. Für diese Laufwerke gibt es im Peripheral Setup BIOS diese Option. Damit kann man dem BIOS ein anderes IDE-Timing für das CD-ROM Laufwerk einstellen. Mit einem der vier möglichen Werte sollte es funktionieren. Die Standardeinstellung 0 funktioniert mit den meisten Laufwerken.	2
CDROM set PIO Mode	Hier kann man den PIO-Modus für das CD-ROM-Laufwerk setzen. Unbedingt die Angaben im Handbuch beachten!!	2
CGA Gets Snow	Diese Option hat nur für ältere CGA-Grafikkarten Bedeutung und kann verwendet werden, wenn sich Schnee auf dem Bildschirm darstellt.	4
CH#1 Low- Byte- Termination und CH#2 Low- Byte- Termination	Hier wird angegeben, ob der Narrow-Ast des SCSI Stranges terminiert werden soll oder nicht. Sie finden diese Option nur an SCSI-Anschlüssen mit 68-poligem Wide-Anschluss bzw. 50-poligem Narrow-Anschluss. Betreiben Sie beide an einem Strang.	1
CH#1 Termination und CH#2 Termination	Gibt an, ob der erste oder zweite SCSI-Controller terminiert sein soll. SCSI-Systeme müssen an beiden physikalischen Enden terminiert sein.	1
Change Password	Eingabe und Änderung des Passworts. Passwort immer aufschreiben und an einem sicheren Ort aufbewahren, sonst gibt's Probleme, wenn Sie es vergessen haben!	1
Chassis Open Warning	Haben Sie diese Option aktiviert, erhalten Sie ein Signal, wenn das Gehäuse geöffnet wird. Diese Option ist aktiviert, bis sie im BIOS ausgeschaltet wird.	2
Chassis Status	Hier wird lediglich angezeigt, ob das Gehäuse offen (Opened) oder geschlossen (Closed) ist.	2
Chassis Fan Speed	Sie können über den Chip LM78/79 wichtige Systemparameter auf dem Board und im PC abfragen. Diese Option dient dazu, einen im Gehäuse untergebrachten Lüfter zu kontrollieren. Stellen Sie Ignore ein, wird diese Option ignoriert.	2
Chassis Intrusion Detect	Die möglichen Einstellungen sind: Enabled (eingeschaltet), Reset (zurücksetzen) oder Disabled (ausgeschaltet). Ist diese Option eingeschaltet, wird jedes Öffnen des Gehäuses aufgezeichnet. Wenn Sie das nächste Mal das System anschalten, wird eine Warnung angezeigt. Um diese zu löschen, müssen Sie Reset wählen – danach kehrt das System wieder zu Enabled zurück.	2
Check ELBA#-Pin	Hier werden die Wartezyklen festgelegt, die das System zum Datenaustausch mit einer lokalen Buseinheit (VLB) benötigt. Einstellungsmöglichkeiten: T1 und T2.	1
Chip Configuration	Über diese Option kommen Sie in ein Untermenü, in dem Einstellungen für den Chipsatz vorgenommen werden können.	2
ChipAway on Guard	Diese Option dient der Virenabwehr. Einstellungsmöglichkeiten: Enabled und Disabled.	2
Chipset	Unter dieser wichtigen Option erhalten Sie angezeigt, welcher Chipsatz sich auf dem Board befindet. Eine Zusammenarbeit von 4 mit dem Chipsatz ist nur möglich, wenn dieser korrekt erkannt wurde.	4

Referenz

C

AMI = 1   Award = 2   Phoenix = 3   MR-BIOS = 4

BIOS-Option	Bedeutung	BIOS
Chipset Global Features	Die Funktion taucht nur bei Intel-Mainboards auf, die einen HX-Chipsatz haben. Sie beschränkt aus unerfindlichen Gründen die Funktionalität auf die älteren Intel-Chipsets. Diese Option sollte eingeschaltet sein, damit die PCI-Busmasterkarten schneller auf den Bus zugreifen können. Nur ausschalten, wenn die PCI-Karte nicht ordentlich arbeitet.	2
Chipset NA# Asserted	Diese Option finden Sie dann öfter, wenn die Option Turbo Read Pipelining in Ihrem BIOS-Setup nicht vorhanden ist. Die Performance steigt aber, wenn Sie hier Enabled eingestellt haben. Sie sollten diesen Wert nur ausschalten, wenn es zu Speicherproblemen kommt.	2
Chipset Special Futures	Die Funktion taucht nur bei Intel-Mainboards auf, die einen HX-Chipsatz haben. Sie beschränkt aus unerfindlichen Gründen die Funktionalität auf die älteren Intel-Chipsets. Diese Option sollte eingeschaltet sein, damit die PCI-Busmasterkarten schneller auf den Bus zugreifen können. Nur ausschalten, wenn die PCI-Karte nicht ordentlich arbeitet.	2
CHRDY for ISA Master	Haben Sie diese Option aktiviert, hält ein ISA-Busmaster-Device ein CHRDY-Signal (Channel-Ready) bereit, durch das das Gerät einen direkten Zugang zum DRAM erhält.	2
CHS oder CHS Capacity	Unter dieser Option können Sie nichts einstellen, da hier die maximale CHS-Kapazität der Festplatte angegeben wird, wie es sich aus den von Ihnen eingegebenen Festplatteninformationen ergibt (siehe ab Seite 46).	2
Clear Event Log	Sie können hier einstellen, ob das Ereignisprotokoll beim nächsten POST (Power On Self Test) gelöscht wird. Einstellungsmöglichkeiten: Keep (Standard; das Ereignisprotokoll wird nicht gelöscht), On Next Boot (das Ereignisprotokoll wird beim nächsten POST gelöscht und der Eintrag wieder auf Keep gesetzt).	3
Clear NVRAM on Every Boot oder Clear NVRAM	Eine sehr wichtige Option, wenn Sie neue Komponenten eingebaut haben und das System nicht startet. Wenn Sie diese Option auf Enabled stellen, werden die Informationen des ESCD neu eingestellt. Beim nächsten Start schaltet sich die Option wieder selbst ab.	1
Clear Screen Delay (sec)	Hier können Sie einstellen, wie lange der letzte Bildschirm mit BIOS-Meldungen noch sichtbar bleibt, bevor das Betriebssystem gestartet wird. Einstellungsmöglichkeiten: 0 bis 32 sec.	3
ClkGen for Empty PCI Slot/DIMM	Haben Sie die diese Option Disabled, sparen Sie Energie und verringern die elektromagnetischen Störungen.	3
ClkGen Spread Spectrum	Wenn Sie diese Option Enabled haben, verringern sich die elektromagnetischen Störungen (EMI = Electromagnetic Interference)) um 8 dB bis 10 dB.	3
Clock By Slight Adjust	Diese Option erlaubt es Ihnen, den Prozessortakt von 133 MHz bis 166 MHz oder von 100 MHz bis 133 MHz zu wählen, abhängig vom eingestellten Grundtakt der CPU.	2
Clock Generator for DIMM/PCI	Falls keine DIMM/PCI-Baugruppe auf dem Board ist, können Sie mit Enabled den Takt stoppen. Einstellungsmöglichkeiten: Enabled (Standard), Disabled.	1
Clock Generator for Spread Spect	Haben Sie diese Option auf Enabled eingestellt, wird ein größeres Spektrum zum EMV-Verhalten erlaubt. Einstellungsmöglichkeiten: Enabled (Standard), Disabled.	1

BIOS-Befehle – alphabetisch

C

AMI = 1   Award = 2   Phoenix = 3   MR-BIOS = 4

BIOS-Option	Bedeutung	BIOS
Clock Spread Spectrum	Diese Funktion ist für EMI-Tests gedacht. Wenn es Probleme während der CE-Zertifizierung mit der Abstrahlcharakteristik des Mainboards gibt, kann hier die Taktung aktiviert werden (Phasenverschiebung), die mögliche Überlagerungen von Frequenzen (auch Oberwellen) und dadurch eine Verstärkung (konstruktive Interferenzen) des abgestrahlten Signals vermindern kann. Einstellungsmöglichkeiten: 0,25 %; 0,5 %; 1,5 %; Enabled und Disabled. Bei Disabled wird die Steuerung automatisch vorgenommen. Diese Option sollten nur eingeschaltet werden, wenn Empfangsstörungen an Radio oder Fernseher auftreten. Durch eine vorgenommene Frequenzänderung sinkt die Systemperformance geringfügig. Bei einigen Tests (wie mir von der Firma NMC berichtet wurde) ist bei extremen (1,5 % DOWN) Einstellungen das System instabil geworden und abgestürzt. Die Signalintegrität wurde erheblich beeinträchtigt.	2
Close Empty DIMM/PCI Clk	Diese Funktion hat denselben Hintergrund wie die Option Clock Spread Spectrum/Spread Spectrum. Wenn PCI und/oder DIMM-Plätze nicht belegt sind, verhindert diese Option eine Ansteuerung der Plätze vom CLK-Generator. Dadurch wird die Abstrahlcharakteristik ebenfalls beeinflusst.	2
Cold Boot Delay	Hier legt man fest, mit welcher Verzögerung die Laufwerke initialisiert werden.	4
COM 1 (2, 3, 4)	Sie erhalten hier die Adressen der bis zu vier möglichen seriellen Schnittstellen angezeigt. Erscheint an einer Position n/a, dann ist dieser Port nicht vorhanden.	2
COM 2 Mode	Unter dieser Option kann der COM2-Port für die Unterstützung von IR-Funktionen eingestellt werden.	2
COM A Port	Unter dieser Option stellen Sie die Adresse und den Interrupt der entsprechenden seriellen Schnittstelle ein. Einstellungsmöglichkeiten: 3F8h (COM1) IRQ4, 2F8h (COM2) IRQ3, 3E8h (COM3) IRQ4, 2E8h (COM4) IRQ3, Auto, Disabled.	3
COM B Mode	Unter dieser Option legen Sie fest, ob die zweite serielle Schnittstelle (COM B Port) als Infrarotschnittstelle verwendet werden soll. Einstellungsmöglichkeiten: IrDA; die zweite serielle Schnittstelle wird als Infrarotschnittstelle betrieben. Standard; die zweite serielle Schnittstelle wird als serielle Schnittstelle betrieben.	3
COM B Port	Unter dieser Option stellen Sie die Adresse und den Interrupt der entsprechenden seriellen Schnittstelle ein. Wenn Sie das Feld COM B Mode auf IrDA setzen, legt dieses Feld fest, welche serielle Schnittstelle als Infrarotschnittstelle verwendet wird. Damit die Infrarotdatenübertragung genutzt werden kann, muss in den Geräten jeweils eine Infrarotschnittstelle mit der erforderlichen Hardware eingebaut sein. Einstellungsmöglichkeiten: 2F8h (COM2) IRQ3, 3F8h (COM1) IRQ4, 3E8h (COM3) IRQ4, 2E8h (COM4) IRQ3, Auto, Disabled.	3
COM Port	Unter dieser Option stellen Sie die Adresse und den Interrupt der entsprechenden seriellen Schnittstelle ein. Einstellungsmöglichkeiten: 3F8h (COM1) IRQ4, 2F8h (COM2) IRQ3, 3E8h (COM3) IRQ4, 2E8h (COM4) IRQ3 (serielle Schnittstelle ist auf die entsprechende Adresse und Interrupt eingestellt), Auto (serielle Schnittstelle stellt sich automatisch auf eine verfügbare Kombination von Adresse und Interrupt ein), Disabled (serielle Schnittstelle ist ausgeschaltet).	3
COM Ports Accessed	Hier können Sie die Funktion, dass der PC aus dem Suspend-Modus durch Gerätebenutzung geholt wird, ausschalten.	1,2

Referenz

C

AMI = 1 Award = 2 Phoenix = 3 MR-BIOS = 4

BIOS-Option	Bedeutung	BIOS
Com. Setting	Wenn Sie das Feld Pager aktiviert haben, wird hier das Datenformat für die Fehlerübermittlung angezeigt. Die Werte (8/1, No Parity) sind fest vorgegeben und nicht veränderbar.	3
Concurrent PCI/Host	Ist diese Option Disabled, wird der CPU-Bus während der PCI-Operation gesperrt.	2
Concurrent Refresh	Damit der DRAM-Speicher seinen Speicherinhalt nicht verliert, muss er regelmäßig aufgefrischt werden. Diesen Refresh stellen Sie hier mit Enabled ein, Sie erreichen damit gleichzeitig eine Performancesteigerung.	1
Configuration Mode	Sie legen unter dieser Option die Plug & Play-Funktionalität fest. Baugruppen, die PnP unterstützen, werden dabei automatisch erkannt und installiert. Einstellungsmöglichkeiten: Use BIOS Setup (Standard; das Betriebssystem übernimmt einen Teil der PnP-Funktionen). Diese Einstellung sollten Sie nur dann wählen, wenn das Betriebssystem PnP unterstützt. Use PnP OS (das System-BIOS übernimmt die gesamte PnP-Funktionalität).	3
Configuration Table	Mit diese Option können Sie nach dem POST, jedoch noch vor dem Laden des Betriebssystems, die Konfigurationstabelle anzeigen. In dieser Tabelle erhalten Sie eine Zusammenfassung der Hardwaregeräte und der Einstellungen, die das BIOS während des POST erkennt.	2
Configure SDRAM Timing by SPD	Wählen Sie unter dieser Option Enabled (aktiviert), wird die DRAM-Taktrate automatisch in Abhängigkeit der Einstellung im Menüpunkt DRAM SPEED konfiguriert.	1
Configure with BIOS Defaults	Hiermit wird die Normalkonfiguration des BIOS vorgenommen. Sie haben damit einen lauffähigen PC, aber mehr auch nicht.	1
Connection	Vorausgesetzt, Sie haben im Feld VT100 Enabled gesetzt, dann können Sie hier die Verbindungsart für die Kommunikation zum Terminal festlegen. Einstellungsmöglichkeiten: Direct, Dial In, Dial In with Callback, Dial In with Callback Extensions.	3
Conserve Mode	Mit dieser Option kann der Conserve-Modus eingeschaltet (Enabled) oder ausgeschaltet (Disabled) werden.	2
Contrast Enhancement	Ist diese Option Enabled, verbessert sich der Kontrast, gleichzeitig wird die Zahl der Graustufen gesenkt. Manche Programme bereiten Probleme.	3
Cooling Control	Unter dieser Option legen Sie den Kühlmodus fest. Einstellungsmöglichkeiten: Performance (bei Überschreitung der Temperaturgrenze wird erst der Lüfter eingeschaltet, und falls die Temperatur weiter steigt, wird zusätzlich die Taktfrequenz des Prozessors heruntergesetzt), Silence (zuerst Heruntersetzung der Taktfrequenz des Prozessors, dann wird der eingebaute Lüfter eingeschaltet).	3
Core Plane Voltage	Zur Einstellung der internen Prozessorspannung, wenn die Option CPU Power Plane auf Dual Voltage steht.	2
CPU (V)	Hier wird die aktuelle Spannung, die an der CPU anliegt, angezeigt.	2
CPU 1 Fan Speed	Unter dieser Option wird die Drehzahl des Prozessorlüfters angezeigt.	2
CPU 2 Fan Speed	Hier wird die Drehzahl eines weiteren Lüfters im Gehäuse angezeigt.	2
CPU Address Pipelining	Hier können Sie, wenn Enabled, das Pipelining nutzen, bei dem die Speicheradresse für den nächsten Zugriff schon zur CPU übermittelt wird, wenn noch die alten Daten eingelesen werden. Dadurch werden Übertragungspausen vermieden.	2
CPU Burst Write Assembly	Ist diese Option Enabled und unterstützt Ihr System diese Technologie, werden die Daten in den vier Buffern zu Bursts mit größerem Datenumfang zusammengefasst.	2

BIOS-Befehle – alphabetisch

C

AMI = 1   Award = 2   Phoenix = 3   MR-BIOS = 4

BIOS-Option	Bedeutung	BIOS
CPU Bus/PCI Freq. (MHz)	Unter dieser Option finden Sie den Wert, mit dem der Taktgenerator informiert wird, welche Taktrate an die einzelnen Geräte (Grafikkarte usw.) der Platine weitergibt. Das Taktratenverhältnis mal die Busfrequenz ergibt den inneren CPU-Takt (CPU Speed).	2
CPU Clock Frequency	Unter dieser Option können Sie den externen CPU-Takt einstellen. Einstellungsmöglichkeiten: 66,8 MHz, 68,5 MHz, 75,0 MHz, 83,3 MHz, 100 MHz, 103 MHz, 112 MHz, 117 MHz, 124 MHz, 129 MHz, 133,3 MHz, 138 MHz, 143 MHz, 148 MHz, 153 MHz. Nehmen Sie hier nur Veränderungen vor, wenn Sie zuvor das Handbuch gelesen haben und sich Ihrer Sache absolut sicher sind.	2
CPU Clock Ratio	Unter dieser Option können Sie das Verhältnis von Internal (Core) and External (Bus) Frequenz für den Intel Pentium II einstellen. Die Voreinstellung ist 3.5x. Einstellungsmöglichkeiten: 1.5, 2.0, 2.5, 3.0, 3.5, 4.0, 4.5, 5.0, 5.5, 6.0, 6.5, 7.0, 7.5, 8.0.	2
CPU Clock/Spread Spectrum	Unter dieser Option können Sie den Takt geringfügig frequenzmodulieren, wodurch sich die elektromagnetische Störstrahlung verringert.	2
CPU Code Cache	Unter dieser Einstellung wird der in der CPU integrierte Code-Cache angezeigt. Während der AMD K6 32 KByte besitzt, sind es beim Pentium-Prozessor 16 KByte. Der Wert dieser Option zuzüglich des Werts aus dem CPU-Data-Cache ergibt den L1-Cache des Prozessors.	4
CPU Code Update	Wenn diese Option Enabled ist, können Sie ein BIOS-Update vornehmen und das BIOS flashen. Allerdings besitzen die meisten Boards einen Jumper bzw. einen DIP-Schalter, der das Flashen freigibt.	?
CPU Core	Unter dieser Option können Sie das Verhältnis zwischen innerem und externem CPU-Takt einstellen. Einstellungsmöglichkeiten: 2.0x, 2.5x, 3.0x, ... 7.0x, 7.5x, 8.0x. Diese Option muss zusammen mit der Option CPU Bus/PCI Freq. eingestellt werden, damit beide Werte zusammen die CPU-Geschwindigkeit ergeben. Beachten Sie aber, dass die aktuellen CPUs bereits einen vom Werk festgelegten Multiplikator besitzen, der nicht vom Motherboard beeinflusst werden kann.	2
CPU Core Voltage	Unter dieser Option finden Sie die Spannung, die der CPU zugeführt wird. Wenn Sie die Spannung ändern wollen, beachten Sie unbedingt die Angaben im Handbuch zur CPU-Spannung. Einstellungsmöglichkeiten: Auto und Manual.	2
CPU Core: Bus Freq. Multiple	Wenn CPU Speed auf Manual steht, können Sie unter dieser Option das Verhältnis zwischen innerer und externer CPU-Taktrate einstellen. Diese Option muss zusammen mit CPU Bus/PCI Freq. eingestellt werden, damit die beiden Werte die CPU-Geschwindigkeit ergeben. Einstellungsmöglichkeiten: 2.0x, 2.5x, 3.0x, ... 7.0x, 7.5x, 8.0x. Alle aktuellen CPUs haben einen vom Werk aus festgelegten Multiplikator, der vom Board nicht beeinflusst werden kann.	2
CPU Current Temperature	Falls Ihr Board einen LM78/79-Baustein integriert hat, werden die von ihm ermittelten Parameter an das BIOS weitergeleitet. Hier kann man z. B. die Temperatur überprüfen. Einstellungsmöglichkeiten sind unter dieser Option nicht vorhanden. Mit geeigneter Software können Sie sich über das integrierte DMI (Desktop Management Interface) die Werte auch anzeigen lassen.	1
CPU Cycle Cache Hit WS	Haben Sie hier Normal eingestellt, wird der Cache-Speicher durch normale Prozessorzyklen aufgefrischt. Unter Fast erfolgt der Refresh ohne CPU-Zyklen vor CAS.	2
CPU Data Cache	Unter dieser Einstellung wird der in der CPU integrierte Data-Cache angezeigt. Während der AMD K6 32 KByte besitzt, sind es beim Pentium-Prozessor 16 KByte. Der Wert dieser Option zuzüglich des Werts aus dem CPU-Code-Cache ergibt den L1-Cache des Prozessors.	4

Referenz

C

AMI = 1   Award = 2   Phoenix = 3   MR-BIOS = 4

BIOS-Option	Bedeutung	BIOS
CPU Default	Diese Option erkennt den CPU-Typ und wählt die korrekte Spannung aus. Haben Sie diese Option aktiviert, zeigt Core Voltage die augenblickliche Spannungseinstellung. Wie bei allen Soft Menue-Einstellungen sollten Sie auch möglichst hier nichts verändern, da sonst der Schaden groß sein kann.	2
CPU Doze Mode Timer	Mit dieser Option können Sie den Prozessor in den Doze (Schlummer) schicken, für den Fall, dass keine Aktivitäten stattfinden (siehe Seite 145).	3
CPU Drive Strength	Einstellungsmöglichkeiten für die CPU Drive-Stärke. Einstellungsmöglichkeiten: 0, 1, 2 (Default), 3, 4, 5, 6, 7 und Auto.	2
CPU Dyn1c Fast Cycle	Durch die Aktivierung dieser Option wird der Zugang zum ISA-Bus beschleunigt. Einstellungsmöglichkeiten: Enabled, Disabled.	2
CPU Fan Alarm	Hier können Sie einstellen, ob bei Ausfall des CPU-Lüfters Alarm gegeben wird oder nicht.	1
CPU Fan Malefunction Alarm	Stellen Sie diese Option auf Enabled, damit bei Lüfterproblemen ein Alarm erfolgt.	2
CPU Fan Off Option	Ist hier Always On eingestellt, kann der CPU-Ventilator im Suspend-Modus ausgeschaltet werden.	2
CPU FAN Off in Suspend	Sie sollten diese Option nur Enabled haben, wenn Sie im Suspend-Modus für den Prozessor tatsächlich keine Kühlung brauchen.	2
CPU FAN On Temp High	Ab der eingestellten Temperatur wird ein evtl. zugeschalteter Lüfter aktiviert.	2
CPU Fan Speed	Sie können über den Chip LM78/79 wichtige Systemparameter auf dem Board und im PC abfragen. Diese Option dient dazu, den Prozessorlüfter zu kontrollieren.	2
CPUFAN Warning Speed	Sie können unter dieser Option die Drehzahlgrenze des Lüfters einstellen. Wenn diese unterschritten wird, erfolgt ein Warnsignal über den Lautsprecher. Einstellungsmöglichkeiten: Disabled, 3000, 3500, 4000 RPM (RPM=U/min).	2
CPU Fast String	Option für Pentium Pro- und Pentium II-Prozessoren. Hier lässt sich ein String Move-Befehlsmodus, der die Performance des L1-Cache im Prozessor beeinflusst, aktivieren. Hier wird das Verhältnis zwischen CPU-Busmaster und Prozessor-Burst-Modus geregelt. Sollte auf Enabled stehen.	2
CPU Frequency (MHz)	Hier wählen Sie die Geschwindigkeit der CPU aus, die sich aus dem Bustakt und dem Multiplikator ergibt. Die Einstellungsmöglichkeit variieren von Board zu Board. Ziehen Sie unbedingt Ihr Handbuch zurate.	2
CPU Frequency Selection	Bevor Sie diese Option einstellen, überprüfen Sie zunächst den Taktgenerator des Mainboards. Die Frequenzen des ICS9248-64 sind: 100/120/133. Die Frequenzen des ICS 9248-110 sind: 90/95/100-125/133/140/150. Überprüfen Sie, ob Ihre CPU diese Frequenzen unterstützt, und stellen Sie diese Funktion ein. Wenn Sie diese Option auf manuell einstellen, können Sie die CPU-Frequenz dementsprechend einstellen.	1
CPU FSB Plus (MHz)	Unter dieser Option können Sie die FSB-Geschwindigkeit der CPU einstellen. Sie können sowohl die Einstellung von CPU FSB/PCI Clock erhöhen als auch die CPU FSB-Geschwindigkeit unabhängig voneinander einstellen. 29 Einstellungsmöglichkeiten von 0 (Default) bis 28 stehen Ihnen zur Verfügung. Haben Sie Probleme wegen einer falschen Einstellung, dann schalten Sie den PC aus und starten ihn neu. Dabei werden die Grundeinstellungen verwendet.	2

BIOS-Befehle – alphabetisch

C

AMI = 1   Award = 2   Phoenix = 3   MR-BIOS = 4

BIOS-Option	Bedeutung	BIOS
CPU FSB/PC-Takt oder CPU FSB/PCI Clock	Hier gibt es mehrere Einstellungsmöglichkeiten. Die linke Nummer ist die Frontseiten-Busgeschwindigkeit (Frontside-Bus) des Prozessors, währen die rechte Nummer die PCI-Busgeschwindigkeit angibt: 100/33MHz 101/33MHz 103/34MHz 105/35MHz 107/35MHz 110/36MHz 112/37MHz 115/38MHz 117/39MHz 120/40MHz 122/40MHz 124/41MHz 127/42MHz 133/44MHz.	1, 2
CPU Hardwired IOQ oder CPU Hardwired IOQ Stage	Um die volle Performance des Chipsatzes zu nutzen, können Sie unter dieser Option die Ansteuerung einstellen. Einstellungsmöglichkeiten: 1 Level, 4 Level. Empfehlung: Sie können die 4 Level einstellen. Sollte es zu einem instabilen Betrieb kommen, setzen Sie den Wert zurück.	2
CPU Host Clock (CPU/PCI) oder CPU Host/PCI Clock	Unter dieser Option können Sie die Taktkombination von CPU und PCI Bus einstellen. Während CPU Host für die Taktfrequenz des CPU-Bus zuständig ist, ist dies PCI Clock für die Taktung des PCI-Bus zur Weitergabe der Signale von der CPU an z. B. eine Grafikkarte. Wählen Sie Default, werden die aktuellen Werte verwendet. Sie sollten an der Werkeinstellung nur dann etwas verändern, wenn Sie Ahnung davon haben!	2
CPU Internal Core Speed	An dieser Stelle wird der interne (Core-)Wert des Prozessors auf Boards mit Pentium II angegeben. Keine Einstellnotwendigkeit, da es sich um einen reinen Informationswert handelt.	1,2
CPU Internal Cache	Die 16-KByte-Cache auf dem Pentium-Chip sind sehr wichtig, wichtiger als der Second-Level-Cache. Also immer auf Enabled stellen, sonst fällt die Rechnerleistung auf unter 65 % (siehe Seite 181). Sollten Sie auf Ihrem Motherboard noch Jumper oder im BIOS eine Option finden, mit der man die Write-Strategie einstellen kann, dann die Funktion auf Write Back stellen.	1,2,3
CPU L2 Cache ECC Checking	Damit wird die Fehlererkennung und Korrektur für den L2-Cache des Pentium II-PCs (Vers. ab 266 MHz) mithilfe einer so genannten ECC (Error Checking and Correction) ständig überprüft. Die Aktivierung geht zu Lasten der Geschwindigkeit. Die Deaktivierung bringt eine theoretisch geringere Zuverlässigkeit mit sich, die jedoch nur bei professionellen Server- oder Workstation-Anwendern ins Gewicht fällt. Man kann diese Option im privaten Bereich vernachlässigen, da auch Intel selbst die älteren Pentium II-PCs bis 266 MHz ohne diese Funktion ausgeliefert hat. Wer aber seinen neuen Pentium II übertakten will, sollte auf den Cache ECC nicht verzichten. Wie der leicht zu übertaktende Celeron ohne L2-Cache beweist, verträgt der Prozessorkern eine wesentlich höhere Taktfrequenz als sein externer Second-Level-Cache. Ein mit ECC abgesicherter Cache vermindert beim Übertakten das Risiko des unkontrollierten Absturzes. Allerdings bringt eine Aktivierung dieser Option Performanceverlust mit sich (siehe auch Seite 181).	1,2
CPU L2 Latency Adjust	Unter dieser Option stellen Sie die Refresh-Rate für den Level-2-Cache ein. Einstellungsmöglichkeiten: Def08 (Default), Set01 bis Set07 (erhöht die Refresh-Rate), Set08 (keine Änderung), Set09 bis Set15 (senkt die Refresh-Rate). Sie können unbedenklich die richtige Einstellung für Ihr System suchen.	2
CPU Level 1 Cache	Mit dieser Option können Sie den internen Cache-Speicher der CPU ein-/ausschalten. Er sollte eingeschaltet sein und nur dann auf Disabled stehen, wenn alte und schlecht programmierte Programme Probleme bereiten.	2
CPU Level 2 Cache	Sie können hier den External Cache-Speicher der CPU ein-/ausschalten. Sie sollten die Option auf Enabled stehen haben.	2

C

AMI = 1   Award = 2   Phoenix = 3   MR-BIOS = 4

BIOS-Option	Bedeutung	BIOS
CPU Level 2 Cache ECC Check	Damit wird die Fehlererkennung und -korrektur für den L2-Cache des Pentium II-PCs (Vers. ab 266 MHz) mithilfe einer so genannten ECC (Error Checking and Correction) ständig überprüft. Die Aktivierung geht zu Lasten der Geschwindigkeit. Die Deaktivierung bringt eine theoretisch geringere Zuverlässigkeit mit sich, die jedoch nur bei professionellen Server- oder Workstation-Anwendern ins Gewicht fällt. Man kann diese Option im privaten Bereich vernachlässigen, da auch Intel selbst die älteren Pentium II-PCs bis 266 MHz ohne diese Funktion ausgeliefert hat. Wer aber seinen neuen Pentium II übertakten will, sollte auf den Cache ECC nicht verzichten. Wie der leicht zu übertaktende Celeron ohne L2-Cache beweist, verträgt der Prozessorkern eine wesentlich höhere Taktfrequenz als sein externer Second-Level-Cache. Ein mit ECC abgesicherter Cache vermindert beim Übertakten das Risiko des unkontrollierten Absturzes. Allerdings bringt eine Aktivierung dieser Option Performanceverlust mit sich.	1,2
CPU Line Read Prefetch oder CPU Line Read Prefetch/Multiple	Während des laufenden Arbeitsprozesses wendet sich bei einem Prefetch der Chipsatz bereits dem nächsten Lesebefehl zu. Im Zusammenhang mit CPU Line Read/Multiple wird die CPU ebenfalls entlastet.	2
CPU Line Read/Multiple	Wenn diese Option aktiviert ist, liest die CPU immer eine ganze Zeile aus dem Cache aus. Damit wird eine Datenmenge von 32 Bytes auf einmal erfasst und damit der Prozessor entlastet. Falls Sie Multiple Line Read aktiviert haben, werden sogar mehrere Zeilen aus dem Speicher gelesen.	2
CPU Memory Sample Point	Unter dieser Option bestimmen Sie den Cycle Check Point (Zykluskontrollpunkt). Sie legen damit den Zeitpunkt fest, bei dem die Speicherdekodierung und die Kontrolle des Cache Hit und Cache Miss stattfindet. Einstellungen: 0 Wait, 1 Wait.	2
CPU MicroCode Updation	Ist diese Option aktiviert, ist es möglich, den MicroCode der CPU upzudaten. Die Standardeinstellung ist Enabled.	1
CPU Mode	Hier finden Sie das Modell Ihrer CPU. Keine Einstellungsmöglichkeit, warum auch!	2
CPU Model	Unter dieser Option ist die installierte CPU, wie sie vom BIOS erkannt wird, eingetragen.	2
CPU MST DEVSEL# Time-Out	Unter dieser Option stellen Sie die Zeitspanne bis zum Timeout ein. Für den Fall, dass der Prozessor einen Masterzyklus initiiert, der eine Adresse benötigt, die sich nicht innerhalb des PCI/VESA- bzw. ISA-Speichers befindet, beobachtet das System den DEVSEL-Pin, um auf eine Zyklusanforderung eines Geräts zu warten. Einstellungsmöglichkeiten: 3, 4, 5, 6 PCICLK	2
CPU Mstr Fast Interface	Unter dieser Option können Sie eine schnelle Back-to-Back-Schnittstelle aktivieren, vorausgesetzt, der Prozessor fungiert als Busmaster. Dadurch werden aufeinander folgende Lese-/Schreibaktionen in den Prozessor-Burst-Modus übersetzt. Einstellungsmöglichkeiten: Enabled, Disabled.	2
CPU Mstr. Post-WR Puffer	Falls der Prozessor als Busmaster für den Zugang zum Speicher oder zur E/A fungiert, regelt diese Option die Verwendung eines sehr schnellen Post-Write-Puffers. Einstellungsmöglichkeiten: NA (Not Available = nicht verfügbar), 1, 2, 4.	2
CPU Name Is:	Hier wird der Name der CPU angezeigt, wie er vom BIOS erkannt wird.	2
CPU Name/Type	Diese Option finden Sie im CPU-SOFT MENU. Das BIOS erkannt ggf. Prozessoren automatisch am Spezifikationsmode und zeigt den Typ der CPU, den Hersteller und die Prozessorfamilie an.	2

BIOS-Befehle – alphabetisch

C

AMI = 1   Award = 2   Phoenix = 3   MR-BIOS = 4

BIOS-Option	Bedeutung	BIOS
CPU Netzteil	Unter dieser Option können Sie zwischen der für den Prozessor vorgegebenen Spannung und der vom Anwender festgelegten Spannung umschalten. Sie sollten mit dieser Option äußerst vorsichtig umgehen, um Schaden am Prozessor zu vermeiden.	?
CPU Default	Unter dieser Einstellung wird die korrekte Spannung vom System automatisch gewählt, die Option Core Voltage zeigt die momentane Spannung an und ist nicht änderbar. Sie sollten möglichst diese Option verwenden, um Schaden von der CPU abzuwenden.	?
User Define (Versorgungsspannung für den Prozessorkern):	Mit dieser Einstellung können Sie die Spannung manuell auswählen, und zwar über Core Voltage mit den Tasten [Bild↓] und [Bild↑]. Folgende Werte sind einstellbar: 2,05 V in 0,05er-Schritten abwärts bis 1,30 V. Beachten Sie unbedingt die Angaben im Handbuch.	?
User Define (E/A-Spannung):	Folgende Werte sind einstellbar: 3,0 V in 0,1er-Schritten abwärts bis 3,20 V. Beachten Sie unbedingt die Angaben im Handbuch.	2
CPU Operating Speed	Diese Option finden Sie im CPU-SOFT MENU. Hier kann man den echten Prozessortakt eingeben. Das BIOS stellt dann die Optionen External Clock und Multiplier Factor automatisch ein. Fall Sie die Werte selbst einstellen wollen, müssen Sie die Option User Defined auswählen. CPU-Geschwindigkeit = äußerer Takt x Multiplikator (siehe ab Seite 154).	2
CPU Overheat Alarm (>72°C)	Wenn Sie diese Option aktiviert haben, ertönt ein Warnton, sobald die Temperatur der CPU 72° übersteigt. Zusätzlich wird die Betriebsgeschwindigkeit des Prozessors herabgesetzt.	2
CPU Overheat Warning oder CPU Overheat Warning Temperature	Wenn Sie diese Option Enabled haben, können Sie einen Grenzwert für die CPU-Temperatur festlegen und Sie werden bei Überschreiten mit einem Warnton sofort informiert.	1,2
CPU Pipeline Function	Haben Sie diese Option Enabled geschaltet, kann der System-Controller den Prozessor bei der Bestimmung einer neuen Speicheradresse unterstützen, bevor der Datenaustausch im aktuellen Zyklus abgeschlossen ist. Damit wurde das Address Pipelining (Adressenüberlappung) aktiviert.	2
CPU Power Plane	Mit dieser Option können Sie die Spannung für den Prozessor bestimmen. Es stehen folgende Möglichkeiten zur Verfügung: Single Voltage, Dual Voltage, Via CPU Marking. Für CPUs ohne MMX, die nur eine Spannung brauchen: Es wird die Option Plane Voltage aktiviert. Für CPUs mit MMX, die zwei Spannungen benötigen: Es werden die Optionen I/O Plane Voltage und Core Plane Voltage aktiviert. Hier wird die Spannung direkt über die CPU gesteuert, und zwar über den Spezifikationscode. Ein fünfstelliger Code wird ausgelesen und danach die Spannung ermittelt. Alle anderen Optionen sind dann ausgeschaltet.	2
CPU Power Supply	Ist unter dieser Option CPU Default eingestellt, wird die Spannung automatisch ausgewählt, während bei User Define die manuelle Einstellung möglich ist. Die voreingestellten Werte nur dann vorsichtig (!) ändern, wenn Sie den Rechner übertaktet haben und Probleme bekommen (siehe Seite 174).	2
CPU Pull Up Strength	Unter dieser Option kann man die CPU Pull Up-Stärke einstellen. Insgesamt stehen folgende Einstellungen zur Verfügung: 0, 1, 3 (Default), 4, 5, 6, 7 und Auto.	2
CPU Ratio oder CPU Ratio Selection	Unter dieser Option können Sie ggf. den Multiplikator des Bustakts einstellen. Einstellungsmöglichkeiten: 2x in 0.5 Schritten bis 8.0x. Sie sollten mit dieser Einstellungsmöglichkeit vorsichtig umgehen, um Schaden an der CPU zu vermeiden.	2

Referenz

C

AMI = 1   Award = 2   Phoenix = 3   MR-BIOS = 4

BIOS-Option	Bedeutung	BIOS
CPU Serial Number	Wenn Sie einen Pentium III eingebaut haben, ist die Option CPU Serial Number sichtbar. Sie können dann die Seriennummer ein- bzw. ausschalten. Einstellungsmöglichkeiten: Enabled, Disabled.	3
CPU Speed oder CPU Speed Detected	Hier finden Sie die Taktfrequenz Ihrer CPU. Sie können hier ggf. Einstellungen vornehmen, sollten jedoch berücksichtigen, dass Übertakten nicht immer sinnvoll ist. In manchen BIOS erfolgt nur eine Anzeige (siehe ab Seite 154).	2
CPU Status	Hier wird der Prozessorzustand angezeigt und festgelegt, ob der Prozessor verwendet werden kann oder nicht. Voraussetzung ist aber, es müssen zwei Prozessoren gesteckt sein. Sie dürfen einen Prozessor nur abschalten, wenn eine Fehlfunktion (wird im Error-Log aufgezeichnet) gemeldet wurde. Einstellungsmöglichkeiten: Enabled (der Prozessor kann vom Betriebssystem verwendet werden), Disabled (der Prozessor kann nicht vom Betriebssystem verwendet werden).	3
CPU Temp. oder CPU Temperature	Sie können über den Chip LM78/79 auch Temperaturen überwachen, inkl. die des Prozessors. Mit dem Softwaretool LANDesk Client Manager können Sie sich die Daten unter Windows auf den Bildschirm holen. Sie können unter anderem mit dem Programm auch bestimmte Grenzwerte festlegen, bei deren Überschreitung Alarm gegeben wird. Optimal sind 75°.	1,2
CPU Thermal-Throttling	Unter dieser Option können Sie einstellen, auf wie viel Prozent die CPU im Fall des Suspend-Modus heruntergetaktet werden soll. Einstellungsmöglichkeiten: 87,5 %, 75,0 %, 62,5 % (Default), 50,0 %, 37,5 %, 25,0 %.	2
CPU to DRAM Page Mode	Wenn die Daten aus den RAM-Chips gelesen werden, schließt der Prozessor die Seite wieder, wenn Sie diese Option Disabled (empfohlen) haben. Haben Sie die Option auf Enabled stehen, bleibt die Seite geöffnet.	2
CPU to DRAM Write Buffer	Ist diese Option Disabled, werden die Daten direkt zum DRAM geschrieben, Der Prozessor wird dabei zum Abarbeiten der Schreibaufträge unterbrochen.	2
CPU to IDE Posting	Hier können Sie den Datentransfer zwischen Prozessor und IDE-Festplatte über den Puffer beschleunigen. Allerdings kommen einige ältere Festplatten, egal aus welchen Gründen auch immer, damit nicht so zurecht.	2
CPU to PCI Buffers/Burst/Post	Haben Sie diese Option Enabled geschaltet, wird die Datenübertragung vom PCI-Bus gebuffert, bevor die CPU auf die Information zugreift. Das verbindet ISA- und PCI-Bus miteinander.	2
CPU to PCI Burst Mem. WR oder CPU to PCI Burst Write oder CPU to PCI Bursting	Unter dieser Option regeln Sie den PCI-Burst-Schreibzyklus. Aufeinander folgende Back-to-Back-Prozessor-Speicherzyklen, die an den PCI-Burst adressiert sind, werden in schnellerer PCI-Burst-Speicherzyklen übersetzt. Einstellungsmöglichkeiten: Enabled (schneller), Disabled (langsamer, aber stabiler). Der PCI-Burst-Modus ist auch für PCI-Karten wichtig, jedoch auf neueren Boards fast nicht mehr zu finden. Wenn ja, dann sollte er Enabled sein.	1,2
CPU to PCI Byte Merge	Die Option Byte Merging fasst die 8/16-Bit-Dateninformationen, die über den PCI-Bus gehen, zu Blöcken mit je 32 Bit zusammen. Dadurch wird die Performance gesteigert, vor allen Dingen in der Grafikdarstellung.	2
CPU to PCI Fast Back-to-Back	Haben Sie diese Option aktiviert, werden aufeinander folgende Back-to-Back-Prozessor-Speicher-Lesezyklen in schnellere PCI-Burst-Speicherzyklen übersetzt. Einstellungsmöglichkeiten: Enabled, Disabled.	2
CPU to PCI IDE Posting oder CPU to PCI POST/BURST	Wie beim Write Posting werden auch hier die Zugriffe über einen Buffer von der CPU an die PCI-IDE-Schnittstelle geleitet, um die CPU nicht zu bremsen. Auch diese Option sollte eingeschaltet (Enabled) sein.	2

BIOS-Befehle – alphabetisch

C

AMI = 1   Award = 2   Phoenix = 3   MR-BIOS = 4

BIOS-Option	Bedeutung	BIOS
CPU to PCI Read Burst	Haben Sie diese Option aktiviert, werden aufeinander folgende Back-to-Back-Prozessor-Speicher-Lesezyklen in schnellere PCI-Burst-Speicherzyklen übersetzt. Einstellungsmöglichkeiten: Off, On.	2
CPU to PCI Read line	Interessante Option für Besitzer eines Intel-Overdrive-Prozessors. Haben Sie die Option aktiviert, wird mehr Zeit für die Vorbereitung des Datenaustauschs zur Verfügung gestellt. Das bedeutet mehr Datensicherheit. Einstellungsmöglichkeiten: Enabled, Disabled.	2
CPU to PCI Write Buffer	Unter dieser Option können Sie die zu schreibenden Daten auf dem Weg zum PCI-Bus puffern. Einstellungsmöglichkeiten: Disabled, Enabled.	2
CPU to PCI Write Post	Wenn Sie diese Option aktivieren, wird der Prozessor beim Zugriff auf den zusätzliche Speicher zwischen CPU und PCI-Bus entlastet. Haben Sie den Zwischenspeicher Enabled, wird vor allen Dingen die Grafik bei Verwendung von PCI-Karten beschleunigt.	2
CPU to PCI Write Posting	Schreibzugriffe vom PCI-Bus in Richtung CPU werden hier gepuffert, und damit kann der PCI-Bus weiterarbeiten, auch wenn die CPU gerade beschäftigt ist. Die Option sollte eingeschaltet sein, weil sonst die CPU blockiert, bis der PCI-Bus frei ist.	2
CPU Type	Hier wird der Prozessortyp angezeigt, der während des POST gefunden wurde.	4
CPU Vcore oder CPU Vcore Select oder CPU Voltage Control	Unter dieser Option finden Sie die Spannung, die der CPU zugeführt wird. Wenn Sie die Spannung ändern wollen, beachten Sie unbedingt die Angaben im Handbuch zur CPU-Spannung. Einstellungsmöglichkeiten: Auto und Manual.	2
CPU Voltage Selection	Überprüfen Sie Ihren Prozessor und stellen Sie diese Funktion entsprechend ein. Wenn Sie diese Funktion auf <manuell> setzen, können Sie die CPU-Spannung einstellen. CPU-Spannungen sind: 1,40/1,45/1,50/1,55/1,60/1,65/1,70/1,75. Zu hohe Spannungen zerstören den Prozessor, zu niedrige Spannungen lassen das System instabil werden.	1
CPU Warning Temperature	Wenn die hier von Ihnen eingegebenen Temperaturwerte über- bzw. unterschritten werden, erfolgt Alarm.	2
CPU Write Back Cache	Haben Sie Enabled eingestellt, bedeutet dies die Write-Back-Caching-Methode, und bei Disabled ist es die Write-Through-Caching-Methode.	2
CPU/PCI Burst Mem. Write	Haben Sie die Option aktiviert, werden Burst-Schreibzyklen zum Speicher durch den PCI-Burst und Prozessor unterstützt. Einstellungsmöglichkeiten: Enabled, Disabled.	2
CPU/PCI Clock Selection (MHz)	Unter dieser Option legen Sie das Verhältnis der externen CPU-Frequenz zum PCI-Takt fest. CPU-Takt Einstellungsmöglichkeiten: 66 MHz Auto (Standard), 75/37.5, 83,3/41.6, 66.8/33.3 100 MHz Auto (Standard), 124/41.33, 112/37.3, 133/44.43, 100/33.3.	1
CPU/PCI Post Mem. Write	Wenn Sie die Option aktivieren, werden gepufferte Schreibzyklen (Post Writes) zum Speicher durch den PCI-Bus und Prozessor unterstützt. Einstellungsmöglichkeiten: Enabled, Disabled.	2
CPU/PCI Post Write Delay	Unter dieser Option können Sie eine Verzögerung von Prozessor- zu PCI-Post-Writes in Prozessorzyklen einstellen. Einstellungsmöglichkeiten: 1T, 2T.	2
CPU/PCI Write Phase	Unter dieser Option wird die Pausenlänge zwischen Adressübermittlung und Datentransfer von der CPU zum PCI angegeben. Je schneller Ihre CPU, desto größer ist der Geschwindigkeitsunterschied zum PCI-Bus, und umso höher muss der Wert sein.	2
CPU1 Clock Ratio oder CPU2 Clock Ratio	Unter diesem Menüpunkt können Sie das Taktverhältnis für CPU1/CPU2 festsetzen.	2

Referenz

C

	AMI = 1 Award = 2 Phoenix = 3 MR-BIOS = 4	
BIOS-Option	**Bedeutung**	**BIOS**
CPU1 Vcore Select oder CPU2 Vcore Select	Hier können Sie die Kernspannung für CPU1 und CPU2 wählen.	2
CPUFAN Off in Suspend	Unter dieser Option können Sie einstellen, ob der Prozessorlüfter im Suspend-Modus ein- bzw. ausgeschaltet ist. Einstellungsmöglichkeiten: Enabled, Disabled.	2
Create RAID	Hier können Sie ein RAID-Array erstellen.	2
Create Spare Disk	Unter dieser Option können Sie die Platte aussuchen, die als Backup für ein Mirror Disk Array fungieren soll.	2
Critical Events in Log	Manche kritischen Ereignisse werden aufgelistet. Wenn Sie das entsprechende Feld markieren und [Enter] drücken, erscheint ein Untermenü mit detaillierten Informationen zu dem kritischen Ereignis. Nachfolgend die Einträge des Untermenüs: Diese drei Einträge erscheinen in jedem Untermenü Date of Last Occurrence, Time of Last Occurrence, Total Count of Events/Errors, Single Bit ECC Events Memory Bank with Errors, Multiple Bit ECC Events Memory Bank with Errors, Pre-Boot Events POST ERRORS FOUND, Logging Disabled Certain Events Event Type Disable.	3
CRT Power Down oder CRT Sleep	Diese Option schaltet bei Enabled den Monitor ab, wenn das System in den Stromsparmodus wechselt. Funktioniert aber nicht mit allen Betriebssystemen einwandfrei.	2
CTRL I/O address	Hier kann die I/O-Adresse des I/O-Controllers kann auf verschiedene Werte eingestellt werden: 36A - 36B, 36C - 36D, 36E - 36F, 370 - 371.	3
Current Chassis FAN Speed	Hier wird die Einstellung des Gehäuselüfters in U/min angezeigt.	2
Current CPU 1/2/3 Speed	Wenn installiert, können Sie die Temperatur von bis zu 3 CPU-Kühlern ablesen.	2
Current CPU Fan Speed	Hier wird die Einstellung des CPU-Kühlers in U/min angezeigt.	2
Current CPU Temperature	Falls das Board die Temperaturüberwachung des Prozessors anbietet, wird hier die augenblickliche Temperatur Ihrer CPU angezeigt.	2
Current CPU1 Temperature oder Current CPU2 Temperature	Hier wird die Temperatur der CPU1 bzw. der CPU2 angezeigt. Keine Einstellungsmöglichkeiten.	2
Current CPUFAN1/2/3 Speed	Wenn installiert, können Sie die Temperatur von bis zu 3 CPU-Kühlern ablesen.	2
Current Power FAN Speed	Unter dieser Option wird die Geschwindigkeit des Netzteillüfters in Minuten (U/min, RPM) angezeigt.	2
Current SYSFAN1 Speed	Dieser Menüpunkt zeigt Ihnen die aktuelle Geschwindigkeit des an S_FAN1 angeschlossenen Systemlüfters.	2
Current System Temp oder Current System Temperature	Falls das Mainboard Überwachungs- und Alarmfunktionen für die CPU-Temperatur bietet, kann unter dieser Option die augenblickliche System- bzw. Chipsatztemperatur angezeigt werden.	2
Cycle Check Point	Mit dieser Option legen Sie die Zeitspanne fest, die für die Kontrolle der Lese- und Schreibzyklen bestimmt ist. Einstellungsmöglichkeiten: Fast Fastest Normal Slow 0, 1 Waitstates 0, 0 Waitstates 1, 2 Waitstates -, 3 Waitstates.	2
Cylinders; Cyl; Cylinder; Cyls; Cyln	Zylinderzahl, einstellen oder definieren. Sie variiert je nach BIOS-Typ und Hersteller zwischen 1.024 und 16.384 Zylindern (siehe Seite 46).	1, 2, 3, 4
Cyrix M2 ADS# Delay	Wenn ADS# bekannt, dann Delay 1 HCLK für den Cyrixx86MX. Ansonsten Disabled. Die notwendigen Angaben finden Sie in Ihrem Handbuch.	2

BIOS-Befehle – alphabetisch

	AMI = 1 Award = 2 Phoenix = 3 MR-BIOS = 4	
BIOS-Option	**Bedeutung**	**BIOS**
Data Integrity Mode (Non ECC)	Non-ECC hat eine byteweise Datenschreibfunktion, kann aber die Unverletzlichkeit der Daten auf der DRAM-Ebene nicht garantieren. EC-Only bewirkt, dass die Datenübertragungsfehler zwar angezeigt, aber nicht korrigiert werden. Während ECC bei hardwaremäßiger Unterstützung dazu führt, dass Ein- und Mehr-Bit-Fehler angezeigt werden und Ein-Bit-Fehler korrigiert werden.	2
Data Read 0 WS	Mit Disabled können Sie hier eine Verzögerung aktivieren, in der das System beim Lesen von Daten von der Transaktionsadresse wartet.	2
Data Write 0 WS	Mit Disabled können Sie hier eine Verzögerung aktivieren, in der das System beim Schreiben von Daten zu der Transaktionsadresse wartet.	2
Date	Einstellung von Datum und Zeit nach dem internationalen Standard. Man kann das Datum auch über das Betriebssystem oder von der DOS-Ebene aus mit dem Befehl Date ändern.	Alle
Date	Diese Option im Power-Management erlaubt es, ein Datum zwischen 1 und 31 festzulegen, an dem das System geweckt wird.	2
Day of Month Alarm	Falls Sie einen SIS5597-Chipsatz auf Ihrem Board installiert haben, können Sie unter dieser Option ein Datum für die Alarmfunktion eingeben.	2
Daylight Saving	Wer diese Funktion in seinem Setup hat, sollte sie am besten deaktivieren, da sie für die USA bestimmt ist und die Sommer- und Winterzeitumschaltung vornimmt.	2
Decoupled Refresh	Hier wird bestimmt, dass die regelmäßige Auffrischung der Speichersteine von Zugriffen der CPU getrennt wird. Dadurch gibt es beim Lesen oder Schreiben des Speichers keine Wartepausen mehr.	2
Default	Hier können Sie auf einfache Weise gleichzeitig alle Menüs und Funktionen ändern. Einstellungen: Original (hier kommen Sie zur Eingangseinstellung zurück), Optimal (das BIOS wählt sich die Werte aus, die aufgrund des POST relevant sind. Nach dieser Wahl sollten Sie alle Einstellungen überprüfen, dies gilt vor allem für die Änderungen im PnP and PCI Setup, da evtl. Probleme mit der Hardware auftauchen können), Fail-Safe (mit dieser Einstellung wird Sicherheit und nicht Tempo aktiviert, dies gilt vor allen Dingen für die Hardware).	1
Default Primary Video	Unter dieser Option können Sie einstellen, ob die evtl. vorhandene AGP- oder die PCI-Grafikkarte als erste angesprochene Grafikkarte verwendet wird.	1
Delay DRAM Read Latch	Unter dieser Option können Sie die Signalstärke des DRAM steigern. Damit wird die Kompatibilität der DRAM-Module erhöht. Einstellungsmöglichkeiten: Auto, No Delay, 0.5ns, 1.0ns, 1.5ns.	2
Delay Before Keys Repeat	Hier wird der Wert eingestellt, ab wann eine Taste als dauergedrückt angesehen wird. Die Einstellungen: 30 Chars/s und 250 ms Delay sind optimal.	4
Delay For HDD (Sec)	Hier stellt man die Verzögerung ein, auf die das BIOS auf die Bereitschaft der SCSI-Festplatte wartet. Einstellungen: von 0 bis 15 Sekunden.	2
Delay for SCSI	Hier können Sie einstellen, wie lange die automatische Geräteerkennung warten soll, bis das Gerät als nicht existent angesehen wird. Bei DIE- oder SCSI-Geräten kann es sein, dass die Initialisierung zu lang dauert und sie nicht erkannt werden. Setzen Sie hier den Wert hoch an.	2
Delay for SCSI/HDD	Sie können unter dieser Option in Sekunden die Verzögerung einstellen, die das BIOS auf die Bereitschaft der SCSI-Festplatte wartet. Einstellungsmöglichkeiten: 0 bis 60 Sekunden.	2
Delay DIE Initial	Diese Option dient der Unterstützung von alten Festplatten oder CD-ROMs, weil das BIOS diese Geräte z. T. nicht erkennt.	2

Referenz

	AMI = 1 Award = 2 Phoenix = 3 MR-BIOS = 4	
BIOS-Option	**Bedeutung**	**BIOS**
Delayed PCI Transaction oder Delayed Transaction	Hier wird der 32-Bit-Schreib-Puffer, der als eine Art Cache bei PCI-Transfers fungiert, aktiviert/deaktiviert. Um volle Kompatibilität mit PCI-1.2 zu erreichen, sollten Sie diese Option eingeschaltet haben. Dadurch werden die PCI-Zugriffe beschleunigt. Nur wenn eine ältere Steckkarte Probleme macht, sollten Sie diese Option ausschalten. Die Aktivierung kann bei neuen Soundkarten (z. B. Creative Labs Soundblaster AWE64-Value, ISA) zu Problemen führen.	1,2
Delete RAID	Mit dieser Option können Sie ein RAID-Array auf der DIE RAID-Controller-Karte entfernen. Alle auf der Festplatte gespeicherten Daten inkl. Partitionskonfiguration gehen verloren und werden gelöscht.	2
Detect Boot Virus by Trend	Unter dieser Option wird eingestellt, ob der Bootsektor der ersten Festplatte auf Viren untersucht wird (Enabled) oder nicht (Disabled).	1
Device 0 (Primary Master DIE) oder Device 1 (Primary Slave DIE)	Bei dieser Option können Sie die Überwachung der einzelnen Komponenten sowie deren IRQs einstellen, wenn sich das System im Energiesparmodus befindet. Einstellungen: Monitor überwacht Aktivitäten, Ignore weckt den Rechner nicht auf.	1
Device 2 (Secondary Master DIE) oder Device 3 (Secondary Slave DIE)	Bei dieser Option können Sie die Überwachung der einzelnen Komponenten sowie deren IRQs einstellen, wenn sich das System im Energiesparmodus befindet. Einstellungen: Monitor überwacht Aktivitäten, Ignore weckt den Rechner nicht auf.	1
Device 6 (Serial Port1) oder Device 7 (Serial Port2)	Bei dieser Option können Sie die Überwachung der einzelnen Komponenten sowie deren IRQs einstellen, wenn sich das System im Energiesparmodus befindet. Einstellungen: Monitor überwacht Aktivitäten, Ignore weckt den Rechner nicht auf.	1
Device 8 (Parallel Port)	Bei dieser Option können Sie die Überwachung der einzelnen Komponenten sowie deren IRQs einstellen, wenn sich das System im Energiesparmodus befindet. Einstellungen: Monitor überwacht Aktivitäten, Ignore weckt den Rechner nicht auf.	1
Diagnostic screen	Hier können Sie einstellen, ob beim Systemstart erweiterte Informationen gezeigt werden oder nur ein Logo gezeigt wird. Einstellungsmöglichkeiten: Enabled (erweiterte Infos), Disabled (Logo).	3
Diagnostic System	Hier legen Sie fest, was nach Ablauf des unter Boot Retry Counter eingestellten Systemneustarts passieren soll. Einstellungsmöglichkeiten: Enabled (von der 1. DIE-Festplatte wird das Diagnosesystem gestartet), Disabled (das Diagnosesystem wird nicht gestartet), Disk Not Installed (es ist kein DIE-Laufwerk mit dem Diagnoseprogramm installiert).	3
DIMM 1 oder DIMM 2 oder DIMM 3 EDO/SDRAM Timing	Unter dieser Option kann man eintragen, mit welchen Speicherchips die einzelnen Bänke bestückt sind. Einstellungen: Auto oder je nach Wert manuell.	2
Dirty PIN Selection	Haben Sie unter der Option Tag/Dirty Implement die Einstellung Combine gewählt, können Sie hier festlegen, ob die Dirty-PIN bidirektional oder nur für den Input benutzt wird.	2
Disable Shadow Memory Base	Damit kann ein bestimmter Adressbereich von der Spiegelung in den Systemspeicher ausgeschlossen werden. Je nachdem, welcher Bereich gesperrt wird, kann das Kopieren der ROM-Dateien verhindert werden. Der System-ROM-Speicherbereich kann nicht gesperrt werden.	1

Speicheradresse Shadow-ROM-Bereich	Genutzt als	Größe
C000 - C3FF	Video-ROM	16 KByte
XC400 - C7FF	Video-ROM	16 KByte

BIOS-Befehle – alphabetisch

D

AMI = 1   Award = 2   Phoenix = 3   MR-BIOS = 4

BIOS-Option	Bedeutung			BIOS
	C800 - CBFF	Adapter-ROM	16 KByte	
	CC00 - CFFF	Adapter-ROM	16 KByte	
	D000 - D3FF	Adapter-ROM	16 KByte	
	D400 - D7FF	Adapter-ROM	16 KByte	
	D800 - DBFF	Adapter-ROM	16 KByte	
	DC00 - DFFF	Adapter-ROM	64 KByte	
	F000 - FFFF	System-ROM	64 KByte	
Disable Shadow Memory Size	Diese Funktion steht im Zusammenhang mit Disable Shadow Memory Base. Es kann je nach eingestellter Anfangsadresse ein Bereich von 16, 32, 48 oder 64 KByte ab dieser Adresse eingestellt werden. Standard ist Disabled.			1
Discard Changes & Exit oder Discard Changes	Wenn Sie im BIOS etwas eingestellt heben, dieses aber wieder verwerfen wollen, dann rufen Sie diese Option auf. Damit bleibt das BIOS im alten Zustand.			3
Disk Drive Control	Mit der Option der Laufwerksteuerung lässt sich die Systemstartfunktion eines Festplatten- oder Diskettenlaufwerks steuern, um das Laden von Betriebssystemen oder anderen Programmen von einem bestimmten Laufwerk zu verhindern, während die anderen Laufwerke weiterhin betriebsfähig bleiben (ist nur unter DOS möglich).			2
	Floppy Drive (Diskettenlaufwerk)			
	Einstellung	Beschreibung		
	Normal	Diskettenlaufwerk funktioniert normal.		
	Write Protect All Sectors	Deaktiviert Schreibfunktion auf allen Sektoren.		
	Write Protect Boot Sector	Deaktiviert Schreibfunktion nur auf dem Bootsektor.		
	Hard Disk Drive (Festplatte)			
	Normal	Festplatte funktioniert normal.		
	Write Protect All Sectors	Deaktiviert Schreibfunktion auf allen Sektoren.		
	Write Protect Boot Sector	Deaktiviert Schreibfunktion nur auf dem Bootsektor.		
Diskette A: (B:)	Hier wird das Diskettenlaufwerk eingestellt.			3
Diskette Access	Hier wählt man den Zugriff auf das Diskettenlaufwerk aus. Entweder hat der Verwalter oder der Benutzer Zugriffsrecht.			3
Diskette Boot Device	Hier legen Sie fest, welches Diskettenlaufwerk nach den Systemdateien durchsucht werden soll. Einstellungsmöglichkeiten: Standard, Diskette, 120M/ZIP (nur wenn installiert).			3
Diskette Controller	Haben Sie die Option Enabled, ist der Diskettenlaufwerk-Controller aktiviert und IRQ6 belegt. Unter Disabled ist der Diskettenlaufwerk-Controller ausgeschaltet, und IRQ6 ist frei.			3
Diskette Write	Wenn Sie diese Option auf Disabled stellen, können Sie das Schreiben auf Diskette verhindern.			3
Display	Sie können 12-/24-Stunden Uhrzeit auswählen. Empfehlenswert ist die internationale Einstellung.			2

Referenz

D

AMI = 1   Award = 2   Phoenix = 3   MR-BIOS = 4

BIOS-Option	Bedeutung		BIOS
Display	Beim Display handelt es sich um ein Gerät, auf dem beim Booten des Systems die Eingabeaufforderung des Betriebssystems erscheint.		3
	Einstellung	**Inhalt**	
	Auto (Standard)	Wenn ein externer Monitor angeschlossen ist, wird dieser verwendet, andernfalls das LCD-Display.	
	LCD	Vom System wird das LCD-Display ausgewählt, auch wenn ein externer Monitor angeschlossen ist.	
	Both	Vom System werden beide, LCD und externer Monitor, ausgewählt. Das klappt aber nur bei einem monochromen LCD.	
Display Add-On ROM Messages	Diese Option stellt Bildschirmmeldungen von optionalen ROMs (z. B. Grafikkarten) zur Verfügung. Wenn Sie dies nicht wollen stellen Sie No ein.		1
Display Activity, IRQ 3/4/5/7/9/10/11/13/14/15	Bei dieser Option können Sie mit der Einstellung Monitor (IRQ 3,4,7,14) festlegen, dass der Zeitpunkt zum Erreichen des Standby-Modus erst dann aktiviert wird, wenn keine Aktivitäten mehr auf dem Monitor stattfinden. Mit Ignore (IRQ 5,9,10,11,13,15) werden Monitoraktivitäten ignoriert.		1
Display Always On	Wenn Heuristic Power Management Mode aktiviert ist, können Sie hier festlegen, ob die Bildschirmanzeige dauerhaft eingeschaltet ist oder nach einer bestimmten Zeit der Bildschirm dunkel geschaltet wird. Disabled (die Bildschirmanzeige ist nicht dauerhaft eingeschaltet), Enabled (die Bildschirmanzeige ist dauerhaft eingeschaltet). Diese Einstellung wird nur ab Windows 95 unterstützt.		3
Display BIOS POST Message	Mit Yes werden die Standardmeldungen beim POST auf dem Screen angezeigt, und mit No unterbleiben diese Meldungen.		1
Display Cache Frequency	Hier können Sie die Geschwindigkeit für Ihren Speicher einstellen. Wenn die Speichermodule allerdings die gewählte Geschwindigkeit nicht unterstützen, kann es zu Fehlern beim Booten bzw. zu Datenverlusten kommen. Einstellungsmöglichkeiten: 100 MHz und 133 MHz.		2
Display Device oder Display Device Selection	Unter dieser Option legen Sie das Gerät für die Bildschirmausgabe fest. Einstellungsmöglichkeiten: Monitor & LCD oder LCD&CRT (Bildschirmausgabe am Bildschirm des Notebooks und am externen Bildschirm), Monitor (Bildschirmausgabe erfolgt am externen Bildschirm), LCD oder LCD only (Bildschirmausgabe erfolgt am Bildschirm des Notebook), CTR (Bildschirmausgabe erfolgt am externen Bildschirm). CTR only wird aktiviert, wenn der Laptop an der Docking Station angeschlossen ist.		3
Display Expansion	Diese Option muss aktiviert werden, wenn externe Geräte zum Grafiksystem des Notebooks addiert werden. Einstellungsmöglichkeiten: Enabled, Disabled.		3
Display Format	Unter dieser Option können nach Wunsch entweder nach amerikanischem oder internationalem Standard die Uhrzeit und das Datum eingestellt werden.		3
Display Format	Hier kann man die Zeit und das Datum nach dem amerikanischen oder internationalen Standard einstellen.		4
Display Mode	Unter dieser Option legen Sie die Schriftbreite im Grafikmodus fest. Einstellungsmöglichkeiten: Standard (normale Schrift), Extended (gedehnte Schrift).		3
Display OPROM Message	Haben Sie diese Option aktiviert, werden beim ersten Start nach der Installation einer Grafikkarte Informationen ausgegeben. Sie können diese Option später deaktivieren.		3
DMA 16-Bit Wait State	Hier stellen Sie die Waitstates ein, die beim 16-Bit-DMA-Datenaustausch ausgeführt werden. Einstellungsmöglichkeiten: 1, 2, 3, 4 W/S.		2

BIOS-Befehle – alphabetisch

D

AMI = 1   Award = 2   Phoenix = 3   MR-BIOS = 4

BIOS-Option	Bedeutung	BIOS
DMA 8-Bit Wait State	Hier stellen Sie die Waitstates ein, die beim 8-Bit-DMA-Datenaustausch ausgeführt werden. Einstellungsmöglichkeiten: 1, 2, 3, 4 W/S.	2
DMA A	Unter dieser Option können Sie den DMA-Kanal A auf verschiedene Werte einstellen: DMA 1, DMA 0, DMA3.	3
DMA CAS Timing Delay	Hier können Sie die Wartezeiten vor dem Zugriff auf eine Spaltenadresse einstellen. Achten Sie auf Systemstabilität und tasten Sie sich langsam an den kleinstmöglichen Wert heran. Eventuell können Sie die Option sogar auf Disabled stellen.	1
DMA Channel	Unter dieser Option legen Sie den DMA-Kanal für den Audio-Controller fest. Einstellungsmöglichkeiten: DMA CH1, DMA CH0, DMA CH3.	3
DMA Channel 0, 1, 3, 5, 6, 7 oder DMA Channel x	Hier wird festgelegt, welcher DMA-Kanal einer ISA-Karte per Automatik oder manuell zugeordnet wird. Folgende Einstellungen sind möglich: ISA/EISA (der DMA ist fest zugeordnet und kann nicht weiter vergeben werden), PCI/PnP (der DMA ist frei und kann vom BIOS vergeben werden).	1
DMA Clock	Unter dieser Option bestimmen Sie die Frequenz, mit der der DMA-Datenaustausch stattfindet. Da falsche Einstellungen den DMA-Controller zerstören können, sollten Sie äußerst vorsichtig mit dieser Option umgehen. Einstellungsmöglichkeiten: SCLK/2, SCLK.	1
DMA Clock Select	Unter dieser Option bestimmen Sie die Frequenz, mit der der DMA-Datenaustausch stattfindet. Da falsche Einstellungen den DMA-Controller zerstören können, sollten Sie äußerst vorsichtig mit dieser Option umgehen. Einstellungsmöglichkeiten: 4 MHz, 8 MHz.	2
DMA Clock Selection	Wenn der Bustakt permanent über 11 MHz liegt, kann es Probleme geben. Wenn Sie diese Option in Ihrem Setup-Menü haben, sollten Sie hier ATCLK/3 einstellen.	2
DMA Frequency Select	Unter dieser Option bestimmen Sie die Frequenz, mit der der DMA-Datenaustausch stattfindet. Da falsche Einstellungen den DMA-Controller zerstören können, sollten Sie äußerst vorsichtig mit dieser Option umgehen. Einstellungsmöglichkeiten: SYSCLK/1, SYSCLK/2.	2
DMA Line Buffer oder DMA Line Buffer Mode	Mithilfe des DMA-Line-Buffers können DMA-Daten in einem Puffer gespeichert werden, damit die PCI-Busoperationen nicht unterbrochen werden. Einstellungsmöglichkeiten: Enabled (Enhanced), Disabled (Standard).	2
DMA Resources	Dieses Untermenü ermöglicht es Ihnen, die DMA-Kanäle zuzuweisen.	2
DMA Transfer Mode	Die Modi Ultra DMA und Multi DMA steigern die Leistung der Festplatte durch Erhöhung der Übertragungsrate. Zusätzlich zur Aktivierung dieser Funktionen in der BIOS-Utility muss für die beiden Modi Ultra DMA und Multi DMA der DMA-Treiber geladen werden. Durch Einstellung dieses Parameters auf Auto legt das BIOS automatisch den passenden DMA-Modus für Ihre Festplatte fest.	2
DMA x assigned to	Sie können unter dieser Option die DMA-Kanäle entweder den ISA-Karten im PC-AT-Busstandard (Legacy ISA) zuweisen oder für PnP-Geräte (PCI/ISA PnP) bereitstellen.	2
DMA x Used by ISA	Hier können Sie den Karten exklusiv bestimmte DMA-Kanäle zuordnen.	2
DMA/Master (PM Events)	Diese Optionen aktivieren bzw. deaktivieren die Erkennung von DMA-Aktivitäten für den Übergang in den Stromsparmodus.	2
DMA-0~DMA-7 assigned to	Unter der Einstellung Legacy ISA wird der spezifizierte DMA-x nur dem ISA-Bus zugewiesen. Bei PCI/ISA PnP wird der spezifizierte DMA-x den ISA- oder ISA-PnP-Geräten zugewiesen.	2

335

Referenz

	AMI = 1 Award = 2 Phoenix = 3 MR-BIOS = 4	
BIOS-Option	**Bedeutung**	**BIOS**
DMA-X Type	Hier wird der von den jeweiligen DMA-Kanälen unterstützte Bus eingestellt. Mit der Option Auto ermittelt das BIOS selbstständig die Werte, andernfalls können Sie die Zuweisungen vornehmen.	1
DMI BIOS Version	Das DMI-BIOS (Desktop Management Interface) ermöglicht Ihnen die Prüfung Ihrer Hardwarekomponenten im System, ohne Ihr System öffnen zu müssen. Die Hardware wird beim Systemstart von Software überprüft. Dieser Parameter zeigt die in Ihrem System installierte DMI-BIOS-Typ an.	2
Do not write to CMOS and Exit	Sie verlassen das Setup-Menü ohne Speicherung der Werte.	1
Docking-Setup	Dieses Menü ist nur anwählbar, wenn Sie das Notebook an ein MobiDock (Docking Station) angeschlossen haben. Es sind dann u. a. Einstellungsmöglichkeiten für Diskettenlaufwerke, Festplatten, Systemstart, Passworteinstellungen usw. vorhanden.	2
Docking Station Password is	Wenn das Notebook an die MobiDock angeschlossen ist, erscheint diese Option. Das Feld zeigt an, ob der Zugriff auf die MobiDock durch ein Passwort geschützt ist. Enabled (damit auf die MobiDock zugegriffen werden kann, muss das Docking-Station-Passwort eingegeben werden), Disabled (der Zugriff auf die MobiDock erfolgt ohne Passworteingabe). Sie sollten immer ein Passwort angeben.	3
Doze Mode Speed	Verschiedene BIOS bieten die Möglichkeit, mit welchem Takt der Prozessor im Doze-Modus laufen soll. Der Takt wird um ca. 10 % abgesenkt.	2
Doze Mode (PM Timer) oder Doze Mode/Timer	Hier stellen Sie den Faktor ein, um den der Prozessortakt verringert wird. Einstellungen: 30 Sekunden, 1, 2, 4, 8, 20, 30, 40 Minuten und 1 Stunde. Ausgeschaltet wird mit Disabled. Falls Sie z. B. längere Berechnungen ohne Eingabe machen, sollten Sie die Funktion ausschalten (siehe Seite 145).	2
Doze Speed (div by) oder Doze Mode	Der Wert, der hier eingetragen wird, ist der Teiler, durch den der Prozessortakt, falls der Schlummermodus aktiv ist, geteilt wird. Sie können die Zeit sehr kurz einstellen, wenn Sie nichts im Hintergrund laufen lassen müssen. Die Ersparnis ist jedoch nicht so überwältigend. 2 = halbe Leistung, 3 = Drittelleistung.	2
Doze Timer Select	Unter dieser Option wählen Sie den Zeitpunkt aus, ab wann das System in den Schlaf geschickt werden soll. Einstellungsmöglichkeiten: Enable, Disabled.	2
Doze-Modus	Strom-Management-Einstellungen: User Define, Min Saving, Max Saving, Disabled, 1 Min, 2 Min, 4 Min, 8 Min, 12 Min, 20 Min, 30 Min, 40 Min, 1 Hour, Back to Disabled 1 Minute 1 Stunde.	2
DRAM	Mit den folgenden Optionen können Sie den Zugriff auf den Arbeitsspeicher beschleunigen. Achten Sie aber auf die Stabilität des Systems: Fast DRAM: Enabled; DRAM Read Pipeline: Enabled; DRAM Speed: Fast; DRAM Page Mode: Enabled.	2
DRAM and ECC	Falls alle eingesetzten DRAMs mit Parity-Chips bestückt sind, erscheinen folgende Hinweise: DRAM are 72 bits wide und DRAM ECC/PARITY Select: Parity. Bei Verwendung von Modulen ohne Parity-Chips erscheint der Hinweis: DRAM are 64 (Not 72) bits wide.	2
DRAM are 64 (not 72) bits wide	Unter dieser Option wird angegeben, ob es sich um RAM mit Parity (72 Bit) oder ohne Parity (64 Bit) handelt. Wobei Speicher mit Parity meistens in Servern eingesetzt wird.	2
DRAM are xx bits wide	Hier können Sie festlegen, welche Speichermodule Sie verwenden. Wenn Sie die ECC-Fehlerkorrektur einsetzen wollen, brauchen Sie bestimmte Speicherbausteine, die die entsprechenden Infos liefern. Kommt aber fast nur in Servern vor.	2

BIOS-Befehle – alphabetisch

D

AMI = 1   Award = 2   Phoenix = 3   MR-BIOS = 4

BIOS-Option	Bedeutung	BIOS
DRAM Auto Configuration	Unter dieser Option regeln Sie das Timing für Ihre Speicherbausteine. Einstellungsmöglichkeiten: 60 ns, 70 ns oder Default. Wählen Sie entsprechend der von Ihnen eingesetzten Speicherbausteine. Wählen Sie Disabled, wenn Sie das Timing selbst beeinflussen wollen.	2
DRAM Bank Interleave	Sie haben unter dieser Option drei Möglichkeiten der Auswahl, um die beste Leistung zu erzielen. Einstellungsmöglichkeiten: Disabled, 2-Way, 4-Way. Sie haben zwar mit 4-Way die beste Leistung, unter Umständen jedoch das instabilere System. Informieren Sie sich deshalb unbedingt bei dem Hersteller Ihrer SDRAMs.	2
DRAM Burst of 4 Refresh	Unter dieser Option wird die Refresh-Funktion, die für den DRAM-Speicher notwendig ist, festgelegt. Haben Sie Enabled eingestellt, wird das DRAM in vier kurz aufeinander folgenden Datenblöcken refresht.	2
DRAM Burst Refresh	Unter dieser Option aktivieren bzw. deaktivieren Sie die Refresh-Funktion, die für den DRAM-Speicher notwendig ist. Sie sollten hier Enabled einstellen.	1
DRAM CAS Precharge	Hier können Sie die Zeitspanne einstellen, die zum Aufbau einer Ladung für den CAS-DRAM-Refresh notwendig ist. Einstellungsmöglichkeiten: 1 CCLK, 2 CCLK.	2
DRAM CAS Timing Delay	Über RAS (Row Adress Strobe) und CAS (Column Adress Strobe) werden einzelne Speicherzellen in den Chips adressiert. Zuerst wird RAS und etwas später CAS angelegt. Normalerweise gibt es eine Pause von einem Takt. Bei schnellen SIMMs und 50/60 MHz normalerweise keine Pause.	2
DRAM CAS# Low to RAS# Low	Hier regeln Sie das Timing zwischen den beiden Speicher-Refresh-Zyklen. Eine Veränderung der Einstellung kann sowohl zu Zeit- als auch Datenverlust führen und ist dementsprechend vorsichtig anzuwenden. Einstellungsmöglichkeiten: 4T, 5T.	2
DRAM Clock	Hier stehen Ihnen mehrere Optionen zur Auswahl. Sie können die Arbeitsgeschwindigkeit des Arbeitsspeichers der CPU-Arbeitsfrequenz anpassen, 33 MHz abziehen oder hinzufügen. Dabei sollte die gewählte Einstellung der Leistungsstufe Ihrer SDRAM-Bausteine entsprechen (siehe Seite 101).	2
DRAM Code Read Page Mode	Unter dieser Option wird die Geschwindigkeit geregelt, mit der der Prozessor Zugang zum DRAM-Speicher bekommt, wenn ein Programmcode ausgeführt wird. Wenn der Programmcode sequenziell (also wenig Sprünge und Aufrufe) geschrieben ist, empfiehlt sich die Einstellung Enabled. Wenn der Programmcode aber nicht sequenziell geschrieben ist, sollte die Option Disabled sein.	2
DRAM Data	Unter dieser Option tragen Sie den verwendeten DRAM ein. Einstellungsmöglichkeiten: Parity oder ECC (ECC-RAM notwendig).	2
DRAM Data Integrity Mode	Diese Option hängt stark mit der Option ECC Test (Error Checking and Correction) zusammen. Sie legen hier eine wenig optimale Paritätsprüfung fest, die Fehler nur erkennt, aber nicht beseitigt. Einstellungen: Non-ECC (dürfte für die meisten von Ihnen richtig sein) und ECC. Wenn Ihr Speicher ein ECC-Speicher ist, wählen Sie die Option ECC.	2
DRAM ECC Function	Unter dieser Option können Sie die DRAM ECC-Funktion ein- bzw. ausschalten. Sie sollten die Option auf Enabled stehen haben, da der ECC-Algorithmus die Fähigkeit hat, Doppel-Bit-Fehler zu erkennen und automatisch 1-Bit-Fehler zu berichtigen.	2
DRAM ECC/EC Select	Ist diese Option Enabled, ermöglicht dies ECC (Error Checking und Correction). Bei Speichermodulen mit Parity-Check lassen sich 1-Bit-Fehler korrigieren und 2-Bit-Fehler erkennen.	2

Referenz

	AMI = 1 Award = 2 Phoenix = 3 MR-BIOS = 4	
BIOS-Option	**Bedeutung**	**BIOS**
DRAM ECC/Parity Select	Hier legen Sie die Methode zur Fehlererkennung fest. Das funktioniert aber nur, wenn Sie Memory Parity/ECC Check aktiviert haben. Einstellungen: ECC (Error Correction Code) oder Parity (Paritätsprüfung).	2
DRAM Enhanced Paging	Hier wird, wenn die Option Enabled ist und wenn die entsprechenden Chipsets vorhanden sind, bei Zugriffen auf den Hauptspeicher auf Enhanced Paging zugegriffen. Dadurch steigt die Performance.	2
DRAM Extra Wait States	Falls in Ihrem System langsamere DRAM-Speicherchips eingebaut sind, können Sie mithilfe dieser Option zusätzliche Waitstates einstellen.	2
DRAM fast Decoding	Unter dieser Option aktivieren oder deaktivieren Sie die Fast Decoding-Funktion für DRAM. Einstellungsmöglichkeiten: Enabled, Disabled.	2
DRAM Fast Leadoff	Hier können Sie den Leadoff-Zyklus abschalten und damit die Performance des Systems erhöhen. Wenn Sie allerdings die Paritäts- oder ECC-Fehlerkennung verwenden, sollten Sie diese Option nicht aktivieren. Das gilt nicht für den Fall, dass der Frontside-Bus mit höchstens 60 MHz getaktet ist.	2
DRAM Idle Timer	Hier können Sie die Ruhezyklen vor dem Schließen einer geöffneten SDRAM-Seite einstellen. Einstellungsmöglichkeiten: 0, 2, 4, 8, 10, 12, 16, 32T, Infinite (unendlich). Um hier Einstellungen vorzunehmen, muss SDRAM Configuration auf [User Define] stehen.	2
DRAM Integrity Mode	Mit dieser Option können Sie die Art des Speichertests einstellen. Einstellungen: No ECC (kein Test), ECC only (lediglich Fehlermeldung), ECC (Fehlermeldung mit Wiederherstellung evtl. beschädigter Daten).	1
DRAM Leadoff Timing	Dieser Wert gibt an, mit welcher Anzahl Takte beim Burst für das erste Byte gewartet werden muss. Schnelle EDO-SIMMs können mit sechs Takten und 70-ns-SIMMS mit sieben oder mehr betrieben werden. Bei zu niedrigen Werten können Speicherfehler entstehen. Aber Sie sollten das mal für sich austesten.	2
DRAM Page Idle Timer	Wenn von der CPU keine Anfragen an die DRAMs erfolgen, wird nach der abgelaufenen Zeit die Page, also die Speicheradresse, vom DRAM-Controller geschlossen und der Refresh-Zyklus eingeleitet. Einstellungsmöglichkeiten: Auto, 2, 4, 8, 10, 12, 16, 32 und Infinite.	1
DRAM Page Idle Timer	Wenn von der CPU keine Anfragen an die DRAMs erfolgen, wird nach der abgelaufenen Zeit die Page, also die Speicheradresse, vom DRAM-Controller geschlossen und der Refresh-Zyklus eingeleitet.	2
DRAM Page Mode	Wenn Ihr PC mit FPM-RAMs ausgestattet ist, können Sie mit Enabled die schnellste Zugriffsart auf die Speicherchips aktivieren.	1,2
DRAM Page Mode Option	Der Page Mode ist der beste Modus, in dem das DRAM arbeitet. Falls Sie Probleme mit Datenverlusten haben, sollten Sie hier auf Disabled stellen.	2
DRAM Parity Check	Normalerweise ist diese Option Disabled. Enabled bringt nur etwas, wenn Ihre SIMMs pro Byte ein weiteres Parity-Bit besitzen.	1
DRAM Post Write	Der Chipsatz hat einen eigenen internen Puffer für die DRAM-Schreibzyklen. Wenn Sie diese Option Enabled haben, braucht der Prozessor während eines externen DRAM-Zyklus nicht warten.	2
DRAM Posted Buffer timing	Sie haben unter dieser Option die Möglichkeit, den Puffer, der sich zwischen DRAM und Prozessor befindet, einzustellen. Einstellungen: Fast, Normal, Slow. Die schnellste Einstellung muss aber nicht die beste sein.	2
DRAM Posted Write	Der Chipsatz hat einen eigenen internen Puffer für die DRAM-Schreibzyklen. Wenn Sie diese Option Enabled haben, braucht der Prozessor während eines externen DRAM-Zyklus nicht warten.	2

BIOS-Befehle – alphabetisch

D

AMI = 1 Award = 2 Phoenix = 3 MR-BIOS = 4

BIOS-Option	Bedeutung	BIOS
DRAM Posted Write Buffer	Ist die Option Enabled, nutzt die CPU bei Schreibzugriffen auf die DRAMs den Buffer des Chipsets, aus dem die DRAMs die Daten beziehen. Damit kann die CPU bereits vor dem Ende des DRAM-Zyklus weitere Daten versenden, was zur Performancesteigerung führt.	2
DRAM R/W Burst Timing	Hier wird die Datenübertragung (Lesen und Schreiben) beim Burst-Zugriff geregelt. Einstellungsmöglichkeiten: X444/X444, X444/X333, X333/X333	2
DRAM R/W Leadoff Timing	Dieser Wert gibt an, mit welcher Anzahl Takte beim Burst für das erste Byte gewartet werden muss. Schnelle EDO-SIMMs können mit sechs Takten und 70-ns-SIMMS mit sieben oder mehr betrieben werden. Bei zu niedrigen Werten können Speicherfehler entstehen. Aber Sie sollten das mal für sich austesten.	2
DRAM RAS only Refresh	Wenn Sie ältere DRAMs haben und die Unterlagen des Herstellers auf den Refresh-Zyklus hinweisen, stellen Sie diese Option auf Enabled.	2
DRAM RAS to CAS Delay	Hier wird die Zeitspanne zwischen dem RAS-(Row Adress Strobe) und CAS-(Column Adress Strobe)Signal festgelegt. Sie können hier je nach Leistung Ihres Systems 2 oder 3 CLKs einstellen. Allerdings müssen Sie Rücksicht auf Ihre Chips nehmen. Manche SIMMs brauchen drei Takte, schnellere dagegen nur zwei Takte. Bei zu niedrigen Werten kann es sein, dass die RAM-Bausteine unter Umständen das RAS-Signal nicht richtig erkennen. Hier gilt einfach ausprobieren. Falls Sie mit 2 CLKs Probleme haben, gehen Sie auf 3 CLKs.	2
DRAM RAS to MA Delay	Unter dieser Option wird die Verzögerung zwischen dem Ende eines RAS-Zyklus und der Aktivierung des Memory Address Bus festgelegt. Einstellungsmöglichkeiten: 1CCLK, 2 CCLK.	2
DRAM RAS# Active	Haben Sie die Einstellung Asserted aktiviert, wird das RAS-Signal nach jedem DRAM-Zyklus hochgehalten. Haben Sie Deassert eingestellt, wird das RAS-Signal nicht hochgehalten, und jeder DRAM-Zyklus wird wie ein Row Miss (Zeilenfehler) abgeschlossen.	2
DRAM RAS# Pulse Width	Unter dieser Option wird die Länge des RAS-Signals abhängig von der Leistung der DRAM-Chips in CPU-Takten angegeben.	2
DRAM RAS# Precharge Time	Der Wert gibt an, wie viel Zeit zwischen zwei Speicherzugriffen vergeht. Es reichen in jedem Fall vier Takte, drei Takte sind zwar schneller, reichen aber nicht bei allen SIMMs aus. Man sollte die Einstellung auf Default lassen, damit keine Speicherfehler entstehen.	2
DRAM Read around Write	Es werden fast alle Schreibzugriffe auf den Hauptspeicher vor dem tatsächlichen Schreiben zwischengespeichert. Es kann allerdings vorkommen, dass der Prozessor einen Bereich lesen will, obwohl der noch gar nicht in den Hauptspeicher geschrieben wurde. Damit dies trotzdem möglich ist, sollte die Funktion auf Enabled stehen, denn dann können die Lesezugriffe aus dem Buffer erledigt werden. Diese Einstellung bringt aber nur unwesentliche Geschwindigkeitsvorteile.	2
DRAM Read Burst (B/E/F)	Wenn Sie die Auto Configuration-Option abgeschaltet haben, können Sie hier den Read Burst einstellen. Folgende Speicherarten werden unterstützt: Burst-EDO-RAMs (B), EDO-RAMS (E) und Fast Page Mode-Speicher (F). Einstellungen bei Verwendung von 60-ns-RAMs: Burst EDO (x-1-1-1-Burst), EDO (x-2-2-2-Burst) und Fast Page (x-3-3-3-Burst). Bei Verwendung von 70-ns-RAMs schalten Sie etwas runter.	2
DRAM Read Burst Timing	Hier wird die Datenübertragung (Lesen) beim Burst-Zyklus geregelt (siehe Seite 102).	2

Referenz

D

AMI = 1   Award = 2   Phoenix = 3   MR-BIOS = 4

BIOS-Option	Bedeutung	BIOS
DRAM Read Burst Timing (EDO/PFM)	Hier stellen Sie ein, welches Burst-Timing zum Lesen aus dem Speicher verwendet werden soll. Je niedriger die Zahlenfolge, umso schneller ist der Speicherzugriff. Allerdings kann ein zu schneller Burst den Speicher überfordern und zu Lesefehlern führen. Die Einstellung x444 ist nur für schlechte FPMs in einem 66-MHz-Board sinnvoll. Bei Einsatz von zwei EDO-SIMMs sollten Sie x222 einstellen. Wenn Sie aber dadurch viele Abstürze haben oder wenn mehrere Bänke bestückt sind, sollten Sie x333 einstellen. FPMs werden mit der Einstellung x333 betrieben. Stabilität mit x222 ist hier kaum zu erwarten (siehe Seite 102).	2
DRAM Read Cycle	Sie bestimmen hier die Art des Timings, d. h. die Festlegung einer bestimmten Verzögerung, die bei älteren und langsameren Chips angebracht sein kann. Einstellungsmöglichkeiten: 0, 1, 2 W/S.	1
DRAM Read Latch Delay	Hier können Sie, um das DRAM-Timing anzupassen, für den Latch-Buffer eine Wartezeit festlegen. Einstellungsmöglichkeiten: 0,5 ns, 1 ns, 2 ns, Disabled. Sie können den Wert vorsichtig anpassen, um Instabilitäten zu vermeiden.	2
DRAM Read Pipeline	Mit dieser Option aktivieren/deaktivieren Sie die Lesepipeline. Sie sollten die Option auf Enabled stehen haben. Disabled führt zu Performanceverlusten.	2
DRAM Read Timing	Sie bestimmen hier die Art des Timings, d. h. die Festlegung einer bestimmten Verzögerung, die bei älteren und langsameren Chips angebracht sein kann. Einstellungsmöglichkeiten: Fast, Fastest, Normal, Slow.	2
DRAM Read Wait States oder DRAM Read WS oder DRAM Read WS Options	Sie bestimmen hier die Art des Timings, d. h. die Festlegung einer bestimmten Verzögerung, die bei älteren und langsameren Chips angebracht sein kann. Einstellungsmöglichkeiten: 0, 1, 2, 3 W/S oder 2, 3, 4, 5 clocks.	2
DRAM Read, DRAM write	Unter dieser Option stellen Sie die schnellstmögliche Zugriffsweise auf das RAM ein. Optimal wäre Fast, aber ggf. müssen Sie die Einstellung wieder rückgängig machen, wenn das System instabil wird.	3
DRAM Read/Write Leadoff Timing	Dieser Wert gibt an, mit welcher Anzahl Takte beim Burst für das erste Byte gewartet werden muss. Schnelle EDO-SIMMs können mit sechs Takten und 70-ns-SIMMS mit sieben oder mehr betrieben werden. Bei zu niedrigen Werten können Speicherfehler entstehen. Aber Sie sollten das mal für sich austesten.	2
DRAM Read Wait States	Diese Option regelt die Wartezyklen bei der Datenübertragung. Sind notwendig, da CPU und Systembus schneller sind als die DRAMs.	1
DRAM Read WS Options	Wählen Sie den kleinstmöglichen Wert, damit so wenig wie möglich Wartezyklen beim Zugriff auf den Arbeitsspeicher erfolgen. Haben Sie RAM-Bausteine mit 70 ns, dann stellen Sie 0 ein.	1
DRAM Refresh Mode	Unter dieser Option können Sie einstellen, welcher Refresh-Modus benutzt wird, entweder der etwas langsamere normale (Normal) oder der schnellere und effizientere, aber versteckte (Hidden).	2
DRAM Refresh Period	Unter dieser Option können Sie dem BIOS mitteilen, wie lange der Refresh-Zyklus der DRAMs zur Optimierung der Zusammenarbeit mit anderen Komponenten dauern soll. Einstellungsmöglichkeiten: 15µs, 30µs, 60µs, 120µs.	2
DRAM Refresh Queue	Haben Sie diese Option auf Enabled gestellt, können bis zu vier Befehle zum Refresh im Voraus gegeben werden. Das DRAM nutzt dann eine Zugriffspause, um den Zyklus einzuleiten.	2
DRAM Refresh Rate	Die hier stehende Dauer des Refresh-Zyklus (15,6µs, 31,2µs, 62,4µs 124,8µs und 249,6µs) ist von den verwendeten DRAM-Bausteinen abhängig. Empfohlen werden 15,6 µ.	1,2

BIOS-Befehle – alphabetisch

D

AMI = 1   Award = 2   Phoenix = 3   MR-BIOS = 4

BIOS-Option	Bedeutung	BIOS
DRAM Refresh Stagger Rate	Sie können unter dieser Option Pausen zwischen den Refreshs der Zeilen einstellen. Haben Sie den Wert 0 eingetragen, werden alle Zeilen auf einmal refresht.	2
DRAM Refresh Type	Hier legen Sie die Steuerung für den Refresh beim 82440FX-Chipsatz fest. Bei der Einstellung sollten Sie CAS before RAS anstelle von RAS Only verwenden.	2
DRAM Slow Refresh	Sie können unter dieser Option, wenn Sie mit dem ISA-Bus arbeiten, die Refresh-Zyklen der DRAMs der Busgeschwindigkeit anpassen.	2
DRAM Speculative Leadoff	Hier versucht der Memory-Controller, den ersten und relativ langsamen Zugriff auf den Speicher zu verkürzen. Der Vorgang wird zwar auf Verdacht gestartet und klappt nicht immer, aber trotzdem sollten Sie diese Option Enabled haben. Bei Instabilität ist diese Option wieder auszuschalten.	1,2
DRAM Speed oder DRAM Speed Selection	Hier wird die Geschwindigkeit der eingesetzten Speicher für FPM- und EDO-DRAMs angegeben. Einstellungen: 60 ns, 70 ns, Faster (falls keine Angabe der Zugriffszeit vorhanden ist, entspricht das 60 ns) und Fast (falls keine Angabe der Zugriffszeit vorhanden ist, entspricht das 70 ns).	2
DRAM Timing oder DRAM Timings	Nähere Infos zu diesem Thema finden Sie in Kapitel 4.	2
DRAM Timing Control	Hier informieren Sie das System, welche Zugriffszeiten Ihre RAM-Bausteine haben. Folgende Einstellungen: 50 ns, 60 ns, 70 ns. Verwenden Sie nur SDRAMs, sind die Einstellungen nicht von Belang.	1
DRAM Timing Option	Hier stellen Sie den Auffrischungsmodus ein: Slow, Normal, Fast.	2
DRAM to PCI RSLP	Ist diese Option aktiviert, können bis zu zwei Zeilen des Hauptspeichers im Voraus gelesen werden, damit sie dann an den PCI-Bus übermittelt werden.	2
DRAM Turbo R/W Leadoff Timing oder DRAM Turbo Read Leadoff	Hiermit wird die Zeit für Lesezugriffe zusätzlich verkürzt. Allerdings nur mit sehr schnellen SIMMs und nur ohne Fehlerkorrektur einwandfrei. Diese Option ist normalerweise nur in älteren Systemen vorhanden.	1,2
DRAM Voltage Option	Diese Option wird verwendet, um die Spannung der DIMM-Module einzustellen. Die möglichen Einstellungen sind: 3,3 V/3,4 V/3,5 V und 3,6 V. Die Werkeinstellung lautet 3,3 V. Um Schaden zu vermeiden, sollten unbedingt die technischen Angaben beachten.	2
DRAM Write Burst	Unter dieser Option können Sie den Burst-Modus, der zum Schreiben in das DRAM verwendet wird, außer Kraft setzen. Haben Sie die Option Enabled, ergibt sich eine Leistungssteigerung.	2
DRAM Write Burst (B/E/F)	Wenn Sie die Auto Configuration-Option abgeschaltet haben, können Sie hier den Write Burst einstellen. Bei dieser Einstellung verhalten sich EDO und Fast-Page gleich. Folgende Speicherarten werden unterstützt: Burst-EDO-RAMs (B), EDO-RAMS (E) und Fast Page Mode-Speicher (F). Einstellungen bei Verwendung von 60-ns-RAMs: Burst EDO (x-1-1-1-Burst), EDO (x-2-2-2-Burst) und Fast Page (x-3-3-3-Burst). Bei Verwendung von 70-ns-RAMs schalten Sie etwas höher (siehe Seite 102).	2
DRAM Write Burst Timing oder DRAM Write Waitstate	Hier wird die Burst-Folge für den Schreibzugriff auf den Hauptspeicher festgelegt. Je niedriger die Werte, umso schneller wird geschrieben. Allerdings kann ein zu schneller Burst den Speicher überfordern und zu Schreibfehlern führen. Stabil laufen 70-ns-SIMMs mit der Einstellung x444, 60-ns-SIMMs mit x333 und 50-ns-SIMMs mit x222. Den Wert x222 können Sie auch verwenden, wenn Ihr PC mit 60-ns-SIMMs und stundenlanger Arbeit ohne Absturz überlebt. Hier hilft wie bei allen Einstellungen nur probieren (siehe Seite 102).	1,2

D

	AMI = 1 Award = 2 Phoenix = 3 MR-BIOS = 4	
BIOS-Option	**Bedeutung**	**BIOS**
DRAM Write CAS oder DRAM Write CAS Pulse oder DRAM Write CAS Width	Sie können unter dieser Option dem Prozessor bei Schreibvorgängen auf dem Weg zum Speicher ein Waitstate auferlegen. Einstellungsmöglichkeiten: 1CCLK, 2CCLK.	2
DRAM Write Cycle	Sie legen unter dieser Option fest, welche Timing-Art vom System bei Schreibvorgängen zum DRAM-Speicher benötigt wird. Einstellungsmöglichkeiten: 0W/S, 1 W/S, 2 W/S, 3 W/S, 4 W/S.	1
DRAM Write Page Mode	Wenn Ihr PC mit FPM-RAMs ausgestattet ist, können Sie mit Enabled die schnellste Zugriffsart auf die Speicherchips aktivieren.	2
DRAM Write Timing	Hier wird die Timing-Art festgelegt, die das System bei Schreibvorgängen zum DRAM-Speicher braucht. Einstellungsmöglichkeiten: Fast, Fastest, Normal, Slow.	2
DRAM Write WS	Hier wird die Timing-Art festgelegt, die das System bei Schreibvorgängen zum DRAM-Speicher braucht. Einstellungsmöglichkeiten: 0 WS, 1 WS.	2
DRAM Write WS Options	Stellen Sie hier den Wert 0 ein, da ja jeder Schreibzugriff auf den Speicher schon selbst ein Refresh bedeutet.	1
Drive A: und Drive B:	Hier können Sie die Diskettenlaufwerke einstellen. Einstellungen: 360KB: 5,25" ; 1,2MB: 5,25" ; 720KB: 3,5" ; 1,44MB: 3,5" ; 2,88MB: 3,5" und None.	2
Drive A/B	Auswahl des Laufwerktyps für das entsprechende Diskettenlaufwerk. Sollte auf Auto oder Default stehen.	4
Drive C:	Es gibt drei verschiedene Möglichkeiten, eine IDE-Festplatte zu konfigurieren: Auto Configure: Die Festplatte wird automatisch erkannt und konfiguriert. Use Type 1 und 2: Falls die automatische Konfiguration nicht klappt, kann man manuell konfigurieren.	1,2,4
Drive C: Time Out:	Falls die Festplatte nicht in der eingestellten Zeit: 0 sec, 5 sec (Default), 15 sec oder 31 sec erkannt wird, erscheint eine Fehlermeldung.	1
Drive D: (E:, F:)	Unterstützung mehrerer Festplatten. Die Optionen sind wie unter Drive C:.	1
Drive D: Time Out	Falls die Festplatte nicht in der eingestellten Zeit: 0 sec, 5 sec (Default), 15 sec oder 31 sec erkannt wird, erscheint eine Fehlermeldung.	1
Drive Ports Accessed	Hier können Sie die Funktion, dass der PC aus dem Suspend-Modus durch Gerätebenutzung geholt wird, ausschalten.	1,2
Duplex Mode oder Duplex Select	Wenn hier Full eingestellt ist, kann ein vorhandener Infrarot-Transceiver gleichzeitig senden und empfangen. Mit Half ist nur abwechselndes Senden oder Empfangen möglich (siehe ab Seite 191).	2
Duplicate Mirror Disk	Hier können Sie die Platte auswählen, die Sie in Vorbereitung für ein Mirror Disk Array duplizieren wollen. Nach [Enter] kommen Sie in die Untermenüs.	2

E

	AMI = 1 Award = 2 Phoenix = 3 MR-BIOS = 4	
BIOS-Option	**Bedeutung**	**BIOS**
E/A-Cycle Post-Write	Wenn Sie diese Option aktiviert haben, werden die Informationen gepuffert, die während eines E/A-Zyklus geschrieben werden. Sie erhöhen dadurch die Performance. Einstellungsmöglichkeiten: Enabled, Disabled.	2

BIOS-Befehle – alphabetisch

E

AMI = 1   Award = 2   Phoenix = 3   MR-BIOS = 4

BIOS-Option	Bedeutung	BIOS
E/A-Cycle Post-Write	Wenn Sie diese Option aktiviert haben, werden die Informationen gepuffert, die während eines E/A-Zyklus geschrieben werden. Sie erhöhen dadurch die Performance. Einstellungsmöglichkeiten: Enabled, Disabled.	2
E000 ROM Belongs to AT-Bus	Falls Sie Adapterkarten haben, die mit ROM ausgestattet sind und den Speicher zwischen E000 und EFFFh belegen, können Sie dies dem BIOS hier mitteilen. Andernfalls sollten Sie Disabled eingestellt haben, weil dadurch der Bereich als UMA wieder zurückgewonnen wird.	1
ECC Check oder ECC Control	Die neueren Boards mit HX-Chipsatz sind wieder verstärkt mit Fehlererkennung und Fehlerkorrektur (Error Correction Code) von Speicherfehlern ausgestattet. Sie schalten hier lediglich die Option ein, damit die Fehlererkennung aktiv wird. Vor allem beim Netzwerkserver sollte die Option verwendet werden. Nicht verwendet werden sollte sie dagegen bei herkömmlichen Speichern (z. B. 2M x 32).	2,3
ECC CPU Checking	Bei dieser Option handelt es sich um die Möglichkeit, die Fehlerkorrektur für den Second-Level-Cache ein-/auszuschalten. Einstellungsmöglichkeiten: Enabled, Disabled.	3
ECC Memory Checking	Sie können hier die Datenfehlerkennung sowie die Datenfehlerkorrektur für entsprechend installierte Speichermodule aktivieren. Einstellungsmöglichkeiten: Enabled, Disabled.	3
ECC Test	Hiermit schalten Sie die interne Fehlerkorrektur des RAM-Controllers ein. Allerdings sind dafür spezielle Speichermodule notwendig. Diese Speichermodule müssen über ein weiteres Bit für die ECC-Kontrolle verfügen und sind an der Bezeichnung 2M x 36 zu erkennen.	1
ECP	Dieser Modus kann wie der EPP verwendet werden, bietet zusätzlich einen 16 KByte großen FIFO-Buffer (ähnlich wie eine serielle Schnittstelle). Außerdem wird noch eine Datenkompression eingesetzt. Die Datenübertragungsrate liegt bei max. 2 MByte/s. Es können bis zu 128 Geräte angeschlossen werden. Es wird ein IRQ und DMA verwendet.	2
ECP Channel	Unter dieser Option können Sie für den ECP Mode verschiedene DMA-Kanäle auswählen. Einstellungsmöglichkeiten: DMA CH3/DMA CH1 (der angezeigte Kanal ist ausgewählt), Disabled (es ist kein Kanal ausgewählt).	3
ECP DMA Channel	Diese Option zeigt sich nur dann, wenn Sie Extended Capabilities Port (ECP) als Betriebsart wählten. Er gestattet Ihnen die Zuweisung von DMA-Kanal 1 oder DMA-Kanal 3 für die parallele ECP-Anschlussfunktion (wie von Windows 95 und manchen Geräten gefordert).	2
ECP DMA Select	Wählt die DMA-Adresse für den ECP-Port. Man sollte diese Einstellung auf Default lassen.	2
ECP Mode DMA Select oder ECP DMA	Man kann hier dem ECP Modus einen DMA Kanal zuweisen. Dieser Modus erlaubt das Senden/Empfangen über den Parallel Port. Infos hierzu ggf. bei Ihrer Hardwaredokumentation (z. B. ZIP-Laufwerk). Nur ECP benötigt einen DMA.	2
ECP Mode Use DMA	Diese Option steht nur zur Verfügung, wenn unter Parallel Port Mode entweder ECP oder ECP/EPP ausgewählt wurde. Einstellungsmöglichkeiten bei ECP: DMA1 oder DMA3.	2
ECP/EPP	Wenn Enabled, wird der Datendurchsatz gesteigert und die CPU-Belastung reduziert. Es handelt sich hier beim EPP (Enhanced Parallel Port) um einen bidirektionalen Modus, der mit der gleichen Geschwindigkeit wie der ISA-Bus betrieben wird. Damit erreicht der ECP eine maximale Datenübertragungsrate von 2 MByte/s. Er besitzt einen Daten-Puffer und ist DMA-fähig.	2

343

E

AMI = 1   Award = 2   Phoenix = 3   MR-BIOS = 4

BIOS-Option	Bedeutung	BIOS
E/A-Cycle Post-Write	Wenn Sie diese Option aktiviert haben, werden die Informationen gepuffert, die während eines E/A-Zyklus geschrieben werden. Sie erhöhen dadurch die Performance. Einstellungsmöglichkeiten: Enabled, Disabled.	2
EDO Auto Configuration (60ns DRAM)	Unter dieser Option finden Sie die Default-Einstellungen für 60-ns-DRAMs. Falls Sie 70-ns-DRAMs verwenden, müssen Sie die Einstellung verändern.	2
EDO CAS# Wait State	Hier wird die Zugriffsgeschwindigkeit auf den Speicher festgelegt.	1,2
EDO CAS# MA Waitstate	Für den Fall, dass Ihre Ego-Chips zu langsam sind, können Sie unter dieser Option weitere Waitstates angeben, um die Schreibbefehle vom Cache oder der CPU besser zu verarbeiten.	2
EDO CAS#/RAS# Wait State	Diese Option legt fest, mit welcher Geschwindigkeit die Speicherzugriffe erfolgen. Um bei EDO-RAMs ein stabiles System zu haben, sind die Waitstates auf 3 bis 4 hochzusetzen.	2
EDO DRAM Read Burst	Je schnellere DRAMs Sie haben, umso niedriger können Sie hier das Timing für die Burst-Übermittlungen festlegen. Dieses Timing gibt an, wie schnell die Bursts übermittelt werden können. Wenn Sie eine falsche Einstellung vornehmen, hält Ihr PC beim Speichertest an.	2
EDO DRAM Read Timing	Haben Sie einen PC mit EDO- oder FPM-RAM, sollten Sie diese Option optimieren. Empfehlenswert ist die Einstellung X-2-2-2, mit der Sie etwa bis zu 5 % mehr Performance erreichen. Haben Sie SDRAM installiert, bringt Ihnen eine veränderte Einstellung hier nichts.	1
EDO DRAM Speed (ns) oder EDO DRAM Speed Selection	Unter dieser Option können Sie die Zugriffszeit der verwendeten EDO-Speichermodule eingeben. Sie sollten am besten den Wert eintragen, der von Ihren Speichermodulen unterstützt wird (alles andere ist ein Wagnis). Diese Zahl, sie befindet sich auf dem Speichermodul, ist die letzte Zahl mit einem Strich davor und wird mit 10 multipliziert. Sie erhalten somit die Zugriffszeit in Nanosekunden.	1,2
EDO RAS to CAS Delay	Bei den Refresh-Zyklen für das EDO-DRAM werden Zeilen und Spalten jeweils einzeln adressiert. Mit dieser Option wird das Timing des Übergangs vom Zeilensignal (RAS) zum Zeilensignal (CAS) bestimmt. Einstellungsmöglichkeiten: 3 und 2.	2
EDO RAS# Precharge Time	DRAM-Speicher muss kontinuierlich aufgefrischt werden, damit keine Daten verloren gehen. Normalerweise wird das DRAM vollständig durch einfache Aufrufe aufgefrischt. Mit dieser Option wird die Anzahl CPU-Zyklen bestimmt, die dem Zeilensignal (RAS) zugewiesen werden, um die Ladung zum Auffrischen des DRAMs zu sammeln. Falls die Einstellung falsch gewählt wird, könnte der Auffrischungsvorgang unvollständig erfolgen und demzufolge Daten verloren gehen. Eingestellt wird das DRAM RAS Precharge Timing (Wiederbereitschafts-Zeitverlauf). Einstellungsmöglichkeiten: 4 und 3 Taktzyklen.	2
EDO RASx# Wait State	Hier wird die Zugriffsgeschwindigkeit auf den Speicher festgelegt.	1,2
EDO Read Wait State	Wenn Sie anstelle des DRAM das EDO-RAM installiert haben, sollten Sie hier das Timing für den Lesezyklus festlegen. Einstellungsmöglichkeiten: 7-2-2-2 oder 6-2-2-2. Falls Sie Datenprobleme bekommen, sollten Sie nicht die kürzeste Dauer einstellen.	2
Embedded SCSI BIOS	Hier können Sie wählen, ob das eingeblendete SCSI-BIOS des Onboard-SCSI-Controllers verwendet wird oder nicht. Einstellungsmöglichkeiten: Enabled, Disabled.	3
EMS Access Wait States	Unter dieser Option wird die Verzögerung für das Ansprechen des aktivierten EMS-Speichers eingestellt. Einstellungsmöglichkeiten: 0 WS, 1 WS, 2 WS.	1

BIOS-Befehle – alphabetisch

E

AMI = 1   Award = 2   Phoenix = 3   MR-BIOS = 4

BIOS-Option	Bedeutung	BIOS
E/A-Cycle Post-Write	Wenn Sie diese Option aktiviert haben, werden die Informationen gepuffert, die während eines E/A-Zyklus geschrieben werden. Sie erhöhen dadurch die Performance. Einstellungsmöglichkeiten: Enabled, Disabled.	2
EMS Base Address Pages 0-3	Unter dieser Option können Sie die Startadressen für jede der vier EMS-Speicherseiten 0-3 einstellen. Einstellungsmöglichkeiten: Reserved, C0-CC000, C4-D0000, C8-D4000, CC-D8000, D0-DC000, D4-E0000, D8-E4000, DC-E8000, E0-EC000.	1
EMS Memory Size	Sie können unter dieser Option die Größe des EMS-Speichers festlegen. Einstellungsmöglichkeiten: <1MB, 1MB, 2MB, 3MB, 4MB, 5MB, 6MB, 7MB.	1
EMS Option	Hier bestimmen Sie, ob der EMS-Speicher verwendet wird oder nicht.	1
EMS Page Register I/O-Adress (Hex)	Mit dieser Option können Sie die E/A-Adresse der EMS-Seitenregister auf einen bestimmten dezimalen Wert festlegen. Einstellungsmöglichkeiten: 208/209, 218/219, 258/259, 268/269, 2A8/2A9, 2B8/2B9, 2E8/2E9.	1
EMS Page x Adress	Diese Option können Sie für jede der vier EMS-Seiten 0-3 verwenden. Sie können damit jede Seite für ein bestimmtes Speichergebiet setzen. Einstellungsmöglichkeiten: 1-2MB, 2-4MB, 4-6MB, 6-8MB.	1
Enable ACPI	Diese Option schaltet die ACPI-Funktionalität (Advanced Configuration and Power Interface) ein oder aus. Es handelt sich hierbei um eine erweiterte Plug & Play- und Power-Management-Funktionalität. Einstellungsmöglichkeiten: Yes, No.	3
Enable DRAM 4K-Page Mode	Haben Sie die Option Enabled eingestellt, verwendet das DRAM die 64-MBit-Technologie, und damit erhöht der 4K-Page-Modus die Geschwindigkeit Ihrer DRAMs.	2
Enabled extended memory gap	Es wird ein zusammenhängender Speicherbereich (1, 2, 4, 8 MByte) in den Hauptspeicherbereich bei 8, 12, 14, 15 MByte eingeblendet. Einstellungsmöglichkeiten: 1MB at 15 MB, 2 MB at 14 MB, 4 MB at 12 MB, 8 MB at 8 MB (es wird der ISA-Speicherbereich in der entsprechenden Größe eingeblendet), Disabled.	3
Enhance Chip Performance	Hier haben Sie Möglichkeit, die Timing-Parameter des Northbridge-Chipsatzes kleiner zu stellen (Enabled). Damit wird eine höhere Systemleistung erzielt. Einstellungsmöglichkeiten: Enabled, Disabled. Stabilität beachten.	2
Enhanced IDE Features	Die Standardeinstellung für Large Hard Disk Capacity ist Enabled. Diese Einstellung ist für alle Festplatten über 540 MByte notwendig.	2
Enhanced ISA Timing	Ist diese Option Enabled, läuft der ISA-Bus mit 10 MHz. Wenn die installierten ISA Komponenten anstelle der üblichen 8 MHz die 10 MHz unterstützen, bekommen Sie eine schnellere Systemperformance. Standard ist Disabled. Es ist ein Fall bekannt, bei dem durch Aktivieren dieser Option Buffer-Underruns aufgetreten sind, d. h., die Option beim Brennen nicht aktivieren!	1
Enhanced Memory Write	Falls Sie mehr als 512 KByte Cache-Speicher haben, sollten Sie diese Option aktivieren, um den Geschwindigkeitsvorteil des größeren Cache-Speichers voll auszunutzen.	2
Enhanced Page Mode	Falls Ihre DRAMs diese Option unterstützen, sollten Sie Enabled einstellen, um einen schnelleren Speicherzugriff zu erreichen.	2
Enhanced Page Mode Count	Sie sollten diese Option normalerweise auf Disabled stehen haben. Einstellungsmöglichkeiten: Disabled, 4T, 8T, 12T und 16T.	2
Entering Drive Parameters	Diese Option erscheint, wenn Sie unter IDE Device Configuration User ausgewählt haben. Folgende Parameter können Sie von Hand eingeben: Type, Cylinders (Cyl), Heads (Hd), Write Precompensation (WP), Sectors (Sec) und Size. Die Daten entnehmen Sie dem Datenblatt Ihrer Festplatte.	1

345

Referenz

E

AMI = 1   Award = 2   Phoenix = 3   MR-BIOS = 4

BIOS-Option	Bedeutung	BIOS
E/A-Cycle Post-Write	Wenn Sie diese Option aktiviert haben, werden die Informationen gepuffert, die während eines E/A-Zyklus geschrieben werden. Sie erhöhen dadurch die Performance. Einstellungsmöglichkeiten: Enabled, Disabled.	2
EPP/SPP	EPP ist eine Erweiterung des SPP und ist leistungsfähiger als ein nur bidirektionaler Port. Funktioniert nur, wenn der Drucker EPP-fähig ist. Übertragung max. 2 MByte/s; es wird ein IRQ und DMA belegt. SPP (Standard Parallel Port) ist der Standardanschluss für einen Drucker. Sehen Sie im Druckerhandbuch nach, welche Einstellung notwendig ist.	2
EPP Mode Select	Sie können hier die Version 1.7 und 1.9 auswählen. Die Voreinstellung (Version 1.7) ist IEEE 1284-kompatibel.	2
EPP Version	Hier sollten Sie die von Ihrem System unterstützte Version 1.7 oder 1.9 eintragen. Hinweise dazu finden Sie evtl. im Handbuch.	1
Error Halt	Unter dieser Option konfigurieren Sie das Verhalten bei einem Lüfter-/Temperatursensorfehler. Einstellungsmöglichkeiten: Halt On All Errors (Systemstart wird abgebrochen, das System wird angehalten), No Halt On Any Errors (kein Systemstartabbruch, lediglich Fehleranzeige).	3
Ethernet on Board: Device	Hier legen Sie fest, ob der LAN-Controller auf der Systembaugruppe verwendet wird oder nicht. Einstellungsmöglichkeiten: Enabled, Disabled.	3
Ethernet on Board: Enable Master	Hier legen Sie fest, ob der LAN-Controller auf der Systembaugruppe als Master-Controller verwendet wird oder nicht. Einstellungsmöglichkeiten: Enabled, Disabled.	3
Ethernet on Board: Latency Timer	Unter dieser Option legen Sie die zusätzliche Taktzyklen fest, in denen am PCI-Bus ein Burst über die Spezifikation hinaus übertragen werden kann. Die Nummer des Steckplatzes ist gleich n. Einstellungsmöglichkeiten: 20h, 40h (Default), 60h, 80h, A0h, C0h, E0h.	3
Event Count Granularity	Diese Option zeigt die Zahl der Ereignisse, die übersprungen werden, bis das Ereignis in das Ereignisprotokoll geschrieben wird. Der Standardeintrag ist 0.	3
Event Log Capacity	Unter dieser Option wird angezeigt, ob das Ereignisprotokoll voll ist oder nicht. Es gibt keine Einstellungsmöglichkeiten.	3
Event Log Control	Diese Option erlaubt Ihnen, das Ereignisprotokoll ein- oder auszuschalten oder einzuschränken. Einstellungsmöglichkeiten: All Events Enabled (Standard; alle Ereignisse werden protokolliert), ECC Events Disabled (Speicherfehler werden nicht protokolliert), All Events Disabled (das Ereignisprotokoll ist ausgeschaltet).	3
Event Time Granularity	Hier wird die Zeit definiert, die vergangen sein muss, bis das nächste Ereignis protokolliert wird. Der Standardeintrag ist 0.	3
Exit Discarding Changes	Mit dieser Option beenden Sie das BIOS-Setup ohne Speicherung.	1
Exit Saving Changes	Wenn Sie alle gewünschten Einstellungen im BIOS vorgenommen haben, werden Sie mit dieser Option abgespeichert.	1
Exit without Saving	Setup beenden ohne Sicherung der Einstellungen. Einstellung: Y (Achtung: Z eingeben).	2
Ext. Clock oder Ext. Clock Frequency	Unter dieser Option können Sie die externe Taktfrequenz einstellen. Der Intel-440BX-Chipsatz unterstützt nur 66,8 MHz und 100 MHz. Sie können hier 66,8 MHz erhöhen auf: 68,5, 75 und 83,3 MHz; 100 MHz können Sie auf 103, 112 und 133,3 MHz hochsetzen. Denken Sie an Folgeschäden!!! Mehr zu diesem Thema können Sie in Kapitel 7 nachlesen.	2
Extended Memory	Angabe des verfügbaren Speichers vom ersten MByte bis zum maximalen Speicherausbau (keine Einstellung möglich).	1,2,3

BIOS-Befehle – alphabetisch

E

AMI = 1   Award = 2   Phoenix = 3   MR-BIOS = 4

BIOS-Option	Bedeutung	BIOS
E/A-Cycle Post-Write	Wenn Sie diese Option aktiviert haben, werden die Informationen gepuffert, die während eines E/A-Zyklus geschrieben werden. Sie erhöhen dadurch die Performance. Einstellungsmöglichkeiten: Enabled, Disabled.	2
External Cache	Der Second-Level-Cache befindet sich ggf. auf dem Motherboard. Die Größe ist relativ uninteressant, da die Cache-Hit-Rate bei 64k schon über 90 % liegt. 256k liegen bei ca. 95 % und 512k bei ca. 97 %, allerdings nur unter DOS. Da Windows NT, OS/2 oder Linux als Multitasking-Betriebssysteme sowieso kreuz und quer durch den Speicher springen, relativiert sich der Unterschied nochmals. Sie sollten also den Second-Level-Cache aktiviert haben, sonst verlieren Sie ca. 10 % Leistung. Wenn L1 und L2 nicht zusammen funktionieren, sollten Sie dem L1 den Vorzug geben.	1,2,3
External Cache Scheme	Unter dieser Option legen Sie die Caching-Methode des externen Cache-Speichers fest. Einstellungsmöglichkeiten: Write Back, Write Trough.	2
External Cache WB/WT	Unter dieser Option legen Sie die Caching-Methode des externen Cache-Speichers fest. Einstellungsmöglichkeiten: WB, WT.	2
External CacheWrite Mode	Bei einigen BIOS kann man diese Einstellung vornehmen. Wenn man Write Through einstellt, werden die Schreibaufträge nicht gepuffert, sondern direkt an den nachfolgenden Cache oder Speicher weitergereicht. Wenn man jedoch den Write-Back-Modus einschaltet, führt das zu Geschwindigkeitsgewinn. Write Back wird von allen Prozessoren der Pentium-Klasse (inkl. kompatible CPUs von AMD, Cyrix, IDT), Pentium Pro, Pentium II, Celeron und Xeon unterstützt. Wer einen AMD AM486 und 5x86 im PC hat, kann Write Back ebenfalls einschalten. Wenn Sie einen Cyrix 6x86MX oder K6/K6-2 haben oder wenn der PC hängen bleibt, sollten Sie diese Option ausschalten.	2
External Cache Write Policy	Unter dieser Option legen Sie die Caching-Methode des externen Cache-Speichers fest. Einstellungsmöglichkeiten: Wr-Back, Wr-Trough.	2
External Clock	Durch diese Option wird der externe Takt bestimmt. Je nach Board stehen hier bis zu 83 MHz zur Verfügung.	2
Extra AT Cycle WS	Falls Sie ältere Hardware verwenden, können Sie hier einen Extratakt in den AT-Zyklus einfügen. Damit hat die Hardware eine bessere Möglichkeit, auf Anfragen zu reagieren. Allerdings sollten Sie bedenken, dass dadurch die Gesamtleistung des Systems sinkt.	2

F

AMI = 1   Award = 2   Phoenix = 3   MR-BIOS = 4

BIOS-Option	Bedeutung	BIOS
F000 Cacheable oder F000 Shadow Cacheable	Hier bestimmen Sie, welche Speicherbereiche über den externen Cache gelesen bzw. geschrieben werden sollen. Allerdings erreichen Sie durch das Caching keine Steigerung der Performance.	2
Factory Test Mode	Diese Option dient lediglich zum Testen von APM und schaltet den Monitor nach einer Minute in den Energiesparmodus. Empfohlene Einstellung: Disabled. Empfohlene Einstellung beim Brennen: Disabled	4
Fail-Safe Defaults	Diese Option dient der absoluten Sicherheitseinstellung. Unakzeptabel für den Dauerbetrieb, aber gut, wenn der PC spinnt.	1
Fan Control	Ist die Option Disabled, läuft der Lüfter mit maximaler Drehzahl, während Enabled die Regulierung ermöglicht.	3

F

AMI = 1   Award = 2   Phoenix = 3   MR-BIOS = 4

BIOS-Option	Bedeutung	BIOS
Fan Fail Alarm Selectable	Unter dieser Option stellen Sie ein, welcher Lüfter auf mögliche Fehlfunktionen überwacht werden soll. Einstellungsmöglichkeiten: Disabled, Chassis Fan, CPU Fan. Power Fan, Auto.	2
Fan Monitor	Der eingebaute Hardwaremonitor registriert die Drehzahl/min von Gehäuse-, CPU- und Netzteilkühler und zeigt sie immer aktualisiert an. Falls Sie einen der Kühler nicht installiert haben, sollten Sie Ignore einstellen, damit es nicht zum Fehlalarm kommt.	2
FAN OFF at Suspend	Haben Sie diese Option eingeschaltet, wird der Lüfter beim Herunterfahren in den Schlafmodus ausgeschaltet.	1
Fan Speed	Drehzahl des Lüfters, nicht einstellbar. Für die Überwachung wird die I/O-Adresse von 294H bis 297H verwendet. Falls zusätzliche Karten, die Sie haben, diesen Bereich verwenden, sollten Sie die I/O-Adresse Ihrer Karte ändern.	2,3
Fan State	Hier erfolgt lediglich eine Zustandsanzeige. Mögliche Anzeigen: CPU (Prozessorlüfter): None, OK, Fail; Power Supply (Netzteil): None, OK, Fail; Auxiliary (Zusatzlüfter): None, OK, Fail.	3
Fast AT Cycle	Falls Ihre Hardware sehr schnell ist, können Sie unter dieser Option den AT-Zyklus verkürzen. Steht im Zusammenhang mit Extra AT Cycle WS. Der Grundtakt sollte bei 8 MHz liegen, während die Recovery Time egal ist.	2
Fast Back-to-Back	Wenn Sie die Option eingeschaltet haben, kontrolliert das System die Abfrage des VESA-Masters, um ein I/O-Channel-Ready-Signal zu erzeugen. Einstellungsmöglichkeiten: Enabled, Disabled.	2
Fast Back-to-Back Cycle	Haben Sie diese Option aktiviert, werden schnelle aufeinander folgende Back-to-Back-Prozessor-Speicher-Lesezyklen in schnellere PCI-Burst-Speicherzyklen übersetzt. Einstellungsmöglichkeiten: Enabled, Disabled.	2
Fast Boot	Wenn Sie diese Option eingeschaltet haben, wird der verkürzte Selbsttest durchgeführt, was natürlich den Systemstart beschleunigt. Stellen Sie auf Disabled, wird die komplette Gerätekonfiguration getestet.	3
Fast Boot	Diese Option unter Boot Sequence beschleunigt bei Einstellung dieses Parameters auf Auto den Systemstart, indem einige POST-Routinen ausgelassen werden. Wählen Sie Disabled, läuft der Systemstart wieder normal ab.	2
Fast CPU Command Decode	Bei dieser Option handelt es sich um die Schnell-CPU-Befehlsdekodierung. Es stehen zwei Einstellungen zur Verfügung: Normal (Default) und Fast.	2
Fast DRAM	Diese Option ist nur dann von Bedeutung, wenn Sie unterschiedliche DRAM-Speicher verwenden. In diesem Fall müssen Sie die Option auf Disabled stellen, weil es sonst zu Datenverlusten kommt.	2
Fast DRAM Refresh	Sie können hier, allerdings mit Performanceeinbußen, festlegen, dass der Refresh alle 32 Takte erfolgt. Sie erreichen damit zwar einen sehr sicheren Speicherzugriff, sollten aber dennoch diese Option möglichst Disabled eingestellt haben.	2
Fast EDO Lead Off	Bei dieser Option wird bestimmt, wie viel Taktzyklen die Speichermodule beim ersten Zugriff auf den Burst verwenden. Sie sollten diese Option nur bei EDO-Speichermodulen (Extended Data Out) aktiviert haben. Wenn nicht Enabled, dann haben EDOs in etwa die Performance von FPM-RAMs.	2
Fast EDO Path Select	Diese Option aktiviert Fast Path für CPU zu DRAM-Lesezyklen. Einstellungsmöglichkeiten: Enabled, Disabled. Sollte auf Enabled stehen.	2
Fast Gate-A20 Option	Legt fest, ob auf den Speicher oberhalb 1 MByte zugegriffen wird. Einstellungsmöglichkeiten: 1, 2, 3, 4.	1
Fast MA to RAS# Delay CLK	Diese Option aktiviert Fast MA (Memory Address) zu RAS# Delay, das DRAM Row Miss Timings kontrolliert.	2

BIOS-Befehle – alphabetisch

F

AMI = 1   Award = 2   Phoenix = 3   MR-BIOS = 4

BIOS-Option	Bedeutung	BIOS
Fast Page Code Read	Unter dieser Option wird die Geschwindigkeit geregelt, mit der der Prozessor Zugang zum DRAM-Speicher bekommt, wenn ein Programmcode ausgeführt wird. Wenn der Programmcode sequenziell (also wenig Sprünge und Aufrufe) geschrieben ist, empfiehlt sich die Einstellung Enabled. Wenn der Programmcode aber nicht sequenziell geschrieben ist, sollte die Option Disabled sein.	2
Fast Page Data Read	Unter dieser Option sollten Sie Enabled einstellen. Dadurch erfolgt der Zugang zum DRAM-Speicher im Seitenmodus, was dazu führt, dass nur CAS-Signale generiert werden und der RAS-Zyklus entfällt.	2
Fast Page Mode DRAM	Alle modernen SIMMs können als FPM angesprochen werden. Geschwindigkeitszuwachs wird erreicht, indem bei Zugriffen auf nahe beieinander liegende Bereiche keine neuen RAS und CAS erzeugt und angelegt werden müssen. Diese Option stellt eine Steigerung gegenüber DRAM Page Mode dar. Es erfolgt ein noch besserer Speicherzugriff. Wenn vorhanden, sollte sie unbedingt Enabled sein.	1,2
Fast Page Write	Unter dieser Option sollten Sie Enabled einstellen. Dadurch erfolgt der Zugang zum DRAM-Speicher im Seitenmodus, was dazu führt, dass nur CAS-Signale generiert werden und der RAS-Zyklus entfällt.	2
Fast Programmed I/O Modes	Sie können unter dieser Option den PIO-Modus per Auto vom BIOS einstellen lassen oder ihn von Hand eintragen. Dabei sollten Sie das Datenblatt der Festplatte zurate ziehen, weil ein falscher PIO-Modus zu Datenverlusten führt. Einstellungsmöglichkeiten: Auto, 0 (3,3 MByte/s), 1 (5,2 MByte/s), 2 (8,3 MByte/s), 3 (11,1 MByte/s) und 4 (16,6 MByte/s).	1
Fast RAS To CAS Delay	Haben Sie Enabled eingestellt, dauert es 2 Takte bei einem Speicher-Refresh, und bei Disabled sind es 3 Takte. Sie sollten ältere Bausteine mit 3 Takten betreiben (siehe Seite 104).	1,2
Fast Reset Emulation	Hiermit kann ein System-Reset über den Chipsatz emuliert werden.	2
Fast Reset Latency	Hier kann man die Fast Reset Emulation verzögern.	2
Fast Write Supported	Sie können diese Option nur für AGP-Grafikkarten verwenden. Falls Ihre Grafikkarte dies unterstützt, wählen Sie Supported, ansonsten jedoch No Support.	2
Fast R-W Turn Around	Diese Option dient der DRAM-Optimierung. Falls die Speicherauslesung an einen Platz adressiert ist, dessen letzte Beschreibung in einem Puffer gespeichert ist, wird die Speicherauslesung zurückgehalten und nicht zum DRAM geschickt. Einstellungsmöglichkeiten: Disabled (Standard), Enabled.	2
Faxtory Test Mode	Hierbei handelt es sich nur um eine Testfunktion, bei der der PC nach einer Minute in den Energiesparmodus herunterfährt. Einstellungsmöglichkeiten: Enabled, Disabled.	4
FDC Write protect	Hier können Sie den Schreibschutz für Floppy (FDC – Floppy Disk Controller) aktivieren bzw. deaktivieren.	2
FDD 0 (1, 2, 3)	Hier erhalten Sie Informationen über bis zu 4 Diskettenlaufwerke nebst deren Kapazität angezeigt. Unter DOS ist das Diskettenlaufwerk 0 gleich A:.	4
FDD Detection	Wenn diese Option Enabled ist, weckt jede Floppy-Aktivität das System auf.	2
FDD IRQ Can Be Free	Unter dieser Option können Sie den IRQ für die FDD freigeben oder auch nicht. Einstellungsmöglichkeiten: Yes, No.	2
FDD Supporting 3 Mode	Unter dieser Option sind die 3-Modus-Diskettenlaufwerke japanischer Computer einstellbar. Aber natürlich nur dann, wenn Sie ein solches Laufwerk benutzen.	2
Feature Connector	Unter dieser Option können Sie den Feature Connector ein-/ausschalten. Einstellungsmöglichkeiten: Enabled, Disabled.	3

F

AMI = 1   Award = 2   Phoenix = 3   MR-BIOS = 4

BIOS-Option	Bedeutung	BIOS
Festplatte & FDD	Im Power-Management stehen Ihnen unter PM Timer Events mit dieser Option zwei Möglichkeiten zur Verfügung: On (jedes Ereignis am Floppy-Laufwerk oder der Festplatte weckt den PC), Off.	2
FIR DMA SELECT	Unter dieser Option stellen Sie den DMA-Kanal für die Fast Infrared-Übertragung fest.	1
First Boot Device	Hier legen Sie fest, welches Laufwerk zuerst gebootet werden soll.	2
First Hard Disk Drive	Diese Option unter Boot Sequence legt fest, ob das System von einer IDE- oder von einer SCSI-Festplatte startet. Das System startet automatisch von einer IDE-Festplatte, wenn darin keine SCSI-Festplatte installiert ist. Die Standardeinstellung ist IDE.	2
First Serial Port Adress	Wenn Sie die Programming-Option auf Manual stehen haben, können Sie folgende Einstellungen für die Ports COM1 bis COM4 vornehmen: Disabled, 2E8h, 3E8h, 2F8h, 3F8h. Allerdings wird die Adresse automatisch gesetzt, auch wenn Sie Disabled eingestellt haben.	1
Fixed Disk0/1	Die Standardeinstellung für diese Option ist normalerweise Auto. Damit erkennt das BIOS automatisch die Festplattenparameter. Sie können die Werte auch von Hand eingeben, sollten dies aber nur im Notfall tun.	2
Fixed Disk Boot Sector	Hier kann man einstellen, dass der Bootsektor der primären Festplatte vor Viren schreibgeschützt ist.	3
Flash BIOS Protection	Es kann sein, was allerdings selten vorkommt, dass Sie im BIOS-Setup die Option Flash BIOS, Flash BIOS Protection oder Flash Enable finden. Stellen Sie die Option dann unbedingt auf Disabled.	1,2,3
Flash Update	Unter dieser Option können Sie festlegen, ob ein BIOS-Update gemacht werden darf oder nicht. Einstellungsmöglichkeiten: Enabled, Disabled. Sie sollten vorsichtshalber Disabled eingestellt haben.	2
Flash Write	Schützen Sie Ihr BIOS gegen überschreiben, indem Sie diese Option auf Disabled stellen.	3
Floppy 0 - 3	Auswahl des Laufwerktyps für das entsprechende Diskettenlaufwerk. Sollte auf Auto stehen.	4
Floppy 3 Mode Support	Bei uns wird man diese Option nicht finden, da sie sich auf ein japanisches Sonderformat bezieht (1,25 MByte, 3½ Zoll). Sie dürfen diese Option nur auf Enabled stellen, wenn das Laufwerk vorhanden ist. Gleichzeitig können Sie festlegen, ob das Laufwerk A: oder B: ist. Einstellungen: Drive A:, Drive B:, Both (beide Laufwerke), Disabled (kein Laufwerk).	1,2,3
Floppy Access Control	Sie können hier mit Read/Write festlegen, dass für das Diskettenlaufwerk das Lesen und Schreiben möglich ist, während Sie mit Read-only nur das Lesen zulassen.	1,2
Floppy check	Unter dieser Option können Sie einstellen, ob eine Prüfung erfolgt. Einstellungsmöglichkeiten: Enabled (vollständige Prüfung der Konfiguration), Disabled (keine Prüfung des Diskettenlaufwerks beim Selbsttest). Haben Sie Disabled eingestellt, beschleunigt das den Systemstart.	3
Floppy Disk	Unter dieser Option wird, wenn Enabled, vom System der Energiespar-Timer aktiviert, sobald keine Aktivitäten auf dem Diskettenlaufwerk festgestellt werden. Einstellungsmöglichkeiten: Enabled, Disabled.	2
Floppy Disk Access Control R/W	Über diesen Eintrag lässt sich das Floppy-Laufwerk vom normalen Schreib- und Lesebetrieb auf Nur-Lesebetrieb umschalten. Einstellungen: R/W (Read/Write, lesen und schreiben möglich), Read Only (nur lesen).	2

BIOS-Befehle – alphabetisch

F

AMI = 1   Award = 2   Phoenix = 3   MR-BIOS = 4

BIOS-Option	Bedeutung		BIOS
Floppy Disk Controller	Unter dieser Option aktivieren/deaktivieren Sie den Diskettenlaufwerk-Controller. Einstellungsmöglichkeiten: Enabled (Diskettenlaufwerk-Controller eingeschaltet – IRQ6 ist belegt), Disabled (Diskettenlaufwerk-Controller ist ausgeschaltet), Auto (Diskettenlaufwerk-Controller stellt sich automatisch ein).		3
Floppy Disk Drive Control	Mit dieser Option können Sie die Lese-/Schreibfunktionen des Diskettenlaufwerks aktivieren oder deaktivieren.		2
	Einstellung	**Beschreibung**	
	Normal (Standard)	Diskettenlaufwerk funktioniert normal.	
	Write Protect All Sectors	Deaktiviert alle Schreibfunktionen des Diskettenlaufwerks. Diese Option gilt für Betriebssysteme, deren Zugriffe auf das Diskettenlaufwerk zu 100 % nur über das BIOS ablaufen.	
	Write Protect Boot Sector	Deaktiviert die Schreibfunktion des Diskettenlaufwerks auf dem Startsektor einer Diskette. Diese Option gilt für Betriebssysteme, deren Zugriffe auf das Diskettenlaufwerk zu 100 % über das BIOS ablaufen.	
	Disabled	Deaktiviert die Lese-/Schreibfunktion des Diskettenlaufwerks.	
Floppy Drive A: (B:)	Hier wird das Diskettenlaufwerk eingestellt. Falls eines der beiden Laufwerke nicht vorhanden ist, stellen Sie in der entsprechenden Zeile auf Not Installed.		1
Floppy Drive Seek oder Floppy Drive Seek at Boot	Hiermit wird ein kurzer Laufwerkzugriff aktiviert, den Sie ausschalten sollten.		1
Floppy Drive Swap	Hier können Sie das Laufwerk tauschen, es ist allerdings nicht mit dem Tausch des Laufwerks im 2 BIOS vergleichbar.		1
Floppy FIFO Control	Wenn Sie diese Option auf Enabled stellen, verbessert sich die Leistung des FDD-Laufwerks.		3
Floppy Seek	Falls Sie diese Option aktiviert haben, erfolgt beim Start ein kurzer Diskettenlaufwerktest. Kann abgeschaltet werden.		3
Force 4-Way Interleave	Unter dieser Option haben Sie die Möglichkeit zu erzwingen, dass das DRAM im 4-Weg-Interleave-Modus arbeitet (Enabled). Die Voreinstellung ist Disabled.		2
FM Port (388-38BH)	Unter dieser Option können Sie einen FM-Port ein- bzw. ausschalten.		2
Force A20- Gate Always On	Legt fest, ob auf den Speicher oberhalb 1 MByte zugegriffen wird.		4
Force PCI-66 Gate Mode	Ist diese Option Enabled, wird der PCI/66-Buffer vor dem Datentransfer gelöscht. Damit werden Fehler beim Datenaustausch mit einer AGP-Karte unterbunden. Der Datenstrom wird zwischengespeichert und die Verarbeitung beschleunigt.		2
Force Update ESCD oder Force Updating ESCD	Unter dieser Option können Sie die ESCD-Aktualisierung ein-/ausschalten. Sinnvolle Option, wenn Sie z. B. neue Karten oder Festplatten installiert haben. Stellen Sie auf Enabled und booten Sie neu. Danach steht die Option wieder auf Disabled.		2
Format	Parametereinstellung für das entsprechende IDE-Gerät. Sollte auf Auto stehen. Im Regelfall stehen hier 4 Laufwerke. Sie sollten diejenigen, die Sie nicht benötigen, auf Not installed stellen. Sie sparen dadurch Zeit beim Start.		4

Referenz

F

	AMI = 1 Award = 2 Phoenix = 3 MR-BIOS = 4	
BIOS-Option	**Bedeutung**	**BIOS**
FP Mode DRAM Read WS	Sie können unter dieser Option den genauen Zeitablauf des Lesezyklus aus dem Fast-Pagemode-Speicher einstellen. Falls die Einstellung zu niedrig erfolgt, können Daten verloren gehen. Einstellungsmöglichkeiten: 7-3-3-3, 7-2-2-2, 6-3-3-3, 6-2-2-2.	2
Frame Buffer Posted Write	Unter dieser Option regeln Sie den AGP-Zugriff auf den Speicher. Sie sollten diese Option auf Enabled stehen haben.	2
FRAME Generation oder FRAMEJ Generation	Wenn Sie diese Option aktivieren, reduziert sich die Anzahl der notwendigen Prozessorzyklen. Der Prozessor kann dann das Schreiben durchführen, auch wenn die Daten noch nicht am PCI-Bus abgeliefert wurden. Einstellungsmöglichkeiten: Normal, Fast.	2
Front End x IP	Unter dieser Option wird die IP-Adresse der Remote-Konsole eingetragen.	3
Front End x Mode	Unter dieser Option können bis zu drei Remote-Konsolen (Front-End-Konsolen) eingetragen werden. Dabei versucht das System zu den Remote-Konsolen der Reihe nach die LAN-Verbindung herzustellen. Mit der Option Front End x Mode kann man einstellen, ob eine Remote-Konsole verwendet werden soll oder nicht. Einstellungsmöglichkeiten: Enabled, Disabled.	3
FSB Rate (CPU:SDRAM:PCI)	Sie können hier eine Rate aus 2:3, 3:3, 4:3, 4:4 (im Bereich des externen Takts von 50 bis 96 MHz) aussuchen, oder 3:3:1, 4:3:1, 4:4:1 (im Bereich des externen Takts von 97 bis 140 MHz), oder 4:3:1, 4:4:1 (im Bereich des externen Takts von 140 bis 250 MHz). Beachten Sie unbedingt die Angaben in Ihrem Handbuch oder Datenblatt. Beispiele bei einem externen Takt von 66 MHz: Wählen Sie eine FSB-RATE (Frontside-Bus) von 2:3:1, wird die Zahl von CPU:SDRAM:PCI durch 2 geteilt, d. h.: CPU = 66 x 2/2 = 66 MHz, SDRAM = 66 x 3/3 = 100 MHz, PCI = 66 x 1/2 = 33 MHz. Wählen Sie eine FSB-RATE (Frontside-Bus) von 4:3:1, wird die Zahl von CPU:SDRAM:PCI durch 4 geteilt, d. h.: CPU = 66 x 4/4 = 66 MHz, SDRAM = 66 x 3/4 = 100 MHz, PCI = 66 x 1/4 = 17 MHz.	2
Full Screen Logo	Mit dieser Option können Sie einstellen, ob beim Booten das Startlogo den ganzen Bildschirm füllt und damit die Startdaten verdeckt. Einstellungsmöglichkeiten: Enabled, Disabled.	2
Full-on to Standby Timeout Value	Unter dieser Option legt man fest, nach welcher Zeit das System vom Full-On- in den Standby-Modus wechselt. Einstellungsmöglichkeiten: von 2 min bis 256 min oder Disabled.	1
Future ATA IDE Controller	Bei dieser Option handelt es sich um eine Möglichkeit (für das ABIT-Board KT7-RAID), einen eingebauten HighPoint 370-Chipsatz, der zukünftige ATA-Spezifikationen unterstützt, zu aktivieren bzw. deaktivieren.	2

G

	AMI = 1 Award = 2 Phoenix = 3 MR-BIOS = 4	
BIOS-Option	**Bedeutung**	**BIOS**
Game Port (200-207H)	Unter dieser Option können Sie, falls ein Gameport vorhanden ist, diesen ein- oder ausschalten. Einstellungsmöglichkeiten: Enabled, Disabled.	2
Game Port Adress	Hier stellen Sie die Adresse des Anschlusses für die Onboard-Game-Schnittstelle ein. Einstellungsmöglichkeiten: Disabled, 201, 209.	2
Gameport	Unter dieser Option können Sie, falls ein Gameport vorhanden ist, diesen ein- oder ausschalten. Einstellungsmöglichkeiten: Enabled, Disabled.	3

BIOS-Befehle – alphabetisch

G

AMI = 1   Award = 2   Phoenix = 3   MR-BIOS = 4

BIOS-Option	Bedeutung	BIOS
Gate-A20 Emulation	Hier kann der schnellere Emulationsmodus gewählt werden, der vom Chipsatz auf der Hauptplatine gesteuert wird. Empfehlenswert ist Both.	1,2
Gate-A20 Option	Legt die Art fest, mit der auf den Speicher oberhalb 1 MByte zugegriffen wird. Hier sollte Fast stehen, damit der Zugriff durch den Chipsatz aktiviert wird. Bei der Einstellung Normal erfolgt er über den Tastatur-Controller. Auf älteren Rechnern kann diese Option Geschwindigkeit bringen. Der erste 64-KByte-Block oberhalb von 1 MByte kann durch die Adressleitung A20 noch im Standardmodus adressiert werden. DOS verankert sich dort, wenn Sie DOS=High in die Config.sys eingefügt haben.	2
Gated Clock	Dieser Punkt erleichtert es den Herstellern, das begehrte CE-Zeichen zu erhalten. Diese Option bewirkt, dass die Busfrequenz kontinuierlich leicht variiert. Kann problemlos ausgeschaltet werden (kostet nur Tempo).	2
Gateway address	Unter dieser Option wird die Gateway-Adresse der LAN-Baugruppe des Systems eingetragen. Verwenden Sie dazu die gleiche Gateway-Adresse wie im Betriebssystem. Es sind nur numerische Zeichen erlaubt.	3
Get Defaults Values	Wenn Sie diese Option aktivieren, übernehmen Sie die Standardeinträge des BIOS. Sie müssen dabei beachten, dass alle Festplattenparameter gelöscht werden und der Festplattentyp auf None gesetzt wird.	3
Global Standby / Suspend Timer	Unter dieser Option können Sie festlegen, nach welcher Zeitspanne die Stromsparmodi des Systems aktiviert werden (siehe ab Seite 136).	2
Globale Timer-Reloads	Diese Option beinhaltet folgende Unteroptionen: IRQ (3-7 und 9-15); NMI = hier wird eine unmaskierter IRQ (3-7, 9-15) aktiviert. Dabei führt NMI einen Reload bei der Ausgabe des globalen Standby-Timers durch; Primärer/Sekundärer IDE-Port 0/1, Diskettenlaufwerk, Serieller Port, Paralleler Port: Es werden Reload-Events vom betreffenden Gerätemonitor aktiviert, um einen Reload des globalen Standby-Timers durchzuführen.	2
Grafik Posted Write Buffer	Mit dieser Option können Sie durch Nutzung des Buffers als Zwischenlager den Zugriff der CPU auf Grafikinformationen beschleunigen. Dadurch werden die Bildinformationen bereits im Hintergrund vorbereitet, wodurch ein schnelleres Umschalten zwischen den Bildschirmen ermöglicht wird. Sie stellen damit dem System Speicher zur Verfügung, da während der Anzeige der einen Seite bereits die andere vorbereitet wird.	2
Graphics Aperture oder Graphics Aperture Size	Hier wird für AGP-Grafikkarten (Accelerated Graphic Port) eine im RAM ein Speicheradressfenster reserviert, in das die Speicherzugriffe geleitet werden. Der Wert reicht von 4 bis 256 MByte. In der Standardeinstellung kann er bei 8 MByte bleiben, wobei die beste Größe mit der besten Performance die gleiche ist wie die des Arbeitsspeichers (siehe dazu auch ab Seite 72).	2,3
Green PC LED Status	Diese Option legt fest, welchen Status die Stromversorgungsdiode nutzen wird. Einstellungsmöglichkeiten: Blinking (blinkend), Dual und Single. Während der Einstellung Blinking fängt die Stromversorgungsdiode an zu blinken, wenn das System den Suspend-Modus einnimmt. Wenn die Option auf Dual eingestellt ist, wird die LED ihre Farbe verändern. Wählen Sie die Einstellung Single, bleibt die Power LED hell.	1

Referenz

G

	AMI = 1 Award = 2 Phoenix = 3 MR-BIOS = 4	
BIOS-Option	**Bedeutung**	**BIOS**
Green PC Monitor Power State	Über mehrere Optionen können Sie den Betriebszustand des Monitors einstellen, wenn er über die Grafikkarte in den Energiesparzustand geschaltet wird. Das geht aber nur, wenn der Monitor diese Möglichkeiten unterstützt. Sie erkennen es am grünen Energy-Star-Signet beim Booten oder auf der Rückseite des Monitors. Einstellungen: Disabled (Monitor wird nicht ausgeschaltet), Off (Monitor wird vollständig ausgeschaltet), Standby (Monitor geht in den Wartezustand), Suspend (Monitor geht in den Suspend-Modus, das V-Sync-Signal wird abgeschaltet und Leerzeichen zum Screen geschickt). Wer über die Systemsteuerung von Windows 95/98 (was im Übrigen zu empfehlen ist) die Energieeinsparmöglichkeit konfiguriert, sollte hier auf Disabled stellen. Flimmert der Monitor bei dieser Option, stellen Sie auf Disabled.	1
Green/Suspend Switch	Manche PCs lassen sich auch durch einen Schalter am Gehäuse einschläfern. Hier legen Sie fest, ob der Schalter seine Funktion (Soft-Off by PWR-BTTN) ausüben darf.	2
Group Number	Hier legen Sie die Gruppennummer (0 bis 9) für SE und Server fest. Die Kommunikation ist zwischen Servern und SE nur innerhalb der Gruppe möglich.	3

H

	AMI = 1 Award = 2 Phoenix = 3 MR-BIOS = 4	
BIOS-Option	**Bedeutung**	**BIOS**
H/W Monitor	Falls das Board damit ausgestattet ist, werden verschiedene Hardwaresensoren angezeigt und alle vom Netzteil gelieferten Spannungen überprüft, ebenso die Drehzahlen diverser Lüfter. Die Werte sind mit entsprechender Software darstellbar.	1
Halt On	Die Option legt fest, ob und bei welchen nicht fatalen Fehlern der Systemstart fortgesetzt werden soll. Folgende Optionen werden angeboten: All Errors, No Errors, All But Keyboard, All But Diskette, All But Disk/Key – Alle Fehler, Kein Fehler, Alle Fehler außer der Tastatur (Starten ohne Tastatur möglich), Alle Fehler außer bei Diskettenfehlern, Alle Fehler außer Tastatur- und Diskettenfehlern. Empfohlen ist die Einstellung All But Keyboard. Damit ist sichergestellt, dass die Tastatur bei der Fehlermeldung Press any Key to continue benutzt werden kann. Ansonsten müssten Sie das CMOS mittels Jumper resetten.	1,2,3
Halt On BIOS Defects	Nur auf einem DualBIOS™-Board. Wenn das BIOS beim Start einen Prüfsummenfehler ausweist, oder das Start-BIOS einen so genannten WIDE RANGE PROTECTION-Fehler provoziert, wird, wenn die Option Enabled eingestellt ist, eine Fehlermeldung ausgegeben: Ist die Option Auto Recovery deaktiviert (Disabled), erscheint: or the other key to continue (auf Tastendruck geht es weiter). Ist die Option Auto Recovery aktiviert (Enabled), erscheint: or the other key to Auto Recover (auf Tastendruck wird das defekte BIOS repariert).	2

BIOS-Befehle – alphabetisch

H

AMI = 1   Award = 2   Phoenix = 3   MR-BIOS = 4

BIOS-Option	Bedeutung	BIOS
Hard Disk 32-Bit Access	Bei Aktivierung der Option steigert sich die Systemleistung durch Gewährung eines 32-Bit-Festplattenzugriffs. Diese IDE-Erweiterung funktioniert nur unter DOS, Windows ab 3.x und Novell NetWare. Unterstützt Ihre Software oder Festplatte diese Funktion nicht, setzen Sie diesen Parameter auf Disabled.	2
Hard Disk Access Control	Hier können Sie, wenn die Option vorhanden, den Schreibschutz auch für Festplatten aktivieren. Damit können Sie nur noch lesen, schreiben ist unterbunden. Haben Sie auf Read Only gestellt, verwehren Sie Windows den Zugriff auf die Festplatte, und Sie sperren sich damit selbst aus. Hinzu kommt, dass, wenn Sie Read Only aktiviert haben, der Einsatz eines Boot-Managers unmöglich ist.	1
Hard Disk Block Mode	Diese Option steigert, je nach installiertem Festplattentyp, die Leistung von Festplatten. Setzen Sie diesen Parameter auf Auto, stellt die BIOS-Utility automatisch fest, ob die Blockmodusfunktion von der installierten Festplatte unterstützt wird. Falls ja, werden Daten in Blöcken (mehrfachen Sektoren) mit einer Rate von 256 Bytes pro Zyklus übertragen. Zur Deaktivierung dieser Funktion ändern Sie die Einstellung auf Disabled.	2
Hard Disk Boot Device	Unter dieser Option werden alle im System installierten Bootlaufwerke und Laufwerk-Controller aufgelistet. Beim Booten wird nur die an erster Stelle stehende Festplatte bzw. der an erster Stelle stehende Controller durchsucht. Festplatten, die nicht der BIOS Boot Specification entsprechen, werden unter Alternate Device zusammengefasst. Wollen Sie eine Festplatte oder einen Controller an die erste Stelle platzieren, markieren Sie das Gerät und verschieben es mit +/-.	3
Hard Disk Boot From	Sie können unter dieser Option das Bootlaufwerk auswählen, wobei folgende Einstellungsmöglichkeiten zur Verfügung stehen: Pri-IDE-M (primärer IDE-Master), PRI-IDE-S (primärer IDE-Slave), Sec-IDE-M (sekundärer IDE-Master), Sec-IDE-S (sekundärer IDE-Slave) oder SCSI-LW. Haben Sie ein SCSI-Laufwerk als Bootlaufwerk ausgewählt, wird die Bootsequenz auf C, A gesetzt.	2
Hard Disk C: (D:) Type	Hier wird die Festplatte eingestellt. Mehr zu diesem Thema in Kapitel 2.	1, 2
Hard Disk Controller	Hier können Sie den IDE-Laufwerk-Controller aktivieren/deaktivieren. Der IRQ14 für den primären und der IRQ15 für den sekundären Controller werden erst dann freigegeben, wenn es keine Steckverbindung mehr gibt. Einstellungsmöglichkeiten: Enabled, Disabled, Primary (primärer Controller ist aktiviert und IRQ14 belegt, es können zwei Laufwerke angeschlossen werden), Primary and Secondary (primärer und sekundärer Controller sind aktiviert und IRQ14 und IRQ15 belegt, es können vier Laufwerke angeschlossen werden. Sie sollten langsame Laufwerke am sekundären Controller anschließen), Disabled (alles ist deaktiviert).	3
Hard Disk Drive	Man kann hier vier Festplatten einstellen (Primary Master, Primary Slave, Secondary Master, Secondary Slave). Üblicherweise stellt man AUTO ein, und nur wenn es nicht anders geht, trägt man die einzelnen Werte mit USER (Cylinders, Heads, Sectors, Landing Zone und Write Precompensation) ein. Die notwendigen Angaben findet man im Datenblatt der Festplatte oder direkt auf der Festplatte. Hat man sie nicht, gibt es die Möglichkeit, auf den Homepages der Hersteller die Daten abzurufen. Das ist vor allen Dingen für ältere Exemplare gut, weil hier meistens die Unterlagen fehlen. Die Größe der Festplatte wird automatisch ermittelt. Unter MODE hat man die Möglichkeit, zwischen NORMAL (für ältere Festplatten bis 528 MByte) oder LBA (Logic Block Addressing) für neuere Platten einzustellen. Im Zweifelsfall AUTO einstellen. Wenn Sie die Daten eintragen können, spart das beim Booten etwas Zeit, weil das BIOS nicht jedes Mal prüfen muss.	2

355

Referenz

	AMI = 1 Award = 2 Phoenix = 3 MR-BIOS = 4	
BIOS-Option	**Bedeutung**	**BIOS**
Hard Disk Drive Control	Mit dieser Option können Sie die Lese-/Schreibfunktionen des Festplattenlaufwerks aktivieren oder deaktivieren. **Einstellung** / **Beschreibung** Normal (Standard) / Festplattenlaufwerk funktioniert normal. Write Protect All Sectors / Deaktiviert alle Schreibfunktionen des Festplattenlaufwerks. Diese Option gilt für Betriebssysteme, deren Zugriffe auf das Festplattenlaufwerk zu 100 % nur über das BIOS ablaufen. Write Protect Boot Sector / Deaktiviert die Schreibfunktion des Festplattenlaufwerks auf dem Startsektor der Festplatte. Diese Option gilt für Betriebssysteme, deren Zugriffe auf das Festplattenlaufwerk zu 100 % über das BIOS ablaufen. Disabled / Deaktiviert das Festplattenlaufwerk.	2
Hard Disk Idle Timeout	Wenn die Festplatte nach einem bestimmten Zeitraum nicht angesprochen wird, wird sie nach Ablauf der von Ihnen eingestellten Zeit in den Stromsparmodus versetzt. Um diese Option zu aktivieren, müssen Sie aber bereits die Option Shadowing aktiviert haben. Einstellungsmöglichkeiten: Reserved, Disabled, 1 ... 20 min.	?
Hard Disk Power Down Mode	Unter dieser Option wird der Energiesparmodus für die Festplatte festgelegt. Sie können für IDE-Laufwerke folgende Einstellungen auswählen: Disabled (kein Ausschalten der Festplatte), Standby, Suspend. SCSI-Festplatten geht nur über Software oder das BIOS des Hostadapters. Wer Windows 95/98 hat, sollte im BIOS Disabled einstellen. Generell gilt: Zu kurze Abschaltzeiten schaden.	1
Hard Disk Size >504 MB	Ist diese Option auf Auto gesetzt, stellt die BIOS-Utility automatisch fest, ob diese Funktion von der installierten Festplatte unterstützt wird. Falls ja, können Sie mit einer Festplatte arbeiten, deren Kapazität 504 MByte überschreitet. Dies ermöglicht die LBA-Modus-Übersetzung (Logical Block Addressing). Diese IDE-Erweiterung funktioniert jedoch nur unter DOS und Windows 3.x und Windows 95. Bei anderen Betriebssystemen muss dieser Parameter auf Disabled gesetzt werden.	2
Hard Disk Spin Down	Unter dieser Option können Sie die Drehzahl der Festplatte nach einer eingestellten Zeit herunterfahren. Einstellungsmöglichkeiten: Disabled, 1, 2, 3, 5, 10 min.	1
Hard Disk Standby Timer	Unter dieser Option können Sie die Festplatte in den Standby-Modus schicken. Einstellungsmöglichkeiten: 1 bis 18 min, Disabled.	3
Hard Disk Timeout	Hier legen Sie fest, nach wie viel Minuten (im Minutentakt) die oben genannte Einstellung aktiviert wird. Besser ist es aber auch hier, die Einstellung unter Windows 95/98 vorzunehmen. Sie sollten mit dieser Option vorsichtig umgehen, da häufiges An-/Abschalten der Festplatte eher schadet als der Stromersparnis nutzt.	1
Hard Disk Time Out (Minute)	Hier legen Sie die Zeitspanne fest, wie lange die Festplatte inaktiv sein muss, bis der Hard Disk Power Down Mode aktiv wird. Einstellungsmöglichkeiten: Disabled (Standard), 1 min (Minute) in Minutenschritten bis 15 min.	1
Hard Disk Type 47 RAM Area (HDD-Setup Area)	Es gibt ältere BIOS-Typen, die es ermöglichen, benutzerdefinierte Daten für den Festplattentyp 47 an verschiedenen Orten im Rechner zu speichern. Normalerweise nimmt man hier den Bereich 0:300h im BIOS. Manchmal muss man aber auch den DOS-Speicher verwenden (DOS oder Reduce DOS Memory Size).	2

BIOS-Befehle – alphabetisch

H

AMI = 1   Award = 2   Phoenix = 3   MR-BIOS = 4

BIOS-Option	Bedeutung	BIOS
Hard Disk Type 47 ROM Area oder Hard Disk 47 RAM Area	Festlegung des Speicherbereichs für die Festplattenparameter des benutzerdefinierten Festplattentyps 47. Festplattendaten können auch im oberen Bereich des konventionellen Arbeitsspeichers abgelegt werden, um Probleme zu vermeiden. Falls Sie DOS 1 KB eingestellt haben, wird 1 KByte konventioneller Speiche reserviert, um dort die Festplattendaten abzulegen. Der Gesamtspeicher beträgt dann nur noch 639 KByte.	1
Hard Disk Utility	Option zum Testen und Low-Level-Formatieren bei Festplatten vor 1994.	1,2
Hard Disks	Hier werden die Festplattenlaufwerke konfiguriert. Falls Sie SCSI-Festplatten verwenden, ist das nicht nötig. Einstellungen: Cyls (Anzahl der Cylinder), Head (Anzahl der Köpfe), Precomp (Pre-Kompensation), LANZ (Landing Zone, Landezone der S/L-Köpfe nach Ausschalten der Festplatte), Sector (Anzahl der Sektoren), Mode (Modus LBA, Normal, XCHS und CHS). Bis 504 MByte sollten Sie den Modus Normal oder CHS verwenden. Darüber verwenden Sie LBA oder XCHS. Die Größe wird automatisch berechnet. Sie sollten dort (primärer Master, primärer Slave, sekundärer Master, sekundärer Slave), wo keine Festplatten installiert sind, unter Type None eintragen.	2
Hardware Monitor Interface	Diese Option dient zukünftigen Anwendungen.	3
Hardware Reset Protect	Haben Sie diese Option aktiviert, ist kein Hardware-Reset möglich. Wenn Disabled, dann ja.	2
HD1 Password is	Wenn das Supervisor- bzw. User-Passwort installiert ist, wird angezeigt an, ob das Festplattenpasswort installiert ist oder nicht. Anzeige: Clear, Set, Frozen.	3
HDD Access Control	Mit dieser Einstellung kann man in gewissen Grenzen das Schreiben auf die Festplatte verhindern. Allerdings kümmert das neue Betriebssysteme dank Protected Mode nicht. Unbedingt Disabled, da Windows nicht von einer schreibgeschützten Festplatte startet.	2
HDD Low Level Format	Option zum Testen und Low-Level-Formatieren bei Festplatten vor 1994.	1,2
HDD Off after	Hier legen Sie fest, nach wie viel Minuten ohne Aktion die Festplatte abgestellt werden soll.	2
HDD Power Down oder HDD Power Down (PM Timer)	Hier stellen Sie ein, ab welcher Zeitspanne der Nichtbenutzung die Festplatte abgeschaltet wird. Diese Option funktioniert aber nur bei IDE-Festplatten. Einstellungen: Disabled oder 1 Minute bis 15 Minuten. Sie sollten mit dieser Option vorsichtig umgehen, da häufiges An-/Abschalten der Festplatte eher schadet als der Stromersparnis nutzt.	2
HDD Power Down Mode	Diese Option stellt den Stromsparmodus ein, der die Festplatte einnimmt, nachdem die eingestellte Frist von Festplatteninaktivität verstrichen ist. Die Einstellungsmöglichkeiten sind Disabled, Standby und Suspend. In den Voreinstellungen Optimal und Failsafe sind die Einstellungen Suspend.	1
HDD S.M.A.R.T. capability	Die Technik S.M.A.R.T. (Self Monitoring Analysis and Reporting Technology) ist in modernen Festplatten implementiert. Unter anderem kann diese Technik mit entsprechender Software Leseprobleme oder Drehzahlprobleme der Festplatte feststellen. Haben Sie die Option aktiviert, wird z. B. eine Meldung über einen bevorstehenden Crash ausgegeben. Norton Utilities 3.0 wertet z. B. die Ergebnisse aus.	2
HDD Sequence SCSI/IDE First	Wenn diese Option Enabled ist, bootet die SCSI-Festplatte vor der IDE-Festplatte. Dies kann aber bei Betriebssystemen, die das BIOS umgehen, zu Problemen führen. Des Weiteren ist zu beachten, dass möglicherweise die Laufwerkbuchstaben durcheinander geraten.	2
HDD Standby Timer	Diese Option zeigt die Zeitspanne an, nach der die Festplatte in den Standby-Modus wechselt.	2

Referenz

H

AMI = 1   Award = 2   Phoenix = 3   MR-BIOS = 4

BIOS-Option	Bedeutung	BIOS
HDID	Diese Option wird zur Identifizierung für HD-Password benötigt.	3
HD-ID	Unter dieser Option wird die Identifikationsnummer für das IDE-Festplattenlaufwerk angezeigt.	3
Head oder Hd oder Hds oder Heads	Die Anzahl der Köpfe sind einzustellen oder zu definieren. Die Anzahl reicht von 1 bis 16 Köpfen (siehe Seite 46).	alle
Heuristic Power Management Mode	Hier aktivieren Sie den Energiesparmodus Heuristic Power Management Mode (Suspend-Modus). Enabled (der Energiesparmodus Heuristic Power Management Mode ist aktiviert), Disabled (der Energiesparmodus Heuristic Power Management Mode ist nicht aktiviert).	3
Hidden Refresh oder Hidden Refresh Control	Haben Sie diese Option auf Enabled stehen, wird der automatische Refresh aktiviert. Dadurch wird gleichzeitig der Refresh durch den Chipsatz abgeschaltet, was etwas Performancesteigerung bedeutet. Ältere Speicherbausteine ohne den automatischen Refresh verkraften das nicht, und es kommt zu Abstürzen.	1,3
Hit <F1> Message Display	Wenn Sie diese Option Disabled eingestellt haben, werden Sie beim Start nicht mehr daran erinnert, dass Sie mit Drücken der [F1]- oder [Entf]-Taste das Setup des BIOS aufrufen können.	1
Host Bus Fast Data Ready	Unter dieser Option wird das Zugriffsverhalten des AGP-Steckplatzes eingestellt. Sie sollten die Einstellung so belassen, wie sie eingestellt ist, es sei denn, der Grafikkartenhersteller verlangt etwas anderes. Einstellungsmöglichkeiten: Enabled, Disabled.	2
Host Bus LDEV	Mit dieser Option können Sie den Chipsatz darauf einstellen, das Signal eines Geräts (LDEV = Local-Device) hinsichtlich der Zugangsanforderungen, die den gesamten Speicher sowie die E/A-Bereiche außerhalb des Chipsatzes beanspruchen, am Hostbus zu beobachten. Einstellungsmöglichkeiten: Enabled, Disabled.	2
Host Bus LRDY	Unter dieser Option können Sie den Chipsatz zur Überwachung des Local-Ready-Signals (LRDY) am Hostbus einstellen. Damit wird ein Signal an den Prozessor gesandt. Einstellungsmöglichkeiten: Enabled, Disabled.	2
Host Bus Slave Device	Mithilfe dieser Option stellen Sie ein Intel486-Host-Bus-Slave-Gerät (Videoadapter) ein. Wenn Enabled, wird ein Slave-Device am Hostbus unterstützt. Einstellungsmöglichkeiten: Enabled, Disabled.	2
Host Clock/PCI Clock	Sie legen unter dieser Option fest, wie sich die Taktfrequenz des PCI-Bus zur internen Uhr des Prozessors verhält. Mit der Standardeinstellung 1 wird vom PCI-Bus die Frequenz der internen Uhr des Prozessors verwendet. Einstellungsmöglichkeiten: 1, 1/2.	2
Host-to-PCI Burst Write	Unter dieser Option können Sie einstellen, ob der Prozessor Schreibzyklen zum PCI-Bus PCI-Burst-Protokoll-konform ausführt oder nicht. Einstellungsmöglichkeiten: Enabled, Disabled.	2
Hot Key oder Hot Key (Ctrl-Alt)	Unter dieser Option legen Sie eine Tastenkombination mit den Tasten [Strg]+[Alt] + Buchstabentaste fest, mit dem das Gerät sofort in den Energiesparmodus geschaltet werden kann.	3
Hot Key Power Down	Wenn Sie diese Option auf Suspend oder Sleep gestellt haben, können Sie mit der Kombination [Strg]+[Alt]+[Enter] den Schlaf- oder Anhaltemodus ohne das eingestellte Zeitintervall direkt aktivieren. Shadowing muss allerdings bereits aktiviert sein, um hier Einstellungen vornehmen zu können. Einstellungsmöglichkeiten: Disabled, Sleep, Suspend.	2
Hot Key Power Off	Unter dieser Option definieren Sie, mit welcher Taste das System aufgeweckt wird. Funktioniert nur mit dem Speicherchip SIS5597.	2

BIOS-Befehle – alphabetisch

H

BIOS-Option	Bedeutung	BIOS
	AMI = 1 Award = 2 Phoenix = 3 MR-BIOS = 4	
Hot Key Power On	Sie haben unter dieser Option, wenn Sie Power On Function aktiviert haben, zwölf Möglichkeiten (Strg+F1 bis Strg+F12), den Computer einzuschalten.	2
HotKey Beep	Unter dieser Option aktivieren Sie den Signalton bei Verwendung einer Tastenkombination zur Einstellung der Notebook-Eigenschaften. Einstellungsmöglichkeiten: Enabled, Disabled.	3

I

BIOS-Option	Bedeutung	BIOS
	AMI = 1 Award = 2 Phoenix = 3 MR-BIOS = 4	
I/O Channel	Sie können unter dieser Option den I/O-Kanal auf verschiedene Basisadressen einstellen. Einstellungsmöglichkeiten: 220h, 230h, 240h, 250h (der I/O-Kanal ist auf die angezeigte Adresse eingestellt).	3
I/O Cycle Recovery	Haben Sie die Option aktiviert, wird dem PCI-Bus für den Fall der Back-to-Back-E/A-Bearbeitung ein Wiederherstellungszyklus zugewiesen, allerdings wird der Back-to-Back-Datenaustausch dadurch verzögert. Einstellungsmöglichkeiten: Enabled, Disabled.	2
I/O Device Configuration	Im Menü, das sich hinter dieser Option verbirgt, können Sie diverse Laufwerkeinstellungen sowie Einstellungen für die Serial und Parallel Ports vornehmen.	2
I/O Plane Voltage	Einstellung der externen I/O-Spannung, wenn die Option Power Plane auf Dual Voltage steht.	2
I/O Recovery Period	Während Sie unter I/O Cycle Recovery nur ein-/ausschalten können, haben Sie hier die Möglichkeit, die Dauer des Wiederherstellungszyklus festzulegen. Einstellungsmöglichkeiten: 0, 0.25, 0.5, 0.75, 1, 1.25, 1.5, 1.75 ms (Mikrosekunden).	2
I/O Recovery Time oder I/O Recovery Time Delay	Zeitspanne zwischen zwei I/O-Zyklen. Bei modernen Karten kann man den Wert getrost in kleinen Schritten verringern, während er für ältere Karten etwas höher gesetzt werden sollte, wenn es Probleme gibt. Einstellungsmöglichkeiten: 2 BLCK, 4 BLCK, 8 BLCK, 12 BLCK.	1,2
I/O Voltage	Unter dieser Option können Sie die Spannungsversorgung des DRAMs, Chipsatzes und AGP bestimmen. Sie können die Werte in der I/O Voltage ändern. Beachten Sie unbedingt die Angaben zu Ihrem Board im Handbuch.	2
IBC DEVSEL# Decoding	Sie können unter dieser Option festlegen, wie lange der Decodierungszyklus ist, der vom ISA Brücken Controller zur Wahl eines Geräts gebraucht wird. Je länger der Zyklus, umso genauer die Decodierung der Anweisungen. Einstellungsmöglichkeiten: Fast, Medium und Slow.	2
IDE 0 (1, 2, 3, 4, 5, 6, 7)	Unter dieser Option werden bis zu acht IDE-Festplatten angezeigt. Weitere ATAPI- oder IDE-Geräte werden z. B. durch CD oder Tape identifiziert.	4
IDE 0 Master PIO/DMA Mode	Hier legen Sie fest, welcher PIO-Modus für die IDE-Festplatte benutzt werden soll. Da es bei Falscheinstellungen zu Datenverlusten kommen kann, ist es dringend angeraten, die Einstellung über die Option Auto vornehmen zu lassen oder sich genau nach den Angaben des Herstellers zu richten. Falls beim Brennen Probleme auftreten, dann versuchsweise einen niedrigen PIO-Modus einstellen – am besten bei allen angeschlossenen Geräten gleichzeitig. Wenn sich die Fehlermeldung nicht ändert, kann wieder zurückgewechselt werden.	2

Referenz

I

AMI = 1   Award = 2   Phoenix = 3   MR-BIOS = 4

BIOS-Option	Bedeutung	BIOS
IDE 0 Slave PIO/DMA Mode	Hier legen Sie fest, welcher PIO-Modus für die IDE-Festplatte benutzt werden soll. Da es bei Falscheinstellungen zu Datenverlusten kommen kann, ist es dringend angeraten, die Einstellung über die Option Auto vornehmen zu lassen oder sich genau nach den Angaben des Herstellers zu richten. Falls beim Brennen Probleme auftreten, dann versuchsweise einen niedrigen PIO-Modus einstellen – am besten bei allen angeschlossenen Geräten gleichzeitig. Wenn sich die Fehlermeldung nicht ändert, kann wieder zurückgewechselt werden.	2
IDE 1 Master PIO/DMA Mode	Hier legen Sie fest, welcher PIO-Modus für die IDE-Festplatte benutzt werden soll. Da es bei Falscheinstellungen zu Datenverlusten kommen kann, ist es dringend angeraten, die Einstellung über die Option Auto vornehmen zu lassen oder sich genau nach den Angaben des Herstellers zu richten. Falls beim Brennen Probleme auftreten, dann versuchsweise einen niedrigen PIO-Modus einstellen – am besten bei allen angeschlossenen Geräten gleichzeitig. Wenn sich die Fehlermeldung nicht ändert, kann wieder zurückgewechselt werden.	2
IDE 1 Slave PIO/DMA Mode	Hier legen Sie fest, welcher PIO-Modus für die IDE-Festplatte benutzt werden soll. Da es bei Falscheinstellungen zu Datenverlusten kommen kann, ist es dringend angeraten, die Einstellung über die Option Auto vornehmen zu lassen oder sich genau nach den Angaben des Herstellers zu richten. Falls beim Brennen Probleme auftreten, dann versuchsweise einen niedrigen PIO-Modus einstellen – am besten bei allen angeschlossenen Geräten gleichzeitig. Wenn sich die Fehlermeldung nicht ändert, kann wieder zurückgewechselt werden.	2
IDE 32 Bit Mode	Soll eingeschaltet sein, denn es aktiviert den 32-Bit-Zugriff auf IDE-Geräte. Allerdings nur unter DOS.	2
IDE 32-Bit Transfer oder IDE 32-Bit Transfer Mode	Sie sollten diese Option, die den 32-Bit-Transfer ermöglicht, auf Enabled stellen. Dadurch wird der Datentransfer beschleunigt und die CPU entlastet. Diverse BIOS bieten diese Option nicht mehr, da sie bereits grundsätzlich aktiviert ist.	1,2,3
IDE Adapter 0 Master oder IDE Adapter 0 Slave oder IDE Adapter 1 Master oder IDE Adapter 1 Slave	Diese Optionen dienen zur Einstellung für zusätzliche IDE-Laufwerke. Wenn Sie kein zusätzliches Laufwerk anschließen, sollten Sie die Einstellung unverändert lassen.	3
IDE Block Mode	Diese Option aktiviert den Blockzugriff auf IDE-Geräte und sollte normalerweise eingeschaltet sein. Bei Windows 3.11 kann dies unter Umständen zu Problemen führen. Ist dies der Fall, einfach ausschalten.	2
IDE Block Mode Transfer	Hier können Sie einstellen, dass die Daten in Blöcken statt in einzelnen Bytes gelesen oder geschrieben werden.	1
IDE Buffer for DOS & Win	Das System verfügt über Vorauslesefunktionen und Schreib-Puffer.	2
IDE Burst Mode	Falls Ihr System IDE-Burst-Performance unterstützt, stellen Sie hier auf Enabled, um die Leistung zu erhöhen.	2
IDE Bus Masters	Diese Einstellung erlaubt die Unterstützung Busmaster-fähiger Geräte auf dem IDE-Bus. Dies betrifft Erweiterungen, die selbstständig, ohne den Prozessor zu belasten, auf andere Systemkomponenten zugreifen können.	1
IDE Data Port Post Write	Falls Ihr System diese Technik unterstützt, stellen Sie hier auf Enabled, um die Leistung zu erhöhen.	2

BIOS-Befehle – alphabetisch

I

AMI = 1   Award = 2   Phoenix = 3   MR-BIOS = 4

BIOS-Option	Bedeutung	BIOS
IDE DMA Mode	Mit Enabled aktivieren Sie den DMA-Modus. Falls alte Platten nicht richtig funktionieren, sollten sie im PIO-Modus betrieben werden.	1
IDE DMA Transfer Mode	Sie können hier Disabled (Standard) und Enabled einstellen. Wenn Sie Enabled ausgewählt haben, können Sie zwischen drei verschiedenen Typen von IDE-DMA-Transfers wählen. Allerdings muss Ihre Festplatte den DMA Mode unterstützen. Falls Sie sich nicht sicher sind, sollte Standard eingestellt sein. Sicherheitshalber sollte beim Brennen Standard eingestellt sein.	1
IDE Drive Power Down	Diese Option legt fest, nach welcher Zeit ohne Systemaktivität der Motor des Festplattenlaufwerks abschaltet. Die nächste Systemaktivität schaltet den Motor wieder ein. Einstellungsmöglichkeiten: Enabled (Standard; der Motor des Festplattenlaufwerks schaltet nach der eingestellten Zeit ab), Disabled (der Motor des Festplattenlaufwerks schaltet nicht ab).	3
IDE Hard Disk Standby Timer	Mit dieser Option schalten Sie die Festplatte nach einem Leerlauf von 1 bis 15 Minuten, je nach Einstellung, in ein Standby. Greifen Sie später wieder auf die Festplatte zu, geben Sie der Festplatte 3 bis 5 Sekunden (je nach Festplattentyp), um zum Normalbetrieb zurückzukehren. Setzen Sie diesen Parameter auf Off, wenn Ihre Festplatte diese Funktion nicht unterstützt.	2
IDE Hard Drive	Diese Option dient zur Auswahl der IDE-Festplatte, die in der Bootsequenz erscheint.	2
IDE HDD Auto Detection	Automatische Erkennung der Festplatte und Übernahme in das BIOS.	2
IDE HDD Block Mode	Mit dieser Option wird der Block Mode von IDE-Festplatten aktiviert. Falls Ihr Laufwerk diesen Modus unterstützt, wird bei Aktivierung dieser Option die Zahl der Blöcke pro Anforderung aus dem Konfigurationssektor der Festplatte ausgelesen. Empfohlene Einstellung ist Enabled, wobei darauf hingewiesen werden muss, dass nur alte Festplatten diesen Modus nicht vertragen.	2
IDE HDD Block Mode Sectors	Diese Option, die auf Auto stehen soll, legt fest, wie viele Sektoren bei einem Plattenzugriff übertragen werden. Durch die Einstellung Auto ist gewährleistet, dass die optimale Sektorenzahl aus der Firmware der Festplatte ausgelesen wird.	2
IDE HDD Block Mode Transfer	Wenn Enabled, werden die Daten in Blöcken von der Festplatte gelesen bzw. auf sie geschrieben. Beim Protected Mode übernimmt der Festplattentreiber die Entscheidung über den Block Mode.	1
IDE LBA Mode oder IDE LBA Mode Control	Hier aktiviert man das Logical-Block-Adressing für Festplatten, die größer als 528 MByte sind (mehr Infos ab Seite 46).	1,3
IDE LBA Translation	Es gibt Standard-CHS (Cylinder, Head, Sector), kompatibel zu allen IDE-Laufwerken. LBA (Logical Block Addressing) überwindet die Hindernisse der Int13h-BIOS Schnittstelle, ermöglicht die Verwendung von IDE-Laufwerken mit mehr als 540 MByte und ist kompatibel zu allen Laufwerken, die LBA unterstützen. Ext.CHS (Extended CHS) bietet die Möglichkeit, Einschränkungen der vorherigen Optionen zu umgehen, und erlaubt Zugriffe auf Laufwerke mit mehr als 1.024 Zylindern. Auto konfiguriert automatisch, wobei es eine der vorherigen Optionen auswählt (mehr Infos ab Seite 46).	1
IDE Multiple Sector Mode	Normalerweise ist diese Option Disabled. Sie können aber nach Aktivierung Werte von 1, 2, 4, 8, 16, 32 oder 64 Sektoren pro Burst (S/B) einstellen. Die Burst-Länge muss aber mit der von der Festplatte übereinstimmen, sonst funktioniert es nicht. Solange Sie den Wert nicht kennen, sollte dieser Wert beim Brennen auch nicht gesetzt sein!	1

Referenz

I

AMI = 1   Award = 2   Phoenix = 3   MR-BIOS = 4

BIOS-Option	Bedeutung	BIOS
IDE PIO Mode	Mit dieser Option können Sie die Zykluszeit beeinflussen und damit das Tempo der IDE-Schnittstellen. Sie sollten hier mit der Option Auto zufrieden sein, denn höher stellen bringt nichts, höchstens Ärger. Allerdings sollten Sie darauf achten, so genannte Schleicher nicht mit schnellen Platten an einen Strang zu hängen, weil das Tempo immer vom langsamsten bestimmt wird (wie beim Wandern). Falls beim Brennen Probleme auftreten, dann versuchsweise einen niedrigen PIO-Modus einstellen – am besten bei allen angeschlossenen Geräten gleichzeitig. Wenn sich die Fehlermeldung nicht ändert, kann wieder zurückgewechselt werden.	2
IDE Prefetch Buffers oder IDE Prefetch Mode	Wenn Sie immer wieder über Schreib-/Lesefehler auf der Festplatte schimpfen, können Sie, wenn Sie einen CMD-640-I/O-Chip verwenden, den eingebauten Puffer zur Geschwindigkeitssteigerung abschalten.	2
IDE Primary Master DMA oder IDE Primary Master PIO	Hier legen Sie fest, welcher PIO oder DMA Mode für die IDE-Festplatte benutzt werden soll. Da es bei Falscheinstellungen zu Datenverlusten kommen kann, ist es dringend angeraten, die Einstellung über die Option Auto vornehmen zu lassen oder sich genau nach den Angaben des Herstellers zu richten. Falls beim Brennen Probleme auftreten, dann versuchsweise einen niedrigen PIO-Modus einstellen – am besten bei allen angeschlossenen Geräten gleichzeitig. Wenn sich die Fehlermeldung nicht ändert, kann wieder zurückgewechselt werden (siehe ab Seite 56).	2
IDE Primary PIO oder IDE Secondary PIO oder IDE Master PIO oder IDE Slave PIO	Unter dieser Option können Sie den PIO-Modus für die IDE-Festplatten einstellen. Einstellungsmöglichkeiten: 0, 1, 2, 3, 4 und Auto (bevorzugte Einstellung). Siehe auch ab Seite 56.	2
IDE Primary UDMA oder IDE Secondary UDMA oder IDE Secondary Master UDMA oder IDE Secondary Slave UDMA	Unter dieser Option nehmen Sie die Einstellungen für den Ultra DMA/33-Modus Ihrer Festplatte vor. Einstellungsmöglichkeiten: Auto, Enabled, Disabled. Sie sollten diese Option auf Enabled stellen (siehe ab Seite 56).	2
IDE Primary Master UDMA oder IDE Primary Slave UDMA	Unter dieser Option schalten Sie mit Enabled den UDMA Mode (Ultra DMA/33-Access) ein bzw. mit Disabled aus. Wenn die Laufwerke diesen Modus unterstützen, sollten Sie diese Option auf jeden Fall aktiviert haben, um in den Genuss der Übertragungsgeschwindigkeit von bis zu 33 MByte/s zu kommen (siehe ab Seite 56).	2
IDE Primary Slave DMA oder IDE Secondary Master PIO	Hier legen Sie fest, welcher PIO oder DMA Mode für die IDE-Festplatte benutzt werden soll. Da es bei Falscheinstellungen zu Datenverlusten kommen kann, ist es dringend angeraten, die Einstellung über die Option Auto vornehmen zu lassen oder sich genau nach den Angaben des Herstellers zu richten (siehe ab Seite 56).	2
IDE Read/Write Prefetch	Zur besseren Performance sollten Sie diese Option aktiviert haben. Einstellungsmöglichkeiten: Enabled, Disabled.	2
IDE Second Channel Control	Diese Option ermöglicht das Aktivieren/Deaktivieren des zweiten IDE-Controllers: Einstellungsmöglichkeiten: Enabled (Standard), Disabled (wählen Sie Disabled, wenn Sie den zweiten Onboard-IDE-Controller nicht benötigen; siehe Seite 49).	2

BIOS-Befehle – alphabetisch

I

AMI = 1   Award = 2   Phoenix = 3   MR-BIOS = 4

BIOS-Option	Bedeutung	BIOS
IDE Secondary Master DMA	Hier legen Sie fest, welcher PIO oder DMA Mode für die IDE-Festplatte benutzt werden soll. Da es bei Falscheinstellungen zu Datenverlusten kommen kann, ist es dringend angeraten, die Einstellung über die Option Auto vornehmen zu lassen oder sich genau nach den Angaben des Herstellers zu richten (siehe ab Seite 56).	2
IDE Secondary Slave DMA oder IDE Secondary Slave PIO	Hier legen Sie fest, welcher PIO oder DMA Mode für die IDE-Festplatte benutzt werden soll. Da es bei Falscheinstellungen zu Datenverlusten kommen kann, ist es dringend angeraten, die Einstellung über die Option Auto vornehmen zu lassen oder sich genau nach den Angaben des Herstellers zu richten (siehe ab Seite 56).	2
IDE Spin Down	Hier legen Sie fest, wann die Festplatte heruntergefahren werden soll. Sie sollten mit dieser Option vorsichtig umgehen, da häufiges An-/Abschalten der Festplatte eher schadet als der Stromersparnis nutzt. Master Lat. Timer: Diese Option setzt eine Verzögerung für den Hauptzeitgeber. Damit werden Laufzeitfehler ausgeglichen, um die evtl. zu hohe Leistung des Prozessors auf den Chipsatz abzugleichen. Multi Sector Transfers: Hier wird die Anzahl der Sektoren pro Übertragungseinheit festgelegt. Optimale Einstellung ist 4 oder 8. Ältere Festplatten unterstützen aber diesen Modus nicht immer! Multiple Sector Settings: Option für den Block Mode. Damit werden bei Enabled die Daten von der Festplatte in 512 Byte großen Blöcken übertragen.	4
IDE Translation Mode	Unter dieser Option legen Sie die Adressierungsart für das IDE-Festplattenlaufwerk fest. Einstellungsmöglichkeiten: Standard CHS (Standardadressierung bei Festplatten mit weniger als 1.024 Zylindern), Logical Block (logische Blöcke), Extended CHS (erweiterte Adressierung bei Festplatten mit mehr als 1,024 Zylindern), Auto detected (Standardeintrag, das BIOS erkennt die Adressierungsart des IDE-Festplattenlaufwerks für LBA, Logical Block Addressing). Mehr Infos ab Seite 46.	3
IDE Ultra DMA Mode oder IDE UDMA Mode	Hier aktivieren Sie zusätzlich zum PIO-Modus die DMA-Übertragung der Festplatten-Controller. Durch den Einsatz von Ultra DMA/33-Busmastering-IDE mit bis zu 33 MByte/s wird eine verbesserte IDE-Leistung erreicht. Diese Technologie ist abwärts kompatibel zum ATA 2-IDE-Standard. Sie sollten davon Gebrauch machen, wenn Sie eine DMA-taugliche oder eine Ultra DMA/33-Festplatte verwenden (siehe ab Seite 56).	2
Idle Cycle Limit	Unter dieser Option können Sie das Idle Cycle Limit einstellen. AMD empfiehlt in seinem Datenblatt 8 Cycles. Einstellungsmöglichkeiten: 0, 8,12, 16, 24, 32, 48 Cycles.	1
IN0(V) ~ IN2(V), +5V ~ -5V	Falls vorhanden, misst und überwacht das Mainboard die Spannungen von System und CPU. Der integrierte Hardwaremonitor misst die hier angezeigten Spannungen des Spannungsreglers und des Netzteils.	2
Inactive Timer Select oder Inactivity Timer	Unter dieser Option stellen Sie ein, wann der PC in den inaktiven Modus wechselt. Diese Zeitspanne sollte nicht länger sein als diejenige für den Suspend-Timer.	2,3
Infra Red (IR) Function	Wenn das Mainboard IrDA (HPSIR) und IR (ASKIR) Infrarot als COM2 unterstützt, wird durch diese Option Infrarot HPSIR, ASKIR aktiviert oder Disabled.	2
InfraRed/COM 2 Mode Selected	Unter dieser Option können Sie den Infrarotanschluss unter COM2 einstellen. Normalerweise steht hier UART COM2 (der UART-Chip des zweiten seriellen Ports wird zum seriellen Anschluss COM2 umgeleitet). Falls eine der Optionen SHARP IR (ASKIR), IrDA SIR (HPSIR), CIR oder FIR ausgewählt wird, wird die integrierte Infrarotfunktion aktiviert, und der UART-Chip des zweiten seriellen Ports wird dann zum Infrarotanschluss auf dem Motherboard geleitet.	2

Referenz

I

AMI = 1   Award = 2   Phoenix = 3   MR-BIOS = 4

BIOS-Option	Bedeutung	BIOS
Init AGP Display First oder Init Display First	Unter dieser Option können Sie einstellen, welche Grafikkarte zuerst initialisiert werden soll, entweder die vom PCI-Slot oder die AGP-Karte (siehe auch Seite 79).	2
Initial Display Mode	Diese Option legt fest, wenn das Booten von den vier zuvor eingestellten Laufwerken misslingt, ob das System automatisch in das BIOS-Setup springen soll oder nicht.	1
In-Order Queue Depth	Hier stehen Ihnen zwei Optionen zur Verfügung, um den Cache-Puffer für die CPU-Datenverarbeitung einzustellen. Einstellungsmöglichkeiten: 1 und 8. Behalten Sie die Standardeinstellung (8) möglichst bei.	2
Installed Memory	Hier wird die Größe des vom Rechner erkannten Arbeitsspeichers angezeigt. Es ist nur ein Anzeigefeld, bei dem Änderungen nicht vorgenommen werden können.	2
Installed O/S	Mit der Option PnP OS legen Sie fest, dass ein Plug & Play-fähiges Betriebssystem installiert ist, Other, wenn kein Plug & Play-fähiges Betriebssystem installiert ist.	3
INT A/B/C/D	Manchmal finden sich noch Einstellungen zu den PCI-INTs A/B/C/D. Allerdings sind damit keine Interrupts (IRQs) gemeint, sondern interne PCI-Interrupts, die allerdings auf normale IRQs gemappt werden können. Sie werden dann vom System auf die normalen IRQs 9 oder 10 umgeleitet. Diese INTs können Sie frei auf die PCI-Slots verteilen.	2
INT PIN # Assignment	Mit dieser Einstellung können Sie den Busmaster-PCI-Slots einen Interrupt zuweisen. Einstellungsmöglichkeiten: Auto, 3, 4, 5, 7, 9, 10, 11, 12, 14, 15. Überlassen Sie mit Auto zunächst dem BIOS die Verteilung der Interrupts. Nur wenn Sie einer PCI-Karte einen bestimmten Interrupt zuordnen oder eine Vergabe verhindern wollen, legen Sie die Einstellung manuell fest.	2
INT Pin1 Assignment~INT Pin4 Assignment	Diese Option erlaubt es dem System, die IRQ-Zahl für Geräte, die auf den PCI-Steckplätzen (1 bis 5) installiert sind, automatisch einzurichten. Dies ist vorteilhaft, wenn Sie den IRQ für ein bestimmtes Gerät selbst einstellen wollen. Einstellungsmöglichkeiten: Auto, 3, 4, 5, 7, 9, 10, 11, 12, 14 und 15. Achten Sie unbedingt bei der Einstellung von Hand darauf, dass es zu keinen Konflikten kommt. | Signale	PCI 1	PCI 2	PCI 3	PCI 4, 5
---	---	---	---	---
INT Pin 1 Assignment	INT A	INT B	INT C	INT D
INT Pin 2 Assignment	INT B	INT C	INT D	INT A
INT Pin 3 Assignment	INT C	INT D	INT A	INT B
INT Pin 4 Assignment	INT D	INT A	INT B	INT C | USB benutzt PIRQ_D Jeder PCI-Steckplatz hat vier INT#s (INT Pin 1 – INT Pin 4), der AGP hat zwei INT# (INTA und INTB).	2
Interleaved Memory	Falls Sie zwei bzw. vier gleich bestückte Speicherbänke haben, stellen Sie die Option auf Enabled, damit der Prozessor wechselweise auf die einzelnen Speicherbänke zugreifen kann.	1
Internal ADS Delay	Einstellung, ob dem Adress-Data-Status (ADS) mehr Zeit zugewiesen wird.	2
Internal Cache	Hier können Sie den L1-Cache deaktivieren. Er gilt öfters als Bremse für zu schnell ablaufende Spiele, ist jedoch für den laufenden Betrieb zu aktivieren, da sonst die Systemleistung sinkt.	1
Internal Cache WB/WT	Unter dieser Option stellen Sie die Cache-Methode ein. Sie können dabei Write-Through-Caching und Buffered Write-Through-Caching (Postet Write) wählen. Einstellungsmöglichkeiten: WB, WT.	2

BIOS-Befehle – alphabetisch

I

AMI = 1   Award = 2   Phoenix = 3   MR-BIOS = 4

BIOS-Option	Bedeutung	BIOS
Internal Cache Write Back	Falls Sie einen Cyrix 6x86MX- oder einen AMD K6-Prozessor verwenden, können Sie die Option Write Back nicht aktivieren, da diese den Umgang mit dem Level-1-Cache nicht unterstützen. Alle anderen Prozessoren unterstützen aber diese schnellere Option.	2
Internal Cache Write Policy	Unter dieser Option stellen Sie die Cache-Methode ein. Sie können dabei Write-Through-Caching und Buffered Write-Through-Caching (Postet Write) wählen. Einstellungsmöglichkeiten: Wr-Back, Wr-Thru.	2
Internal HD	Über dieses Feld rufen Sie das Untermenü auf, in dem Sie die Einstellungen für die eingeschobenen IDE-Laufwerke vornehmen können.	3
Internal HD password is	Diese Option im Untermenü HD Password zeigt an, ob das Festplattenpasswort (right bay HD/left bay HD) installiert ist oder nicht. Einstellungsmöglichkeiten: Enabled, Disabled.	3
Internal Page Detection	Sie sollten diese Option auf der Voreinstellung belassen. Einstellungsmöglichkeiten: Enabled, Disabled.	2
Internal Pointing Device	Mit dieser Option aktivieren Sie das interne Zeigegerät. Einstellungsmöglichkeiten: Enabled, Disabled.	3
Interrupt Routing	Diese Option legt fest, wie PCI-Interrupts unter einem Multiprozessor-Betriebssystem behandelt werden. Stellen Sie Auto ein, damit von der kompatiblen Interrupt-Behandlung (PCI-Interrupt wird auf ISA-Interrupt geschaltet) zur schnelleren Interrupt-Behandlung (PCI-Interrupt wird direkt auf den Multiprozessor-Interrupt-Controller geschaltet) beim Erkennen eines neueren Multiprozessorsystems (Windows NT 3.51 oder 4.xx) gewechselt wird. Wenn Sie Probleme beim Starten des Multiprozessor-Betriebssystems haben, sollten Sie Enabled einstellen.	3
Intrusion Detection	Haben Sie diese Option aktiviert, erhalten Sie ein Signal, wenn das Gehäuse geöffnet wird. Diese Option ist aktiviert, bis sie im BIOS ausgeschaltet wird.	1
IR Adress Select	Wählen Sie 3F8h, 2F8h, 3E8H, 2E8h (Standardeinstellung), 3E0h oder 2E0h. Achten Sie aber sorgfältig darauf, dass keine Konflikte mit den Einstellungen der COM-Ports entstehen.	2
IR Base Adress Select	Mit dieser Option legen Sie die I/O-Adresse des IR-Ports fest, wobei die empfohlene Einstellung 3E0h ist.	1
IR Duplex Mode	Diese Option bestimmt den Duplexbetrieb der Schnittstelle, entweder Halb- oder Vollduplex (Half, Full).	2
IR Function	Wenn Sie eine Intrarotschnittstelle haben, den so genannten IrDa-Port, wird er hier mit Enabled aktiviert.	1,2
IR. Function Duplex	Diese Option bestimmt den Duplexbetrieb der Schnittstelle, entweder Halb- oder Vollduplex (Half, Full).	2
Ir I/O pin Select	Diese Optionen erlaubt, die Infrarotfunktion (IR) auf dem Onboard-I/O-Chip zu bestimmen.	1
IR IRQ Select	Sie stellen hier den von Infrarotgeräten benutzten IRQ ein. Es handelt sich dabei um IRQ10 und IRQ11, die in keinem Fall von anderen Geräten belegt sein dürfen. Falls Sie keine Infrarotgeräte benutzen, können Sie diese Option auf Disabled stellen.	1
IR Mode	Wählen Sie entsprechend den Angaben Ihres Handbuchs zwischen IrDA (Standardeinstellung) oder ASKIR, FIR oder CIR.	2
IR Mode Select	Normalerweise steht in der Dokumentation Ihres Geräts, welcher Modus verwendet wird. Ist das nicht der Fall, können Sie hier auch IrDA, die höchstmögliche Kompatibilität, einstellen.	1

Referenz

I

AMI = 1　Award = 2　Phoenix = 3　MR-BIOS = 4

BIOS-Option	Bedeutung	BIOS
IR position	Manche Notebook besitzen auf der Vorder- und Rückseite jeweils einen IR-Anschluss, von denen nur einer auf einmal verwendet werden kann. Einstellungsmöglichkeiten: Front (Vorderseite), Back (Rückseite).	3
IR Tr/Re Polarity	Unter dieser Option wird die Empfangs-/Übertragungspolarität der Schnittstelle eingestellt. Es gibt zwei Werte: High (hoch) oder Low (niedrig).	2
IR Transmission Delay	Diese Option stellt IR Transmission Delays (Verzögerungen) auf 4 Character-Time (40-Bit-Time), wenn SIR von RX Mode auf TX Mode wechselt.	2
IR Transmittion Delay	Haben Sie diese Option aktiviert, verzögert sich die Übertragung. Einstellungsmöglichkeiten: Enabled, Disabled.	2
IrDA Channel	Unter dieser Option wird der DMA-Kanal für die IrDA-Schnittstelle festgelegt. Einstellungsmöglichkeiten: DMA 3, 0, 1 (DMA-Kanal ist auf den angezeigten Kanal eingestellt).	3
IrDA port	Unter dieser Option legen Sie, welche serielle Schnittstelle als Infrarotschnittstelle verwendet wird. Dazu muss aber im Laptop jeweils eine Infrarotschnittstelle mit der nötigen Hardware eingebaut sein. Einstellungsmöglichkeiten: 2F8h (COM2) IRQ3, 3F8h (COM1) IRQ4, 3E8h (COM3) IRQ4, 2E8h (COM4) IRQ3 (Infrarotschnittstelle ist auf die entsprechende Adresse und Interrupt eingestellt), Auto (Infrarotschnittstelle stellt sich automatisch auf eine verfügbare Kombination – Adresse, Interrupt – ein), Disabled (Infrarotschnittstelle ist ausgeschaltet).	3
IrDA Protocol	Diese Option erscheint, wenn Sie unter Serial PortB Mode die Einstellung IrDA oder ASK IR ausgewählt haben. Die Einstellungsmöglichkeiten für das Übertragungsprotokoll sind: 1,6 micro second, 3/16 (Default).	1
IRQ	Unter dieser Option legen Sie den Interrupt für den Audio-Controller fest. Einstellungsmöglichkeiten: IRQ5, IRQ7, IRQ9, IRQ10, IRQ11.	3
IRQ x oder IRQ x assigned to	Sie können hier festlegen, welcher IRQ für welchen Bus zur Verfügung steht. Einstellungsmöglichkeiten: PCI (für PCI-Steckplätze), PCI/PnP (für Plug & Play-Geräte, die den PCI-Bus benutzen) und PnP (für alle anderen Plug & Play-Geräte). Empfohlene Einstellungen sind:	1, 2
IRQ x Used by ISA	Hier weisen Sie mit Yes einen der IRQs zwischen 3 bis 15 exklusiv einer ISA-Karte zu. Das ist bei der Fehlersuche von Vorteil. Des Weiteren können Sie bei knappen IRQs eine Doppelbelegung zuweisen, indem Sie alle IRQs bis auf einen sperren und das PnP des BIOS zwingen, einen IRQ zwei Karten zuzuweisen.	1,2,3
IRQ[3-7,9-15], NMI	Unter dieser Option überprüft das System die aufgelisteten IRQs und wird aktiviert, sobald an einem der Interrupts eine Aktivität festgestellt wird. Einstellungsmöglichkeiten: Enabled, Disabled.	2
IRQn Detection	Haben Sie diese Option aktiviert, weckt die Aktivität an einem ausgewählten IRQ das System. Einstellungsmöglichkeiten: IRQ3-IRQ12; IRQ14-IRQ15.	2

IRQ	Empfohlene Einstellung	IRQ	Empfohlene Einstellung	IRQ	Empfohlene Einstellung
IRQ3	PnP	IRQ4	PnP	IRQ5	PCI/PnP
IRQ7	PCI/PnP	IRQ9	PCI/PnP	IRQ10	PCI/PnP
IRQ11	PCI/PnP	IRQ12	PnP	IRQ14	PCI/PnP
IRQ15	PCI/PnP				

BIOS-Befehle – alphabetisch

I

AMI = 1   Award = 2   Phoenix = 3   MR-BIOS = 4

BIOS-Option	Bedeutung	BIOS
IRQs Activity Monitoring	Unter dieser Option befindet sich eine Liste von IRQs, Interrupt ReQuests, die in ähnlicher Weise wie zuvor die seriellen und parallelen Schnittstellen zum Zugriff freigeschaltet werden können. Möchte ein Ein-/Ausgabegerät die Aufmerksamkeit des Betriebssystems wecken, signalisiert es das, indem es eine Interrupt-Anfrage (IRQ) auslöst. Sobald das Betriebssystem in der Lage ist, diese Anfrage zu beantworten, unterbricht es sich selbst und führt den gewünschten Dienst aus. Wenn eingeschaltet (On), wird eine Aktivität das System weder davon abhalten, in einen der Sparmodi zu gehen, noch wird diese Aktivität es aus einem Sparmodus wecken. Betroffene IRQs: I IRQ3 (COM2), I IRQ4 (COM1), I IRQ5 (LPT2), I IRQ6 (Floppy Disk), I IRQ7 (LPT1), I IRQ8 (RTC Alarm), I IRQ9 (IRQ2 Redir), I IRQ10 (Reserved), I IRQ11 (Reserved), I IRQ12 (PS/2 Mouse), I IRQ13 (Coprocesssor), I IRQ14 (Hard Disk), I IRQ15 (Reserved).	2
IRQ-x/DMA-x assigned to	Diese Option erscheint nur, wenn unter Ressources Controlled by Manual gewählt wurde. Sie ermöglichen dann mit Legacy ISA oder PCI/ISA PnP die Zuordnung der jeweiligen Ressourcen exklusiv an eine ISA-Karte oder an den PnP-Ressourcenpool. Siehe auch IRQ x.	2
IRQ3/ 4/ 5/ 7/ 9/ 10/ 11/ 12/ 14/ 15, DMA 0/ 1/ 3/ 5/ 6/ 7 assigned to	Wenn Sie die Option Ressources Controlled by aktiviert (Manual) haben, können Sie die Resourcen fast frei vergeben. Siehe Tabelle oben bei IRQ x. Wenn Sie beim entsprechenden IRQ Legacy ISA einstellen, versucht der PCI-Bus nicht auf diesen IRQ zuzugreifen.	2
IRQ3 bis IRQ15	Hier wird festgelegt, welcher Interrupt einer ISA-Karte per Automatik oder von Hand zugeordnet wird. Folgende Einstellungen sind möglich: ISA/EISA (der IRQ ist fest zugeordnet und kann nicht weiter vergeben werden), PCI/PnP (der IRQ ist frei und kann vom BIOS vergeben werden).	1
IRQ 8 Clock Event oder IRQ 8 Break Suspend	Wenn Sie diese Option eingeschaltet habe, weckt die Echtzeituhr den PC aus seinem Suspend-Modus. IRQ8 ist der Interrupt der Echtzeituhr (RTC = Real Time Clock). Der unmaskierte IRQ8 erzeugt einen Fast Burst Timer reload oder einen Stop-Break.	2
IRQ Used by MODEM	Unter dieser Option können Sie festlegen, welcher IRQ das Klingeln des Modems meldet und damit den Faxempfang auslöst. Einstellungsmöglichkeiten: IRQ3 (COM2), IRQ4 (COM1).	1
IRQ Channel	Unter dieser Option legen Sie den Interrupt-Kanal für den Audio-Controller fest. Der Interrupt-Kanal kann auf verschiedene IRQs eingestellt werden. Einstellungsmöglichkeiten: IRQ9, IRQ5, IRQ7, IRQ10.	3
IRQ deliver Mode for non MP OS	Betriebssysteme ohne Multiprozessorunterstützung bieten zwei Möglichkeiten, wie ein Interrupt zur CPU kommt, entweder über den APIC-Bus oder über die Interrupt-Leitung. Es kann bei älteren Betriebssystemen (Novell 3.12) zu Fehlermeldungen kommen, wenn das Interrupt-Signal über den APIC-Bus geführt wird. Einstellungsmöglichkeiten: APIC Bus, INTR Line.	3
IRQ Resources	Wenn Sie diese Ressourcen von Hand einstellen, weisen Sie jedem System-Interrupt einen Typ zu, abhängig vom Typ des Geräts, das den Interrupt verwendet.	2

Referenz

I

	AMI = 1 Award = 2 Phoenix = 3 MR-BIOS = 4	
BIOS-Option	**Bedeutung**	**BIOS**
IRQ (Wake Up)	Hier können Sie einstellen, bei welchem IRQ das System aus dem Energiesparmodus geweckt werden soll. Mögliche und sinnvolle Einstellungen sind: IRQ1 (Tastatur), IRQ4 (serielle Maus), IRQ12 (Busmaus oder ggf. der IRQ der Netzwerkkarte. Im 1 BIOS kann man den IRQ3 eingeben, damit das Wake Up über das Faxmodem erfolgt. Wenn Sie keine PS/2-Maus haben, hängt am COM1 die Standardmaus. Sie sollten IRQ4 ausgeschaltet lassen, damit nicht bei jedem Aufräumen des Schreibtischs der PC anspringt. Auf IRQ5 liegt die zweite Druckerschnittstelle, manchmal aber auch die Soundkarte. Sie sollten diesen IRQ ausgeschaltet lassen, wenn ein Drucker eingesetzt ist. Bei einer Soundkarte oder Spracherkennung aktivieren Sie ihn. Der IRQ6 sollte von Ihnen nur eingeschaltet werden, wenn es sich um Kopiermaschinen handelt. IRQ7, der für die erste Druckerschnittstelle LPT1 steht, sollte auch nicht für Wake Up verwendet werden. Der IRQ8 wird von manchen elektronischen Notizbüchern als Alarmfunktion benutzt. Ist dies der Fall, sollten Sie ihn eingeschaltet haben. IRQ9 ist ein kaskadierter IRQ2, der normalerweise nicht benutzt werden sollte. Manche Netzkarten liegen aber auf IRQ2/9. Wenn dies der Fall ist, muss dieser IRQ evtl. aktiviert werden. Auf dem IRQ10/11 kann auch eine Netzkarte liegen, siehe IRQ9. Auf dem IRQ12 liegt entweder eine PS/2-Maus (IRQ4) oder eine Netzkarte (IRQ9). Sie sollten den Coprozessor (IRQ13) nicht als Wake Up benutzen. In den meisten BIOS erscheint er aber auch nicht. Auf dem IRQ14/15 liegen standardmäßig der primäre und der sekundäre IDE-Kanal. Dieser sollte nicht für Wake Up verwendet werden, da ja nur Aktivitäten stattfinden, wenn Sie eine CD-ROM einlegen.	1,2
IRQ 5, 9, 10, 11	Hier legen Sie fest, welcher Interrupt von ISA-Baugruppen genutzt wird und welcher nicht. Einstellungsmöglichkeiten: Available (Standard; der Interrupt steht zur Verfügung), Used By ISA Card (der Interrupt wird einer ISA-Baugruppe zugeordnet).	3
IRQxx Available to	Diese Option weist dem ISA-Bus oder PCI/PnP eine Interrupt-Leitung zu.	1
IRQxx Break Event	Diese Option definiert, ob die IRQxx (xx: 1, 3, 4, 5, 6, 7, 9, 10, 11, 12, 14, und 15) überwacht werden oder nicht. Wenn sich das System im Power-Management-Modus befindet, schalten IRQs auf den überwachten Leitungen das System wieder in den Full-On-Modus.	1
ISA 8 Bit I/O Recovery Time	Durch Festlegen von Wartezyklen konfigurieren Sie den Zugriff auf den 8-Bit-ISA-Bus.	1
ISA 16 Bit I/O Recovery Time	Durch Festlegen von Wartezyklen konfigurieren Sie den Zugriff auf den 16-Bit-ISA-Bus.	2
ISA Bus Clock oder ISA Bus Clock Frequency oder ISA Bus Clock Option	Hier wird das Taktverhältnis zwischen PCI- und ISA-Bus festgelegt. Diese Option finden Sie ab und zu in älteren BIOS-Typen.	2
ISA Clock	Wenn ISA-Karten installiert sind, kann man durch Veränderung der Taktfrequenz, d. h. durch eine niedrigere Teilung etwas mehr an Geschwindigkeit herausholen. Normalerweise ist PCICLK/4 eingestellt. Sie können aber die Karte etwas übertakten, indem Sie PCICLK/3 einstellen.	2
ISA Clock Divisor	Unter dieser Option können Sie in Abhängigkeit vom PCI-Bustakt (33 MHz) die ISA-Bustaktfrequenz festlegen. Sie sollten bei älteren Karten die langsamere Einstellung verwenden, damit die Karte ordentlich arbeitet. Einstellungen: PCICLK/3 (PCI-Bustakt wird durch 3 geteilt: 11 MHz), PCICLK/4 (PCI-Bustakt wird durch 4 geteilt: 8,33 MHz).	2

BIOS-Befehle – alphabetisch

I

AMI = 1   Award = 2   Phoenix = 3   MR-BIOS = 4

BIOS-Option	Bedeutung	BIOS
ISA E/A- Recovery	Hier wird dem System eine Reaktionszeit zugestanden, wenn die Hauptplatine schneller ist als E/A-Erweiterungskarten.	2
ISA IRQ 9 oder ISA IRQ 10 oder ISA IRQ 11	Einstellungsmöglichkeiten sind free oder used (Standard). Wenn eine Komponente Ihres Systems einen dieser Interrupts benutzt, muss diese Option used sein.	1
ISA LFB Size	Unter dieser Option wird ein zusammenhängender ISA-Speicherbereich (von 1, 2, 4 MByte Größe) in den Hauptspeicherbereich von 15, 14 oder 12 bis 16 MByte eingeblendet. Einstellungsmöglichkeiten: 1, 2, 4 MByte (der ISA-Speicherbereich wird in der angegebenen Größe eingeblendet), Disabled (Standard; der ISA-Speicherbereich wird nicht eingeblendet).	3
ISA Line Buffer	Diese Option, die die träge E/A-Bearbeitung des ISA-Bus vom PCI-Bus abkoppeln kann, bedeutet bei Aktivierung Perfomancegewinn. Einstellungsmöglichkeiten: Enabled (höhere Leistung des ISA-Master), Disabled (einfacher Modus).	2
ISA Linear Frame Buffer	Unter Umständen kann diese Option die Performance von moderneren ISA-Bus-VGA-Karten verbessern. Die Größe des benutzten Videospeichers sollte identisch mit der Einstellung des Buffers sein. Einstellungsmöglichkeiten sind: Disabled, 1 MByte, 2 MByte, 4 MByte. Sollte Ihre VGA-Karte diese Option nicht unterstützen, dann sollte sie im BIOS Disabled sein.	1
ISA Master Buffer Mode	Unter dieser Option können Sie die Leistung des Systems steigern. Ist die Option Enabled, wird der 8-Byte-Transaktionsmodus für den Puffer aktiviert, während die Einstellung Disabled bedeutet, dass der ISA-Master-Buffer im einfachen Modus arbeitet.	2
ISA Master Line Puffer	Diese Option, die die träge E/A-Bearbeitung des ISA-Bus vom PCI-Bus abkoppeln kann, bedeutet bei Aktivierung Perfomancegewinn. Einstellungsmöglichkeiten: Enabled (höhere Leistung des ISA-Master), Disabled (einfacher Modus).	?
ISA MEM Block BASE	Mithilfe dieser Option können Sie einen freien Speicherbereich zwischen C800h und EFFFFh für die ISA-Karten aktivieren. Die Einstellung der Karte und die im BIOS müssen beide absolut übereinstimmen. Hierbei gilt, zuerst die Karte und dann das BIOS einstellen. Falls Sie mit einer solchen Karte arbeiten und kein ICU einsetzen, um ihren Adressbereich zu bestimmen, wählen Sie unter den sechs Optionen eine Basisadresse aus. Es wird dann das ISA MEM Block SIZE-Feld angezeigt, mit dem Sie die Blockgröße wählen können. Falls Sie mehr als eine Legacy-ISA-Karte eingebaut haben, die diesen Adressraum braucht, können Sie die Blockgröße auf 8, 16, 32 oder 64 KByte erweitern.	2
ISA MEM Block Size	Wenn Sie ISA MEM Block Base aktiviert haben, legen Sie hier fest, wie groß das Fenster sein soll (Angaben in KByte). Die Einstellung der Karte und die im BIOS müssen beide absolut übereinstimmen. Hierbei gilt, zuerst die Karte und dann das BIOS einstellen. Einstellungen: 8 KByte, 16 KByte, 32 KByte und 64 KByte.	2
ISA Memory Gap	Unter dieser Option wird, wenn Sie at 00F00000h ausgewählt haben, ein zusammenhängender Speicherbereich (1 MByte) in den Hauptspeicherbereich von 15 bis 16 MByte eingerichtet.	3
ISA Shared Memory	Mithilfe dieser Option können Sie einen freien Speicherbereich zwischen C800h und EFFFFh für die ISA-Karten aktivieren. Die Einstellung der Karte und die im BIOS müssen beide absolut übereinstimmen. Hierbei gilt, zuerst die Karte und dann das BIOS einstellen. Normalerweise sollten Sie diese Option aber Disabled haben.	2

Referenz

I

	AMI = 1 Award = 2 Phoenix = 3 MR-BIOS = 4	
BIOS-Option	**Bedeutung**	**BIOS**
ISA Shared Memory Base Address	Wenn Sie unter der Option ISA Shared Memory Size eine Speichergröße ausgewählt haben, erscheint die Zeile ISA Shared Memory Base Address. Wählen Sie eine der angebotenen Startadressen des Shared Memory im RAM aus.	3
ISA Shared Memory Size	Normalerweise ist diese Option ausgeschaltet (Disabled). Damit erhöht sich die Performance des Geräts. Hier wird die Größe des ROM-Bereichs festgelegt, der nicht in das schnellere RAM kopiert wird (z. B. von Zusatzbaugruppen). Verwendet Ihre ISA-Baugruppe im zugehörigen ROM-Bereich ein Dual Ported RAM, wählen Sie die Größe des ROM aus, der nicht in den RAM kopiert werden darf. Einstellungsmöglichkeiten: 16, 32, 48, 64, 80, 86 KByte (der ROM-Bereich der Zusatzbaugruppe wird festgelegt. Die notwendige Größe finden Sie in der Beschreibung zu Ihrer Zusatzbaugruppe), Disabled (Standard; der gesamte ROM-Bereich wird in das RAM kopiert).	3

J

	AMI = 1 Award = 2 Phoenix = 3 MR-BIOS = 4	
BIOS-Option	**Bedeutung**	**BIOS**
Joystick	Unter dieser Option können Sie den Joystick ein-/ausschalten.	3
Joystick Function	Unter dieser Option können Sie die Unterstützung für den Joystick aktivieren, wenn ein interner Game-Controller auf Ihrem Board ist. Verwenden Sie jedoch eine Soundkarte mit Gameport oder einen externen Game-Controller, sollten Sie diese Option abschalten.	2
Jumper – Emulation	Unter dieser Option kann man die Spannung der CPU, den Systemtakt und den Multiplikator einstellen. Sie sollten hier nichts verstellen, es sei denn, Sie verstehen etwas davon.	2

K

	AMI = 1 Award = 2 Phoenix = 3 MR-BIOS = 4	
BIOS-Option	**Bedeutung**	**BIOS**
K/B Wake-up Function	Diese Option ermöglicht das Einschalten des PCs durch Tastendruck. Falls ein Passwort vergeben wurde, ist das Einschalten mit dem Ein-/Ausschalter nicht möglich. Einstellungsmöglichkeiten: Disable (Default), Specific key, Any key, Password.	1
K7 CLK_CTL Select	Haben Sie diese Option aktiviert, wird automatisch der externe Prozessortakt erkannt. Im anderen Fall erfolgt automatisch die Einstellung auf 100 MHz.	2
K7 Clock Control oder K7 Clock Control Select	Mit dieser Option wird der Taktkontrollschaltkreis einer K7 CPU angepasst. Falls Sie OPTIMAL einstellen, können verschiedene CPU-Taktraten unterschiedliches Taktkontroll-Timing aufweisen. Sie sollten deshalb möglichst DEFAULT eingestellt haben.	2

BIOS-Befehle – alphabetisch

K

AMI = 1   Award = 2   Phoenix = 3   MR-BIOS = 4

BIOS-Option	Bedeutung	BIOS
KBPower On Multikey	Ist diese Option aktiviert, können Sie über die Tastatur mit einem Passwort den PC einschalten. Damit das aber auch wirklich funktioniert, müssen Sie unbedingt im Handbuch nachlesen, was noch zu tun ist. Sie müssen ggf. auf dem Board einen Jumper umsetzen und andere Optionen (z. B. Soft off by PWR-Button oder Resume by Ring) im Power-Management aktivieren. Manchmal ist es auch notwendig, die Einstellung im BIOS 2-mal hintereinander zu sichern (hängt vom Board ab), damit sie wirklich abgespeichert sind.	2
KB Power On-Password	Unter dieser Option geben Sie das Passwort für das Aufwachen der Tastatur ein, wenn die Power On-Funktion mit einem Password (Passwort) eingestellt ist. Sie müssen nur das richtige Passwort eintippen, um den PC wieder einzuschalten, wenn er ausgeschaltet ist.	2
KBC Input Clock Select	Unter dieser Option können Sie bei Problemen mit der Tastatur die entsprechende Frequenz der Tastaturuhr einstellen, um die Probleme zu beseitigen.	2
KBD Clock Source Speed oder KBC Input Clock	Unter dieser Option können Sie die Taktfrequenz der Tastatursteuerung ändern. Sie sollten es bei der Standardeinstellung von 8 MHz belassen und nur Änderungen vornehmen, wenn Sie Tastaturprobleme haben. Einstellungsmöglichkeiten: 6, 8, 12 und 16 MHz.	1,2,3
Key Click	Mit dieser Option kann man das Klicken der Tastatur ein- oder ausschalten.	3
Keyboard	Hier wird die Tastatur mit Installed angemeldet. Wenn Sie aus Sicherheitsgründen die Tastatur sperren wollen, stellen Sie Not Installed ein.	1
Keyboard 98	Falls Sie mit Windows 98 arbeiten und eine dafür optimierte Tastatur verwenden, können Sie, wenn Sie diese Option unter Power On Function aktiviert haben, mit der Wake-Up-Taste Ihren PC einschalten.	1,2
Keyboard Auto - Repeat Delay oder Keyboard Auto -lag Delay	Hier kann eingestellt werden, ab wann die Anschlagwiederholung einsetzt. Einstellungen: 0,25 sek., 0,5 sek., 0,75 sek. und 1 sek.	3
Keyboard Auto - Repeat Rate	Wiederholungsgeschwindigkeit, wenn eine Taste gedrückt wird. Einstellungen von 2 Zeichen bis 30 Zeichen/Sekunde.	3
Keyboard Controller Clock	Über diese Option ist die Geschwindigkeit des integrierten Tastatur-Controller eingeschaltet.	2
Keyboard Power On	Ist diese Option aktiviert, können Sie mit der Tastatur den PC einschalten. Damit das aber auch wirklich funktioniert, müssen Sie unbedingt im Handbuch nachlesen, was noch zu tun ist. Sie müssen ggf. auf dem Board einen Jumper umsetzen und andere Optionen im Power-Management (z. B. Soft off by PWR-Button oder Resume by Ring) aktivieren. Manchmal ist es auch notwendig, die Einstellung im BIOS 2-mal hintereinander zu sichern (hängt vom Board ab), damit sie wirklich abgespeichert sind.	2
Keyboard Reset Control	Hier kann man die Tastenkombination für ein Reset ein- oder ausschalten. An und für sich nur sinnvoll für Arbeitsplatzrechner.	1.2
Keyboard Reset Delay	Hier kann man eine Verzögerung einschalten, bevor ein System-Reset einsetzt.	3
Keyboard Resume	Haben Sie diese Option deaktiviert, ist es nicht möglich, das System mit einem Tastendruck aus dem Suspend Mode zu holen.	2
Keyboard Typematic Speed	Festlegung, wie viele Zeichen pro Sekunde angeschlagen werden können (siehe ab Seite 194).	1
KT CLK_CTL Select	Bei Optimal werden einige innere Parameter der CPU auf die von AMD empfohlenen Werte gestellt. Einstellungsmöglichkeiten: Default, Optimal.	2

Referenz

L

BIOS-Option	Bedeutung	BIOS
	AMI = 1 Award = 2 Phoenix = 3 MR-BIOS = 4	
L1 Cache Write Back oder L1 Cache Policy oder L1 Cache Update Mode oder L1 Cache Update Scheme oder L1 Cache Write Policy	Unter dieser Option regeln Sie die Einstellung des internen (L1) Cache. Sie können dabei unter Write Back (Enabled, WB, Wr-Back) oder Write Through (Disabled, WT, Wr-Thru) wählen. Nehmen Sie Write Back, arbeitet der Prozessor mit weniger Unterbrechungen, was insgesamt zu einer Verbesserung der Performance führt, aber nur wenn Ihr Mainboard diese Technik unterstützt.	2
L2 Cache/DRAM Cycle WS	Hier legen Sie das Timing für die Kommunikation zwischen externem Cache und dem DRAM-Speicher fest. Einstellungsmöglichkeiten: 2CCLK, 3 CCLK.	2
L2 Cache ECC	Unter dieser Option wird festgelegt, ob eine Fehlerkorrektur im L2-Cache gespeichert wird. Einstellungsmöglichkeiten: Enabled (erlaubt die Fehlerkorrektur im L2-Cache), Disabled (die Fehlerkorrektur im L2-Cache ist nicht erlaubt; damit erhöht sich die Performance des Systems).	3
L2 Cache Latency	Unter dieser Option können Sie die L2-Cache-Geschwindigkeit des Prozessors einstellen. Je größer der Wert, desto schneller arbeitet der L2-Cache. 16 Einstellungen stehen Ihnen zur Verfügung: Default (Grundeinstellung) und 1 bis 15. Sie sollten mit der Einstellung vorsichtig vorgehen, damit die Systemstabilität gewährleistet bleibt.	2
L2 Cache Update Mode oder L2 Cache Update Scheme oder L2 Cache Write Back oder L2 Cache Write Policy	Unter dieser Option regeln Sie die Einstellung des externen (L2-)Cache. Sie können dabei unter Write Back (Enabled, WB, Wr-Back) oder Write Through (Disabled, WT, Wr-Thru) wählen. Nehmen Sie Write Back, arbeitet der Prozessor mit weniger Unterbrechungen, was insgesamt zu einer Verbesserung der Performance führt, aber nur wenn Ihre Festplatte diese Technik unterstützt.	2
L2 Cache Cacheable Area	Hier bestimmen Sie die Größe des Hauptspeichers, die vom L2-Cache abgedeckt wird. Einstellung: 64 MByte bzw. 512 MByte, was aber vom installierten Tag-RAM abhängt.	2
L2 Cache Cacheable Size	Wenn Sie auf Ihrem Rechner mehr als 64 MByte haben, sollte der L2-Cache bedient werden, damit die Geschwindigkeit nicht einbricht. Dazu muss aber ein zusätzlicher Tag-RAM installiert sein. Wenn der nicht installiert ist und die Option wird auf 512 MByte eingestellt, dann streikt der Rechner.	2
L2 Cache Write Cycle	Sie können hier die Anzahl der Prozessorzyklen, die für die Ausführung eines Schreibzyklus zum externen Cache notwendig sind, einstellen. Einstellungsmöglichkeiten: 2CCLK, 3CCLK.	2
L2 Cache Zero Wait State	Falls Sie einen langsamen Cache-Speicher auf dem Board haben, sollten Sie diese Option auf Disabled stellen, um eine Wartephase hinzuzufügen.	2
L2 Tag RAM Size	Hier kann man festlegen, wie breit der Tag-RAM-Bus ist. Dies hat Einfluss auf die Cacheable Area.	2
L2 (WB) Tag Bit Lenght	Hier legen Sie fest, ob 7 Bit oder 8 Bit für die Tag-RAM-Information verwendet werden.	2
Language	Unter dieser Option können Sie evtl., falls eine Auswahlmöglichkeit besteht, die Sprache einstellen.	2
LAN Controller	Ist die Option Enabled, legt das System-BIOS fest, welche Systemressourcen belegt werden. Mit Disabled ist der LAN-Controller ausgeschaltet.	3
LAN Remote Boot	Die Option BootP (LAN-BIOS ist aktiviert) ermöglicht das Laden des Betriebssystems von einem Server. Die Option LSA (LSA LAN-BIOS ist aktiviert) ermöglicht es, das Betriebssystem über eine lokale Netzwerkverbindung zu laden. Disabled (kein LAN-Boot möglich).	3
LAN Resume from Soft Off	Unter dieser Option legen Sie fest, ob ein Signal über die Netzwerkgruppe kommen darf, das System einschaltet oder nicht. Einstellungsmöglichkeiten: Enabled (Default) oder Disabled.	1

BIOS-Befehle – alphabetisch

L

AMI = 1   Award = 2   Phoenix = 3   MR-BIOS = 4

BIOS-Option	Bedeutung	BIOS
LAN Wake-up	Unter dieser Option kann man einstellen, dass, wenn ein Signal vom LAN kommt, der PC aus dem Doze- bzw. Standby-Modus geholt wird. Diese Option benötigt einen ATX 2.01 mit 5 V Standby (STB5V) und 800 mA.	1
LAN Wake-up Mode: Monitor	Wenn Sie die Option Wake On LAN eingeschaltet haben, können Sie hier festlegen, ob der Bildschirm auch eingeschaltet wird, wenn das System über den Onboard-LAN-Controller eingeschaltet wird. Einstellungsmöglichkeiten: Off, On.	3
Landz oder Landing Zone oder LandZone oder Lzone	Hier wird die Landzone, der so genannte Parkzylinder, definiert. An dieser Position setzt der Festplattenkopf auf, wenn der Festplattenmotor abgestellt wird.	alle
Large Disk Access Mode	Diese Option ist für Festplatten mit mehr als 1.024 Zylindern, 16 Köpfen und mehr als 63 Sektoren pro Spur gedacht. Einstellungsmöglichkeiten: DOS (für MS-DOS-kompatible Zugriffe), Other (für nichtkompatible Zugriffe z. B. Novell, SCO UNIX).	3
LARGE Modus	Wenn die Anzahl der Zylinder (CYLS) der Festplatte 1.024 überschreitet und DOS sie nicht unterstützen kann oder wenn Ihr Betriebssystem den LBA-Modus nicht unterstützt, sollten Sie diesen Modus wählen (mehr Infos ab Seite 46).	2
Latch Local Bus	Hier wird eingestellt, wie lange das System nach dem Abarbeiten des Leseauftrags wartet, bevor es den lokalen Bus blockiert.	2
Latency from ADS# Status	Wie lange der Prozessor auf das ADS#-Signal warten muss.	2
Latency Timer	Diese Option kontrolliert, wie lange eine Karte des PCI-Bus noch für sich beanspruchen darf, wenn eine andere PCI-Karte bereits einen Zugriff angemeldet hat.	1
Latency Timer (PCI Clocks)	Unter dieser Option legen Sie die geringste Anzahl an Taktzyklen fest, in denen am PCI-Bus ein Burst übertragen werden kann. Standardeintrag: 66. Einstellungsmöglichkeiten: 0-256.	3
Latency Timer Value	Unter dieser Option bestimmen Sie den Wert, für welche Zeitdauer eine Karte den benutzten Bus allein verwenden darf. Sie sollten hier den kleinstmöglichen Wert einstellen.	3
LBA Mode	Mit dieser Option wird das Logical-Block-Adressing für IDE aktiviert. Für Festplatten, die größer als 528 MByte sind, ist es erforderlich, diese Option einzuschalten. Es kann allerdings auch sein, dass Ihre Festplatte, wenn sie älter ist, unter Umständen statt LBA nur XCHS unterstützt. Die Funktion ist nur unter DOS wirksam (mehr Infos ab Seite 46).	2
LBA Mode Control	Mit Einschaltung dieser Option sorgen Sie für die Unterstützung der Laufwerke, die größer als 540 MByte sind (mehr Infos ab Seite 46).	3
LBA Translation Mode	Unter dieser Option wird der Modus eingestellt, der der Umsetzung der physikalischen Plattenaufteilung in die logische Plattenaufteilung zu-Grunde liegt. Allerdings wirkt sich die Einstellung des LBA Translation Mode nur dann aus, wenn Ihre Festplatte LBA unterstützt und im BIOS die LBA Translation über die Einstellung Enabled aktiviert ist. Einstellungsmöglichkeiten: LBA, CHS, PTL. Sie dürfen die Einstellung nur verändern, wenn die Festplatte für einen anderen Modus vorgesehen ist (mehr Infos ab Seite 46).	3
LBD# Sample Point	Unter dieser Option können Sie den Zyklusmesspunkt bestimmen. An diesem Punkt findet die Adressendekodierung und Kontrolle auf Cache-Hit/Miss statt. Einstellungsmöglichkeiten: End of T2 und End of T3 (höhere Stabilität, sinkende Performance).	2

Referenz

L

AMI = 1   Award = 2   Phoenix = 3   MR-BIOS = 4

BIOS-Option	Bedeutung	BIOS
LCD Expanded Mode	Ist diese Option Enabled, werden dem Bildschirm zur besseren Darstellung bei einer Auflösung < 640 x 480 einige Zeilen hinzugefügt und damit der gesamte LCD-Screen gefüllt. Funktioniert evtl. bei einigen Programmen nicht (dann Disabled).	3
LCD Graphics	Unter dieser Option wird festgelegt, ob eine Grafik normal (weniger Stromverbrauch) oder revers dargestellt wird. Wird evtl. von einigen Programmen nicht berücksichtigt.	3
LCD Power Down Timeout	Unter dieser Option können Sie einstellen, dass, wenn innerhalb einer bestimmten Zeitspanne keine externe Aktivität erfolgt, das System den LCD-Bildschirm und die Beleuchtung ausschaltet. Vorher muss aber die Option Shadowing aktiviert werden. Einstellungsmöglichkeiten: Reserved, Disabled, 1 ... 20 min.	?
LCD Text	Unter dieser Option wird festgelegt, ob der dargestellte Text normal oder revers ist. Bei einer normalen Anzeige wird weniger Strom verbraucht. Manche Programme berücksichtigen diese Option nicht.	3
LCD&CRT	Hier wählen Sie den Video-Modus für das Display aus: LCD: Notebook-Monitor wird verwendet; CRT: zusätzlicher Monitor; AUTO: automatische Auswahl; LCD&CRT: Beide Modi sind möglich.	2
LDEV# Check Point	Unter dieser Option wird ein Zeitpunkt innerhalb des Buszyklus festgelegt, an dem das VESA-Local-Bus-Device Buskommandos und Fehlerkontrolle dekodiert. Ist 0 eingestellt, gibt dies den T1 im Buszyklus an, während 1, 2 und 3 festlegen, dass der Zeitpunkt in der ersten, zweiten oder dritten Periode liegt.	2
LDEVJ Check Point Delay	Unter dieser Option bestimmen Sie die Zeit, die für die Kontrolle von Buszyklusaufträgen notwendig ist. Um zu bestimmen, ob ein Local-Bus-Device-Zugangssignal versendet wird oder ob ein ISA-Gerät adressiert wurde, müssen die Aufträge codiert werden. Durch Verzögerung wird der VESA-Systembereich stabiler, die Leistungen des ISA-Systembereichs sinken hingegen. Einstellungsmöglichkeiten: 0, 1, 2, 3, FBCLK2.	2
Leadoff Timing	Hier wird festgelegt, wie lange der erste Zugriff bei einem Burst dauert. Manchmal wird diese Option auch als DRAM R/W Leadoff Timing bezeichnet.	1
LED In Suspend	Diese Einstellung bestimmt die Funktionsweise der Power LED (Stromversorgungs-LED). Die möglichen Einstellungen sind Blink (Blinken), Dual Color (zweifarbig) und Single Color (einfarbig). Blink: Die Power LED blinkt, wenn das System in den Suspend Mode geht; Dual Color: Die Power LED wechselt ihre Farbe, wenn das System in den Suspend Mode geht; Single Color: Die Power LED leuchtet immer (Werkeinstellung).	2
Left Bay	Über dieses Feld rufen Sie das Untermenü auf, in dem Sie die Einstellungen für die eingeschobenen IDE-Laufwerke vornehmen können.	3
Legacy Diskette A: und Legacy Diskette B:	Hier stellen Sie die Diskettenlaufwerke ein. Einstellungen: 5,25" (360 KByte), 5,25" (1,2 MByte), 3,5" (720 KByte), 3,5" (1,44 MByte) und 3,5" (2,88 MByte).	3
Legacy USB Support	Wenn auf Ihrem Board USB vorhanden ist, sollten Sie diese Option auf Enabled stehen haben. Hier wird dem USB-Anschluss ein IRQ zugewiesen. Falls Sie keine USB-Geräte verwenden, sollten Sie diese Option auf Disabled stellen. Sie bekommen dadurch für andere Zwecke Ressourcen frei.	3
LGNT# Synchronous to LCLK	Wenn der VL-Bus dem VL-Busmasterzugang zum Bus zu gewähren, erfolgt über das LGNT#-Signal eine Meldung an den Busmaster. Das LGNT#-Signal läuft grundsätzlich nicht synchron zur VL-Busuhr, wenn Sie die Option deaktiviert haben. Einstellungsmöglichkeiten: Enabled, Disabled.	2

BIOS-Befehle – alphabetisch

L

AMI = 1   Award = 2   Phoenix = 3   MR-BIOS = 4

BIOS-Option	Bedeutung	BIOS
LID Mode	Unter dieser Option legen Sie fest, in welchen Modus das Gerät geschaltet wird, wenn der Bildschirm des Notebooks geschlossen wird. Einstellungsmöglichkeiten: Disabled, LCD Off (Screen wird dunkel), Standby Mode (System fährt in den Standby-Modus), Suspend Mode (der Zustand des Systems wird im DRAM-Speicher gepuffert).	3
LID Switch	Unter dieser Option legen Sie fest, in welchen Modus das Gerät geschaltet wird, wenn der Bildschirm des Notebook geschlossen wird. Einstellungsmöglichkeiten: LCD Off (der Bildschirm wird dunkel geschaltet), Standby Mode (das System wird in den Standby-Modus geschaltet, siehe Standby Mode), Suspend Mode (der Systemzustand wird im DRAM-Speicher gepuffert). Nach dem Aufklappen des Bildschirms müssen Sie den Einschaltknopf drücken, um in den Zustand vor dem Zuklappen zurückzukehren.	2
Lid Switch Closure	Wenn Sie diese Option auf Panel Off gestellt haben, wird die Stromsparfunktion auch bei geschlossenem Klappenschalter aktiviert. Einstellungsmöglichkeiten: Panel, Disabled.	3
Linear Burst	Diese Option ist für Cyrix-CPUs gedacht, die eine spezielle Ansteuerung des Cache verwenden. Einstellungsmöglichkeiten: Enabled, Disabled. Sie müssen diesen Parameter deaktivieren, wenn Sie keine Cyrix-CPU verwenden.	2
Linear Mode SRAM Support	Diese Option brauchen Sie für Cyrix-CPUs, die bei SRAMs den so genannten linearen Modus brauchen.	2
Linear Merge	Diese Option ist wie das Merging in anderen Modi, jedoch speziell für die Cyrix-Systeme entwickelt.	2
Load BIOS Defaults	Mit dieser Option wird die minimalste Grundeinstellung des BIOS vorgenommen. Damit läuft der PC dann zwar, aber man sollte diese Option nur als Ausgangssituation wählen.	2
Load Fail Save Settings	Unter dieser Option befinden sich die Einstellungen für einen stabilen PC. Sie dient vor allem der Fehlersuche bzw. für den Fall, dass das System nicht startet.	2
Load Fail Save Defaults	Laden der BIOS-Standardwerte für stabilsten Systembetrieb bei minimalster Leistung. Sollte nur vorübergehend bei Störungen verwendet werden.	2
Load Optimized Defaults	Hiermit werden lediglich die nach Werkmeinung optimalen Werte geladen.	2
Load Optimal Settings	Benutzen Sie diese Option, laden Sie die nach Meinung des Board-Herstellers optimale Einstellung. Sie sollten trotzdem Ihre Einstellungen auf optimale Performance überprüfen.	1
Load Originals Values	Hiermit laden Sie die Einstellungen, die beim Aufruf des BIOS-Setup eingestellt waren. Sie können damit alle im BIOS-Setup vorgenommenen Änderungen widerrufen, bevor Sie das Setup verlassen.	1
Load Previous Values	Mit dieser Option laden Sie alle Einstellungen, die beim Aufruf des BIOS-Setup gültig waren.	3
Load Setup Defaults	Diese Option stellt das BIOS in eine Ausgangssituation, die vom Board-Hersteller als optimal angesehen wird. Ob dies tatsächlich der Fall ist, sollten Sie überprüfen, indem Sie die Werte Load BIOS Defaults und Load Setup Defaults miteinander vergleichen.	2
Load Turbo Defaults	Diese Option führt zu einer Verbesserung der Performance um 10 % gegenüber der Option Load Optimal Settings. Trotzdem sollten Sie sich nicht auf die Einstellungen verlassen, sondern von Hand die entsprechenden Korrekturen vornehmen.	2

375

Referenz

	AMI = 1 Award = 2 Phoenix = 3 MR-BIOS = 4	
BIOS-Option	**Bedeutung**	**BIOS**
Local Bus IDE adapter	Ist diese Option Enabled, wird der IDE-Controller für die IDE-Festplatte mit der Diagnosesoftware RemoteView benutzt. Haben Sie jedoch keine Festplatte mit der Diagnosesoftware installiert, dann müssen Sie die Option ausschalten und erhalten damit gleichzeitig einen IRQ für andere Anwendungen.	3
Local Bus Ready oder Local Bus Ready Delay	Hier werden die Wartezyklen festgelegt, die das System zum Datenaustausch mit einer lokalen Buseinheit (VLB) benötigt.	2
Local IP address	Unter dieser Option tragen Sie die IP-Adresse der LAN-Baugruppe des Systems ein. Verwenden Sie die gleiche IP-Adresse wie im Betriebssystem. Es sind nur numerische Zeichen erlaubt.	3
Local Memory 15-16M	Mithilfe dieser Methode können Sie den Speicher von ISA-Karten in den Hauptspeicher verlegen. Statt über die langsamere ISA-Schnittstelle greifen Sie jetzt auf die Daten im schnelleren Hauptspeicher zu.	2
Local Memory Check Point oder Local Memory Access, Block-1	Wenn Sie unter dieser Option Slow (Yes) einstellen, wird ein zusätzliches Waitstate eingefügt. Die Option regelt die Technik, die beim Dekodieren und bei der Fehlerkontrolle von Schreiboperationen des lokalen Bus zum DRAM während eines Speicherzyklus benötigt wird. Einstellungsmöglichkeiten: No, Yes oder Fast, Slow.	1,2
Local Memory Detect Point	Der LDEV# (VESA-Local-Device-Checkpoint) ist der Punkt, an dem das VESA-Local-Bus-Device Bus Kommandos und Fehlerkontrolle dekodiert. Dabei geht es um einen Zeitpunkt, der innerhalb des Buszyklus liegt. 0 ist der Punkt T1 im Buszyklus. Einstellungsmöglichkeiten: 0, 1, 2, 3.	2
Local Memory Frequency	Unter dieser Option können Sie die Betriebsgeschwindigkeit für den lokalen Speicher wählen. Es stehen Ihnen 100 MHz und 133 MHz zur Verfügung. Wenn Ihre Auswahl jedoch nicht vom Speichermodul unterstützt wird, kann es System- und Datenprobleme geben.	2
Local ready syn mode	Unter dieser Option bestimmen Sie, ob ein VESA-Ready-Signal mit dem Ready-Signal des Prozessors synchron ist oder ob die Synchronisation übergangen wird. Einstellungsmöglichkeiten: SYN, BYPASS.	2
Local Server ID	Unter dieser Option wird die Geräte-ID (0 bis 99/127) des Servers innerhalb der Gruppe festgelegt. Jedes Gerät innerhalb der Gruppe muss eine eigene ID haben. Für den Server sollten Sie die Geräte-ID von 0 bis 9 verwenden.	3
Lock Setup Configuration	Unter dieser Option legen Sie fest, ob ein Plug & Play-fähiges Betriebssystem Setup-Einstellungen im BIOS verändern darf oder nicht. Einstellungsmöglichkeiten: Yes, No.	3
Logging Disabled Certain Events	Diese Option befindet sich im Untermenü Critical Events in Log, und mit ihr kann man bestimmte Ereignistypen ausschalten.	3
Low Battery Power Warning	Wenn die Batterie fast leer ist, ertönen periodisch Signale. Sie können hier aber auch, vorausgesetzt, Shadowing ist aktiviert, das System direkt in den Sleep- oder Suspend-Modus übergeben. Einstellungsmöglichkeiten: Beep, Sleep, Suspend.	?
LPT & COM (PM Events)	Im Power-Management stehen Ihnen unter PM Timer Events mit dieser Option vier Möglichkeiten zur Verfügung: LPT/COM (jedes Ereignis an der LPT/COM-Schnittstelle weckt den PC auf), LPT (jedes Ereignis an der LPT-Schnittstelle weckt den PC auf), COM (jedes Ereignis an der COM-Schnittstelle weckt den PC auf), None.	2
LPT1 (2, 3, 4)	Sie bekommen unter dieser Option die vier möglichen parallelen Schnittstellen angezeigt. Erscheint an einer Position n/a, ist dieser Port nicht vorhanden.	4

BIOS-Befehle – alphabetisch

L

AMI = 1   Award = 2   Phoenix = 3   MR-BIOS = 4

BIOS-Option	Bedeutung	BIOS
LPT Mode	Unter dieser Option legen Sie fest, ob die parallele Schnittstelle als Ein-/Ausgabegerät oder nur als Ausgabegerät verwendet wird. Die Übertragungsmodi ECP und EPP ermöglichen schnellere Datenübertragungsraten von 2 und 2,4 MByte/s. Voraussetzung für die Übertragungsmodi ECP und EPP sind Peripheriegeräte, die diese Modi unterstützen. Außerdem muss im Feld LPT Port die Adresse 378h oder 278h eingestellt sein. Bi-Directional Daten können sowohl ausgegeben als auch empfangen werden. EPP: Schneller Übertragungsmodus (bis zu 2 MByte/s), in dem Daten sowohl ausgegeben als auch empfangen werden können. Der Modus erfordert ein Peripheriegerät, das den EPP-Übertragungsmodus (Enhanced Parallel Port) unterstützt. ECP: Schneller Übertragungsmodus (bis zu 2,4 MMyte/s), in dem Daten sowohl ausgegeben als auch empfangen werden können. Der Modus erfordert ein Peripheriegerät, das den ECP-Übertragungsmodus (Enhanced Capability Port) unterstützt. Bei Einstellung ECP kann im Feld ECP Channel noch ein DMA-Kanal ausgewählt werden (DMA1, DMA3). Normale Daten können ausgegeben, aber nicht empfangen werden.	3
LPT Port	Unter dieser Option stellen Sie die Adresse und den Interrupt der parallelen Schnittstelle ein. Einstellungsmöglichkeiten: 378h, IRQ7, 278h, IRQ5, 378h, IRQ5, Auto, Disabled.	3
LPT Ports Accessed	Hier können Sie die Funktion, dass der PC aus dem Suspend-Modus durch Gerätebenutzung geholt wird, ausschalten.	1,2
LS-120 Drive Ass	Mit dieser Option aktivieren Sie nicht nur das in Ihrem System installierte LS-120-Gerät, sondern legen auch die Funktion des Geräts fest. Diese Einstellung hat Einfluss darauf, wie das BIOS das Gerät erkennt. Einstellungsmöglichkeiten: Normal (bei dieser Einstellung unterstützt das BIOS das LS-120-Laufwerk nicht, es wird ein LS-120-Gerätetreiber benötigt), Drive A (das BIOS erkennt das LS-120-Laufwerk als Laufwerk A:. Ist ein standardmäßiges Diskettenlaufwerk A vorhanden, identifiziert es das BIOS automatisch als Laufwerk B:. Ist ein standardmäßiges Diskettenlaufwerk B: vorhanden, wird es automatisch nicht zugreifbar. Sind zwei LS-120-Laufwerke vorhanden, erkennt sie das BIOS als Laufwerk A: und Laufwerk B:), Drive B (das BIOS erkennt das LS-120-Laufwerk als Laufwerk B:. Ist ein standardmäßiges Diskettenlaufwerk B: vorhanden, wird es automatisch nicht zugreifbar), Hard Disk (das BIOS erkennt das LS-120-Laufwerk eine Festplatte. Formatieren Sie bei dieser Einstellung das LS-120-Laufwerk als eine beliebige andere Festplatte und weisen Sie ihr den Laufwerkbuchstaben C:, D:, E: und so weiter zu. Weitere Informationen sind in der dem LS-120-Laufwerk mitgelieferten Dokumentation angegeben).	2

M

AMI = 1   Award = 2   Phoenix = 3   MR-BIOS = 4

BIOS-Option	Bedeutung	BIOS
M1 Linear Burst Mode	Haben Sie auf dem Board einen Cyrix M1 CPU installiert, stellen Sie die Option auf Enabled.	2
M1445RDYJ to CPURDYJ	Unter dieser Option bestimmen Sie, ob ein PCI-Ready-Signal mit dem Ready-Signal des Prozessors synchron ist oder ob die Synchronisation übergangen wird. Einstellungsmöglichkeiten: SYN, BYPASS.	2

Referenz

AMI = 1   Award = 2   Phoenix = 3   MR-BIOS = 4

BIOS-Option	Bedeutung	BIOS
MA Additional Wait State	Unter dieser Option können Sie ein zusätzliches Waitstate vor dem Lesen der ersten Speicheradresse während eines Speicherzugriffs einzufügen.	2
MA Drive Capacity	Unter dieser Option wird die Stromstärke für die mehrfache DRAM-Adressierung geregelt. Einstellungsmöglichkeiten: 24 mA, 12 mA.	2
MA Wait States oder MA Wait State (Auto)	Mit dieser Option können Sie die Wartezeit des Chipsatz festlegen, die er warten soll, bis er bei den Schreib-/Lesezugriffen das RAS/CAS-Signal setzt. Sie sollten diese Option aber nur dann verwenden, wenn es zu Problemen bei den Speichermodulen wegen zu schneller Zugriffe kommt. Wählen Sie hier den möglichst niedrigsten Wert nur dann, wenn alle Bänke mit Speicherbausteinen besetzt sind.	2
Main Board ID	Unter dieser Option wird die Erkennungsnummer des Motherboards angezeigt.	2
Main Board S/N	Unter dieser Option wird die Seriennummer des Motherboards angezeigt.	2
Main Hard Disk	Stellen Sie den Fast Programmed I/O Mode auf Auto Detected, um Ihre EIDE-Festplatte im optimalen PIO-Modus zu fahren	1
Main Prozessor	Unter dieser Option wird lediglich angezeigt, welcher Prozessor sich auf dem Board befindet. Keine Einstellungsmöglichkeiten.	2
Manual Suspend Mode	Mithilfe dieser Option kann der Suspend Mode Timeout über einen externen Schalter auf Enabled oder Disabled gestellt werden. Shadowing muss aktiviert sein. Lesen Sie hierzu auch die Anmerkungen zu Sleep Mode Timeout, Suspend Power Down Mode und Suspend Mode Timeout.	?
Manufacture Frequency Default	Diese Option erinnert nur an die CPU-Frequenz.	2
Mark Existing Events as Read	Unter dieser Option können Sie einstellen, ob alle Einträge im Ereignisprotokoll als gelesen oder nicht gelesen markiert werden sollen. Einstellungsmöglichkeiten: Do Not Mark (Standard; alle Einträge sind als nicht gelesen markiert), Mark (alle Einträge sind als gelesen markiert).	3
Master Arbitration Protocol	Diese Option beinhaltet eine Methode, bei der der PCI-Bus festlegt, welche Mastereinheit Zugang zum Bus erhält. Einstellungsmöglichkeiten: Strong, Weak.	2
Master Drive PIO Mode	Die Voreinstellung lautet Auto, Sie können aber von Hand den PIO-Modus von 0 bis 4 festlegen.	2
Master Drive Ultra DMA	Bei Ultra DMA handelt es sich um ein DMA-Datenübertragungsprotokoll, das die ATA-Befehle sowie den ATA-Datenbus benutzt, um Daten mit der Höchstgeschwindigkeit von 33 MByte/s zu übertragen. Normalerweise ist hier Auto voreingestellt. Sie können jedoch bei Problemen diese Funktion abschalten.	2
Master IOCHRDY	Wenn Sie die Option eingeschaltet haben, kontrolliert das System die Abfrage des VESA-Masters, um ein I/O-Channel-Ready-Signal zu erzeugen. Einstellungsmöglichkeiten: Enabled, Disabled.	2
Master Lat. Timer	Diese Option setzt eine Verzögerung für den Hauptzeitgeber. Damit werden Laufzeitfehler ausgeglichen, um die evtl. zu hohe Leistung des Prozessors auf den Chipsatz abzugleichen.	1

BIOS-Befehle – alphabetisch

AMI = 1   Award = 2   Phoenix = 3   MR-BIOS = 4

BIOS-Option	Bedeutung	BIOS
Master Priority Rotation	Bei dieser Option geht es um die Masterprioritäts-Rotation. Es stehen hier drei Optionen zur Verfügung: 1 PCI: Bewilligt der CPU nach jeder PCI-Master-Erlaubnis den Zugriff. 2 PCI: Bewilligt der CPU nach jeder zweiten PCI-Master-Erlaubnis den Zugriff. 3 PCI: Bewilligt der CPU nach jeder dritten PCI-Master-Erlaubnis den Zugriff. Haben Sie die Option 1 PCI ausgewählt, wird ein weiterer Zugriff der CPU erst bewilligt, wenn der gegenwärtige Busmaster fertig ist. Bei 2 PCI erhält der PCI-Master mit der höchsten Priorität den Buszugriff, wenn der gegenwärtige Busmaster fertig ist. Die CPU kann dann auf den Bus zugreifen, wenn dieser Master fertig ist. Bei 3 PCI erhält der PCI-Master mit der höchsten Priorität Zugriff auf den Bus, dann der mit der zweiten Priorität, dann die CPU. Egal welche Option Sie wählen, die CPU kann erst nach einer Master-Erlaubnis (1 PCI), nach einer zweiten Master-Erlaubnis (2 PCI) oder einer dritten Master-Erlaubnis (3 PCI) auf den Bus zugreifen, auch wenn mehrere PCI-Master ständig nach dem Bus verlangen.	2
Master/Slave Drive PIO Mode	Sie haben unter dieser Option sechs Einstellungsmöglichkeiten: Auto, Mode 0, Mode 1, Mode 2, Mode 3, Mode 4, Back to Auto. Sie können über die vier IDE PIO-Punkte(Programmed Input/Output) einen PIO-Modus (0-4) für jedes der vier IDE-Geräte einstellen, das das Onboard IDE-Interface unterstützt. Beachten Sie, dass Modi 0 bis 4 aufsteigend immer eine stärkere Leistung bieten. Im Auto-Modus (Standardeinstellung) bestimmt das System automatisch den besten Modus für jedes Gerät.	2
Master/Slave Drive Ultra DMA	Unter dieser Option haben Sie zwei Einstellungsmöglichkeiten: Auto (Standard) und Disabled. Ultra DMA ist ein DMA-Datentransferprotokoll, das ATA-Befehle anwendet und über den ATA-Bus DMA-Befehle zum Datentransfer bei einer maximalen Burst-Rate von 33 MByte/s erlaubt. Ultra DMA/33 oder Ultra DMA/66 können nur genutzt werden, wenn Ihre IDE-Festplatte sie unterstützt und das Betriebsumfeld einen DMA-Treiber enthält (Windows ® 95 OSR2 oder einen IDE-Busmastertreiber Dritter). Wählen Sie Auto, wenn Ihre Festplatte und Ihre Systemsoftware Ultra DMA/33 unterstützen. Wenn Ihr Board Ultra DMA/66 unterstützt, verwenden Sie diese Einstellung. Disabled verwenden Sie, wenn Sie bei der Verwendung von Ultra DMA-Geräten auf Probleme stoßen.	2
Math Coprozessor	Diese Option können Sie nicht konfigurieren. Sie zeigt nur an, ob ein numerischer Koprozessor im Notebook installiert ist.	2
Max Saving	Versucht, jede Menge Strom zu sparen (Doze/Standby/Suspend = 1 Minute, HDD = 1 Minute). Allerdings benötigen Sie dazu eine SL-CPU, da der Prozessor hier sogar ganz angehalten wird. Auch die Festplatte wird so oft wie möglich runtergefahren, was übrigens nicht unbedingt zur Verlängerung der Lebensdauer beiträgt. Deswegen sollten die Zyklen in einem vernünftigen Rahmen gehalten werden.	2
Max. Burstable Range	Sie können unter dieser Option den maximal zusammenhängenden Speicher, der in einem Burst-Zyklus des PCI-Bus adressiert werden kann, einstellen. Einstellungsmöglichkeiten: 0,5 KByte, 1 KByte.	2
Maximum Capacity	Unter dieser Option wird die Festplattengröße angezeigt. Keine Einstellungsmöglichkeiten.	3
Maximum LBA Capacity	Unter dieser Option können Sie nichts einstellen, da hier die maximale LBA-Kapazität der Festplatte angegeben wird, wie es sich aus den von Ihnen eingegebenen Festplatteninformationen ergibt (mehr Infos ab Seite 46).	2
MB Temperature	Mit dieser Option ist die Temperatur des Boards gemeint, die über spezielle Fühler am Chipsatz ermittelt wird. Als Schwellenwert ist 70° empfehlenswert.	2

Referenz

AMI = 1   Award = 2   Phoenix = 3   MR-BIOS = 4

BIOS-Option	Bedeutung	BIOS
MD Driving Strength	Unter dieser Option werden Ihnen zwei Einstellungsmöglichkeiten geboten: Hi und Low. Haben Sie viel Speicherlast, sollten Sie auf jeden Fall Hi einstellen.	2
MDA Support	Unter dieser Option kann man einstellen, ob die VGA-Karte monochrom unterstützt oder nicht. Einstellungsmöglichkeiten: Yes/No.	1
Memory	Diese Option dient lediglich zur Information. Die Speichergröße wird während der POST-Routine (Selbsttest nach dem Einschalten) automatisch festgestellt.	2
Memory at 15MB-16MB Reserved For	Um Speicheradresskonflikte zwischen dem System und den Erweiterungskarten zu verhindern, reservieren Sie unter dieser Option den Speicherbereich entweder für das System oder für eine Erweiterungskarte.	2
Memory Base	Unter dieser Option wird der während des POST ermittelte konventionelle Speicher (0 bis 640 KByte) angezeigt.	4
Memory Buffer Strength	Mit dieser Option kann man die Treiberleistung der Buffer-IC beeinflussen, damit z. B. bei mehr eingesetzten Speicherchips, also bei Busload, das Timing noch eingehalten werden kann, andererseits bei niedriger Busload keine Übersteuerungen auftreten. Einstellungsmöglichkeiten: Low, Middle, High.	2
Memory Cache	Sie sollten diese Option auf Enabled stellen, damit der zugehörige ROM-Bereich von ISA-Adaptern im schnelleren RAM abgebildet werden kann und somit die Performance des Systems erhöht wird. Einstellungsmöglichkeiten: Disabled (der Adressbereich ist nicht belegt), Enabled (der Adressbereich ist für ISA-Komponenten reserviert).	3
Memory Configuration	Die vom BIOS ermittelten Werte für den Basis-, Erweiterungs- und Gesamtspeicher werden her angezeigt. Einstellungsmöglichkeiten: keine.	3
Memory Current	Diese Option legt fest, mit welchem Chipset-Ausgangsstrom die Speichermodule versorgt werden sollen. Einstellungsmöglichkeiten: 8 mA und 12 mA (nur für Module ab 64 MByte). Sie sollten an dieser Einstellungsmöglichkeit nur dann was verändern, wenn Sie das entsprechende Hintergrundwissen haben.	3
Memory ECC Function oder Memory ECC Check	Unter dieser Option können Sie die Error-Correction-Function für den Speicher ein- bzw. ausschalten. Allerdings sind dafür spezielle Speichermodule notwendig. Diese Speichermodule müssen über ein weiteres Bit für die ECC-Kontrolle verfügen und sind an der Bezeichnung 2M x 36 zu erkennen. 1-Bit-Fehler werden erkannt und automatisch mit der ECC-Prüfsumme korrigiert. 2-Bit-Fehler werden erkannt, können aber nicht repariert werden. Der PC wird angehalten.	2
Memory Error Detection	Unter dieser Option kann man die Datenfehlererkennung und -korrektur mit entsprechend bestückten Speichermodulen aktivieren/deaktivieren. Einstellungsmöglichkeiten: Enabled (ECC ist aktiv, wenn alle Speichermodule ECC unterstützen; Standard), Disabled (Error Correction Code (ECC) ist ausgeschaltet).	3
Memory Extended	Unter dieser Option wird der während des POST ermittelte Extended Memory angezeigt.	4
Memory Hole oder Memory Hole Size	Diese Option ist für den ISA-Bus zuständig und schneidet, wenn aktiviert, ein Loch in den Adressraum für den ISA-Frame-Buffer. Bei größerem Speicher ist von der Aktivierung abzuraten. Einstellungsmöglichkeiten: Disabled, 512-640 KByte und 15-16 MByte.	1,2

BIOS-Befehle – alphabetisch

AMI = 1   Award = 2   Phoenix = 3   MR-BIOS = 4

BIOS-Option	Bedeutung	BIOS
Memory Hole At 15M-16M	ISA-Karten mit einem Frame-Buffer bringen Sie hier zum Laufen, wenn die Option Enabled ist. Allerdings können Sie dann den Speicher oberhalb 15 MByte nicht mehr nutzen. Wenn Sie keine ISA-Karten einsetzen, sollten Sie diese Option Disabled haben, es sei denn, Ihre Karte verlangt anderes.	2
Memory Hole At 15MB Addr.	Zur Leistungsverbesserung wird ein bestimmter Speicherbereich, der sich in den unteren 16 MByte befinden muss, für ISA-Adapterkarten reserviert. Die Startadresse (in MByte) ist die, die Sie hier einstellen. Die Option bleibt aber ohne jegliche Bedeutung, wenn Sie Memory Hole Size deaktiviert haben. Einstellungsmöglichkeiten: Enabled, Disabled.	2
Memory Hole At 512-640K	Wie Memory Hole At 15MB Addr. Einstellungsmöglichkeiten: Disabled, Enabled.	2
Memory Hole Below 16M	Wie Memory Hole At 15MB Addr. Einstellungsmöglichkeiten: NONE, 64K ... bis 8MB.	2
Memory Hole Start Adress	Wie Memory Hole At 15MB Addr. Einstellungsmöglichkeiten: 1, 2, ... 14, 15.	2
Memory Hole Size	Hier legen Sie die Größe des Speicherbereichs, der für ISA-Adapterkarten reserviert werden muss, fest. Einstellungsmöglichkeiten: None, 1MB, 2MB, 4MB oder Disabled, 64KB, 128KB, 256KB, 1MB, 2MB, 4MB, 8MB.	2
Memory Module n	Diese Option zeigt den aktuellen Zustand der Speichermodule an. Enabled: Wenn die Bank bestückt ist, wird das Speichermodul vom System verwendet. Failed: Das Speichermodul wird nicht vom System verwendet. Haben Sie ein defektes Speichermodul ausgetauscht, müssen Sie wieder Enabled einstellen.	3
Memory Parity	Die neueren Boards mit HX-Chipsatz sind wieder verstärkt mit Fehlererkennung und Fehlerkorrektur von Speicherfehlern ausgestattet. Sie schalten hier lediglich die Option ein, damit die Fehlererkennung aktiv wird. Vor allem beim Netzwerkserver sollte die Option verwendet werden. Nicht verwendet werden sollte sie dagegen bei herkömmlichen Speichern (z. B. 2M x 32).	2
Memory Parity Check	Das Parity-Bit im Speicherbaustein, wenn vorhanden, dient als Fehlererkennung für den RAM-Speicher.	2
Memory Parity Error Check	Das Parity-Bit im Speicherbaustein, wenn vorhanden, dient als Fehlererkennung für den RAM-Speicher.	1
Memory Parity Error Check	Einem älteren BIOS wird hier mitgeteilt, ob die verwendeten SIMMs mit oder ohne Parity arbeiten. Wenn Sie SIMMs Parity besitzen und diese Option ist eingeschaltet, erhalten Sie bei einem Fehler einen nicht zu maskierenden Interrupt (NMI) und eine Parity-Fehlermeldung. Ohne Parity bleibt Ihr PC stehen oder produziert Mist.	2
Memory Parity Mode	Mit dieser Option aktivieren oder deaktivieren Sie die ECC- und Paritätsprüffunktionen. Bei Wahl von Parity wird die Paritätsprüffunktion aktiviert. Bei Wahl von ECC wird die ECC-Funktion aktiviert. Mithilfe der ECC-Funktion kann das BIOS-Datenfehler erkennen und korrigieren. Deaktivieren Sie diesen Parameter, wenn Sie diese Funktion nicht benutzen möchten.	2
Memory Parity SERR# (NMI)	Es gibt bereits SDRAMs mit ECC-Fehlerkorrektur. Hier wird nicht nur beim Booten, sondern auch während der Arbeit eine Fehlerkorrektur vorgenommen. Allerdings muss der Chipsatz diese Funktion unterstützen.	2
Memory Parity/ECC Check	Diese Option ist für Parity DRAMs oder Speicherchips mit ECC. Einstellungsmöglichkeiten: Enabled, Disabled oder Auto (das BIOS schaltet die Prüfung automatisch ein, wenn es Parity DRAMs oder ECC entdeckt).	2

Referenz

AMI = 1   Award = 2   Phoenix = 3   MR-BIOS = 4

BIOS-Option	Bedeutung	BIOS
Memory Performance	Sie können mit dieser Option festlegen, ob für das Speicher-Timing größere Toleranzen zugelassen werden sollen. Einstellungsmöglichkeiten: Standard (für EDO-Module) und Fast.	3
Memory Priming	Einstellung für schnellen oder vollen Speichertest.	4
Memory Relocation oder Memory Remapping	Mithilfe dieser Option, wenn sie eingeschaltet ist, wird das ROM-BIOS nicht verschattet und an den Anfang des vorhandenen DRAM-Speichers verlegt (Remapping), sodass dieser Bereich für das System wieder zur Verfügung steht. Es gibt dadurch mehr Speicher für den Extended Memory Manager (EMM). Das UMA (Upper Memory Area) wird an das Ende des verfügbaren erweiterten Speichers verschoben. Einstellungsmöglichkeiten: Disabled, Enabled (Yes, No). Sie sollten diese Option auf Yes stellen und austesten.	1,2
Memory Resources	In diesem Untermenü können Sie die Speicherressourcen steuern.	2
Memory Status	Hier können Sie als fehlerhaft erkannte Speichermodule deaktivieren (Failed). Bleibt so bis zum Speicheraustausch und muss dann wieder aktiviert (Enabled) werden.	3
Memory Scrubbing	Unter dieser Option legen Sie fest, ob der Speicher geprüft und 1-Bit-Fehler beseitigt werden. Die Ursache für 1-Bit-Speicherfehler kann eine falsche Umgebungsbedingung sein. Einstellungsmöglichkeiten: Disabled (keine Korrektur von 1-Bit-Speicherfehlern und damit Performancegewinn), Enabled (Korrektur der 1-Bit-Speicherfehler und damit auch der meisten Mehr-Bit-Speicherfehler, die durch eine Häufung von 1-Bit-Speicherfehlern entstehen können).	3
Memory System	Unter dieser Option wird der Speicherbereich zwischen 640 KByte und 1 MByte angezeigt, der sowohl für Shadow-RAM verwendet oder auch dem Extended Memory zugefügt werden kann.	4
Memory Test	Wahl für einen schnellen (nicht ausführlichen) oder normalen (vollständigen) Speichertest. Sie können ruhig den nicht ausführlichen Test wählen.	1
Memory Test Above 1 MB	Wahl für einen schnellen (nicht ausführlichen) oder normalen (vollständigen) Speichertest. Sie können ruhig den nicht ausführlichen Test wählen.	2
Memory Test Tick Sound	Hier können Sie das Ticken beim Speichertest aktivieren/deaktivieren.	1
Memory Total	Unter dieser Option wird die Gesamtsumme aus Memory Extended, Memory System und Memory Base angezeigt.	4
Memory Type	Unter dieser Option können Sie den verwendeten Speichertyp einstellen.	4
Memory Write CAS# Pulse	Unter dieser Option können Sie die Zeit für den CAS Impulse Refresh einstellen, den dieser für Schreibarbeiten im Speicher braucht. Einstellungsmöglichkeiten: 1T, 2T.	2
Microcode Update	Wenn diese Option Enabled ist, können Sie ein BIOS-Update vornehmen und das BIOS flashen. Allerdings besitzen die meisten Boards einen Jumper bzw. einen DIP-Schalter, der das Flashen freigibt.	?
Microphone	Zwei Möglichkeiten werden Ihnen unter dieser Option angeboten: Notebook (internes Mikrofon ist aktiv), QuickPort Plus (es ist nur das am QuickPort Plus angeschlossene Mikrofon aktiv).	3
Midi Port Adress	Hier können Sie die Adresse für die Onboard-MIDI-Schnittstelle einstellen. Einstellungsmöglichkeiten: Disabled, 330, 300, 290.	2
Midi Port IRQ	Hier wird der Interrupt für den MIDI-Port festgelegt. Der MIDI-Port benutzt den ausgewählten Interrupt: IRQ3, IRQ4, IRQ5, IRQ7, IRQ9, IRQ10.	1
Midi Port IRQ	Hier wird der Interrupt für den MIDI-Port festgelegt. Der MIDI-Port benutzt den ausgewählten Interrupt: IRQ3, IRQ4, IRQ5, IRQ7, IRQ9, IRQ10.	2

BIOS-Befehle – alphabetisch

M

	AMI = 1 Award = 2 Phoenix = 3 MR-BIOS = 4	
BIOS-Option	**Bedeutung**	**BIOS**
Midiport	Falls ein MIDI-Port auf dem Board ist, kann dieser hier konfiguriert werden. Einstellungsmöglichkeiten: Enabled (Einstellung: IRQ und Adresse werden angezeigt), Auto (es wird eine verfügbare Adresse und ein freier IRQ verwendet), Disabled, OS Controlled (Konfiguration wird vom Betriebssystem vorgenommen).	3
Midiport: Base I/O address	Hier wird die Basis-I/O-Adresse für den MIDI-Port festgelegt. Der MIDI-Port benutzt die ausgewählte Adresse: 300h oder 330h.	3
Midiport: Interrupt	Hier wird der Interrupt für den MIDI-Port festgelegt. Der MIDI-Port benutzt den ausgewählten Interrupt: IRQ3, IRQ4, IRQ5, IRQ7, IRQ9, IRQ10.	3
Min Saving	Garantiert einen problemlosen Betrieb und schaltet den Rechner erst nach langen Arbeitspausen herunter (Doze/Standby/Suspend = 1 Stunde, HDD = 15 Minuten). Allerdings sollten Sie diese Einstellung auf Miniservern nutzen, die 24 Stunden am Tag laufen. Die weiteren Einstellungen nutzen Sie unter User Define.	2
Mode	Für den manuellen Eintrag des Übersetzungsmodus LBA oder Large. Neue Festplatten nutzen alle den LBA-Modus (mehr Infos ab Seite 46).	alle
Mode	Unter dieser Option aktivieren Sie den Modus für die Infrarotschnittstelle. Einstellungsmöglichkeiten: IrDA (Standard-IrDA ist eingestellt), FIR (Fast-IrDA ist eingestellt).	3
Mode	Unter dieser Option können Sie festlegen, ob die parallele Schnittstelle als Ein-/Ausgabegerät oder nur als Ausgabegerät verwendet wird. Die Übertragungsmodi ECP und EPP ermöglichen eine schnellere Datenübertragung von 2 und 2,4 MByte/s. Voraussetzung für die Übertragungsmodi ECP und EPP sind Peripheriegeräte, die diese Modi unterstützen. Außerdem muss im Feld LPT Port die Adresse 378h oder 278h eingestellt sein. Einstellungsmöglichkeiten: Bi-Directional (sowohl Datenausgabe als auch Empfang), EPP (schneller Übertragungsmodus, bis zu 2 MByte/s, sowohl Datenausgabe als auch Empfang. Peripheriegerät muss den EPP-Übertragungsmodus Enhanced Parallel Port unterstützen), ECP (schneller Übertragungsmodus, bis zu 2,4 MByte/s, sowohl Datenausgabe als auch Empfang. Peripheriegerät muss den ECP-Übertragungsmodus Enhanced Capability Port unterstützen). Bei Einstellung ECP kann im Feld ECP Channel noch ein DMA-Kanal ausgewählt werden (DMA1, DMA3), Output Only (nur Datenausgabe).	3
Modem Dial Command	Unter dieser Option tragen Sie die Zeichenfolge für das Wahlkommando des Modems ein (max. 16 ASCII-Zeichen, Sonderzeichen sind erlaubt).	3
Modem Init Command	Unter dieser Option tragen Sie die Zeichenfolge für die Modeminitialisierung ein (max. 16 ASCII-Zeichen, Sonderzeichen sind erlaubt).	3
Modem Ring On oder Modem Ring Power On	Ist diese Option Enabled, wird das Modem bei Aktivität der Telefonleitung eingeschaltet. Bei Faxempfang kann es ggf. Probleme geben, weil die Aktivierung zu lange dauert und das Fax wieder abschaltet, aber auch, wenn Telefon und Fax an einer Anschlussstelle hängen.	2
Modem Ring Wake Up oder Modem Ring Indicator	Haben Sie diese Option auf Enabled stehen, wacht das System bei einer Modemaktivität aus dem Standby-Modus auf.	2,3
Modem Use IO Port	Diese Einstellung spezifiziert den Input/Output-Anschluss, den ein installiertes Modem nutzt. Diese und die nachfolgende Einstellung werden für Aufwach-Ereignisse (Wake Up) für APM und ACPI benötigt.	1
Modem Use IRQ	Hier lässt sich die Interrupt-Leitung (IRQ) eines evtl. vorhandenen Modems angeben. Durch Aktivitäten auf dieser Leitung wird der Rechner dann z. B. für den Faxempfang geweckt. Einstellungsmöglichkeiten: NA (keine Zuweisung), 3 (zugewiesen), 4, 5, 7, 9, 10, 11.	2

Referenz

AMI = 1   Award = 2   Phoenix = 3   MR-BIOS = 4

BIOS-Option	Bedeutung	BIOS
Monitor Power State	Hier stellen Sie die Bildschirmabstelloption ein. Mögliche Einstellungen sind: Susp, Stby Off.	1
Mouse Break Suspend	Hier können Sie den Stromsparmodus über die Maus einstellen. Einstellungsmöglichkeiten: Yes, No (COM1), No (COM2), No (PS/2).	2
Mouse Controller	Sie haben hier die Möglichkeit, den Maus-Controller ein-/auszuschalten. Einstellungsmöglichkeiten: Auto Detect (automatische Suche und Aktivierung), Enabled (IRQ12 ist belegt), Disabled (IRQ12 ist frei).	3
Mouse Power On Function	Unter dieser Option legen Sie fest, mit welcher Taste das System geweckt wird. Einstellungsmöglichkeiten: Disabled, Left-Button, Right-Button.	1
Mouse Support oder Mouse Support Option	Wenn Sie eine PS/2-Schnittstelle für die Maus haben, schalten Sie hier auf Enabled. Der Datenfluss wird schneller, aber Sie brauchen einen eigenen IRQ.	1,4
Mouse Wake-up-Function	Hier können Sie festlegen, wie das System mit der Maus aktiviert werden kann. Einstellungsmöglichkeiten: Disabled (Default), Left-Button, Right-Button.	1
MP Version	Unter dieser Option wird die Version der Multiprozessorspezifikation ausgewählt. Mögliche Einstellungen: 1.1, 1.4. Verändern Sie die werkseitige Einstellung nicht.	3
MPS Revision	Diese Option unterstützt den Einsatz von mehreren CPUs (MPS = Multiprozessorsystem). Einstellungsmöglichkeiten: 1.1 oder 1.4.	1
MPS Version Control for OS	Falls Ihr System den Einsatz von mehreren CPUs unterstützt, sollte diese Option (MPS = Multiprozessorsystem) auf Enabled stehen.	2
MPU - 401	Unter dieser Option kann eine MIDI-Schnittstelle aktiviert bzw. deaktiviert werden. Einstellungen: Enabled, Disabled.	2
MPU - 401 I/O Address	Sie können hier die I/O-Adresse der MIDI-Schnittstelle auf verschiedene Werte einstellen.	2
MPU I/O	Sie können hier die I/O-Adresse der MIDI-Schnittstelle auf verschiedene Werte einstellen. Einstellungsmöglichkeiten: 300h, 310h, 320h, 330h.	3
MPU I/O address	Hier können Sie die I/O-Adresse der MIDI-Schnittstelle auf verschiedene Werte einstellen: 310 - 311, 320 - 321, 330 - 331, 300 - 301.	3
Multi Sector Transfers	Hier wird die Anzahl der Sektoren pro Übertragungseinheit festgelegt. Diese Option ist mit der Option Blockmode anderer BIOS vergleichbar. Optimale Einstellung ist 4 oder 8.	3
MultiBoot for HDs	Unter dieser Option legen Sie fest, ob die Option Hard Disk Boot Device verwendet wird oder nicht. Einstellungsmöglichkeiten: Enabled, Disabled.	3
Multiple Bit ECC Events	Diese Option befindet sich im Untermenü Critical Events in Log und zeigt Fehler in der Speicherbank an. Anzeige: Datum, Zeit und Anzahl der Ereignisse.	3
Multiple Sector Settings	Option für den Block Mode. Damit werden bei Enabled die Daten von der Festplatte in 512 Byte großen Blöcken übertragen.	1,2
Multiplication factor oder Multiplier Factor	Durch diese Option wird der interne Takt bestimmt. Einstellungsmöglichkeiten: von 2.0 bis 8.0 in 0.5er-Schritten. Wenn Sie den externen Takt mit dem Multiplier Factor vervielfältigen, erhalten Sie den Prozessortakt. Hier könnten Sie, wenn Sie wollen, den Prozessor übertakten. Aber auch hier heißt es vorsichtig sein. Manche CeleronTM PPGA MMX-Prozessoren haben den Multiplikationsfaktor verriegelt und das Signal deaktiviert. Somit können Sie im BIOS keinen höheren Faktor auswählen.	2

BIOS-Befehle – alphabetisch

M

AMI = 1 Award = 2 Phoenix = 3 MR-BIOS = 4		
BIOS-Option	**Bedeutung**	**BIOS**
Multi-Sector Transfers (Maximum)	Unter dieser Option wird automatisch die Höchstzahl der Sektoren/Block festgelegt. Sie können hier auch eine Einstellung von Hand (Type auf User Type HDD stellen) vornehmen, da die automatische Ermittlung nicht unbedingt die schnellste Einstellung ist. Einstellungsmöglichkeiten: Disabled, 2, 4, 8, 16, 32 Sectors, Maximum. Beachten Sie unbedingt die technischen Angaben zu Ihrer Festplatte.	2

N

AMI = 1 Award = 2 Phoenix = 3 MR-BIOS = 4		
BIOS-Option	**Bedeutung**	**BIOS**
NA# Enabled	Ist diese Option Enabled, ist das Pipelining aktiviert. Das bedeutet, dass der Chipsatz der CPU schon die nächste Adresse mitteilt, obwohl der Schreib-/Lesezugriff noch läuft. Durch das Übermitteln der Speicheradresse entstehen somit keine Verzögerungen mehr.	2
NCR SCSI BIOS	Aktiviert das BIOS für den NCR-810-SCSI-Controller und soll Enabled sein, wenn Sie einen NCR-SCSI-Adapter zum Booten verwenden. Ist aber auch sinnvoll bei einem NCR-Adapter mit eigenem BIOS.	2
NCR-SCSI Support	Hiermit werden die Symbios-SCSI-Controller (vormals NCR) unterstützt. Diese SCSI-Controller kosten weniger als ein Drittel eines Adaptec und sind etwas schneller. Fast alle BIOS-Typen bieten eine Unterstützung für NCR-SCSI, da diese Controller normalerweise kein eigenes BIOS besitzen.	2
Network Password Checking Option	Diese Funktion ermöglicht den Schutz des Netzwerks durch ein Passwort.	1
Next Boot uses	Für diese Option muss zuerst das Feld Diagnostic System auf Enabled stehen und eine IDE-Festplatte mit der Diagnosesoftware RemoteView installiert sein. Einstellungsmöglichkeiten: Boot Option (es wird das erste im Boot Option-Menü (Menu Main) stehende Laufwerk zum Booten verwendet), Diagnostic System (das System wird von der RemoteView IDE-Festplatte gebootet).	3
NIC Slot no.	Unter dieser Option steht die Steckplatzbezeichnung (Steckplatznummer), in der die LAN-Baugruppe für RomPilot eingebaut ist. Keine Einstellungsmöglichkeit.	3
Non- Cacheable Block-0/1 Base oder Non-Cacheable Block-0/1 Size	Falls Sie Probleme mit Ihrer Grafikkarte haben, weil der Bereich zwischen 15 und 16 MByte gecacht ist oder Sie nicht wollen, dass ein bestimmter Speicherbereich gecacht wird, können Sie hier die entsprechenden Einstellungen vornehmen. Mit Base wird die Anfangsadresse und mit Size die Größe eingestellt. Einstellungsmöglichkeiten: Disabled, 16, 32, 64, 128, 256, 512 KByte, 1, 2, 4, 8, 16, 32, 64 MByte.	1
Non- Cacheable Regions	Sie können bei dieser Option die Bereiche des Speichers angeben, die nicht vom Cache berücksichtigt werden sollen.	3
Novell Keyboard Management	Hier kann man bei Einsatz von Novell-Netzwerkprodukten, und wenn die Tastatur zu langsam oder unzuverlässig arbeitet, einen Wert einstellen, der das beste Ergebnis erzielt. Muss ausgetestet werden.	4
Number of connected SE	Sie legen unter dieser Option die Anzahl der am Server angeschlossenen Systemeinheiten fest (0 bis 16). Es wird jeweils beim Systemstart überprüft, ob alle zur Gruppe gehörenden Systemeinheiten vorhanden sind.	3

Referenz

N

	AMI = 1 Award = 2 Phoenix = 3 MR-BIOS = 4	
BIOS-Option	**Bedeutung**	**BIOS**
Numeric Processor Test	Wenn Sie diese Option aktiviert haben, sucht das BIOS beim Start nach einem mathematischen Coprozessor. Der Coprozessor wird beim POST automatisch erkannt und auch in der Systemkonfiguration angezeigt.	1
NumLock	Diese Option betrifft die Zehnertastatur. Folgende Einstellungen sind möglich: Auto (numerischer Tastenblock wird aktiviert, sofern vorhanden), On (numerischer Tastenblock ist aktiviert) und Off (vom numerischen Tastenblock sind lediglich die Cursorfunktionen aktiviert).	3
Num Lock State at Bootup oder Num Lock After Boot	Wenn der Parameter Num Lock After Boot auf Enabled gesetzt ist, fungiert der eingebettete Tastenblock beim Einschalten oder beim Neustart als numerischer Tastenblock.	2,4

O

	AMI = 1 Award = 2 Phoenix = 3 MR-BIOS = 4	
BIOS-Option	**Bedeutung**	**BIOS**
O/S Boot Timeout	Diese Option ist nur verwendbar bei Betriebssystemen mit Server-Management-Agenten. Sie aktivieren hier die Zeitüberwachung für den Fall, dass das Betriebssystem keine Verbindung mit dem Server-Management-BIOS aufnimmt. In diesem Fall wird ein Neustart veranlasst. Verfügt das Betriebssystem über keinen Server-Management-Prozess, ist die Option auf jeden Fall zu deaktivieren. Einstellungsmöglichkeiten: Enabled (Zeitüberwachung aktiviert), Disabled (Zeitüberwachung deaktiviert).	3
OffBoard PCI IDE Card	Hier stellen Sie ein, ob und in welchem Slot ein OffBoard PCI-IDE-Controller eingebaut ist. Der Onboard-IDE-Controller wird abgeschaltet, wenn ein OffBoard PCI-IDE-Controller verwendet wird. Einstellungsmöglichkeiten: Auto (Default), Slot 1, Slot 2, Slot 3, Slot 4, Slot 5, Slot 6.	1
Offboard PCI IDE Primary IRQ oder Offboard PCI IDE Secondary IRQ	Mit dieser Option weisen Sie beiden IDE-Kanälen des zusätzlich installierten PCI-IDE-Controllers einen PCI-Interrupt (dem primären IDE-Kanal INTA und dem sekundären IDE-Kanal INTB) zu. Einstellungen: Disabled (es wird kein PCI-Interrupt zugewiesen), Hardwired (es werden die Interrupts des Controllers verwendet), INTA, INTB, INTC und INTD. Die Option sollte eingeschaltet sein, wenn Sie eine solche Karte eingebaut haben.	1,2
Offboard PCI/ISA IDE Card	Unter dieser Option teilen Sie dem BIOS mit, ob und, wenn ja, wo ein zusätzlicher IDE-Controller installiert ist. Einstellungen: absent (kein zusätzlicher Controller installiert), Auto (das BIOS sucht selbst, ob ein zusätzlicher Controller installiert ist), ISA (für den ISA-Bus wurde ein zusätzliche Controller installiert), Slot 1 bis 4 (hier geben Sie an, in welchem Slot der PCI-IDE-Controller arbeitet).	1,2
Offboard Primary/ Secondary	Für einen zusätzlich installierten IDE-Controller legen Sie hier den IDE-Kanal fest, der dem Controller zugeordnet werden soll. Einstellungen: Disabled (keine Zuweisung), Primary (der primäre IDE-Kanal wird dem IDE-Controller zugewiesen), Secondary (der sekundäre IDE-Kanal wird dem IDE-Controller zugewiesen), Both (beide IDE-Kanäle werden dem IDE-Controller zugewiesen).	1,2
On Board USB Controller	Über diese Option wird der USB-Controller der Platine gesteuert. Wenn Sie kein USB Gerät haben, stellen Sie diese Option auf Disabled und gewinnen damit einen freien IRQ.	2

BIOS-Befehle – alphabetisch

	AMI = 1 Award = 2 Phoenix = 3 MR-BIOS = 4	
BIOS-Option	**Bedeutung**	**BIOS**
On Chip IDE Controller	Hier können Sie einstellen, ob Sie den Onboard IDE-Controller verwenden wollen oder nicht (siehe Seite 49).	2
On Chip IDE First Channel	Wenn Sie diese Option Enabled haben, können Sie den primären IDE-Controller des Boards verwenden. Bei Verwendung eines ATAPI-CD-ROM-Laufwerks und Integration in den sekundären IDE-Kanal wird der Zugriff auf die Festplatte nicht gebremst (siehe Seite 49).	2
On Chip IDE Second Channel	Wenn Sie diese Option Enabled haben, können Sie den sekundären IDE-Controller des Boards verwenden. Bei Verwendung eines ATAPI-CD-ROM-Laufwerks sollten Sie dieses in diesem Kanal betreiben (siehe Seite 49).	2
Onboard AC´97 Audio	Unter dieser Option wird eine evtl. auf dem Board im AMR-Slot vorhandene Soundkarte eingeschaltet. Es handelt sich dabei um einen in der Nähe des AGP-Slots wenig genutzten kleinen Slot.	1
Onboard ATA device first	Hier können Sie einstellen, dass der ATA 100 IDE-Controller-Chip ATA/100 Controller Onboard als erstes Laufwerk angesprochen wird. Einstellungsmöglichkeiten: yes/no.	2
Onboard Audio	Unter dieser Option können Sie den Audio-Controller ein- oder ausschalten. Einstellungsmöglichkeiten: Enabled, Disabled.	3
Onboard Audio Chip	Wenn sich auf Ihrem Board ein Onboard-Soundsystem befindet, können Sie dieses hier ein-/ausschalten.	2
Onboard Display Cache Setting	Sie sollten diese Option bei Verwendung der Onboard-VGA-Funktion unverändert auf der Standardeinstellung belassen, weil es sonst zu Darstellungsproblemen kommen kann.	2
Onboard Ethernet Chip	Mit dieser Option aktivieren oder deaktivieren Sie die Netzwerksteuereinheit auf der Platine.	1, 2
Onboard FDC/FDD Controller oder Onboard FDC Controller	Unter dieser Option können Sie den Onboard-Diskettenlaufwerk-Controller ein-/ausschalten. Falls Sie einen besseren Controller installieren wollen, müssen Sie die Option deaktivieren.	1,2
Onboard FDC Swap A: B:	Unter dieser Option können Sie die Zuweisung der Laufwerkbuchstaben zu Ihrem Diskettenlaufwerk wechseln. SWAP AB ist gleichbedeutend mit dem Anschluss des Kabels in umgekehrter Reihenfolge. No Swap lässt alles beim Alten.	3
Onboard FDD Controller	Hier kann man einen Diskettenlaufwerk-Controller, der sich auf der Hauptplatine befindet, ein-/ausschalten (siehe ab Seite 194).	2
Onboard FDC Swap A & B	Hier können Sie die beiden Diskettenlaufwerke vertauschen. Dazu brauchen Sie das PC-Gehäuse nicht zu öffnen (siehe ab Seite 194).	2
Onboard Floppy Controller	Ist die Option Enabled, wird der Disketten-Controller des Boards verwendet. Wenn Sie einen zusätzlichen Controller oder SCSI-Hostadapter installiert haben, dann sollten Sie diese Option auf Disabled stellen (siehe ab Seite 194).	1
Onboard Floppy Drive	Wenn Sie die Programming-Option auf Manual stehen haben, können Sie den Disketten-Controller ein-/ausschalten (siehe ab Seite 194).	1
OnBoard IDE	Wenn der IDE-Controller am PCI-Bus busmasterfähig sein soll, aktivieren Sie diese Option. Einstellungsmöglichkeiten: Disabled, Enabled, Primary, Secondary und Both (Default).	1
On-board IDE Adapter	Sie können unter dieser Option den IDE-Laufwerk-Controller des Notebooks ein-/ausschalten. Einstellungsmöglichkeiten: Primary (Laufwerk wird über den primären IDE-Kanal betrieben, IRQ14 ist belegt), Secondary (Laufwerk wird über den sekundären IDE-Kanal betrieben, IRQ15 ist belegt), Disabled (der IDE-Laufwerk-Controller im Notebook ist ausgeschaltet).	3

Referenz

	AMI = 1 Award = 2 Phoenix = 3 MR-BIOS = 4	
BIOS-Option	**Bedeutung**	**BIOS**
Onboard IDE Bus Master	Aktiviert, kann der IDE-Controller als Busmaster auf dem PCI-Bus agieren. Für bessere Übertragungswerte sollte diese Option aktiviert sein.	1
Onboard IDE Drive	Wenn Sie die Programming-Option auf Manual stehen haben, können Sie den IDE-Controller (primärer/sekundärer IDE-Controller) ein-/ausschalten.	1
Onboard IDE-1 Controller	Sie können hier entscheiden, ob Sie den Onboard IDE-Controller verwenden wollen oder nicht (siehe Seite 49).	2
Onboard IDE-2 Controller	Unter dieser Option können Sie den Controller ein-/ausschalten (siehe Seite 49).	2
Onboard IR Function	Die zweite integrierte Schnittstelle kann auch als Infrarotanschluss (IR) verwendet werden. Folgende Einstellungsmöglichkeiten: Disable (ausgeschaltet), IrDA (HPSIR) und ASK IR (Amplitude Shift Keyed IR) (siehe ab Seite 191).	2
Onboard IR Port Support	Falls Sie Infrarotgeräte benutzen wie z. B. Tastatur oder Maus, können Sie hier die Unterstützung aktivieren, vorausgesetzt, Ihr Chipsatz unterstützt die Funktion (siehe ab Seite 191).	1
Onboard Legacy Audio	Diese Menüpunkte kontrollieren die Onboard Legacy Audio-Lösung (Emulation der althergebrachten Soundstandards).	2
	Soundblaster / **Emulation des Soundblaster-Standards**	
	SB I/O Base Address / Soundblaster I/O-Adresse	
	SB IRQ Select / Wahl des Soundblaster-Interrupts	
	SB DMA Select / Wahl des Soundblaster DMA-Kanals	
	MPU-401 / Emulation des MPU-401	
	MPU-401 I/O Address / MPU-401 I/O-Adresse	
	Game Port (200-207H)	
Onboard MC´97 Modem	Hier wird ein evtl. auf dem Board befindliches Modem im AMR-Slot, der sich in der Nähe des AGP-Slots befindet, eingeschaltet. AMR bedeutet Audio Modem Raiser.	1
Onboard Parallel Mode oder Onboard Parallel Port Mode	Konfiguration des Arbeitsmodus der parallelen Schnittstelle. Einstellungen: Standard, SPP (Standard Parallel Port) oder Normal (sorgt für Kompatibilität zum alten undirektionalen Modus, also in eine Richtung, Centronics-Port), Extended (Festlegung des bidirektionalen Modus, also in beide Richtungen), EPP (Enhanced Parallel Port, Übertragung mit bis zu 1 MByte/s. Wird üblicherweise für Geräte wie CD-ROM, Band- oder ZIP-Laufwerk verwendet), ECP (Enhanced Capability Port, Übertragung mit bis zu 2 MByte pro Sekunde bei zusätzlicher Verwendung eines DMA-Kanals und eines 16 Byte großen Puffer-Speichers. Kommt bei Druckern zum Einsatz), EXP/EPP (diese beiden Modi werden als Submodi verwendet und parallel angeboten. Es wird der jeweilige Port zur Verfügung gestellt).	1,2
Onboard Parallel Port Mode	Unter dieser Option wird der Mode des Parallel Port festgelegt. Einstellungsmöglichkeiten: Normal (Standardmodus. IBM PC/AT-kompatibler bidirektionaler Parallel Port), EPP (Enhanced Parallel Port Mode), ECP (Extended Capabilities Port Mode), EPP+ECP (ECP Mode & EPP Mode), Onboard Legacy Audio (aktiviert bzw. deaktiviert Legacy Audio), Sound Blaster (aktiviert bzw. deaktiviert Soundblaster-kompatibles Gerät), SB I/O Base Address (Soundblaster-I/O-Ressourceneinstellung), SB IRQ Select (Legacy-Audio-IRQ-Einstellung), SB DMA Select (Soundblaster-DMA-Kanalauswahl), MPU-401 (aktiviert bzw. deaktiviert die MPU-401-Funktion). MPU-401 I/O Address (integrierter MPU-401-kompatibler MIDI-I/O-Port, Einstellungsmöglichkeiten: 300-303H, 310-313H, 320-323H, 330-333H). Game Port (200-207H) (aktiviert bzw. deaktiviert die integrierte Joystick Unterstützung).	2

BIOS-Befehle – alphabetisch

	AMI = 1 Award = 2 Phoenix = 3 MR-BIOS = 4	
BIOS-Option	**Bedeutung**	**BIOS**
Onboard Parallel Port	Unter dieser Option können Sie den IRQ und die Adresse für den parallelen Port einstellen. Folgende Steuerungsmöglichkeiten: Disabled, 3BCh/IRQ7, 278h/IRQ5, 378h/IRQ7. Parallel Port Mode: EPP1.7, EPP1.9, ECP, ECP+ECP1.7, ECP+ECP1.9, Normal (SPP) sowie ECPDMA (ECP Mode Use DMA) ECPDMA13.	1,2
Onboard Parallel Port	Hier werden die Einstellungen des Parallel Port vorgenommen: Adresse 378h IRQ7 (LPT1 bei Benutzung von 2 Parallel Ports, LPT2 bei Benutzung von 3 Parallel Ports), Adresse 278h IRQ5 (LPT1 bei Benutzung von 2 Parallel Ports, LPT2 bei Benutzung von 3 Parallel Ports), Adresse 3BCh IRQ7 (LPT1 bei Benutzung von 3 Parallel Ports), Disabled (es wird kein Onboard Parallel Port verwendet).	2
Onboard Parallel Port Address	Konfiguration des Arbeitsmodus der parallelen Schnittstelle. Einstellungen: Disabled (Schnittstelle ist aktiviert), 738h (Schnittstelle wird LPT1), 278h (Schnittstelle wird LPT2).	1
Onboard Parallel Port IRQ	Konfiguration der parallelen Schnittstelle. Einstellungen: Disabled (kein Interrupt), IRQ5 (Interrupt 5 für den parallelen Anschluss), IRQ7 (Interrupt 7 für den parallelen Anschluss).	1
Onboard PCI IDE Enable	Hier können Sie beide Onboard-IDE-Controller aktivieren/deaktivieren. Eingaben: Primary IDE Channel (der primäre IDE-Controller ist aktiv, der sekundäre nicht, und damit ist IRQ15 frei), Secondary IDE-Channel (der sekundäre IDE-Controller ist aktiv, der primäre nicht, und damit ist IRQ14 frei), Both (beide IDE-Controller sind aktiviert), Disabled (beide IDE-Controller sind deaktiviert, und damit IRQ14 und IRQ15 frei).	2
Onboard PCI SCSI Chip	Falls diese Option vorhanden ist und auf Enabled steht, wird der Onboard-SCSI-Chip aktiviert, der die entsprechenden Ressourcen (also IRQ und DMA-Kanal) belegt.	2
Onboard Primary/ Secondary PCI IDE	Hier konfigurieren Sie die beiden IDE-Controller, die sich auf dem Board befinden. Einstellungen: Disabled (beide IDE-Kanäle sind ausgeschaltet), Primary (der primäre Kanal ist eingeschaltet, der sekundäre nicht), Secondary (der sekundäre Kanal ist eingeschaltet, der primäre nicht), Both (beide IDE Kanäle sind aktiviert). Bei deaktiviertem Kanal wird ggf. IRQ14 oder 15 frei und kann anderweitig verwendet werden.	1
Onboard Printer Mode	Unter dieser Option bestimmen Sie den Modus der parallelen Onboard-Schnittstelle. Einstellungsmöglichkeiten: EPP (Extended Parallel Port), ECP (Extended Capabilities Port), Extended und Compatible.	2
Onboard PS-2 Mouse	Mit dieser Option wird die Mausschnittstelle aktiviert/deaktiviert. Haben Sie Enabled eingestellt, wird die Schnittstelle über IRQ12 gesteuert.	2
Onboard SCSI oder Onboard SCSI Device	Wenn Sie auf Ihrem Board einen SCSI-Hostadaptor haben, können Sie hier das Adaptec 7895/7890 BIOS auf dem Motherboard aktivieren. Einstellungen: Enabled (der Onboard SCSI-Hostadapter wird verwendet), Disabled (der Onboard SCSI-Hostadapter wird nicht verwendet).	1,2
Onboard SCSI Controller	Zur Aktivierung/Deaktivierung des SCSI-Controllers auf der Hauptplatine.	2
Onboard Serial Port1	Konfiguration der seriellen Schnittstelle. Einstellungen: IRQ4 (wird verwendet für den ersten seriellen Anschluss), Disabled (es wird kein Interrupt verwendet). Einstellungsmöglichkeiten: Auto, 3F8/IRQ4, 2F8/IRQ3, 3E8/IRQ4 oder 2E8/IRQ3 (siehe ab Seite 186).	1,2

Referenz

AMI = 1   Award = 2   Phoenix = 3   MR-BIOS = 4

BIOS-Option	Bedeutung	BIOS
Onboard Serial Port 1/2	Hier wird die erste Schnittstelle des Boards konfiguriert. Zu einer Schnittstelle gehören immer Portadresse und Interrupt. Da es sich hierbei nicht um PCI-Komponenten handelt, dürfen keine Doppelbelegungen stattfinden. Sie sollten hier die Grundeinstellung belassen und nur Veränderungen vornehmen, wenn es zu Problemen kommt. Sie können aber auch alternativ intelligente Schnittstellenkarten verwenden (Cyclades), die auf nur einem Interrupt bis zu acht Ports bereitstellen und dies mithilfe einer RISC-CPU verwalten (siehe Seite 186).	2
Onboard Serial Port 1 oder Onboard Serial Ports	Hier wird die Adresse für den ersten seriellen Anschluss (COM1) festgelegt. Einstellungen: Adresse 3F8h IRQ4 (Schnittstelle COM1), Adresse 2F8h IRQ3 (Schnittstelle COM2), Adresse 3E8h IRQ4 (Schnittstelle COM3), Adresse 2E8h IRQ3 (Schnittstelle COM4), Disabled (die Schnittstelle ist deaktiviert); siehe Seite 186.	2
On-Board Serial Port A/ On-Board Serial Port B	Wählen Sie 3F8, wenn das BIOS die Komponente automatisch erkennen soll.	1

Verfügt die ISA-Karte über ...				... setzen Sie On-Board Serial Port.			
COM1 (I/O:3F8H)	COM2 (I/O:3F8H)	COM3 (I/O:3E8H)	COM4 (I/O:3E8H)	Port 1	IRQ Assigned	Port 2	IRQ Assigned
				Disabled	x	Disabled	x
	x	x		COM3	4	COM4	3
x	x			COM1	4	COM2	3
	x	x		COM2	3	COM3	4
x			x	COM1	4	COM4	3
			x	COM4	3	Disabled	x
		x		COM3	4	Disabled	x
	x			COM2	3	Disabled	x
x				COM1	4	Disabled	x
x	x	x	x	COM1	4	COM2	3
	x	x	x	COM2	3	COM3	4
x		x	x	COM1	4	COM3	4
x	x		x	COM1	4	COM2	3
x	x	x		COM1	4	COM2	3

BIOS-Option	Bedeutung	BIOS
On-Board Sound oder On-Board Stereo Sound	Unter dieser Option schalten Sie den Audio-Controller auf der Systembaugruppe ein oder aus. Einstellungsmöglichkeiten: Enabled, Disabled. Diese Einstellung ist nur optional mit der On-Board-Soundkarte sichtbar!	1,3
Onboard Serial Port1/ Adress	Hier wird die Adresse für den ersten seriellen Anschluss festgelegt (COM1 und COM3 möglich). Einstellungen: Auto (Schnittstelle wird vom BIOS festgelegt), 3F8h (Schnittstelle COM1), 3E8h (Schnittstelle COM3), Disabled (die Schnittstelle ist deaktiviert); siehe ab Seite 186.	1
Onboard Serial PortA	Hier stellen Sie die serielle Schnittstelle 1 ein und legen die Schnittstellenadresse fest. Einstellungsmöglichkeiten: Auto, Disabled, 3F8h/COM1, 2F8h/COM2 (Default), 3E8h/COM3 und 2E8h/COM4 (siehe ab Seite 186).	1
Onboard Serial PortB	Hier stellen Sie die serielle Schnittstelle 2 ein und legen die Schnittstellenadresse fest. Einstellungsmöglichkeiten: Auto, Disabled, 3F8h/COM1, 2F8h/COM2 (Default), 3E8h/COM3 und 2E8h/COM4 (siehe ab Seite 186).	1
Onboard Serial Port1 FIFO	Aktivierung des schnellen FIFO-Puffers (First In Firsts Out) der seriellen Schnittstelle, die eine Übertragungsleistung von 115.200 Baud bietet und für schnelle Modems zwingend vorgeschrieben ist (siehe ab Seite 186).	1

BIOS-Befehle – alphabetisch

	AMI = 1 Award = 2 Phoenix = 3 MR-BIOS = 4	
BIOS-Option	**Bedeutung**	**BIOS**
Onboard Serial Port 1/2 IRQ	Hier können Sie den IRQ für die serielle Schnittstelle festlegen. Im Regelfall ist dies IRQ4 für Port 1 und IRQ3 für Port 2 (siehe ab Seite 186).	1
Onboard Serial Port 2	Hier wird die Adresse für den zweiten seriellen Anschluss (COM1) festgelegt. Einstellungen: Adresse 3F8h IRQ4 (Schnittstelle COM1), Adresse 2F8h IRQ3 (Schnittstelle COM2), Adresse 3E8h IRQ4 (Schnittstelle COM3), Adresse 2E8h IRQ3 (Schnittstelle COM4), Disabled (die Schnittstelle ist deaktiviert). Bei älteren Karten kann es manchmal mit der Verteilung von Ressourcen zu Problemen kommen. Sie sollten diese dann mit COM1 bzw. COM2 konfigurieren und die Onboard-Anschlüsse auf COM3 und COM4 legen (siehe ab Seite 186).	2
Onboard Serial Port2	Konfiguration der seriellen Schnittstelle: Einstellungen: IRQ3 (wird verwendet für den zweiten seriellen Anschluss); Disabled (es wird kein Interrupt verwendet).	1
Onboard Serial Port2 Adress	Hier wird die Adresse für den zweiten seriellen Anschluss festgelegt (COM2 und COM4 möglich). Einstellungen: Auto (Schnittstelle wird vom BIOS festgelegt), 2F8h (Schnittstelle COM2), 2E8h (Schnittstelle COM4), Disabled (die Schnittstelle ist deaktiviert); siehe ab Seite 186.	1
Onboard Serial Port2 FIFO	Aktivierung des schnellen FIFO-Puffers (First In Firsts Out) der seriellen Schnittstelle, die eine Übertragungsleistung von 115.200 Baud bietet und für schnelle Modems zwingend vorgeschrieben ist (siehe ab Seite 186).	1
Onboard Serial Port2 Mode	Hier legen Sie fest, wie der zweite serielle Anschluss verwendet werden soll. Einstellungen: Normal (Anschluss über den normalen SubD-Stecker), IrDA (Infrarotschnittstelle); siehe ab Seite 186.	1
Onboard UART	Unter dieser Option können Sie die Adresse und den IRQ für den UART-Chip, der die Kommunikation über die serielle Schnittstelle (ausschließlich) beschleunigt, vergeben.	2
Onboard UART 2 Mode	Bei manchen Boards besteht die Möglichkeit, den zweiten seriellen Port auch für Infrarotdatenübertragungen zu verwenden.	2
Onboard UART1/2	Mit dieser Option werden die beiden seriellen Schnittstellen konfiguriert, die auf dem Mainboard integriert sind. Eine manuelle Einstellung von Portadresse und Interrupt ist mit den Optionen 3F8/IRQ4, 2F8/IRQ3, 3E8/IRQ4 und 2E8/IRQ3 möglich. Die Voreinstellung Auto konfiguriert die Schnittstellen automatisch. Mit Disabled wird die jeweilige Schnittstelle ausgeschaltet.	2
Onboard USB	Über diese Option wird der USB-Controller der Platine gesteuert. Wenn Sie kein USB-Gerät haben, stellen Sie diese Option auf Disabled und gewinnen damit einen freien IRQ.	1
Onboard VESA IDE Port	Wenn auf der Hauptplatine ein VESA-IDE-Controller integriert ist, kann man den ausschalten, um einen Add-On-Controller zu verwenden, oder das System so konfigurieren, dass beide Controller gemeinsam verwendet können.	2
Onboard VESA IDE-1 WS	Zur Konfiguration der Zugriffsgeschwindigkeit der primären und sekundären Festplatte.	2
Onboard VESA IDE-2 WS	Zur Konfiguration der Zugriffsgeschwindigkeit der primären und sekundären Festplatte.	2
Onchip IDE Channel 10/11	Unter dieser Option aktivieren Sie die IDE Ports. Einstellungsmöglichkeiten: Enabled, Disabled. Wenn Sie Laufwerke an einen dieser Ports anschließen wollen, muss dieser aktiviert sein.	2
On-Chip Local Bus IDE	Mithilfe dieser Option, wenn vorhanden, können Sie den Enhanced IDE-Controller mit bis zu 4 IDE-Geräten belegen (2 pro Kanal). Falls Sie eine EIDE-Karte verwenden, sollten Sie die Option ausschalten.	2
On-Chip Primary IDE	Ein-/Ausschalten des primären IDE-Ports am EIDE-Controller.	2

Referenz

	AMI = 1 Award = 2 Phoenix = 3 MR-BIOS = 4	
BIOS-Option	**Bedeutung**	**BIOS**
OnChip Primary PCI-IDE	Wenn Sie diese Option Enabled eingestellt haben, können Sie den primären IDE-Controller des Boards verwenden. Bei Verwendung eines ATAPI-CD-ROM-Laufwerks und Integration in den sekundären IDE-Kanal wird der Zugriff auf die Festplatte nicht gebremst.	2
OnChip Primary/Secondary PCI IDE	Siehe Onchip Primary PCI-IDE und OnChip Secondary PCI-IDE.	2
OnChip Secondary PCI-IDE	Wenn Sie diese Option Enabled eingestellt haben, können Sie den sekundären IDE-Controller des Boards verwenden. Bei Verwendung eines ATAPI-CD-ROM-Laufwerks sollten Sie dieses in diesem Kanal betreiben.	2
OnChip Modem	Unter dieser Option haben Sie die Möglichkeit, wenn auf dem Board vorhanden, das Modem zu aktivieren. Einstellungsmöglichkeiten: Enabled, Disabled.	2
OnChip Sound	Wenn das Board über eine eingebaute Soundkarte verfügt, sollte diese Option auf Enabled stehen. Verwenden Sie hingegen eine andere Soundkarte, muss die Option auf Disabled gestellt werden.	2
OnChip USB	Unter dieser Option haben Sie die Möglichkeit, USB, wenn auf dem Board vorhanden, ein- bzw. auszuschalten. Falls Sie einen Controller mit höherer Leistung einbauen, müssen Sie diese Option deaktivieren (in diesem Fall steht die Option USB Keyboard Support nicht mehr zur Verfügung).	2
On-Chip Video Window Size	Unter dieser Option können Sie die Größe des Systemspeichers festlegen, die von AGP-Karten verwendet wird. Einstellungsmöglichkeiten: 64MB, 32MB, Disabled, Back to 64MB.	2
Operation Mode	Mit dieser Option stellen Sie die Betriebsart des parallelen Anschlusses ein (siehe ab Seite 186).	2
	Einstellung	**Funktion**	
	Standard Parallel Port (SPP)	Ein-Weg-Betrieb mit normaler Geschwindigkeit.	
	Standard and Bidirectional	Zwei-Weg-Betrieb mit normaler Geschwindigkeit.	
	Enhanced Parallel Port (EPP)	Bidirektionaler Betrieb des parallelen Anschlusses mit Höchstgeschwindigkeit.	
	Extended Capabilities Port (ECP)	Betrieb des parallelen Anschlusses im bidirektionalen Modus und mit einer Geschwindigkeit, die höher ist als die maximale Übertragungsrate.	
Optimal Defaults	Mit dieser Option stellen Sie die nach Meinung des Herstellers optimalen Werte ein. Allerdings muss man wissen, dass hier sehr großer Wert auf Stabilität gelegt wird und weniger auf Performance.	1
OS Select For DRAM > 64 MB	Wer mit OS/2 arbeitet und mehr als 64 MByte RAM hat, sollte die Option auf OS/2 stellen.	2
OS/2 Onboard Memory >64M	Diese Option wird nur gebraucht, wenn Sie die OS/2-Version 3.0 (Warp) bis Fix Level 17 verwenden und falls mehr als 64 KByte MByte RAM eingesetzt werden.	2
Other Boot Device Select	Diese Option dient zur Auswahl zwischen Network und SCSI Boot Device.	2
Other Memory	Hiermit ist der Speicher zwischen 640 KByte und 1 MByte angesprochen (der gesamte Adapter-ROM-Bereich). Die Größe beträgt genau 384 KByte, und es wird damit die Lücke zwischen der Angabe von Base Memory und Extended Memory geschlossen.	2

BIOS-Befehle – alphabetisch

P

	AMI = 1 Award = 2 Phoenix = 3 MR-BIOS = 4	
BIOS-Option	**Bedeutung**	**BIOS**
P2C/C2P Concurrency	Diese Option regelt, ob der CPU-Bus während des gesamten PCI-Betriebs belegt ist oder nicht. Sie sollten es bei der Voreinstellung Disabled belassen.	2
Page Mode	Haben Sie die Option auf Enabled stehen, lässt der DRAM-Controller keine Verzögerung zwischen zwei aufeinander folgenden CAS-Zyklen zu. Mit Disabled wird ein Hostbus-Taktzyklus zwischen zwei aufeinander folgenden CAS-Zyklen eingefügt.	2
Page Mode Read WS	Um den Zugriffszyklus im Page Mode zwischen dem Chipsatz und dem Hauptspeicher zu regulieren, können Sie hier Waitstates einfügen.	2
Pager	Ist diese Option Enabled, wird im Fehlerfall eine Nachricht (Server-Nr.) an einen Pager gesandt. Es muss aber hierzu ein Modem installiert sein, das unter der im Feld Pager Interface Addr. eingestellten Adresse angesprochen werden kann. Mit Disabled ist die Option deaktiviert.	3
Pager Configuration	Über diese Option rufen Sie das Untermenü auf, in dem die Einstellungen für die Fehlerfernübermittlung vorgenommen werden können, z. B. Pager und/oder Modem.	3
Pager Interface Addr.	Im Feld Pager muss Enabled stehen, sonst können Sie diese Option nicht verwenden. Festgelegt werden die Adressen 3F8h, 2F8h, 3Eh8 oder 2Eh8. Die serielle Schnittstelle, an der das Modem angeschlossen ist, muss auf die gleiche Adresse eingestellt sein.	3
Pager No	Hier erfolgt der Eintrag der Telefonnummer des Pagers (max. 12 Stellen, keine Buchstaben oder Sonderzeichen).	3
Pager Type	Einstellungsmöglichkeiten: Signal (Pager kann keine Nachrichten anzeigen), Numeric (Pager kann nur Zahlen anzeigen), Alphanumeric (Pager kann Zahlen und Buchstaben anzeigen).	3
Paging Mode Control	Unter dieser Option haben Sie zwei Einstellungsmöglichkeiten: Close und Open. Damit können Sie den Paging-Modus öffnen oder schließen. Sie sollten es bei der Standardeinstellung belassen.	2
Parallel	Unter dieser Option stellen Sie die Adresse und den IRQ der parallelen Schnittstelle ein. Einstellungsmöglichkeiten: Enabled (Schnittstelle ist auf die angezeigte Adresse und den IRQ eingestellt, es gibt weitere Zeilen für die Konfiguration), Auto (automatische Einstellung auf Adresse und IRQ), Disabled (Schnittstelle ausgeschaltet), PnP OS (Schnittstelle wird vom Betriebssystem konfiguriert);siehe ab Seite 186.	3
Parallel Drive	Unter dieser Option werden die Diskettenzugriffe für Servicezwecke auf die parallele Schnittstelle umgeleitet (egal wie Parallel oder Parallel Mode eingestellt ist). Einstellungsmöglichkeiten: Auto (wenn an der parallelen Schnittstelle ein Laufwerk erkannt wird – Pin 21 auf logisch high –, werden alle Diskettenzugriffe automatisch auf die parallele Schnittstelle umgeleitet). Disabled (keine Umleitung).	3
Parallel Mode	Sie können unter dieser Option einstellen, wie die parallele Schnittstelle betrieben werden soll. Einstellungsmöglichkeiten: Output only, Bi-direktional, EPP und ECP. Empfehlenswert ist ECP oder EPP (siehe ab Seite 186).	3
Parallel port	Unter dieser Option stellen Sie Adresse und Interrupt der parallelen Schnittstelle ein. Einstellungsmöglichkeiten: 378h, IRQ7, 278h, IRQ5, 3BCh, IRQ7, 378h, IRQ5 (parallele Schnittstelle ist auf die angegebene Adresse und Interrupt eingestellt), Auto (parallele Schnittstelle stellt sich automatisch auf eine mögliche Kombination – Adresse, Interrupt – ein), Disabled (parallele Schnittstelle ist ausgeschaltet); siehe ab Seite 186.	3

Referenz

P

AMI = 1   Award = 2   Phoenix = 3   MR-BIOS = 4

BIOS-Option	Bedeutung	BIOS
Parallel Port	Unter dieser Option wird, wenn sie Enabled ist, der Energiespar-Timer aktiviert, wenn am Parallel Port (Druckeranschluss) keine Aktivitäten festgestellt werden. Einstellungsmöglichkeiten: Enabled, Disabled (siehe ab Seite 186).	2
Parallel Port Adress	Wenn Sie die Programming-Option auf Manual stehen haben, können Sie folgende Einstellungen für die LPT-Ports 1 bis 3 vornehmen: Disabled, 278h, 378h, 3BCh. Allerdings wird die Adresse automatisch gesetzt, auch wenn Sie Disabled eingestellt haben (siehe ab Seite 186).	1
Parallel Port: Base I/O adress	Hier wird die Basisadresse für die parallele Schnittstelle festgelegt. Einstellungsmöglichkeiten: 378h, 278h (es wird die ausgewählte Adresse benutzt; siehe ab Seite 186).	3
Parallel Port DMA Channel oder Parallel Port DMA-Kanal	Wenn Sie den ECP Mode eingestellt haben, vergeben Sie hier den DMA-Kanal. Möglichkeiten: DMA0, DMA1 und DMA3. Nur ECP benötigt einen DMA (siehe ab Seite 186).	1
Parallel Port EPP Type	Ist diese Option vorhanden, kann man zwischen EPP1.7 und dem neueren EPP1.9 wählen (siehe ab Seite 186).	2
Parallel Port Extended Mode	Diese Option legt die Betriebsart der integrierten Parallelschnittstelle fest. Die Einstellungen sind SPP (Standard Parallel Port), EPP (Enhanced Parallel Port) oder ECP (Extended Capabilities Port); siehe ab Seite 186.	1
Parallel Port: Interrupt	Hier wird der Interrupt für die parallele Schnittstelle festgelegt. Einstellungsmöglichkeiten: IRQ7, IRQ5 (es wird der ausgewählte IRQ benutzt); siehe ab Seite 186.	3
Parallel Port IRQ	Unter dieser Option wählen Sie den IRQ für die parallele Schnittstelle. Einstellungsmöglichkeiten: 5 oder 7 (siehe ab Seite 186).	1
Parallel Port Mode	Es gibt die Einstellungen normal (Standard) und extended. Haben Sie extended eingestellt, wird die Schnittstelle für bidirektionale Operationen aktiviert. Bei modernen Boards kommt der ECP/EPP ebenfalls als Port Mode in Betracht. Sie sollten diese Möglichkeit nutzen, wenn Sie externe Laufwerke oder Scanner im Einsatz haben. Empfehlenswert ist ECP/EPP (siehe ab Seite 186).	1
Parallel Port Mode	Sie können unter dieser Option einstellen, wie die parallele Schnittstelle betrieben werden soll. Einstellungsmöglichkeiten sind SPP, EPP 1.7 und 1.9, ECP und ECP/EPP. Empfehlenswert ist ECP/EPP (siehe ab Seite 186).	1,2
Parallel Port Mode	Sie können unter dieser Option festlegen, wie die parallele Schnittstelle verwendet wird. Einstellungsmöglichkeiten: ECP und EPP (schnellere Datenübertragungsraten von 2 und 2,4 MByte/s. Voraussetzung für ECP und EPP sind Geräte, die diese Modi unterstützen. Außerdem muss im Feld Parallel die Adresse 378h oder 278h eingestellt sein. Bi-Directional (Daten können sowohl ausgegeben als auch empfangen werden), EPP (schneller Übertragungsmodus – bis zu 2 MByte/s –, in dem Daten sowohl ausgegeben als auch empfangen werden können. Erfordert ein Gerät, das den EPP-Übertragungsmodus Enhanced Parallel Port unterstützt), ECP (schneller Übertragungsmodus – bis zu 2,4 MByte/s –, in dem Daten sowohl ausgegeben als auch empfangen werden können. Erfordert ein Gerät, das den ECP-Übertragungsmodus Enhanced Capability Port unterstützt), Output Only (Daten können ausgegeben, aber nicht empfangen werden); siehe ab Seite 186.	?
Parity Check	Unter dieser Option kann man einstellen, ob das Parity-Bit des Speichers ausgewertet werden soll. Damit sollen Speicherfehler erkannt werden. Empfohlene Einstellung Disabled.	1

BIOS-Befehle – alphabetisch

P

	AMI = 1 Award = 2 Phoenix = 3 MR-BIOS = 4	
BIOS-Option	**Bedeutung**	**BIOS**
Parity Mode	Hier können Sie festlegen, ob für DRAM-Module eine Paritätsprüfung erfolgen soll. Falls das BIOS feststellt, dass wenigstens ein DRAM-Modul kein Paritäts-Bit besitzt, wird die Prüfung ausgeschaltet. Einstellungsmöglichkeiten: Disabled, Parity (wird eine Bit-Verfälschung erkannt, erfolgt eine Fehlermeldung) und ECC (eine Bit-Verfälschung wird korrigiert, bei mehreren erfolgt eine Fehlermeldung).	3
Parking Cylinder oder Park Cyl	Hier wird die Landzone, der so genannte Parkzylinder, definiert. An dieser Position setzt der Festplattenkopf auf, wenn der Festplattenmotor abgestellt wird.	3
Passive Release	Diese Option sorgt für Kompatibilität zu PCI 2.1. Damit blockiert eine ISA-Steckkarte als Busmaster den PCI-Bus nicht, was eine deutliche Steigerung der Performance bringt. Stellen Sie Enabled ein, und nur wenn ältere ISA-Karten Probleme bereiten, stellen Sie auf Disabled.	1,2
Password Check	Bei Always wird immer gefragt, und für den Zugang in das BIOS-Setup stellen Sie Setup ein.	1
Password Check (ing) Option	Hier legt man fest, ob auf ein Passwort geprüft wird oder nicht.	3
Password Checking During Resume	Unter dieser Option verhindern Sie ein unerlaubtes Hochfahren des Systems aus dem Suspend heraus. Wenn Sie ein Passwort eingerichtet haben, wird diese Option automatisch aktiviert und beim Verlassen des Suspend-Modus in den Normalbetrieb das Passwort abgefragt.	3
Password Encryption	Sie können unter dieser Option festlegen, ob das unter Password eingegebene Passwort verschlüsselt übertragen wird. Einstellungsmöglichkeiten: Off, On.	3
Password Entry	Hier legt man fest, wann nach einem Passwort gefragt wird.	3
Password for PowerOn	Unter dieser Option können Sie ein Passwort für die Power On-Funktion eingeben.	1
Password on boot	Hier legt man fest, ob das Passwort bereits beim Booten eingeschaltet ist.	3
Pause On Config Screen	Sie können hier in Stufen von 2 bis 14 Sekunden festlegen, wie lang das BIOS nach Anzeige der Systemzusammenfassung wartet oder mit Disabled nicht wartet. Für Konfigurationen, die Sie vornehmen wollen (aber nur dann), ist diese Option vorteilhaft, weil Sie nicht immer Pause drücken müssen, um zu sehen, was Sache ist.	1
PC Health Status	Unter diesem Menüpunkt finden Sie alle Daten wie CPU-Temperatur, Lüfterdrehzahl, eingestellte Volt usw. (siehe Seite 169).	2
PC98 Power LED	Wenn Sie diese Option auf Enabled gestellt haben, wechselt die Betriebsanzeige (LED) beim Wechsel in den Schlafmodus auf Gelb.	1
PCCard Controller Select	Unter dieser Option wird die Reihenfolge der PC-Card-Controller festgelegt. Diese Einstellung ist nur wirksam, wenn ein QuickPort angeschlossen ist. Wenn der QuickPort nicht angeschlossen ist, wird der Controller im Notebook immer auf die kompatible Adresse 3E0h konfiguriert. Einstellungsmöglichkeiten: External/Internal (der Controller im QuickPort Plus/QuickPort S wird auf die kompatible Adresse 3E0h konfiguriert. Dem Controller im Notebook wird eine sekundäre Adresse zugeordnet), Internal/External (der Controller im Notebook wird auf die kompatible Adresse 3E0h konfiguriert. Dem Controller im QuickPort Plus/QuickPort S wird eine sekundäre Adresse zugeordnet), External only (der Controller im QuickPort Plus/QuickPort S wird auf die kompatible Adresse 3E0h konfiguriert. Der Controller im Notebook wird ausgeschaltet.	3

Referenz

	AMI = 1 Award = 2 Phoenix = 3 MR-BIOS = 4	
BIOS-Option	**Bedeutung**	**BIOS**
PCI 2.1 Compilance	Hier wird die PCI-2.1-Kompatibilität aktiviert. Sie sollten diese Option, die die Voraussetzung für PCI-Caching ist, nur bei älteren PCI-Karten ausschalten, die nicht PCI-2.1-kompatibel sind.	2
PCI 2.1 Support	Einige Hersteller legen die Punkte Passive Release und Delayed Transaction unter dieser Option zusammen. Beim Konfigurieren beachten Sie die Angaben bei den einzelnen Optionen. Diese Option können Sie einschalten, es sei denn, Sie haben noch ältere PCI-Karten eingebaut.	2
PCI Arbitration Mode oder PCI Arbit. Rotate Priority	Wenn Sie diese Option auf Rotate stellen, wird der Reihe nach die Priorität bei der Benutzung des PCI-Bus weitergereicht. Für das Pipelining ist diese Option besonders wichtig. Der Vorgang heißt Arbitration (Entscheidung, Vermittlung).	2
PCI Arbiter Mode	PCI-Arbitrage ist die Art, wie die Geräte Zugang zum PCI-Bus erhalten. Sowohl in Mode1 als auch in Mode2 wird versucht, die benötigte Zeit zur Datenübermittlung zu minimieren. Falls es Probleme mit Mode1 gibt, sollten Sie es mal mit Mode2 versuchen.	2
PCI Burst oder PCI Bursting oder PCI Memory Burst Write	Wenn Sie diese Option einschalten, wird – sofern dies möglich ist – der sehr schnelle Burst Mode zur Datenübertragung aktiviert.	2
PCI Burst Mode oder PCI Burst to Main Memory	Der PCI Burst Mode ist auch für PCI-Karten wichtig, jedoch auf neueren Boards fast nicht mehr zu finden. Wenn ja, dann sollte er Enabled sein (siehe Seite 131).	1,2
PCI Burst Write oder PCI Burst Write Combining	Wenn Sie diese Option Enabled haben (das bringt der Grafikkarte Geschwindigkeitsvorteile), werden mehrere nacheinander ausgeführte Schreibzugriffe auf den PCI-Bus zu einem Burst zusammengefasst. Die Aktivierung ist dringend angeraten (siehe Seite 131).	2,3
PCI Bus Parity Checking	Unter dieser Option regeln Sie die Paritätsüberwachung des PCI-Bus. Falls Sie PCI-Baugruppen verwenden, die die PCI-Busrichtlinien nicht erfüllen, können Sie diese Option ausschalten. Einstellungsmöglichkeiten: Enabled, Disabled.	3
PCI Bus Parity Checking [HB0]/[HB1]	Falls Sie PCI-Baugruppen verwenden, die die PCI-Busrichtlinien nicht erfüllen, können Sie diese Option ausschalten. Sie können hier differenziert abschalten, und zwar für die PCI-Steckplätze 1 und 2 (Slot 4 und 5) bei HB0 (Host Bridge 0) und für PCI-Steckplätze 3 bis 6 (Slot 6 bis 9) bei HB1 (Host Bridge 1).	3
PCI Bus Park Option	Sie können unter dieser Option festlegen, ob eine PCI-Einheit am PCI-Bus „parken" darf. Welche PCI-Einheit für E/A-Arbeiten den Zugang zum Bus erhält, entscheidet grundsätzlich der PCI-Controller. Haben Sie die Option eingeschaltet, bekommt eine PCI-Einheit kurzfristig das Exklusivrecht am Bus. Einstellungsmöglichkeiten: Enabled, Disabled.	2
PCI Bus Parking	Diese Option erlaubt einer PCI-Komponente, den Bus sehr lange für sich zu reservieren, was allerdings mehr Probleme bringt, als es Geschwindigkeit herausholt.	2
PCI Byte Merge	Unter dieser Option wird bestimmt, ob einzelne Byte-Zugriffe auf den PCI-Bus zusammengefasst werden. Einstellungsmöglichkeiten: Enabled, Disabled.	2
PCI CLK	Durch die Auswahl von Asynch oder Synch bestimmen Sie, ob der Taktzyklus des PCI-Bus sich asynchron oder synchron zur Systemuhr verhält.	2

BIOS-Befehle – alphabetisch

P

AMI = 1   Award = 2   Phoenix = 3   MR-BIOS = 4

BIOS-Option	Bedeutung	BIOS
PCI Clock/CPU FSB Clock	Unter dieser Option stehen Ihnen drei Optionen zur Verfügung: 1/2, 1/3 und 1/4. Damit ist es möglich, die PCI-Taktung einzustellen. Diese korreliert mit der von Ihnen eingestellten CPU FSB-Taktung. Wenn Sie z. B. die CPU FSB-Taktung auf 100 MHz einstellen und 1/3 in dieser Option wählen, dann ist die PCI-Taktung 33.3 MHz (siehe Seite 130).	2
PCI Clock Frequency	Hier können Sie die Taktfrequenz des PCI-Bus einstellen. Einstellungsmöglichkeiten: CPUCLK/1.5; CPUCLK/3,14; CPUCLK/2. Dadurch kann der PCI-Bus zwischen 0 und 33 MHz arbeiten. Empfehlenswert ist es, bei der Standardeinstellung von CPUCLK/1.5 zu bleiben (siehe Seite 130).	2
PCI Concurrency	Hier können Sie festlegen, ob nur eine PCI-Einheit (Disabled) oder mehrere (Enabled) am PCI-Bus aktiv sein können.	2
PCI Configuration	Unter dieser Option rufen Sie das Menü zur Einstellung für PCI-Geräte auf.	3
PCI Cycle Cache Hit WS	Haben Sie Normal eingestellt, wird der Cache während der normalen PCI-Buszyklen aufgefrischt, während bei Fast das Refresh ohne PCI-Zyklen vor CAS erfolgt.	2
PCI Delayed Transaction oder PCI Delay Transaction	Siehe Seite 133	2
PCI Device, Slot #n: Default Latency Timer	Unter dieser Option legen Sie die zusätzliche Anzahl an Taktzyklen fest, in denen eine PCI-Master-Baugruppe am PCI-Bus über die Spezifikation hinaus aktiv sein kann. Einstellungsmöglichkeiten: Yes (der vorgegebene Wert von der PCI-Baugruppe wird übernommen, der unter Latency Timer eingestellte Wert wird ignoriert), No (der vorgegebene Wert von der PCI-Baugruppe wird ignoriert, und der unter Latency Timer eingestellte Wert bestimmt die Taktzyklen).	3
PCI Device, Slot #n: Latency Timer	Für die Verwendung dieser Option muss die Option PCI Device, Slot #n: Default Latency Timer auf No stehen. Einstellungsmöglichkeiten: 0000h bis 0280h (Anzahl der Taktzyklen).	3
PCI Dynamic Bursting	Bei aktivierter Option wird zur Datenübertragung am PCI-Bus nach Möglichkeit das PCI-Burst-Protokoll verwendet. Damit ist die Übertragung größerer Datenmengen mit einem einzigen Befehl möglich. Einstellungsmöglichkeiten: Enabled, Disabled (siehe Seite 132).	2
PCI Dynamic Decoding	Haben Sie diese Option aktiviert, kann das System einen ausgeführten PCI-Befehl speichern. Dies ist vorteilhaft, wenn aufeinander folgende Befehle in den gleichen Adressbereich fallen, denn dann wird der Zyklus automatisch als ein PCI-Befehl interpretiert. Einstellungsmöglichkeiten: Enabled, Disabled.	2
PCI Fast Back to Back Write	CPU-Schreibbefehle werden nach dem PCI-Burst-Protokoll bearbeitet, dadurch wird die Systemleistung gesteigert.	2
PCI Frame Buffer USCW	Hinter dieser Option verbirgt sich eine kombinierte Schreib- und Pufferstrategie für Pentium II-Chips, die den USWC-Speichertyp (Uncachable Speculatable Write Combining) unterstützen. Sie sollten an dieser Option nicht herumspielen, da Sie ggf. ein instabiles System bekommen.	1
PCI IDE BusMaster	Die Option aktiviert den IDE-Busmasterbetrieb und damit den DMA-Betrieb einer Festplatte. Die Option sollte Enabled sein.	2
PCI IDE Card 2nd Channel	Verfügbar sind unter dieser Option Enabled/Disabled. Da dieser Steuerkanal über den IRQ15 angesprochen wird, müssen Sie die Funktion aktivieren, damit das BIOS über den IRQ15 auf diesen Kanal zugreifen kann.	2
PCI IDE Card Primary/ Secondary IRQ	Es gibt PCI-Geräte, die einen oder zwei IRQs benötigen. Diese Option stellt die Möglichkeit zur Verfügung, diese für zusätzliche IDE-Karten festzulegen.	1

397

Referenz

	AMI = 1 Award = 2 Phoenix = 3 MR-BIOS = 4	
BIOS-Option	**Bedeutung**	**BIOS**
PCI IDE IRQ Map To	Falls Sie beide IDE-Controller Ihres Boards verwenden, legen Sie hier fest, ob die IRQs 14 und 15 auf den ISA- oder den PCI-Bus abgebildet (gemappt) werden sollen. Einstellungen: Map to PCI (für IDE-Komponenten) und Map To ISA (für ISA-IDE-Controller). In manchen BIOS gibt es noch folgende Einstellungen: PCI-Auto (das BIOS erkennt selbst), PCI-SlotX (bei manchen älteren Karten müssen Sie dem BIOS mitteilen, in welchem Steckplatz sich die Karte befindet) und ISA (falls Sie eine ISA-Karte verwenden, wird so der IRQ auf diesen Steckplatz umgeleitet).	2
PCI IDE Prefetch Buffers	Wenn Sie immer wieder über Schreib-/Lesefehler auf der Festplatte schimpfen, können Sie, wenn Sie einen CMD-640-I/O-Chip verwenden, den eingebauten Puffer zur Geschwindigkeitssteigerung abschalten.	2
PCI Interrupt Mapping INTx#	Hier wird festgelegt, welcher PCI-Interrupt auf welchen ISA-Interrupt geschaltet wird. Einstellungsmöglichkeiten: Auto (automatische Zuordnung gemäß der PnP-Richtlinien), Disabled (es wird kein PCI-Interrupt für die PCI-Baugruppe im entsprechenden PCI-Steckplatz zugeordnet), IRQ03, IRQ04, IRQ05, IRQ06, IRQ07, IRQ09, IRQ10, IRQ11, IRQ12, IRQ14, IRQ15 (der PCI-Interrupt wird auf den ausgewählten ISA-Interrupt geschaltet). Achten Sie auf IRQ-Kollisionen.	3

	Slot 1 INT				Slot 2 INT				Slot 3 INT				Slot 4 INT			
PCI Interrupt Mapping	A	B	C	D	A	B	C	D	A	B	C	D	A	B	C	D
INTA#	v							z			y			x		
INTB#		x			v							z			y	
INTC#			y			x			v							z
INTD#				z			y			x			v			

v: bei monofunktionalen Baugruppen
v x [y] [z]: bei multifunktionalen Baugruppen

PCI IRQ Activated By	Falls vorhanden, stehen hier Level und Edge zur Verfügung. Normgerechte PCI-Karten unterstützen in der Regel Interrupts mit einer Signalhöhen-Auflösung (die so genannte Level-Triggerung). daher können sich mehrere PCI-Karten auch eine einzelne Interrupt-Leitung teilen. Karten die sich nicht an diese Spielregeln halten, bekommt man mit der Einstellung Edge in den Griff. PCI 2.1 braucht zwingend Level-triggered PCI-Karten. Nur sehr exotische und alte Karten bestehen auf Edge. Wer mit einer PCI-Fritzcard arbeitet und häufig mit Abstürzen konfrontiert wird, sollte mal die Einstellung Level verwenden.	2
PCI IRQ Line x /device	Hier wird festgelegt, welche ISA-Interrupts für die einzelnen PCI-Steckplätze verwendet werden. Für monofunktionale PCI-Baugruppen wird für den INTA# dem jeweiligen PCI-Steckplatz folgende PCI IRQ Line zugeordnet:	3

PCI-Steckplatz	Slot 2	Slot 3	Slot 4	Slot 5	Slot 6	Slot 7
PCI IRQ Line	1	2	3	5	6	7

Für multifunktionale PCI-Baugruppen wird für den INTA# bis INTD# dem jeweiligen PCI-Steckplatz folgende PCI IRQ Line zugeordnet:

PCI-Steckplatz	Slot 2	Slot 3	Slot 4	Slot 5	Slot 6	Slot 7
PCI IRQ Line INTA#	1	2	3	5	6	7
PCI IRQ Line INTB#	2	3	4	6	7	8
PCI IRQ Line INTC#	3	4	1	7	8	5
PCI IRQ Line INTD#	4	1	2	8	5	6

Sie können zwar den PCI-Baugruppen gleichzeitig denselben Interrupt zuordnen, sollten dies jedoch wegen Performanceverlusten unterlassen. Haben Sie die Option Auto ausgeschaltet, geht die PnP-Fähigkeit verloren.

BIOS-Befehle – alphabetisch

P

AMI = 1   Award = 2   Phoenix = 3   MR-BIOS = 4

BIOS-Option	Bedeutung	BIOS
PCI IRQ line n	Hier legen Sie fest, welcher PCI-Interrupt auf welchen ISA-Interrupt geschaltet wird. Damit die Änderung wirksam wird, müssen Sie das Notebook nach Beenden des BIOS-Setup neu starten. Ein multifunktionales PCI-Gerät kann unter Umständen alle PCI-Interrupts verwenden. Wenn Sie eine andere Einstellung als Auto Select verwenden, ist die Plug & Play-Funktionalität des BIOS-Setup für PCI-Geräte ausgeschaltet. Einstellungsmöglichkeiten: Auto Select, Disabled, IRQ03, IRQ05, IRQ09, IRQ10, IRQ11, IRQ12, IRQ14, IRQ15. Sie dürfen keinen ISA-Interrupt auswählen, der von einem anderen Gerät verwendet wird.	3
PCI IRQ line 1,2 oder PCI IRQ line 1,2,3	Unter dieser Option können Sie festlegen, welcher PCI-Interrupt auf welchen ISA-Interrupt geschaltet wird. Dadurch kann evtl. eine multifunktionale PCI-Baugruppe alle PCI-Interrupts verwenden. Einstellungsmöglichkeiten: Auto Select (automatische Zuordnung des PCI-Interrupt gemäß den Plug & Play-Richtlinien), 3, 4, 5, 7, 10, 11 (Vorsicht bei der Auswahl), Disabled (für die PCI-Baugruppe in dem zugeordneten PCI-Steckplatz wird kein PCI-Interrupt verwendet. Nur dann wählen, wenn Sie sicher sind, dass die PCI-Baugruppe keinen Interrupt benötigt. Ansonsten kann es zu Fehlfunktionen kommen). Falls Sie Auto Select nicht verwenden, ist die Plug & Play-Funktionalität des System-BIOS für PCI-Baugruppen ausgeschaltet. Für monofunktionale PCI-Baugruppen ist dem PCI-Steckplatz 1 der PCI-Interrupt line 1 und dem PCI-Steckplatz 1 der PCI-Interrupt line 2 zugeordnet.	3
PCI IRQ Map To	Hier regeln Sie die klassische Zuordnung der IRQs 14 und 15. Hier lässt sich bei manuell eine PCI-Controller-Karte oder mit ISA die Vergabe an einen ISA-Controller einstellen.	2
PCI IRQ Sharing	Stellen Sie diese Option auf Yes, können Sie den gleichen IRQ zwei unterschiedlichen Geräten zuweisen. Zur Deaktivierung dieser Funktion wählen Sie No.	2
PCI IRQ Trigger Model	Voraussetzung für die Funktion dieser Option, die die Struktur der Multiprozessortabelle beeinflusst, ist die Aktivierung von Interrupt Routing. Einige Betriebssysteme benötigen die Einstellung BIOS (z. B. Novell NetWare). O/S: Die Standardversion der Multiprozessortabelle wird verwendet. BIOS: Die angepasste Multiprozessortabelle wird benutzt.	3
PCI Latency Timer oder PCI Latency Timer Slot 1 bis 4 oder PCI Latency Timer (PCI Clocks)	Diese Option legt fest, wie lange (in PCI-Ticks) eine Karte den PCI-Bus noch für sich als Master beanspruchen darf, wenn eine andere PCI-Karte bereits einen Zugriff angemeldet hat. Sie können hier für jeden Slot individuelle Einstellungen vornehmen. Es stehen Ihnen folgende PCI-Ticks zur Verfügung: -32, 64, 96, 128, 160, 192, 224 und 248. Empfehlenswert ist 32 oder höher. Bei zu hoher Latenzzeit besteht die Gefahr, dass die PCI-Grafik- oder Soundkarten nicht mehr korrekt arbeiten. 2 mit 32 ist manchmal hektisch, 1 mit 66 schon ein Problemfall und 3 mit 40 Takten gerade richtig.	1,2,3
PCI Line Prefetch	Unter dieser Option regeln Sie, ob bei einem PCI-Memory Read-Kommando zusätzliche Cache-Lines gelesen werden. Wenn Sie diese Option aktivieren, erhalten Sie eine etwas höhere Performance. Einstellungsmöglichkeiten: Enabled, Disabled.	3
PCI Line Read Prefetch	Unter dieser Option legen Sie fest, ob bei einem PCI Memory Read-Kommando zusätzliche Cache-Lines gelesen werden. Normalerweise wird bei eingeschaltetem PCI Line Read Prefetch eine etwas höhere Systemperformance erzielt. Einstellungsmöglichkeiten: Disabled (es werden keine zusätzlichen Cache-Lines gelesen), Enabled (bei einem PCI Memory Read-Kommando werden zusätzliche Cache-Lines gelesen).	3

P

AMI = 1   Award = 2   Phoenix = 3   MR-BIOS = 4

BIOS-Option	Bedeutung	BIOS
PCI Master	Im Power-Management stehen Ihnen unter PM Timer Events mit dieser Option zwei Möglichkeiten zur Verfügung: On, Off. Wenn Sie On eingestellt haben, weckt jedes Ereignis an einem PCI-Mastersignal den PC.	2
PCI Master 0 WS Write oder PCI Master 0 Waitstates Write	Unter dieser Option können Sie mit Enabled einstellen, dass die Schreibbefehle ohne Waitstates über den PCI-Bus ausgeführt werden (siehe Seite 132).	2
PCI Master Burst Read oder PCI Master Burst Read/Write	Unter dieser Option bestimmen Sie, wie lange das System auf die Beendigung eines PCI-Burst-Lesezyklus wartet. Einstellungsmöglichkeiten: Disabled, Enabled (siehe Seite 132).	2
PCI Master Burst Write	Unter dieser Option bestimmen Sie, wie lange das System auf die Beendigung eines PCI-Burst-Schreibzyklus wartet. Einstellungsmöglichkeiten: Disabled, Enabled.	2
PCI Master Pipeline Req:	Es stehen Ihnen hier zwei Einstellungsmöglichkeiten zur Verfügung: Enabled, Disabled. Die Voreinstellung ist Enabled, und dabei sollten Sie es belassen.	2
PCI Master Prefetch	Unter dieser Option können Sie festlegen, ob der Prefetch-Buffer verwendet wird, um damit den Prozessor beim Datentransfer von einem Speicherplatz zum anderen durch vorübergehende Datenspeicherung zu entlasten. Einstellungsmöglichkeiten: Enabled, Disabled.	2
PCI Master Read Caching	Lassen Sie diese Einstellung so, wie sie ist. Sie können hier Enabled einstellen, wenn Sie einen Athlon-Prozessor verwenden; wenn Sie einen Duron-Prozessor verwenden, muss die Option Disabled sein.	2
PCI Master Read Prefetch	Unter dieser Option lässt sich der PCI Master-Lesevorgriff aktivieren/deaktivieren. Einstellungsmöglichkeiten: Enabled, Disabled. Wenn nicht bereits eingestellt, sollten Sie diese Option aktivieren.	2
PCI Master Write Buffer	Haben Sie diese Option auf On gestellt, können maximal vier DWORD-Daten zum Prozessor geschrieben werden, ohne dass der PCI-Bus unterbrochen wird. Haben Sie die Einstellung Off gewählt, wird der Schreib-Puffer nicht benötigt. Der Prozessorlesezyklus endet dann, wenn der PCI-Bus an den Prozessor ein Signal sendet, dass der Bus für die Datenaufnahme bereit ist.	2
PCI Mem Line Read	Je nach Einstellung werden ganze Zeilen oder nur Teile der Daten aus dem Cache eingelesen.	2
PCI Mem Line Read Prefetch	Wenn Sie die Option auf PCI Mem Line Read auf Enabled gestellt haben, können Sie hier noch einstellen, dass bis zu drei weitere Zeilenadressen im Voraus eingelesen werden.	2
PCI Mstr DEVSEL# Time-Out	Unter dieser Option stellen Sie die Zeitspanne bis zum Timeout ein. Für den Fall, dass der Prozessor einen Masterzyklus initiiert, der eine Adresse benötigt, die sich nicht innerhalb des PCI/VESA- bzw. ISA-Speichers befindet, beobachtet das System den DEVSEL-Pin, um auf eine Zyklusanforderung eines Geräts zu warten. Einstellungsmöglichkeiten: 3, 4, 5, 6 PCICLK.	2
PCI Mstr Timing Mode	Vom System wird der Zugang zum PCI-Bus in der Reihenfolge des Eingangs der Signale verwaltet. Falls man die Priorität umdreht, bekommt das Gerät die niedrigste Priorität zugewiesen, und jedes folgende Gerät wird eine Stufe höher gesetzt. Einstellungsmöglichkeiten: 0, 1.	0, 1 2
PCI Parity Checking	Hier wird festgelegt, ob auf dem PCI-Bus eine Paritätsprüfung stattfindet.	3
PCI PIRQ [A-D]#	Mit dieser Option beeinflussen Sie die Zeitsteuerung für das Power-Management. Haben Sie die Option auf Enabled stehen, beginnt ein Countdown, der unterbrochen wird, sobald das INTA~INTD-Signal aktiv wird. Es erfolgt eine Rücksetzung auf 0.	2

BIOS-Befehle – alphabetisch

P

AMI = 1   Award = 2   Phoenix = 3   MR-BIOS = 4

BIOS-Option	Bedeutung	BIOS
PCI / PnP ISA Memory Region Exclusion	Diese Option reserviert Speicherbereiche, die nicht von PnP-fähigen Baugruppen benutzt werden. Keine Einstellungsmöglichkeiten.	3
PCI PnP ISA IRQ Resource Exclusion	Diese Option reserviert Interrupts, die nicht von PnP-fähigen Baugruppen benutzt werden. Keine Einstellungsmöglichkeiten.	3
PCI Post-Write Fast	Aktivieren Sie diese Option, wird ein schneller Puffer beim Schreiben auf den PCI-Bus benutzt. Einstellungsmöglichkeiten: Enabled, Disabled.	2
PCI Postet Write Buffer	Damit der Geschwindigkeitsunterschied zwischen Bus und CPU kompensiert wird, müssen Sie durch Aktivierung dieser Option dafür sorgen, dass die Datenübertragung vom PCI-Bus gebuffert wird, bevor die CPU auf die Infos zugreift.	2
PCI Pre-Snoop	Unter dieser Option befindet sich die Pre-Snooping-Technik, bei der der PCI-Master die Burst-Zyklen zum Speichern in einer Seitengrenze von 4 KByte ausführt. Einstellungsmöglichkeiten: Enabled, Disabled.	2
PCI Preempt Timer	Unter dieser Option legen Sie die Zeitspanne fest, bevor ein PCI-Master den Bus verwenden kann, wenn eine Serviceanfrage gestellt wird. Haben Sie die Option Disabled, wird verhindert, dass der Bus während einer Servicebehandlung anderweitig benutzt werden kann. Einstellungsmöglichkeiten: Disabled, 5, 12, 20, 36, 68, 132, 260 LCLKs.	2
PCI Read Burst WS	Unter dieser Option bestimmen Sie, wie lange das System auf die Beendigung eines PCI-Burst-Lesezyklus wartet. Einstellungsmöglichkeiten: Disabled, Enabled.	2
PCI SLOTS Configuration	Diese Option führt zum Konfigurationsmenü, in dem Sie die Einstellungen für die PCI-Steckplätze vornehmen können.	3
PCI Slot 1 bis 4 Preference oder PCI Slot 1 bis 4 IRQ Priority	Sie legen hier die IRQs für die einzelnen PCI-Steckplätze fest. Sie können dies entweder dem BIOS über die Option Auto überlassen, Default beibehalten oder selbst machen. Wenn die IRQs knapp werden, können Sie so mehreren Slots einen gemeinsamen IRQ zuweisen und damit das Interrupt-Sharing aktivieren. Beachten Sie aber die Kollisionsgefahr bei gleichzeitiger Benutzung. Normalerweise hat Slot 1 die höchste Priorität.	1,2
PCI Slot IDE 2nd Channel	Wenn Sie in Ihrem PC nur den ersten IDE-Kanal benutzen, können Sie den IRQ15 freischalten, indem Sie den zweiten IDE-Kanal deaktivieren.	2
PCI Slot x Latency Timer	Unter dieser Option können Sie für die in den PCI-Slots steckenden Karten die Verzögerungszeit eingeben. Je schneller der Bus arbeitet, umso kleiner sollte der eingestellte Wert sein.	1
PCI Strength	Diese Option sollten Sie einschalten, wenn Ihr Board bzw. der Chipsatz gepuffertes Schreiben ins DRAM erlaubt. Aufeinander folgende PCI-Zugriffe werden dadurch direkt hintereinander ausgeführt.	2
PCI to CPU Delay ADSJ	Wie lange der Prozessor auf das ADS-Signal warten muss.	2
PCI to CPU Posting	Schreibvorgänge vom PCI zur CPU werden gebuffert. Das bedeutet, dass der Bus weiterschreiben kann, während die CPU bereits andere Aufgaben erledigt.	2
PCI to DRAM Buffer	Hier können die Schreibbefehle des PCI-Bus zum Hauptspeicher gebuffert (zwischengespeichert) werden. Damit wird die Performance erhöht.	2
PCI to DRAM Pipelining oder PCI to DRAM Pipeline	Hier wird das Pipelining zwischen PCI und DRAM aktiviert. Diese Option sollte eingeschaltet sein, damit die Übertragung nicht auf den einfachen Transfer per Schreibzyklus beschränkt ist. Diese Option können Sie aber auch probeweise in anderen Kombinationen einschalten, da auf den meisten Chipsätzen Puffer für derartige Schreibvorgänge vorhanden sind. Dadurch wird der PCI-Bus weniger gebremst.	2

Referenz

	AMI = 1 Award = 2 Phoenix = 3 MR-BIOS = 4	
BIOS-Option	**Bedeutung**	**BIOS**
PCI to ISA Write Buffer	Falls der Prozessor als Busmaster für den Zugang zum Speicher oder zur E/A fungiert, regelt diese Option die Verwendung eines sehr schnellen Post-Write-Puffers. Einstellungsmöglichkeiten: Enabled, Disabled.	2
PCI to L2 Write Buffer	Mit dieser Option können Sie den Buffer zwischen PCI und Cache aktivieren (Enabled).	2
PCI VGA Palette Snooping	Sie können hier je nach verwendeter Grafikkarte zwischen Disabled (Defaultwert) und Enabled wählen.	3
PCI#2 Access #1 Retry	Über diese Option wird der PCI #2 Access #1 Retry ein-/ausgeschaltet. Einstellungsmöglichkeiten: Enabled, Disabled (siehe Seite 133).	2
PCI/PNP ISA DMA Resource Exclusion	Im Menü hinter dieser Option können Sie ISA DMA-Einstellungen vornehmen.	2
PCI/PnP ISA IRQ Resource Exclusion	Im Menü hinter dieser Option können Sie ISA IRQ-Einstellungen vornehmen.	2
PCI/PnP ISA Memory Region Exclusion	Im Menü hinter dieser Option können Sie ISA Memory-Einstellungen vornehmen.	2
PCI/PnP ISA UMB Resource Exclusion	Im Menü hinter dieser Option können Sie ISA UMB-Einstellungen vornehmen.	2
PCI/VGA Act-Monitor	Ist diese Option Enabled, wird der PC aktiviert, sobald PCI-Karte oder Monitor aktiv werden. Einstellungsmöglichkeiten: Enabled, Disabled.	2
PCI/VGA Palette Snoop	Diese Funktion ermöglicht es dem BIOS, die Farbtabelle einer PCI-Grafikkarte zu ermitteln, um dann diese Informationen im Bedarfsfall an die Videokarte weiterzugeben. Wer in seinem Rechner zusätzlich eine ISA-Karte wie z. B. eine MPEG-Karte eingebaut hat und bei dem die Farbwiedergabe nicht stimmt, der sollte diese Option einschalten. Normalerweise wird aber bei MPEG- oder anderen ISA-Karten die Option Disabled.	1,2,3
PCI/VGA Snooping	Wird von Multimedia-Videokarten verwendet.	2
PCI Master 1 WS Write	Auswahl der Waitstates beim Schreiben auf den PCI-Bus.	2
PCI Stre1ng siehe auch: PCI Burst Mode, CPU to PCI Burst Write	Der PCI Burst Mode ist auch für PCI-Karten wichtig, jedoch auf neueren Boards fast nicht mehr zu finden. Wenn ja, dann sollte er Enabled sein.	1
PCI Write Burst	Mit Aktivierung dieser Option werden die Schreibbefehle des PCI-Bus zu Bursts zusammengefasst, um unnötige Zugriffe für kleinere Datenmengen zu bündeln. Dadurch entsteht eine schnellere Datenübertragung.	2
PCI Write Burst WS	Um die Geschwindigkeitsunterschiede der Hardware abzufangen, können hier Waitstates zwischen den Bursts eingelegt werden.	2
PCI#2 Access #1 Retry	Mit dieser Option können Sie den PCI#2 Zugriff #1 aktivieren bzw. deaktivieren. Dies bedeutet, dass der AGP-Bus bei Aktivierung nur eine begrenzte Zeit auf den PCI-Bus zugreift, während er bei Deaktivierung so lange zugreift, bis er Erfolg hat (Wiederzugriff).	2
PCMCIA Controller Mode	Sie können hier dem PC-Card-Controller einen PCI-Interrupt zuweisen. Sie sollten die Option nur ändern, wenn es bei der Einstellung zu Problemen kommt oder wenn das Betriebssystem eine Zuweisung verlangt. Einstellungsmöglichkeiten: Standard, Native IRQ.	3
PCMCIA Controller Select	Falls Sie ein Betriebssystem verwenden, das nicht Plug & Play unterstützt, und Sie im Menü Advanced für das Feld Plug & Play O/S den Wert No ausgewählt haben, ist diese Option aktiviert. Sie können dann auswählen, welcher PC-Card-Controller aktiv ist, ob entweder der im Notebook (Always Enable Onboard) oder der im QuickPort Plus (Auto Select QuickPort+) verwendet werden soll.	3

BIOS-Befehle – alphabetisch

P

AMI = 1   Award = 2   Phoenix = 3   MR-BIOS = 4

BIOS-Option	Bedeutung	BIOS
PCMCIA I/O Adress	Sie können unter dieser Option wählen, ob der PC-Card-Controller im Notebook oder im QuickPort Plus auf die kompatible Basis-I/O-Adresse 3E0h konfiguriert werden soll. Das kann z. B. notwendig werden, wenn Sie andere PC-Card-Treiber außer Card & Socket Services verwenden (z. B. Direkt-Enabler). Einstellungsmöglichkeiten: PCI (Vergabe der Basis-I/O-Adresse der PC-Card-Controller vom System-BIOS im Notebook und im QuickPort Plus), Legacy/Notebook (der PC-Card-Controller im Notebook wird auf die kompatible Basis-I/O-Adresse 3E0h konfiguriert), Legacy/QuickPort+ (der PC-Card-Controller im QuickPort Plus wird auf die kompatible Basis-I/O-Adresse 3E0h konfiguriert).	3
Peer Concurrency	Wenn Sie diese Option eingeschaltet haben, beschleunigt das erheblich die PCI-Zugriffe. Mit dieser Option können der Busmaster-Controller und der Prozessor im PCI-System im Datenzugriff gleichgestellt werden, was für Audio-, Video- und Netzkarten wichtig ist, damit der Datentransfer zügiger vonstatten geht (siehe Seite 132).	1,2
Pentium II ® L1/L2	Haben Sie diese Option auf Enabled gestellt, beschleunigt dies den Zugriff auf den Cache-Speicher. Das Ergebnis dieser Funktion ist von der CPU und dem Chipsatz abhängig. Standardgemäß ist die Funktion Enabled (aktiviert L1/L2-Cache ECC, Error Checking und Correction).	2
Pentium II Micro Codes	Sie sollten diese Option unbedingt Enabled haben, auch wenn es etwas Performance kostet. Die Micro Codes werden benutzt, um Pentium II-Fehler zu beheben und für Systemzuverlässigkeit zu sorgen.	2
Phonering Wake Up	Unter dieser Option stellen Sie ein, ob das System bei Aktivität des Modems aufgeweckt wird oder nicht. Einstellungsmöglichkeiten: Enabled, Disabled.	2
PH Limit	Unter dieser Option können Sie das Page Hit Limit einstellen. AMD empfiehlt in seinem Datenblatt 32 Cycles. Einstellungsmöglichkeiten: 1, 4, 32, 64 Cycles.	1
PIO Mode oder PIO	Der PIO-Modus bestimmt die Datenrate der Festplatte, wobei ein höherer Modus eine höhere Datenübertragung bedeutet. Normalerweise steht hier der Modus AUTO, weil das Einstellen diverser Werte nur dann funktioniert, wenn die Festplatte den eingestellten Modus auch unterstützt. Zu beachten ist, dass, je höher der PIO-Modus ist, umso kürzer die Datenkabel sein müssen. Die Übertragungsraten sind:	1, 2
Pipeline Cache Speed	Hier können Sie die Zugriffsgeschwindigkeit für den Second-Level-Cache einstellen. Falls der Cache auf Ihrem Board aufgelötet ist, stellen Sie Faster ein. Wenn der Cache aber mit einem COAST-Modul (Cache On a Stick) mit dem Board verbunden ist, dann ist die Einstellung Fast besser.	2
Pipelined Cache Timing	Sie können hier, je nachdem, ob Sie eine oder zwei Bänke Cache verwenden, Fast oder Faster einstellen.	2
Pipelined CAS	Haben Sie die Option auf Enabled stehen, lässt der DRAM-Controller keine Verzögerung zwischen zwei aufeinander folgenden CAS-Zyklen zu. Mit Disabled wird ein Hostbus-Taktzyklus zwischen zwei aufeinander folgenden CAS-Zyklen eingefügt.	2

PIO 0	PIO 1	PIO 2	PIO3	PIO 4
0.8 bis 2 Mbyte/s	2 bis 4 MByte/s	4 bis 5 MByte/s	5 his 10 MByte/s	10 bis 16 MByte/s

PIO 3/ DMA 1	PIO 4/ DMA 2	PIO 4/ UDMA 0	PIO 4/ UDMA 16	PIO 4/ UDMA 25	PIO 4/ UDMA 33	PIO 4/ UDMA 44	PIO 4/ UDMA 66
5 bis 10 MByte/s	bis 16 MByte/s	bis 33 MByte/s	bis 16 MByte/s	bis 25 MByte/s	bis 33 MByte/s	bis 44 MByte/s	bis 66 MByte/s

Referenz

	AMI = 1 Award = 2 Phoenix = 3 MR-BIOS = 4	
BIOS-Option	**Bedeutung**	**BIOS**
Pipelining oder Pipeline oder Pipe Function	Hier handelt es sich um die Methode zur gleichzeitigen Bearbeitung von mehreren Befehlen. Sollte im BIOS aktiviert sein. Einstellungsmöglichkeiten: Enabled, Disabled.	1, 2, 3
PIRQ 1 Use IRQ No. ~ PIRQ4 Use IRQ No.	Hier können Sie, wenn notwendig, den in den entsprechenden PCI Slots installierten Geräten, inkl. des AGP Slots, einen bestimmten IRQ zuweisen. Allerdings müssen Sie darauf achten, keine Hardwarekonflikte zu bekommen. Für die Verhältnisse zwischen dem Hardwarelayout, dem PIRQ, der INT# und der Geräte gilt Folgendes: | Signal	PCI Slot 1 und AGP Slot	PCI Slot 2	PCI Slot 3	PCI Slot 4 und PCI Slot 5
---	---	---	---	---
PIRQ 1	INT A	INT D	INT C	INT B
PIRQ 2	INT B	INT A	INT D	INT C
PIRQ 3	INT C	INT B	INT A	INT D
PIRQ 4	INT D	INT C	INT B	INT A | USB verwendet PIRQ 4; AGP verfügt über INT A und INT B.	2
Plane Voltage	Wird für ältere CPUs ohne MMX verwendet, wenn in der Option CPU Power Plane die Einstellung Single Voltage aktiviert ist. Wird für CPUs verwendet, die kein MMX haben und damit nur eine Spannung brauchen.	2
Plug & Play Aware OS oder Plug & Play O/S	Hier stellen Sie ein, ob Ihr Betriebssystem Plug & Play unterstützt. Falls Sie Windows 95/98 installiert haben, sollten Sie die Steuerung diesem überlassen und die Option Yes aktivieren (siehe Seite 115).	1
Plug & Play O/S	Legt fest, ob die PnP-Einstellungen per Setup oder automatisch zugewiesen werden. Falls es keine Probleme mit IRQ oder DMA-Zuweisungen gibt, sollten Sie Auto einstellen. Windows 95 ist im Übrigen PnP-fähig (siehe Seite 115).	3
Playback DMA Channel	Hier kann der DMA-Kanal 2 für Aufnahmen auf verschiedene Werte eingestellt werden. Einstellungsmöglichkeiten: DMA CH5, DMA CH6.	3
Playback IRQ Channel	Unter dieser Option legen Sie den Interrupt für die Wiedergabe (Playback Wave) fest. Einstellungsmöglichkeiten: IRQ11, IRQ15.	3
PLL	Unter dieser Option erhalten Sie Infos über die Taktfrequenz, mit der der Prozessor betrieben wird. Hier gibt's keine Änderungsmöglichkeit.	2
PM Control by APM	Das APM (Advanced Power Management) des jeweiligen Betriebssystems übernimmt das Power-Management Ihres PC. Vorteilhaft ist hierbei, dass unter Windows 95 (bei Windows NT und OS/2 funktioniert das sowieso), wenn Sie nichts tun, der HALT-Befehl des Prozessors genutzt wird. Es kommt dabei zu großen Stromeinsparungen (beim OS/2 kühlt sogar der Prozessor ab).	2
PM Timer Events oder PM Events	Unter dieser Option werden, wenn Sie die Option Power Management auf User Defined gestellt haben, die weiteren entsprechenden Einstellungen vorgenommen (siehe auch Seite 145). Einstellungsmöglichkeiten: | Disabled	Auswirkung
---	---
IRQ [3-7, 9-15], NMI	Falls IRQ- oder NMI-Aktivitäten vorkommen, zählt der Computer die verstrichene Zeit von vorn.
VGA Active Monitor	Bei I/O-Aktivitäten oder VGA-Datenübermittlung zählt der Computer die verstrichene Zeit von vorn.
IRQ8 Break Suspend	Es wird die RTC Wake Up Suspend-Funktion unterstützt.
IDE Primary Master oder DIE Secondary Master	Bei IDE Primary Master I/O-Aktivitäten zählt der Computer die verstrichene Zeit von vorn.		alle

BIOS-Befehle – alphabetisch

P

	AMI = 1 Award = 2 Phoenix = 3 MR-BIOS = 4		
BIOS-Option	**Bedeutung**		**BIOS**
	IDE Primary Slave oder IDE Secondary Slave	Bei IDE Primary Slave I/O-Aktivitäten zählt der Computer die verstrichene Zeit von vorn.	
	Floppy Disk	Falls Floppy-Aktivitäten vorkommen, zählt der Computer die verstrichene Zeit von vorn.	
	Serial Port	Falls Serial Port I/O-Aktivitäten vorkommen, zählt der Computer die verstrichene Zeit von vorn.	
	Parallel Port	Falls Parallel Port I/O-Aktivitäten vorkommen, zählt der Computer die verstrichene Zeit von vorn.	
	Mouse Break Suspend	Yes, No (COM1), No (COM2), No (PS/2).	
PM Timers	Wenn Sie die Option Power Management auf User Defined gestellt haben, können Sie hier die gewünschten Einstellungen vornehmen. Einstellungsmöglichkeiten. Doze Mode (Schlummermodus), Standby (Festplatte und Bildschirm werden abgeschaltet), Suspend Mode (alle Geräte außer der CPU werden abgeschaltet) und HDD Power Down (es wird nur die Festplatte abgeschaltet).		alle
PME Event Wake up	Unter dieser Option können Sie die PME-Weckfunktion ein- bzw. ausschalten. Einstellungsmöglichkeiten: Disabled, Enabled.		1
PME# Resume from Soft Off	Ist diese Option deaktiviert, reagiert das System nicht mehr auf eingestellte Weckfunktionen im Energiesparmodus. Einstellungsmöglichkeiten: Enabled, Disabled.		1
PnP BIOS Auto Config	Wenn Sie diese Option im Setup Ihres BIOS finden, beauftragen Sie das BIOS, die Vergabe der IRQs auf dem ISA-Bus automatisch vorzunehmen.		2
PnP OS Installed	Ist diese Option Enabled, teilen Sie dem BIOS mit, dass Ihr Betriebssystem Plug & Play-fähig ist und die Verteilung der Ressourcen selbst vornehmen kann. Falls Sie mit Windows 95/98 arbeiten und die Einstellungen dort vornehmen wollen, was besser ist, dann sollten Sie diese Option Disabled haben, weil Windows sonst die vom BIOS vorgenommenen Einstellungen nicht korrigieren kann. Für die Windows 2000-Installation gilt folgende Regel: Für das Setup muss die Option aktiviert sein. Später können Sie auf Disabled stellen, um Probleme mit ACPI zu vermeiden.		2
Point Device (PS/2 mouse) oder Pointing Device	Unter dieser Option legen Sie fest, ob das Touchpad am Notebook freigeschaltet ist. Einstellungsmöglichkeiten: Enabled, Disabled. Sie müssen Disabled einstellen, wenn Sie eine externe serielle Maus verwenden wollen.		2,3
Polling Clock Setting	Hier ist die Geschwindigkeit geregelt, mit der das System bei einem Service-Request alle Teilsysteme abfragt.		2
Port 64/60 Emulation	Haben Sie diese Option auf Enabled stehen, können Sie mit der USB-Tastatur auch unter Windows NT arbeiten. Steht die Option auf Disabled, funktioniert das USB-Keyboard unter allen anderen Systemen.		1
Port 92H Fast A 20 G	Legt fest, ob auf den Speicher oberhalb 1 MByte zugegriffen wird.		2
POST Error Halt	Hier legen Sie fest, ob der Systemstart nach einem erkannten Fehler abgebrochen wird und das System anhält. Einstellungsmöglichkeiten: Halt On All Errors (das System wird bei Fehlererkennung angehalten), No Halt On Any Errors (das System wird bei Fehlererkennung, soweit möglich, nicht angehalten).		3
POST Errors	Wenn Sie diese Option eingeschaltet haben, erscheint bei einem Fehler während der POST-Routine eine Meldung auf dem Bildschirm.		3
Post write	Der Chipsatz ACC 2046 hat einen eigenen internen Puffer für die DRAM-Schreibzyklen. Wenn Sie diese Option Enabled haben, braucht der Prozessor während eines externen DRAM-Zyklus nicht warten.		1

Referenz

BIOS-Option	Bedeutung	BIOS
	AMI = 1 Award = 2 Phoenix = 3 MR-BIOS = 4	
POST Write CAS Active	Hier legen Sie die Anzahl der Prozessorzyklen fest, während das CAS aktiv bleibt, nachdem ein Schreibzyklus beendet wurde.	2
Posted PCI Memory Writes	Bei Aktivierung dieser Option werden die Datenübertragungen vom PCI-Bus gebuffert, bevor der Hauptspeicher auf die Infos zugreift. Daten werden damit gebündelter übermittelt, um Verzögerungen zu vermeiden.	2
Power Button Function	Diese Option finden Sie nur auf ATX-Hauptplatinen. Dem Taster, der direkt mit dem Board verbunden ist, können unterschiedliche Aufgaben zugewiesen sein. Mögliche Einstellungen: On/Off: Taster schaltet Rechner ein/aus, Suspend: Taster bringt PC in Suspend Mode oder in den Arbeitsmodus zurück.	1
Power Button Override	Haben Sie diese Option aktiviert, geschieht Folgendes. Drücken Sie den Netzschalter länger als 4 Sekunden, während das System arbeitet, geht das System zum Soft-Off über (Power off by Software).	2
Power Down & Resume Events	In dieser Interrupt-Liste werden diejenigen Komponenten markiert, die den Rechner aus seinem Suspend Mode wecken sollen.	2
Power Down Mode	Es gibt BIOS-Typen, bei denen man einstellen kann, nach welcher Sparstufe der Monitor abgeschaltet werden soll.	2
Power Down SDRAM	Der Chipsatz unterstützt die Möglichkeit, den Speicher in den Energiesparmodus zu versetzen. Über die CPU muss aber dafür Sorge getragen werden, dass der Inhalt des Speichers erst gesichert wurde.	1,2
Power Fan Fail Alarm	Hier können Sie einstellen, ob beim Ausfall des Netzteillüfters Alarm gegeben wird oder nicht.	1
Power Fan Speed	Anzeige der Drehzahl des Netzteillüfters. Schnarrendes Geräusch, den Lüfter sofort auswechseln, da defektes Lager.	2
Power Management Einstellungen	Disabled (es wird keine Energiesparfunktion benutzt), Min Saving (mit dieser Einstellung, beginnend ab 40 Minuten, haben Sie die geringste Energieeinsparung), Max Saving (mit dieser Einstellung haben Sie die höchste Energieeinsparung aktiviert. Allerdings gilt dieser Modus nur für SL-CPUs), User Define (hier können Sie individuell einstellen). Es gibt bei allen Einstellungen je nach BIOS und Board die unterschiedlichsten Zeiten, sodass eine vollständige Aufführung hier unmöglich ist. Empfehlenswert: Disabled im BIOS und dafür unter Windows das Gewünschte aktivieren. Nachstehend einige Verbrauchswerte, die aber natürlich variieren und im Lauf der Zeit (hoffentlich) niedriger werden: Stromersparnis	alle

Gerät	Normalmodus	Stromsparmodus	Ersparnis
PC	ca. 45 Watt	ca. 33 Watt	ca. 12 Watt
Monitor	ca. 70 Watt	ca. 5 Watt	ca. 65 Watt

Vorschlag für die optimale Einstellung: Faxserver

HDD Power Down	Doze Mode	Standby Mode	Suspend Mode
5 min	2 min	3 min	5 min

Vorschlag für optimale Einstellung: Büro-Workstation

HDD Power Down	Doze Mode	Standby Mode	Suspend Mode
Disabled	3 min	30 min	60 min

Vorschlag für optimale Einstellung Office/Homepage

HDD Power Down	Doze Mode	Standby Mode	Suspend Mode
Disabled	3 min	15 min	20 min

BIOS-Befehle – alphabetisch

P

	AMI = 1 Award = 2 Phoenix = 3 MR-BIOS = 4	
BIOS-Option	**Bedeutung**	**BIOS**
Power Management / APM	Bei Aktivierung dieser Option werden die INT15h Advanced Power Management-Funktionen unterstützt. Damit werden die Energiesparmaßnahmen nicht vom System, sondern vom BIOS kontrolliert.	1,2
Power Management Mode	Unter dieser Option regeln Sie den Umfang der Energiesparfunktion. Einstellungsmöglichkeit: Customize (es sind die Funktionen wirksam, wie sie unter Standby Timeout, Suspend Timeout, Hard Disk Timeout, Standby CPU Speed eingestellt sind), Maximum Power Savings, Maximum Performance, Disabled (siehe Seite 143).	3
Power Off Source: Keyboard	Hier können Sie festlegen, ob das System über einen definierten Ein-/Ausschalter auf der Tastatur eingeschaltet werden kann. Einstellungsmöglichkeiten: Enabled, Disabled.	3
Power Off Source: Power Button	Unter dieser Option können Sie festlegen, ob das System über den Ein-/Ausschalter an der Gerätevorderseite eingeschaltet werden kann, wenn die ACPI-Funktionalität nicht aktiv ist, oder nicht. Einstellungsmöglichkeiten: Enabled, Disabled.	3
Power Off Source: Software	Unter dieser Option können Sie festlegen, ob das System durch ein Programm (DeskOff, SWOFF) oder das Betriebssystem (Windows 95, Windows NT mit Siemens Nixdorf HAL) eingeschaltet werden kann oder nicht. Einstellungsmöglichkeiten: Enabled, Disabled.	3
Power On by Alarm	Diese Option benötigen Sie, wenn Sie Ihren PC zu bestimmten Zeiten hochfahren wollen oder müssen. Sie müssen lediglich den Zeitpunkt festlegen, an dem Ihr System aus dem Soft-Off oder Stromsparmodus geweckt werden soll. Der RTC-Alarm kann das System wieder starten. Einstellungsmöglichkeiten: Monat, Stunde, Minute und Sekunde.	2
Power on by RTC Alarm	Haben Sie diese Option aktiviert, wird das System zu dem von Ihnen eingestellten Zeitpunkt (Zeit und Datum des Monats) hochgefahren. Stellen Sie beim Datum 0 ein, wird das System täglich zum festgesetzten Zeitpunkt gestartet.	2
Power On by Ring	Wenn Sie ein externes Modem am Onboard Serial Port angeschlossen haben und das Telefon klingelt, startet das System.	2
Power On Function	Sie haben unter dieser Option vier Möglichkeiten auszuwählen, wie Ihr System eingeschaltet wird. Button Only (Standard), Keyboard 98, Hot Key, Mouse Left und Mouse Right. Die Mausfunktionen klappen nur bei PS/2-Mäusen. Wenn Sie eine ältere Tastatur verwenden oder keine PS/2-Kompatibilität der Maus besteht, funktioniert die Option nicht.	2
Power On Memory Test	Sie sollten diese Option nur bei Speicherproblemen bzw. neuen Speichern auf Test stellen. Ansonsten wird bei Disabled der Speichertest beim Booten übersprungen. Dadurch startet der PC schneller.	4
Power On Source: Chipcard	Unter dieser Option können Sie festlegen, ob das System über den Chipkartenleser eingeschaltet werden kann oder nicht. Einstellungsmöglichkeiten: Enabled, Disabled.	3
Power On Source: Keyboard	Unter dieser Option können Sie festlegen, ob das System über den einen speziellen Ein-/Ausschalter auf der Tastatur eingeschaltet werden kann oder nicht. Einstellungsmöglichkeiten: Enabled, Disabled.	3
Power On Source: LAN	Unter dieser Option können Sie festlegen, ob das System über einen Onboard- oder zusätzlichen LAN-Controller eingeschaltet werden kann oder nicht. Einstellungsmöglichkeiten: Enabled, Disabled.	3
Power On Source: Remote	Sie können hier festlegen, ob das System von einer ankommenden Nachricht wie Fax, Telefon oder Modem eingeschaltet werden kann oder nicht. Einstellungsmöglichkeiten: Enabled, Disabled.	3

Referenz

P

BIOS-Option	Bedeutung	BIOS
	AMI = 1 Award = 2 Phoenix = 3 MR-BIOS = 4	
Power On Source: Timer	Unter dieser Option können Sie festlegen, ob das System zeitgesteuert nach einer festgelegten Zeit oder Zeitdauer eingeschaltet werden kann oder nicht. Dazu brauchen Sie aber zusätzlich ein geeignetes Programm, weil die Einschaltzeit nicht über das BIOS geregelt werden kann. Einstellungsmöglichkeiten: Enabled, Disabled.	3
Power Saving Mode	Unter dieser Option treten, wenn sie auf Enabled steht, alle Stromsparfunktionen in Kraft, es sei denn, Sie hätten sie einzeln deaktiviert.	3
Power Saving Type	Unter dieser Option können Sie auswählen, wie tief Ihr PC im Energiesparmodus schlafen soll. Mögliche Einstellungen: POS, Sleep, Stop Clock und Deep Sleep (höchste Stufe).	1
Power Savings	Hier legen Sie fest, ob und wie die Energiesparfunktionen genutzt werden können. Customize (im Power-Management sind die Funktionen wirksam, die mit den folgenden Feldern eingestellt sind). Einstellungsmöglichkeiten: Maximum Performance/Maximum Power Savings (diese Einstellungen rufen Voreinstellungen auf und bestimmen so den Umfang der Energieeinsparung), Disabled (Energiesparfunktionen ausgeschaltet).	3
Power Switch < 4 sec.	Bei Einstellung auf Power Off schaltet sich das System automatisch aus, wenn der Ein-/Ausschalter gedrückt wird. Bei Einstellung auf Suspend schaltet das System zum Suspend, wenn er länger als 4 Sekunden gedrückt wird, schaltet sich das System aus.	2
Power Up Control	Hier werden die Kontrollfunktionen eingestellt, wenn das System hochfährt, ein Warmstart erfolgt, die Modemaktivität erkannt wird oder die Stromversorgung des PCs kurzfristig unterbrochen wird. Soft-Off bezieht sich dabei auf die Nutzung der Kurzzeittaste (ATX-Schalter) mit mehreren Funktionen oder Software zum Ausschalten des PCs, im Gegensatz zur Nutzung des Ein-/Ausschalters bzw. anderer Methoden.	2
Power-On by Ring/LAN	Unter dieser Option können Sie einstellen, ob der Rechner automatisch hochfährt, wenn er ein Signal von einem angeschlossenen Modem oder aus dem Netzwerk erhält. Allerdings schaltet er sich nach Ende des Empfangs nicht selbsttätig aus. Einstellungsmöglichkeiten: Enabled, Disabled.	2
Poweron Memory Test	Ist diese Option Disabled, wird der Speichertest übersprungen, was zu einem etwas schnelleren Start führt. Sie sollten hier nur Enabled einstellen, wenn Sie neue Speicherchips eingesetzt haben oder wenn es Speicherprobleme gibt.	3
PPro In Order Queue Depth	Unter dieser Option wird die Performance des Systems beeinflusst. Aktivieren Sie die Einstellung 1, wird der Wert auf 1 gesetzt, und Sie erhalten die niedrigste Performance. Es gibt Baugruppen, die nur mit dieser Einstellung funktionieren. Bei der Einstellung Auto sorgt das BIOS für eine optimale Einstellung, wobei meistens der Wert 8 gesetzt wird.	3
PPPro to PCI Write Posting	Unter dieser Option können Sie den Schreib-Puffer vom Prozessor zum PCI-Bus aktivieren/deaktivieren. Sie beeinflussen damit die Performance des Systems. Im Serverbetrieb steigt die Performance, wenn die Option Disabled ist.	3
Pre-Boot Events	Diese Option befindet sich im Untermenü Critical Events in Log und registriert beim POST gefundene Fehler. Anzeige: Datum, Zeit und Anzahl der Ereignisse.	3
Precomp	Schreibvorausgleich, für ältere Festplatten nötig. Hier wird der Zylinder angegeben, ab dem mit einem Unterschied in der Informationsdichte zu rechnen ist.	alle

BIOS-Befehle – alphabetisch

P

AMI = 1   Award = 2   Phoenix = 3   MR-BIOS = 4

BIOS-Option	Bedeutung	BIOS
Preempt PCI Master Option	Falls Sie diese Option eingeschaltet haben, kann der PCI-Bus für bestimmte Systemarbeiten (z. B. DRAM-Refresh) verwendet werden, und andere Arbeiten werden kurzzeitig unterbrochen. Falls Sie Disabled haben, können verschiedene Arbeiten synchron durchgeführt werden. Einstellungsmöglichkeiten: Enabled, Disabled.	2
Preferred Video	Falls Sie mehr als eine Grafikkarte installiert haben, können Sie hier zwischen AGP und PCI wählen.	3
Pri/Sec Master/ Slave ARMD Emulated as	Unter dieser Option kann man z. B. ZIP-Laufwerke oder LS120-Laufwerke als Floppy Drive anmelden.	1
Primary Display	Sie können unter dieser Option folgende Einstellungen für den Monitor vornehmen: VGA/EGA, CGA40x25, CGA80x25 oder Mono.	1
Primary Display- Secondary Display	Diese Einstellungsmöglichkeit gibt es bei Notebooks und Laptops für die Auswahl interner/externer Bildschirme sowie zur gleichzeitigen Verwendung am PC.	2
Primary Display - Secondary Display	Normalerweise wird die Grafikkarte erkannt. Sollte das nicht der Fall sein, gibt es die Standardeinstellung: Not Installed.	1
Primary Display - Secondary Display	Normalerweise wird die Grafikkarte erkannt. Sollte das nicht der Fall sein, gibt es die Standardeinstellung: None.	4
Primary Frame Buffer	Sie können hier die Größe des Buffers einstellen. Dabei sollten Sie aber darauf achten, dass sie in einem vernünftigen Verhältnis zur Größe des Hauptspeichers steht. Dieser Buffer wird übrigens auch für die beschleunigte Grafikdarstellung benutzt. Die folgenden Informationen werden schon aufbereitet, während die Grafikseite noch angezeigt wird.	2
Primary Graphics Adapter	Diese Option ist gedacht, wenn Sie gleichzeitig einen PCI VGA-Controller und einen AGP VGA-Controller verwenden. Sie können hier den primären Controller auswählen. Einstellungsmöglichkeiten: AGP (Default) und PCI.	1
Primary IDE 0	Wenn diese Option Enabled ist, aktiviert das System die Energiespar-Timer wenn keine Aktivitäten auf dem ersten Laufwerk des ersten IDE-/EIDE-Ports festgestellt werden. Einstellungsmöglichkeiten: Enabled, Disabled.	2
Primary IDE 1	Wenn diese Option Enabled ist, aktiviert das System die Energiespar-Timer, wenn keine Aktivitäten auf dem zweiten Laufwerk des ersten IDE-/EIDE-Ports festgestellt werden. Einstellungsmöglichkeiten: Enabled, Disabled.	2
Primary IDE INT#	Hier wird festgelegt, auf welchen PCI-Interrupt der primäre IDE-Controller (ISA-IRQ14) abgebildet werden soll. Einstellungen: INTA, INTB, INTC, INTD.	2
Primary INTR	Haben Sie diese Option aktiviert (On = Voreinstellung), wird ein in den Energiesparmodus versetzter PC aktiviert, sobald eine primäre IRQ-Anforderung erfolgt. Sie können unter den aufgeführten (zur Verfügung stehenden) IRQs unter drei Möglichkeiten wählen: Primary, Secondary oder Disabled. Zur Verfügung stehende IRQs: IRQ3 (COM2) / IRQ4 (COM1) / IRQ5 (LPT2) IRQ6 (Diskette) / IRQ7 (LPT1) / IRQ8 (RTC = Timer-Alarm) IRQ9 (IRQ2 Redir) / IRQ10 (Reserviert) / IRQ11 (Reserviert) IRQ12 (PS/2-Maus) / IRQ13 (Coprozessor) / IRQ14 (Festplatte) IRQ15 (Reserviert)	2

Referenz

	AMI = 1 Award = 2 Phoenix = 3 MR-BIOS = 4	
BIOS-Option	**Bedeutung**	**BIOS**
Primary Master Primary Slave Secondary Master Secondary Slave	Mit diesen Optionen können Sie die an den zwei IDE-Kanälen angeschlossenen Festplatten konfigurieren. Das gilt aber nur für IDE-Festplatten bzw. CD-ROM-Laufwerke, bei SCSI-Komponenten geben Sie Not Installed an. Wenn Sie Auto einstellen, werden die Festplattenparameter automatisch übernommen, Sie brauchen sie dann nur noch bestätigen. Wenn Sie den Block Transfer als Festplattenzugriff wollen, aktivieren Sie Block Mode. Wenn Sie den 32-Bit-Datentransfer des BIOS verwenden wollen, aktivieren Sie 32-Bit-Transfer. Für den bestmöglichen Übertragungsmodus sollten Sie den PIO-Modus auf Auto stehen haben. Sie können auch in einer Liste nach Festplattenparametern schauen, für ältere Platten finden Sie bestimmt noch was, die neueren sind nicht mehr vertreten. Für die Installation des ATAPI-CD-ROM-Laufwerks wählen Sie am entsprechenden Kanal Auto und anschließend CD-ROM. Sie sollten diejenigen, die sie nicht benötigen, auf Not installed stellen. Sie sparen dadurch Zeit beim Start.	1,2
Primary Master Primary Slave Secondary Master Secondary Slave	Unter dieser Option können Sie die angeschlossenen Festplatten in den zwei IDE-Kanälen konfigurieren. Für den Fall, dass Sie SCSI-Komponenten im Einsatz haben, können Sie None bei den Optionen angeben. Einstellungen: Hard disk drives (für Festplatten), Removable-Disk drives (für Wechselplattenlaufwerke mit IDE-Schnittstelle) und CD-ROM drives (für ATAPI-CD-ROM Laufwerke). Wenn Sie die Werte für die Festplatten selbst eintragen wollen, gibt es folgende Einstellungen dafür: Type (Auswahl des Parametertyps); Cylinders (Anzahl der Zylinder der FP); Heads (Anzahl Schreib-/Leseköpfe); Sectors/Track (Sektoren pro Spur der Festplatte: MFM (17), RLL (26) und ESDI (34); Maximum Capacity (dieser Wert wird aus den vorhergegangenen errechnet).	3
Primary Master Armd Emulator As, Primary Slave Armd Emulator As, Secondary Master Armd Emulator As, Secondary Slave Armd Emulator Ass	Mit diesen Optionen wird festgelegt, wie ein am entsprechenden IDE-Kanal angeschlossenes Wechselplattenlaufwerk (LS120, ATAPI ZIP-LW, MO = magneto-optisches Laufwerk) vom System behandelt wird. Als Emulation wählen Sie für das LS120-LW -> Diskettenlaufwerk, für das ATAPI ZIP-LW -> Festplatte und für das MO-LW -> ebenfalls Festplatte.	1
Primary Master PIO	Unter dieser Option können Sie den PIO-Modus für die IDE-Festplatten einstellen. Einstellungsmöglichkeiten: 0, 1, 2, 3, 4 und Auto (bevorzugte Einstellung).	2
Primary/Secondary	Mithilfe dieser Option bestimmen Sie für einen externen Controller, ob Daten, die an den beiden IDE-Kanälen benötigt werden, bereits im Voraus gelesen und zur Verfügung gestellt werden können, ohne dass es eine explizite Datenanforderung geben muss.	1
Primary/ Secondary Prefetch	Mithilfe dieser Option bestimmen Sie, ob Daten, die an den beiden IDE-Kanälen benötigt werden, bereits im Voraus gelesen und zur Verfügung gestellt werden können, ohne dass es eine explizite Datenanforderung geben muss.	1
Primary/ Secondary IDE INT#	Welcher PCI-Interrupt jeder der beiden IDE-Kanäle des Onboard-Controllers oder entsprechende PCI-Karten verwenden soll, wird hier angegeben. Normal sind A und B.	2
Primary Video - Secondary Video	Sie können unter dieser Option folgende Einstellungen für den Monitor vornehmen: VGA/EGA, CGA40x25, CGA80x25 oder Mono.	1
Programming Mode oder Programming Option	Es wird die gesamte Peripherie erkannt, wenn Auto (Standard) eingestellt ist, mit Manual müssen alle folgenden Optionen eingestellt werden: Onboard Floppy Drive:, Onboard IDE Drive:, First Serial Port Adress:, Second Serial Port Adress:, Parallel Port Adress:, Parallel Port Mode:.	1

BIOS-Befehle – alphabetisch

P

AMI = 1   Award = 2   Phoenix = 3   MR-BIOS = 4

BIOS-Option	Bedeutung	BIOS
Provider No	Hier können Sie die Telefonnummer des Pagerdienstes (max. 16 Ziffern, ohne Buchstaben und Sonderzeichen) eintragen.	3
Processor Number Future	Diese Option, die den Zugriff auf die Seriennummer des Prozessors kontrolliert, können Sie nur bei Intel Pentium III-Prozessoren verwenden. Einstellungsmöglichkeiten: Enabled (Zugriff durch andere Programme erlaubt), Disabled (Zugriff durch andere Programme nicht erlaubt).	3
Processor Serial Number	Hier wird nur die umstrittene Seriennummer des Prozessors eingeblendet. Aufgrund massiver Proteste kann man diese Option bei vielen Boards deaktivieren. Ob damit der Datenschutz gewährleistet ist, bleibt fraglich.	2
Product Information	Hier können Sie nichts einstellen, sondern finden detailliert Angaben zum Produkt, so z. B.: Product Name (Produktbezeichnung), System S/N (Seriennummer des Systems), Main Board ID (Kennummer der Hauptplatine), Main Board S/N (Seriennummer der Hauptplatine), System-BIOS-Version (BIOS-Version) und DMI-BIOS-Version (Desktop Management Interface BIOS-Typ).	2
Product Name	Wenn er vom Hersteller eingegeben ist, erscheint hier der offizielle Produktname.	2
PS/2 Mouse	Hier legen Sie fest, ob der PS/2-Mouseport aktiviert wird oder nicht. Wenn ja, wird der IRQ12 reserviert und steht nicht für andere Komponenten zur Verfügung.	3
PS/2 Mouse	Unter dieser Option (bei Notebooks) legen Sie fest, ob das interne Touchpad freigeschaltet ist. Einstellungsmöglichkeiten: Enabled (internes Touchpad und die PS/2-Maus sind freigeschaltet), Disabled (internes Touchpad und die PS/2-Maus sind nicht freigeschaltet. Bei Verwendung einer externen seriellen Maus muss Disabled eingestellt sein), Auto Detect (internes Touchpad ist freigeschaltet, wenn keine PS/2-Maus angeschlossen ist). Wenn beim Start eine PS/2-Maus angeschlossen ist, ist die PS/2-Maus automatisch freigeschaltet, und gleichzeitig ist das interne Touchpad abgeschaltet.	3
PS/2 Mouse Function Control	Wenn Sie eine Maus für die PS/2-Schnittstelle haben, schalten Sie hier auf Enabled. Der Datenfluss wird schneller, aber Sie brauchen einen eigenen IRQ (siehe ab Seite 194).	2
PS/2 Mouse Power on	Haben Sie diese Funktion aktiviert, können Sie Ihren PC mit einem Doppelklick der Maus starten.	2
PS/2 Mouse Support	Hier legen Sie fest, ob der PS/2-Mouseport aktiviert wird oder nicht. Wenn ja, wird der IRQ12 reserviert und steht nicht für andere Komponenten zur Verfügung (siehe ab Seite 194).	1
PS/2 Pointing Device	Unter dieser Option wird festgelegt, ob die PS/2-Maus bzw. das Touchpad am Notebook freigeschaltet ist. Einstellungsmöglichkeiten: Enabled (internes Touchpad ist freigeschaltet, wenn keine PS/2-Maus angeschlossen ist. Wenn beim Starten des Systems eine PS/2-Maus angeschlossen ist, ist die PS/2-Maus freigeschaltet, und gleichzeitig ist das interne Touchpad abgeschaltet), Disabled (internes Touchpad und die PS/2-Maus sind nicht freigeschaltet, externe serielle Maus wird verwendet).	3
PWR Button <4 Secs	Wenn Enabled, erhält der ATX-Schalter an der Gehäusefront eine Doppelfunktion, und man kann mit ihm das System abschalten oder in den Schlaf schicken. Wenn weniger als 4 Sekunden (Soft-Off) gedrückt wird, geht der PC schlafen, und wenn länger als 4 Sekunden (Suspend) gedrückt wird, wird er ganz ausgeschaltet. Unter No Function ist die Tasterfunktion ausgeschaltet.	2

Referenz

	AMI = 1 Award = 2 Phoenix = 3 MR-BIOS = 4			
BIOS-Option	**Bedeutung**			**BIOS**
PWRON After PWR-Fail oder Power loss Recovery	Diese Option regelt, dass der PC nach Ende eines Stromausfalls wieder automatisch eingeschaltet wird. Einstellungsmöglichkeiten:			1, 2
	Option	Systemzustand bei Stromausfall	Systemzustand nach Ende des Stromausfalls	
	Vorheriger	Ein	Ein	
		Aus	Aus	
	Ein	Ein	Ein	
		Aus	Ein	
	Aus	Ein	Aus	
		Aus	Aus	
PWR Up On Modem Activity oder PWR Up On Modem Act	Wird das Modem aktiviert (z. B. bei Faxempfang), löst es das Einschalten des PCs aus. Falls Sie Ihr Modem am normalen Parallelanschluss hängen haben und es immer in der NFN-Steckdose steckt, passiert es, dass jeder eingehende Anruf Ihren PC aktiviert, weil das Modem auf die Anrufe ja anspricht. In diesem Fall wäre das Deaktivieren dieser Funktion angebracht. Im Übrigen bringt es wenig, da jedes Faxprogramm auflegt, bis Windows oder das Faxprogramm gestartet sind.			2
PWR Up On PS2 KB/Mouse	Wenn Sie Ihren Computer über PS/2-Tastatur (Drücken der Leerzeile) oder PS/2-Maus (Klicken der linken Maustaste) hochfahren wollen, müssen Sie diese Option auf Enabled stellen. Sie benötigen hierzu ein ATX-Netzteil, das mindestens 300 mA auf dem +5VSB-Kabel liefern kann. Andernfalls fährt der PC nicht hoch, auch wenn diese Option auf Enabled steht.			2

	AMI = 1 Award = 2 Phoenix = 3 MR-BIOS = 4	
BIOS-Option	**Bedeutung**	**BIOS**
Quick Boot	Diese Option, die den Above 1 MB Memory Test älterer BIOS ersetzt, ermöglicht ein schnelleres Booten des Systems. Disabled, wird der gesamte Arbeitsspeicher getestet, und das BIOS wartet u. a. auf das Ready Signal der IDE-Festplatten. Enabled, wird nur der Speicher bis 1 MByte getestet, und es erfolgt auch keine Tastaturabfrage.	1,3
Quick Frame Generation	Mit dieser Option kann ein Schreibbefehl der CPU auch dann durchgeführt werden, wenn die Daten noch nicht zum Bus übermittelt sind. Die CPU wird entlastet, aber die Option funktioniert nur im Zusammenhang mit der Option Fast CPU to PCI Buffer.	2
Quick Power On Self Test	Wenn Sie diese Option eingeschaltet (Enabled) haben, startet der Rechner deutlich schneller. Sie können bis zu zehn Sekunden beim Booten einsparen, wenn Sie 64 MByte RAM oder mehr Speicher haben. Es werden dabei allerdings nicht alle Tests des POST durchlaufen. Wer nur ein- oder zweimal am Tag den Rechner startet, sollte diesen Punkt besser deaktivieren (Disabled).	2
QuickPort Plus Audio oder QuickPort Audio	Unter dieser Option stellen Sie die Audiooptionen für den QuickPort Plus ein. Diese Option erscheint nur, wenn das Notebook an einen QuickPort Plus angeschlossen ist.	2,3

BIOS-Befehle – alphabetisch

Q

	AMI = 1 Award = 2 Phoenix = 3 MR-BIOS = 4	
BIOS-Option	**Bedeutung**	**BIOS**
Quiet Boot	Haben Sie diese Option aktiviert, erscheint beim Start ein Logo und keine Systeminfos. Mit [Esc] beim Start oder Disabled werden die Infos angezeigt.	3

R

	AMI = 1 Award = 2 Phoenix = 3 MR-BIOS = 4	
BIOS-Option	**Bedeutung**	**BIOS**
Raid-Group	Diese Funktion erlaubt es, mehrere IDE-Festplatten zu einer zusammenzufassen, also quasi eine Raid-Group. Allerdings funktioniert dies unter vielen Betriebssystemen nicht.	4
RAS Active Time	Unter dieser Option können Sie die Zeit angeben, die eine Speicherzeile offen gehalten wird, um auf die in der gleichen Zeile liegenden Zeilen zuzugreifen. Empfohlen ist der höchstmögliche Wert.	2
RAS Precharge oder RAS Precharge in CLKs oder RAS Precharge Time	Bei der Verwendung von EDO-RAMs können Sie hier die Zeitspanne der RAS (Row Adress Strobe) Precharge-Phase festlegen. Die Werte müssen Sie selbst ausprobieren. Einstellungsmöglichkeiten: 3, 4, 5, 6 oder 2SYSCLK, 3SYSCLK.	1,2
RAS Precharge Period/Time	Unter diese Option können Sie die Precharge-Phase der DRAM-Chips vor dem Refresh festlegen. Sie müssen aber aufpassen, da es bei zu niedrigen Werten zu Datenverlust kommen kann. Ältere DRAMs brauchen einen Wert von 6, während neuere 3 benötigen.	2
RAS Pulse Width/Refresh oder RAS Pulse Width oder RAS Pulse Width in CLKs	Unter dieser Option legen Sie die Dauer des RAS Impulse Refresh fest. Dieser Wert hängt aber allein von der Leistung Ihrer Chips ab. Einstellungsmöglichkeiten: 4, 5, 6.	2
RAS to CAS Delay oder RAS to CAS Adress Delay oder RAS to CAS Delay Time	Hier wird die Zeitspanne zwischen dem RAS-Signal (Row Adress Strobe) und dem CAS-Signal (Column Adress Strobe) festgelegt. Sie können hier je nach Leistung Ihres Systems 2 oder 3 CLKs einstellen. Allerdings müssen Sie Rücksicht auf Ihre Chips nehmen. Manche SIMMs brauchen drei Takte, schnellere dagegen nur zwei Takte. Bei zu niedrigen Werten kann es sein, dass die RAM-Bausteine unter Umständen das RAS-Signal nicht richtig erkennen. Hier gilt es einfach auszuprobieren. Falls Sie mit 2 CLKs Probleme haben, gehen Sie auf 3 CLKs.	1,2
RAS# Precharge Timing	Unter dieser Option können Sie die RAS#-Vorladung im lokalen Speicherbereich regeln. Einstellungsmöglichkeiten: Slow, Fast, Auto und Disabled. Lassen Sie die Einstellung möglichst unverändert.	2
RAS# Timing	Diese Option bietet zwei Einstellungsmöglichkeiten an: Slow und Fast. Hier wird RAS# als aktiv zu Protegra eingestellt, und es frischt nach aktiver Verzögerung von RAS# im lokalen Speicherbereich auf. Lassen Sie die Einstellung möglichst unverändert.	2
RAS-to-CAS Override	Diese Option dient der Regelung der Taktlänge des Anzeige-Cache. Sie haben zwei Einstellungsmöglichkeiten, nämlich by CAS#LT oder Override(2). Belassen Sie es bei der Standardeinstellung, weil es sonst zu Anzeigeproblemen kommen könnte.	2

Referenz

BIOS-Option	Bedeutung	BIOS
	AMI = 1 Award = 2 Phoenix = 3 MR-BIOS = 4	
RDRAM Speed	Unter dieser Option können Sie die Clock Ratio (RDRAM-Geschwindigkeit) einstellen. Einstellungsmöglichkeiten: x4, x5.33, x6 und x8. Die RDRAM-Geschwindigkeit errechnet sich aus FSB-Takt (Frontside-Bustakt) x RDRAM-Taktrate. Gehen Sie mit dieser Einstellung vorsichtig um, sonst erhalten Sie ein instabiles System.	2
Read around Write	Hier wird der RAM-Zugriff optimiert, d. h., wenn aus dem DRAM gelesen werden soll und es befinden sich noch Daten im Puffer-Speicher des Chipsatzes, wird die Leseanforderung direkt aus dem Chipsatz erledigt. Sollte Enabled sein, bringt aber kaum Tempogewinn.	2
Read Caching	Haben Sie die Option Enabled, ergibt dies eine bessere Performance zum Lesen des Cache-Speichers. Einstellungsmöglichkeiten: Enabled (Standard), Disabled.	1
Read CAS Pulse Width	Hier erfolgt die Festlegung der Zeit in Prozessorzyklen, während der RAS-DRAM-Refresh aktiv ist. Einstellungsmöglichkeiten: 2, 3 oder 2T, 3T, 4T.	2
Read Pipeline	Unter dieser Option wird die Lesepipeline aktiviert bzw. deaktiviert. Sie sollten die Option auf Enabled stehen haben.	2
Read Prefetch Memory RD	Sie können hier im Zusammenhang mit Read around Write die CPU entlasten und die Performance steigern, weil sich der Chipsatz während eines laufenden Arbeitsprozesses schon dem nächsten Lesebefehl zuwendet.	2
Reduce DRAM Leadoff Cycle	Falls Ihr Hauptspeicher einen verkürzten Zyklus unterstützt, wird mit dieser Option die Pause zwischen den Schreib- und Lesebefehlen verkürzt.	2
Refresh Cycle Time	Sie können hier die Länge des Refresh-Zyklus Ihrer DRAMs eingeben.	2
Refresh Queue Depth	Unter dieser Option setzen Sie die DRAM-Refresh-Rate. Je niedriger der Refresh-Zyklus, umso höher der Datentransfer.	2
Refresh RAS Active Time	Hier erfolgt die Festlegung der Zeit in Prozessorzyklen, während er RAS-DRAM-Refresh aktiv ist. Einstellungsmöglichkeiten: 5T, 6T.	2
Refresh RAS# Assertion	Hier werden die Wartezyklen festgelegt, die das RAS-Signal für den Refresh verwendet.	1,2
Refresh Rate	Sie können hier den Refresh-Zyklus einstellen. Sie geben nur die Taktfrequenz ein, mit der Ihr System arbeitet, und den Rest macht der Chipsatz für Sie. Einstellungen:50 MHz, 60 MHz, 66 MHz, 75 MHz, 83 MHz, 95 MHz, 100 MHz.	1
Refresh When CPU Hold	Haben Sie diese Option auf Enabled stehen, wird der automatische Refresh aktiviert. Dadurch wird gleichzeitig der Refresh durch den Chipsatz abgeschaltet, was etwas Performancesteigerung bedeutet. Ältere Speicherbausteine ohne den automatischen Refresh verkraften das nicht, und es kommt zu Abstürzen.	2
Reload Global Timer Events	Hier steht eine Reihe von Interrupts zur Verfügung, deren Aktivität den PC aus dem Doze- oder Standby-Modus wecken. Unter Wake Up Events in Doze & Standby findet man diese Rubrik auf den nicht ganz neuen Boards.	2
Relocate 256K Memory oder Relocate 256K/384K	Falls Shadowing nicht aktiv oder nur das Segment C (C0000h-CFFFFh) verschattet wird, können Sie unter dieser Option bestimmte Teile des Speichers für Programme freigeben, die normalerweise für das Verschatten reserviert sind. Sie können 384 KByte RAM freigeben, falls Shadowing nicht aktiviert ist, ansonsten 256 KByte.	1
Remote Power On	Hier können Sie einstellen, dass der PC über COM1 und/oder COM2 aktiviert werden kann. Wenn Sie die Option Disabled eingestellt haben, reagiert der PC bei Aktivitäten an den Schnittstellen nicht.	1

BIOS-Befehle – alphabetisch

R

	AMI = 1 Award = 2 Phoenix = 3 MR-BIOS = 4	
BIOS-Option	**Bedeutung**	**BIOS**
Removable Device	Das Betriebssystem weist den Wechselmedien (z. B. LS-120, ZIP-Laufwerk) in der angezeigten Reihenfolge Laufwerkbuchstaben zu. Um ein Wechselmedium in die erste Position zu setzen, platzieren Sie den Cursor auf den Eintrag des Laufwerks, das Sie nach vorn (Taste +) oder nach hinten (Taste -) stellen wollen.	3
Create Spare Disk	Mit dieser Option können Sie die Backup-Platte aus einem Mirror-Array entfernen.	2
Report No FDD For WIN95	Diese Option sollten Sie auf Yes stellen, wenn Sie kein Floppy-Laufwerk installiert haben. Sie geben dadurch den IRQ6 frei, und das Windows-Logo wird übersprungen.	2
Reserved ISA Card Memory Size	Hier wird der Speicherbereich festgelegt, den eine ISA-Karte als Speicherfenster benutzen kann. Einstellungen: Disabled, 16K, 32K, 64K.	1
Reserved ISA Card Memory Adress	Haben Sie, wie oben angegeben, den Speicherbereich festgelegt, geben Sie hier die Adresse des Fensters an, die deckungsgleich mit der Konfiguration der ISA-Karte sein muss. Einstellungen: C0000h, C4000h, C8000, CC000, D0000, D4000, D8000 und DC000.	1
Reserved Memory	Hier können Sie ab C000 einen Bereich festlegen, der nicht „geshadowed" werden soll. Sie können manchmal auch die Basisadresse und die exakte Größe definieren. Normalerweise sollten Sie diese Option aber Disabled haben.	2
Reserved Memory Address	Diese Option gestattet es dem Benutzer, die Speichergröße für alte ISA-Erweiterungskarten in der reservierten Speicheradresse festzulegen.	1
Reserved Memory Base	Unter dieser Option wird ein kleiner Speicherplatz für die alten Geräte (Nicht-PnP-Geräte) reserviert. Sieben Möglichkeiten stehen Ihnen hier zur Verfügung: N/A, C800, CC00, D000, D400, D800 und DC00. Normalerweise brauchen Sie hier nichts einzustellen.	2
Reserved Memory Length	Unter dieser Option wird eine kleine Speichergröße für die alten Geräte (Nicht-PnP-Geräte) reserviert. Vier Möglichkeiten stehen Ihnen hier zur Verfügung: 8 KByte, 16 KByte, 32 KByte und 64 KByte. Normalerweise brauchen Sie hier nichts einzustellen.	2
Reserved Memory Size	Diese Option gestattet es dem Benutzer, die Speichergröße für alte ISA-Erweiterungskarten festzulegen. Die Einstellungsmöglichkeiten sind 16 k 23 k/64 k oder Disabled (deaktiviert).	1
Reset Configuration Data	Diese Option sorgt dafür, wenn sie eingeschaltet wird, dass das BIOS die Informationen eingebauter Komponenten und deren Ressourcen löscht (Rücksetzung aller Einstellungen) und wieder neu konfiguriert (siehe Seite 121).	2
Reset Configuration Data	Hier legen Sie fest, ob die Konfigurationsdaten beim Start neu initialisiert werden oder nicht. Einstellungsmöglichkeiten: Yes (alle Daten werden zurückgesetzt, die Einträge auf No gesetzt, die PnP-Funktionalität ermittelt und mit den neuen Daten initialisiert. Nicht PnP-fähige Geräte müssen von Hand eingetragen werden), No (nach dem Start werden die aktuellen Konfigurationsdaten und die PnP-Funktionalität ermittelt, die eingebauten Geräte initialisiert. Die Daten nicht PnP-fähiger Geräte bleiben unverändert); siehe Seite 121.	3
Reset on lost connection	Falls der RomPilot feststellt, dass die Verbindung zur Remote-Konsole für mehrere Sekunden unterbrochen ist, wird ein Server-Reset durchgeführt. Einstellungsmöglichkeiten: Enabled (Reset on lost connection ist aktiv), Disabled (Reset on lost connection ist deaktiviert).	3

Referenz

AMI = 1   Award = 2   Phoenix = 3   MR-BIOS = 4

BIOS-Option	Bedeutung	BIOS
Reset Resource Assignments	Setzen Sie diese Option auf Yes, damit bei der Installation von ISA-Karten mit oder ohne PnP-Funktion kein IRQ-Konflikt auftritt. Hierdurch werden alle zugewiesenen Ressourcen freigegeben, und das BIOS kann beim nächsten Systemstart allen installierten PnP-Geräten erneut Ressourcen zuweisen. Nach Freigabe der Ressourcendaten setzt das Setup diesen Parameter wieder auf No.	2
Ressources Controlled By oder Ressourcen Controlled By	Legt fest, ob die PnP-Einstellungen per Setup oder automatisch zugewiesen werden. Falls es keine Probleme mit IRQ- oder DMA-Zuweisungen gibt, sollten Sie Auto einstellen. Windows 95 ist im Übrigen PnP-fähig.	2
Restore on AC/Power Loss	Da das System sich nach einem Stromausfall nicht selbst einschaltet, können Sie mithilfe dieser Option das System zurücksetzen. Einstellungsmöglichkeiten: Last State (letzter Stand = Standard) oder Suspend.	1
Resume by Alarm	Haben Sie diese Option eingeschaltet und zeigt die Ring-Indicator-Leitung einen eingehenden Anruf am Modem an, wird der PC aus dem Stromsparmodus geholt. Bei einem Rechner mit softwaregesteuertem ATX-Netzteil wird er sogar quasi aus dem Standby-/Suspend-Modus geweckt. Sie können Zeit und Datum des gewünschten Monats eingeben. Wenn Sie beim Datum 0 eingeben, wird das System jeden Tag zur gleichen Zeit gestartet.	2
Resume by LAN	Wenn Sie diese Option verwenden wollen, benötigen Sie einen Netzwerkadapter und Netzwerksoftware, die diese Funktion auch unterstützen.	2
Resume by Ring	Haben Sie diese Option eingeschaltet und zeigt die Ring-Indicator-Leitung einen eingehenden Anruf am Modem an, wird der PC aus dem Stromsparmodus geholt. Bei einem Rechner mit softwaregesteuertem ATX-Netzteil wird er sogar quasi aus dem abgeschalteten Zustand geweckt.	2
Resume On Modem Ring	Dieses Feld legt fest, ob das Notebook bei eingehendem Anruf auf ein angeschlossenes Modem aufgeweckt wird. Diese Option kann nur eingestellt werden, wenn Suspend Mode auf Save to DRAM eingestellt ist. Einstellungsmöglichkeiten: OFF (AUS) und ON (AN).	3
Resume On Time	Diese Option legt fest, ob das Notebook zu einer bestimmten Uhrzeit starten soll. Die Uhrzeit wird unter Resume Time festgelegt. Diese Option gibt es nur, wenn Suspend Mode auf Save to DRAM eingestellt ist. Einstellungsmöglichkeiten: OFF (AUS) und ON (AN).	3
Resume Options	Unter dieser Option legen Sie fest, ob beim Wechsel von IDE/ATAPI-Laufwerken im laufenden Betrieb eine Meldung am Bildschirm angezeigt wird. Einstellungsmöglichkeiten: Halt On Drive Swaps (es wird eine Meldung am Bildschirm angezeigt), No Halt On Drive Swaps (es wird keine Meldung am Bildschirm angezeigt).	3
Resume Time	Hier legen Sie die Startzeit für die Funktion Resume Timer fest, vorausgesetzt, die Option ist aktiviert.	3
Resume Timer	Mit dieser Option genehmigen Sie das Einschalten des Systems zu dem unter Resume Time festgelegten Zeitpunkt. Einstellungsmöglichkeit: Off, On.	3
Revision	Unter dieser Option wird das Prozessormodell und die interne Revisionsnummer angezeigt. Die beiden Zahlen links sind der CPU-Typ, und die beiden rechten sind die Revisionsnummer.	4
RI Resume/WOL	Diese Option benötigen Sie, wenn Sie eine LAN-Karte installiert haben und das System aufgeweckt werden soll, wenn die Karte angesprochen wird. Einstellungsmöglichkeiten: Enabled, Disabled.	2
Right Bay	Über dieses Feld rufen Sie das Untermenü auf, in dem Sie die Einstellungen für die eingeschobenen IDE-Laufwerke vornehmen können.	3

BIOS-Befehle – alphabetisch

R

AMI = 1   Award = 2   Phoenix = 3   MR-BIOS = 4

BIOS-Option	Bedeutung	BIOS
Ring Resume from Soft-Off	Unter dieser Option stellen Sie ein, ob das System durch die Aktivität des Modems eingeschaltet wird. Einstellungsmöglichkeiten: Enabled (Standard) oder Disabled.	1
RomPilot	Unter dem Menüpunkt RomPilot rufen Sie die Einstellungen zu RomPilot auf. RomPilot ist ein Bestandteil von RemoteView und ServerView. Mit RomPilot ist der Remote-Zugriff von einer Remote-Konsole über LAN auf die Systemstartphase (POST) und MS-DOS möglich. Einstellungsmöglichkeiten: Enabled, Disabled.	3
Row Adress Hold in CLKs	Unter dieser Option stellen Sie die Zeit (Prozessorzyklen) ein, in der ein RAS-DRAM-Refresh abgeschlossen wird. Einstellungsmöglichkeiten: 1, 2.	2
RTC Alarm Resume	Unter dieser Option können Sie einstellen, zu welcher Stunde und Minute der PC aus dem Schlafmodus geholt wird.	2
RTC Alarm Resume From Soft Off	Diese Option ermöglicht das Einschalten zu einem bestimmten Zeitpunkt. Einstellungsmöglichkeiten: Enabled, Disabled.	1
RTC Alarm Data	Vorausgesetzt, die Option RTC Alarm Resume From Soft Off ist aktiviert, können Sie hier das Datum für das Einschalten des Systems festlegen. Einstellungsmöglichkeiten: Every Day, 1, 2, ... 31 Day.	1
RTC Alarm Hour	Vorausgesetzt, die Option RTC Alarm Resume From Soft Off ist aktiviert, können Sie hier die Stunde für das Einschalten des Systems festlegen. Einstellungsmöglichkeiten: 0 bis 23 hours.	1
RTC Alarm Minute	Vorausgesetzt, die Option RTC Alarm Resume From Soft Off ist aktiviert, können Sie hier die Minute für das Einschalten des Systems festlegen. Einstellungsmöglichkeiten:0 bis 59 minutes.	1
RTC Alarm Second	Vorausgesetzt, die Option RTC Alarm Resume From Soft Off ist aktiviert, können Sie hier die Sekunde für das Einschalten des Systems festlegen. Einstellungsmöglichkeiten:0 bis 59 seconds.	1
RTC POWER ON (Date CTRL)	Vorausgesetzt, die Option RTC POWER ON Controller ist aktiviert, können Sie hier den Monatstag für das Einschalten des Systems festlegen.	2
RTC POWER ON (Hour CTRL)	Vorausgesetzt, die Option RTC POWER ON Controller ist aktiviert, können Sie hier die Stunde für das Einschalten des Systems festlegen.	2
RTC POWER ON (Minute Ctrl)	Vorausgesetzt, die Option RTC POWER ON Controller ist aktiviert, können Sie hier die Minute für das Einschalten des Systems festlegen.	2
RTC POWER ON (Month Ctrl)	Vorausgesetzt, die Option RTC POWER ON Controller ist aktiviert, können Sie hier den Monat für das Einschalten des Systems festlegen.	2
RTC POWER ON (Year Ctrl)	Vorausgesetzt, die Option RTC POWER ON Controller ist aktiviert, können Sie hier das Jahr für das Einschalten des Systems festlegen.	2
RTC POWER ON Controller	Mit dieser Option wird bestimmt, ob das System bei Aktivität des Onboard-Uhrenbausteins (R.T.C.) eingeschaltet werden soll. Schaltet man diese Einstellung ein (Enable), sind mit den folgenden Menüoptionen Datum und Uhrzeit einzustellen. Wird der eingestellte Zeitpunkt erreicht, dann wird das ATX-Netzteil durch das Mainboard eingeschaltet (die Einstellung ist nur für ATX-Netzteile wirksam).	2
RTC Wake-up	Unter dieser Option können Sie einstellen, zu welcher Stunde und Minute der PC aus dem Schlafmodus geholt wird.	1
RUN OS/2 above 64MB	Wenn Sie mit OS/2 arbeiten und mehr als 64 MByte RAM installiert haben, müssen Sie diese Option aktiviert haben.	1
RxD, TxD Active	Unter dieser Option wird die IR Transmission/Reception als High oder Low eingestellt.	2

Referenz

S

AMI = 1   Award = 2   Phoenix = 3   MR-BIOS = 4

BIOS-Option	Bedeutung	BIOS
Save & Exit Setup	Wird verwendent, wenn die Einstellungen gespeichert und das Setup beendet werden soll. Eingabe: Y (Achtung: Z eingeben).	2
Save Changes	Mit dieser Option können Sie das BIOS abspeichern, ohne es zu verlassen.	3
Save Changes & Exit	Mit dieser Option können Sie das BIOS abspeichern und verlassen es.	?
Save to Disk	Im 3-BIOS kann diese Funktion aktiviert werden. Allerdings muss dazu die Festplatte ebenfalls vorbereitet werden. Dazu findet man von 3 selbst das Programm PHDISK bei Save to Disk Preparation Utility. Hiermit wird auf der Festplatte eine Datei erzeugt, die in ihrer Größe dem installierten Arbeitsspeicher entspricht. Erst wenn diese vorhanden ist, kann der Rechner bei Energieknappheit den Inhalt des Speichers auf die Festplatte schreiben und den PC abschalten. Beim Einschalten wird einfach die Datei wieder geladen, und man kann tatsächlich wieder an der Stelle weiterarbeiten, an der man vorher stand. Wichtig ist nur, dass bei Speicher-Upgrades die Datei ebenfalls angepasst wird, da man ansonsten verwirrende Fehlermeldungen erhält. Das Programm startet man am besten an der DOS-Eingabeaufforderung (F8, Startmenü usw.).	3
SB I/O Base Address	Unter dieser Option wird die Basisadresse für die Soundkarte eingetragen.	2
SB I/O address	Die I/O-Adresse des Soundblaster kann auf verschiedene Werte eingestellt werden. Einstellungsmöglichkeiten: 220-22F, 240-24F, 260-26F, 280-28F.	3
SB IRQ Select	Unter dieser Option wird der IRQ für die Soundkarte eingetragen.	2
SB DMA Select	Unter dieser Option wird der DMA für die Soundkarte eingetragen.	2
Scan User Flash Area	Unter dieser Option wird festgelegt, ob ein im User-Flash-Bereich zusätzlich abgespeicherter Code ausgeführt werden soll. Verändern Sie diese Einstellung nur, wenn dieser Code beschädigt sein sollte (z. B. nach einem misslungenen BIOS-Update). Beim Neustart wird dieser Bereich dann übersprungen. Einstellungsmöglichkeiten: Enabled (Code im User-Flash-Bereich wird ausgeführt; Standard), Disabled (Code im User-Flash-Bereich wird übersprungen).	3
Screen Save Timer	Mit dieser Option können Sie das LCD ausschalten. Zur Aktivierung des Displays genügt der Druck einer beliebigen Taste oder eine Mausbewegung. Einstellungsmöglichkeiten: 1 bis 15 min, Disabled.	3
SCSI A / SCSI B: Device	Unter dieser Option wird festgelegt, ob die SCSI-Controller auf der Systembaugruppe verwendet werden oder nicht. Einstellungsmöglichkeiten: Enabled, Disabled.	3
SCSI A / SCSI B: Enable Master	Unter dieser Option wird festgelegt, ob der SCSI-Controller auf der Systembaugruppe als Master-Controller verwendet wird oder nicht. Einstellungsmöglichkeiten: Enabled, Disabled.	3
SCSI A / SCSI B: Latency Timer	Unter dieser Option legen Sie die zusätzlichen Taktzyklen fest, in denen am PCI-Bus ein Burst über die Spezifikation hinaus übertragen werden kann. Die Nummer des Steckplatzes ist gleich n. Einstellungsmöglichkeiten: 20h, 40h (Default), 60h, 80h, A0h, C0h, E0h.	3
SCSI CH#1 Auto Config und SCSI CH#2 Auto Config	Haben Sie diese Option auf Enabled gestellt, wird der SCSI-Controller auf dem Board automatisch konfiguriert. Beachten Sie, dass manche Netzwerkkarten sich keinen IRQ mit einer SCSI-Karte teilen.	1

BIOS-Befehle – alphabetisch

S

	AMI = 1 Award = 2 Phoenix = 3 MR-BIOS = 4	
BIOS-Option	**Bedeutung**	**BIOS**
SCSI Controller	Unter dieser Option aktivieren/deaktivieren Sie den SCSI-Controller. Bedenken Sie, dass der SCSI-Controller auch dann einen ISA-Interrupt belegt, wenn er ausgeschaltet ist. Damit kann das Betriebssystem bei Bedarf den Controller automatisch aktivieren. Falls Sie diesen IRQ für andere Zwecke benötigen, müssen diesen im Menü PCI Configuration deaktivieren. Einstellungsmöglichkeiten: Enabled (SCSI-Controller ist eingeschaltet, der IRQ darf im PCI-Configuration-Menü nicht Disabled sein), Disabled (der SCSI-Controller ist ausgeschaltet).	3
SCSI IRQ Line	Unter dieser Option legen Sie fest, welcher ISA-Interrupt für den SCSI-Controller der Systembaugruppe verwendet wird. Einstellungsmöglichkeiten: Auto (automatische Zuordnung des SCSI PCI-IRQ gemäß den Plug & Play-Richtlinien), Disabled (keine Zuordnung), 3, 4, 5, 7, 9, 10, 11, 12, 14, 15 (Zuweisung des ausgewählten IRQ). Vorsicht vor Doppelbelegung.	?
SCSI Termination LVD	Mit dieser Option schalten Sie den Abschlusswiderstand (Terminierung) des SCSI-Bus am SCSI-Controller ein bzw. aus (nur für den LVD SCSI-Bus; Low Voltage Differential). Einstellungsmöglichkeiten: Enabled, Disabled (diese Einstellung sollten Sie dann verwenden, wenn der SCSI-Controller nicht das letzte Gerät an einem der beiden Enden der SCSI-Leitung ist).	3
SDMS-BIOS	Egal ob Sie einen ROM-losen und damit preisgünstigeren SCSI-Controller von Symbios im PC haben, das ROM wird im BIOS aktiviert bzw. deaktiviert. Die ROM-Unterstützung ist normalerweise zwingend vorgeschrieben, es sei denn, Sie hätten nur einen CD-Brenner bzw. Scanner angeschlossen, dann benötigen Sie das ROM nicht.	2
SDRAM	Mit dieser Option können Sie von PS/2 auf SDRAM umschalten (SDRAMs brauchen 3,3 V und PS/2-Module 5 V). Falsche Einstellungen zerstören die Bausteine.	1,2
SDRAM x111-2111 Mode	Hier legen Sie die Zugriffsgeschwindigkeit bei Burst-Zugriffen fest. Sie sollten den Wert unter Beachtung der Systemstabilität nach unten korrigieren.	2
SDRAM Configuration (12ns SDRAM)	Diese Option soll nicht verändert, sondern bei dem vom Hersteller eingestellten Wert belassen werden.	2
SDRAM Configuration oder SDRAM Configuration (by SPD)	Unter dieser Option lässt sich das Memory-Timing der Speichermodule automatisch eingeben. Haben Sie By SPD (Serial Presence Detect) eingestellt, liest das BIOS die notwendigen Werte aus einem kleinen Chip, der sich auf dem SDRAM-Modul befindet. Sie können sich auch vorsichtig an eine manuelle Einstellung wagen, riskieren jedoch ein instabiles System. Empfehlenswert ist die Einstellung Disabled.	2
SDRAM Banks Close Policy (Arbitration)	Sie sollten diese Option unverändert lassen und nur bei Verwendung von SIEMENS SDRAMs die Option Page Miss aktivieren.	2
SDRAM Bank Interleave	Unter dieser Option stellen Sie die Anzahl der unterstützen Bänke beim Interleaving ein. Einstellungsmöglichkeiten: 2 (unterstützt 2 Bänke), 4 (unterstützt 4 Bänke), Disabled (deaktiviert das Interleaving). Die Option sollte nicht Disabled sein.	2
SDRAM CAS Latency Time oder SDRAM CAS# Latency oder SDRAM CAS Latency oder SDRAM (CAS Lat/RAS-to CAS)	Mit dieser Option kann man die Zeitdauer festlegen, nach der die Daten dem Prozessor tatsächlich nach Anlegen des SDRAM-Lesekommandos zur Verfügung stehen. Eine geeignete Einstellung ist 3T. Zu kleine Werte führen zu Speicherfehlern. Sie sollten sich aber an den Spezifikationen Ihres SDRAM orientieren. Einstellungsmöglichkeiten: 2T, 3T.	1,2

Referenz

S

	AMI = 1 Award = 2 Phoenix = 3 MR-BIOS = 4	
BIOS-Option	**Bedeutung**	**BIOS**
SDRAM (Cas Latency/RAS-To CAS)	Die Einstellung bei dieser Option lautet 2/2 oder 3/3 Takte, allerdings abhängig vom installierten SDRAM. Nur sehr gute und schnelle SDRAMs oder ein Board-Takt unter 66 MHz erlaubt ein Timing von 2/2. Für gewöhnlich sollte dieser Wert auf Default stehen und nicht verändert werden (siehe Seite 103).	2
SDRAM Cycle Length	Diese Einstellung definiert den CAS timing parameter in Abhängigkeit vom Takt. Sie sollten ihn auf AUTO stehen lassen. Einstellungsmöglichkeiten: 2, 3 (siehe Seite 104).	2
SDRAM Cycle Time Tras Trc	Siehe Seite 104.	2
SDRAM Idle Limit oder SDRAM Idle Cycle Limit	Unter dieser Option können Sie das Idle Cycle Limit einstellen. AMD empfiehlt in seinem Datenblatt 8 Cycles. Einstellungsmöglichkeiten: 1, 8, 32, 64 Cycles.	2
SDRAM Leadoff Cmd Timing	Unter dieser Option verändern Sie die Zugriffsgeschwindigkeit auf die SDRAMs. Versuchen Sie mal von 3 auf 4 zu erhöhen. Falls es Probleme gibt, wieder zurückgehen auf 3.	1
SDRAM Leadoff Command	Unter dieser Option sind zwei Einstellungsmöglichkeiten vorhanden: 3 und 4. Sie können hier die Zugriffsgeschwindigkeit der SDRAMs einstellen. Die Standardeinstellung ist (3). Bevor Sie eine Einstellung vornehmen, prüfen Sie die Werte Ihrer SDRAMs SPD (Serial Presence Detect; das BIOS liest die notwendigen Werte aus einem kleinen Chip, der sich auf dem SDRAM-Modul befindet), bevor Sie den Einstellungswert ändern.	2
SDRAM MA Wait State	Festlegung der Zeitspanne, nach der, nach dem Anlegen der MA (Memory Adresse), die Speicheradresse durch das RAS-Signal feststeht (siehe Seite 104).	2
SDRAM Mode	Unter dieser Option legen Sie die Speicherzugriffsgeschwindigkeit im Burst Mode fest. Optimale Einstellung ist X-1-1-1. Bei Problemen sollten Sie vorsichtig zu höheren und damit langsameren Werten wechseln.	1,2
SDRAM PH Limit	Unter dieser Option können Sie das Page Hit Limit einstellen. AMD empfiehlt in seinem Datenblatt 32 Cycles. Einstellungsmöglichkeiten: 1, 4, 32, 64 Cycles.	2
SDRAM (Pentium)	Unter dieser Option, die Sie auf einigen Pentium-Boards vorfinden, können Sie ggf. von PS/2 auf SDRAM umstellen. Zu beachten ist, dass auf keinen Fall PS/2 (5 Volt) und SDRAMs (3,3 Volt) gemischt werden. Die Katastrophe ist vorprogrammiert.	2
SDRAM Active to CMD	Mit dieser Option beeinflussen Sie die SDRAM-Leistung. Die Voreinstellung ist meistens 2T. Falls Sie Stabilitätsprobleme bekommen, sollten Sie auf 3T erhöhen.	2
SDRAM Active to Precharge	Mit dieser Option beeinflussen Sie die SDRAM-Leistung. Die Voreinstellung ist meistens 5T. Falls Sie Stabilitätsprobleme bekommen, sollten Sie auf 6T erhöhen.	2
SDRAM Pipe Function	Sie sollten diese Option auf der Voreinstellung belassen. Einstellungsmöglichkeiten: Enabled, Disabled.	2
SDRAM Precharge Control	Wenn Sie SDRAM installiert haben, wird hier die Wartezeit vor dem Laden des RAS eingestellt. Mögliche Einstellungen: Enabled und Disabled.	2
SDRAM Precharge Delay	Hier sind zwei Optionen möglich. Wenn SDRAM installiert ist, schalten Sie mit Enabled/Disabled die Wartezeit vor dem Laden des RAS des Zugriffszyklus des DRAM-Systemspeichers ein bzw. aus. Die Voreinstellung ist Disabled.	2

BIOS-Befehle – alphabetisch

S

BIOS-Option	Bedeutung	BIOS
	AMI = 1 Award = 2 Phoenix = 3 MR-BIOS = 4	
SDRAM Precharge Time	Unter dieser Option kann man einstellen, wie lange das RAS-Signal zum Aufbau braucht. Auch SDRAMs werden über die RAS/CAS Matrix adressiert. Einstellungsmöglichkeiten: Fast, 2 SCLKs.	2
SDRAM Precharge to Active	Unter dieser Option können Sie die Performance der SDRAMs verbessern, indem Sie 2T einstellen. Nur wenn das System Probleme bereitet, sollten Sie auf 3T erhöhen.	2
SDRAM RAS Precharge Time oder SDRAM RAS Precharge oder SDRAM RAS# Precharge	Hier legen Sie fest, wie viel Zeit dem RAS-Signal zum Aufbau des Refreshs oder seiner Ladung bei normalen Zugriffen bleibt. Je kürzer die Zeit zwischen den einzelnen Speicherzugriffen, umso mehr Performance erhalten Sie. Empfehlenswert ist es, 2T einzustellen (siehe Seite 104).	1,2
SDRAM RAS to CAS Delay oder SDRAM RAS# to CAS# Delay	Hier wird die Zeitspanne zwischen dem RAS-Signal (Row Adress Strobe) und dem CAS-Signal (Column Adress Strobe) festgelegt. Sie können je nach Leistung Ihres Systems 2 oder 3 CLKs einstellen. Allerdings müssen Sie Rücksicht auf Ihre Chips nehmen. Hier gilt einfach ausprobieren. Falls Sie mit 2 CLKs Probleme haben, gehen Sie auf 3 CLKs (siehe Seite 103).	1,2
SDRAM Read Burst	Hier wird der Burst-Modus für Lesezugriff auf die Speichermodule festgelegt. Sie sollten hier die Option Auto Configuration verwenden, da die Zyklen doch stark von der Qualität der Speicherbausteine abhängen.	1
SDRAM Speculative Read	Bei eingeschalteter Option wird der erste Teil des Burst-Zugriffs beschleunigt.	2
SDRAM Speculative Leadoff	Bei eingeschalteter Option wird der erste Teil des Burst-Zugriffs durch Verkürzung beschleunigt. Normalerweise sollte diese Option aktiviert sein (siehe Seite 103).	1
SDRAM Sync.	Sie haben unter dieser Option zwei Einstellungsmöglichkeiten: Syn. und A-syn. Haben Sie Syn. aktiviert, können SDRAM-Clocks synchron zum CPU-Takt programmiert werden. Syn. ist stabiler als Asyn. Falls Sie PC-100-SDRAMs benutzen oder bei Nutzung von PC-66-SDRAMs und bei einem Systemtakt unterhalb 83 MHz setzen Sie diesen Wert auf Syn. Falls der Systemtakt 83 MHz und höher ist, stellen Sie Asyn. ein.	2
SDRAM Timing	Unter dieser Option lässt sich das Memory-Timing der Speichermodule automatisch eingeben. Haben Sie By SPD (Serial Presence Detect) eingestellt, liest das BIOS die notwendigen Werte aus einem kleinen Chip, der sich auf dem SDRAM-Modul befindet. Sie können sich auch vorsichtig an eine manuelle Einstellung wagen, riskieren jedoch ein instabiles System. Mehr Infos auf Seite 101.	1
SDRAM Timing Latency	Mit dieser Option stellen Sie die Verzögerung der SDRAM-Speicherchips ein. Mögliche Einstellungen: Auto (wird vom BIOS konfiguriert), Manuell (hier können Sie bestimmte Werte eintragen).	1
SDRAM Tras Timing Value	Unter dieser Option (RAS Active Time) können Sie die Zeit angeben, die eine Speicherzeile offen gehalten wird, um auf die in der gleichen Zeile liegenden Zeilen zuzugreifen. AMD empfiehlt in seinem Datenblatt 7 Cycles. Einstellungsmöglichkeiten: 2, 3, 4, 5, 6, 7 Cycles.	2
SDRAM Trc Timing Value	Unter dieser Option stellen Sie die Bank Cycle Time (kürzeste Zugriffszeit auf die gleiche Bank) ein. AMD empfiehlt in seinem Datenblatt 8 Cycles. Einstellungsmöglichkeiten: 3, 4, 5, 6, 7, 8 Cycles.	2
SDRAM Trcd Timing Value	Hier wird die Wartezeit zwischen dem RAS-Signal (Row Adress Strobe) und dem CAS-Signal (Column Adress Strobe) festgelegt. AMD empfiehlt in seinem Datenblatt 3 Cycles. Einstellungsmöglichkeiten: 1, 2, 3, 4 Cycles.	2

Referenz

AMI = 1 Award = 2 Phoenix = 3 MR-BIOS = 4

BIOS-Option	Bedeutung	BIOS
SDRAM Trp Timing Value oder SDRAM TRP SRAS Precharge	Unter dieser Option stellen Sie die Zeitspanne der RAS (Row Adress Strobe) Precharge-Phase ein. AMD empfiehlt in seinem Datenblatt 3 Cycles. Einstellungsmöglichkeiten: 3, 2, 1 Cycles.	2
SDRAM Turbo Read Leadoff	Hier wird eingestellt, wie lange der erste Zugriff bei einem Burst-Zugriff dauert. Sie sollten hier aus Sicherheitsgründen die Auto Configuration-Einstellung verwenden.	1
SDRAM Write Burst	Hier wird der Burst-Modus für Schreibzugriff auf die Speichermodule festgelegt. Sie sollten hier die Option Auto Configuration verwenden, da die Zyklen doch stark von der Qualität der Speicherbausteine abhängen.	1
SDRAM WR Retire Rate	Unter dieser Option wählt man das korrekte Timing für den Datentransfer vom Schreib-Buffer in den Speicher gemäß DRAM-Spezifikation. Einstellungsmöglichkeiten: X-1-1-1, X-2-2-2.	2
SDRAM x111-2111	Belassen Sie diese Option auf der Voreinstellung. Einstellungsmöglichkeiten: Enabled, Disabled.	2
S.M.A.R.T. for Hard Discs	S.M.A.R.T. (Self Monitoring Analysis and Reporting Technology) heißt die Überwachungsfunktion moderner Festplatten. Sie können mit dem S.M.A.R.T.-Protokoll z. B. den Zustand von Festplatten an einen Server im Netzwerk melden. Enabled, haben Sie unter bestimmten Bedingungen und entsprechender Software (die aber von Hand gestartet werden muss) eine zusätzliche Informationsquelle, wenn es klappt (was nicht immer der Fall ist). Norton Utilities 3.0 wertet die Ergebnisse aus. S.M.A.R.T. wird derzeit noch von keinem Betriebssystem unterstützt.	1,2
Search for MDA Resources	Ist diese Option Enabled, sucht das BIOS nach alten MDA-Grafikkarten (Monochrome Display Adapter, Hercules).	2
SE Communication	Diese Option ermöglicht die Kommunikation zwischen Server und SE (Systemeinheit) über den Kommunikationsbus (CAN-BUS). Beim Systemstart werden alle SE auf Vorhandensein überprüft und über den Kommunikationsbus eingeschaltet. Einstellungsmöglichkeiten: Enabled (Kommunikation über den Kommunikationsbus ist aktiviert), Disabled (Kommunikation über den Kommunikationsbus ist deaktiviert, und die SE werden somit nicht eingeschaltet).	3
Secondary IDE INT#	Hier wird festgelegt, auf welchen PCI-Interrupt der sekundäre IDE-Controller (ISA-IRQ15) abgebildet werden soll. Einstellungen: INTA, INTB, INTC, INTD.	2
Second Serial Port Adress	Wenn Sie die Programming-Option auf Manual stehen haben, können Sie folgende Einstellungen für die Ports COM1 bis COM4 vornehmen: Disabled, 2E8h, 3E8h, 2F8h, 3F8h. Allerdings wird die Adresse automatisch gesetzt, auch wenn Sie Disabled eingestellt haben. Sie finden weitere Einstellungen zu den seriellen Schnittstellen unter den Menüpunkten des 1-WINBIOS.	1
Secondary Ctrl Drives Present	Diese Option definiert, wie viele IDE-Festplatten am zweiten IDE-Port angeschlossen sind. Einstellungsmöglichkeiten: 1, 2 und None.	1
Secondary IDE 0	Unter dieser Option wird, wenn Enabled, vom System der Energiespar-Timer aktiviert, sobald keine Aktivitäten auf dem ersten Laufwerk des zweiten IDE-/EIDE-Ports festgestellt werden. Einstellungsmöglichkeiten: Enabled, Disabled.	2
Secondary IDE 1	Unter dieser Option wird, wenn Enabled, vom System der Energiespar-Timer aktiviert, sobald keine Aktivitäten auf dem zweiten Laufwerk des zweiten IDE-/EIDE-Ports festgestellt werden. Einstellungsmöglichkeiten: Enabled, Disabled.	2
Sector oder Sect oder Sct oder Sectors/Track	Sektoren pro Spur einstellen oder definieren. Bis zu 63, bei 3 bis zu 64 Sektoren werden unterstützt (siehe Seite 46).	alle

BIOS-Befehle – alphabetisch

S

AMI = 1   Award = 2   Phoenix = 3   MR-BIOS = 4

BIOS-Option	Bedeutung	BIOS
Secured Setup Configuration	Haben Sie diese Option aktiviert, wird verhindert, dass Sie das Betriebssystem mit falschen Angaben einrichten.	3
Security	Hier befinden sich diverse Passworteinstellungsmöglichkeiten. Nachstehend lesen Sie, welche Optionen Sie schützen können, am Beispiel des 3 BIOS: **Vergebenes Passwort** / **Administrator-Modus** / **User-Modus** / **Beim Systemstart einzugeben** – / alle / alle / – Administrator / alle / begrenzte / – User / – / alle / User Administrator und User / alle / begrenzte / Administrator und/oder User	3, 4
Security Hot Key	Unter dieser Option können Sie einen Buchstaben festlegen, der mit der Tastenkombination [Strg]+[Alt] + Buchstabe die Tastatur sperrt, sodass zur Freigabe der Tastatur das User-Passwort eingegeben werden muss. Einstellungsmöglichkeiten: Enabled (die Tastenkombination für die Tastatursperre ist vergeben). Wenn die Tastenkombination gedrückt wird, blinkt die Tastatur-LED. Dies zeigt an, dass die Tastatur gesperrt ist. Disabled (Standard; es ist keine Tastenkombination zur Sperrung der Tastatur vergeben).	3
Security Option	Hier wird die Option festgelegt, für die ein Passwort gilt. Wählen Sie die Option SYSTEM, muss beim Hochfahren des PCs ein Passwort eingegeben werden. Wählen Sie dagegen die Option SETUP, braucht man nur ein Passwort, um ins BIOS-Setup zu gelangen.	2
SEL 100/66# - Signal	Die Voreinstellung unter dieser Option ist High bei 100 MHz und Low bei 66 MHz. Falls Sie einen höheren Multiplikationsfaktor bei 100 MHz ausprobieren wollen und ihn nicht im High-Status auswählen können, können Sie ihn im Low-Status ändern.	2
Select Boot Disk	Hier können Sie die Bootdiskette aus den Festplatten auswählen. Wählen Sie den Menüpunkt Select Boot Disk und drücken Sie [Enter]. Unter Channel Status wählen Sie den gewünschten Kanal und drücken [Enter]. Das Sternchen in Klammern bestätigt die Kanalauswahl.	2
Select Disk Drive	Unter dieser Option wählen Sie die Laufwerke, die im RAID-Array verwendet werden sollen.	2
Select Source Disk	Unter dieser Option können Sie die Quellplatte auswählen. Sie muss kleiner oder gleich der Zielplatte sein.	2
Select Target Disk	Unter dieser Option können Sie die Zielplatte auswählen. Sie muss größer oder gleich der Quellplatte sein.	2
Serial 1 /Serial 2	Sie stellen hier den IRQ für die entsprechende Schnittstelle ein. Einstellungsmöglichkeiten: Auto (Einstellung auf die mögliche verfügbare Kombination), Enabled (Einstellung auf die angezeigte Adresse und den IRQ, es erscheinen weitere Zeilen zum Einstellen der Konfiguration), Disabled (die Schnittstelle ist ausgeschaltet), PnP OS (die Schnittstelle wird vom Betriebssystem konfiguriert).	3
Serial Mode	Unter dieser Option können Sie festlegen, ob die zweite serielle Schnittstelle als Standardschnittstelle oder als Infrarotschnittstelle verwendet wird. Einstellungsmöglichkeiten: Standard (arbeitet als serielle Schnittstelle, kann z. B. von einem internen Chipkartenleser verwendet werden), IrDA, Infra-Red Data Association (die serielle Schnittstelle wird als Infrarotschnittstelle verwendet und lässt Datenübertragungen bis 115 KBit/s zu. Die externe zweite Schnittstelle ist deaktiviert).	3

Referenz

S

AMI = 1   Award = 2   Phoenix = 3   MR-BIOS = 4

BIOS-Option	Bedeutung	BIOS
Serial Port	Unter dieser Option wird, wenn Enabled, vom System der Energiespar-Timer aktiviert, sobald keine Aktivitäten am seriellen Port festgestellt werden. Einstellungsmöglichkeiten: Enabled, Disabled.	2
Serial Port 1 /2 : Interrupt	Hier legen Sie den IRQ für die serielle Schnittstelle fest. Einstellungsmöglichkeiten: IRQ4, IRQ3.	3
Serial Port 1 / 2: Base I/O address	Unter dieser Option wird die Basis für die serielle Schnittstelle festgelegt. Einstellungsmöglichkeiten: 3F8h, 2F8h, 3E8h, 2E8h.	3
Serial Port 4	Unter dieser Option können Sie festlegen, ob die serielle Schnittstelle 4 (COM4) vom Betriebssystem verwendet wird. Einstellungsmöglichkeiten: Enabled, Disabled.	3
Serial Port 1 MIDI	Hier kann man den seriellen Port1 als MIDI-Port konfigurieren.	2
Serial Port 2 MIDI	Hier kann man den seriellen Port2 als MIDI-Port konfigurieren.	2
Serial Port A	Unter dieser Option können Sie die serielle Schnittstelle 1 ein- oder ausschalten. Einstellungsmöglichkeiten: Auto, Enabled, Disabled.	2
Serial Port B	Hier können Sie den Modus für die zweite serielle Schnittstelle auswählen. Normalerweise verwendet man COM2 als serielle Schnittstelle oder als IrDA-Schnittstelle. Einstellungsmöglichkeiten: Normal, IrDA und ASK IR.	1,2
Serial Port IRQ	Konfiguration der seriellen Schnittstelle.	1
Serial PortB Mode	Diese Optionen erlauben, die Infrarotfunktion (IR) auf dem Onboard-I/O-Chip zu bestimmen.	1
Serial Port Adress	Konfiguration der seriellen Schnittstelle.	1
Serial Ports	Unter dieser Option finden Sie die seriellen Schnittstellen. Einstellungsmöglichkeiten: COM1 (3F8h), COM2 (2F8h), Disabled. Nicht benötigte Schnittstellen sollten Sie deaktivieren.	3
Server Name	Unter dieser Option legen Sie den Servernamen zur Identifikation des Systems fest. Verwenden Sie für den Server die gleiche Bezeichnung, die später auch im Betriebssystem verwendet wird. Sie können max. 16 ASCII-Zeichen verwenden. Sonderzeichen sind erlaubt.	3
Server Number	Im Feld Pager muss Enabled stehen, sonst können Sie diese Option nicht verwenden. Hier legen Sie eine eindeutige Nummer (0 bis 65535) fest, die zur Identifizierung des Servers in einer Page-Nachricht dient.	3
Server Typ	Unter dieser Option legen Sie den Servertyp fest. Einstellungsmöglichkeiten: Primary (der Server gehört zum Typ der primären Server), Secondary (der Server gehört zum Typ der sekundären Server).	3
ServerView IRQ Line	Unter dieser Option wird festgelegt, welcher ISA-Interrupt (max. 1) für einen vorhandenen Server-Management-Controller verwendet wird. Die ServerView IRQ Line ist beim Server-Management-Controller immer INTA# zugeordnet. Einstellungsmöglichkeiten: Auto (automatische Zuordnung), Disabled (keine Zuordnung), IRQ3, IRQ4, IRQ5, IRQ6, IRQ7, IRQ9, IRQ10, IRQ11, IRQ12, IRQ14, IRQ15 (einer dieser IRQs kann belegt werden, wenn er frei ist).	3
Set Administrative Password	Hier können Sie das Administratorpasswort eingeben und bestätigen.	3
Set Docking Station Password	Hier können Sie das Docking-Station-Passwort vergeben.	2

BIOS-Befehle – alphabetisch

S

AMI = 1   Award = 2   Phoenix = 3   MR-BIOS = 4

BIOS-Option	Bedeutung	BIOS
Set DRAM Timing by SPD	Unter dieser Option lässt sich das Memory-Timing der Speichermodule automatisch eingeben. Haben Sie By SPD (Serial Presence Detect) eingestellt, liest das BIOS die notwendigen Werte aus einem kleinen Chip, der sich auf dem SDRAM-Modul befindet. Sie können sich auch vorsichtig an eine manuelle Einstellung wagen, riskieren jedoch ein instabiles System. Empfehlenswert ist die Einstellung Disabled. Mehr Infos auf Seite 101.	1
Set Drive Mode	Hier können Sie den Laufwerktransfermodus für die Festplatte/n aussuchen. Wählen Sie den Menüpunkt Set Drive Mode und drücken Sie [Enter]. Unter Channel Status wählen Sie den Kanal, den Sie einstellen wollen, und drücken [Enter]. Es erscheint ein Sternchen in Klammern, das anzeigt, dass die Kanalauswahl getätigt wurde. Wählen Sie jetzt den Modus aus dem Popup-Menü. Sie können zwischen PIO 0-4, MW DMA 0-2 und UDMA 0-5 wählen.	2
Set HD1 password	Hier können Sie ein Festplattenpasswort vergeben. Dieses gilt aber nur für die Festplatte im Notebook, nicht für die in der MobiDock. Falls bereits ein Festplattenpasswort vergeben ist, müssen Sie das Festplattenpasswort eingeben, bevor Sie das Festplattenpasswort ändern oder löschen können.	3
Set internal HD password	Diese Option im Untermenü HD Password ermöglicht das Vergeben des Festplattenpassworts. Wenn bereits eines vergeben ist, müssen Sie das alte eingeben, bevor Sie das Festplattenpasswort ändern oder löschen können.	3
Set Linear Frame Adress to	Unter dieser Option geben Sie die Startadresse des für die Grafikkarte reservierten Speichers an. Der Linear Frame Buffer dient der schnelleren Darstellung von Grafiken.	1
Set Linear Frame Buffer To	Diese Option wird angezeigt, wenn die Option ISA Linear Frame Buffer aktiviert ist. Im Fall der Deaktivierung steht diese Option nicht zur Verfügung.	1
Set Mouse Lock	Hier wird festgelegt, ob die Tastatur beim Start getestet werden muss.	2
Set Specific Key for Wake-up	Unter dieser Option können Sie einstellen, mit welcher Tastenkombination der PC eingeschaltet werden soll. Einstellungsmöglichkeiten: Ctrl-F1 (Default), Ctrl-F2, Ctrl-F3, Ctrl-F4, Ctrl-F5, Ctrl-F6, Ctrl-F7, Ctrl-F8, Ctrl-F9, Ctrl-F10, Ctrl-F11, Ctrl-F12.	1
Set Setup Password	Hier können Sie das Setup-Passwort eingeben, das das unberechtigte Aufrufen des BIOS-Setup verhindert.	3
Set Supervisor Password	Hier wird das Passwort für den Verwalter festgelegt (siehe ab Seite 202).	3
Set Supervisor Password is	Unter dieser Option wird angezeigt, ob das entsprechende Passwort installiert ist oder nicht. Anzeige: Clear oder Set	3
Set System Password	Um diese Option nutzen zu können, muss das Setup-Passwort installiert sein. Haben Sie diese Option verwendet, kann kein Zugriff auf das System erfolgen (siehe ab Seite 202).	3
Set Turbo Pin Function	Diese Option bestimmt die Funktion des System-Turbo-Pin. Sie können damit bestimmen, ob der Turbo-Pin für die ursprüngliche Funktion oder für den direkten Aufruf des Power-Management-Suspend-Modus verwendet wird.	2
Setup Password Lock	Um diese Option nutzen zu können, muss das Setup-Passwort installiert sein. Einstellungsmöglichkeiten: Standard (verhindert das Aufrufen des BIOS-Setup), Extended (verhindert das Aufrufen des BIOS-Setup, sperrt die Tastatur. Ein Zugriff auf das BIOS ist nur möglich, wenn bei der Initialisierung ein Passwort eingegeben und mit der [Enter]-Taste abgeschlossen wurde. Eine Aufforderung zur Eingabe des Passworts erfolgt nicht).	3
Setup Password / System Password	Unter dieser Option wird lediglich angezeigt, ob das entsprechende Passwort installiert ist oder nicht (siehe ab Seite 202).	3

Referenz

S

AMI = 1   Award = 2   Phoenix = 3   MR-BIOS = 4

BIOS-Option	Bedeutung	BIOS
Setup Prompt	Wenn die Option aktiviert ist, erscheint beim Start die Anweisung Press <F2> to Enter Setup auf dem Bildschirm. Wenn Disabled, erfolgt keine Anzeige.	3
Setup Color Scheme	Für die Farbeinstellungen des WINBIOS stehen Ihnen folgende Optionen zu Verfügung: LCD, ARMY, PASTEL und SKY.	1
Set User Password	Hier wird das Passwort für den Benutzer festgelegt (siehe ab Seite 202).	3
Shadow BIOS Cacheable	Hier bestimmen Sie, welche Speicherbereiche über den externen Cache gelesen bzw. geschrieben werden sollen. Allerdings erreichen Sie durch das Caching keine Steigerung der Performance. Einstellungsmöglichkeiten: Enabled, Disabled.	2
Shadow C800, 16K bis Shadow DC00, 16K	Diese Einstellung benötigen Sie, wenn eine Erweiterungskarte mit eigenem ROM-Baustein vorhanden ist, dann wird dieses ROM in den Arbeitsspeicher gespiegelt. Allerdings wird diese Option unter Windows 95/98 nicht mehr gebraucht.	1,2,3
Shadow Memory	Hier rufen Sie das Untermenü auf, in dem Sie die Teile des ROM (Read Only Memory) festlegen können, die beim Systemstart in das schnellere RAM (Random Access Memory) kopiert werden.	3
Shadow Memory Cacheable	Wenn Shadow-RAM gecacht wird, wird es noch schneller. Auf alten PCs unter DOS merkt man was davon, ansonsten brauchen Sie die Funktion nicht. Abstürze sind möglich, wenn Software in das BIOS schreibt, während es sich im Cache befindet.	2
Shadow Memory Regions	Mit Shadow Memory Regions kann der zugehörige ROM-Bereich von ISA-Baugruppen im schnelleren RAM abgebildet werden. Wenn sich der ROM-Bereich im RAM befindet, erhöht sich die Performance des Geräts. Einstellungsmöglichkeiten: Enabled (der zugehörige ROM-Bereich von ISA-Baugruppen wird in das RAM kopiert), Disabled (der zugehörige ROM-Bereich von ISA-Baugruppen wird nicht kopiert).	3
Shadow Option ROMs (C800-EFFF)	Mithilfe dieser Option ist es möglich, das ROM einer Erweiterungskarte, das im Adapterbereich eingeblendet wurde, in den Arbeitsspeicher zu kopieren. Vorsichtshalber sollten Sie aber in den Unterlagen Ihrer Karte überprüfen, ob Sie von dieser Möglichkeit Gebrauch machen sollen. Noch ein Hinweis: Die SCSI-Hostadapter von Adaptec vertragen sich nicht mit dieser Option.	3
Shadow RAM Cacheable	Hier bestimmen Sie, welche Speicherbereiche über den externen Cache gelesen bzw. geschrieben werden sollen. Allerdings erreichen Sie durch das Caching keine Steigerung der Performance. Einstellungsmöglichkeiten: Enabled, Disabled.	1
Shadowing address ranges	Unter dieser Option kann man spezifizieren, ob der ROM-BIOS-Bereich der Steckkarte eines bestimmten Adressbereichs Shadow benutzen kann oder nicht. Falls Sie keine Karte haben, die diesen Speicherblock verwendet, sollten Sie die Option nicht aktivieren. Einstellungsmöglichkeiten: | C8000-CBFFF Shadow	D0000-D3FFF Shadow	D8000-DBFFF Shadow
CC000-CFFFF Shadow	D4000-D7FFF Shadow	DC000-DFFFF Shadow | Das BIOS der Standardvideo- oder Interfacekarten ist im ROM gespeichert, und es ist an und für sich langsam. Mit der Shadow-Funktion liest die CPU das BIOS auf der VGA-Karte und kopiert es in das RAM. Dadurch wird die Operation beschleunigt.	2
Shared PCI Master Assignment	Unter dieser Option können Sie festlegen, ob der Grafik-Controller auf der Systembaugruppe oder der PCI-Steckplatz #1 als PCI-Master betrieben wird. Einstellungsmöglichkeiten: VGA, Slot #1.	3
Shared VGA Memory Speed	Unter dieser Option können Sie die Geschwindigkeit des Hauptspeichers einstellen, den Sie Ihrer Grafikkarte reserviert haben.	2

BIOS-Befehle – alphabetisch

S

	AMI = 1 Award = 2 Phoenix = 3 MR-BIOS = 4	
BIOS-Option	**Bedeutung**	**BIOS**
Show H/W Monitor in Post	Wenn Ihr Rechner ein Überwachungssystem enthält, zeigt es den Gesundheitszustand des PCs während der POST-Phase an. Diese Option bietet Ihnen mehrere Verzögerungszeiten, aus denen Sie auswählen können; 3 sec (Standard).	2
Show Bootup Logo oder Show Logo On Screen	Unter dieser Option können Sie das Startlogo, das beim Booten erscheint, ein- bzw. ausschalten. Einstellungsmöglichkeiten: Enabled, Disabled.	2
Shutdown Temperature	Unter dieser Option können Sie die Temperatur bestimmen, bei der das System ausschaltet. Falls die Temperatur die Grenze übersteigt, schaltet das System aus. Die Grundeinstellung ist 75° C/167° F.	2
Shut Down Temperature	Bei Erreichen einer bestimmten Temperatur wird das System automatisch ausgeschaltet. Einstellungsmöglichkeiten: 60°, 65°, 70°, 75° und die entsprechenden Fahrenheitwerte.	1
Sicrypt PC-Lock	Um diese Option einzustellen, bedarf es separater Informationen eines Chipkartenlesers.	3
Silent Boot	Haben Sie diese Option aktiviert, erscheint beim Start ein Logo und nicht die Startinformationen.	3
Silent Boot	Diese Option unter Boot Sequence aktiviert oder deaktiviert die Funktion Silent Boot. Ist sie auf Enabled gesetzt, läuft das BIOS im Grafikmodus und zeigt während des POST und des Systemstarts nur ein Erkennungslogo. Hiernach zeigt der Bildschirm die Eingabeaufforderung des Betriebssystems (unter DOS) oder ein Logo (unter Windows 95) an. Tritt während des Systemstarts ein Fehler auf, schaltet das System automatisch zum Textmodus. Auch wenn dieser Parameter auf Enabled gesetzt ist, können Sie während des Systemstarts zum Textmodus schalten, indem Sie [F9] drücken. Ist dieser Parameter auf Disabled gesetzt, befindet sich das BIOS im konventionellen Textmodus, wobei der Bildschirm Details zur Systeminitialisierung anzeigt.	2
Single Bit ECC Events	Diese Option befindet sich im Untermenü Critical Events in Log und zeigt Speicherbankfehler an. Anzeige: Datum, Zeit und Anzahl der Ereignisse.	3
Single Bit Error Report	Wenn Sie den ECC-Modus nutzen, wird der Rechner schon bei einer Abweichung von einem Bit vom ursprünglichen Wert angehalten, und Sie werden durch diese Option darüber informiert, ob ein korrigierbarer Fehler aufgetreten ist. Für den Fall, dass Sie diese Option ausgeschaltet haben, erfolgt die Fehlerkorrektur ohne Benachrichtigung, es sein denn, er würde ein zweites Mal auftreten.	2
Size	Angabe der formatierten Kapazität der Festplatte. Wird vom BIOS selbst errechnet. Bei älteren Platten stimmen diese Angaben oft nicht.	alle
Slave Drive PIO Mode	Die Voreinstellung lautet Auto, Sie können aber von Hand den PIO-Modus von 0 bis 4 festlegen.	2
Slave Drive Ultra DMA	Bei Ultra DMA handelt es sich um ein DMA-Datenübertragungsprotokoll, das die ATA-Befehle sowie den ATA-Datenbus benutzt, um Daten mit der Höchstgeschwindigkeit von 33 MByte/s zu übertragen. Normalerweise ist hier AUTO voreingestellt. Sie können jedoch bei Problemen diese Funktion abschalten.	2
Sleep Items (IRQ3-IRQ15)	Unter dieser Option können Sie die einzelnen IRQs einstellen. Wenn eine Aktivität auf einem der von Ihnen aktivierten IRQs stattfindet, wird das System geweckt. Der IRQ8 (RTC) ist auf Disabled gestellt, damit führt jeder Softwareimpuls oder Eventkalender zum Aufwachen des Systems.	2
Sleep Mode oder Sleep Mode Timeout	Wenn während der voreingestellten Zeit keine externe Aktivität festgestellt wird, wird das System in den Schlafmodus geschickt. Shadowing muss aktiviert sein. Einstellungsmöglichkeiten: Reserved, Disabled, 1 ... 10 min.	1,2,3

Referenz

S

AMI = 1   Award = 2   Phoenix = 3   MR-BIOS = 4

BIOS-Option	Bedeutung	BIOS
Sleep on Battery-low	Hier legen Sie fest, ob das System bei niedriger Akkukapazität in den Hibernation-Modus (Suspend-Modus) übergehen soll. Enabled: Das System geht bei niedriger Akkukapazität in den Hibernation-Modus über, falls der Sleep Manager installiert ist und die Datei hibernation file gültig ist. Disabled: Das System geht bei niedriger Akkukapazität nicht in den Hibernation-Modus über.	3
Slot 1 IRQ, Slot 2 IRQ, Slot 3/6 IRQ, Slot 4/5 IRQ	Unter dieser Option können Sie die einzelnen IRQs für jeden PCI-Steckplatz selbst auswählen oder bei der Voreinstellung Auto belassen. Einstellungsmöglichkeiten: Auto, NA, 3, 4, 5, 7, 9, 10, 11, 12, 14, 15.	2
Slot 1 (Right) IRQ bis Slot 4 (Left) IRQ oder Slot 1/2/3/4 Use IRQ No.	Manche Boards erlauben die Vergabe des Interrupts einzeln für jeden PCI-Slot. Slot 1 liegt am äußeren Ende des Boards. Wenn die Einstellung auf Auto steht, wird jedem belegten Einsteckplatz ein freier IRQ zugewiesen.	2
Slot x Latency Timer	Hier wird festgelegt, für wie viele PCI-Takte eine PCI-Busmasterkarte den PCI-Bus für sich reservieren darf. Als empfohlene Einstellung gilt 32 oder höher.	1
Slot 1 to 5 use IRQ No	Mit dieser Option können Sie jedem PCI-Slot einen Interrupt zuweisen. Einstellungsmöglichkeiten: Auto, 3, 4, 5, 7, 9, 10, 11, 12, 14, 15. Es ist empfehlenswert, Auto einzustellen und nur dann, wenn man eine IRQ direkt zuweisen will, dies zu tun.	2
Slot x using INT#	Diese rare Option ermöglicht die Zuweisung von einem der vier PCI-Interrupts an einen bestimmten PCI-Steckplatz. Damit lassen sich evtl. Probleme durch Edge-getriggerte PCI-Karten beseitigen. Normalerweise nimmt man aber die Option Auto.	2
Slot1,5/AGP Use IRQ	Unter dieser Option können Sie bestimmte IRQs für die PCI-Slots vergeben. Vergeben Sie anstelle der Einstellung Auto einen verfügbaren IRQ 3, 4, 5, 7, 9, 10, 11, 12, 14 und 15. Dies gilt für den Slot 1 (ist mit Slot 5 und dem AGP-Slot zusammengefasst) sowie die Slots 2, 3 und Slot 4 (ist mit dem USB-Port zusammengefasst). Slot 1 ist der am äußersten Ende des Boards befindliche.	2
Slow Clock Ratio	Hier können Sie festlegen, um wie viel Prozent der Prozessortakt reduziert wird, wenn der Energiesparmodus eingeschaltet ist. Einstellungen: 0-12,5 %, 12,5-25 %, 25-37,5 %, 37,5-50 %, 50-62,5 %, 62,5-75 %, 75-82,5 %.	1,2
Slow Down CPU Duty Cycle	Hier können Sie einstellen, um wie viel Prozent die CPU-Leistung bei Erreichen einer bestimmten Temperatur heruntergefahren wird. Einstellungsmöglichkeiten: 12,5 %~87,5 %.	1
Slow Memory Refresh Divider	Wenn Sie Probleme mit dem DRAM-Timing haben, müssen Sie diese Option verwenden. Es kann nämlich ein Datenverlust auftreten, wenn das DRAM nicht schnell genug ist, um ein schnelleres Timing zu behandeln. Versuchen Sie es bei Problemen mit höheren Werten. Einstellungsmöglichkeiten: 15µs, 30µs, 60µs und 120µs.	1
Slow Refresh	Falls Sie Probleme mit dem DRAM-Timing haben, weil das DRAM nicht schnell genug ist, sollten Sie unter dieser Option einen höheren Wert einstellen. Einstellungsmöglichkeiten: 15µs, 30µs, 60µs, 120µs.	2
SMART Device Monitoring oder SMART Monitoring	Die Technik S.M.A.R.T. (Self Monitoring Analysis and Reporting Technology) ist in modernen Festplatten implementiert. Unter anderem kann diese Technik Leseprobleme oder Drehzahlprobleme der Festplatte feststellen. Haben Sie die Option aktiviert, wird z. B. eine Meldung über einen bevorstehenden Crash ausgegeben. Norton Utilities 3.0 wertet z. B. die Ergebnisse aus.	3
SMI	Unter dieser Option erfolgt, wenn aktiviert und wenn die technischen Voraussetzungen vorhanden sind, die Anzeige diverser Messwerte. Einstellungsmöglichkeiten: Enabled, Disabled.	?

BIOS-Befehle – alphabetisch

S

AMI = 1   Award = 2   Phoenix = 3   MR-BIOS = 4

BIOS-Option	Bedeutung	BIOS
Snoop Ahead	Diese Option wird nur dann verwendet, wenn der Cache Enabled ist.	2
Snoop Filter	Hier können Sie die Snoop-Filter aktivieren, die für die Datenintegrität sorgen, während die Snoop-Frequenz auf ein Minimum beschränkt wird. Einstellungsmöglichkeiten: Enabled, Disabled.	2
Soft-Off by PWR-BTTN	Wenn Sie hier Instant Off einstellen, schaltet sich der PC nach Beendigung des Betriebssystems automatisch ab. Haben Sie dagegen Delay 4 sec. eingestellt, dann muss der ATX-Schalter zum Ausschalten länger als 4 Sekunden gedrückt werden. Drücken Sie kürzer, kommt der PC nur in den Soft-Aus-Zustand (siehe Seite 144).	2
Software Power Down Mode	Haben Sie hier Sleep oder Suspend eingestellt, ist es Programmen möglich, durch den Aufruf des Interrupts 77h diese Modi zu aktivieren. Shadowing muss vorher aktiviert sein.	?
Sound	Unter dieser Option schalten Sie den Audio-Controller auf der Systembaugruppe ein oder aus. Einstellungsmöglichkeiten: Enabled, Disabled, Auto. Wenn diese Option Enabled ist, erscheinen diverse Optionen zur Einstellung für das Soundsystem.	3
Soundblaster, SB	Unter dieser Option wird automatisch ein relativ selten vorkommender Soundblaster ein-/ausgeschaltet.	1
Soyo Combo Feature	Unter diesem Menüpunkt können Sie die CPU-Frequenz (MHz) und den Multiplikator einstellen. Gehen Sie hier sehr sorgfältig vor, sonst beschädigen Sie Ihren Prozessor.	2
Soyo Combo Setup	Unter dieser Option können Sie bei manchen Soyo Boards lediglich die CPU-Frequenz nachschauen, bei anderen wiederum können Sie CPU-Frequenz (MHz), Clock-Takt und Multiplikator einstellen. Gehen Sie hier sehr sorgfältig vor, sonst beschädigen Sie Ihren Prozessor.	2
Speaker	Zwei Möglichkeiten werden Ihnen unter dieser Option angeboten: Notebook (interner Lautsprecher ist aktiv), QuickPort Plus (es sind nur die am QuickPort Plus angeschlossenen Lautsprecher aktiv).	3
Special DRAM WR Mode	Haben Sie diese Option auf Enabled gesetzt, wird ein spezieller Kontrollfilter verwendet, wenn der Busmaster versucht, in das DRAM zu schreiben. Dabei kontrolliert das System die Adresse des Schreibzyklus, um festzustellen, ob bereits in einem früheren Zyklus danach gesucht wurde. Falls die Überprüfung positiv verläuft, wird die Schreibtransaktion direkt, ohne einen zusätzlichen Zyklus zur Adresskontrolle, zum Systemspeicher übermittelt.	2
Speculative Lead Off	Der Speicher-Controller kann, wenn diese Option aktiviert ist, einen Lesebefehl bereits an den Hauptspeicher schicken, bevor die komplette Adresse decodiert ist.	1
Speculative Read	Unter dieser Option können Sie festlegen, ob der Chipsatz die Daten bei sequenziellem Lesen vor der CPU-Anforderung lesen darf. Einstellungsmöglichkeiten. Enabled (Standard), Disabled.	1
Spectrum Spread	Lassen Sie diese Option möglichst auf Disabled, da sie das System instabil machen. Bitte vorsichtig damit umgehen. Siehe auch: Clock Spread Spectrum.	2
Spectrum Spread Modulated	Dieser Punkt erleichtert es den Herstellern, das begehrte CE-Zeichen zu erhalten. Diese Option bewirkt, dass die Busfrequenz kontinuierlich leicht variiert. Kann problemlos ausgeschaltet werden (kostet nur Tempo). Sie sollten die Option nur dann aktivieren, wenn Sie beim Radio- oder TV-Empfang Störungen haben.	1,2

429

Referenz

S

AMI = 1   Award = 2   Phoenix = 3   MR-BIOS = 4

BIOS-Option	Bedeutung	BIOS
SpeedEasy	Unter dieser Option kann man die Taktfrequenz einstellen. Man sollte sich dabei an die vorgegebenen Werte halten wegen eventueller Schäden, die sonst entstehen könnten.	2
Speed Error Hold	Diese Option sollten Sie normalerweise nicht verstellen, da es sonst zu erheblichen Problemen kommen kann. Die Spezifikationen aller vorhanden CPUs sind in den Voreinstellungen enthalten, und diese Option ist für das Setup zukünftiger CPUs bestimmt.	2
SPP SPP (Standard Parallel Port)	Dies ist der Standardanschluss für einen Drucker. Sehen Sie im Druckerhandbuch nach, welche Einstellung notwendig ist.	2
Spread Spectrum Control	Lassen Sie diese Einstellung unverändert. Hier wird lediglich die Störung durch elektromagnetische Wellen reduziert.	2
Spread Spectrum	Ändern Sie diese Option nicht, da sie das System instabil machen. Es gibt 3 Einstellungsmöglichkeiten: Disabled (0.50%(CNTR)), Down (0.5%) und EMC (für Tests). Da einige Einstellungen das System instabil machen können, am besten vorsichtig damit umgehen. Siehe auch: Clock Spread Spectrum.	2
Spread Spectrum modulated	Mit dieser Option sollten Sie sehr vorsichtig umgehen bzw. überhaupt nichts verstellen. Bei EMC-Tests (Electronic-Magnetic Compatibility Tests) können Sie diese Werte ändern, um das beste Resultat zu erhalten. Falsche Einstellungen können das System instabil machen. Mögliche Einstellungen sind: 1.5% (NTR), 0.6% (CNTR), 1.5% (Down), 0.6% (Down) und Disabled.	2
SRAM Back to Back	Mithilfe dieser Option verkürzen Sie die Verzögerung der Datenübertragung bei SRAMs. Die 32-Bit-Datentransfers werden so als 64-Bit-Bursts übertragen.	2
SRAM Burst R/W Cycle	Mit dieser Option wird das Timing zwischen SRAM und Prozessor bestimmt. Sie sollten 1T einstellen.	2
SRAM Data Speed	Falls Sie anstelle der gebräuchlichen 20-ns-SDRAM-Chips die schnelleren 15-ns-Chips verwenden, müssen Sie dies hier einstellen.	2
SRAM read, SRAM write	Unter dieser Option bestimmen Sie die Wartezyklen für die Zugriffe auf das SRAM (Cache-Speicher des Systems). Sie sollten hier den kleinstmöglichen Wert wählen, der Ihr System noch stabil laufen lässt.	3
SRAM Read Burst	Sie bestimmen mit dieser Option die Beziehung zwischen der Anzahl der Zyklen, die für das SRAM-Adressensignal notwendig sind, und der Anzahl der Zyklen für das tatsächliche Lesen aus dem Cache-Speicher. Die erste Zahl beinhaltet die Anzahl der Zyklen der Adressenphase, und die nächsten drei Zahlen bestimmen die Dauer jeder individuellen Lesephase. Einstellungsmöglichkeiten: 2-1-1-1, 3-1-1-, 3-2-2-2, 4-2-2-2.	2
SRAM Read Timing	Um Chache-Fehler zu vermeiden, können Sie hier Waitstates in die Schreibzyklen einfügen. Auch hiermit wird die unterschiedliche Leistung von CPU, Cache und Hauptspeicher geregelt.	2
SRAM Speed Option	Unter dieser Option wird der Leadoff-Zyklus und der Burst-Zugriff geregelt. Während Sie bei langsameren RAMs 3-1-1-1 bzw. 3-2-2-2 einstellen sollten, können Sie sonst 2-1-1-1 einstellen.	2
SRAM Tag/Alt Bit Config	Hier kann man das Niveau der Fehlerbestimmung einstellen. Tag-Bits werden zur Bestimmung des Status der im externen (L2-)Cache gespeicherten Daten gebraucht. Falls Write-Back-Caching gewählt wurde, empfehlen sich 7+1 Bits. Einstellungsmöglichkeiten: 8Tags, 10Tags+Alt, 8Tags+Alt, 7Tags+Alt.	2
SRAM Type	Hier wird angegeben, ob ein synchroner oder asynchroner Cache-Speicher installiert ist. Die normale Einstellung dürfte Sync sein, da nur ältere Boards einen asynchronen SRAM-Cache besitzen.	2

BIOS-Befehle – alphabetisch

S

AMI = 1   Award = 2   Phoenix = 3   MR-BIOS = 4

BIOS-Option	Bedeutung			BIOS
SRAM Voltage	Falls Sie diese Option in Ihrem BIOS finden, lassen Sie unbedingt die Finger davon und behalten die Einstellung AUTO bzw. die werkseitige Einstellung bei.			?
SRAM Write Cycle oder SRAM Write Timing oder SRAM Write WS	Hier bestimmen Sie das Timing in der Wartestellung, das für Schreiboperationen zum externen Cache gebraucht wird. Einstellungsmöglichkeiten: 0 W/S, 1W/S oder 0 WS, 1WS.			1,2
Step-Rate	Hier kann man die so genannte radial track-to-track speed ein- oder ausschalten.			4
Standby CPU Speed	Wenn Sie im Power-Management-Modus Customize stehen haben, können Sie hier für den Standby-Modus die Taktfrequenz des Prozessors festlegen. Einstellungsmöglichkeiten: Max (max. Taktfrequenz), High (1/2 bzw. 1/4 der max. Taktfrequenz), Medium (1/4 bzw. 1/8 der max. Taktfrequenz), Low (1/8 bzw. 1/16 der max. Taktfrequenz). Bei Netzwerken sollte wegen der ansonsten geringeren Datenübertragung stets Max eingestellt sein.			3
Standby Mode (PM Timer) oder Standby Timer	Hier wird die Festplatte und der Monitor abgeschaltet, während der Prozessor weiter ohne Frequenzreduzierung aktiv bleibt. Eine Steuerung über das Betriebssystem ist aber, wenn möglich, auch hier zu empfehlen.			2,4
Standby Mode Speed	Manchmal kann man hier die Geschwindigkeit des Prozessors im Standby-Modus einstellen. Der Wert 32 z. B. fährt einen P100 auf 3,125 MHz runter.			2
Standby-Modus Strom-Management-Einstellungen	**User Define**	**Min Saving**	**Max Saving**	2
	Disabled, 1 Min, 2 Min, 4 Min, 8 Min, 12 Min, 20 Min, 30 Min, 40 Min, 1 Hour, Back to Disabled	1 Minute	1 Stunde	
Standby/Suspend Upon Battery Low	Haben Sie diese Option auf Enabled gestellt, fährt das System bei zu schwacher Batterie in den Suspend- oder Standby-Modus.			3
Standby/Suspend Timer Unit oder Standby/Suspend Timeout	Mit 4 ms, 4 Sekunden, 32 Sekunden oder 4 Minuten legen Sie fest, dass der Suspend- oder Standby-Modus aktiviert wird, wenn keine Aktivitäten stattfinden.			1
Standby to Suspend Timeout Value	Unter dieser Option legt man fest, nach welcher Zeit das System vom Standby- in den Suspend-Modus wechselt. Einstellungsmöglichkeiten: von 1 min bis 256 min oder Disabled.			1
Start Creation Process	Nachdem Sie Ihre Auswahl im Array Mode, der Drive-Auswahl und der Blockgröße getroffen haben, wählen Sie diese Option und beginnen mit der Erstellung.			2
Start Duplicating Process	Wenn Sie diese Funktion ausgewählt haben, benötigt das BIOS bis zu 30 Minuten, um die Duplizierung durchzuführen. Mit [Esc] können Sie abbrechen.			2
State After Power Failure oder State After PWR fail	Haben Sie diese Option aktiviert, startet der Computer nach einem Stromausfall automatisch. Einstellungsmöglichkeiten: Enabled, Disabled. Es ist empfehlenswert, diese Option auf Enabled zu stellen.			2
Stdby Speed (div by) oder Standby Speed (div by)	Unter dieser Option wird angezeigt, um welchen Faktor die CPU im Energiesparmodus heruntergefahren wird.			2
Standby Timeout	Hier können Sie die Zeitspanne festlegen, die das System mit voller Power arbeitet, um dann anschließend in den Standby-Modus zu gehen. Sie können Disabled wählen oder 4 bis 508 Minuten (im 4-Minuten-Takt).			2

Referenz

S

AMI = 1   Award = 2   Phoenix = 3   MR-BIOS = 4

BIOS-Option	Bedeutung	BIOS
Standby Timeout	Haben Sie im Power-Management-Modus Customize aktiviert, können Sie hier einstellen, wann in den Standby-Modus geschaltet wird. Dabei wird der Bildschirm schwarz und der Prozessortakt auf die eingestellte Frequenz heruntergefahren. Einstellungsmöglichkeiten: 2 min, 5 min, 10 min, 15 min, 30 min, Disabled.	3
Standby Time Out (min) oder Standby Time Out (Minute)	Unter dieser Option stellen Sie ein, nach welcher Zeitspanne der Inaktivität des Systems dieses in den Standby-Modus gefahren wird. Einstellungsmöglichkeiten. Disabled, 1 min bis 15 min in 1-Minuten-Schritten bzw. 1, 2, 4, 8, 10, 20, 30, 40, 50, 60 Minuten.	1
Starting Point of Paging	Unter dieser Option regeln Sie den Zugriff auf Speicheroperationen. Einstellungsmöglichkeiten: 1T, 2T, 4T, 8T.	2
Stop CPU at PCI Master	Haben Sie diese Option auf Enabled gestellt, wird die Arbeit des Prozessors unterbrochen, wenn der PCI-Master am Bus beschäftigt ist. Wollen Sie eine Leistungssteigerung, liegen Sie mit Disabled richtig, weil hier der Prozessor ungehindert weiterarbeiten kann.	2
Stop CPU When Flush Assert oder Stop CPU When PCI Flush	Haben Sie diese Option auf On stehen, bewirkt dies, dass der Prozessor unterbrochen wird, wenn der PCI-Bus geleert wird. Haben Sie dagegen Off eingestellt, erreichen Sie eine Performancesteigerung, weil der Prozessor beim Leeren des PCI-Bus nicht unterbrochen wird.	2
Stop Un-Used PCI Clock	Diese Option gestattet es dem Taktgeber, das DIMM/PCI-Interface automatisch zu erkennen. Wenn keine PCI-Karte vorhanden ist, wird der Takt hierfür ausgeschaltet. Die Standardeinstellung ist Enabled (aktiviert).	1
Storage Extensions	Hier rufen Sie das Untermenü auf, in dem die Einstellungen für die Gruppenkonfiguration und den Kommunikationsbus vorgenommen werden können.	3
Subnet mask	Unter dieser Option tragen Sie die Subnet mask der LAN-Baugruppe des Systems ein. Verwenden Sie die gleiche Subnet mask wie im Betriebssystem. Dabei sind nur numerische Zeichen erlaubt.	3
Summary Screen	Ein-/Ausschalten der Anzeige der Statusübersicht des Systems. Es ist gut, wenn diese Option zur Kontrolle der Hardware eingeschaltet bleibt.	3
Super Bypass Mode	Unter dieser Option können Sie den Super Bypass Mode aktivieren, der den Speicherzugriff beschleunigt. Manches BIOS aktiviert diese Option automatisch, wenn TRCD <3 und TRC <8 sind. Einstellungsmöglichkeiten: Enabled, Disabled. Wenn das System bei ausgeschaltetem Super Bypass Mode und den von AMD empfohlenen Einstellungen nicht läuft, könnten die Speichermodule defekt sein, oder das Board hat Probleme.	2
Supervisor Password	Kennwort (Verwalter) für den Zugang zum BIOS-Setup für das Booten und das Abspeichern im CMOS.	2
Supervisor Password is	Hier wird festgelegt, ob ein Passwort für den Supervisor (Verwalter) erstellt werden soll.	3
Suspend Mode	Wenn Sie im Power-Management-Modus Customize stehen haben, können Sie hier festlegen, ob aktive Programme, Dateien oder Speicherinhalte beim Herunterfahren in den Suspend-Modus abgespeichert werden oder nicht. Einstellungsmöglichkeiten: Save To Disk, Suspend (siehe Seite 145).	3
Suspend-Modus Strom-Management-Einstellungen	**User Define** / Disabled, 1 Min, 2 Min, 4 Min, 8 Min, 12 Min, 20 Min, 30 Min, 40 Min, 1 Hour, Back to Disabled / **Min Saving** 1 Minute / **Max Saving** 1 Stunde	2
Suspend Mode (PM Timer)	Dies ist der höchste Sparmodus, bei dem alle Komponenten mit Ausnahme der CPU soweit wie möglich abgeschaltet werden. Als Minimum sollten 15 Minuten eingestellt werden.	2

BIOS-Befehle – alphabetisch

S

	AMI = 1 Award = 2 Phoenix = 3 MR-BIOS = 4	
BIOS-Option	**Bedeutung**	**BIOS**
Suspend Switch	Diese Option aktiviert bzw. deaktiviert den Suspend-Gehäuseschalter. Man sollte Enabled einstellen, wenn der Suspend-Schalter angeschlossen ist.	2
Suspend Timeout	Wenn Sie im Power-Management-Modus Customize stehen haben, können Sie hier festlegen, nach welcher Zeit vom Standby- in den Suspend-Modus geschaltet wird. Einstellungsmöglichkeiten: 2 min, 15 min, 30 min, 1 Std., 2 Std., 3 Std., 4 Std., Disabled.	3
Suspend Timeout oder Suspend Time Out (min) oder Suspend Time Out (Minute)	Hier legen Sie fest, ob überhaupt und, wenn ja, ab wann vom Standby-Modus in den Suspend-Modus geschaltet wird. Es gibt Disabled und 4 bis 508 Minuten (im 4-Minuten-Takt). Oder Disabled und 1 min bis 15 min in 1-Minuten-Schritten bzw. 1, 2, 4, 8, 10, 20, 30, 40, 50, 60 Minuten.	1
Suspend Timer	Hier wird die Zeitspanne angegeben, nach der alle Komponenten in den Energiesparmodus versetzt werden.	4
Suspend Type	Unter dieser Option stehen Ihnen zwei Einstellungen zur Verfügung: Stop Grant und PwrOn Suspend.	2
Suspend-Modus/HDD-Power Down	Wenn der Menüpunkt Power Management auf User Define gestellt ist, werden diese zwei Menüpunkte aktiviert, um die Einstellung zu ändern. Die beiden Menüpunkte bringen folgende Änderungen hervor:	2

Auswahlpunkte	User Define	Min Saving	Max Saving
Suspend Modus	Disabled, 1 Min, 2 Min, 4 Min, 8 Min, 12 Min, 20 Min, 30 Min, 40 Min, 1 Hour, Back to Disabled	1 Stunde	1 Minute
HDD Power Down	Disabled, 1 Min, 2 Min, 3 Min, 4 Min, 5 Min, 6 Min, 7 Min, 8 Min, 9 Min, 10 Min, 11 Min, 12 Min, 13 Min, 14 Min, 15 Min, Back to Disabled (siehe Seite 145)	15 Min	1 Min

BIOS-Option	Bedeutung	BIOS
Suspend to Disk	Will man diese Option verwenden, muss dazu die Festplatte vorbereitet werden. Dazu muss auf der Festplatte eine Datei erzeugt werden, die in ihrer Größe dem installierten Arbeitsspeicher entspricht. Erst wenn diese vorhanden ist, kann der Rechner bei Energieknappheit den Inhalt des Speichers auf die Festplatte schreiben und den PC abschalten. Beim Einschalten wird einfach die Datei wieder geladen, und man kann tatsächlich wieder an der Stelle weiterarbeiten, an der man vorher stand. Wichtig ist nur, dass bei Speicher-Upgrades die Datei ebenfalls angepasst wird, da man ansonsten verwirrende Fehlermeldungen erhält. Das Programm startet man am besten an der DOS-Eingabeaufforderung ([FR], Startmenü usw.).	2,3
Suspend-to-RAM Capability	Bei dieser Option handelt es sich um eine neue Energiesparfunktion. Sie erfordert das ACPI unterstützt. Im STR-Zustand sind bis auf den RAM-Bereich alle Geräte des PCs abgeschaltet. So verbraucht der Rechner weniger als 5 Watt. Mit Auto erkennt das BIOS, ob Ihr Netzteil mindestens 720 mA auf dem +5VSB-Kabel liefert, um damit diese Option zu unterstützen. Ist dem so, aktiviert sich die STR-Funktion; ansonsten wird sie deaktiviert. Wenn Ihre Erweiterungskarten kein STR unterstützen, ist Disabled (Standard) einzustellen. Diese Option funktioniert nur unter DOS, Windows 95/98 und Windows NT 4.0. Einstellungsmöglichkeiten: Auto, Disabled.	2
Sustained 3T Write	Mit dieser Option lässt sich für den sekundären Zwischenspeicher (2nd Level Cache) die Funktion Direct map write back / write through ein- oder ausschalten. Sie sollten mal Enabled versuchen.	2

Referenz

S

AMI = 1 Award = 2 Phoenix = 3 MR-BIOS = 4

BIOS-Option	Bedeutung	BIOS
Swap Floppy Drive	Hier kann man die Floppy-Laufwerke tauschen, ohne das Kabel umstecken zu müssen. Das ist nicht nur für 5¼-Zoll-Laufwerke interessant, sondern auch, wenn man 2 3½-Zoll-Laufwerke hat (und z. B. eins kaputtgeht ...).	2
SYNC SRAM Support	Unter dieser Option können Sie dem BIOS mitteilen, ob Sie Standard- (synchrones) oder Pipelined- (billiger) SRAM verwenden.	2
Symbios-Logic BIOS	Wenn Sie diese Option auf Disabled stellen, wird der Support für SCSI-Hostadapter, die die Controller 53C810 oder 53C860 der Fa. Symbios-Logic verwenden, nicht zur Verfügung gestellt. Unter Auto wird das Vorhandensein einer der Baugruppen erkannt und das BIOS zur Verfügung gestellt.	3
SYMBIOS SCSI BIOS	Sind Sie Besitzer eines Board von ASUS oder QDI mit SCSI-Unterstützung, können Sie den kostengünstigen, aber vollwertigen Controller von Symbios-Logic verwenden. Stellen Sie die Option auf AUTO, wird der Adapter von selbst erkannt.	2
System 5V Alarm (<4,7V)	Stellen Sie diese Option auf Enabled, damit bei einem Spannungsabfall unter 4,7 Volt ein Alarm erfolgt.	2
System Backup Reminder	Dient zur Ausgabe einer Meldung auf dem Bildschirm, um an eine Sicherungskopie zu erinnern.	3
System BIOS Cache oder System BIOS Cacheable oder System BIOS is Cacheable	Wenn Sie diese Option Enabled haben, kann der Cache-Speicher das System-BIOS-ROM an der Adresse F0000h bis FFFFFh mit berücksichtigen. Sie sollten aber bedenken, dass das Caching Risiken birgt, falls sich im Cache der Code befindet und ein Programm in den BIOS-Bereich schreiben will. Es ergibt einen minimalen Geschwindigkeitsvorteil (aber nur wenn System BIOS Shadow aktiv ist). Unter Windows wird das System ca. 1 % langsamer, und die Steigerung unter DOS ist auch nicht gewaltig.	1,2
System BIOS ID	Unter dieser Option wird die Erkennungsnummer der BIOS-Utilities angezeigt.	2
System BIOS Cachable	Bei aktivierter Funktion wird das vorhandene BIOS-ROM durch den Cache-Speicher berücksichtigt und bringt dadurch mehr Performance, aber fast nur noch unter DOS und Win3.x. Unter Windows 95/98 bringt diese Option nicht mehr so viel.	1
System BIOS Lock	Hier aktivieren bzw. deaktivieren Sie den Überschreibschutz des BIOS.	3
System BIOS Shadow	Hiermit kann sich der Rechner selbst in den schnellen Arbeitsspeicher verlagern, weil meistens das BIOS nur in einem 8-Bit-EPROM untergebracht ist. Dies bringt Performanceverbesserung, aber nur unter DOS.	2
System BIOS Version	Unter dieser Option wird die Version der BIOS-Utilities angezeigt.	2
System Boot Drive Control	Unter dieser Option legen Sie fest, von welchem Laufwerk das Notebook beim Einschalten starten soll (booten soll).	2

Einstellung	Beschreibung
Auto	Notebook startet vom Diskettenlaufwerk. Befindet sich keine Systemdiskette im Laufwerk A:, startet das Notebook vom Festplattenlaufwerk C:. Ist die Festplatte keine Systemdisk, erscheint eine Fehlermeldung.
Drive A Then C (Standard)	Notebook startet vom Diskettenlaufwerk A:. Befindet sich keine Systemdiskette im Laufwerk A:, erscheint eine Fehlermeldung.
Drive C Then A	Notebook startet vom Festplattenlaufwerk C:. Ist die Festplatte keine Systemdisk, erscheint eine Fehlermeldung.

BIOS-Befehle – alphabetisch

S

AMI = 1   Award = 2   Phoenix = 3   MR-BIOS = 4

BIOS-Option	Bedeutung	BIOS
System Boot Up (CPU) Speed	Bei der Einstellung High (Standard) wird der Prozessor schon beim Booten mit der vollen Taktfrequenz betrieben. In der Stellung Low wird der Prozessor mit einer niedrigeren Taktfrequenz betrieben, um älteren Erweiterungskarten die Möglichkeit zu geben, sich korrekt zu initialisieren.	1
System Boot Up Num Lock	Bei der Option On: wird der Zifferblock rechts eingeschaltet. Bei der Option Off: wird der Zifferblock ausgeschaltet, die Zweitbelegung ([Num], [Pos1] usw.) ist aber aktiviert (siehe ab Seite 194).	1
System Boot Up Sequence	Hier legt man fest, in welcher Reihenfolge die Laufwerke initialisiert werden.	1
System/CPU Warning Temp	Unter dieser Option können Sie die Temperaturgrenze für die CPU einstellen, ab wann eine Warnung erfolgen soll. Die Standardeinstellung (Disabled) ist 66 °C/151 °F. Sie können außerdem zwischen den unterschiedlichsten Einstellungen je nach Board-Hersteller wählen.	2
System Date	Einstellung eines beliebigen Datums im amerikanischen oder internationalen Standard. Die Werte werden im RTC (Real Time Clock) gespeichert und auch bei ausgeschaltetem PC weiter aktualisiert.	3
System Fan Fail Alarm	Hier können Sie einstellen, ob bei Ausfall eines Systemlüfters Alarm gegeben wird oder nicht.	1
System Frequency	Unter dieser Option kann man den CPU-Takt einstellen. Einstellungsmöglichkeiten: 233 MHz, 266 MHz, 300 MHz, 333 MHz, 350 MHz, 400 MHz, 433 MHz, 450 MHz, 466 MHz, 500 MHz, Manual. Nehmen Sie nur dann Einstellungen vor, wenn Sie sich zuvor im Handbuch informiert haben und völlig sicher sind.	2
System Keyboard	Unter dieser Option wird festgelegt, ob es am PC eine Tastatur gibt oder nicht. Sie wählen Present, wenn eine vorhanden ist, und Absent, wenn nicht.	1
System Load	Hier können Sie festlegen, ob das System von Diskette gestartet werden kann oder nicht. Einstellungsmöglichkeiten: Standard (ja), Diskette Lock (nein).	3
System Memory	Bei dieser Option wird lediglich der installierte Basisspeicher, also der Arbeitsspeicher zwischen 0 und 640 KByte, ohne Änderungsmöglichkeit angezeigt.	3
System Memory Frequency	Hier können Sie die Betriebsfrequenz für den Hauptsystemspeicher einstellen. Einstellungsmöglichkeiten: 100 MHz und 133 MHz (voreingestellt). Beachten Sie die Angaben im Handbuch oder Datenblatt.	2
System Monitoring and Alerting	Die hinter diesem Menü liegen Optionen können Sie dann verwenden, wenn ein EISCA V1.0-Lüfter über den Stecker 78 auf Ihrem Board verbunden ist.	2
System Password	Hier legt man fest, ob und, wenn ja, wann das Passwort geprüft wird.	3
System Password Lock	Hier können Sie festlegen, ob das Systempasswort beim Start über Wake On LAN übergangen werden kann oder nicht. Einstellungsmöglichkeiten: WOL Skip (Systempasswort wird deaktiviert), Standard (Systempasswort muss eingegeben werden).	3
System Password Mode	Diese Option verlangt zuvor die Installation des System- und Setup-Passworts. Hier wird die Auswirkung des Systempassworts festgelegt. System (nach dem Start ermöglicht das Systempasswort den Start des Betriebssystems), Keyboard (nach dem Start werden Tastatur und Maus gesperrt. Das Systempasswort hebt diese Eingabesperre auf. Es erfolgt keine Aufforderung zur Eingabe des Passworts).	3
System Performance	Haben Sie unter dieser Option Fast gewählt, gibt es die Möglichkeit, das System-Timing mit Einstellungen vorzunehmen, die die Performance erhöhen.	3

Referenz

S

AMI = 1   Award = 2   Phoenix = 3   MR-BIOS = 4

BIOS-Option	Bedeutung	BIOS
System Resume Date	Hier können Sie festlegen, an welchem Tag das System automatisch hochfahren soll. Das Datum wird in der Form MM DD, YYYY (Monat Tag, Jahr, z. B. Sep 01,1998) angezeigt.	3
System Resume Time	Hier können Sie festlegen, zu welcher Uhrzeit das System automatisch hochfahren soll. Die Uhrzeit wird in der Form HH:MM:SS (Stunde:Minute:Sekunde) angezeigt.	3
System Resume Timer Mode	Unter dieser Option legen Sie fest, ob das System zu einem festen Zeitpunkt automatisch hochfahren kann, vorausgesetzt, das Notebook befindet sich im Suspend-Modus. Einstellungsmöglichkeiten: Disabled (der System Resume Timer Mode ist deaktiviert), Enabled (der System Resume Timer Mode ist aktiviert). Sind die Einstellungen System Resume Date und System Resume Time gültig, fährt das System zu dem dort spezifizierten Zeitpunkt hoch.	3
System ROM Shadow	Hier verlagert das BIOS den Inhalt des langsamen Grafikkarten-ROM in den schnelleren PC-Speicher.	2
System S/N	Hier wird die Seriennummer des Systems angezeigt.	2
System Speed	Hier kann man eine hohe oder niedrige Prozessorgeschwindigkeit einstellen.	4
System Shadow	Mithilfe dieser Option kann sich das BIOS selbst in den schnellen Arbeitsspeicher verlagern.	3
System Sleep Timer	Nach Ablauf einer festgelegten Leerlaufzeit schaltet diese Option das System automatisch in den Stromsparmodus. Bei jeglicher Tastatur- oder Mausbedienung oder bei Aktivitäten, die in den IRQ-Kanälen festgestellt werden, schaltet das System zum Normalbetrieb zurück.	2
System Standby Timer	Mit dieser Option können Sie das System in den Standby-Modus (Systembereitschaft) schicken. Einstellungsmöglichkeiten: 1 bis 15 min, Disabled.	3
System Suspend Timer	Mit dieser Option können Sie das System in den Suspend-Modus (Systemunterbrechung) schicken. Einstellungsmöglichkeiten: 1 bis 15 min, Disabled.	3
System Time	Einstellung einer beliebigen Zeit im 12- bzw. 24-Stunden-Format. Die Werte werden in der RTC (Real Time Clock) gespeichert und auch bei ausgeschaltetem PC weiter aktualisiert.	3
System/Video/BIOS/ Video RAM Cachable	Hiermit kann man die Informationen von der Grafikkarte und vom System für schnellere Zugriffe in den Cache laden.	2
System Wake-up Event	Mit dieser Option legen Sie die Aktivität fest, bei der das System zum Normalbetrieb zurückschaltet. Einstellungsmöglichkeiten: Keyboard, Mouse, Modem, Off.	2
System Warmup Delay	Bei Verwendung bestimmter Peripheriegeräte wie z. B. Scanner oder Laserdrucker, die nicht schnell genug initialisiert werden, können Sie hier die Wartezeit für den Start des Computers einstellen. Sie finden auf älteren PCs auch dafür die Option Above 1 MB Memory Test. In jedem Fall sollten Sie testen, wie viel Zeit Ihr System braucht.	1,2

BIOS-Befehle – alphabetisch

T

	AMI = 1 Award = 2 Phoenix = 3 MR-BIOS = 4	
BIOS-Option	**Bedeutung**	**BIOS**
Tag Option	Hier kann man das Niveau der Fehlerbestimmung einstellen. Tag-Bits werden zur Bestimmung des Status der im externen (L2-)Cache gespeicherten Daten gebraucht. Falls Write-Back-Caching gewählt wurde, empfehlen sich 7+1 Bits. Einstellungsmöglichkeiten: 7+1 Bits, 8 Bits.	2
Tag RAM Size	Unter dieser Option können Sie festlegen, ob 7 oder 8 Bits für die Tag-RAM-Informationen, die vom System benötigt werden, um den Status der Daten im Cache-Speicher zu bestimmen, verwendet werden.	2
Taktfrequenz	Bei dieser Option erscheint die vom BIOS ermittelte Taktfrequenz. Änderungen sind hier nicht möglich, es ist eine reine Anzeigeoption.	4
Temperature Warning oder Temperature Monitoring	Hier legen Sie fest, ob das System bei Erreichen einer kritischen Temperatur (Umgebung oder Prozessor) ausgeschaltet wird. Falls das Betriebssystem über einen aktiven Server-Management-Prozess verfügt, übernimmt dieser die Funktion der Temperaturüberwachung und schaltet das System in einer kritischen Situation ab. Vom Boot Retry Counter abhängig, schaltet sich das System nach Ablauf der Zeit, die unter ASR&R Boot Delay eingestellt wurde, wieder ein. Einstellungsmöglichkeiten: Enabled (System schaltet sich ab), Disabled (System schaltet sich nicht ab). Möglich auch: 30°C/86°F und 120°C/248°F (Grundeinstellung hier 75°C/167°F).	2,3
Thermal	Temperaturanzeige der CPU, nicht veränderbar. Für die Überwachung wird die I/O-Adresse von 294H bis 297H verwendet; falls zusätzliche Karten, die sie haben, diesen Bereich verwenden, sollten Sie die I/O-Adresse Ihrer Karte ändern.	2
Thermal Monitor	Der eingebaute Hardwaremonitor registriert die Temperatur von CPU und Mainboard. Bei Eingaben im BIOS-Setup werden die Werte aktualisiert. Sie sollten diese Option nur dann auf Ignore setzen, wenn es unumgänglich ist (siehe Seite 169).	2
Thermal Sensor State	Hier wird der Zustand der Temperatursensoren angezeigt. Mögliche Anzeigen: CPU: None, OK, Fail; System: None, OK, Fail; Auxiliary (Zusatzsensor): None, OK, Fail.	3
Third Boot Device	Diese Option entspricht der Option First Boot Device, die Standardeinstellung ist LS/ZIP.	2
Throttle Duty Cycle oder Throttle Slow Clock Ratio	Diese Option verwaltet den Prozentsatz an Leistung, die der Prozessor im Doze-Modus abgeben soll. Wenn Sie z. B. mit Textverarbeitungen arbeiten, können Sie hier einen niedrigeren Wert (bedeutet Absenkung auf ... %) einstellen. Sollten aber im Hintergrund aufwendige Berechnungen stattfinden, dann sollten Sie es lassen. Einstellungsmöglichkeiten: 12,5 %; 25,0 %; 37,5 %; 50,0 %; 62,5 %; 75,0 %.	1,2
Time	Eingabe der aktuellen (System-)Zeit beliebig im 24-Stunden-Format. Auch die Zeit lässt sich über das Betriebssystem oder von der DOS-Ebene aus mit dem Befehl time ändern.	alle
Time	Die Systemzeit kann so eingegeben werden, wie es unter Display Format gewählt wurde.	4
Time	Diese Option im Power-Management erlaubt es, die Zeit in hh.mm.ss festzulegen, zu der das System geweckt wird.	2
Total Memory	Dies ist die Summe aus Base Memory, Extended Memory und Other Memory.	2
Transfer Mode	Hier legen Sie den Übertragungsstandard der Festplatte fest. Sie können hier den PIO Mode (1 bis 4) oder den DMA Mode (1 bis 3) einstellen. Sie sollten die Einstellung an das langsamste IDE-Gerät anpassen.	3

Referenz

T

AMI = 1   Award = 2   Phoenix = 3   MR-BIOS = 4

BIOS-Option	Bedeutung	BIOS
Translate	Diese Funktion dient der Übersetzung, um physische in logische Werte zu übersetzen. Für Festplatten, deren Parameter außerhalb der angegebenen Grenzwerte liegen.	4
Translation Method (LBA)	Unter dieser Option wird der Festplattentyp eingestellt. Wenn Sie LBA (Logical Block Addressing) aktivieren, wird die Festplatte ungeachtet der Zylinderanzahl, der Lese-/Schreibköpfe oder Sektoren mit 28 Bit adressiert. Sie sollten wissen, dass LBA die Zugriffsgeschwindigkeit verringern kann, ist aber bei LW >504 MByte notwendig. Einstellungsmöglichkeiten: LBA, LARGE, Normal, Match Partition Table (siehe Seite 43) und Manual (siehe dazu auch ab Seite 46).	2
Tras Timing	Diese Option konfiguriert die Verzögerung zwischen Aktivierung einer Bank bis zu dem Zeitpunkt, an dem ein Schreib- oder Lesebefehl akzeptiert wird. Die Einstellungen sind 1/2/3/4 Zyklen.	1
Tras Timing Value	Unter dieser Option (RAS Active Time) können Sie die Zeit angeben, die eine Speicherzeile offen gehalten wird, um auf die in der gleichen Zeile liegenden Zeilen zuzugreifen. AMD empfiehlt in seinem Datenblatt 7 Zyklen. Einstellungsmöglichkeiten: 2, 3, 4, 5, 6, 7 Cycles.	1
TRC Bank Cycle Timing	Diese Option spezifiziert die Mindestdauer, um die gleiche Bank zu aktivieren. Einstellungsmöglichkeiten: 3 / 4 / 5 / 6 / 7 / 8 / reserved (reserviert).	1
TRC Timing Value	Unter dieser Option stellen Sie die Bank Cycle Time (kürzeste Zugriffszeit auf die gleiche Bank) ein. AMD empfiehlt in seinem Datenblatt 8 Zyklen. Einstellungsmöglichkeiten: 3, 4, 5, 6, 7, 8 Cycles.	1
TRCD Timing Value	Hier wird die Wartezeit zwischen dem RAS-Signal (Row Adress Strobe) und dem CAS-Signal (Column Adress Strobe) festgelegt. AMD empfiehlt in seinem Datenblatt 3 Zyklen. Einstellungsmöglichkeiten: 1, 2, 3, 4 Cycles.	1
TRP SRAS Precharge	Unter dieser Option stellen Sie die Zeitspanne der RAS (Row Adress Strobe) Precharge-Phase ein. AMD empfiehlt in seinem Datenblatt 3 Zyklen. Einstellungsmöglichkeiten: 3, 2, 1 Cycles.	1
Try Other Boot Device	Mit dieser Funktion können Sie festlegen, dass, wenn bei der Suchreihenfolge nach einem bootfähigen Betriebssystem gesucht wird, mit Yes auch zusätzliche Laufwerke einbezogen werden. Haben Sie die Option aktiviert, können UNIX-Workstations und Server vom Bandlaufwerk gestartet werden.	1,2
Turbo Frequency	Diese Option ist, wenn der externe Takt der CPU den Turbo-Modus unterstützt, ein Testwerkzeug. Wer will, kann auf eigenes Risiko dem PC eine kleine Leistungsspritze verpassen. Damit wird der externe Takt um 2,5 % erhöht. Falls Sie irgendwann Ihre CPU gegen eine neue austauschen, sollten Sie zuerst die Geschwindigkeit auf ein Minimum einstellen, da die automatische Erkennung nicht immer klappt. Wenn Sie das vergessen, kann es sein, das Sie nicht mehr booten können und somit nicht mehr ins Setup kommen. Sie müssten dann den alten Prozessor wieder einbauen und die Einstellung vornehmen oder ein Reset (der alle Einstellungen löscht) per Jumper vornehmen. Wir empfehlen, diese Option nicht zu benutzen. Falls Sie jedoch für eigene Testzwecke davon Gebrauch machen wollen, sollten Sie unbedingt nach dem Test wieder in den normalen Modus gehen.	2
Turbo Mode	Diese Option können Sie für Programme verwenden, die Schwierigkeiten haben, mit der Geschwindigkeit der CPU klarzukommen. Zur Behebung des Problems können Sie mit dieser Option das System bremsen, wobei der L1/L2-Cache und das Pipelining auf dem GTL+ Bus abgeschaltet werden.	2
Turbo Read Leadoff	Hier lässt sich die Auslesegeschwindigkeit aus dem RAM zusätzlich erhöhen. Meist nur noch auf älteren Boards.	1,2

BIOS-Befehle – alphabetisch

T

	AMI = 1 Award = 2 Phoenix = 3 MR-BIOS = 4	
BIOS-Option	**Bedeutung**	**BIOS**
Turbo Read Pipelining	Falls aktiviert, kann der Chipsatz der CPU das Lesen neuer Daten signalisieren. Dies steigert die Systemleistung, weil der Vorgang durchgeführt werden kann, obwohl der aktuelle Prozess noch nicht abgeschlossen ist.	1,2
Turbo Switch Function	Hier kann man den Turboschalter von der Vorderseite des PCs ein- bzw. ausschalten. Funktioniert aber nicht immer.	1
Turn Around Insertion	Bei dieser Option legt die Hardware zwischen aufeinander folgenden Speicherzugriffen einen Wartezyklus von einem Takt ein und bremst das System. Wenn Sie nicht gerade mit alten 70-ns-FP-Modulen arbeiten, ausschalten, und wenn Sie mit erhöhtem Takt arbeiten, einschalten.	1,2
TV Mode	Unter dieser Option können Sie den TV-Modus einstellen. Einstellungsmöglichkeiten: PAL, NTSC.	2
TV out	Unter dieser Option können Sie die Schnittstelle zum Fernseher ein- und ausgeschalten. Einstellungsmöglichkeiten: Enabled, Disabled.	3
TX, RX inverting enable	Wenn für die IR-Funktion verwendet, können Sie hier zwischen den Modi RxD (Receive Data) und TxD (Transmit Data) für UART2 wählen. Einstellungsmöglichkeiten: No, No; No, Yes; Yes, No; Yes, Yes. Achten Sie auf die Dokumentation Ihres IR-Geräts.	2
TxD, RxD Active	Die genauen Informationen zu den TxD- und RxD-Signalen finden Sie in Ihren Dokumentationen zu den Infrarotgeräten. Die Werte können Sie dann hier eintragen (siehe ab Seite 191).	2
Type	Hier wird der Festplattentyp für ganz alte Platten eingestellt. Bei den neuen Platten kann diese Option ignoriert werden.	1
Type	Bei den neueren Boards mit einem 1 BIOS können Sie neben Auto, User und CD-ROM jetzt auch ARMD aktivieren. ATAPI Removable Media Device bedeutet, dass, wenn Sie diese Option wählen, Sie festlegen können, ob das Wechselmedienlaufwerk als Festplatte oder Floppy behandelt wird.	1
Type	An dieser Stelle geben Sie den Typ des Laufwerks an, das an dem angewählten IDE-Kanal angeschlossen ist. Sie haben hier viele Laufwerke zur Auswahl, doch nicht alle sind mehr zeitgemäß. Falls Sie selbst die Definition vornehmen wollen, stehen Ihnen folgende Einstellungen zur Verfügung: Cylinders (Anzahl der Zylinder von 1 bis 65.536), Heads (Anzahl der Köpfe von 1 bis 16), Sectors/Track (Anzahl der Sektoren pro Spur 1 bis 63) und Maximum Capacity (wird vom BIOS errechnet).	3
Type F DMA BufferControl	Hier wird der DMA-Kanal eingestellt, den die Festplatte für die Datenübertragung nutzen soll. Das funktioniert aber nur, wenn Ihre Festplatte diese Technologie unterstützt. Schauen Sie im Datenblatt der Festplatte nach.	1
Type Fixed Disk	Für den Fall, dass Sie eine neue, unformatierte IDE-Festplatte einbauen, sollten Sie die Option Type Fixed Disk markieren und die [Enter]-Taste drucken. Damit erreichen Sie, dass die optimalen Werte für das IDE-Festplattenlaufwerk eingestellt werden. Diese Werte können Sie ändern, wenn Sie im Eingabefeld von Type den Eintrag User einstellen. Wenn Sie eine formatierte IDE-Festplatte einbauen, werden die Werte automatisch eingestellt.	2
Typematic Delay	Hier wird der Wert eingestellt, ab wann eine Taste als dauergedrückt angesehen wird (siehe ab Seite 194).	2
Typemate Rate Delay (MSEC)	Hier wird der Wert eingestellt, wann die Tastenfunktion nach dem Drücken einsetzt; beim 1 BIOS: einstellbar 250, 500 (Standard) oder 1.000 Millisekunden; beim 2 BIOS: 250, 500, 750, 1000 Millisekunden.	1

Referenz

T

	AMI = 1 Award = 2 Phoenix = 3 MR-BIOS = 4	
BIOS-Option	**Bedeutung**	**BIOS**
Typematic Rate (CHARS/SEC)	Festlegung der Wiederholfrequenz der Tastatur bei gedrückter Taste; beim 1 BIOS: einstellbar 0, 30, 24, 20,15 (Standard), 12, 10 oder 8 Buchstaben/Sekunde; beim 2 BIOS: 6, 8, 10, 12, 15, 20, 24, 30 Zeichen/Sekunde (siehe ab Seite 194).	1,2,3
Typematic Rate Programming	Hier wird die Tastenwiederholfunktion eingestellt. Besser lässt sich dies über Windows 95/98 in der Systemsteuerung vornehmen (siehe ab Seite 194).	1
Typematic Rate Setting	Hier wird festgelegt, ob Sie die Optionen Keyboard Typematic Speed, Delay Before Keys Repeat, Typematic Rate oder Typematic Delay, benutzen können. Sie können die Einstellungen aber auch unter Windows vornehmen (siehe ab Seite 194).	1,2

U

	AMI = 1 Award = 2 Phoenix = 3 MR-BIOS = 4	
BIOS-Option	**Bedeutung**	**BIOS**
UART Mode Select	Diese Option können Sie nur verwenden, wenn die Option Onboard UART2 aktiviert ist. Einstellungsmöglichkeiten: Standard (der serielle Anschluss 2 arbeitet im Normalmodus), HPSIR (diese Einstellung verwenden Sie, wenn Sie ein Infrarotmodul über IrDA installiert haben; Maximum Baudrate 115 KByte), ASKIR (diese Einstellung verwenden Sie, wenn Sie ein Infrarotmodul über IrDA installiert haben; Maximum Baudrate 19,2 KByte).	2
UART2 Mode oder UR2 Mode oder UR1 Mode	Unter dieser Option können Sie ein Einsatzgebiet für den zweiten seriellen Port angeben. 	Option	Unterstützter Standard	Option	Unterstützter Standard
---	---	---	---
Normal	RS-232C serielle Schnittstelle	Standard	RS-232C serielle Schnittstelle
IrDA 1.0	IR-Schnittstelle nach IrDA 1.0	IrDA SIR	IrDA-Schnittstelle
IrDA MIR	1 MByte/s-Schnittstelle für IR-Geräte	IrDA FIR	Fast IR-Standard
FIR	schneller (fast) IR-Standard	MIR 0.57m	0,57 MByte/s-Schnittstelle für IR-Geräte
MIR 1.15M	1,15-MByte/s-Schnittstelle für IR-Geräte	Sharp IR	4 MByte/s-Schnittstelle für IR-Geräte
HPSIR	IrDA-Schnittstelle für IR-Geräte	ASK	Amplitude keyed shift-Schnittstelle für IR-Geräte		2
UART2 Use Infrared	Bei manchen Boards besteht die Möglichkeit, den zweiten seriellen Port auch für Infrarotdatenübertragungen zu verwenden. Um bei Desktop-PCs die Infrarotschnittstelle IrDA nutzen zu können, benötigt man zusätzlich Hardware.	2
Ultra DMA Mode oder UltraDMA (UDMA)	Diese Option ist für die Erkennung von Ultra DMA-fähigen IDE-Geräten zum sicheren und schnelleren Datentransfer vorgesehen. Mit Disabled können Sie die automatische Funktion ausschalten und von Hand (Type muss auf User Type HDD gestellt werden) die Werte eintragen. Einstellungsmöglichkeiten: 0, 1, 2, 3, 4 und Disabled.	2

BIOS-Befehle – alphabetisch

U

AMI = 1   Award = 2   Phoenix = 3   MR-BIOS = 4

BIOS-Option	Bedeutung	BIOS
Ultra DMA-66 IDE Controller	Unter dieser Option können Sie den Onboard-Ultra DMA/66-Controller aktivieren bzw. deaktivieren. Wenn diese Option aktiviert ist, können Hochleistungsgeräte über zwei zusätzliche Kanäle mit dem System verbunden werden.	2
Unattended Start	Diese Option verhindert bei vergebenem User-Passwort die Nutzung der Tastatur durch Unbefugte. Das User-Passwort bewirkt, dass bei eingeschaltetem Unattended Start die Tastatureingabe so lange gesperrt wird, bis das User-Passwort eingegeben wird. Einstellungsmöglichkeiten: Enabled (die Tastatur bleibt nach dem Hochfahren des Systems so lange gesperrt, bis das User-Passwort eingegeben wird), Disabled (Standard; die Tastatur ist nicht gesperrt).	3
UR2 Duplex Mode	Diese Option dient der Einstellung für Infrarotgeräte. Einstellungsmöglichkeiten: Full und Half. Prüfen Sie im IR-Gerätehandbuch nach, welche Einstellung des Duplex-Modus verlangt wird.	2
USB Controller	Haben Sie die Option Enabled, legt das System-BIOS fest, welche Systemressourcen (IRQs und Adressen) verwendet werden. Bei Disabled ist der USB-Controller ausgeschaltet.	3
USB Function / USB Controller	Hier können Sie, falls vorhanden, den US-Port (Universal Serial Bus) aktivieren bzw. deaktivieren. Der USB-Controller benötigt und belegt IRQ11. Gegebenenfalls können Sie auch noch die Taktfrequenz einstellen, aber wozu gibt es denn einen 48-MHz-Standard?	2
USB Device Latency Timer oder USB Latency Timer oder USB Latency Time (PCI CLK)	Bei dieser Option geben Sie die Verzögerungszeit ein, die USB-Geräte einlegen, um auf dem PCI-Bus zu kommunizieren. Da der USB Daten in sehr großem Umfang transportieren kann, könnte der PCI-Bus mit Anfragen überfordert sein. Die Verzögerung wird in PCI-Taktzyklen angegeben, wobei gilt, je schneller der BUS, umso kleiner die Zahl.	1,2
USB Device IRQ Preference	Hier wird festgelegt, mit welcher Interrupt-Priorität der USB-Controller im PC betrieben wird. Es wird üblicherweise ein IRQ verwendet, auch wenn kein USB-Controller verwendet wird. Wenn das BIOS das Deaktivieren erlaubt und Sie keinen USB-Controller haben, sollten Sie die Option deaktivieren. Einstellungen: Auto, IRQ5, IRQ9, IRQ10, IRQ11, IRQ14, IRQ15.	1
USB Function oder USB IRQ	Haben Sie einen USB-Anschluss, wird er hier aktiviert.	1
USB Host Controller	Sie sollten diese Option aktivieren, wenn Sie einen USB-Controller haben und USB-Geräte angeschlossen sind. Einstellungsmöglichkeiten: Enabled, Disabled.	2
USB IRQ Line	Unter dieser Option legen Sie den Interrupt für den eingebauten USB-Controller fest. Einstellungsmöglichkeiten: 3, 4, 5, 7, 9, 10, 11, 12, 14, 15, Disabled, Auto Select.	3
USB KB Wake-Up From S3	Unter dieser Option wird das Wecken des Systems aus dem Suspend To RAM-Modus (S3 - STR) aktiviert (Enabled) oder deaktiviert (Disabled).	2
USB Keyboard/ Mouse Legacy Support oder USB Keyboard/ Mouse Support oder USB KB/Mouse Legacy Support	Mit dieser Funktion können Sie die USB-Maus- und -Tastaturunterstützung aktivieren (Enabled) oder deaktivieren (Disabled). Hier wird, wenn Enabled, die USB-Tastatur wie eine herkömmliche voll unterstützt. In den Konfigurationsvoreinstellungen Optimal und Fail-Safe ist diese Option auf Disabled (ausgeschaltet) eingestellt (siehe ab Seite 190).	1,2

Referenz

	AMI = 1 Award = 2 Phoenix = 3 MR-BIOS = 4	
BIOS-Option	**Bedeutung**	**BIOS**
USB Keyboard Support	Sie können hier, wenn vorhanden, den USB-Tastaturtreiber des BIOS aktivieren/deaktivieren. Dadurch ist es möglich, die USB-Tastatur während des Starts und Hochfahrens des Systems zu bedienen und auch nach dem Hochfahren zu benutzen, wenn Ihr Betriebssystem über keinen USB-Treiber verfügt (siehe ab Seite 190).	2
USB Keyboard Support Via	Unter dieser Option können Sie zwischen OS- oder BIOS-Unterstützung für das Keyboard wählen. Wenn Sie die BIOS-Option verwenden, können Sie die Tastatur in der MS-DOS-Umgebung ohne separaten Treiber verwenden. Die Voreinstellung ist OS (siehe ab Seite 190).	2
USB Legacy Support oder USB Legacy Mode	Diese Option legt fest, ob die USB-Tastatur-Emulation auch nach dem Start des Betriebssystems noch aktiv ist. Bei einer vorhandenen USB-Tastatur ist die Emulation für das BIOS-Setup immer abgeschaltet (d. h., Sie kommen bei Disabled nicht mehr ins BIOS-Setup). Einstellungsmöglichkeiten: Enabled, Disabled.	2,3
USB Passive Release	Mit dieser Option kann der PC selbst feststellen, ob USB-Geräte vom Bus abgetrennt werden. Sie brauchen damit keine Abmeldung vorzunehmen, sondern können die Geräte während des Rechnerbetriebs anschließen bzw. entfernen.	1
Use IR Pins	Diese Option ist identisch mit der Option TxD, RxD Active. Die notwendigen Informationen finden Sie in den Unterlagen zu Ihrem IR-Gerät.	2
Use second I/O APIC	Kurze Erläuterung: Bei Multiprozessor-Betriebssystemen wird anstatt des normalen Interrupt-Controllers der so genannte I/O-APIC (Advanced Programmable Interrupt Controller) benutzt. Die Systembaugruppe besitzt zwei I/O-APIC. Die Interrupt-Leitungen der PCI-Steckplätze 1 und 2 (Slots 4 und 5) sowie der EISA-Steckplätze sind mit dem ersten I/O-APIC verbunden. Die Interrupt-Leitungen der PCI-Steckplätze 3 bis 5 (Slot 6 bis 9) sind mit dem zweitem I/O-APIC verbunden. Wenn Sie kein Multiprozessor-Betriebssystem verwenden (z. B. MS-DOS), ist weder der erste noch der zweite I/O-APIC aktiv, und alle PCI-Interrupt-Leitungen sind mit dem Standard-Interrupt-Controller verbunden. Wenn Sie bei Multiprozessor-Betriebssystemen Probleme mit dem zweiten I/O-APIC bzw. mit den zusätzlichen vier PCI-Interrupts für die PCI-Steckplätze 3 bis 5 (Slot 6 bis 9) haben, können Sie den zweiten APIC ausschalten und somit die Interrupts mit dem ersten I/O-APIC verbinden. Einstellungsmöglichkeiten: Yes, der zweite I/O-APIC wird benutzt. Die unter PCI Interrupt Mapping onHB1 vorgenommenen Einstellungen sind bei Verwendung eines Multiprozessor-Betriebssystem nicht mehr gültig (außer Auto). No, der zweite I/O-APIC wird nicht benutzt. Die unter PCI InterruptMapping on HB1 vorgenommenen Einstellungen sind auch für Multiprozessor-Betriebssysteme gültig.	3
Used MEM base address	Hiermit können Sie ein Hauptspeicherfenster im Upper-Memory-Bereich reservieren. Wird hier statt NA (not available = nicht verfügbar) die Anfangsadresse angegeben, erscheint die Option Used MEM Lenght, und Sie können die benötigte Größe (zwischen C800h und EFFFFh) des Speicherbereichs angeben. Folgende Adressen stehen zur Verfügung: N/A (keine), C800, CC00, D000, D400, D800 und DC00. Die Einstellung der Karte und die im BIOS müssen beide absolut übereinstimmen. Hierbei gilt, zuerst die Karte und dann das BIOS einstellen. Sie müssen zuvor die Option Resources Controlled by auf Manual gestellt haben. Wenn Sie eine ältere ISA-Karte haben, die eine Basisadresse zur Übermittlung von Daten benutzt, können Sie diese hier einstellen.	2
Used MEM length	Hier ist die Größe des Speicherbereichs angegeben, den Sie unter der Option Used MEM Base Addr eingegeben haben.	2

442

BIOS-Befehle – alphabetisch

U

AMI = 1	Award = 2	Phoenix = 3	MR-BIOS = 4	
BIOS-Option	**Bedeutung**			**BIOS**
Use Multiprocessor Specification	Unter dieser Option wird festgelegt, welche Version der Multiprozessortabelle zur Erkennung der Multiprozessoreigenschaften verwendet wird. Einstellungsmöglichkeiten: 1.4 (die neuere Version wird benutzt), 1.1 (die ältere Version wird benutzt, sollte jedoch nur dann verwendet werden, wenn das Betriebssystem Probleme bereitet).			3
User Define	Unter dieser Option können Sie die Spannung für den Prozessor manuell auswählen. Seien Sie äußerst vorsichtig mit dieser Option, um Schaden zu vermeiden.			2
User Password	Hier legen Sie das Passwort für den Zugang zu Ihrem PC fest. Notieren Sie sich dieses, sonst könnte es zu unliebsamen Überraschungen kommen (siehe ab Seite 202)!			2
User Password is	Hier wird festgelegt, ob ein Passwort für den Benutzer erstellt wird. Notieren Sie sich dieses, sonst könnte es zu unliebsamen Überraschungen kommen (siehe ab Seite 202)!			3
USCW	Ist diese Option Enabled, was empfohlen wird, wird die Grafikdarstellung sowohl unter DOS als auch unter Windows erheblich beschleunigt (siehe unten).			1
USWC Write Posting oder USWC Write Post	Diese USWC-Option (Uncacheable, Speculative Write Combining) beinhaltet die ISA-Bridge im PIIX4-Baustein und bündelt mehrere 8/16-Bit-Zugriffe auf den ISA-Bus zu einem zusammen. Aber Vorsicht, bei dieser Option es kann zu Problemen mit Video- und Soundkarten kommen. Allerdings haben neuere Karten diese Option schon integriert.			1,3
USWC Write I/O Post	Hier wird der USWC-Speicher aktiviert, der zur beschleunigten Grafikdarstellung dient. Die beste Einstellung ist Auto, wobei Sie aber auch Enabled einstellen können, wenn Sie den Speicher sowieso nutzen.			1

V

AMI = 1	Award = 2	Phoenix = 3	MR-BIOS = 4	
BIOS-Option	**Bedeutung**			**BIOS**
VCORE Voltage +3.3V Voltage, +5V Voltage, +12V Voltage, -12V Voltage, -5V Voltage oder Vcore Voltage Adjust	Über diese Option erfolgt die Überprüfung der Betriebsspannung des Prozessorkerns (Core). Es ist sehr wichtig, dass die Betriebsspannung exakt eingehalten wird, denn nur so kann der Prozessor genau arbeiten. Sie sollten den hier angezeigten Wert nach der Konfiguration mit den Angaben des Herstellers vergleichen, damit Sie keine Überraschung erleben. Wenn einer der überwachten Werte außerhalb des erlaubten Bereichs ist, erscheint die Fehlermeldung: Hardware Monitor found an error, enter Power setup menu for details. Falls Sie den CPU-Takt erhöhen, kann es notwendig werden, die CPU-Spannung zu erhöhen. Tun Sie dies äußerst vorsichtig und nur dann, wenn das System wegen der Takterhöhung instabil läuft.			2
Vcore/ Vio/ +5V/ +12V/ -5V/ -12V	Unter dieser Option steht das Überwachungsergebnis der Spannungen von CPU und Mainboard. Die CPU wird mit den Spannungen Vcore (Kernspannung) und Vio (Spannung der Ein-/Ausgangstreiber) vom Spannungsregler des Mainboards versorgt. Das Mainboard wird vom angeschlossenen Netzteil mit +/- 5 V und +/- 12 V versorgt.			2
Vcache	Diese Option zeigt die Spannung für den L2-Cache an. Sie liegt beim Pentium II bei 3,3 V und beim AMD K7 bei 2,8 V.			1

443

Referenz

	AMI = 1　Award = 2　Phoenix = 3　MR-BIOS = 4	
BIOS-Option	**Bedeutung**	**BIOS**
VCSS RAM	Falls Sie diese Option in Ihrem BIOS finden, lassen Sie unbedingt die Finger davon und behalten die Einstellung AUTO bzw. die werkseitige Einstellung bei.	?
VESA L2 Cache Read	Hier wird das Timing der Leseoperationen des VESA-Bus aus dem externen Cache bestimmt. Stellen Sie Long ein, haben Sie eine bessere Stabilität, während bei Normal die Leistung nicht gebremst wird.	2
VESA L2 Cache Write	Hier wird das Timing der Schreiboperationen des VESA-Bus aus dem externen Cache bestimmt. Stellen Sie Long ein, haben Sie eine bessere Stabilität, während bei Normal die Leistung nicht gebremst wird.	2
VESA Video Power Down	Diese Option regelt den Stromsparmodus des Monitors. Einstellungen: V/H Sync+Blank (dabei werden vor allem ältere Monitore, die noch keine Energiesparfunktionen haben, schwarz geschaltet), Blank Screen (auch diese Option führt bei älteren Monitoren zum Abschalten), DPMS (mit dieser Option wird der Energiesparmodus über die Grafikkarte gesteuert).	3
VGA (PM Events)	Im Power-Management stehen Ihnen unter PM Timer Events mit dieser Option zwei Möglichkeiten zur Verfügung: On (jedes Ereignis an der VGA-Schnittstelle weckt den PC), Off.	2
VGA 128k Range Attribute	Wenn diese Option Enabled ist, kann der Chipsatz spezielle CPU to PCI-Kennzeichen zulassen. Bei Disabled wird nur die Standard-VGA-Schnittstelle zugelassen.	2
VGA Active Monitor	Wenn Sie diese Option eingeschaltet haben, wird der Timer der Stromsparmaßnahmen auch von VGA-Aktivitäten zurückgesetzt. So erreichen Sie, dass eine Aktivität am Bildschirm oder ein Video den PC aus dem Schlaf zurückholt. Wer gern Videos am PC anschaut, sollte die Option unbedingt einschalten, weil trotz fehlender Eingabe der PC nicht in den Schlafmodus verfällt.	2
VGA Boot From oder VGA Bios Sequence	Unter dieser Option legen Sie fest, welche Grafikkarte als primäre angesprochen wird, entweder die AGP-Karte am AGP-Port oder die PCI VGA-Karte am PCI-Port.	2
VGA Frame Buffer	Der genannte Chipsatz unterstützt das so genannte Frame Buffering, es verwendet den VGA-Speicherplatz der Adressen A0000h bis BFFFFh.	2
VGA Frame Buffer USWC	Neuere VGA-Grafikkarten verwenden den so genannten USWC-Speicher (Uncachable, Spectulatable, Write Combined). Damit wird die Performance gesteigert, was aber ältere Karten nicht so mitmachen. Wenn das der Fall ist, sollten Sie die Option auf Disabled stellen.	1
VGA Interrupt	Hier teilen Sie den PCI-Interrupt (IRQ9, wenn nicht bereits mit PCI Interrupt Mapping vergeben) dem Bildschirm auf der eingebauten PCI-Baugruppe zu. Einstellungsmöglichkeiten: Enabled, Disabled.	3
VGA Memory Clock	Unter dieser Option können Sie die Geschwindigkeit des Grafikspeichertakts festlegen.	2
VGA Shared memory Size	Sie können unter dieser Option einen Speicherbereich (von 512 KByte bis 4 MByte) des Hauptspeichers für Grafik reservieren. Der Wert sollte nicht über der Speichergröße der Grafikkarte liegen.	2
VGA Type	Das System-BIOS benötigt die Information, um zu bestimmen, welcher Bus benutzt wird, wenn das Video-BIOS gespiegelt ist.	2

BIOS-Befehle – alphabetisch

	AMI = 1 Award = 2 Phoenix = 3 MR-BIOS = 4	
BIOS-Option	**Bedeutung**	**BIOS**
Video	Hier legen Sie den Grafikstandard Ihres PCs fest. Einstellungen: EGA/VGA, CGA, CGA80 und Mono (nur für Hercules-Karten oder MDA, z. B. Netwareserver). Es besteht auch die Möglichkeit, ohne Grafikkarte im System zu arbeiten. Das wäre z. B. dann interessant, wenn man den PC als Drucker- oder Dateiserver im Netzwerk hängen hat. Die Einstellung dafür, Not installed oder None, wird hier vorgenommen.	1,2,3
Video BIOS Cache	BIOS-Cache-Verwaltung.	1,2
Video BIOS Cacheable oder Video BIOS is Cacheable	Wenn Sie diese Option Enabled haben, kann der Cache-Speicher das Video-BIOS der Grafikkarte an der Adresse C0000h bis C7FFFh mit berücksichtigen. Sie sollten aber bedenken, dass das Caching Risiken birgt, falls sich im Cache der Code befindet und ein Programm in den BIOS-Bereich schreiben will. Haben Sie diese Option Enabled geschaltet, müssen Sie gleichzeitig auch die Option Video BIOS Shadow aktivieren. Geschwindigkeitsvorteil unter DOS etwa 40 % (siehe auch Seite 81).	1,2
Video BIOS Shadow	Das Video-BIOS wird mit dieser Option aus dem langsamen ROM (arbeitet mit bis zu 200 ms) der Grafikkarte ins RAM kopiert. Dies bedeutet eine Geschwindigkeitssteigerung der DOS-Grafikanwendungen, wenn kein Grafikkartentreiber verwendet wird. Diese Option sollte auf Enabled stehen.	2
Video BIOS Shadow C000, 32K	Diese Option aktiviert während des Starts des PCs das Kopieren des BIOS-ROMs der Grafikkarte in den Arbeitsspeicher. Dadurch steigt die Performance. Einstellungsmöglichkeiten sind: Shadow (Grafikkarten-BIOS wird in den korrespondierenden Arbeitsspeicher verlagert), Cached (zusätzlich wird der Speicherbereich vom Cache berücksichtigt), Disabled (alle Optionen sind ausgeschaltet); siehe auch Seite 81.	1
Video BIOS Shadow/ XXXXX-XXXXX Shadow	Diese Option bestimmt, ob das Video-BIOS bzw. ein optionales ROM-BIOS in das RAM kopiert werden. Einstellungsmöglichkeiten: Enabled, Disabled.	2
Video Buffer Cacheable	Haben Sie die Option aktiviert, wird das Video-BIOS in den Cache-Bereich C0000h bis C7FFFh ausgelagert.	2
Video Detection	Wenn diese Option aktiviert ist, wird das System durch Videoaktivitäten aufgeweckt, bzw. inaktive Timer werden zurückgesetzt.	2
Video IRQ line	Bei dieser Option wird der Interrupt für den eingebauten Bildschirm-Controller festgelegt. Einstellungsmöglichkeiten: 3, 4, 5, 7, 9, 10, 11, 12, 14, 15. Der Interrupt wird auf den eingestellten Wert gesetzt. Disabled (es ist kein Interrupt festgelegt), Auto Select (der Interrupt wird automatisch ausgewählt).	3
Video Memory Cache Mode	Ist diese Option auf USCW eingestellt, was empfohlen wird, dann wird die Grafikdarstellung sowohl unter DOS als auch unter Windows erheblich beschleunigt. Diese USWC-Option (Uncacheable, Speculative Write Combining) beinhaltet die ISA-Bridge im PIIX4-Baustein und bündelt mehrere 8/16-Bit-Zugriffe auf den ISA-Bus zu einem zusammen. Aber Vorsicht, bei dieser Option kann es zu Problemen mit Video- und Soundkarten kommen. Allerdings haben neuere Karten diese Option schon integriert.	2
Video Method oder Video Off Option	Veranlasst, mit welchem Verfahren der Monitor angesteuert wird, um durch Video Off-Option in den Stromsparmodus zu gehen (siehe Seite 143).	1,2
Video Off After	Hier wählen Sie den Sparmodus, in dem Video ausgeschaltet wird. Einstellungsmöglichkeiten: NA (keine Ausschaltung im Nichtsparmodus), Doze (Ausschaltung in allen Sparmodi), Standby (Ausschaltung nur in Standby oder Suspend Mode) und Suspend (Ausschaltung nur im Suspend Mode); siehe Seite 144.	2

Referenz

	AMI = 1 Award = 2 Phoenix = 3 MR-BIOS = 4	
BIOS-Option	**Bedeutung**	**BIOS**
Video Off In Suspend	Unter dieser Option stehen Ihnen zwei Einstellungen zur Verfügung: Yes oder No. Mit diesen Einstellungen bestimmen Sie die Art und Weise, auf die der Monitor ausgeschaltet wird.	2
Video Off Method	Da der Monitor einer der größten Stromfresser ist, sollte diese sehr wichtige Option nicht übergangen werden. Die meisten der neueren Monitore sind VESA-DPMS-fähig (Display Power Management Signaling oder Energy Star). Es gibt mehrere Möglichkeiten der Einstellung, einmal mit der Grafikkarte (z. B. Diamond), über Windows 95 (Eigenschaftenmenü des Desktops), manche Monitore schalten sich auch selbst ab, wenn sie kein Signal von der Grafikkarte bekommen. Oder Sie verwenden die Option Blank Screen, wenn Sie kein Power-Management besitzen oder mit den anderen Optionen nicht arbeiten.	2
Video Off Method (DPMS OFF)	Hier können Sie die Art festlegen, nach der der Bildschirm ausgeschaltet wird. Einstellungsmöglichkeiten: DPMS OFF, DPMS Reduce ON, Blank Screen, V/H Sync+Blank, DPMS Standby und DPMS Suspend. Blank sollte nur bei Monitoren ohne Power-Management-Funktion verwendet werden	1
Video Off Option	Diese Option regelt den Stromsparmodus des Monitors. Einstellungen: V/H Sync+Blank (dabei werden vor allem ältere Monitore, die noch keine Energiesparfunktionen haben, schwarz geschaltet), Blank Screen (auch diese Option führt bei älteren Monitoren zum Abschalten), DPMS (mit dieser Option nach dem VESA DPMS-Standard – Display Power Management Signaling – wird der Energiesparmodus über die Grafikkarte gesteuert).	2
Video or Adapter BIOS Shadow	Haben Sie diese Option aktiviert, wird der BIOS-Inhalt aus dem langsameren ROM in den schnelleren RAM kopiert. Diese Spiegelung kann in 16k-Größen eingestellt werden, wenn die Einstellung Enabled und ein Adapter-BIOS vorhanden ist.	2
Video Power Down Mode	Unter dieser Option werden Grafikkarte und Monitor gemäß den VESA-Vorgaben in den Schlafmodus geschickt. Einstellungsmöglichkeiten: Disabled, Standby, Suspend.	1
Video RAM Cacheable	Probieren Sie einfach mal Enabled bzw. Disabled. Sie legen hier fest, ob der Frame-Buffer der Grafikkarte zum Cachen geeignet ist. Neuere Karten kommen damit zurecht, und ältere neigen zu Bildfehlern. Allerdings werden die meisten neueren Grafikkarten durch diese Funktion nicht schneller (siehe Seite 81).	2
Video RAM Cache Methode	Wenn Sie USWC (Uncachable Speculative Write Combining) einschalten, aktivieren Sie eine schnellere Zugriffsmethode der Intel-Prozessoren (Pentium II, Pentium Pro, Xeon). Manchmal taucht auch der Punkt Write Combining auf, den Sie ein- bzw. ausschalten können. Bei den neuen 3-D-Grafikkarten können Sie ohne negative Folgen sowohl Video RAM Cachable als auch Write Combining ausschalten. Unter Windows ignorieren die Treiber sowieso die BIOS-Einstellungen.	2
Video ROM BIOS Shadow	Hier verlagert das BIOS den Inhalt des langsamen Grafikkarten-ROM in den schnelleren PC-Speicher (siehe auch Seite 81).	2
Video ROM Shadow	Ist diese Option Enabled, wird das BIOS der Grafikkarte aus dem langsamen ROM in das schnelle RAM kopiert und kann von dort aus benutzt werden. Nachstehend die Speicheradressen und die benötigte Größe (siehe auch Seite 81).	1

Speicheradresse	Shadow-ROM-Bereich benutzt als:	Größe
C000 C3FF	Video-ROM	16 KByte
XC400 C7FF	Video-ROM	16 KByte

BIOS-Befehle – alphabetisch

V

AMI = 1   Award = 2   Phoenix = 3   MR-BIOS = 4

BIOS-Option	Bedeutung			BIOS
	C800 – CBFF	Adapter-ROM	16 KByte	
	CC00 – CFFF	Adapter-ROM	16 KByte	
	D000 – D3FF	Adapter-ROM	16 KByte	
	D400 – D7FF	Adapter-ROM	16 KByte	
	D800 – DBFF	Adapter-ROM	16 KByte	
	DC00 – DFFF	Adapter-ROM	64 KByte	
	F000 – FFFF	System-ROM	64 KByte	
Video Shadow	Mit dieser Option können Sie den Inhalt des ROMs der Grafikkarte in den Arbeitsspeicher kopieren. Falls Sie aber eine VGA-Karte verwenden, bringt diese Option fast nichts mehr (siehe auch Seite 81).			3
Video System	Der sekundäre Videoadapter wird unterstützt. Das wird aber nicht extra erwähnt.			2,3
Video Timeout	Sie können hier nur Einstellungen vornehmen, wenn das Feld PowerSaving auf Customize eingestellt ist. Einstellungsmöglichkeiten: Disabled (die Funktion ist ausgeschaltet), 10, 15, 30 sec, 1, 2, 4, 6, 8, 10, 15 min (Bildschirm wird nach eingestellter Zeit dunkel).			3
Video, 32 K Shadow	Wenn Sie diese Option Enabled haben, kann der Cache-Speicher das Video-BIOS der Grafikkarte an der Adresse C0000h bis C7FFFh mit berücksichtigen. Sie sollten aber bedenken, dass das Caching Risiken birgt, falls sich im Cache der Code befindet und ein Programm in den BIOS-Bereich schreiben will. Geschwindigkeitsvorteil unter DOS etwa 40 %.			1
Vio	Hier wird die I/O-Spannung für beispielsweise AGP-Karten wie die GeForce angezeigt.			1
Virus Check Reminder	Hier können Sie einstellen, wann Sie an den Einsatz eines Virenscanners erinnert werden wollen.			3
Virus Warning	Virus Warning ist kein Virenschutzprogramm, sondern ein Schreibschutz für Bootsektor und Partitionstabelle. Falls in diesen Bereich geschrieben werden soll, wird erst nachgefragt, ob das erlaubt ist. Diese Option sollte jedoch auf Disabled stehen, damit Sie bei der Installation von Windows 95/98 keine Probleme kriegen. Andernfalls erscheint folgende Meldung: WARNING! DISK BOOTSECTOR HAS TO BE MODIFIED. TYPE Y TO ACCEPT OR OTHER KEY TO IGNORE. Unter NT, OS/2 und Linux funktioniert diese Option nicht.			2
Virus Warning	Beim Start werden die Bootsektoren auf Veränderungen gegenüber dem letzten Start geprüft. Einstellungsmöglichkeiten: Enabled (ggf. wird eine Viruswarnung ausgegeben, bis sie mit Confirm bestätigt bzw. ausgeschaltet, Disabled, wird), Confirm (eine gewünschte Änderung im Bootsektor z. B. durch Neuinstallation eines Betriebssystems wird bestätigt), Disabled (es erfolgt keine Überprüfung der Bootsektoren).			3
VL Bus 0-Wait-State Write	Regelt, welches Waitstate beim Schreiben auf den VL-Bus verwendet wird.			2
Voltage Control	Unter dieser Option legen Sie die Spannung für den Prozessor fest. Benutzen Sie nur die im Handbuch angegebenen Spannungen. Eine Erhöhung um mehr als 5 bis 10 % zerstört den Prozessor.			1
Voltage Monitor	Falls einer der vom Hardwaremonitor überwachten Werte außerhalb des vorgegebenen Bereichs liegt, erfolgt die Fehlermeldung: Hardware Monitor found an error, Enter POWER MANAGEMENT SETUP for Details. Eingabemöglichkeiten: [F1] (weiter), [Del] (ins SETUP). Überprüfen Sie den Problembereich und beheben Sie den Fehler.			2

Referenz

	AMI = 1 Award = 2 Phoenix = 3 MR-BIOS = 4	
BIOS-Option	**Bedeutung**	**BIOS**
Voltages Monitor	Spannungszustand des Systemstroms, nicht veränderbar. Für die Überwachung wird die I/O-Adresse von 294H bis 297H verwendet. Falls zusätzliche Karten, die sie haben, diesen Bereich verwenden, sollten Sie die I/O-Adresse Ihrer Karte ändern.	2
VT100 Configuration	Unter diesem Menüpunkt legen Sie die Einstellungen zum Betrieb eines VT100-kompatiblen Terminals am System fest. Der Anschluss des Terminals ist sowohl über Modem als auch über Kabel (serielle Verbindung) möglich. Bildschirmausgaben erfolgen parallel sowohl am Terminal als auch am Systembildschirm. Tastatureingaben am Terminal werden so behandelt wie Eingaben an der Serverstastatur. Man kann am Terminal auch das BIOS-Setup aufrufen und einstellen.	3

	AMI = 1 Award = 2 Phoenix = 3 MR-BIOS = 4	
BIOS-Option	**Bedeutung**	**BIOS**
Wait for <F1> if any Error	Falls beim POST eine Fehlermeldung auftaucht, können Sie mit F1 weiterschalten. Damit Sie Fehler besser überprüfen können, sollte die Option Enabled sein.	1,2
Wake On LAN	Unter dieser Option können Sie einstellen, dass der Rechner durch ein Wecksignal eines anderen Computers über das Netz aus dem Stromsparmodus hochgefahren wird. Einstellungsmöglichkeiten: Disabled, Enabled. Wenn Sie diese Funktion nutzen wollen, benötigen Sie eine Netzwerkkarte mit Wake On LAN sowie ein ATX-Netzteil mit einer Mindestleistung von 720 mA - 5V Standby.	2
Wake On LAN	Diese Option erlaubt das Einschalten des Systems über Netzwerksignale. Beachten Sie, dass, wenn Wake On LAN aktiviert ist, der LAN-Controller auch dann Strom verbraucht, wenn das System ausgeschaltet ist. Einstellungsmöglichkeiten: Enabled (der Onboard-LAN-Controller kann das System einschalten), Disabled (der Onboard-LAN-Controller kann das System nicht einschalten).	3
Wake On RTC Timer	Unter dieser Option kann man ein Datum und die sekundengenaue Zeit einstellen, zu der das System aktiviert wird. Mit Enabled/Disabled können Sie hier die Option RTC Wake Up Timer ein-/ausschalten.	2
Wake Up Events in Doze & Standby oder Wake Up Event in Inactive Mode oder Wake Up Events	Hier stehen eine Reihe von Interrupts (4, 3, 8 und 12) zur Verfügung, deren Aktivität den PC aus dem Doze- oder Standby-Modus wecken. Unter Reload Global Timer Events findet man diese Option auch auf neueren Boards.	2
Wake Up On LAN	Unter dieser Option kann man einstellen, dass, wenn ein Signal vom LAN kommt, der PC aus dem Doze- bzw. Standby-Modus geholt wird.	2
Wake Up On LAN/Ring	Im Power-Management stehen Ihnen unter PM Timer Events mit dieser Option zwei Möglichkeiten zur Verfügung: Enabled, Disabled. Haben Sie Enabled eingestellt, weckt jedes Ereignis am LAN/Modem-Ring den PC.	2

BIOS-Befehle – alphabetisch

AMI = 1   Award = 2   Phoenix = 3   MR-BIOS = 4

BIOS-Option	Bedeutung	BIOS
Wake-up by PCI Card	Mit dieser Option können Sie den PC durch PCI-Geräte wecken lassen. Haben Sie z. B. eine PCI LAN-Karte mit Weckfunktion installiert, können Sie über das Netzwerk einen anderen PC wecken. Einstellungsmöglichkeiten: Enabled, Disabled. Es wird ein bestimmtes Netzwerk-Interface verlangt, und der +5V-Standby-Strom der ATX-Netzversorgung muss mindestens 720 mA aufweisen.	2
Watch Dog Timer	Hier aktivieren Sie die Systemüberwachung und stellen die entsprechenden Werte ein. Voraussetzung ist allerdings ein SIS5582-Chip	2
WAVE2 DMA/IRQ Select	Unter dieser Option legen Sie einen DMA-Kanal sowie einen IRQ für ein WAVE2-Gerät fest.	2
WDT Active Time	Hier können Sie den Überwachungszeitraum einstellen. Voraussetzung ist allerdings ein SIS5582-Chip	2
WDT Configuration Port	Hier wählen Sie die I/O-Schnittstelle für die Überwachung aus. Voraussetzung ist allerdings ein SIS5582-Chip	2
Week Alarm	Unter dieser Option können Sie den Termin für einen bestimmten Wochentag einstellen, an dem das System aktiviert wird. Voraussetzung ist allerdings ein SIS5597-Chip	2
Weitek- Coprozessor	Das 1 BIOS bietet die Unterstützung von Coprozessoren der Firma Weitek an. Einstellungen: present (Weitek vorhanden), absent (kein Weitek vorhanden).	1
Wilde Range Protection	Nur auf einem DualBIOS-Board. Sie sollten diese Option immer Enabled haben, damit für den Fall, dass beim Booten ein Fehler (Checksum error, Update ESCD Failure oder Reset ...) auftaucht, automatisch auf das andere BIOS umgeschaltet wird. Haben Sie die Option Disabled und das ROM-BIOS von Peripheriekarten (LAN, SCSI usw.) löst einen Reset aus, wird automatisch vom Start-BIOS aus gestartet.	2
Word Merge	Wenn diese Option Enabled ist, prüft das System, ob Daten vom PCI-Bus zur PCI zusammengefasst werden können.	2
WPComp	Schreibvorausgleich, für ältere Festplatten nötig. Hier wird der Zylinder angegeben, ab dem mit einem Unterschied in der Informationsdichte zu rechnen ist.	4
Write CAS# Pulse Width	Da dieser Wert, der die Dauer des CAS-Signals angibt, von der verwendeten Chipart abhängt, sollten Sie hier möglichst nichts verstellen, es sei denn, Sie kennen den Wert genau, ansonsten heißt es experimentieren.	2
Write Pipeline	Unter dieser Option wird die Schreibpipeline aktiviert bzw. deaktiviert. Sie sollten die Option auf Enabled stehen haben.	2
Write Precomp	Schreibvorausgleich, für ältere Festplatten nötig. Hier wird der Zylinder angegeben, ab dem mit einem Unterschied in der Informationsdichte zu rechnen ist.	3
Write Precompensation	Schreibvorausgleich, für ältere Festplatten nötig. Hier wird der Zylinder angegeben, ab dem mit einem Unterschied in der Informationsdichte zu rechnen ist.	1
Write to CMOS and Exit	Damit wird die aktuelle Einstellung gespeichert und das Programm beendet.	1
Write Trough - Write Back	Falls Sie einen Cyrix 6x86MX- oder einen AMD K6-Prozessor verwenden, können Sie die Option Write Back nicht aktivieren, da diese den Umgang mit dem Level-1-Cache nicht unterstützen. Alle anderen Prozessoren unterstützen aber diese schnellere Option.	2
WSS I/O address	Hier können Sie die I/O-Adresse des Windows-Soundsystems auf verschiedene Werte einstellen: 530-538, 540-548, 550-558, 560-568.	3

X

AMI = 1   Award = 2   Phoenix = 3   MR-BIOS = 4

BIOS-Option	Bedeutung	BIOS
x86-CPU Cache	Die 16-KByte-Cache auf dem Pentium-Chip sind sehr wichtig, wichtiger als der Second-Level-Cache. Also immer auf Enabled stellen, sonst fällt die Rechnerleistung auf unter 25 %. Sollten Sie auf Ihrem Motherboard noch Jumper oder im BIOS eine Option finden, mit der man die Write-Strategie einstellen kann, dann die Funktion auf Write Back stellen.	4
Xfer Mode	Hier kann der Übertragungsmodus von und zur Festplatte bestimmt werden	4
Xth Available IRQ	Hier können Sie vier von zehn verfügbaren IRQs (3, 4, 5, 7, 9, 10, 11, 12, 14, 15) wählen und sie dem PCI-Bus (INT#) zuordnen.	2
xx000-xxFFF Shadow	Wie beim Video-BIOS-Shadow werden hier ROM-Bereiche von Adapterkarten in den schnellen PC-Speicher gespiegelt. Man kann die Option ausschalten.	2
XXXXX-XXXXX Shadow	Mit dieser Option können Sie ausgewählte ROM-Speicherbereiche in den schnellen RAM kopieren. Die Option ist eingeschaltet, wenn ein Peripherie-BIOS diesen Adressbereich verwendet. Jeder kopierte ROM-Block belegt 16 KByte im hohen DOS-Speicher. Ist nur unter DOS wirksam.	2

Z

AMI = 1   Award = 2   Phoenix = 3   MR-BIOS = 4

BIOS-Option	Bedeutung	BIOS
ZV Port	Hier aktivieren/deaktivieren Sie den Zoomed-Video-Port. Einstellungsmöglichkeiten: Disabled (Zoomed-Video-Port ist ausgeschaltet), Enabled (Zoomed-Video-Port ist eingeschaltet. Der Zoomed-Video-Port wird nur im unteren PC-Card-Steckplatz unterstützt).	3
ZZ Active in Suspend	Unter dieser Option können Sie festlegen, ob der PB SRAM (Cache) Energie verbraucht, wenn der Energiesparmodus aktiviert ist. Einstellungsmöglichkeiten: Enabled, Disabled.	2

Stichwortverzeichnis

A

Abit 156
Accelerated Graphics Port 70
ACPI 138, 140
   Eigenschaften 140
   Risiken 140
   S1 141
   S2 141
   S3 141
   S4 141
   Sparmodi 141
   Suspend to Disk 141
   Suspend to RAM 141
   Vor- und Nachteile 141
ACPI-Function 143
Adressleitungen 90
Advance Integration 28
Advanced 158
Advanced Configuration 251
Advanced Configuration and Power
   Management Interface 140
Advanced Power Management 139
AGP 70, 268
   1x 74
   2.x 76
   2x 74
   4x 74f
   Modus bestimmen 270
   Optionen 70
   Port aktivieren 72
   Waitstates 78
AGP (Enabled/Disabled) 72
AGP 4.x Driving Control 177
AGP 4.x, Probleme 84
AGP 4x Drive Strength 77
AGP Driving Control 76
AGP Driving Value 77
AGP Master 1 WS Read 78
AGP Master 1 WS Write 78
AGPCLK 78
AGPCLK/CPUCLK 78
AGP-Slot 70
All Modes Off 144
Always On 144
AMD-Prozessoren
   Multiplikatorsperre umgehen .. 166
   übertakten 166
AMI 19, 24
AMI-BIOS, Passwörter 27
Amptron 28
Analysetools 258
   BIOS Wizard 267
   PC Analyser 265
   SiSoft Sandra 262

WCPUID 268
Anmeldung, Festplatte 37
Aperture Size 72
APM 138f
Arbeitsspeicher 89, 178
   Adressierung 90
   asynchroner Zugriff 91
   Auto-Konfiguration 100
   BIOS-Optionen 100
   Burst-Timing einstellen 102
   Burst-Zugriff 92
   CS-Befehl 104
   Interleaving einstellen 105
   Latenzzeit 94
   Latenzzeit einstellen 103
   Leistungsgrenze 179
   MA-Befehl 104
   Overclocking 178
   SDRAM, Zugriffszeiten 96
   SDRAM-Timing 95
   synchroner Zugriff 95
   Systemtakt 178
   Taktfrequenz 178
   Taktfrequenz einstellen 101f
   Technologien 97
   Timing optimieren 100
   Timing, Notation 93
   Timing-Einstellungen 89
   Troubleshooting 109
   übertakten 178
   Zugriff, Ablauf 90
   Zugriff, Step by Step 91
   Zugriffszeit 94
Arbeitssspeicher-Timing
   Benchmarking 106
   Stabilität testen 109
Array Mode 254
Assign IRQ For USB 190
Assign IRQ to VGA 82, 86
AST 24, 28
Asus 279
Asynchroner Speicherzugriff 92
ATA, Hintergrundwissen 62
ATA-100, Festplatte wird nicht erkannt 38
ATA-100-Controller 38
   beim Booten zuerst 53f
   eigenes BIOS 38, 46
Athlon
   Multiplikatorsperre entfernen .. 173
   übertakten 172
ATX-PCs, Stromsparfunktionen 140
Aufgaben des BIOS 16
Auto Detect 38
Auto Detect DIMM/PCI Clk 102
Automatische Erkennung

451

Stichwortverzeichnis

Festplatte 38
Laufwerke 38
Award 19, 24, 279
Award-BIOS
   Advanced Menu 157
   graue Version 44
   Medaillon-BIOS 44
   Passwörter 27
   Prozessoreinstellungen 157

B

Baby-AT, Power-Management 140
Backup 22, 270
Bank Interleave 105
Bank X/Y DRAM Timing 101, 111, 179
Basic Input Output System 16
Batterie 18
   Ausfallerscheinungen 18
   Austausch 18
Benchmark 263
Benchmarking, Ergebnisse auswerten 108
Benchmark-Programm 106, 262
Benutzerdaten sichern 272
Betriebssystem, Plug & Play 115
Betriebssystemsupport 223
BIOS
   1.35.1 270
   Anpassungen des Herstellers 257
   Aufgaben 16
   automatische Ressourcenverwaltung 114
   Backup 22
   Batterie 18
   Bedeutung der Menüs 20
   Benutzereinstellungen sichern ... 272
   BIOS-Baustein 17
   BIOS-Chip 17
   Chip 17
   Chipsatz 221
   CMOS-Baustein 18
   CPU Soft Menu 156
   DALLAS-Modul 31
   DMA-Kanal reservieren 119
   Dual-BIOS 239
   EEPROM 18
   Erweiterung 47
   Flashprogramm 229
   Flash-ROM 18
   Flashtools 270
   Grafikoptionen 268
   Grundlagen 15
   Hauptmenü 20
   Hersteller 19
   Hintergrundinfos 16
   Identifikation 257
   Informationen auslesen 261
   integrierter Uhrenbaustein 31
   IRQ reservieren 119
   Kapazität 242
   löschen 29
   löschen bei Markenherstellern ... 31
   Mainboards 19
   Mausbedienung 35f

Nachricht ändern 279
Optionen sind nicht zu finden 257
Passwort 202
   aushebeln 25
   deaktivieren 204
   festlegen 202
   löschen 25
   Schreibweise 27, 203
Plug & Play 17, 114
POST 16
Prozessor 153
Prozessormenü 156
RAID-Controller 253
Ressourcen zuweisen 119
ROM-Speicher 17
Schreibschutz 233
SCSI-Controller 248
Setup mit Mausbedienung 35f
Sicherheitsmaßnahmen 22
Sicherung 257, 270
Soft Menu III Setup 156
Standardwerte laden 34
Start des Betriebssystems 17
Stromversorgung 18
System übertakten 153
Systembus 153
Tastenbelegungen 33
Tastenkombinationen beim Zugang 24
Tools 257
Tweaking 273
Umgang mit Menüs 33
Universalpasswörter 26
Unterschiede zwischen Herstellern 20
Unterschiede zwischen Mainboards 19
User-Passwort 204
Veränderungen testen 23
Virenschutz verwenden 208
Virenwächter 216
Vorgehensweise beim Einstellen 23
Zugang 24
Zugang, Trick 24
Zugangsvarianten 24
BIOS Features Setup 53f
BIOS Support for Bootable CD-ROM 251
BIOS Wizard 267
BIOS-Einstellungen, Sicherung ... 231
BIOS-Optionen zugänglich machen 258
Biostar 28
BIOS-Tweaking
   EasyAward TuneUp 273
   TweakBIOS 276
BIOS-Update 42, 154
   der Grafikkarte 246
   Fremdsoftware 258
   Gefahren 223
   Probleme 242
   Sicherheitsmaßnahmen 231
   Troubleshooting 242
   unter Windows 240
Blank Screen 144
Block Size 256
Boot Device Configuration 250
Boot LUN Number 250

Stichwortverzeichnis

Boot SCSI-Controller 250
Boot Sector Write Detection 210
Boot Sequence 53
Boot Up Num Lock Status 195
Boot Virus Detection 210, 217
Bootlaufwerk festlegen 52
Boot-Manager, Probleme mit dem
   Virenschutz 210
Bootpartition, Beschädigung durch Virus ... 217
Bootreihenfolge 52
Bootsektor
   neu schreiben 217
   unbefugter Zugriff 216
Bootsektorviren 209
   entfernen 212
   Verbreitung 209
Burst-Zugriff 92
Burst-Zugriff, Blockgröße 93

C

CAS 92
CD-Brenner
   Auto-Detect-Funktion 38
   von Hand eintragen 42
CD-Laufwerke, Probleme im UDMA-Modus . 62
CD-ROM
   Auto-Detect-Funktion 38
   von Hand eintragen 42
Celeron 166
Chip Configuration 51
CHS 43
Clear CMOS 31
Cluster 46
CMOS 18
   leer beim Booten 18
   löschen 29
   sichern 270
CMOS-Daten sichern 272
column address strobe 92
COM1, IRQ 121
COM1-COM4 186
COM2, IRQ 121
Compaq 24, 28, 33
Computerviren 201, 207
Computerviren, Symptome 207
Concord 28
Configure/View SCSI Controller Settings 249
Coprozessor, IRQ 121
CPU
   Hitzeverträglichkeit 168
   Takt- und Spannungswerte 158
CPU Drive Strength 157
CPU External Cache 181
CPU Internal Cache 181
CPU L2 Cache ECC Checking 181
CPU Operating Speed 156
CPU protect for CPUFan Off 169
CPU Soft Menu 156
CPU to PCI Burst Write 131
CPU to PCI Write Buffer 132
CPU-Lüfter, Problem mit Sicherheitsfeature 169
Create Raid 254

CS-Befehl 104
CTX International 28
Current CPU Temp 169
CyberMax 28
Cyls 42

D

Daewoo 28
DALLAS-Modul 31
Datensicherung 231
Daytec 28
DDR-SDRAM 90, 98
Defekter BIOS-Chip 242
Delay 4 Sec 144
DELL 24, 28
Diagnoseprogramme 259
Digital Equipment 28
Dip-Schalter 153, 233
Diskettenlaufwerke
   IRQ 121
   vertauschen 194
Display <Ctrl><A> Message During BIOS
   Initialization 252
DMA/Master 145
DMA-Kanäle 122, 126
   Druckerschnittstelle 189
   Hintergrundinfos 126
   manuell zuweisen 116
   Tabelle 126
DMA-Modus
   aktivieren 60
   Hintergrundwissen 46, 62
   Prozessorbelastung 63
   unter Windows aktivieren 60
DMA-Zugriff, Ablauf 127
Double Data Rate 98
Doze 138, 143
Doze Mode, Option 145
Doze-Modus 138
DPMS Support 144
Dr. Hardware 258
   BIOS-Informationen auslesen 261
   Diagnoseprogramme 259
   Grafikinfos 261
DRAM 97
   Adressierung 90
   Technologien 97
DRAM Clock 101, 157, 180
DRAM Read Burst Timing 102
DRAM Speculative Leadoff 103
DRAM Timing 179
DRAM Write Burst Timing 102
DRAM-Speicher 90
DRAM-Speicher, Zugriff und Ablauf 90
Druckerprobleme beheben 189
Druckerschnittstelle 186
Dual-BIOS 239
Dual-BIOS nachrüsten 239
Duplex Select 192
DVD-Laufwerk
   Auto-Detect-Funktion 38
   von Hand eintragen 42

Stichwortverzeichnis

E

E/A-Adresse
   Hintergrundinfos 127
   manuell zuweisen 116
   typische Verteilung, Tabelle 128
EasyAward TuneUp 273
   BIOS-Sicherung 273
   Optionen einstellen 275
Echtzeituhr, IRQ 121
ECP 188
ECP + EPP 188
ECP DMA Select 189
EDO-RAM 90, 97
EEPROM 18, 101
EIDE
   Datenraten 64
   Hintergrundwissen 62
   Standards, Übersicht 63
Ein-/Ausgabeadresse 122
Ein-/Ausgabeadresse, Hintergrundinfos 127
Einstellungen
   schrittweises Vorgehen 23
   Veränderungen testen 23
Enable Disconnection 251
Enable Dram 4K-Page Mode 157
Enable Flash-Option 233
Energieoptionen
   Kontrolle unter Windows 138
   unter Windows 147
Enhance Chip Performance 157
Enhanced Capability Port .... Siehe ECP
Enhanced Parallel Port .... Siehe EPP
Enhanced-IDE 62
Enox 28
Epox 28
EPP 188
Erhöhung des Systemtakts, Auswirkungen . 176
Erkennung aktueller Komponenten 222
Erster IDE-Controller, IRQ 121
Erstes Bootlaufwerk festlegen 52
ESCD 115, 122
Extended Int 13 Translation for DOS Drives
   > 1 GByte 252
Extended System Configuration Data   115, 122

F

Fast CPU Command Decode 157
Fast RAS# to CAS# Delay 104
FAT16 47
Festplatten 37
   504-MByte-Grenze 46
   8-GByte-Grenze 47
   Anmeldung 37f
   Auto-Detect-Funktion 38, 41
   automatische Erkennung 41
   Auto-Parameter 41
   Bootlaufwerk 52
   Datenrate 64
   Feintuning 56
   Gerätefunktionen ausnutzen 56
   Hintergrundwissen 46
   Kapazitätsberechnung 46
   optimal konfigurieren 56
   Parameter bei gebrauchten Festplatten .. 43
   Parameter eintragen 38
   Parameter von Hand eintragen 42
   PIO-Modus festlegen 58
   SCSI-Platte als Bootlaufwerk 53f
   UDMA-Modus festlegen 58
   unterschiedliche Parameter 40
Festplattendaten, unterschiedliche Werte ... 40
File size does not match 242
Firewalls 201
Firewire 186
Flash-BIOS, Gefahr durch Viren 214
Flashprogramm 229
Flashprogramm, Fremdsoftware 258
Flash-ROM 18
Flashtools 270
Floppy Disc Controller 193
Floppy vertauschen 194
Force 4-Way Interleave 157
FPM-DRAM 97
FPM-RAM 90
Freetech 28
Full-Duplex 192

G

Gateway 24
Geräte-Manager
   Gerätekonflikt beseitigen 116
   Ressourcen zuweisen 116
Gericom Silver Seraph 32
Gigabyte 586 HX 32
Grafikeinstellungen optimieren 69
Grafikkarte
   IRQ zuweisen 85
   Onboard-Chip ausschalten 83
   PCI 70
   Schnittstelle 70
   Troubleshooting 83
   zwei parallel nutzen 79
Grafikkarten-BIOS 245
   Aufgaben 246
   Update durchführen 246
Grafikoptionen 268
Graphics Aperture Size 72

H

Hacker 201
Half-Duplex 192
Hard Disk 32 Bit Access 57
Hardware
   Analysetools 258
   Komponenten identifizieren 258
Hauptmenü 20
Hauptmenü, Unterschiede zwischen
   Herstellern 20
Hauptplatine, Temperatur 169
HDD Power Down 145
HDD S.M.A.R.T capability 57

454

Stichwortverzeichnis

HDD Sequence SCSI/IDE first 54
HDD+FDD, Option 145
Head 42
Herstellerbedingte BIOS-Fehler 222
Hewlett-Packard 28
Hitzeverträglichkeit 168
HstClk, ... 101
HstClk+33MHZ 101
HstClk-33MHZ 101

I

I/O-Adresse
   Hintergrundinfos 127
   manuell zuweisen 116
IBM 28
IDE 32 Bit Mode 57
IDE Block Mode 57
IDE Block Mode Transfer 57
IDE Buffer for DOS & Windows 57
IDE Burst Mode 57
IDE Bus Masters 57
IDE Data Port Post Write 57
IDE HDD Block Mode Sectors 57
IDE Multiple Sector Mode 57
IDE Prefetch Buffers (bzw. Mode) 57
IDE Read/Write Prefetch 57
IDE, Kanal deaktivieren 49
IDE-Controller, Kanal deaktivieren 49
IDE-Kanal deaktivieren 49
IEEE 1284-Standard 188
IEEE 1394-Standard .... Siehe Firewire
IEEE 802.11-Standard 191
Include in BIOS Scan 251
Infrarotschnittstellen 191
Init Display first 79
Initiate Wide Negotiation 251
Instant Off 144
INT A 125
INT B 125
INT C 125
INT D 125
Int13h Extensions 47
Int13h-Erweiterungen 47
Int13h-Schnittstelle 47
Integrated IDE Channel 50
Integrated Peripherals 50, 58
Integrierte Schnittstellen 185
Intel 166, 243
Intel-CPUs 166
   Celeron 166
   fester Multiplikator 166
   Multiplikatorsperre 166
Interleaving 95, 98
Interne Takterhöhung 154
Interrupt
   frei machen 194
   freie Kanäle 124
   Hintergrundinfos 123
   manuell zuweisen 116
   Mapping auf dem PCI-Bus 125
   Signalhöhenauflösung 124
   Steuerung .... Siehe
   Zuteilung AGP-PCI 125
Interrupt-Belegung, Tabelle 121
Interrupt-Controller, IRQ 121
Interrupt-Mapping 125
Interrupt-Sharing 124
Intrusion Detection 215
IRQ 122
   Activated By (edge, level) 83
   freie Kanäle 124
   Hintergrundinfos 123
   manuell zuweisen 116
   Mapping auf dem PCI-Bus 125
   Sharing 124
   Signalhöhenauflösung 124
   Steuerung 123
   Zuteilung AGP-PCI 125
   Zuweisung 85
IRQ X assigned to 120
ISA Legacy 120
Iwill 28

J

Jet Way 28
Joss Technology 28
Jumper 153, 233

K

Kapazitätsberechnung 46
Kapazitätsgrenzen
   504 MByte 46
   8 GByte 47
   sonstige 48
Kernspannung 155
Keyboard Auto Repeat Rate 195
Komponentenunterstützung 221
Köpfe 42
Kühler 169
Kühlerdrehzahl 169

L

L1-Cache 181
L1-Cache, Einstellungen 181
L2-Cache 93
   Bedeutung für Performance 94
   Einstellungen 181
   Timing 93
Landezone 42
Landz 42
Large-Modus 39
Latenzzeit 94, 100
Laufwerke
   Auto-Detect-Funktion 38
   vertauschen 194
   von Hand eintragen 42
LBA 43, 47
LBA-Zugriffsverfahren 39
Leading Edge 28
Leeres CMOS 18

455

Stichwortverzeichnis

Level-2-Cache 93, 181
Linux 223
LiveUpdate 240
Load BIOS Defaults 34
Load Setup Defaults 35
Logische Blockadresse 39
Löschen des BIOS 29
LPT+COM, Option 145
LPT1, IRQ 121
LPT-Port, DMA-Kanal einstellen 189
Lüfter, Problem mit Sicherheitsfeature 169
Lüfterdrehzahl 169
LUN 250

M

M Technology 28
MA-Befehl 104
MachSpeed 28
Magic-Pro 28
Mainboard
    JumperFree 153
    Maßnahmen bei Überhitzung 183
    Temperatur 169
Mangelnde Komponentenunterstützung 221
Manuelle Zuweisung von Interrupts 85
Manueller Eintrag, Festplatte 42
Mapping-Verfahren 47
Marken-PCs, BIOS löschen 31
Master SCSI-Controller 250
Match Partition Table 43
Mausbedienung 35f
Max. Saving 143
Medaillon-Award-BIOS 44
Megastar 28
MFM-Festplatten 42
Micron 28
Micronics 28
Min. Saving 143
Modbin 279
    BIOS-Nachricht ändern 279
    Sicherheitswarnung 279
Mode Select 189
Modem Ring Resume 145f
Modem Use IRQ 146
Motherboard, Temperatur 169
MR-BIOS 19
MS-DOS 115
Multiplikator 154, 156
Multiplikator, mehrere Kombinationen 156
Multiplikatorsperre 166
Multi-Sector Transfers 57

N

NEC 24
Nimble 28
NORMAL 43
Norton SystemWorks 240
Nurit 28
NVidia-Grafikchips 72

O

Olivetti 24
Onboard FDC Controller aktivieren 194
Onboard FDC Swap A & B 194
Onboard FDC/FDD Controller 194
Onboard IDE Controller 50
Onboard IR Function 192
Onboard Parallel Port 186
Onboard PCI IDE Enable 51
Onboard Serial Port 1 186
Onboard Serial Port 2 186
Onboard-Grafikkarte deaktivieren 83
Onboard-Grafikkarten 73
Optimierung der Grafikeinstellungen 69
Option PCI #2 Access #1 Retry 133
Option Resources Controlled By 116
Overclocking 165
    AGP-Schnittstelle 176
    ältere Mainboards 177
    AMD-Prozessoren 166
    Arbeitsspeicher 177f
    Arbeitsspeicher, Leistungsgrenze 179
    Athlon 172
    Benchmark 180
    Betriebsspannung erhöhen 174
    das richtige Maß 170
    DRAM Clock 180
    Durchführung 170
    Empfehlung 177
    erhöhen des Prozessortakts 170
    erhöhen des Systemtakts 175
    geeignete Prozessoren 165
    Hitzeverträglichkeit 168
    Intel-Prozessoren 166
    PC Health Menu 169
    RAM, Leistungsgrenze 179
    SDRAM, Leistungsgrenze 179
    Sicherheitsmaßnahmen 167
    Speichertakt 178
    Systemtakt, Auswirkungen 176
    Systemtaktvarianten 176
    Warnzeichen 168

P

Packard Bell 28
Parallel Port Mode 188
Parallele Schnittstelle 186
    Betriebsarten 188
    ECP-Modus 189
    EPP-Modus 188
    Interrupt und Adressen 187
    optimieren 189
    SPP-Modus 188
Parameter eintragen, Festplatte 38
Parity, SCSI-BIOS 249
Passwort 25
    AMI-BIOS 27
    aushebeln 25
    Award-BIOS 27

Stichwortverzeichnis

deaktivieren 204
festlegen 202
im BIOS festlegen 202
löschen 25
Phoenix-BIOS 28
Schreibweise 203
Schreibweise beachten 27
Tipps zum Umgang 206
Universalpasswörter 26
verschiedene Hersteller 28
PC Analyser 265
PC Anywhere 146
PC aufrüsten 70, 187, 221
PC Health Menu 169
PC Health Status 169
PCI Burst Mode 131, 133
PCI Burst to Main Memory 131
PCI Clock Frequency 130
PCI Clock/CPU FSB Clock 130
PCI Delay Transaction 133
PCI Dynamic Bursting 132
PCI Latency Timer 129, 131
PCI Master 0 Waitstate Write 83
PCI Master 0 WS Read 132
PCI Master 0 WS Read/Write 133
PCI Master 0 WS Write 83, 132
PCI Streaming 133
PCI/VGA Palette Snoop 129
PCI-Bus 113
  Interrupt-Mapping 125
  relevante Optionen 131
  Ressourcenkonflikt, Ursache 126
  Slot-Reihenfolge 126
  Teiler einstellen 130
  Timing einstellen 129
  umstecken von Karten 126
PCI-Slot 70
PCI-Slots, Reihenfolge 126
PCI-Timing 129
PCI-Version
  2.0 123
  2.1 123
  Einfluss auf Plug & Play 123
Peer Concurrency 132
Phoenix 19, 24
Phoenix-BIOS, Passwörter 28
PIO-Modus 58
  festlegen 58
  Hintergrundwissen 46, 62
  Prozessorbelastung 63
Plug & Play 17
  Betriebssystem 115
  BIOS oder Betriebssystem 115
  DMA-Kanäle 126
  Einstellungen 114
  Gerätekonflikt beseitigen 119
  Hintergrundinfos 122
  Informationen auslesen 122
  Interrupt-Sharing 124
  PCI-Version 123
  Reset Configuration Data 121
  Ressourcen manuell zuweisen 116
  Ressourcen neu verteilen 121
  Ressourcenverteilung, Ablauf 122
  Ressourcenverteilung, Betriebssystem ... 115
  Ressourcenverteilung, BIOS 115
  Ressourcenverwaltung 114
Plug & Play 113
  Funktionalitäten 223
Plug & Play aware OS 115
PM Controlled By APM 143
PM Events 145
PnP OS installed 115
PnP/PCI Configuration 115, 129
Portadresse
  Hintergrundinfos 127
  manuell zuweisen 116
POST 16
Power Saving 143
Power-Management 137f, 142
  ACPI 138
  ACPI, Eigenschaften 140
  ACPI, Nutzung 141
  ACPI, Risiken 140
  APM 138
  BIOS-Optionen 142
  Doze-Modus 138
  Empfehlungen 149
  Interrupts ausschließen 146
  Interrupts überwachen 146
  konfigurieren 142
  Kontrolle unter Windows 138
  Menü 142
  Option 143
  Standby-Modus 138
  Suspend-Modus 138
  Troubleshoooting 150
  Uhrzeit einstellen 146
  unter Windows einstellen 147
  User Define 143
  Wake-Up-Uhrzeit einstellen 146
Präkompensation 42
Precomp 42
Primary Intr 146
Primary VGA BIOS 129
Programmed In/Out 58
Prozessor
  Betriebsspannung 155
  Betriebsspannung erhöhen 174
  Celeron, übertakten 166
  Einstellungen an Hardware 155
  Erhöhung des Prozessortakts 170
  Erhöhung des Systemtakts 175
  Erkennung, BIOS-Update 154
  Hitzeverträglichkeit 168
  interne Takterhöhung 154
  keine Erkennung 183
  Kühlung beim Übertakten 168
  Maßnahmen bei Überhitzung 182
  Multiplikator einstellen 154
  Overclocking 165
  Takt- und Spannungswerte 158
  Temperaturfühler 168
  Toleranzen bei der Herstellung 165
  übertakten 165
  übertakten des Mainboards 177

457

Stichwortverzeichnis

übertakten, Durchführung 170
übertakten, Eignung 165
übertakten, Warnzeichen 168
und Systembus 153
Unterstützung der Funktionen 154
Prozessormenü 156
Prozessortakt
    automatische Erkennung 154
    einstellen 154
    mehrere Kombinationen 156
    Verhalten nach erstem Start 154
PS/2 Mouse Function Control 197
PS/2-Maus, IRQ 121
PS/2-Schnittstelle aktivieren 198

Q

QDI 28
Quantex 28

R

RAID 0 253
RAID 0+1 253
RAID 1 253
RAID 5 253
RAID-BIOS 245
RAID-BIOS, Zugang 254
RAID-Controller 253
    Aufgaben 253
    Festplatten-Array einrichten 254
RAM
    asynchroner Zugriff 91
    Auto-Konfiguration 100
    BIOS-Optionen 100
    Burst-Timing einstellen 102
    Burst-Zugriff 92
    CS-Befehl 104
    Interleaving 95
    Interleaving einstellen 105
    Latenzzeit 94
    Latenzzeit einstellen 103
    Leistungsgrenze 179
    MA-Befehl 104
    SDRAM, Zugriffszeiten 96
    SDRAM-Timing 95
    synchroner Zugriff 95
    Taktfrequenz einstellen 101f
    Technologien 97
    Timing optimieren 100
    Timing, Notation 93
    Timing-Einstellungen 89
    Troubleshooting 109
    übertakten 178
    Zugriff, Step by Step 91
    Zugriffszeit 94
RAM-Baustein 17
Rambus-Speicher 98
RAM-Timing
    Benchmarking 106
    Stabilität 100
    Stabilität testen 109
RAM-Tuning, möglicher Gewinn 100

RAS 91, 146
RDRAM 98
Remote-Access 146
Research 28
Reset Configuration Data 121
Resources Controlled By 119
Ressourcen
    frei machen 186, 194
    im Geräte-Manager zuweisen 116
    manuell zuweisen 116
Ressourcenkonflikt
    umstecken von Karten 126
    Ursache PCI-Mapping 126
Ressourcenmanagement 85
Ressourcenverwaltung 114
Ressourcenverwaltung, BIOS oder
    Betriebssystem 115
RM 28
ROM-Speicher 17
Row Address Strobe 91
RTC Alarm Resume 145
RxD, TxD Active 192

S

S1 141
S2 141
S3 141
S4 141
Schnittstelle 185
    aktivieren 198
    Infrarot 191
    parallel 186
    PS/2 198
    seriell 186
    USB 190
Schreibschutz-Jumper 233
Schutz vor Eindringlingen 215
SCSI Controller ID 249
SCSI Controller Parity 249
SCSI Device Configuration 251
SCSI Disk Utilities 249, 252
SCSI, Priorität der IDs 251
SCSI-BIOS 245, 248
    Advanced Configuration 251
    Bootlaufwerk festlegen 250
    Geräteoptionen 251
    Hauptmenü 249
    ID des Controllers 249
    Parity verwenden 249
    SCSI Disk Utilities 252
    Zugang 248
SCSI-Controller
    beim Booten zuerst 53f
    eigenes BIOS 46
SDRAM 90, 95, 98
    8 ns 96
    Auto-Konfiguration 100
    BIOS-Optionen 100
    Burst-Timing einstellen 102
    CS-Befehl 104
    Interleaving 95
    Interleaving einstellen 105

Stichwortverzeichnis

Latenzzeit einstellen 103
Leistungsgrenze 179
MA-Befehl 104
Qualitätsstufen 96
Serial Presence Detect 98
SPD 98
Systemtakt 96
Taktfrequenz einstellen 101f
Timing optimieren 100
Troubleshooting 109
übertakten 178
Vorteil gegenüber EDO-RAM 96
Zugriffszeiten 96
SDRAM Address Setup Time 105
SDRAM CAS Latency 103, 179
SDRAM Configuration 101, 179
SDRAM Cycle Length 104
SDRAM Cycle Time (Tras, Trc) 105
SDRAM MA Wait State 104
SDRAM RAS Precharge Time 104
SDRAM RAS to CAS Delay 103
SDRAM RAS to CAS Latency 179
SDRAM-Timing 95
Benchmarking 106
Stabilität 100
Stabilität testen 109
SDRAM-Tuning, möglicher Gewinn 100
Sector 42
Security Option 205
Sektoren 42, 46
Selbsttest 16
Select Boot Disk 256
Select Disk Drives 255
Send Start Unit Command 251
Serial Presence Detect 98
Serielle Schnittstelle 186
Serielle Schnittstelle, Interrupt und
   Adressen 187
Shuttle 28
Sicherheitsmaßnahmen 22
Backup anlegen 22
einzelne Schritte 23
Veränderungen testen 23
Sicherheitsmaßnahmen vor dem BIOS-
   Update 231
Sicherung der BIOS-Einstellungen 231
Siemens Nixdorf 28
Siemens-Fujitsu 31
Signalhöhenauflösung 124
SiSoft Sandra 106, 262
Benchmark 263
CPU & BIOS Information 262
Mainboard Information 262
Standardversion 262
Workshop 106
Slot
AGP 70
PCI 70
Slot-Reihenfolge 126
SMBIOS 272
SMBIOS, BIOS-Backup 272
Soft Menu III Setup 156
Soft-Off by PWRBTN 144

Software
Analysetools 258
BIOS 1.35.1 270
BIOS Wizard 267
BIOS-Nachricht ändern 279
BIOS-Tweaking 273
EasyAward TuneUp 273
Modbin 279
PC Analyser 265
SiSoft Sandra 262
SMBIOS 272
TweakBIOS 276
WCPUID 268
SPD 98, 101
Speedeasy 28
Speicher
Adressierung 90
Auto-Konfiguration 100
BIOS-Optionen 100
Burst-Modus 92
Burst-Timing einstellen 102
Burst-Zugriff 92
CS-Befehl 104
Funktionsweise 90
Interleaving 95
Interleaving einstellen 105
Latenzzeit 94
Latenzzeit einstellen 103
MA-Befehl 104
SDRAM, Zugriffszeiten 96
synchroner Zugriff 95
Taktfrequenz 178
Taktfrequenz einstellen 101f
Technologien 97
Timing optimieren 100
Timing, Notation 93
Timing-Einstellungen 89
Troubleshooting 109
Zugriff 90
Zugriffszeit 94
Speicherkonfiguration, By SPD 101
Speicher-Timing 89
2T 103
3T 103
Auswirkungen 95
Benchmarking 106
By SPD 101
Chiptempo 95
generelle Hinweise 100
optimieren 100
Stabilität testen 109
Zugriffszeiten, BIOS-Einstellungen 94
Speicher-Tuning, möglicher Gewinn 100
Speicherzellen 90
Speicherzugriff
Ablauf 90
asynchron 91
Step by Step 91
SPP 188
Standard CMOS Setup 42
Standard Parallel Port 188
Standardwerte laden 34
Standby 138

459

Stichwortverzeichnis

Standby-Modus 138
Start Creation Process 256
Start des Betriebssystems 17
Striping (Raid 0) 254
Stromsparfunktionen 137
   ACPI 138
   ACPI, Eigenschaften 140
   ACPI, Nutzung 141
   ACPI, Risiken 140
   APM 138
   ATX-PCs 140
   BIOS-Optionen 142
   Doze-Modus 138
   Empfehlungen 149
   konfigurieren 142
   Kontrolle unter Windows 138
   Power-Management, Uhrzeit einstellen 146
   Standby-Modus 138
   Suspend-Modus 138
   Troubleshooting 150
   unter Windows einstellen 147
   Wake-Up-Uhrzeit einstellen 146
SuperMicro 28
Supervisor-Passwort 202
Support Removable Disks Under Int 13 as Fixed Disks 252
Susp, Stby OFF 144
Suspend 138, 143
Suspend Mode, Option 145
Suspend Off 144
Suspend to Disk 140
Suspend to RAM 140
Suspend-Modus 138
SYMBIOS SCSI BIOS 129
Sync Transfer Rate 251
System übertakten 165
System/PCI Frequency 131
Systemanalyse 258
Systemanalyse, AGP-Modus bestimmen 270
Systemanalyseprogramme 257
Systembus 153
Systemkomponenten identifizieren 258
Systemtakt 93
   automatische Erkennung 154
   einstellen 154
   Einstellungen an Hardware 155
   mehrere Kombinationen 156
   Speicher-Timing 93
   Verhalten nach erstem Start 154
   Zugriffszeiten, Speicher 93
System-Timer, IRQ 121

T

Tabelle
   DMA-Kanäle 126
   E/A-Adressen, typische Verteilung 128
   freie Interrupts 121
   Interrupt-Belegung 121
   Interrupt-Mapping 125
   Systemtakt und DRAM-Geschwindigkeiten 93
   Takt- und Spannungswerte von CPUs 158
Tastenbelegung der unterschiedlichen Hersteller 35
Universalpasswörter 26
Takt- und Spannungswerte 158
Taktfrequenz
   RAM 178
   RDRAM 178
   SDRAM 178
Taktsystem, synchrone Taktung 177
Taktzeiten 93
Taktzyklus 93
Tandon 24
Tastatur, IRQ 121
Tastenbelegung der unterschiedlichen Hersteller 35
Tastenbelegungen 33
Tastenkombinationen beim Zugang 24
Temperaturfühler 168
Tiny 28
TMC 28
Tools
   BIOS 1.35.1 270
   BIOS-Nachricht ändern 279
   BIOS-Tweaking 273
   EasyAward TuneUp 273
   Modbin 279
   SMBIOS 272
   TweakBIOS 276
Toshiba 24, 28, 33
Toshiba-Notebooks 32
Troubleshooting
   BIOS-Update 242
   Grafikkarten 83
TweakBIOS 276
Typematic Rate (Chars/Sec) 196
Typematic Rate Delay (Msec) 197
Typematic Rate Setting 195

U

UART2 Use Infrared 192
Übertakten 165
   AGP-Schnittstelle 176
   ältere Mainboards 177
   AMD-Prozessoren 166
   Arbeitsspeicher 177f
   Arbeitsspeicher, Leistungsgrenze 179
   Athlon 172
   Benchmark 180
   Betriebsspannung erhöhen 174
   Celeron 166
   das richtige Maß 170
   DRAM Clock 180
   Durchführung 170
   Empfehlung 177
   Erhöhung des Prozessortakts 170
   Erhöhung des Systemtakts 175
   geeignete Prozessoren 165
   Hitzeverträglichkeit 168
   Intel-Prozessoren 166
   Kühlung 168
   PC Health Menu 169
   PCI-Bus 176

Stichwortverzeichnis

RAM, Leistungsgrenze 179
SDRAM, Leistungsgrenze 179
Sicherheitsmaßnahmen 167
Speichertakt 178
Systemtakt, Auswirkungen 176
Systemtaktvarianten 176
Warnzeichen 168
UDMA, Datenraten 64
UDMA-Modus 58
    festlegen 58
    Hintergrundwissen 46, 62
    Probleme mit CD-Laufwerken 62
    unter Windows aktivieren 60
UDMA-Standard, Fehlerkorrektur 63
Umgang mit Menüs 33
Unicore 267
Universal Serial Bus .... Siehe USB
Universalpasswörter 26
Update 42
USB 190
    deaktivieren 190
    Ressourcen zuweisen 190
USB Controller 190
USB Keyboard Support 190
USB Keyboard Support Via 191
USB-Controller, IRQ 121
User-Passwort 202, 204

V

V/H SYNC+Blank 144
VFAT 47
VGA BIOS Sequence 79
VGA, Option 145
VIA 223
Video BIOS Cachable 81
Video Method 144
Video Off After 143
Video Off Method 144
Video Off Option 144
Video RAM cacheable 81
Video ROM BIOS Shadow 81
Videospeicher 73
Viren 201, 207

Beschädigung der Bootpartition 217
Optionen im BIOS 208
Schutzprogramme 201
Symptome 207
Übertragung 201
Virenscanner, Rettungsdisketten 213
Virenschutz mit Virwarn aktivieren .. 210
Virus Detection 210
Virus Warning 216
Virwarn 210
Vobis 24

W

Waitstates, AGP 78
Wake Up On LAN 146
WCPUID 268
Win-BIOS 35f
Windows
    Gerätekonflikt beseitigen 116
    Probleme bei der Installation . 216
    Ressourcen manuell zuweisen 116
Windows 3.11 115
Windows NT 4.0 115
Windows-Energieoptionen 147
Write protect 233

X

x-1-1-1, ... 102
x-2-2-2 102
x-3-3-3 102

Z

Zenith 24
ZIP-Laufwerke als Startlaufwerk 52
Zugangsvarianten 24
Zugriffszeit 94
Zuweisung von Interrupts 85
Zuweisung von Waitstates bei AGP .. 78
Zweiter IDE-Controller, IRQ 121
Zylinder 42

461

... die hilft weiter!

Jetzt am Kiosk

▶▶▶ Wenn Sie an dieser Seite angelangt sind ...

▶▶▶ Ihre Ideen sind gefragt!

Vielleicht möchten Sie sogar selbst als Autor bei DATA BECKER mitarbeiten?

Wir suchen Buch- und Software- Autoren. Wenn Sie über Spezial-Kenntnisse in einem bestimmten Bereich verfügen, dann fordern Sie doch einfach unsere Infos für Autoren an.

Bitte einschicken an:
DATA BECKER GmbH & Co. KG
Postfach 10 20 44
40011 Düsseldorf

Sie können uns auch faxen:
(02 11) 3 19 04 98

dann haben Sie sicher schon auf den vorangegangenen Seiten gestöbert oder sogar das ganze Buch gelesen. Und Sie können nun sagen, wie Ihnen dieses Buch gefallen hat. **Ihre Meinung interessiert uns!**

Uns interessiert, ob Sie jede Menge „Aha-Erlebnisse" hatten, ob es vielleicht etwas gab, bei dem das Buch Ihnen nicht weiterhelfen konnte, oder ob Sie einfach rundherum zufrieden waren (was wir natürlich hoffen). Wie auch immer – schreiben Sie uns! Wir freuen uns über Ihre Post, über Ihr Lob genauso wie über Ihre Kritik! Ihre Anregungen helfen uns, die nächsten Titel noch praxisnäher zu gestalten.

Was mir an diesem Buch gefällt: _____

Das sollten Sie unbedingt ändern: _____

Mein Kommentar zum Buch: _____

442 1 79

☐ Ja   Ich möchte DATA BECKER Autor werden. Bitte schicken Sie mir die Infos für Autoren.

☐ Ja   Bitte schicken Sie mir Informationen zu Ihren Neuerscheinungen

Name, Vorname _____
Straße _____
PLZ, Ort _____

▶▶▶ Apropos: die nächsten Versionen. Wollen Sie am Ball bleiben?

Wir informieren Sie gerne, was es Neues an Software und Büchern von **DATA BECKER** gibt.

DATA BECKER
Internet: http://www.databecker.de

www.alternate.de

Einkaufen bei ALTERNATE - mehr Service, mehr Flexibilität, mehr erleben.
Egal, ob Sie im Internet shoppen oder den persönlichen Kontakt am Telefon bevorzugen: wir sind immer für Sie da - 24 Stunden, auch an Sonn- und Feiertagen.

Bei ALTERNATE finden Sie die Riesenauswahl an Produkten rund um den Computer. Schon vor dem Kauf erhalten Sie umfassende Informationen und professionelle Beratung. Unsere moderne Logistik garantiert eine reibungslose Auftragsabwicklung.

Durch unsere Erfahrung und unsere Leistungsfähigkeit machen wir es Ihnen leicht, sich auf ALTERNATE zu verlassen. Damit Sie den Kopf frei haben für andere Dinge.

ALTERNATE wurde der Deutsche Internetpreis 2001 verliehen.

ALTERNATE
Hardware | Software | Entertainment

24-Stunden-Bestellannahme: 01805 - 905040
(DM 0,24/Minute)